올리버 R. 에비슨 자료집 IV
1899~1901

에비슨의 첫 안식년과 새 병원 건립을 위한 진통

박형우 편역

도서
출판 선인

올리버 R. 에비슨 자료집 IV

1899~1901

에비슨의 첫 안식년과 새 병원 건립을 위한 진통

초판 1쇄 발행 2021년 1월 25일

편역자 ㅣ 박형우
발행인 ㅣ 윤관백
발행처 ㅣ 도서출판 선인

등록 ㅣ 제5-77호(1998. 11. 4)
주소 ㅣ 서울시 마포구 마포대로 4다길 4 곳마루빌딩 1층
전화 ㅣ 02)718-6252 / 6257   팩스 ㅣ 02)718-6253
E-mail ㅣ sunin72@chol.com

정가 95,000원

ISBN 979-11-6068-440-7 94900
      979-11-6068-239-7 (세트)

A Source Book of Dr. Oliver R. Avison IV.
1899~1901

Edited & Translated by Hyoung W. Park, M. D., Ph. D.

 도서출판 선인

『올리버 R. 에비슨 자료집 IV』

유대현
연세대학교 의과대학 학장

연세대학교 의과대학뿐만 아니라 한국 의학의 기틀을 마련하였던 올리버 R. 에비슨 박사와 관련된 자료를 모은 『올리버 R. 에비슨 자료집 IV』이 각고의 노력 끝에 출간되게 된 것을 진심으로 축하드립니다.

에비슨 박사는 1893년 당시 세계적으로 거의 알려지지 않았고 현대 의학의 혜택을 전혀 받을 수 없었던 조선에 의료 선교사로 내한하여 제중원을 맡아 운영하며 세브란스 병원으로 발전시켰고, 이를 바탕으로 1934년까지 세브란스와 연희전문학교의 교장을 겸임하며 한국에 현대 의학과 고등 교육을 도입, 정착시킨 한국의 현대 의학 및 고등 교육의 개척자이신 분입니다.

그동안 박형우 교수는 끊임없는 노력과 수고로 방대한 양의 자료를 수집하여 『자료집 I』에서는 1860~1892년까지 에비슨 박사의 집안, 교육 및 사회 배경을, 『자료집 II』에서는 1893~1894년까지 에비슨 박사의 내한과 제중원의 선교부 이관에 관하여, 『자료집 III』에서는 1895~1898년까지 한국에 정착한 이후에 진행된 고종의 진료, 콜레라 방역 사업, 의학 교육의 재개, 그리고 중앙 병원에 이은 연합 병원의 구상 등 에비슨 박사가 한국인들의 건강을 위하여 어떠한 일들을 수행하고 계획하였는지를 잘 알 수 있는 자료들 담은 책자를 발간하였습니다.

이번에 간행되는 『자료집 IV』에서는 1899년부터 1901년까지 에비슨 박사의 첫 안식년, 루이스 H. 세브란스 씨와의 만남, 그리고 현대식 병원 건립 기금의 기부 등 세브란스로의 발전의 역사를 소상히 다루고 있습니다. 하지만 선교지로 돌아 온 에비슨 박사의 제중원 신축은 다른 지부 선교사들의 강한 반대, 고종의 부지 하사 약속에 대한 조선인 관리들의 비협조 등으로 순탄치는 않았습니다. 그럼에도 하나님의 역사하심으로 세브란스 씨의 의도대로 1만 달러의 기부금 전액을 병원 건립을 위해 사용할 수 있게 되어, 오늘날 세브란스의 모태가 탄생하게 되었습니다. 이러한 과정에 대한 자료는 너무도 방대하여 새로 짓는 제중원인 세브란스 병원의 건립에 대한 역사는 다음에 발간되는 『자료집 V』에서 다루게 될 것입니다.

이와 같은 방대한 자료를 집대성하여 에비슨 박사의 일생을, 이를 통하여 한국 현대 의학의 발상지인 연세대학교 의과대학의 역사를 조명할 수 있는 자료집을 완성해가고 있는 존경하는 박형우 교수의 열의와 수고에 진심으로 감사를 드립니다. 아울러 후속작인 『올리버 R. 에비슨 자료집 V』도 하루 빨리 마무리되어 에비슨 박사의 일생이 집대성되기를 소망합니다.

다시 한 번 『올리버 R. 에비슨 자료집 IV』의 발간을 진심으로 축하드리며, 이 책이 우리나라 현대 의학 역사와 기독교 도입 역사의 근간을 밝히는 자료로 널리 활용되기를 기원합니다.

2021년 1월

　　잘 알려진 바와 같이 1893년 미국 북장로교회의 의료 선교사로 내한하였던 올리버 R. 에비슨이 한국의 발전에 크게 기여한 것은 서양 의학과 고등 교육의 개척 및 정착이라 할 수 있습니다. 에비슨은 조선 정부로부터 넘겨받은 제중원에서 의학 교육을 재개하였고, 후에 한국 최초의 현대식 병원인 세브란스 병원 및 의학교로 발전시킴으로써 일제가 주도한 의학과 대별되는 한국 서양 의학의 토대를 놓았습니다. 특히 1908년 한국 최초의 면허의사 7명을 배출한 후, 1913년에 세브란스를 여러 교파가 힘을 합쳐 연합으로 운영하고, 1917년 전문학교로 승격되도록 혼신의 노력을 기울였습니다.

　　한편 여러 교파의 선교사들이 서울에 종합 대학을 설립하기로 의견을 모았을 때, 이미 토론토 대학교 의학부와 약학대학의 교수로서 풍부한 경험을 갖고 있었던 에비슨이 큰 역할을 맡았던 것은 당연한 것이었습니다. 에비슨은 이 연합 기독교 대학이 1917년 연희전문학교(Chosun Christian College)로 조선 총독부의 승인을 받자 제1대 (정규) 교장에 취임하여 세브란스 연합의학전문학교와 함께 양교 교장을 18년 동안 겸임하면서 일제가 주도한 고등 교육과 대별되는 한국의 고등 교육을 정착시킨 주역으로 활동하였습니다.

　　편역자는 2010년부터 2012년까지 에비슨 박사의 출판되지 않은 타자본 자서전을 3권의 에비슨 전집으로 출간한 바 있습니다.

　　올리버 R. 에비슨 지음, 박형우 편역, 올리버 R. 에비슨이 지켜본 근대 한국 42년 1893~1935. 상 (서울: 청년의사, 2010)
　　올리버 R. 에비슨 지음, 박형우 편역, 올리버 R. 에비슨이 지켜본 근대 한국 42년 1893~1935. 하 (서울: 청년의사, 2010)
　　Oliver R. Avison, Edited by Hyoung W. Park, *Memoirs of Life in Korea* (Seoul: The Korean Doctors' Weekly, 2012)

편역자는 에비슨 전집을 바탕으로 2015년부터 『올리버 R. 에비슨 자료집』을 발간해 왔습니다. 2015년의 『자료집 I (1860~1892)』은 에비슨 부부의 집안 배경, 교육 배경 및 사회 활동을 다루었습니다. 2019년의 『자료집 II (1893~1894)』는 에비슨의 선교사 임명, 그리고 내한하여 제중원의 책임을 맡고 1894년 제중원의 운영을 넘겨받는 과정을 다루었습니다. 2020년의 『자료집 III (1895~1898)』은 제중원을 넘겨받은 에비슨이 1895년 한국 역사상 처음으로 조직된 방역국의 책임을 맡아 체계적으로 벌였던 콜레라 방역 활동, 1895년 10월 재개한 제중원에서의 의학 교육을 다루었으며, 특히 1897년의 의학교 보고서에는 그동안 전혀 알려지지 않았던 초기 의학생들에 대한 내용이 포함되어 있습니다. 이와 함께 제중원을 중앙병원, 더 나아가 연합병원으로 발전시키려는 에비슨의 구상을 다루었습니다.

이 시기에 에비슨이 보였던 이러한 활동은 자신의 '선교 청사진'을 만드는 일이기도 하였습니다. 하지만 이 청사진은 단시간 내에 실현이 가능한 간단한 것들이 아니었습니다. 제중원은 병원으로서 그 환경이 너무도 열악하였고, 선교본부의 예산은 선교, 교육 등 다른 분야, 그리고 다른 지부와의 형평성 문제로 넉넉하게 배정되지 않았습니다. 더욱 조선 정부나 부유한 한국인들에 의한 후원도 거의 없었습니다. 이런 상황에서 아내와 자신의 건강이 쇠약해졌고, 동료 선교사들의 강권으로 1899년 3월말 첫 안식년을 갖게 되었습니다.

건강이 어느 정도 회복되었다고 생각한 에비슨은 9월 8일 선교본부 방문 여부를 문의하는 편지를 보냈고, 10월에는 건축가인 헨리 B. 고든에게 병원 건물의 설계도를 그려 줄 것을 요청하여 받았습니다. 에비슨은 11월초 뉴욕을 방문하여 엘린우드 총무와 서울 병원에 관하여 심도 있게 논의하였습니다. 이즈음 한국 선교부는 연례회의에서 선교본부에 제중원의 부실한 설비 보강을 요청하기로 하였는데, 이는 에비슨과 논의하지 않은 것이었습니다.

1900년에 들어 에비슨은 한국으로 돌아갈 준비를 하였지만, 아내 제니의 건강의 다시 악화되었고 선교본부는 두 번에 걸쳐 5개월의 안식년 연장을 허가하였습니다. 에비슨은 선교본부의 요청으로 4월 말 뉴욕에서 개최된 세계 선교회의에서 '의료 사역에서의 우의'란 제목으로 발표를 하였고, 이 강연에 감명을 받은 루이스 H. 세브란스 씨는 서울 병원의 건축을 위하여 10,000달러를 기부하였습니다. 이에 감사의 인사를 전하자 세브란스 씨는 "받는 당신보다 주는 내가 더 행복합니다."고 답하였습니다.

에비슨은 3월 1일 서울 병원 건축에 관한 계획서를 엘린우드 총무와 한국 선교부로 보냈는데, 이에 대하여 한국에서는 상반된 견해가 표출되었습니다.

서울 지부는 새 병원 부지로 남대문 바깥의 남묘 부근의 부지를 승인하였지만, 대표적으로 J. 헌터 웰즈를 중심으로 한 평양의 선교사들은 부정적인 견해를 표명하였던 것입니다.

마침내 에비슨은 10월 2일 서울에 도착하였고, 10월 15일 진료를 재개하였습니다. 하지만 12월 30일 에비슨이 발진티푸스에 걸려 고열로 쓰러져 제중원의 문을 닫을 수밖에 없었습니다.

1900년 12월 17일 선교본부는 세브란스 씨의 기부금으로 병원 건물과 두 채의 사택을 짓기로 하고, 전체를 '세브란스 기념 병원 기지'로 부르기로 결의하였습니다. 서울 지부는 이렇게 기부금의 반액만을 병원 건축에 사용하기로 한 선교본부의 결정을 취소해 주도록 1901년 3월 탄원서를 보냈고, 선교본부는 세브란스 씨와 논의한 끝에 4월 15일자 회의에서 기부금 전체를 병원 건축에 사용하며 에비슨에게 모든 권한을 주기로 결정하였습니다. 이후 선교본부는 12월 2일 세브란스 병원에 한 명의 의사만을 고용한다는 한국 선교부의 결정을 승인하였습니다.

선교본부는 한국 선교부에서 계획 중인 건축을 위하여 3월 토론토의 건축가 헨리 B. 고든을 1년 동안 한국에 파견하기로 결정하였고, 이에 따라 그는 6월 17일 서울에 도착하였습니다.

한편 세브란스 씨의 기부 소식을 들은 고종은 에비슨에게 병원 건립 부지를 제공하겠다는 의사를 밝혔지만, 관리들의 비협조로 이 약속은 이루어지지 않았습니다.

자료집을 준비하면서 편역자가 가장 놀랐던 점은 에비슨 박사의 자서전에 자신의 활동에 대해 과장하거나 자화자찬하는 내용이 전혀 들어 있지 않다는 점이었습니다. 몇몇 연도의 착오 등이 없는 것은 아니지만 80여 년 동안 자신의 활동을 진솔하게 서술하고 있음을 알 수 있었습니다

이 책은 평소 한국 의학의 역사에 남다른 관심과 열정을 갖고 있었던 연세대학교 의과대학의 장양수 전임 학장의 연구비 지원으로 이루어졌습니다. 그리고 유대현 현 학장은 출판 지원과 아울러 『올리버 R. 에비슨 자료집 V』의 출판도 지원해 주기로 하였습니다. 두 학장께 진심으로 감사를 드립니다.

마지막으로 어려운 여건에서도 이 책을 기꺼이 출판해 주신 도서출판 선인의 윤관백 대표와 편집실의 여러 직원들께도 감사드립니다.

2021년 1월
안산(鞍山) 자락에서 상우(尚友) 박형우(朴瀅雨) 씀

1. 이 책은 '올리버 R. 에비슨 자료집 IV'이며, 1899년부터 1901년까지의 활동을 다루었다. 1899년의 자료 중에는 1898년의 내용이 포함되어 있는 경우도 있고, 1901년의 내용이 1992년의 자료에 들어 있는 경우도 있다.

2. 다수의 자료에서는 영어 원문은 가능한 한 많이 수록하였지만, 필요한 부분만 한글로 번역한 경우가 있다. 한글 번역만으로 이해가 잘 되지 않는 경우 영어 원문을 참고하기 바란다.

3. 번역은 가능한 한 원문에 충실하게 하였다.

4. 원문에서 철자가 해독되지 않는 부분은 빈칸이나 밑줄을 그어 표시하였다.

5. 고유 명사는 가능한 한 원 발음을 살리도록 노력하였다.

6. 필요한 경우 각주를 달아 독자의 이해를 도왔다.

축　사
머 리 말
일러두기

제5부 에비슨의 첫 안식년과 새 병원 건림을 위한 진통

제1장 1899년

제2장 1900년

제3장 1901년

Contents

Congratulation

Preface

Part 5 Dr. Avison's First Furlough and Difficulties for Building the New Hospital

Chapter 1. 1899

Chapter 2. 1900

Chapter 3. 1901

제5부 에비슨의 첫 안식년과 새 병원 건립을 위한 진통

Dr. Avison's First Furlough and Difficulties for Building the New Hospital

제1장
1899년

에비슨은 1894년 9월 조선 정부로부터 넘겨받은 제중원을 선교의 중심 병원으로서 만들기 위하여 다방면으로 노력하였다. 이러한 노력은 자신의 '선교 청사진'을 만드는 일이기도 하였는데, 제중원을 중앙병원, 더 나아가 연합병원으로 발전시키는 방안을 구상하였다.

하지만 이 청사진은 단시간 내에 실현이 가능한, 간단한 것이 아니었다. 제중원은 병원으로서 그 환경이 너무도 열악하였고, 선교본부의 예산도 넉넉하게 배정되지 않았다. 더욱 조선 정부나 부유한 한국인들에 의한 후원도 거의 없었다. 이런 상황에서 에비슨은 아내가 한국에 온 이후 이질에 걸려 건강이 악화되었고 자신도 과중한 업무로 건강이 쇠약해졌다. 이에 서울 지부는 1899년 2월 14일 회의에서 에비슨 가족의 즉각적인 귀국을 촉구하면서 선교본부의 재가를 요청하기로 결의하였다. 이에 따라 에비슨 가족은 1899년 3월말 첫 안식년으로 귀국하게 되었다.

에비슨은 4월 25일 밴쿠버에 도착하였고, 6년 만에 매니토바 주에 살고 있는 부모님과 누나, 남동생을 재회하였다. 6월 23일 스미스 폴스에 도착한 에비슨은 쇠약해진 건강의 회복에 노력하면서, 활발하게 대중 강연에 나섰고 한국을 알리는 장문의 글을 지역 신문에 기고하였다.

건강이 어느 정도 회복되었다고 생각한 에비슨은 9월 8일 선교본부 방문 여부를 문의하는 편지를 보냈고, 10월에는 건축가인 헨리 B. 고든에게 병원 건물의 설계도를 그려 줄 것을 요청하여 받았다. 에비슨은 이 설계도를 지참하고 11월초 뉴욕을 방문하여 엘린우드 총무를 만났다. 에비슨과 엘린우드가

심도 있게 논의한 것은 서울 병원에 관한 것이었다. 이즈음 한국 선교부는 연
례회의에서 선교본부에 제중원의 부실한 설비 보강을 요청하기로 하였는데,
이는 에비슨과 논의하지 않은 것이었다.

Dr. Avison made various efforts to make Jejoongwon (Hospital), which was taken over in September 1894 to the Korea Mission Presbyterian Church in the U. S. A., from the Korean Government, as a main missionary hospital. This effort was also a task to make a 'missionary blueprint' of his own. A plan was draw up to develop Jejoongwon into a central hospital and even a union hospital.

However, these blueprints weren't simple things that could be realized in a short time. As a hospital, Jejoongwon was in a very poor environment, and the Board's budget was not allocated enough. Moreover, there was little support from the Korean government or wealthy Koreans. In this situation, after coming to Korea, his wife suffered from dysentery, and his health was deteriorated. The Seoul Station resolved to ask the Board for a permission of the Avisons return to home. As a result, the Avison family returned at the end of March 1899 as their first sabbatical.

Dr. Avison arrived in Vancouver on April 25th and reunited with his parents, elder sister and younger brother living in Manitoba after six years. Dr. Avison, who arrived at Smith's Falls on June 23rd, actively gave public lectures while striving to recover his debilitating health, and wrote a long articles about Korea in a local newspaper.

Dr. Avison, who thought he had recovered to some extent, sent a letter on September 8 asking whether he would visit the Board office, and in October asked architect Henry B. Gordon to draw a blueprint for the new hospital building.

Dr. Avison visited New York in early November to meet Secretary, Dr. Ellinwood. What Drs. Avison and Ellinwood discussed in depth was about the Seoul Hospital. At this time, the Korean Mission decided to ask the Board to reinforce the poor facilities of Jejoongwon at the Annual Meeting, which was not discussed with Dr. Avison.

회의록, 한국 선교부 서울 지부(미국 북장로교회) 1891~1921
(1899년 1월 16일)

(중략)

기포드 씨가 밀러 씨와 함께 경기도 남동부를 여행하고, 에비슨 박사가 무어 씨와 함께 배천(白川)을 여행하는 것이 승인되었다.[1]

......

다음의 청구가 낭독되었고 승인되었다.

......

O. R. 에비슨 박사   290.00달러

(중략)

Minutes, Seoul Station, Korea, 1891~1921 (PCUSA) (Jan. 16th, 1899)

(Omitted)

Permission was granted Mr. Gifford to make a trip with Mr. Miller to South Eastern Kyeng Ki Do, and to Dr. Avison for a trip with Mr. Moore to Paichyen.

......

The following orders were read and approved: -

......

Dr. O. R. Avison $ 290.00

(Omitted)

---

1) 배천은 황해도 연백 지역의 옛 지명이며, 조선시대에는 의주로가 지나는 교통상의 요지이었다.

한국. 에비슨 박사의 진료비, 이전의 결정이 재확인되다. 미국 북장로교회 해외선교본부 실행이사회 회의록 (1899년 2월 6일)

한국. 에비슨 박사의 진료비, 이전의 결정이 재확인되다. 진료비의 사용과 관련된 (1898년) 11월 7일의 선교본부 결정,2) 그리고 1898년 11월 19일의 에비슨 박사 편지3)와 관련하여, 선교본부는 지침서 규칙 29항4)에 의해 그러한 모든 수입은 일반 기금의 일부로 간주해야 하며, 병원 비품 구입을 위해 사용하는 것은 각각의 경우가 갖는 이점에 따라, 정확한 액수로 허가할 수 있는 것으로 결정하였다.

---

2) Korea. Request for Use of Medical Fees for Hospital Supplies Declined. *Minutes [of Executive Committee, PCUSA], 1837~1919* (Nov. 7th, 1898).

3) Oliver R. Avison (Seoul), Letter to Robert E. Speer (Sec., BFM, PCUSA) (Nov. 19th, 1898).

4) "외부 업무의 상환.

29. 선교사는 선교본부와 관련되어 있는 동안 자신의 시간과 체력을 선교부의 전반적인 지시 하에 해외 선교 업무를 위하여, 지침서의 규정에 따라 사용한다. 만일 선교부와 선교본부의 허가 표명으로 선교본부의 관리를 받지 않는 일을 일시적으로 하는 경우, 그런 일로 받은 모든 돈은 선교부 재무에게 넘길 것이며 선교부의 승인을 받고 선교본부의 명백한 허가를 받은 경우를 제외하고 선교본부에 보고하여야 한다. 진료비 등과 같이 정규 업무가 수입원인 경우, 받은 금액은 보고하여야 한다." *Manual of the Board of Foreign Missions of the Presbyterian Church in the U. S. A. for the use of Missionaries and Missionary Candidates. Revised and Adopted by the Board, and Approved by the General Assembly, 1894* (New York).

Korea. Dr. O. R. Avison, Medical Fees, Former Action Reaffirmed. *Minutes [of Executive Committee, PCUSA], 1837~1919* (Feb. 6th, 1899)

Korea. Dr. Avison, Medical Fees, Former Action Reaffirmed. Referring to the Board action of November 7th, in relation to the use of medical fees, and to the letter, of Dr. Avison, of November 19th, 1898, it was "Resolved" That the Board according to Manual rule 29, must regard all such fees as a part of the general funds, and that permission to use them for hospital supplies can only be given on the merits of each care, and in definite sums.

18990206

한국. 제이콥슨 [기념] 사택, 예산 요청이 기각되다. 미국 북장로교회 해외선교본부 실행이사회 회의록 (1899년 2월 6일)

한국. 제이콥슨 [기념] 사택, 예산 요청이 기각되다. 유티카 노회의 여자 보조 지회에 의해 이미 약 1,800달러가 모금된 서울의 제이콥슨 기념 사택을 위한 추가 예산으로 은화 1,200달러를 허가해달라는 한국 선교부의 요청에 대하여, 선교본부는 정규 기금에서 이 액수를 마련할 방도가 분명하지 않지만 여자 선교본부에 의해 특별 기금으로 조성되었으므로 그렇게 요청해야 할 것이며, 그렇게 부지를 매입하고 건축을 진행하는 것을 허가하기로 결정하였다.

Korea. Jacobson House, Request for Appropriation Declined. *Minutes [of Executive Committee, PCUSA], 1837~1919* (Feb. 6th, 1899)

Korea. Jacobson House, Request for Appropriation Declined. In reply to a request of the Korea Mission, for a grant of $1,200 silver, as an additional appropriation for the Jacobson Memorial House in Seoul, about $1,800 Gold having been already subscribed as fund by the Woman's Auxiliary, of the Utica Presbytery, it was, "Resolved" That the Board does not see its way clear to appropriate this amount from the regular fund, but that in pass it showed be raised as a Special Fund by the Woman's Board, it will be so applied, and permission will be given to purchase land and proceed with the building.

회의록, 한국 선교부 서울 지부(미국 북장로교회) 1891~1921
(1899년 2월 14일)

(중략)

제출된 의료 증명서에서 나타난 밀러 부인의 건강 상태를 고려하여, 우리는 선교지부로서 밀러 씨 가족이 즉시 미국으로 돌아가는 것을 촉구하며, 선교부가 이를 승인하고 선교본부가 재가할 것을 요청하기로 결의하였다.

또한 에비슨 부인의 심각한 건강 상태와 제출된 의료 증명서를 고려하여, 우리는 선교지부로서 에비슨 박사 가족이 즉시 미국으로 귀국하는 것을 촉구하며, 선교부가 이를 승인하고 선교본부가 재가할 것을 요청하기로 결의하였다.

에비슨 박사의 부재 중에 병원의 업무를 수행하기 위하여 우리 선교부 의사 한 명을 이적(移籍)시키는 것이 적절한 지 서기가 선교부 (회원)의 투표를 시행하도록 하게 하자는 동의가 통과되었다. 만일 이적된 그 한 명이 어빈 박사이어야 하는 경우, 존슨 박사가 부산의 의료 업무를 맡아야 한다는 것이 서울 지부의 의중임을 확인한다는 또 다른 동의가 통과되었다.

(중략)

안식년 기간 중에 에비슨 박사와 밀러 박사의 물품을 보관할 장소를 찾는 문제는 언더우드 박사와 필드 박사로 구성된 위원회에 위임되었다.

......

다음의 청구가 낭독되었고 승인되었다.

......

O. R. 에비슨 박사   434.00달러

(중략)

동의에 의해 에비슨 박사가 기도를 드린 후 폐회하였다.

S. F. 무어, 의장
C. C. 빈튼, 서기

Minutes, Seoul Station, Korea, 1891~1921 (PCUSA) (Feb. 14th, 1899)

(Omitted)

In view of the condition of Mrs. Miller's health as evidenced by a medical certificate presented, it was resolved that we as a station urge immediate return to America of Mr. Miller and his family, and that we ask the Mission to approve and the Board to sanction the same.

Also in view of the serious condition of the health of Mrs. Avison and of the medical certificate presented, it was resolved that we as a station urge the immediate return to America of Dr. Avison and his family, and that we ask the Mission to approve and the Board to sanction the same.

A motion was carried instructing the secretary to secure the vote of the Mission on the advisability of transferring one of our doctors to carry on the work of the hospital during Dr. Avison's absence. Another motion was passed affirming it to be the sense of Seoul Station that, if some one is to be so transferred it should be Dr. Irvin, and that Dr. Johnson should take up the work at Fusan.

(Omitted)

The matter of finding a place for the storage of Dr. Avison's and Mr. Miller's goods during furlough was referred with powers to Dr. Underwood and Dr. Field as a committee.

......

The following orders were read & approved: -

......

Dr. O. R. Avison $434.00

(Omitted)

On motion the meeting adjourned after prayer by Dr. Avison.

S. F. Moore, Chairman
C. C. Vinton, Secretary

18990216

올리버 R. 에비슨(서울)이 프랭크 F. 엘린우드(미국 북장로교회 해외선교본부 총무)에게 보낸 편지 (1899년 2월 16일)

<table>
<tr><td>접수
1899년 3월 23일
엘린우드 박사</td><td>한국 서울,
1899년 2월 16일</td></tr>
</table>

친애하는 엘린우드 박사님,

저는 계속 병을 앓고 있는 아내와 밀러 부인이 겨울이 오면 분명 회복되리라고 희망하였던 바와 달리 악화되고 있다고 편지를 쓰게 되어 대단히 유감스럽습니다. 짧은 기분 전환으로 완전한 회복을 기대할 수 없음이 분명해졌고, 이에 이틀 전에 열린 서울 지부의 특별회의5)에서 이 두 가족이 미국으로 즉시 귀국을 촉구하는 결의가 통과되었습니다.

밀러 부인은 단지 일시적으로만 치료에 듣는 장 궤양을 계속 앓고 있으며, 저는 언제라도 제이콥슨 양의 사망을 초래한 후유증이 뒤따르지 않도록 걱정하고 있어 그녀가 즉시 안식년을 갖도록 지부에 권고하였습니다.

아내는 지난 가을 제물포에 체류한 이후 상당히 회복되었지만, 곧 이장성 발열을 앓아 대단히 쇠약해졌고 거의 꾸준하게 쇠약해지고 있습니다. 지부의 다른 의사들은 그녀에 대한 염려가 커졌으며, 그래서 우리가 안식년으로 귀국해야 한다고 조언하였습니다. 두 건은 위에 언급한 지부 회의에서 다루어졌으며, 우리는 현재 가능한 한 조속히 떠날 준비를 하고 있습니다.

우리가 하려고 노력하고 있는 업무가 강제로 중단되게 된 것은 상당한 슬픔을 가져다주는 원인이지만, 우리를 이곳으로 보내셨고 항상 인도하셨던 하나님께서 선(善)을 위해 이렇게 하신 것으로 믿고 있습니다.

지금 안식년으로 고국으로 돌아가는 중에 있어야 할 빈튼 박사는, 서울 지부의 인력 손실이 너무도 클 것이기에 너그럽게도 다음 연례회의 직후까지 이곳에 남아 있겠다고 제안하였습니다.

선교본부 지침서에 따라6) 다른 지부의 승인을 위해 회람을 보냈지만 많은

---

5) *Minutes, Seoul Station, Korea, 1891~1921* (PCUSA) (Feb. 14th, 1899).

6) "사역 기간.
17 ...... 다른 모든 휴가는 선교부의 추천에 따라 선교부의 투표에 의해 결정되어야 하지만, 예외적으로 건강 상태가 지체의 여지를 주지 않는 경우 선교부의 승인이 충분한 것으로 인정되며 그 결정은 의료 진단서와 함께 선교본부에 즉시 보고한다. ......" *Manual of the Board of Foreign Missions of the Presbyterian Church in the U. S. A. for the use of Missionaries and Missionary Candidates. Revised and Adopted by the Board, and Approved by the General Assembly, 1894* (New York).

선교사들이 먼 지방 순회 지구에 체류하고 있어 그들의 투표를 받을 때까지 긴 시간이 소용될 것이며, 아픈 사람들은 이곳을 떠나야 할 필요가 급박하여 우리는 회람을 받기 전에 아마도 떠날 것입니다. 밀러 가족은 부인의 상태가 허락하면 아마도 직접 피츠버그로 갈 것이며, 우리는 매니토바의 부친 댁을 들렀다가 캐나다로 갈 것입니다. 북쪽 항로에서 경험하였던 추운 날씨 때문에 우리의 현재 목적은 밀러 가족과 함께 샌프란시스코로 갔다가, 그곳에서 밴쿠버로 가는 것입니다. 밴쿠버까지의 운임은 직행 편과 같을 것입니다. 저는 뉴욕을 방문하여 개인적으로 박사님께 보고하는 첫 기회를 가지며, 6년 전 시작되었던 너무도 즐거웠던 친분을 새롭게 할 것입니다. 1893년 이 선교지로 임명받아 지금 6년이 됩니다.

모든 분들께 안부를 전합니다.

안녕히 계십시오.
O. R. 에비슨

Oliver R. Avison (Seoul),
Letter to Frank F. Ellinwood (Sec., BFM, PCUSA) (Feb. 16th, 1899)

> Received
> MAR 23 1899
> Dr. Ellinwood

Seoul, Korea,
Feb. 16/ 99

Dear Dr. Ellinwood: -

It is with extreme regret that I write to tell you of the continued illness of Mrs. Avison and Mrs. Miller both of whom continue to grow worse instead of better as we had confidently hoped for when winter set in, and it has become evident that we can not hope for improvement short of a complete change; and at a special meeting of Seoul Station held two days ago resolutions were passed urging the immediate return of these two families to America.

Mrs. Miller continues to suffer from ulceration of the bowels which yield only temporarily to treatment and I fear lest at any time there will follow the sequel which caused Miss Jacobsen's death and so advised the Station, recommending that she take her furlough at once.

Mrs. Avison gained a good deal after our stay in Chemulpo last Autumn but soon succumbed to another attack of remittent fever which left her very weak and she grows weaker almost steadily. The other physicians of the station have grown alarmed about her and in turn advised that we be urged to return home on furlough. Both cases were dealt with at one Station meeting as above stated and we are now preparing to leave at as early a date as possible.

It is a cause of much sorrow to us to be thus compelled to break in upon the work we are trying to do but we trust God, who brought us here and has promised always to guide us, will yet show us that this also is for good.

Dr. Vinton who should be even now returning home on furlough has generously offered to remain here till after next Annual meeting, as the loss of working force in Seoul Station will be thus great.

In accordance with the Board's manual a request has been sent round to the other stations for their approval, but as it is known that many of the missionaries are distant on country circuits and so it will take a long time to secure their votes, and the need for the sick ones to leave here is urgent we shall leave most probably in advance of the return of the voting papers. The Miller's will probably go right through to Pittsburgh if Mrs. Miller's condition permit, while we shall go to Canada, stopping off for a visit at my parents' house in Manitoba. It is our present purpose, on account of the cold weather that would be experienced on the northern route, to accompany Miller's to San Francisco and then go from there to Vancouver. The cost of ticket to Vancouver will be the same as by the direct route. I shall take the first opportunity of visiting New York to report to you in person and renew the acquaintance so pleasantly begun 6 yrs. ago. It is now just 6 years since our appointment to this field in 1893.

With kind regard to all

Very sincerely,
O. R. Avison

18990216

대니얼 L. 기포드(서울)가 프랭크 F. 엘린우드(미국 북장로교회 해외선교본부 총무)에게 보낸 편지 (1899년 2월 16일)

(중략)

(B) 다른 문제는 현재의 상황에 관한 것입니다. 스왈른 씨는 평양 사역에 상당히 필요하며, 게일 씨 혹은 그 정도로 훌륭한 다른 남자 사역자가 서울 지부에서 머지않아 절박하게 필요해지게 될 것입니다. 그것은 가을이 되면 서울에서 남자 사역자가 반으로 줄어들기 때문입니다. 에비슨 박사와 밀러 씨는 유감스럽게도 부인들의 건강이 좋지 않아 몇 주 이내에 선교지를 떠나야 하는 것으로 결정되었습니다. 그리고 빈튼 박사의 안식년이 6주 후로 다가오고 있는데, 그는 대단히 관대하게 자신의 출발을 연례회의 이후로 연기하는데 동의하여 상황을 실질적으로 완화시켜 주었습니다.

(중략)

Daniel L. Gifford (Seoul),
Letter to Frank F. Ellinwood (Sec., BFM, PCUSA) (Feb. 16th, 1899)

(Omitted)

(B) The other question is one of present expediency. Mr. Swallen is much needed for the Pyeng Yang work, while Mr. Gale, or some other equally good man is going to be imperatively needed in the near future in the Seoul Station, since by fall the working male force in Seoul will be reduced by half. Dr. Avison & Mr. Miller, it has been regretfully decided, must leave the field in the next few weeks, on account of the ill health of their wives. And Dr. Vinton's furlough falls due in the next six weeks, though in a very generous manner, he has agreed to postpone his departure until after the Annual Meeting, which materially relieves the situation.

(Omitted)

18990217

캐드월러더 C. 빈튼(서울)이 프랭크 F. 엘린우드(미국 북장로교회 해외선교본부 총무)에게 보낸 편지 (1899년 2월 17일)

<table>
<tr><td>접수
1899년 3월 23일
엘린우드 박사</td></tr>
</table>

한국 서울,
1899년 2월 17일

친애하는 엘린우드 박사님,

　　선교본부가 서울에 소유하고 있는 자산과 현재 사용되고 있는 각각의 용도에 대한 완전한 보고서를 쓰도록 서울 지부가 에비슨 박사와 언더우드 박사를 위원회로 임명한지 거의 두 달이 되었습니다.[7] 이 결정은 박사님의 11월 9일자 편지를 읽고,[8] 특별히 저에 대한 추가적인 주택 임대 요청을 판정하기 전에 추가적인 정보를 요청함에 따라 이루어진 것입니다. 이 두 분은 늘 그렇듯이 지금 대단히 바쁘며, 즉각 미국으로 돌아갈 준비를 위해 현재 대부분의 시간을 할애할 필요가 있는 에비슨 박사는 비록 저에게 편지를 부분적으로 썼다고 말하고 있지만 그들이 (편지를 쓰는데) 필요한 시간을 낼 수 없을 것 같습니다. 이것은 주택을 임대해야 하는 저에게 중요한 문제이며, 따라서 제가 (직접) 박사님께 전반적인 설명을 드리고 싶습니다.

　　만일 그들이 준비할 수 있다면 위원회의 상세한 보고는 선교부가 서울에 소유하고 있는 7채의 주택 모두가 지난 해에 선교사 가족이 사용하였고, 현재도 그러하며, 선교지부에는 여덟 세대, 즉 (1) 언더우드 박사, (3) 밀러 씨, (3) 무어 씨, (4) 에비슨 박사, (5) 기포드 씨, (6) 도티 양과 여학교, (7) 화이팅 박사와 웸볼드 양 그리고 (8) 빈튼 박사가 있다는 것입니다. 독신 여자들은 다소 일정치 않게 도티 양 및 에비슨 박사와 함께 살았고, 쉴즈 및 스트롱 양 역시 잠시 단독 주택에서 살았으며, 스트롱 양의 명의로 임대료를 인출하였습니다.

(중략)

　　에비슨 박사의 사택은 그의 부재중에 다른 의사가 사용하지 않는다면, 필드 박사와 쉴즈 양이 사용할 것입니다.

(중략)

---

7) *Minutes, Seoul Station, Korea, 1891~1921* (PCUSA) (Dec. 27th, 1898).
8) Frank F. Ellinwood (Sec., BFM, PCUSA), Letter to the Korea Mission (Nov. 9th, 1898).

Cadwallader C. Vinton (Seoul),
Letter to Frank F. Ellinwood (Sec., BFM, PCUSA) (Feb. 17th, 1899)

Received
MAR 23 1899
Dr. Ellinwood

Seoul, Korea,

Feb. 17, 1899

Dear Dr. Ellinwood,

It is now almost two months since Seoul station appointed Dr. Avison and Dr. Underwood a committee to write you a full statement of the property held by the Board in Seoul and the uses at present made of each piece. This action followed on the reading of your letter of November 9th last and was especially induced by your request for further information before passing upon the request of additional house rent for me. Both the gentlemen named have been as usual exceedingly busy during this period, and the necessity of Dr. Avison devoting most of his time now to preparations for an immediate return to America renders it unlikely they can find the necessary time, although Dr. Avison tells me has a letter partly written. Therefore I want myself to make some sort of a general statement before you, since it is an important matter to me to obtain the house rent due me.

The detailed statement of the committee, if they are able to prepare one, will show you that all the seven houses owned by the Mission in Seoul have been occupied during the past year by missionary families and are so at present, there being in the station eight households in those of (1) Dr. Underwood, (2) Mr. Miller, (3) Mr. Moore, (4) Dr. Avison, (5) Mr. Gifford, (6) Miss Doty and the girls' school, (7) Dr. Whiting and Miss Wambold and (8) Dr. Vinton. The single ladies have been members somewhat variably of the households of Miss Doty and Dr. Avison, Miss Shields and Miss Strong also for a time occupying a separate house and drawing house rent under Miss Strong's name.

(Omitted)

Dr. Avison's house will be occupied during his absence by Dr. Field and Miss Shields, if not by any other physician.

(Omitted)

18990217

캐드윌러더 C. 빈튼(서울)이 프랭크 F. 엘린우드(미국 북장로회
해외선교본부 총무)에게 보낸 편지 (1899년 2월 17일a)

접수
1899년 3월 23일
엘린우드 박사

한국 서울,
1899년 2월 17일

친애하는 엘린우드 박사님,

서울 지부는 3일 전에 열린 회의9)에서 여러 문제에 대하여 특별히 중요한 결정을 내렸습니다. 다음의 결의에 주요 사항이 포함되어 있습니다.

"진단서에 나타난 바와 같이 밀러 부인의 건강 상태를 고려하여 우리는 선교지부로서 밀러 씨와 가족의 즉각적인 귀국을 촉구하며, 우리는 선교부가 이를 승인하고, 선교본부도 그것을 재가하도록 결의하였다.
"또한 에비슨 부인의 심각한 건강 상태와 진단서를 고려하여 우리는 선교지부로서 에비슨 박사와 가족의 즉각적인 귀국을 촉구하며, 우리는 선교부가 이를 승인하고, 선교본부로 그것을 재개하도록 결의하였다.

(중략)

처음 두 결의는 진단서로 가장 잘 설명되는데, 선교부에서 회람이 끝나면 승인을 위해 박사님께 보내드릴 것입니다. 선교지에서 두 여자들의 회복을 위해 수많은 노력을 기울였지만 실패하였으며, 즉각적인 귀국이 다급해지고 있습니다. 6명의 남자 사역자 중에서 3명이 빠지게 되면 서울 지부가 극도로 어려운 상황에 처하게 되어 아내와 저는 가을에 연례회의가 끝날 때까지 (한국에) 체류해 있기로 결정하였습니다.

(중략)

---

9) *Minutes, Seoul Station, Korea, 1891~1921* (PCUSA) (Feb. 14th, 1899).

18 올리버 R. 에비슨 자료집 IV (1899~1901)

Cadwallader C. Vinton (Seoul),
Letter to Frank F. Ellinwood (Sec., BFM, PCUSA) (Feb. 17th, 1899a)

<table>
<tr><td>

Received
MAR 23 1899
Dr. Ellinwood

</td><td>

Seoul, Korea,
February 17, 1899

</td></tr>
</table>

Dear Dr. Ellinwood,

Seoul station held a meeting three days ago at which several matters were acted upon of especial importance. The following resolutions embody the principal facts: -

"In view of the condition of Mrs. Miller's health as evidenced by a medical certificate presented, it was resolved that we as a station urge the immediate return to America of Mr. Miller and his family, and that we ask the Mission to approve and the Board to sanction the same.

Also, in view of the serious condition of the health of Mrs. Avison and of the medical certificate presented, it was resolved that we as a station urge the immediate return to America of Dr. Avison and his family, and that we ask the Mission to approve and the Board to sanction the same."

(Omitted)

The first two resolutions are best explained by the medical certificates, which will be transmitted to you after they have gone around the mission for approval. On behalf of both of these ladies numerous efforts have failed to recover them upon the field, and the return of both immediately has become emergent. As the removal of three out of its six male workers would leave Seoul station extremely crippled, it has been decided that Mrs. Vinton and myself shall stay until after the annual meeting in the fall.

(Omitted)

18990300
편집자 단신. *Woman's Work for Woman* 14(3) (1899년 3월호), 62쪽

서울시의 그 언덕 위에서 에바 필드 박사와 쉴즈 양이 살아온 것을 보면 상당한 재주가 필요하였음이 틀림없다. 높은 곳에 위치한 에비슨 박사 사택에 그들의 침실이 있고, 언덕 중간에 책상 및 의학 서적이 있는 서재가 있으며, 부엌과 식당은 그들이 하루의 많은 시간을 보내는 제중원과 진료소 근처의 기슭에 위치해 있었다. 유티카 노회가 계획한 건물이 한국의 수도에 완공되면 그들은 덜 움직이게 될 것이다.

(중략)

Editorial Notes. *Woman's Work for Woman* 14(3) (Mar., 1899), p. 62

Considerable ingenuity must be required to live as Dr. Eva Field and Miss Shields have been living; all over that hill in the city of Seoul. At the top wall their bedroom in Dr. Avison's house, midway down the hill their study - writing-desks and medical books, while kitchen and dining-room were at the foot near the government hospital and dispensary where they spend a large part of the day. They will be less migratory when the Utica Presbyterial Society gets its proposed building completed in the capital of Korea.

(Omitted)

18990300

올리버 R. 에비슨(서울)이 미국 북장로교회 한국 선교부 회원 및
선교본부로 보낸 편지 (1899년 3월)

접수
1899년 5월 28일
엘린우드 박사

미국 북장로교회 한국 선교부 회원 및 선교본부 귀중

　저는 F. S. 밀러 부인의 위중한 건강 상태에 여러분들의 관심을 촉구하고 자 합니다. 여러 해 여름 동안 그녀는 설사와 이질을 앓아 결국 장 궤양이 생 겼습니다. 현재 우리가 연중 가장 기후가 좋은 때를 즐기고 있음에도 그 병은 단지 일시적으로만 치료가 되는 상태로 발전하였고, 그 결과 전반적인 건강이 계속 악화되고 있습니다. 저는 그것이 위험할 수 있으며, 현 상태에서 이러한 기후인 또 다른 여름을 시도하는 위험을 무릅쓰는 것은 그녀에게 현명한 처사 가 아니라고 생각하고 있습니다. 그리고 지난 9개월 동안 지속적인 치료 결과 가 이 기후에서 회복하게 될 희망을 고무적으로 보여주지 못하였기에 저는 밀 러 부부와 가족에게 미국으로의 즉각적인 안식년이 허용되어야한다고 강하게 조언하는 바입니다.

　O. R. 에비슨, 의학박사

Oliver R. Avison (Seoul), To the Members of the Korean Presbyterian Mission and the Board of Foreign Missions of the Presbyterian Church in America (Mar., 1899)

Received
MAY 28 1899
Dr. Ellinwood

To the Members of the Korean Presbyterian Mission and the Board of Foreign Missions of the Presbyterian Church in America

I would draw your attention to the serious condition of Mrs. F. S. Miller's health. For several summers she has suffered from diarrhoea & dysentery, resulting finally in ulcer of the bowels which yield to treatment only temporarily, in spite of the fact that we are now enjoying the most favorable part of the year's climate's conditions, and, as a result, her general health is constantly deteriorating and I would consider it dangerous and unwise for her to risk attempting another summer in this climate in her present condition, and as the result of persistent treatment during the last 9 months doesn't encourage the hope that anything short of complete change in climate conditions will secure recovery I strongly advise that Mr. & Mrs. Miller & family be granted an immediate furlough in America.

O. R. Avison, M. D.

에스터 L. 쉴즈(서울)가 프랭크 F. 엘린우드(미국 북장로교회 해외선교본부 총무)에게 보낸 편지 (1899년 3월 9일)

(중략)

저는 몇 주일 동안 기다려왔으며, 오늘 오후 필드 박사는 부지 대금을 지불하고 우리의 권리를 입증하는 문서를 받을 것입니다. 이 부지는 에비슨 박사 사택 근처에 위치하고 있고 명동성당 앞 넓은 길의 반대편에 위치한 조그마한 부지이며, 우리 목적에 매우 적합할 것으로 믿고 있습니다.

(중략)

3. 우리는 처음 이사하였을 때 여학생 한 명이 성홍열로 매우 위중하였던 첫 주를 제외하고는 에비슨 부인이 사용하던 방 중 하나에서 잠을 잤습니다.

4. 우리는 에비슨 박사가 미국으로 떠나자마자 에비슨 박사 사택으로 옮길 준비를 하고 있으며, 우리들의 집이 건축될 때까지 그곳에 머물 것입니다.

......

7. 병원 문지기는 놀라운 사례의 하나입니다. 에비슨 박사는 간농양으로 그를 수술하였으며, 당시 그의 상태는 상당히 좋지 않았습니다. 그날 아침 소집된 6명의 의사들은 마취제를 사용하는 문제 혹은 어떤 다른 조치에 대하여 장시간 토의하였습니다. 환자는 무엇이든 해 달라고 요청하였는데, 그는 그것이 살기 위한 유일한 기회였다는 것을 알았기 때문입니다. 그는 감사해 하였고, 우리들 모두도 그러하였습니다.

(중략)

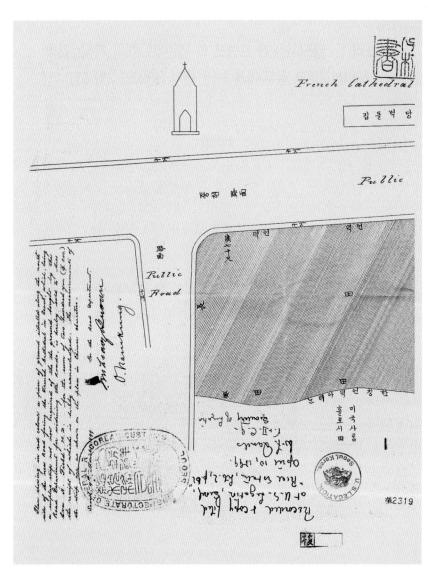

그림 5-1. 1899년 3월 9일 작성된 지적도. 위쪽에 명동성당이 있고, 그 길 건너에 위치한 빗금 친 땅이 제이콥슨 기념 사택을 위해 구입한 부지이다. 규장각 소장

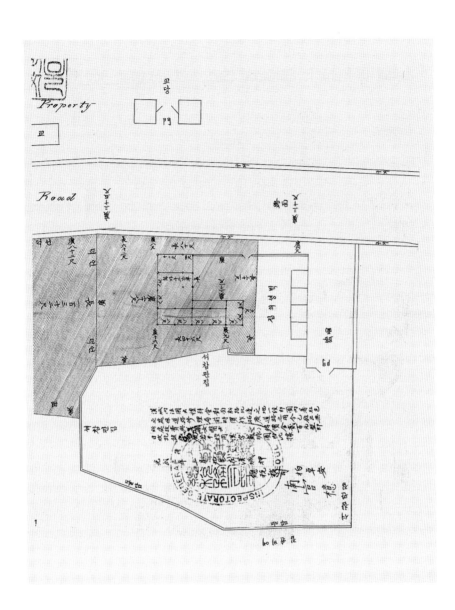

Esther L. Shields (Seoul),
Letter to Frank F. Ellinwood (Sec., PCUSA) (Mar. 9th, 1899)

(Omitted)

So for weeks I've waited and this afternoon Dr. Field is to pay for the site and receive papers which will prove our right to the land for a piece near Dr. Avison's and on the opposite side of a broad street from the Catholic Cathedral, we believe it will be very well adapted to our purpose.

(Omitted)

3. We've been sleeping in one of Mrs. Avison's rooms all the time except during about a week when we first came and had a very sick patients, one of the school-girls, with Scarlet fever.

4. We are preparing to go up to Dr. Avison's houses as soon as they leave for America, to stay until our house is built.

......

7. The Hosp. Gate keeper is one of the wonderful cases. Dr. Avison operated on him on abscess of the liver, and his condition at the time could scarcely have been worse. The six doctors who were called in that morning had a long consultation as to the wisdom of using an anaesthetic, or doing anything but the patient urged it, for he know it was the only chance for life. He is so grateful and so are we all.

(Omitted)

18990309

메리 H. 기포드, 올리버 R. 에비슨, M. 앨리스 피시 (위원회)가 미국 북장로교회 해외선교본부로 보낸 편지 (1899년 3월 9일)

접수
1899년 5월 4일
엘린우드 박사

한국 서울,
1899년 3월 9일

미국 북장로교회 해외선교본부 귀중

친애하는 형제들,

아래 서명한 사람들은 우리의 지난 연례회의에서 스트롱 양의 건강과 관련하여 그녀가 귀국하거나 한국에서 다른 조처를 취할 지에 관하여 선교본부로 편지를 쓰는 위원회에 임명되었습니다. 선교부의 모두 회원들은 그녀의 육체적 힘의 범위까지 선교사로서 그녀의 헌신과 유용성을 인식하고 있으며, 만일 회복하면 그녀가 자신의 위치로 돌아올 수 있을 것으로 진심으로 바라고 있습니다. 그럼에도 불구하고 우리들의 마음에는 심각한 상태가 발생하거나, 혹은 다른 말로 그녀의 상태가 일 년 동안의 휴식으로 회복될 수 있는 신경 원기의 고갈이 아니라 그녀의 지속된 고통을 일으키는 근본적인 다른 원인이 있지나 않은지 걱정을 하고 있으며, 가능하다면 그것을 찾아내어 제거해야 합니다.

에비슨 박사는 그녀가 귀국할 때 지참한 선교본부로 보낸 편지에서 그녀의 고통이 크며 지속되었던 기간이 길다는 것에 관심을 갖도록 촉구하였으며, 이 편지를 쓰는 목적은 그녀가 견디기 힘든 이 나라에 살며 사역이 가능한 상태가 될, 오히려 그렇게 회복할 가능성을 알기 위해 그녀의 정확한 상태를 조사하여 가능하다면 (그 원인이) 결정되어야 할 필요가 있다는 것을 박사님이 염두에 두셔야 한다는 것을 강조하려는 것입니다.

어떻게, 그리고 누가 이 검사를 실시할 것인지에 관해서는 박사님이 더 잘 아실 것이기에 우리는 아무런 제안을 하지 않았습니다.

이 편지는 그녀가 선교 현장으로 돌아와서는 안 된다고 제안하는 것이 아니라, 선교본부가 가능하다면 그녀의 현재 건강 상태와 미래의 가능성에 대해 알아야 하고, 그런 후에 결정을 내려달라는 것입니다.

우리 모두는 결과가 가능한 한 조기에 그녀가 돌아오는 것을 보장하게 되기를 바라고 있습니다.

한국 선교부를 위해 씁니다.

메리 H. 기포드

O. R. 에비슨

M. 앨리스 피시

Mary H. Gifford, Oliver R. Avison, M. Alice Fish (Committee), Letter to the Board of Foreign Mission of the Pres. Church in America (Mar. 9th, 1899)

Received
MAY 4 1899
Dr. Ellinwood

Seoul,

Mar. 9/ 99

To the Board of Foreign Mission of the Pres. Church in America

Dear Brethren: -

At out last Annual Meeting the undersigned were appointed a Committee to write you concerning Miss Strong's health, in view of her return or otherwise to Korea. All recognize her devotion and her usefulness as a missionary up to the extent of her physical powers of earnestly desire, if she recovers, that she may return to her place amongst them. Nevertheless a feeling of uneasiness has been in our minds that a serious condition may be developing or in other words that her condition is not a want of nerve energy that will be restores by a year's rest, but rather that there is a deep cause underlying her prolonged suffering, which should if possible be discovered and removed.

Dr. Avion in his letter to the Board at the time of her return home drew your attention to the greatness of her suffering and the length of time it had existed and the object of this letter is to emphasize in your mind the need there is that her exact condition be examined into and if possible determined, with a view to knowing the probability or otherwise of a restoration to a condition that would fit her for residence and work in this trying country.

As to how and by whom this examination should be conducted we have no suggestion to make as you have better knowledge of that than have we.

This letter is not to be understood as a suggestion that she should not be sent back to the field but only that the Board should know if possible the present condition of her health and the probabilities for the future and decide after knowing.

We all hope that the result will warrant her return here at an early date.

On behalf of the Korea Mission.

Mary H. Gifford

O. R. Avison

M. Alice Fish

18990314

올리버 R. 에비슨(서울)이 프랭크 F. 엘린우드(미국 북장로교회
해외선교본부 총무)에게 보낸 편지 (1899년 3월 14일)

접수
1899년 4월 21일
엘린우드 박사

한국 서울,
1899년 3월 14일

신학박사 F. F. 엘린우드 목사

안녕하십니까,

약 1달 전에 저는 F. S. 밀러 가족과 저의 가족이 모두 안식년으로 귀국해야만 한다는 유감스러운 소식을 전하는 편지를 박사님께 썼습니다.10) 그 편지를 보낸 후에 밀러 부인의 상태는 계속해서 악화되었고, 결과가 상당히 걱정되었습니다. 밀러 씨는 선교지부의 숙녀들의 도움으로 여행을 준비하였으나, 떠날 준비가 되었을 때 그녀는 아직 제물포까지의 여행도 감당하기에 적합하지 않았습니다. 하지만 결국 그녀는 충분하게 회복하였고, 지금 제물포에서 그들을 일본으로 태우고 갈 선박을 기다리고 있습니다. 아마도 그들은 3월 27일 제물포를 떠나 제시간에 나가사키에 도착하여, 4월 5일 출발하는 샌프란시스코 행 증기선을 탈 것입니다. 밀러 부인이 보낸 최근 소식에 의하면, 점차 원기를 되찾고 있지만 상태가 상당히 바뀌고 있어 하루는 좋다가 다른 날은 악화되고 있습니다. 저는 바다 여행이 그녀에게 너무도 고통을 일으켰던 장 궤양이 확고하게 치료될 정도로 원기를 증진시킬 것이라고 믿고 있습니다.

이제 저에 대한 말씀입니다. 아내는 한국에 온 이후 매년 여름 설사와 이질로 고통을 겪었지만 대개 가을에 회복되어 겨울에는 원상을 되찾았습니다. 지난 11월 제가 박사님께 편지를 쓴 것 같이 그녀는 아직도 그것으로 고통을 겪고 있었고 너무 쇠약해져 침대에 누워 있어야 하였습니다.11) 그리고 너무 설사가 심하여 그녀는 극도로 예민해졌고, 그것으로 인해 그녀는 우울하거나 히스테리가 아니라 원기가 고갈되어 최소한의 자극에 의해 손과 사지에서 경련이 일어나면 몇 시간 동안 계속되었으며, 심장 근육에 대한 전반적인 쇠약

---

10) Oliver R. Avison (Seoul), Letter to Frank F. Ellinwood (Sec., BFM, PCUSA) (Feb. 16th, 1899).
11) Oliver R. Avison (Seoul), Letter to Robert E. Speer (Sec., BFM, PCUSA) (Nov. 29th, 1898).

의 영향으로 맥박도 상당히 불규칙하게 되었습니다. 저는 기분 전환이 도움이 될까 생각하여 그녀를 제물포로 데려 갔고, 그녀에게 도움이 되었다고 말씀드리게 기쁩니다. 설사가 멈추었고 신경과민이 회복되었으며 맥박이 다시 규칙적으로 되었습니다.

당시 어떤 사람들은 그녀가 미국으로 귀국해야 한다고 하였고, 어떤 사람들은 우리가 이미 너무 오래 기다렸다고 걱정하였지만 그녀는 여행을 할 수 없는 상태에 있었습니다. 우리는 우리의 업무를 그렇게 내버려 두고 떠나기가 싫어 회복되는 대로 다가오는 겨울에 이전처럼 다시 원기가 회복되는지 시도하기로 결정하였고, 그런 후에 설사를 피하려는 희망으로 초여름에 서울을 떠나기로 하였습니다. 서울로 돌아온 후 그녀는 이전처럼 빠르지는 않았지만 다소 회복되었기에 희망을 갖고 있었는데, 2월 초 그녀는 재귀열이 도져 다시 눕게 되었습니다. 그녀는 그것을 극복하고 일어났지만 약 1주일 후에 그녀는 다시 앓았고, 밀러 부인도 동시에 병이 도졌습니다. 저는 당시 마침 서울에 있던 남장로선교부의 드루 박사에게 향후 치료에 대해 저에게 조언해 주도록 요청하였습니다.[12] 그녀의 병력과 치료를 검토한 그는 특별히 다른 조언을 할 수 없었으며, 우리 모두는 이곳의 환경에 계속 노출되는 것이 그녀에게 위험할 것이라고 느꼈고 그래서 그녀의 즉시 귀국을 조언하였습니다.

선교지부의 여러 회원들의 조언에 따라 우리 부부는 바다 바람을 쐬기 위하여 해안을 따라 군산까지 여행을 준비하였지만 날씨가 나빠져, 특히 아기와 함께 가기에 적합하지 않게 되자 여러 의견이 있었는데, 어떤 사람들은 현 상태로 여행을 생각해 보라고 권하였습니다. 저는 그날 오후 밀러 부인에 대하여 화이팅 박사와 논의하였는데, 그녀는 저에게 아내의 상태에 대한 고려가 부족하다며 저를 질책하였으며, 자신의 판단으로는 아내의 귀국을 더 이상 지연시키면 아내의 생명이 위험할 수 있고, 밀러 부인의 경우 제가 잘 해왔지만 아내에 대해 소홀히 하지 말라고 이야기하였습니다. 그녀가 이야기한 것은 그녀의 견해일 뿐 아니라 선교지부 모든 회원들의 뜻이기도 하였습니다. 마침내

---

12) A. 데이머 드루(Alessandro Damer Drew, 1859. 7. 16~1926. 12. 11)는 영국 채널 아일랜드의 건지에서 태어났으며, 1871년 당시 켄트의 루이셔에서 학교에 다니고 있었다. 그는 1871년 4월 가족과 함께 미국으로 이주하여 버지니아 주에 거주하였다. 그는 1879년부터 1882년까지 햄던-시드니 대학을 수학하고 1884년 졸업하였으며, 필라델피아 약학대학에 진학하여 1886년 3월 우수한 성적으로 졸업한 후 잠시 버지니아 주 댄스빌에서 약사로 활동하였다. 1889년 버지니아 대학교 의학부에 입학하여 1891년 의사가 되었다. 그는 1893년 9월 11일 남장로교회의 한국 선교사로 임명되었으며, 9월 27일 루시 E. 로(Lucy Exall Law, 1866~1932)와 결혼한 후 1894년 3월 13일에 대한하였다. 그는 내한 직후인 레이놀즈와 전라도 지역을 답사하였고, 1895년 3월 군산에서 의료 선교를 시작하였다. 그는 1901년 요양을 위해 귀국하였다가 1904년 선교사를 사임하였고, 이후 캘리포니아 주에서 개업을 하다가 1926년 오클랜드에서 사망하였다.

저는 아내에 대하여 부주의하였던 것이 아니라, 우리의 사역이 많고 밀러 씨가 귀국해야 하고 빈튼 박사의 안식년이 다가오고 있으며, 선교지부의 인력이 모자라게 되기 때문에 우리 모두가 다른 대안이 있을 때까지 귀국하는 것을 반대하였던 것이라고 말하였습니다. 게다가 저는 개인적으로 가족에 대해 결정을 하거나 그것을 시작하는 조치를 취할 수 있다고 생각하지 못하였습니다. 그녀는 그 문제에 대해 대단히 단호하고 느끼고 있으며, 그녀가 선교부에 그 문제를 제출하였을 때 저에게 반대하지 말라고 요청하였습니다. 저는 서울에 있는 의사들의 조언에 따라 선교부가 판단하도록 그 안건을 제출하는데 동의하였으며, 결정은 만장일치로 우리가 귀국해야 한다는 것이었습니다.

우리는 여행 준비를 하였으며, 이제 떠날 준비가 되었습니다. 지난 1달 동안 아내는 다소 원기를 회복하였고 우리가 결정한 조치의 타당성을 알아보기 위해 의사들에게 이 회복에 대한 검토를 요청하였습니다. 그들은 검토를 하였지만 같은 결정을 내렸고, 그래서 저는 우리가 3월 27일 밀러 씨와 같은 배를 타고 제물포를 떠날 것으로 예상하고 있습니다.

그러한 경우에 선교부의 권한, 그리고 그에 대한 선교본부의 견해를 설명하는 박사님의 회람 편지가 막 우리에게 도착하였으며, 저는 그것이 저도 그렇게 해야 하는 대단히 명료하고 공정한 언급이라고 생각합니다. 저는 선교사들이 의사로부터 건강이 좋지 않다는 증명서와 고국으로 귀국하라는 조언을 확보하는데 아무런 부담을 갖고 있지 않다는 것이 저의 경험이었다는 것을 말씀드려야겠습니다. 그런 바람은 거의 항상 있습니다. 저는 최소한 한국에서는 항상 그 반대이며, 오히려 연기하고 어떤 경우 현명하지 못할 정도로 지연시키는 경향이 있다고 말씀드립니다.

서울에 있는 외국인의 건강은 최근 2~3년 동안 좋지 않았습니다. 땅은 수천 년의 오물로 배어 있고, 도로 등에서 이루어진 이 오물을 갈아엎는 큰 변화는 의심할 여지없이 많은 질병의 원인입니다.

급성 질환뿐 아니라 (외국인의) 무기력함은 정상적인 양의 일을 성취하는 것을 불가능하게 한다는 것은 명백합니다. 개인적으로 저는 최근 몇 달 동안 상당히 건강을 해쳤으며, 짧은 기분전환과 휴식이 저의 건강을 회복시킬 것으로 예상하였기에 저의 귀국에 대한 제안에 찬성하고 싶지 않았지만 분명 휴가가 이 저에게 큰 도움이 될 것입니다.

저는 개인적인 문제에 관해 너무 길게 편지를 쓴 것에 대하여 사과드려야 하지만, 가능한 한 솔직하게 말씀드리는 것이 한국에서 그렇게 갑자기 탈출하는 것에 대해 박사님이 느끼실 당황스러움에 대한 해명이 될 것이라고 느끼고 있습니다. 우리가 종종 오래 앓은 끝에 갑자기 죽는다고 말하는 것처럼 그것은 갑작스럽지만 갑작스럽게 이루어진 것은 아닙니다.

  스트롱 양의 건강과 관련하여 저는 스트롱 양과 연락을 취하였습니다. 보고서에는 의사들의 회의에서 그녀가 돌아오지 말아야 한다고 결정하였다는 착오가 있었습니다. 그 문제에 대한 선교부의 편지가 곧 박사님께 도착할 것이며,13) 저는 그것에 대해 충분하게 박사님께 편지를 쓸 것입니다.

  안녕히 계십시오.
  O. R. 에비슨

Oliver R. Avison (Seoul),
Letter to Frank F. Ellinwood (Sec., BFM, PCUSA) (Mar. 14th, 1899)

Received
APR 21 1899
Dr. Ellinwood

Seoul, Korea,
Mar. 14th, 1899

Rev. Dr. F. F. Ellinwood: -

Dear Sir,

  About a month ago I wrote you to announce the unfortunate news that both Rev. F. S. Miller & family and my family would be compelled to return home on furlough. After sending that letter Mrs. Miller continued to grow worse and considerable concern was felt for the outcome. Mr. Miller assisted by the ladies of the Station prepared for the journey but after all was ready she was still unfit to risk the trip to Chemulpo. She finally recovered sufficiently however and they are now in Chemulpo waiting for a boat to take them to Japan. They will probably sail from Chemulpo Mar. 27th reaching Nagasaki in time to take the Steamer for

---

13) Mary H. Gifford, Oliver R. Avison, M. Alice Fish (Committee), Letter to the Board of Foreign Mission of the Pres. Church in America (Mar. 9th, 1899).

San Francisco which sails on April 5th. The latest news from Mrs. Miller is that she is gradually gaining strength, but her condition varies considerably, one day better and another day worse. I trust the sea voyage will increase her vitality to such an extent that she can obtain firm healing of the intestinal ulcers which have caused so much trouble.

And now a word as to our own case. Mrs. Avison has suffered from diarrhoea and dysentery every summer since she came to Korea, but has generally recovered in the Fall and gained all winter. Last November as I wrote you she was still suffering from it and had become so weak that she was confined to bed and the drain had been so great that she was nervous in the extreme, by which I mean not that she was depressed or hysterical but devoid of energy so that her hands & limbs would be thrown into a spasm which would last for several hours by the least excitement and her heart muscle, sharing the general weakness, her pulse became quite irregular. I took her down to Chemulpo to see if a change of air would be helpful and I am glad to say it did help her. The diarrhoea stopped and the nervousness improved, and the pulse also regained its regularity.

There was some talk at that time of her return to America some expressing the fear that we had already waited too long, but she was unable to travel in that condition and we were exceedingly unwilling to leave our work so as soon as improvement set in we resolved as winter was approaching to try again hoping that as usual she would build up and we would then leave Seoul early in the summer in the hope that she might avoid the diarrhoea. After our return to Seoul she improved some but not rapidly as she had formerly done but we were still hopeful until in the beginning of February she succumbed to an attack of Remittent Fever which of course put her back again. She got over that and was up and about for a week or so when she fell ill again Mrs. Miller was suffering from another relapse at the same time and I asked Dr. Drew of the Southern Presbyterian Mission who happened to be in Seoul at the time to advise with me in the further treatment of the case. After reviewing her case and its treatment he said he could not advise any thing different and we both felt that further exposure to the condition prevalent here was subjecting her to great risk and so advised her immediate return home.

Acting under the advice of several members of the station Mrs. Avison and I were preparing to take a trip down the coast to Kunsan in order to get the sea air but the weather became stormy and unfit for us to go, especially with the baby, and there was a difference of opinion as to the matter, some contending that it was fully to think of the trip under existing conditions. I called that afternoon to speak with Dr. Whiting about Mrs. Miller's case and she upbraided me with want of due consideration for Mrs. Avison's condition, saying that in her judgment I was risking Mrs. Avison's life in further delaying her return home and that while considering Mrs. Miller's case I would do well not to neglect my own wife. That she said was not only her opinion but that of all the members of the station. I finally said that I was not unaware of Mrs. Avison's condition but we were both opposed to returning until no other alternative was left not only because our own work was pressing but because Mr. Miller must leave and Dr. Vinton's furlough was due and the working force of the Station would be altogether inadequate. Furthermore I did not feel that I could personally decide the case for a member of my own family, or take the initiatory steps. She said she felt very strongly in the matter and asked that I would refrain from opposition in case she submitted it to the mission. I consented to submit to the judgment of the Mission acting upon the advice of the Seoul Physicians and the verdict was unanimous, that we should return.

We set about our preparations for the journey and are now about ready to start. During the month that has elapsed Mrs. Avison has gained a little and feeling keenly the responsibility of the step we determined to ask the physicians to review the matter in the light of this improvement. This they have done but with the same verdict, and so I expect we shall leave Chemulpo on the same boat as the Miller's take, March 27th.

Your circular letter explaining the powers of the Missions in such cases and the view of the Board on the subject has just reached us and I think is a very lucid and very fair statement placing the responsibility just where it seems to me it ought to be. I must say that it has been my experience that the missionaries bring no pressure to bear upon the physician to secure a certificate of ill health and advice to return home. The wish is nearly always. I may say always just in the opposite direction, at least it has been so far in Korea and the tendency is rather to put off the evil day and in some cases to delay almost longer than is wise.

The health of the foreigners in Seoul has not been good for the last two or three years. The ground is saturated with the filth of a thousand years and the extensive changes that have been made in street &c necessitating the upturning of this filth is no doubt responsible for much of the sickness.

It is manifest not only in the attacks of acute illness but in the lethargy of the people (foreign) and their inability to sustain effort so that it is impossible to accomplish the normal amount of work. Personally I have run down a good deal these last few months and I have no doubt the change will be of great benefit to me, although I would not have consented to a proposition to return on my account as I would expect a short change of air and rest to recuperate me.

I must apologize for writing so lengthily about personal matters but I felt that it was due to you to make matters as plain as possible as you will be justified in feeling some dismay at such a sudden exodus from Korea. It is sudden and get not sudden, except as we sometime say that death comes suddenly at the end of a long illness.

Re Miss Strong's health I have been in communication with Dr. Strong. There was a mistake in the report that a conference of physicians decided that she ought not to return. A letter from the Mission on the subject will soon reach you and I will write fully to you about it.

Very sincerely and regretfully,
O. R. Avison

18990314

수전 A. 도티(서울)가 프랭크 F. 엘린우드(미국 북장로교회 해외선교본부 총무)에게 보낸 편지 (1899년 3월 14일)

(중략)

기포드 부인이 (연례) 회의 전에 돌아 와서 넓은 범위의 여자 사역을 맡을 준비를 하였기에 우리는 지난 4년 동안의 계획이 실행될 시기가 되었다고 느꼈습니다.

......

즉각 변경이 시작되었고, 현재의 건강하고 편안한 상태를 만드는데 약 6주일 동안 힘들게 일하였습니다. 에비슨 박사, 밀러 씨 및 제가 그것을 담당할 위원회에 임명되었습니다. 에비슨 부인과 밀러 부인이 아팠기 때문에 두 사람은 그들과 함께 즉시 제물포로 갔으며, 일꾼 확보와 감독 등 위원회의 일을 제가 하였습니다.

(중략)

Susan A. Doty (Seoul),
Letter to Frank F. Ellinwood (Sec., BFM, PCUSA) (Mar. 14th, 1899)

(Omitted)

As Mrs. Gifford had returned before this meeting and was prepared to take up the woman's work in a wider range, we felt that the time had come when the plans of four years previous should be carried out.

......

The change was begun immediately, and took about six weeks of hard work to bring things into our present healthful, comfortable condition. Dr. Avison, Mr. Willis and I were the Committee to undertake it. Both Mrs. Avison and Mrs. Miller were ill and the gentlemen went at once with them to Chemulpo, and the work was undertaken with my supervising such workmen as I could secure.

(Omitted)

회의록, 한국 선교부 서울 지부(미국 북장로교회) 1891~1921
(1899년 3월 20일)

한국 서울,
1899년 3월 20일

서울 지부의 정기회의가 에비슨 박사 사택에서 개최되었다. 의장은 성경을 봉독하였으며, 에비슨 박사가 기도를 드렸다. 2월 14일 회의록이 낭독되었고 수정 후 통과되었다.[14] 1월 17일 및 2월 9일자 선교본부의 편지,[15] 또한 에비슨 박사의 부재중에 그의 자리에 다른 의사를 이적시키는 것과 관련하여 소지부에서 온 모든 편지들이 낭독되었다. 선교부가 진료를 수행할 준비를 할 수 있을 때까지 제중원 남자 과(科)를 닫는다는 결의가 통과되었다. 또한 병원 의학생들의 처리를 의료 위원회의 서울 지부 위원에게 의뢰하기로 결의하였다.

제이콥슨 기념 사택의 건축을 위한 위원회에서 에비슨 박사의 자리에 언더우드 박사가 임명되었다. 추후 공고가 있을 때까지 정기 월례회의를 오후 3시 30분 제중원의 사택에서 개최하자는 동의가 통과되었다.

(중략)

병원의 여자들이 에비슨 박사의 부재중에 그의 사택을 사용하도록 승인되었다.

(중략)

다음의 청구가 낭독되었고 승인되었다.
......
O. R. 에비슨 박사   513.19달러

(중략)

---

14) *Minutes, Seoul Station, Korea, 1891~1921* (PCUSA) (Feb. 14th, 1899).

15) Frank F. Ellinwood (Sec., BFM, PCUSA), Letter to the Korea Mission (Jan. 17th, 1899); Frank F. Ellinwood (Sec., BFM, PCUSA), Letter to the Korea Mission (Feb. 9th, 1899).

Minutes, Seoul Station, Korea, 1891~1921 (PCUSA) (Mar. 20th, 1899)

Seoul, Korea,
March 20, 1899

The regular meeting of Seoul Station was held at the house of Dr. Avison. The chairman read from Scripture and Dr. Avison offered prayer. The minutes of February 14th were read and received with correction. Board letters were read of dates January 17th and February 9th: also letters from all the outstations in reference to the transferring of another physician to take Dr. Avison's place during his absence. A resolution was passed that the Men's department of the Government hospital be closed until the Mission is able to make provision for the carrying on of the work. Also another that the disposition of the medical students in the hospital be referred to the Seoul members of the Medical Committee.

Dr. Underwood was appointed in Dr. Avison's place on the committee for building the Jacobson Memorial Home. A motion was passed that the regular monthly station meeting be held until further notice at the hospital residence at 3.30 P. M.

(Omitted)

The ladies at the hospital were authorized to occupy Dr. Avison's house during his absence.

(Omitted)

The following orders were read & approved: -

......

Dr. O. R. Avison $ 513.19

(Omitted)

18990322

호러스 N. 알렌(서울)이 프랭크 F. 엘린우드(미국 북장로교회 해외선교본부 총무)에게 보낸 편지 (1899년 3월 22일)

접수
1899년 4월 일
엘린우드 박사

한국 서울,
1899년 3월 22일

친애하는 엘린우드 박사님께,

저는 박사님의 2월 14일자 편지를 받았습니다. 저는 귀국을 위해 출발하려 하고 있기에 길게 답장을 하지 않을 것이며, 아마도 8월에 박사님을 뵐 수 있을 것 같습니다.

(중략)

에비슨 박사는 아내의 병환 때문에 귀국하며, 의료 사업은 현재 필드 양이 책임을 맡고 있습니다. 에비슨 박사는 자신의 일을 잘 수행하는 훌륭한 사람이며, 저는 그가 대단히 아쉬워하며 떠나는 것을 이해하고 있습니다. 저는 개인적으로 그를 좋아하지 않지만 그의 가치를 인정하며, 박사님은 그를 가능한 한 조기에 (한국으로) 돌려보내는 것이 더 좋을 것이라고 생각합니다.

(중략)

Horace N. Allen (Seoul),
Letter to Frank F. Ellinwood(Sec., BFM, PCUSA) (Mar. 22nd, 1899)

Received
APR   1899
Dr. Ellinwood

Seoul, Korea,

March 22nd, 1899

My dear Dr. Ellinwood,

I have your letter of Feb. 14th and will not reply at great length as I am about to start for home, and will see you probably in August.

(Omitted)

Avison goes home because of a sick wife and the medical work is left for the present in charge of Miss Field, Avison is a good man for the place and I understand he leaves with very great reluctance. I do not like him personally, but I recognize his worth and think you can do no better than to send him back as soon as possible.

(Omitted)

18990324

윌리엄 M. 베어드(제물포)가 프랭크 F. 엘린우드(미국 북장로교회 해외선교본부 총무)에게 보낸 편지 (1899년 3월 24일)

<table>
<tr><td>접수
1899년 5월 4일
엘린우드 박사</td><td style="text-align:right">한국 제물포,
1899년 3월 24일</td></tr>
</table>

신학박사 F. F. 엘린우드 목사

친애하는 형제께,

저는 지금 가족과 함께 미국으로 가는 중입니다. 에비슨 박사와 그의 가족, 밀러 씨와 그의 가족이 이곳에서 우리와 함께, 그리고 애덤스 부인과 아이들이 부산에서 합류할 것으로 예상됩니다. 저는 첫 증기선으로 떠날 것으로 기대하고 3월 14일 이곳에 왔습니다. 하지만 그 이후 화물선 이외에는 어느 배도 이곳에서 출항하지 않았습니다. 저는 애덤스 씨 가족의 병환으로 애덤스 부인이 떠나기 곤란하며 좀 더 연기하는 것이 좋겠다는 요청이 오지 않았다면 화물선 중 하나를 탔을 것입니다. 애덤스 부인이 우리와 함께 가는 것이 필요했기 때문에 이것은 어쩔 수 없었던 것 같습니다. 이제 저는 3월 27일 이곳을 출항하여, 4월 5일 나가사키에서 미국 증기선을 타고 4월 28일 샌프란시스코에 도착하기를 기대하고 있습니다.

(중략)

William M. Baird (Chemulpo),
Letter to Frank F. Ellinwood (Sec., BFM, PCUSA) (Mar. 24th, 1899)

Received
MAY 4 1899
Dr. Ellinwood

Chemulpo, Korea,

March 24th, 1899

Rev. F. F. Ellinwood, D. D.,

Dear Brother: -

I am now enroute for America with my family. It is expected that both Dr. Avison and his family and Mr. Miller and his family will go with us from here, and that Mrs. Adams and her children will join us in Fusan. I came here on March 14th expecting to leave by the first steamer. Nothing but cargo boats have yet sailed from here since then. I should have taken one of these had it not been for the word from Fusan that illness in Mr. Adams' family would prevent Mrs. Adams from going at that time and requesting a further delay. Since it is necessary for Mrs. Adams to go with me, this seems unavoidable. I expect now to sail from here March 27th, and to leave Nagasaki by the American Maru April 5th, with the hope of reaching San Francisco April 28th.

(Omitted)

조지아나 E. 화이팅(서울)이 프랭크 F. 엘린우드(미국 북장로교회 해외선교본부 총무)에게 보낸 편지 (1899년 3월 24일)

접수
1899년 5월 4일
엘린우드 박사

한국 서울,
1899년 3월 24일

친애하는 엘린우드 박사님께,

저는 왜 우리가 선교본부로부터 승인을 받기 위해 기다리지 않고 사역 기간이 끝나기 전에 에비슨 박사 부부를 귀국시키려하는지 특별히 설명하기 위해 편지를 쓰고 있습니다.

에비슨 부인은 한국에 온 이후 매년 매우 심각하고 난치성인 설사에 시달렸고, 때로는 이질을 앓았으며, 우리는 그녀가 이렇게 앓는 동안 그 결과에 대하여 걱정하였습니다. 에비슨 부인의 건강이 좋지 않았기 때문에 그녀의 가족은 일본과 중국으로 가서 오래 머물렀습니다. 에비슨 부인은 회복되어 돌아왔지만 몇 달이 지나지 않아 고질적인 문제가 좀처럼 사라지지 않았고, 지난 가을에는 더 심해지고 이전 어느 때보다 더 위중한 증상을 동반하였습니다. 그녀는 제물포로 가서 몇 주일 동안 요양을 취한 후 서울로 돌아왔으나 문제가 다시 발생하였습니다. 이렇게 되기 전에 차가운 날씨가 도움을 주는 것 같았지만, 지난 겨울에 에비슨 부인에게 반복적으로 말라리아와 설사가 반복되었고 몸 상태가 크게 손상되었으며, 원기가 저하되어 올 여름 중 그녀가 이곳에 머무는 것이 위험하다는 두려움으로 우리는 그녀에 대해 이러한 심각한 조치를 취하는 것이 당연하다고 느꼈습니다.

전체 선교부는 이미 재원을 과도하게 요구 받고 있는 선교본부에 부과되는 과중하고 예기치 않은 요구가 많다는 것에 공감하고 있지만, 우리는 심각하게 고려하고 기도한 끝에 이 조치를 취하게 되었습니다.

빈튼 박사, 밀러 씨 및 에비슨 박사의 부재로 서울에서의 사역은 심각하게 타격을 받을 것이지만, 우리는 보다 좋은 기후와 좋은 상황에서 갖는 휴식이 모든 병자들을 회복시켜 사역으로 돌아오게 할 것으로 기대하고 있습니다.

선교본부의 책임에 커다란 짐을 추가한 것에 대해 박사님과 공감하며.

안녕히 계십시오.
조지아나 E. 화이팅

Georgiana E. Whiting (Seoul),
Letter to Frank F. Ellinwood (Sec., BFM, PCUSA) (Mar. 24th, 1899)

Received
MAY 4 1899
Dr. Ellinwood

Seoul, Korea,
Mar. 24th, 1899

Dear Dr. Ellinwood: -

I am writing especially to explain why we are sending Dr. and Mrs. Avison home before the expiration of term of service without waiting to obtain permission from the Board.

Every summer since coming to Korea, Mrs. Avison has had very severe and intractable attacks of diarrhea and sometimes dysentery and during some of these attacks we have feared for the result. On account of Mrs. Avison's ill health, the family went to Japan and China and made a prolonged stay. Mrs. Avison came back improved but a few months showed that, this old trouble still lingered and last fall was more severe and accompanied by more serious symptoms than at any time previously. She was taken to Chemulpo where she remained for several weeks returning to Seoul only to have a return of the trouble. While before this, the cooler weather seems to bring relief, during the past winter Mrs. Avison has had repeated attacks of malaria and diarrhoea and fearing to risk her staying here during the coming summer following the illness of the winter and with constitution badly undermined and strength failing we have felt justified in taking this serious step.

The whole Mission sympathy with the Board in the heavy and unexpected demands which are being made upon their already heavily taxed resources and only after serious consideration and prayer for direction have we taken this step.

The work in Seoul will be seriously crippled by the absence of Dr. Vinton, Mr. Miller and Dr. Avison, but we are hopeful that the rest in a more favorable climate and under better conditions will soon restore all the sick ones to be able and allow of their return to the work.

Feeling with you in this great addition to the responsibility laid upon the Board.

I am,

Yours sincerely,
Georgiana E. Whiting

호러스 N. 알렌(미국 공사, 서울)이
장로교회 선교부(서울)로 보낸 편지 (1899년 3월 27일)

미합중국 공사관
한국 서울, 1899년 3월 27일

서울 장로교회 선교부 귀중

친애하는 동료들께,

귀 선교부가 관할하고 있는 제중원과 관련하여 저에게 보고된 모종의 의문과, 저에게 강요된 모종의 설득에 비추어 저는 에비슨 박사의 부재중에 남자 환자의 진료에 필요한 조치를 취하지 않고 병원을 놔두는 것은 대단히 현명하지 않다는 것을 말씀드리고 싶습니다. 저는 정식 의사가 확보될 때까지 몇 주일 동안 매일 1~2시간이 넘지 않더라도 최소한으로 제중원이 운영되도록 어떤 남자 의사를 지명할 것을 강하게 권하는 바입니다. 여러분들은 헤론 박사가 사망한 후에 빈튼 박사가 올 때까지 제중원을 열어 놓기 위해 제가 오전 8시부터 10시까지 진료에 전념하였으며, 동시에 공사관 서기로 임무를 수행하였음을 기억하실 것입니다. 분명 귀 선교부는 이번 경우에서도 그러한 임시적인 조치를 취할 수 있습니다.

귀 선교부가 이 문제에 대해 신중하게 고려할 것을 믿습니다.

안녕히 계십시오.
호러스 N. 알렌

친애하는 엘린우드 박사님,

에비슨 박사는 미국에 도착하였을 때 이 문제에 대해 박사님께 설명드릴 것입니다. 한국인들은 병원을 넘겨받으려고 알아보았던 것 같습니다. 저는 부재중일 것이며, 불평의 구실거리를 줄 것이기에 그 자리를 공석으로 놔두는 것을 원하지 않으며, 진료할 ____를 만들어야지 그렇게 하지 못하면 ____할 것입니다. 저는 기포드 및 에비슨 씨와 이야기를 나누었으며, 저는 그들이 이 사안에서 이 편지의 도움으로 자신의 임무를 수행하는데 ____할 수 있을 것이라고 생각합니다.

H. N. A.

Horace N. Allen (U. S. Minister, Seoul), Letter to the Presbyterian Mission, Seoul (Mar. 27th, 1899)

Legation of the United States,

Seoul, Korea, March 27, 1899

To the Presbyterian Mission,

Seoul

Dear friends: -

In view of certain interrogatories which have been reported to me as having been made regarding the Government Hospital which is under your care, as well as from certain convictions that have been forced upon me, I wish to say that I deem it very unwise to leave the hospital without the necessary means of attending to male patients during the absence of Dr. Avison. I would strongly recommend that some male physician be named to at least keep the institution open if no more than one or two hours can be given to it daily for a few weeks until a regular supply can be secured. You will remember that after the death of Dr. Heron, I devoted the hours from 8 A. M. to 10 A. M. to a clinic, in order to keep the institution open till Dr. Vinton should arrive and at the same time attended to my duties as Secretary of Legation. Surely you can make some such temporary arrangement as that in this instance.

Trusting you will take this matter under careful consideration, I am,

Respectfully yours,
Horace N. Allen

Dear Dr. Ellinwood,

Dr. Avison will explain matters to you when he reaches N. Y. It seems that the Koreans have made enquiries _____ing toward the taking over of the hospital. I will be away and I don't want the place left vacant as that would give a reason for complaint, _____ _____ be made to attend to it or be _____ed for failing to do so. I have talked with Gifford & Avison and I think they with the help of this letter will be able to compel _____ to do his duty in this case.

H. N. A.

올리버 R. 에비슨(서울)이 호러스 N. 알렌(미국 공사, 서울)에게 보낸 편지 (1899년 3월 27일)

제중원,
1899년 3월 27일

H. N. 알렌 박사,
주한 미국 공사

안녕하십니까,

저는 귀하께 제가 휴가차 미국으로 돌아가려 하고 있으며, 한동안 건강이 나빴던 아내가 건강이 회복될 기회를 주려하고 있다는 것을 알려드립니다.

제가 없는 동안 대체 계획이 마련되었으며, 병원의 모든 업무는 예전과 같이 수행될 것입니다.

지난 토요일16) 저녁 때 폐하를 알현하면서 저는 출발 예정을 알렸지만 업무 수행 계획은 알릴 수 없었습니다. 그는 저의 출발에 유감을 표명하였지만 받아들였으며, 인자하게 제가 돌아와서 다시 업무를 수행하기를 기대한다고 말하였습니다. 그는 자신이 관심을 갖고 있는 업무의 가치와 그것이 방해를 받지 말아야 한다는 바람을 대단히 간절하게 이야기하였습니다.

제가 폐하를 알현한 후 제가 없는 동안 예전과 같이 업무를 수행하기 위한 계획이 마련되었으며, 폐하께서 병원 업무가 계속되어야 한다는 강한 바람을 표명하였기에 저는 폐하가 이 소식을 들을 수 있다면 기쁘겠습니다.

귀하께서 외부를 통해 저의 일시적인 부재와 병원 업무에 중단이 없을 것이라는 사실을 한국 정부에 알려 주실 수 있겠습니까?

안녕히 계십시오.
O. R. 에비슨

---

16) 1899년 3월 25일이나.

Oliver R. Avison (Seoul),
Letter to Horace N. Allen (U. S. Minister, Seoul) (Mar. 27th, 1899)

Imperial Korean Hospital,
Mar. 27th, 1899

Dr. H. N. Allen,
American Minister to Korea &c., &c.

Dear Sir: -

I beg to inform you that I am about to return to America for a vacation and to give Mrs. Avison an opportunity to regain her health as she has been in ill health for some time.

Provision has been made for a substitute during my absence and the hospital work will be carried on as usual in all its departments.

In a personal interview with His Majesty on Saturday evening last I told him of my intended departure but was unable at that time to inform him of the arrangements for the carrying on of the work. He expressed regret at my departure but acquiesced in it, graciously saying he would look forward to my return to again carry on the work, and spoke very kindly of the value of the work of his interest in it, and of his desire that it should not be interfered with.

Since my audience with His Majesty arrangements have been made for carrying on the work as usual during my absence and I should be pleased if he could be informed of this, as he expressed such a strong desire to have the work continued.

May I ask you also to inform the Korean Government thorough the Foreign Office of my temporary absence and of the fact that there will be no break in the hospital service.

Yours very obediently,
O. R. Avison

호러스 N. 알렌(미국 공사, 서울)이 이도재(외부대신 서리)에게 보낸 외교문서 제156호 (1899년 3월 28일)[17]

제156호, 외부

미합중국 공사관,
한국 서울, 1899년 3월 28일

안녕하십니까,

저는 각하께 이른바 정부병원(제중원)의 책임을 맡고 있는 O. R. 에비슨 박사가 아내의 병환으로 필요해진 짧은 휴가로 미국으로 떠나려 하고 있다는 사실을 알려 드립니다.

에비슨 박사가 없는 동안 병원 업무는 임시로 대리하는 남자 및 여자 의사의 책임 아래 통상적으로 이루어질 것입니다.

에비슨 박사는 폐하께서 인자하게 알현을 허락하였고, 그때 그가 떠나는 이유는 설명하였고 받아들여졌으며, 폐하는 의사의 의도대로 조속히 돌아오기를 바라는 간절한 바람을 표현하였다고 제게 알렸습니다.[18]

안녕히 계십시오.
호러스 N. 알렌

---

17) 이도재(李道宰, 1848~1909)는 1882년 생원으로서 정시문과에 병과로 급제, 홍문관부수찬에 임명되었다. 이어 1883년 6월 경상좌도 암행어사, 10월 강원도 암행어사를 거쳐 승정원 동부승지에 특제(特除)되었고, 1884년 참의군국사무(參議軍國事務), 강원도 독련어사(督鍊御史), 좌부승지를 역임하고 이조참의가 되었다. 1885년 성균관 대사성을 거쳐 1886년 호군으로 재임 중 온건 개화파에 의해 고금도에 유배, 가극안치(加棘安置)되었다. 1894년 갑오개혁으로 개화파 정부가 수립되자 유배에서 풀려나 군무협판이 되고, 이어 전라도 관찰사로 부임, 그 해 12월 동학농민군 지도자 전봉준(全琫準)을 순창에서 사로잡아 서울로 압송하였다. 1895년 5월 지방 관제개혁에 따라 전주부 관찰사가 되고, 이어 부장으로 군부대신, 곧이어 학부대신으로 임명되었지만 단발령이 강행되자 이에 반대, 사직하였다. 1896년 동로선유사(東路宣諭使)로 특파되어 강원도 지방 의병의 선유에 나섰고, 이어 중추원 의관을 거쳐 궁내부 특진관이 되었다. 1898년 외부대신, 비서원경(秘書院卿)을 거쳐 농상공부 대신이 되었고, 7월에 설치된 양지아문(量地衙門)의 총재관을 겸임하였다. 10월에 다시 학부대신이 되어 비서원경을 겸하였고, 지석영의 건의를 들어 의학교 설치를 인가하였다. 이어 내부대신 서리·궁내부 특진관을 거쳐 경효전제조(景孝殿提調)가 되었다. 1899년 법부대신이 되어 고등재판소 재판장을 겸하고, 이어 의정부찬정(議政府贊政)·귀족원경을 거쳐 1900년 7월 평안북도 관찰사에 임명되었다.

18) Oliver R. Avison (Seoul), Letter to Horace N. Allen (U. S. Minister, Seoul) (Mar. 27th, 1899).

이도재 각하,
　외부대신 서리
　서울

　照會 第百五十六號
　大美 欽命駐箚朝鮮便宜行事大臣兼總領事 安, 爲照會事, 玆據 濟衆院 醫士 에비
슨 禀稱, 本醫妻病, 行將得假歸國, 而經蒙引見, 觀告假歸之由, 並以速還之意, 謹奉允
旨等情, 據此, 査該醫士往返問, 所有該院事務, 應由 男女醫員等 照常辦理, 爲此, 理
合備文照會, 請煩 貴大臣 査照可也, 須至照會者,
　右照會
　大韓 外部大臣 署理 議政府 贊政 李
　一千八百九十九年 三月 二十八日

Horace N. Allen (U. S. Minister, Seoul),
Dispatch No. 156, F. O., to Ye Toh Chai
(Acting Minister for Foreign Affairs, Korea) (Mar. 27th, 1899)

No. 156, F. O.

Legation of the United States,

Seoul, Korea, March 28, 1899

Sir: -

I have the honor to inform Your Excellency that Dr. O. R. Avison, in charge of the so-called Government Hospital, is about to leave for America on a short vacation, made necessary by the illness of his wife.

During the absence of Dr. Avison, the hospital work will go on as usual under the charge of male and female physicians acting for the time being.

Dr. Avison informs me that His Majesty graciously accorded him an audience, at which time the reasons for his departure were discussed and acquiesced in, and His Majesty expressed an earnest desire for the early return of the Doctor, which is the latter's intention.

I have the honor to be,

Sir: -

Your obedient servant,

Horace N. Allen

To,

His Excellency,

Ye Toh Chai,

Acting Minister for Foreign Affairs,

Seoul

호러스 N. 알렌(미국 공사, 서울)이 프랭크 F. 엘린우드(미국 북장로교회 해외선교본부 총무)에게 보낸 편지 (1899년 3월 29일)

(1899년) 3월 29일

친애하는 엘린우드 박사님,

동봉한 편지들이 설명해 줄 것입니다. 분명 빈튼 박사는 이 일에 참여하여 대단히 ＿＿한 ＿＿ 임무를 수행하며, 그가 할 수 있는 최상의 일을 할 의사 (意思)를 갖고 있습니다.

H. N. A.

Horace N. Allen (U. S. Minister, Seoul), Letter to Frank F. Ellinwood (Sec., BFM, PCUSA) (Mar. 29th, 1899)

Mch. 29

Dear Dr. Ellinwood: -

Enclosed letters will explain themselves. Evidently Dr. Vinton has desire to the occasion and is willing to do his ＿＿＿ duty, which ＿＿＿ very ＿＿＿ and is the best thing he could do.

H. N. A.

18990331

잡보외방통신, 의ᄉᆞ 귀국. 독립신문(서울) (1899년 3월 31일), 3쪽
[Local News, Return of Doctor to America.]
The Independent (Korean Ed., Seoul) (Mar. 31st, 1899), p. 3

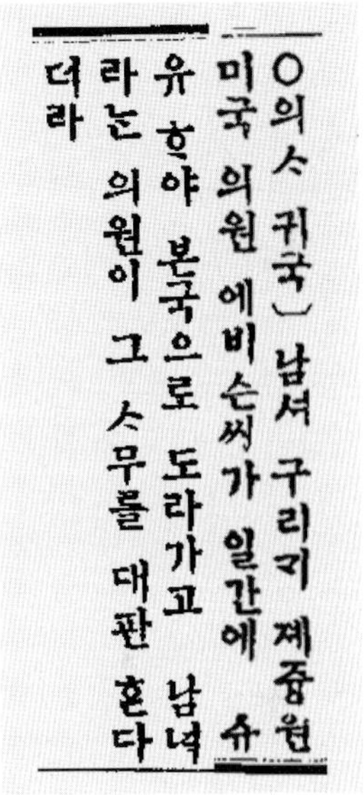
○의ᄉᆞ 귀국) 남셔 구리기 졔즁원 미국 의원 에비슨씨가 일간에 슈유ᄒᆞ야 본국으로 도라가고 남녀라는 의원이 그 ᄉᆞ무를 대판 ᄒᆞᆫ다더라

그림 5-2. 잡보외방통신. 의사 귀국. 독립신문(1899년 3월 31일), 3쪽

의사 귀국

남서 구리개 제중원의 미국 의사 에비슨 씨가 며칠 내에 휴가를 받아 본국으로 돌아가고 남녀 의사가 그 사무를 대신 한다더라.

의ᄉᆞ 귀국

남셔 구리기 졔즁원 미국 의원 에비슨 씨가 일간에 슈유ᄒᆞ야 본국으로 도라가고 남녀라는 의원이 그 ᄉᆞ무를 대판 ᄒᆞᆫ다더라.

18990400

로버트 그리어슨, 한국에서의 시작, 첫 보고서.
The Presbyterian Record (토론토) 34(4) (1899년 4월호), 112~113쪽

한국에서의 시작, 첫 보고서.
의학박사 로버트 그리어슨, 목사

(중략)

(1898년) 8월 29일 나가사키에 도착한 우리는 다시 기선을 갈아타야 했으며, 마침내 9월 3일 한국 제물포를 향해 떠났는데 부산을 들른 후에 9월 7일 도착하였습니다.

우리는 즉시 서울로 올라갔으며, 우리가 다른 일정을 마련할 수 있을 때까지 미국 북장로교회의 선교사인 언더우드 박사의 극진한 환대를 받았습니다. 이어 우리는 9월 14일부터 11월 11일까지 에비슨 박사의 여름 별장을 이용하였습니다. 맨 먼저 저는 우리 부부의 언어 선생을 고용하였습니다.

(중략)

Robert Grierson, Beginnings in Korea, First Reports.
The Presbyterian Record (Toronto) 34(4) (Apr., 1899), pp. 112~113

Beginnings in Korea, First Reports.
By Rev. Robert Grierson, M. D.

(Omitted)

Reaching Nagasaki on August 29th we had again to change steamers, and finally on Sept. 3rd we embarked for Chemulpo, Korea, which was reached on Sept. 7th after a call at Fusan.

We at once went up to Seoul and were most kindly given entertainment, by Dr. Underwood, missionary of the Presbyterian Church U. S. A., until we could make other arrangements. Then we had the use of Dr. Avison's summer residence from Sept. 14th to Nov. 11th. At the very first 1 engaged a teacher of the language for my wife and myself.

(Omitted)

한국. O. R. 에비슨 박사 부부, F. S. 밀러 목사 부부, J. E. 애덤스 부인, 귀국을 허가하다. 미국 북장로교회 해외선교본부 실행이사회 회의록 (1899년 4월 3일)

한국. O. R. 에비슨 박사 부부, F. S. 밀러 목사 부부, J. E. 애덤스 부인, 귀국을 허가함. 선교부가 배서한 건강 증명서에 근거하여 O. R. 에비슨 박사 부부, F. S. 밀러 목사 부부, 그리고 E. 애덤스 부인의 미국 귀국을 허가함.

Korea. Dr. & Mrs. O. R. Avison, Rev. & Mrs. Miller, Mrs. J. E. Adams, Return Approved. *Minutes [of Executive Committee, PCUSA], 1837~1919* (Apr. 3rd, 1897)

Korea. Dr. & Mrs. O. R. Avison, Rev. & Mrs. Miller, Mrs. J. E. Adams, Return Approved. That the return to the United States, of Dr. and Mrs. O. R. Avison, Rev. and Mrs. F. S. Miller and Mrs. J. E. Adams, of the Korea Mission, on the basis of health certificates, endorsed by the Mission, be approved.

한국. 제이콥슨 기념 사택 예산 요청. 미국 북장로교회 해외선교본부
실행이사회 회의록 (1899년 4월 3일)

한국. 제이콥슨 기념 사택 예산 요청. 서울의 제이콥슨 기념 사택을 위한 한국 선교부의 1,000달러 추가 예산 요청에 대해, 그것은 1899년 2월 6일자 선교본부 결정에서 이미 승인된 것과 동일한 요청일 가능성 때문에 아무런 결정을 내리지 않았다.

Korea. Request for Appropriation for Jacobson Memorial House.
Minutes [of Executive Committee, PCUSA], 1837~1919
(Apr. 3rd, 1897)

Korea. Request for Appropriation for Jacobson Memorial House. Upon request of the Korea Mission for $1,000 addition to the appropriation for the Jacobson Memorial House, at Seoul, no action was taken in view of the possible identity of this request with ____, which had been already granted in the Board action of February 6th, 1899.

한국의 선교. 1899년 5월 총회에 제출된 미국 북장로교회 해외선교본부 제62차 연례 보고서, 157, 163, 165, 171쪽

한국의 선교

157쪽

서울: 수도, 서해안 근처에서 한강 옆에 위치해 있으며, 상업 항구인 제물포에서 내륙으로 25마일 떨어져 있다. 1884년 선교부가 시작됨; 선교사 - 신학박사 H. G. 언더우드 목사 부부, D. L. 기포드 목사 부부, S. F. 무어 목사 부부, F. S. 밀러 목사 부부, C. C. 빈튼 박사 부부, O. R. 에비슨 박사 부부, S. A. 도티, C. C. 웸볼드, 엘렌 스트롱 양 및 조지아나 화이팅 박사, E. L. 쉴즈 양, E. H. 필드 박사.

(중략)

많은 사람들의 건강이 손상되었지만 모든 선교사들의 삶은 자비롭게 보존되었다. 그레이엄 리 목사와 J. 헌터 웰즈 부인은 잠시 선교지를 떠나야만 하였으며, 리 씨의 병은 발열로 끝났고, 둘 모두 회복되었다. 여름의 더운 기간 중에 이질 및 다른 유사한 질병이 서울 지부에 유행하였으며, 밀러 부인과 에비슨 부인이 심하게 앓았다.

163쪽

...... 무어 씨는 밀러 씨를 동반하였던 자신의 여행 중 15명에게 세례를 주었는데, 거의 대부분 백정들이었다. 그는 서울에서도, 특히 에비슨 박사가 책임을 맡고 있는 제중원의 환자들에 대해 상당히 노력하고 있는데, 그곳에서 전도 사역이 상당히 중요하게 되었다.

165쪽

여자 사역
(중략)

제중원 여자 진료소의 책임 맡고 있는 필드 박사는 매일 환자를 위한 예배를 드리고 있다. 여자 환자와 인근에서 온 일부 여자들이 일요일 아침 에비슨 박사가 진료소에서 드리고 있는 예배에 참석하였다.

(중략)

171쪽

의료 사역
(중략)

에비슨 박사는 1년 동안 제중원에서 22명의 병원 환자와, 9,018명의 외래 환자를 진료하였다.[19] 총 수입은 은화 1,619달러이었다. 전년도와 비교하였을 때 여자 입원 환자가 뚜렷하게 증가하였다. 특진병동은 잘 운영되었으며, 자주 모든 방이 가득 찼다. 이를 위해 적은 기금들을 받았다. 현재 5명의 조수가 해부학, 화학 및 유사한 과목들을 배우고 있다.

1년 동안 에비슨 박사는 빈튼, 피시, 화이팅, 필드 박사, 쉴즈 양 및 남감리교회 선교부의 하디 박사에게 가끔 업무를 맡겨 도움을 받았다. 지난 해 중에 의사는 조선 정부에 의해 무관학교(武官學校)에 지원한 400~500명 지원자의 신체검사를 담당하였다.[20]

(중략)

---

19) 원문에는 병원 환자와 외래 환자의 명(名) 수가 바뀌어 있다.
20) 1895년(고종 32년) 4월 신식 군대인 훈련대가 편성되면서, 5월 이들을 훈련시키고 지휘할 초급 무관 양성을 위해 훈련대 사관 양성소가 설치되었다. 사관 양성소는 일제의 주도로 설치되었고 명성황후 시해 사건에 개입함으로써 폐지되었다. 하지만 사관 양성의 필요성이 꾸준히 제기되어 1896년 1월 무관학교 관제 공포와 함께 무관학교가 설립되었지만 고종의 아관파천으로 무용화되었다. 1897년 2월 고종이 환궁하고 10월 대한제국이 선포된 후인 1898년 7월 1일 군부 소속의 무관학교가 설립되었다.

Mission in Korea.

Sixty-second Annual Report of the BFM of the PCUSA. Presented to the General Assembly, May, 1899, pp. 157, 163, 165, 171

Missions in Korea.

p. 157

Seoul: the capital, near the western coast, on the Han River and 25 miles overland from the commercial port, Chemulpo; mission begun in 1884; missionaries - Rev. H. G. Underwood, D. D., and Mrs. Underwood, Rev. D. L. Gifford and Mrs. Gifford, Rev. S. F. Moore and Mrs. Moore, Rev. F. S. Miller and Mrs. Miller, C. C. Vinton, M. D., and Mrs. Vinton, O. R. Avison, M. D., and Mrs. Avison, Misses S. A. Doty, C. C. Wambold, Ellen Strong, and Georgiana Whiting, M. D., E. L. Shields, E. H. Field, M. D.

(Omitted)

The lives of all the missionaries have been mercifully preserved, though their health has in many cases been impaired. Rev. Graham Lee and Mrs. J. Hunter Wells were obliged to leave their field for a time, and Mr. Lee's illness terminated in an attack of fever, both have recovered. During the heated period of the summer, dysentery and other kindred ailments prevailed at the Seoul Station, and Mrs. Miller and Mrs. Avison were seriously ill.

p. 163

...... Mr. Moore accompanied Mr. Miller on one of his tours, during which 15 persons were baptized, nearly all of the butcher class. He has also put forth considerable effort in the city of Seoul, particularly among the patients of the Government Hospital, which is under the care of Dr. Avison, and in which evangelistic work is made a matter of much importance.

p. 165

Women's Work.

(Omitted)

Dr. Field, while in charge of the woman's dispensary of the Government Hospital, held a daily service for the patients. The women patients and some from the neighborhood attended the Sabbath morning service held by Dr. Avison in the dispensary.

(Omitted)

p. 171

Medical Work.

(Omitted)

At the Government Hospital, Dr. Avison reports 9,018 hospital patients and 228 out-patients seen during the year. The total receipts have been $1,619 silver. As compared with last year, the number of female in-patients shows a marked improvement. The private wards have been well patronized, very often all being occupied. For these small funds have been received. There are five assistants, who are studying anatomy, chemistry and kindred branches.

During the year Dr. Avison has been relieved at times and assisted at other times by Drs. Vinton, Fish, Whiting, Field and Miss Shields, and also Dr. Hardy, of the Methodist Mission South. During the year the doctor was engaged by the Government to examine from four to five hundred candidates for the Military Academy.

(Omitted)

18990504

올리버 R. 에비슨(매니토바 주 와와네사)이 프랭크 F. 엘린우드
(미국 북장로교회 해외선교본부 총무)에게 보낸 편지
(1899년 5월 4일)

매니토바 주,
1899년 5월 4일

신학박사 F. F. 엘린우드 목사

친애하는 엘린우드 박사님,

우리는 4월 25일[21] 임프리스 오브 차이나 호로 밴쿠버에 도착하였으며, 그날 캐나다 태평양 철도를 타고 4월 28일 이곳에 도착하였습니다.[22] 우리는 3월 29일 서울을 떠났으며, 따라서 실제적으로 이곳까지 1달이 걸렸습니다. 이것에는 제물포에서 3일, 나가사키에서 1주일을 기다린 기간도 포함됩니다. 작은 아이들을 가진 가족에게는 충분히 나빴지만 여행은 멋진 것이었다고 할 수 있습니다. 하지만 우리는 거의 배 멀미를 하지 않아 작은 아이에게 필요한 주의를 기울일 수 있었습니다. 우리가 이곳에 도착하였을 때, 상당히 탈진되어 있던 아내에게는 상당한 부담이었지만 필요한 원기를 허락한 것에 대해 감사를 드릴 이유를 갖고 있습니다.

그녀는 아직도 매우 피곤한 상태이지만 서구 국가에서는 하녀를 구하기가 매우 힘들어 아직 우리는 구할 수 없었으며, 상쾌한 매니토바의 공기가 원기를 새롭게 할 것으로 기대하고 있습니다. 현재 우리의 예상은 이곳에서 1달 동안 머문 후 온타리오의 스미스 폴스로 가는 것입니다.

그리고 박사님이 원하시면 [제가] 언제든 뉴욕을 방문할 수 있을 것입니다.

저의 바람은 우선 한 동안 휴식을 취하고, 서로 계속 교류를 하며 의과학 분야의 모든 최근 발전에 접하는 이점을 가졌던 직업상 동료들을 만났을 때 여러 점에서 제 자신이 애처롭게 뒤처져 있는 것을 분명 알게 될 것이기에 이후 제가 할 수 있는 한 상당한 시간을 병원에서 보내 의학 분야의 공부를 다

---

21) 이 배는 4월 14일 요코하마를 출항하였다.
22) 매니토바 주 와와네사를 말한다.

시 하려 합니다.

   동양에서의 6년 동안의 사역 경험 역시 제 자신의 취약점을 드러낼 것인데, 제가 이곳에 머무는 동안 가능하면 많은 지식을 얻고 싶습니다.

   저는 머지않아 더 길게 편지를 쓸 것이며, 하루 이틀 내에 재무께 여행 경비에 대한 명세서를 보낼 것입니다. 제가 서울을 떠날 때 언더우드 부인이 아팠습니다. 당연히 저는 아직 그들로부터 아무런 소식도 듣지 못하였습니다. 안나 P. 제이콥슨 기념 사택을 위한 계약이 맺어져 현장에서 건축이 시작되었습니다. 저는 길레스피 박사가 대단히 위독하다는 것을 제외하고 선교부 혹은 선교본부의 아무런 소식도 듣지 못하였으며, 박사의 병환이 어떻게 되었는지 아직 모르고 있습니다.

   모든 총무님들께 안부 전합니다.

   안녕히 계십시오.
   O. R. 에비슨

Oliver R. Avison (Wawanesa, Man.),
Letter to Frank F. Ellinwood (Sec., BFM, PCUSA) (May 4th, 1899)

Wawanesa, Manitoba,
May 4/ 99

Rev. F. F. Ellinwood, D. D.

Dear Dr. Ellinwood: -

   We arrived at Vancouver per R. M. S. Empress of China Ap. 25th and came on per C. P. R. the same day arriving here Ap. 28th. We left Seoul Mar. 29th and were therefore practically one month en route. This included three day waiting in Chemulpo and one week in Nagasaki. The voyage was said to be a fine one, although it was bad enough for a family of small children. We had however very little seasickness and so were able to give the little ones needed attention. It was almost too much of a strain for Mrs. Avison who was quite exhausted when we got here but we have, reason to be thankful that needed strength was granted.

She is very tired yet and so far we have been unable to obtain a servant since our arrival as servant girls are very scarce in this western country but we hope that the bracing Manitoba air will give renewed vigor. Our present expectation is to spend a month here and then go on to Ontario to Smith's Falls.

I shall then be in a position to visit New York whenever you may desire me to do so.

My desire is to rest for a time and then spend as much time as I can in the hospital that I may brush up along medical lines as I am sure shall find myself sadly behind in many point when I come into contact with my professional brethren who have had the advantage of constant intercourse with one another and access all the recent development in Medical Science.

Six years too of experience in work in the East has laid bare to myself, it not to others, my own weak point and I want to gain as much as possible during my stay in this country.

I will write at more length shortly and will send the Treasures a statement of our travelling expenses in a day or two. When I left Seoul Mrs. Underwood was ill. I haven't heard yet of course any news from them. The contract for the Anna P. Jacobson Memorial Home had been given out and work had been began on the site. I haven't heard any news of the Mission or of the Board yet except that Dr. Gillespie was very ill but I am still ignorant of how his illness terminated.

With kindest regard to all the secretaries,

Your very Sincerely,
O. R. Avison

그림 5-3. 임프리스 오브 차이나 호

임프리스 오브 차이나 호(RMS Empress of China)

임프리스 오프 차이나 호(號)는 1890~91년에 영국 배로우에서 건조되었으며, 1891년 3월 25일 진수되었다. 캐나다 태평양 증기선 회사가 소유한 이 배는 5,905톤이며, 같은 이름을 가진 3척의 배 중 가장 먼저 건조된 것이다. 이 배는 길이가 455.6피트, 선폭이 51.2피트이며, 770명의 승객(1등실 120명, 2등실 50명 등)을 승선시킬 수 있었다. 이 배는 1911년 7월 27일 도쿄 항구에서 암초에 부딪혀 침몰할 때까지 캐나다 서부의 밴쿠버와 극동 지방 사이의 태평양 횡단 노선을 정기적으로 운항하였다.

한국. 엘렌 스트롱 양, 건강 문제. 미국 북장로교회 해외선교본부 실행이사회 회의록 (1899년 5월 14일)

한국. 엘렌 스트롱 양, 건강 문제. 현재 안식년으로 귀국해 있는 엘렌 스트롱 양의 건강에 관하여, 그녀가 한국으로 돌아가는 문제와 관련된 어떤 권고를 선교본부에 보고하도록 한국 선교부에 의해 승인된 위원회의 위원장인 O. R. 에비슨 박사가 보낸 5월 4일자 편지를 받았으며, 위원회의 제안에 따라 스트롱 양의 육체 상태를 면밀하게 검사하여 그 결과에 따라 그녀와 관계된 문제를 결정하기로 투표로 결정하였다.

Korea. Miss Ellen Strong, Health Questions.
Minutes [of Executive Committee, PCUSA], 1837~1919
(May 14th, 1897)

Korea. Miss Ellen Strong, Health Questions. A letter of May 4th, 1899 having been received from Dr. O. R. Avison, Chairman of Committee approved by the Korea Mission for report to the Board some recommendation respecting the health of Miss Ellen Strong, of in this country on furlough, with reference to the question of her return to Korea, it was voted, that in accordance with the suggestion of the Committee, an expert examination of the physical condition of Miss Strong be ordered, upon which the question of her regards shall be decided.

회의록, 한국 선교부 서울 지부(미국 북장로교회) 1891~1921
(1899년 5월 30일)

(중략)

투표에 의해 지부는 2,864.84달러의 삭감이 전체 삭감에 비례하며, 전반적인 선교부 삭감에 부합하기 때문에 받아들였다. (서울) 지부의 구체적인 삭감은 다음과 같이 찬성을 받았다.

급	요청 예산	삭감	최종 예산
……			
제VI급 의료 조수	300.00	111.00	189.00
의약품 (에비슨 박사)	1,200.00	444.00	756.00
" (언더우드 부인)	100.00	100.00	
경비 (에비슨 박사)	175.00	64.75	110.25
" (언더우드 부인)	50.00	50.00	

(중략)

Minutes, Seoul Station, Korea, 1891~1921 (PCUSA) (May 30th, 1899)

(Omitted)

By vote the Station accepted $2864.84 as its proportion of the cut, and agreed to the General Mission cut. The following specific cuts for the station were there agreed to: -

Class	Appropriation	Cut	Balance
......			
VI Medical assistant	300.00	111.00	189.00
Medicines (Dr. Avison)	1200.00	444.00	756.00
" (Mrs. Underwood)	100.00	100.00	
Expenses (Dr. Avison)	175.00	64.75	110.25
" (Mrs. Underwood)	50.00	50.00	

(Omitted)

18990530

올리버 R. 에비슨(매니토바 주 와와네사)이 프랭크 F. 엘린우드 (미국 북장로교회 해외선교본부 총무)에게 보낸 편지 (1899년 5월 30일)

접수
1899년 6월 8일
엘린우드 박사

(캐나다) 매니토바 주 와와네사,
1899년 5월 30일

신학박사 F. F. 엘린우드 목사

안녕하십니까,

박사님의 이달 16일자 편지를 제 때에 받았습니다.

(1) 저는 제중원의 의복 등을 위한 특별 기부에 대하여 뉴욕 여자 선교본부의 숙녀들께 감사를 드리고 싶습니다. 그것은 당연히 그런 물품들이 절대적으로 필요함을 인식하고, 자신들이 준비해야 하며 방도가 나타나리라고 믿었던 병원을 책임지고 있는 숙녀들의 믿음에 대한 응답입니다.

(2) 외부 진료 수입의 사용과 관련하여, 때가 되면 개인적으로 박사님과 병원의 모든 문제에 대해 토의하기를 바라며 지금은 아무 말씀도 드리지 않겠습니다.

(3) 서울에서 아내가 즉각 캐나다로 귀국해야 한다고 결정되었을 때, 저는 선교부의 입장 때문 뿐 만 아니라 협약서에서 우리 측은 조선 정부에 대해 병원을 유지할 의무가 있고, 만일 그렇게 하지 못하면 우리는 병원 건물에 대하여, 그리고 만일 그들이 병원 건물을 되찾아갈 경우 보상에 대한 주장을 할 수 없게 될지 모른다고 느꼈기 때문에 병원의 운영을 지속하기 위한 모종의 조치를 취해야 한다고 깨달았습니다. 저는 이런 이유 때문에 병원을 유지하기 위하여 다른 선교지부에서 의사를 데려 와야 한다고 재촉하였습니다. 추가적으로 구하려하였던 것은 여러 명의 젊은이들이 학생으로서 병원과 연관되어 있다는 사실이었으며, 저는 이 강습반에 대해 보살핌이 필요하며 우리가 그들에게 3~4년 동안 노력을 들인 후 표류하게 하는 것을 용인해서는 안 된다고 느꼈습니다. 처음에 선교지부들은 이러한 상황을 충분하게 인식하는 것 같지 않았으며, 그래서 다른 선교지부에 보충 인원을 보낼 필요에 대해 강하게 권하지 않고 단지

다른 선교지부에서 어떤 사람을 보내는 것이 현명하다는 암시와 함께 사안 전체를 선교부에 넘겼습니다. 서울 지부는 어빈 박사를 선호할 것입니다. 어빈 박사는 다른 의사들 보다, 특히 언어에 대해 더 나은 지식을 갖고 있었기 때문에 요청을 받았으며, 우리는 의학 강습반이 이번에 최상의 사람을 얻는 것이 필요하고, 홍문석골 교회의 큰 회중이 무어 씨와 의사의 합동된 보살핌을 받고 있으며, 무어 씨가 자신의 많은 시간을 지방에서 보내기 때문에 병원에서도 언어를 사용할 능력을 필요로 한다고 느꼈습니다.

많은 사람들은 다른 누구보다 더 일을 잘 할 수 있도록 조정을 하면 존슨 박사가 더 용이하게 부산으로 이적될 수 있을 것이라고 느꼈습니다. 서울 지부가 보충 인원에 대해 강하게 나서지 않은 주 이유는 그들이 다른 지부의 사역을 방해함으로써만 확보할 수 있다고 느꼈기 때문이라고 저는 생각합니다. 선교부는 외부에서 확보하는 것을 선호하여 투표를 하지 않았으며, 아무런 준비를 마련할 수 없는 것 같아 우리 부부는 비록 모든 짐을 포장하여 떠날 준비가 되었지만 떠날 수 없으며 병원을 닫은 채로 놔둘 수 없다고 느껴 다음 배를 기다리겠다고 제안하였습니다. 저는 알렌 박사에게 자문을 구하였는데, 그는 선교지부로 편지를 보냈고[23] 동시에 지부가 현 상태를 완전히 자각하도록 하였으며, 빈튼 박사에게 진료소에서 진료를 하고 입원 환자를 방문하며, 필드 박사와 쉴즈 양은 그 부지의 유지와 관련된 책임을 맡도록 요청하였습니다.

선교지부의 여러 회원은 빈튼 박사가 하고 있는 목회 및 재무 업무의 일부를 경감해 주겠다고 제안하였지만, 그는 자신이 이것을 하는 것을 선호하였으며, 틀림없이 필요에 맞게 의료 인력을 조정하기 위해 조치가 필요하게 될 다음 연례회의 때까지 기꺼이 병원 업무를 맡는 것을 승낙하였습니다.

이것이 할 수 있는 최상의 조치인 것 같았기에 의사들은 에비슨 부인이 즉시 떠날 것을 재촉하였으며, 우리는 하나님께서 사역을 위해 최상의 것을 마련해 주실 것이라는 믿음에서 떠났습니다. 우리는 이 안식년을 요구하지 않았습니다. 6년 전 캐나다를 떠났을 때 보다 이 시점에 한국을 떠나는 것이 우리에게는 더 많은 고통을 주었으며, 그것은 단지 하나님께서 아직 우리를 인도하시며 그것이 병원 사역의 연속 및 성장이건 아니건 하나님의 목표를 최상을 수행할 수 있도록 해주신다는 믿음에 의해서입니다. 저는 황제 혹은 정부 측에서 건물을 돌려받는 것을 바라지 않는다고 생각하고 있지만, 어떤 개인들이 개인적 목적으로 차지하려 할 것이라고 생각합니다. 제가 이것을 알렌 박사에게 보고하였을 때 그는 그 부지를 차지하려는 심각한 시도가 있는 경우, 제가 그것의 유

---

23) Horace N. Allen (Legation of U. S., Seoul), Letter to the Presbyterian Mission, Seoul (Mar. 27th, 1899).

지를 선호하는지 혹은 그것에 상당하는 돈을 받는 것을 선호하는지 물어보았습니다. 저는 상당하는 돈의 액수가 얼마인지에 달려 있다고 말하였습니다. 그는 25,000엔을 제안하였고, 저는 그것으로 적절한 건물 등을 세우는데 충분하기에 개인적으로 그 액수에 만족한다고 말하였습니다. 알렌 박사는 지금 미국으로 가는 길에 있으며, 그 사이 아무 일도 이루어지지 않을 것이지만 저는 뉴욕의 선교본부 사무실에서 그를 만나 사역의 미래, 우리가 무엇을 목표로 해야 하는가 등에 대하여 이야기를 나눌 수 있기를 기대하고 있습니다. 만일 하나님께서 우리에게 그곳으로 돌아가게 한다면 하나님 왕국의 사람들에 대한 은혜 및 발전을 위해 대부분 이야기 할 그런 일을 하는 것이 될 것이라고 믿습니다. 6년 동안의 경험으로 한국에서 의료 사역을 진행하는 방법에 있어 여러 모로 정력과 돈을 과도하게 사용하였다는 확신을 갖게 되었으며, 저는 어떤 변화의 결과를 보고 싶습니다.

(4) 저는 선교본부가 올 회계연도를 빚이 없이 마감하였다는 것을 들어 기쁩니다. 이때 우리들 중 너무도 많은 사람들이 예기치 않게 귀국하는 것이 박사님의 재정을 곤경에 빠트리지 않을까 심각하게 느꼈지만, 우리는 하나님께서 아직 드러나지 않는 어떤 좋은 것을 끌어낼 것이라는 믿음을 갖고 있습니다.

(5) 저는 밀러 부인이 아직 회복 중에 있다고 들어 기쁘며, 변화된 환경에서 그녀가 조만간 완전하게 회복할 것으로 기대하고 있습니다.

밀러 가족, 베어드 가족, 애덤스 부인, 그리고 우리 모두는 나가사키 관광에 나섰지만, 모든 배가 만원이어서 우리는 함께 탈 수 없었고 그래서 다른 세 척의 배를 탔습니다.

(6) 저는 우리 모두가 만족할 만하게 회복되고 있으며, 기후가 최근까지 추웠기에 제가 생각한 것만큼 빠르지는 않지만 살이 찌고 있다는 것을 말씀드리게 되어 기쁩니다. 하지만 지금 날씨는 좋습니다.

(7) 우리는 제가 한 두 번 강연을 약속하였던 매니토바 주 주일학교 정기총회에 참석하기 위해 처음 예상하였던 것보다 더 오래 매니토바에 체류하고 있지만, 현재 우리는 이곳에 6월 13일 경까지 머물 예정이며, 위니펙으로 가서 나머지 1주일을 보낸 후 동쪽으로 6월 23일 경 온타리오 주의 스미스 폴스로 갈 것입니다. 그 이후에 우리는 연중 기획을 짤 것입니다. 말씀 드린 대로 저는 전문적 지식을 증진시키는데 상당한 시간을 보내기를 희망합니다.

안녕히 계십시오.
O. R. 에비슨

Oliver R. Avison (Wawanesa, Manitoba),
Letter to Frank F. Ellinwood (Sec., BFM, PCUSA), (May 30th, 1899)

<table>
<tr><td>Received
JUN 8 1899
Dr. Ellinwood</td></tr>
</table>

Wawanesa, Manitoba,

May 30/ 99

Rev. F. F. Ellinwood, D. D.

Dear Sir: -

Your favor of the 16th inst. was received in due time.

(1) I would like to thank the Ladies of the N. Y. W. Board for their special gift for garments &c for the hospital. It is without doubt in response to the faith of the ladies in charge of the hospital, who realizing the absolute need of having such things were providing it themselves and trusting that the means would be forth coming.

(2) Concerning the use of the fees from outside practice I will say nothing now, hoping to discuss all hospital matters with you in person in due time.

(3) When it was decided in Seoul that Mrs. Avison should at once return to Canada I realized that something must be done to keep the hospital running, not only because of the Mission aspect but because I felt we owed it the government to keep up our side of the agreement and if we failed to do so we might lose our claim on the building and to compensation if they were taken from us, and I urged on all these ground that a physician be brought in from another station to keep it going. A further consideration was the fact that several young men were connected with the hospital as students and I felt that this class called for care and should not he allowed to drift after we had spent from three to four years on them. The stations did not seem to fully realize these conditions at first and so did not press upon the other stations the need of sending a supply, simply, referring the matter to the mission as a whole, with the intimation that if it was considered wise to send some one from the out stations. Seoul station would prefer Dr. Irvin. Dr. Irvin was particularly asked for because he has a better knowledge of the language than the

other physicians and we felt that the need of the medical class called for the best to be obtained along this time, the large congregation of the Hong Moon Suk Kol church under the combined care of Mr. Moore and the physician at the hospital also calling for ability to use the language as Mr. Moore spent so much of his time in the country.

Many felt also that Dr. Johnson could be more easily transferred to Fusan, providing an adjustment that would work better than any other. I think the chief reason that Seoul Station did not press for a supply was the feeling that they could only secure it by interfering with the work of other stations and they felt both to do so. The Mission did not vote in favor of supplying from outside and it seemed as if no provision could be made so that Mrs. Avison and I felt that although we were all packed and ready to start we could not go away and leave the place closed and so proposed to stop over another boat. I consulted Dr. Allen and he wrote a letter to the Station and certain events which occurred at the same time roused the station to fully realize the position and Dr. Vinton was asked to attend the clinic & visit the inpatient, Dr. Field & Miss Shield taking the responsibilities connected with the running of the place.

Several members of the station offered to relieve Dr. Vinton of some of his clerical & financial work that he might do this but he preferred to do this himself and kindly consented to attend the hospital until next annual meeting when there is no doubt an arrangement will be needy for a readjustment of the medical force to meet the need.

As this appeared to be the best arrangement that could be made and the physicians urged Mrs. Avison immediate departure we came away in the confidence that God would provide for the work just what was best. We did not seek this furlo. It gave us much more pain to leave Korea at this time than it did to leave Canada six years ago and it is only by believing that God is guiding still and will provide for the best carrying out of his purposes whether that be the continuance and growth of the work in the hospital or otherwise. I think there is no desire on the part of the Emperor or of the government to take the buildings but certain individual I think would like to get hold of them for private purposed. When I reported this to Dr. Allen he asked me whether, in case a serious attempt was made to get possession of the place, I would prefer to keep them or to accept a round sum of money in lieu of them. I said it would depend on how round the sum was. He suggested 25,000 yen and I said I would personally prefer the money as it would enable me to put up much more suitable building etc. Dr. Allen is now on his way to America and nothing will be done in the meantime but I hope I may be able to meet him in New York at the Board Room that we may talk over the future of the work, what we should aim for etc. If it shall please God to take us back there I trust it will be to do the work that will tell most for the benefit of the people and the furtherance of His Kingdom. Six years' experience has convinced me that that both energy & money are in many ways misspent in the method of conducting the Medical Work in Korea and I would like to see some change effected.

(4) I am glad to hear the Board has closed the year without debt. It has tried us considerably to feel that the unexpected home coming of so many of us at this time would contribute to embarrass your finance but we are resting on the belief that God will bring out of it some good which as yet is not manifest.

(5) I am glad to hear Mrs. Miller is still improving and I anticipate her recovery will soon be complete in her changed surrounding.

Miller's, Baird's, Mrs. Adams, and we were all in Nagasaki trip but the boat were all so full that we could not be accommodated together and so came on three different ships.

(6) I am glad to say we are all improving satisfactorily and are gaining in flesh, though not so rapidly as I had thought might be the case, as the weather has been cold until recently. It is fine however now.

(7) We are remaining in Manitoba longer than I at first expected in order to attend the Manitoba S. S. Provincial Convention where I have promised to deliver one or two addresses, but we now expect to been here about June 13th, going to Winnipeg and remaining one week, then eastward to Smith's Falls, Ontario, reaching there about June 23rd, after which we shall plan for the balance of the year. As I said, I hope to spend a good deal of time in improving my professional knowledge.

Believe me very sincerely,
O. R. Avison

한국. 예산. O. R. 에비슨, F. S. 밀러의 여행. 미국 북장로교회 해외선교본부 실행이사회 회의록 (1899년 6월 5일)

한국. 예산. O. R. 에비슨, F. S. 밀러의 여행. 한국 선교부의 O. R. 에비슨 박사와 F. S. 밀러 목사는, 한국의 자격 있는 의사의 긴급한 조언에 의해, 가족과 함께 귀국하는 것이, 1,529.75달러의 경비를 포함하여 승인되었다. 그 때문에 그 액수를 지불하기로 '결의'하였다.

Korea. Appropriation. Travel of O. R. Avison, F. S. Miller.
Minutes [of Executive Committee, PCUSA], 1837~1919
(June 5th, 1897)

Korea. Appropriation. Travel of O. R. Avison, F. S. Miller. It having approved that Dr. O. R. Avison and Rev. F. S. Miller of the Korea Mission, with their families, had returned to the country upon the urgent advice of competent physicians in Korea, involving an expenses of $1,529.75. It was "Resolved" that the amount be appropriated therefor.

대니얼 L. 기포드(서울)가 프랭크 F. 엘린우드(미국 북장로교회 해외선교본부 총무)에게 보낸 편지 (1899년 6월 15일)

(중략)

3. 그(빈튼 박사)는 정동 보다 도시의 다른 장소에서 거주하는 것이 아내와 가족의 건강에 득(得)이 될 것으로 믿었으며, 그 일은 그의 추측이 옳았음을 입증해 주었습니다.

4. 그가 변화를 주었을 때부터 4개월 전 에비슨 및 밀러 가족의 출발 때까지 선교지부의 회원들이 안락하게, 적어도 우리 친구들인 유티카 노회 숙녀들의 기준에 따라 안락하게 거주할 선교본부 소유의 부지가 서울에는 진정 충분하지 않았습니다.

(중략)

저는 빈튼 박사가 소중한 선교사라고 생각하며, 선교부에서 그의 입장은 특별한 것입니다. 뉴욕에 계신 박사님은 에비슨 박사가 귀국한 이후 쓸데없이 간섭하는 한국인 주사들의 손에서 병원을 안전하게 지켜야 했던 최근 몇 개월을 제외하고, 그가 격일로 병원에서 남자 환자를 진료해 왔다는 사실에 관한 소식을 아마 들으셨을 것입니다. 빈튼 박사는 지난 여러 달 동안 자신의 의료 사역을 실제적으로 중단하였습니다.

(중략)

Daniel L. Gifford (Seoul),
Letter to Frank F. Ellinwood (Sec., BFM, PCUSA) (June 15th, 1899)

(Omitted)

3. He believed that the health of his wife and family would be benefitted by residence in another location in the city than Chong Dong; and the event has proved that his surmise was correct.

4. From the time he made the change, until the departure of the Avison and Miller families four months ago, there was not really property enough in Seoul belonging to the Board, to comfortably house the members of the Station - comfortably at least according to the standard of our friends, the ladies of the Utica Presbytery.

(Omitted)

I consider Dr. Vinton to be a valuable missionary, and his place in the mission is a peculiar one. You in New York have probably taken note of the fact that with the exception of the last few months, since the return of Dr. Avison, when in order to keep the hospital safe from the hands of meddling Korean officials, he has been seeing the patients on the men's side of the hospital upon alternate days, Dr. Vinton had for some months past practically dropped his medical work.

(Omitted)

사회 소식. *The Rideau Record* (온타리오 주 스미스 폴스)
(1899년 6월 22일, 목), 9쪽

......

에비슨 박사 부부와 가족은 토요일 쯤 마을에 도착할 것으로 예상된다. 그들은 캐나다에 도착한 후 체류하였던 와와네사를 떠났으며, 위니펙에서 며칠 체류하였다. 그들의 짐은 현재 이곳에 도착해 있다.

......

The Social World.
The Rideau Record (Smith's Falls, Ont.) (June 22nd, 1899, Thur.),
p. 9

......

Dr. and Mrs. Avison and family are expected to arrive in town about Saturday. They have left Wawanesa where they have been staying since their arrival in Canada, and have been for several days in Winnipeg. Their luggage is now here.

......

지역 소식. 들을 가치가 있는 강연. *The Rideau Record* (온타리오 주 스미스 폴스) (1899년 6월 29일, 목), 4쪽

들을 가치가 있는 강연

지난 6년 동안 한국에서 선교사로 활동하던 에비슨 박사가 지난 금요일[24] 스미스 폴스로 돌아왔으며, *Record*는 박사가 다음 주 화요일[25] 여자 자선협회를 돕기 위해 감리교회에서의 강연을 승낙하였다는 것을 기쁘게 공지하는 바이다. 이 강연에서 박사는 한국인들 중에서 경험한 것들과 생활양식에 대해 설명할 것이다. 에비슨 박사는 청일전쟁 중에 한국에 거주하고 있었으며, 그가 본 것을 상세하게 설명할 것이다. 박사는 흥미로운 수집품을 많이 갖고 돌아왔는데, 화요일 저녁에 전시될 예정이다. 그 자신은 한복을 입고 나올 것이다. 입장료가 단지 15센트이기에 그날 저녁 감리교회에는 분명 많은 청중이 참석할 것이다.

Local News. A Lecture Worth Hearing. *The Rideau Record* (Smith's Falls, Ont.) (June 29th, 1899, Thur.), p. 4

A Lecture Worth Hearing

Dr. Avison, who for the past six years, has been a missionary in Corea, returned to Smith's Falls last Friday, and the *Record* is pleased to announce that the doctor has kindly consented to give a lecture in the Methodist church next Tuesday in behalf of the Ladies' Aid Society, in which he will give an account of his experiences among the Coreans, and a description of the mode of living. Dr. Avison was a resident of Corea during the China-Japan War, and will give an

---

24) 6월 23일이다.
25) 7월 4일이다.

account of what he saw. The doctor brought back with him many interesting curios which will be exhibited on Tuesday evening. He will himself appear in his Corean costume. As the admission is only fifteen cents, there should be a large audience present at the Methodist church that evening.

그림 5-4. 스미스 풀스 감리교회. 1899년 당시 담임 목사는 에일럼 G. 브랜드(Salem G. Bland)이었다.

사회 소식. *The Rideau Record* (온타리오 주 스미스 폴스)
(1899년 6월 29일), 9쪽

......

에비슨 박사와 가족은 한국으로부터 이곳에 지난 금요일에 도착하였다. 모두 건강해 보이며, 당연히 6년 동안의 부재 후에 옛 친구들에게 돌아온 것을 기뻐하고 있다. 에비슨 박사는 그 먼 나라와 사람들에 대해 흥미로울 것이라고 생각하는 이야기 거리를 많이 갖고 있다. 그는 선교사로서 대단히 성공적이었으며, 1년 쯤 후에 그곳으로 다시 돌아갈 예정이다.

The Social World.
The Rideau Record (Smith's Falls, Ont.) (June 29th, 1899), p. 9

......

Dr. Avison and family arrived here on Friday from Corea. All are looking well and of course are glad to get back among old friends after their six years absence. Dr. Avison has many interesting thing to tell of that far away land of which, and its people he evidently thinks a good deal. He was very successful as a missionary and expects to return again to the work there in a year or so.

스미스 폴스. *The Ottawa Citizen* (온타리오 주 오타와)
(1899년 6월 29일, 목요일), 8쪽

스미스 폴스

　대단히 흥미롭게 유익하였던 행사가 일요일 감리교회에서 진행되었다.[26] 그날은 꽃주일이었으며, 목적은 한 눈에 분명하였다. ...... 오후에는 막 한국에서 돌아 온 에비슨 박사의 대단히 흥미로운 강연이 있었다. 에비슨 박사의 아이들은 한국어로 성가 두 곡을 불렀으며, 늙은이도 젊은이도 즐겼다. 저녁에 목사는 특히 나이가 찬 소년 소녀들에게 더 특별하게 설교를 하였으며, 모두들 첫 꽃주일이 성공이었다는 기분으로 하루를 끝내었다.

---

26) 6월 25일이다.

Smith's Falls.
The Ottawa Citizen (Ottawa, Ont.) (June 29th, 1899, Thur.), p. 8

Smith's Falls.

A very interesting event and one that must prove be beneficial took place in the Methodist church on Sunday. It was flower Sunday and the object was apparent at a glance. The floral committee spared no trouble and one would wonder where all the flowers came from, for certainly the building looked more like a large conservatory than anything else. Music was furnished during the service by the choir and the Sunday school orchestra. Tbe morning service opened by about 200 children, each bearing large bouquets of flowers and keeping time with the music from the orchestra. As they passed in front of the pulpit the flowers were taken from them and placed in a cross until it was completely covered. Then followed a very interesting discourse by the pastor. Rev. S. G. Bland, with music by the choir and orchestra at intervals. In the afternoon a very interesting talk was given by Dr. Avison, who was just returned from Corea. Dr. Avison's children also sang two sacred selections in the Corean language, which old and young enjoyed. In the evening the pastor preached more especially to the older boys and girls, and the day ended with all feeling that their first flower Sunday was a success.

18990706

지역 소식. 흥미로운 강연. *The Rideau Record*
(온타리오 주 스미스 폴스) (1899년 7월 6일), 4쪽

흥미로운 강연

화요일 저녁 감리교회에는 에비슨 박사의 한국에 대한 강연을 듣기 위해 적절한 인원의 청중의 모였다. 그는 그 나라의 사람, 그들의 기질 및 풍습, 그리고 그들 중에서의 선교사 생활 등에 관해 대단히 흥미로운 강연을 하였다. *Record*는 강연에 대한 긴 기사를 쓰지 않을 것인데, 전체 주제를 포괄적으로 다룰 것이기 때문이며 그 첫 기사가 이번 호(號) 에 실려 있다.27)

Local News. Interesting Lecture.
The Rideau Record (Smith's Falls, Ont.) (July 6th, 1899), p. 4

Interesting Lecture

Dr. Avison had a fair sized audience in the Methodist church Tuesday evening to hear his lecture on Korea. He gave a most interesting address on the people of that country, their habits and customs, and on missionary life among them. The Record will not attempt any lengthy report of the lecture, because the whole subject is to be exhaustively treated in these columns, the first article appearing in this issue.

---

27) From Far Korea. *The Rideau Record* (Smith's Falls, Ont.) (July 6th, 1899, Thur.), p. 8.

먼 한국에서. *The Rideau Record*
(온타리오 주 스미스 폴스) (1899년 7월 6일), 8쪽

먼 한국에서.
돌아온 선교사가 호기심을 끄는 이 나라에 대해 흥미롭게 설명하다.
에비슨 박사에 의한 첫 연재

이 작은 나라는 태평양을 가로 질러 일본과 중국 사이에 놓여 있다. 그것은 어떤 사람들이 생각하는 것처럼 섬이 아니라 북쪽이 중국의 만주에 붙어 있는 반도이지만, 북동쪽 끝은 시베리아와 접하며, 경계는 직접 남쪽으로 거의 일본까지 도달한다. 그것은 길이에 비해 상당히 좁으며, 나라 전체의 길이는 아마도 영국과 웨일즈를 합한 정도와 유사할 것이다. 서쪽으로 황해는 중국과 분리시키고, 동쪽의 동해와 남쪽의 대한해협은 일본과 분리시키며, 압록강과 두만강은 대륙과 거의 분리시키는 북쪽 경계에 있는데, 두 강은 거의 같은 지점에서 시작하지만 반대 방향으로 바다로 흐른다.

현재의 수도는 대개 서울(서울이라 발음함)로 알려져 있는데, 그것은 이름이 아니라 우리가 종종 오타와를 "수도"라고 부르는 것처럼 한국어로 "수도"란 말이다. 실제 이름은 한양(漢陽)이지만, 공식 문서를 제외하고는 거의 사용되지 않는다. 이 도시는 현 왕조가 세워진 이후 400년 이상 수도이었으며, 이 나라에서 가장 큰 도시로 인구는 20~25만으로 추정된다. 그것은 남북의 중간 정도, 그리고 서해안에서 약 27마일 정도 떨어진 곳에 위치해 있으며, 사방이 높은 언덕으로 둘러싸여 있어 쉽게 방어할 수 있는 몇몇 고개를 제외하고 접근하기 어렵기 때문에, 만일 방어의 용이함이 선택의 중요한 요인이라면 수도로서 이상적인 위치에 있다. 원래의 도시는 높이가 20~30피트인 두터운 석조 성벽에 의해 둘러 싸여 있었는데, 그 벽은 높은 언덕의 정상을 지나며 예전에는 고개를 통해 무력으로 도시로 들어오려는 적군(敵軍)에 대해 대단히 훌륭한 방어를 구축하였지만, 현재의 도시는 성벽 너머로 멀리 확장되었으며 특히 남쪽이 그렇다. 성벽에는 7~8개의 문이 나있는데, 그것은 항상 군인들이 지키고 있으며 현재에도 매일 밤 문을 닫고 걸어 잠근다. 나라 전체의 인구는 일반적으로 1,000~1,200만 명으로 추정된다. 내가 추정이라고 한 것은 여태껏 정확한 조사가 불가능하였기 때문이다.

　스미스 폴스에서 한국까지의 여행자(旅行者)는, 현재 4일이 소요되는 2,775 마일 떨어진 밴쿠버까지 캐나다 태평양 철도를 타며, 밴쿠버에서 캐나다 태평양 철도회사 소유의 임프리스 노선의 배를 타고 태평양을 가로질러 12~13일 정도 항해하면 약 4,280마일 떨어진 일본의 첫 항구인 요코하마에 도착할 것이다. 태평양을 가로지르는 항해는 배가 경도 180도를 가로지를 때 영국 그리니치에서 반대쪽 세상에 있게 되는데, 지구의 표준 시간을 계산할 때 한 주일에서 하루가 갑자기 없어지며, 화요일 저녁에 탄 승객은 목요일 아침에 일어나게 되기에 규칙적인 날짜의 연속이 방해를 받는 이상한 경험을 하게 된다. 이 조정은 동쪽과 서양의 달력이 조화를 이루기 위해 필요하며, 태양 주위를 도는 지구의 운동을 알지 않는 한 이해하기 쉽지 않다. 하지만 캐나다로 돌아올 때 경도 180도를 가로지를 때 하루를 벌게 되어 별도의 하루가 있게 됨으로써 한 주가 8일이 되기에 세계를 일주하는 혹은 반 바퀴를 갔다가 돌아오는 여행자는 결국 같게 된다.

　운항표에 의해 요코하마에 하루를 체류하면 배는 일본의 남쪽 해안을 따라 가서 다음 날에 약 400마일 떨어진 고베 항에 도착하며, 12시간 후에 일본 내부의 바다에서 아름다운 섬들 사이로 약 30시간 동안 약 450마일을 항해하면 일본의 섬들 중 가장 남쪽에 있는 서해안에 취한 유명한 나가사키 항구에 닻을 내리게 된다. 임프리스 노선은 바로 중국으로 가기 때문에 이곳에서 배를 갈아타는데, 일본 우선(郵船) 주식회사의 배가 한국까지 편안하게 항해한다. 이것들은 덜 널찍하지만 예약이 잘 된다. 승무원은 일본인들이지만 선장과 사무장은 영어를 할 줄 알며, 좋은 음식이 제공된다. 여행객이 한국의 최남단 항구인 부산(釜山)까지 가는데 16시간이 걸린다. 해변에 가까워질수록 그것은 황폐하고 접근을 허락하지 않는 것 같이 보이지만 여행객이 용기를 잃지 않게 하며, 그 안은 더욱 좋다. 항구의 입구는 좁지만 그 속에서는 넓어지며 군함에게도 대단히 훌륭한 피난처이다.

　일본은 최근 200~300년 동안 부산에 거주지를 갖고 있었으며, 현재 그곳에는 약 6,000명으로 이루어진 일본인 사회가 있다. 이들은 항구 상업의 큰 부분을 이루고 있다. 이곳에 살고 있는 유일한 서구인은 세무사 및 다른 몇몇 세관원, 그리고 선교사들뿐이지만, 일본을 오가는 거의 모든 선박이 들리는 항구이기 때문에 배에 타고 있는 대부분의 외국인들이 선교사들에게 연락을 하며 그래서 그리 크게 외롭지 않다. 선교사들의 사택이 있는 언덕에서 항구를 가로지르는 전망은 장려(壯麗)하다. 화물을 다 내릴 수 있게 충분하게 정박한 후

그림 5-5. 제물포. 오른쪽 위의 섬이 월미도이다.

에 부산을 떠난 배는 반도의 남서쪽 모퉁이를 돌아 한국 해안에서 북쪽으로 너무도 많아 만(萬)섬이라 불리는 섬들 사이를 들어갔다 나왔다하며, 약 30시간이 되면 수도에서 가장 가까운 항구인 제물포(濟物浦)에 닻을 내리게 된다. 이곳의 조수간만의 차는 대단히 커서 약 30피트가 되기 때문에 물이 빠져나갔을 때 맨 땅에 배가 놓여 있지 않도록 닻을 내리는데 크게 조심해야 하며, 깊게 닻을 내릴 수 있는 곳이 너무도 좁기 때문에 들어가 안전하게 닻을 내리기 위해서는 대단한 기술이 필요하다. 조류가 들어올 때에는 항구보다 더 큰 급류처럼 물이 급하게 들어오고, 조류가 빠질 때에는 물이 깊은 좁은 띠가 마치 강처럼 보이지만, 물에 덮이지 않는 넓은 갯벌에서 현지인들이 먹고 팔기위해 조개류를 채취한다. 최근 6년 동안 부두 설비에 커다란 개선이 이루어졌고, 동아시아의 거의 모든 항구처럼 큰 배는 해변에서 좀 떨어진 곳에 닻을 내려야 하지만 현재는 비교적 편안해져 바닥이 편평하고 양손으로 젓는 하나 이상의 노를 가진 작은 현지 배로 상륙한다. 제물포에서 서울까지 여행은 작은 배를 타고 강으로, 가마 속에서, 말을 타고 혹은 인력거를 타고 육상으로 갈 수 있지만, 철도가 현재 거의 완성되어 있어 이것을 이용한 여행이 크게 촉진될 것이다. 모두 합하면 이 여행의 총 거리는 약 8,000마일이 될 것이다. 최근까지 외국인이 살고 교역을 할 수 있는 항구는 남쪽의 부산, 서쪽의 인천, 동쪽의 원산 등 세 항구 뿐 이었다. 이 명칭들은 때로 사람들의 마음속에 혼란스러운데, 때로는 한국식 명칭이, 때로는 일본식 명칭이 사용되기 때문이다.

예들 들어 'Fusan'은 더 흔하게 한국식으로 'Poosan'이며, 'Wonsan'은 한국식 명칭이고 일본인들은 항상 'Gensan'으로 부르며, 흔히 사용되는 'Chemulpo'는 일본인들이 'Jinsen'으로 부른다. 최근 몇 년 동안 진남포, 목포 등 다른 항구들이 개항되었고, 세 항구가 같은 목적으로 선택되어 전 해안선이 조만간 외국과의 교역을 위해 개항될 예정이다.

From Far Korea.
The Rideau Record (Smith's Falls, Ont.) (July 6th, 1899), p. 8

From Far Korea.

Interesting Description of this Curious Country by a Returned Missionary
The First of a Series of Papers by Dr. Avison

This small country lies across the Pacific ocean between Japan and China. It is not an island as some people think, but a peninsula, attached at the north mainly to the Chinese province of Manchuria, but touching at its north east extremity the great country of Siberia from which boundary it runs almost directly south till it nearly reaches Japan. It it quite narrow in proportion to its length and the whole country is probably of about the same extent as England and Wales combined. The Yellow sea separates it on the west from China, the sea of Japan on the east and the straits of Korea on the south separate it from Japan, while the Yalu and Amoor rivers lie on the north boundary almost cutting it off from the mainland, the two rivers originating at almost the same point but running in opposite directions to the sea.

Its present capital is generally known as Seoul (Pronounce Suh'ool) though that is not the name, being only the Korean word for the "capital" just as we sometimes refer to Ottawa as "the capital." The name is really Han Yang, but it is scarcely ever used except in official documents. This city has been the capital for more than 400 years, ever since the foundation of the present dynasty, and is the largest in the land, having a population estimated at some 200,000 to 250,000. It is situated about the middle between north and south and about 27 miles from the west coast, and is an ideal location for a capital if ease of defence is an important element in the choice, as it is surrounded on all sides by high hills, which make it difficult of access except by a few easily defended passes. The original city was enclosed by a thick stone wall from 20 to 30 ft. high, which runs over the tops of the high bills and in ancient days formed an exceedingly good defence against even such armies as forced entrance through the passes leading to it, but the present city extends out far beyond the walls, especially on the south side. The wall is penetrated by seven or eight gateways which are constantly guarded by soldiers, and even at this day are closed and locked every night. The population of the whole country is generally supposed to be 10 to 12 millions. I say supposed because it has so far been impossible to secure an accurate census.

A traveller from Smith's Falls to Korea would take the C. P. R. to Vancouver, a distance of 2,775 miles, covered now in 4 days; at Vancouver he would board a C. P. R. boat, one of the Empress line, and a sail of 12 or 13 days across the Pacific would take him to Yokohama, the first port in Japan, a distance of 4,280 miles. The voyage across the Pacific carries with it the novel experience of an interference with the regular sequence of days, for when the ship crosses the 180th meridian, just on the opposite side of the world from Greenwich, England, where the standard time of the world is calculated, a day is suddenly dropped out of the week, and the voyager going to heel on say Tuesday evening, wakes up on Thursday morning. This adjustment is necessary in order to bring the Calendars of the east and west into harmony and is not easily understood except by a study of the movement of the earth around the sun. When coming back to Canada however, the day is picked up again and at the 180th meridian an extra day is reckoned in and you have eight days in the week, so that the traveller round the world or half way round and back comes out even after all.

The time table allows one day in Yokohama and then the boat skirts the southern coast of Japan and in another day reaches the port of Kobe, a distance of 400 miles and after twelve hours' delay runs through the beautiful inland sea of Japan between the islands, and after a sail of 30 hours covering a distance of 450 miles, casts anchor in the famous harbor of Nagasaki, situated on the west coast of the most southerly of the Japanese islands. Here a change of boats is made as the Empress line goes right across to China, but a comfortable voyage to the Korea can be made in one of the boats of the Nippon Yusen Kaisha (Japanese Mail Steamship Co.) These are less commodious, but well appointed. They are manned and officered by Japanese but the captain and purser speak English, and the meals are well served. A run of sixteen hours takes the traveller to Fusan, the southernmost harbor of Korea. As one nears the coast it looks bleak and forbidding, but let not the traveller lose courage - it is better inside. The entrance to the harbor is narrow but it broadens out within and is a fine well sheltered riding for even man-of-war.

The Japanese have had a settlement in Fusan for the last 200 or 300 years and there is a Japanese community of about 6,000 there now. These carry on the bulk of the commerce of the port. The only western foreigners living here are the commissioner of customs, a few other customs officials, and the missionaries, but as it is a port of call for nearly all vessels going to and from Japan the missionaries have not much chance to be lonesome as most foreigners on the boats give them a call. The view across the harbor from the hill where the missionaries have their house is magnificent. After remaining long enough to discharge cargo, the boat leaves Fusan, rounds the south west corner of the peninsula and sails northward along the Korean coast, winding in and out amongst the islands that are so numerous that they have been named the ten thousand isles, and is about 30 hours drops anchor in Chemulpo, which is the nearest harbor to the capital. The rise and fall of the tide here is very great, being about thirty feet, so that great care must be taken in anchoring, lest the boat be left on dry land when the tide goes out, and the deep anchorage is so narrow that great skill is required to enter and anchor in safety. The rush of the waters when the tide is flowing in is very great, resembling a torrent more than a harbor, and when the tide is out the narrow strip of deep water looks like a river, while great mud flats are left uncovered from which the natives gather shell fish to eat and sell. Great improvements have been made in the wharfing facilities of Chemulpo during the last six years and landing is now comparatively comfortable although, as in nearly all those eastern ports, the large ships have to anchor at some distance from the shore and landing is effected in small native boats, flat bottomed and worked with one or more sculls. From Chemulpo to Seoul the journey may be made up the river by boat, over land in Sedan chairs, on horseback, or by jinriksha, but a railroad is now almost completed, which will greatly facilitate this last bit of travel. The total distance travelled on this journey, if the stages are footed up will be about 8,000 miles. Until recently there were only three harbors where foreigners could live and trade namely, Fusan on the south, Chemulpo on the west, and Wonsan or Gensan on the east. These names are often confused in people's minds because sometimes the Korean name is given and sometimes, the Japanese.

For instances Fusan, the more common name in this case is Poosan in Korean; Wonsan is a Korean name but the Japanese always call it Gensan; while the commonly used name Chemulpo is spoken of by the Japanese as Jinsen. During the last few years, other ports have been opened, viz. Chinampo and Mokpo, and three others have been chosen for the same purpose so that the whole coast line will soon be opened to foreign intercourse.

호러스 G. 언더우드(서울)가 프랭크 F. 엘린우드(미국 북장로교회 해외선교본부 총무)에게 보낸 편지 (1899년 7월 11일)

(중략)

저는 박사님께서 이 편지를 받기 전에 에비슨 박사를 만났고, 그로부터 우리의 사업에 대해 들으셨을 것으로 생각합니다. 제중원에 대해 모종의 조치를 취해야 합니다. 저는 이 문제에 대해 형에게 편지를 하였으며,[28] 그 문제에 대해 제가 무엇을 이야기하였는지 형으로부터 들으시기 바랍니다.

(중략)

Horace G. Underwood (Seoul), Letter to Frank F. Ellinwood (Sec., BFM, PCUSA) (July 11th, 1899)

(Omitted)

I suppose you have met Dr. Avison ere this, and have heard from him about the work. Something must be done about the Government hospital. I have written to my brother about this matter and I wish you would get from him what I have said re the matter.

(Omitted)

---

28) 존 T. 언더우드(John T. Underwood, 1857~1937)를 말한다.

지역 소식. *The Rideau Record* (온타리오 주 스미스 폴스)
(1899년 7월 13일), 5쪽

    J. O. 에비슨 박사는 지난 주 일요일29) 퍼드로 올라가 담임 목사가 토론토에 체류 중인 애즈버리 감리교회에서 예배를 인도하였다.30)

Local News. Interesting Lecture.
The Rideau Record (Smith's Falls, Ont.) (July 13th, 1899), p. 5

    Dr. J. O. Avison went up to Perth to conduct the service in the Asbury Methodist Church last Sunday, the pastor being in Toronto.

그림 5-6. 온타리오 주 퍼드의 애즈버리 감리교회. 현재의 주소는 144 Gore Street E. Perth, Ontario K7H 1J7 이다.

---

29) 7월 9일이다. 'O. R.'이 'J. O.' 잘못 기재되었다.
30) 당시 담임 목사는 실러스 J. 휴즈(Silas J. Hughes, 1849~1931)이었다.

먼 한국에서. *The Rideau Record*
(온타리오 주 스미스 폴스) (1899년 7월 13일), 7쪽

먼 한국에서.
1894~96까지 난세(亂世)의 내밀(內密)한 역사
에비슨 박사의 두 번째 글

　　한국은 정치적으로 독립되어 있다. 이전에는 과거에 한국을 실제적으로 정복하였던 일본을 내쫓는데 도움을 주었던 중국에 조공을 바쳤지만,[31] 일본은 항상 한국을 독립국으로서 중국의 속국으로 인정하는 것을 받아들이지 않았다. 하지만 중국은 계속 주장하였고 몇 년 전까지 작은 조공을 받았으며, 최근의 청일전쟁이 끝날 때까지 자신의 주장을 결코 포기하지 않았다.

　　그 전쟁은 일본의 힘의 우위를 보여주었으며, 중국은 자신들의 주장을 공식적으로 포기하였다. 중국은 그런 근거 하에 한국과 조약 체결을 맺으려 하고 있다. 1897년 11월까지 영국은 한국을 독립국으로 취급하지 않은 것 같으며, 단지 그곳에 영사관을 두었을 뿐이고 모든 외교 업무는 베이징의 공사관을 통해 진행하였다. 그러나 그 해에 한국 대표단을 공사관으로 승격시켰고, 그래서 한국의 정치적 독립을 공개적으로 승인하였다. 그것이 러시아에게 한국에서 손을 떼라는 암시를 의도적으로 한 것인지는 말할 수 없지만, 일반적으로 그것이 러시아의 우위가 급등하고 있고 한국의 모든 다른 이익을 삼키려 위협을 주고 있던 바로 그때 일어났다고 느끼고 있으며, 한국이 러시아의 수중에 들어가는 것을 보고 싶지 않았던 국가들에게는 대단히 시의 적절하고 안심시키는 일이었다. 통치 형태는 절대 군주제이며, 최근 일본인에 의한 전쟁 이후 몇 년 동안을 제외하고 오랫동안 그러하였다. 주도권을 쥐었던 일본은 1894년 왕에게 그의 전제주의를 포기하고, 일본과 다소 유사한 느슨한 형태의 입헌 정부를 구성할 것을 강요하였다. 그것은 왕이 임명한 내각이 법률을 제정하고 정사를 다스리지만, 그들의 결정이 왕과 관련을 갖는 것으로 이루어진다. 왕은 자신의 뜻에 고분고분한 내각을 얻게 될 때까지 해산과 재임명을 해야 하기 때문에 왕이 일본 같은 외부 영향에 의해 제압되어 있는 한, 그런 집

---

31) 임진왜란을 의미하는 것 같다.

단은 왕의 절대 권력에 대항하는 유일하게 효과적인 수단이 될 수 있다는 것을 즉시 알 수 있다. 하지만 그 당시에 일본은 그에 대한 채찍을 쥐고 있었고 그에게 내각이 만든 법률을 수용할 것을 강요하였지만, 일본은 자신들이 선언한 바에 따라 군대를 철수 시키고 한국에 재량권을 주거나, 혹은 일본의 일부분으로 (한국을) 탈취해야 하였기 때문에, 이러한 상황은 오래 계속될 수 없는 것이었다.

전쟁이 일어나기 전, 한국의 왕비는 자신에게 충성하는 친척을 통해, 아니면 아마도 충성하는 친척이 왕비를 통해 실제적으로 나라를 통치하였지만, 일본이 지시자의 역할을 당연한 것으로 여겼을 때, 왕비는 정치적 힘을 빼앗겼고 그녀의 친족들은 내각에서 어떠한 참여도 금지되었다. 그러나 그녀는 가만히 있기에는 너무도 영리하고, 너무도 빈틈이 없었으며, 너무도 야심이 있었기에, 그녀는 다시 대단히 주목할 만하게 될 때까지 조용히 그리고 서서히 힘을 모았다. 일본은 자신의 일을 계획하면서 이를 알게 되었고, 왕비는 친족을 불러들여 이전과 같이 자신 주위에 배치하기 시작하였다.

신임 일본 공사가 한국에 부임한 것은 바로 이때이었으며, 그는 왕비가 한국인 관리에게 영향을 미칠 수 있는 한 일본의 영향력이 결코 강해질 수 없다고 판단하였다. 그래서 그는 왕비를 암살하려는 야비한 계획을 계획하고 실행하였는데, 그것은 일본의 우위를 뒤집고 일본이 계획하고 부분적으로 성취하였던 모든 일들을 망치게 한 일련의 사건 중 첫 번째 사건이었다. 이것은 1895년 10월에 일어났다.

그녀의 암살은 친일 내각의 임명으로 이어졌는데, 그들은 왕을 실제적으로 자신의 왕궁 속에 갇힌 죄수로 만들고, 죽었건 살았건(당시 많은 사람들은 그녀가 죽었는지의 여부를 몰랐다.) 왕비를 평민 계층으로 격하시키는 칙령에 서명할 것을 강요하였으며, 일본의 지시에 따라 통치하였다. 그해 12월 모든 남자들은 상투를 자르고 서양식으로 이발해야 한다는 명령이 내려졌으며, 이 명령은 1896년 1월 1일 폐하로부터 시작하여 관리들, 그리고 최하층의 노무자를 포함하여 실행되었다. 군인들이 성문에 가위를 들도 상주하며 머리카락을 자르지 않은 사람들의 통과를 막았다. 당시 "이것은 더할 나위 없이 무정한 처사이었다."라는 셰익스피어의 말이 특별히 적합하였다.

한국인의 상투는 그의 남자임 및 민족의 상징이다. 소년기에는 머리카락을 길게 땋아 등 뒤로 길게 늘어뜨리고 있지만, 소년과 부모는 소년이 정수리를 면도하고 바깥의 긴 머리카락을 말면, 정수리에서 똑바르게 움직이는 것이 눈에 띄어 더 이상 소년이 아니라고 세상에 선언하게 될 때를 희망적으로 기대하고 있다. 다른 나라에서는 같은 것을 발견할 수 없기 때문에 그것은 민족의 상징이기도 하다. 이것을 자르라는 명령은 폭탄 같이 온 나라에 떨어졌으며, 사람들의 슬픔을 컸고, 일본인들에 대한 분노는 컸으며, 괴로움은 이제 확실하게 그들의 정복자 그리고 억압자로 여기는 사람들에 대한 증오로 발전하였고 슬픈 것은 당시 내륙에서 격분한 사람들의 수중에 있던 많은 일본인 상인들의 운명이었다. 그러나 상투 운동은 격렬하였고, 이후 1달 반 동안 지방 관리가 새로운 법령을 실시하려고 노력하였던 지방에서 많은 폭동이 일어났다.

그런데 1896년 2월 중순 경에 갑자기 왕은 야밤에 왕궁을 떠나 러시아 공사관으로 감으로서 그의 내각으로부터 피신하였다.[32]

그가 탈출했던 방법은 다소 실행하기 어려운 것이었다. 시녀들은 하루에 일정 시간 동안 궁궐에서 일을 하고 밤이 되면 다른 시녀에게 일을 넘긴 후에 닫힌 가마를 타고 집으로 가곤 하였는데, 그래서 밤에 어떤 시녀는 나가고 어떤 시녀는 들어오는 것이 통상적인 일이었으며, 그들은 항상 궁궐 벽의 어떤 작은 문을 통과 하였다. 왕은 일부 여자들에게 궁궐에 남아 있게 하고 여자가 탄 가마 몇 대를 앞서 보낸 후 그와 왕세자가 가마를 탔다. 경비 군인들은 첫 몇 가마를 확인해 보내 틀 그렇듯이 여자들만 타고 있음을 발견하고 전체 행렬의 통과를 허용하였다. 그들이 궁궐에서 멀리 빠져나오자마자 러시아 공사관으로 가도록 명령을 내렸고 탈출은 성공하였으며, 일본 세력의 몰락은 사실이었다.

그는 즉시 이전 내각을 해임하고 체포하도록 명령을 내렸으며, 군인들이 자신들 둘러싸 보호하도록 요청하고 새로운 내각을 임명하였다. 군인들은 그의 부름에 응답하였고, 해산된 내각의 관리들은 도망하려 하였지만 총리대신[33]은 궁궐에서 나오는 길에 군중들에 의해 생포되었으며 화가 난 군중들에게 녹초가 되도록 맞고 갈기갈기 찢겼으며, 이를 갈은 끝에 이내 주검이 되었다. 다른 대신은 같은 군중들에 의해 생포되었지만 근처에 있어 그가 위험에 처해 있다는 것을 보았던 일본군 무리가 구하지 않았다면 유사한 운명에 처했을 것이다.[34] 그들이 일본 영사관으로 보낸 그는 사건의 전환을 아직 기다리고 있는데, 그렇게 되면 그가 안전하게 자신의 나라로 돌아갈 수 있게 될 것이다. 세 번째 대신은 도시에서 탈출하였지만 내륙으로 도망가면서 마을을 통과하는 동안 신원이 탄로되어 역시 이내 주검이 되었다.

---

32) 2월 11일의 아관파천을 말한다.
33) 김홍집(1842~1896).
34) 유길준(1856~1914).

그림 5-7. 러시아 공사관의 고종

그것은 한국 군중들이 완전히 봉기하였을 때 보이는 격렬함이다.

이 사건들은 외국 공사관 근처에 새로운 왕국이 건립될 때까지 1년 이상 그 공사관의 손님으로 체류하고 있는 왕에 대한 러시아의 영향력의 증대의 시작을 나타낸다. 왕은 왕비가 살해당하고 그 자신이 그런 불안을 겪었던 곳에 있었을 때보다 새로운 궁궐에서 더욱 안전하게 느낄 수 있을 것이다.

From Far Korea.
The Rideau Record (Smith's Falls, Ont.) (July 13th, 1899), p. 7

From Far Korea.

The Inside History of the Troublous Times of 1894~96

Second Article by Dr. Avison

Korea is politically independent. She formerly paid tribute to China who had helped her in earlier days to drive out the Japanese after they had practically conquered the country, but Japan always refused to recognize the suzerainty of China, regarding Korea as independent. However China held to the claim and continued to receive a small tribute until a few years ago, never really relinquishing her pretensions until the close of the recent Japano-Chinese War.

That war resulted in demonstrating Japan's superior power, and China formerly gave up her claim. She is now engaged in forming a treaty with Korea, on that basis. Until November 1897 Great Britain does not seem to have treated Korea as a sovereign power, having only a consulate there, while all diplomatic business was conducted through the legation at Pekin, but in that year she raised the standing of her Korean embassy to a legation and thus publicly recognized their political independence. Whether it was purposely done as a hint to Russia to like her hands off Korea's throat or not cannot be stated, but it was generally felt that, occurring as it did just when Russian supremacy was booming and threatening to engulf all other interests in Korea, it was at least very opportune and very reassuring to those who did not desire to see the country fall into Russia's hands. The government is an absolute monarchy and with the exception of a couple of years following the recent Japanese war had been such for ages. When the Japanese took the helm in 1894 they compelled the king to relinquish his absolutism and establish a diluted form of constitutional government somewhat similar to that of Japan. It consisted of a cabinet appointed by the king, having power to make laws and administer affairs and their decisions were binding even upon his majesty. It can readily be seen that such a body could only be effective against the king's absolute power as long as his majesty was held down by an outside influence such as Japan then, exerted, because he had only to dismiss and re-appoint until he secured a cabinet obedient to his will. At that time, however, Japan hold the lash over him and compelled him to accept the laws made by his cabinet, but it was a state of affairs that could not continue long, for Japan must either withdraw her troops and give Korea a free hand in accordance with her own declaration or take her quite over as a part and parcel of Japan.

Previous to the war the Korean queen had practically ruled the country through her favorite relatives or perhaps her favorite relatives had ruled through her but when Japan assumed the role of director the queen was stripped of political power and both she and her relatives were prohibited from exercising any share in the government. But she was too clever, too shrewd and too ambitious to remain inactive, so quietly and by degrees she gathered up the threads until her influence became again very noticeable and the Japanese were checked in many of their schemes, and she began to recall her relatives and surround herself with them as before.

It was at this time that a new Japanese minister was accredited to Korea and he decided that Japan's influence could never be as strong as they believed it should be, as long as the queen was able to make her influence felt upon the Korean officials and so was planned and executed that vile plot for her assassination which was the first in the series of events that led to the overthrow of Japanese supremacy and the undoing of all the good which Japan had planned and partly accomplished for her neighbor. This took place in October 1895.

Her assassination was followed by the appointment of an entirely pro-Japanese cabinet who kept the king practically a prisoner in his own palace, compelled him to sign a decree degrading the queen, whether dead or alive, (many did not know then whether she was dead or not) to the rank of a common coolie, and carried on the government according to the dictates of the Japanese. In the following December an order was issued that all men should cut their top-knots off and wear their hair foreign fashion and the order was executed January 1st 1896 beginning with his majesty and including officials and all dow to the lowest coolies. Soldiers were stationed at the city gates with scissors and none were allowed to pass with hair uncut. The words of Shakespeare were specially apt then - "this was, the unkindest cut of all."

The Korean's top knot is the symbol of his manhood and of his nationality. During the period of boyhood, the hair is worn in a long braid hanging down the back and the boy and his parents look forward with hope, to the time when he shall have the crown of his head shaved and the long outer hair wound into a coil, which stands out in a straight bob from the crown and declares to the world that its wearer is no longer a boy. It is too his national mark, for in no other country is just the same thing to be found. The order then to cut this off, fell like a bomb upon the nation and great was the grief of the people, and loud were the outeries against the Japanese, and bitterer still became their hatred of those whom they now regarded more surely as their conquerors and oppressors, and sad was the fate of many Japanese traders, who, at that time in the interior fell into the hands of the outraged people. But the top-knot crusade was vigorous, and during the month and a half that followed, many outbreaks took place in those sections of the country where magistrates had endeavored to enforce the new law.

But suddenly near the middle of February 1896, the King made his escape from his palace under cover of night, and took refuge from his cabinet at the Russian Legation.

The manner of his escape was somewhat romantic. The women-in-waiting, were in the habit of spending a certain length of time on duty in the palace, and then going home in closed chairs after night, while their places were taken by others, so that it was in the ordinary course, for some to go and others to come in every night, and they always were admitted by a. certain small gate in the palace wall. The king arranged with some of the women to remain in the palace while he and his son the Crown Prince took their places in the Sedan Chairs, sending several chairs containing women in advance. The soldiers on guard, examined the first few chairs and finding only women as usual, allowed the whole line to pass. As soon as they were well away from the palace, the order was given to go to Russian Legation and the escape was complete, and the downfall of Japanese power was a fact.

He at once dismissed his former cabinet and ordered their capture, called upon the soldiers to surround and. protect him and appointed a cabinet.

The soldiers responded to his call and the dismissed cabinet officers tried to flee, but the prime minister was captured by the mob, as he emerged from the palace and was soon a lifeless corpse, which the angry mob beat to a jelly, tore limb from limb, and gnashed upon him with their teeth. Another minister was seized by the same mob and would have met a like fate, had he not been saved by a band of Japanese soldiers, who were nearby and saw his peril. They sent him to the Japanese Legation from which place he was taken to Japan, where he still awaits a turn in affairs; which will make it safe for him to go back to his native land. A third escaped from the city, but was recognized, while passing through a village, as he fled into the interior and he too was soon a corpse.

Such is the violence of a Korean mob, when fully roused.

These events marked the beginning of the growth or Russian influence for the King remained a guest at that Legation for more than a year, until a new palace was built near the foreign legations, where be could feel more safe than he had been in the place where his queen was murdered, and he himself had suffered such suspense.

18990719

A. 우드러프 홀시(미국 북장로교회 해외선교본부 총무)가 프랭크 F. 엘린우드(미국 북장로교회 해외선교본부 총무)에게 보낸 편지 (1899년 7월 19일)

뉴욕,

1899년 7월 19일

친애하는 엘린우드 박사님,

규칙을 위반하여 대단히 유감스럽지만 귀하께 장문의 편지를 써야겠습니다.[35]

주한 미국 공사관의 호러스 N. 알렌 박사가 방금 (선교본부를) 방문하였습니다. 그의 주소는 오하이오 주 톨레도 프랭클린 가(街) 1957 클레이턴 W. 에버렛 방(方)입니다. 그는 9월 1일 경에 한국으로 귀환할 것으로 예상하고 있습니다. 그는 오늘 워싱턴으로 가지만 8월 9일 경에 뉴욕 시로 돌아올 것입니다. 그는 브라운 박사, 핸드 씨 및 저와 대단히 솔직하게 이야기를 나누었습니다. 저는 그의 대화의 요점을 알려 드리겠습니다.

(중략)

넷째, 우리는 한국에 더 좋은 의사들을 가져야 합니다. 에비슨 박사는 모든 점에서 우리 (선교본부)의 최고의 의사입니다. 그는 외모가 다소 거칠어 보이는 사람이지만 그의 업무를 아는 사람은 그의 업무를 좋아하게 되며, 모든 한국인들이 마음속으로부터 좋아하고 있습니다. 그는 가톨릭 선교사들은 더 좋거나 혹은 더 나쁜 것을 얻으려 애쓰지만, 우리 선교사들은 의료 선교사나 혹은 기타의 것의 것을 얻으려 애쓰며 충분한 근거 없이 너무 많이 즈푸로의 여행이나 귀국을 생각하는데, 선교지에 있는 '최고'의 의료 선교사가 많은 고국 여행을 없앨 것이라고 말하고 있습니다.

(중략)

---

35) 아마 휴가 중일 때에는 아무런 연락을 취하지 말도록 하는 규칙인 것으로 판단된다.

A. Woodruff Halsey (Sec., BFM, PCUSA),
Letter to Frank F. Ellinwood (Sec., BFM, PCUSA) (July 19th, 1899)

New York,
July 19th, 1899

My Dear Dr. Ellinwood: -

I am sorry to violate the rule, but have to write you a long letter.

Dr. Horace N. Allen, of Korea, United States Legation, has just called. His address is - c/o Clayton W. Everett, 1957 Franklin Ave., Toledo, Ohio. He expects to return to Korea about the first of September. He goes to Washington today, but will be back in New York City about the 9th of August. He talked very frankly with Dr. Brown, Mr. Hand and myself. I give you the substance of his conversation -

(Omitted)

Four - We ought to have a better class of physicians in Korea. Dr. Avison is by all odds our best medical man. He is a man a little rough in his exterior, but one who knows his business, tends to his business and is thoroughly liked by all Koreans. He says the Catholic missionaries go out for better or for worse; that our missionaries medical and otherwise, think entirely too much of taking trips to Chefoo and going home without sufficient warrant; that "A number one", medical missionaries on the ground would obviate many a trip home.

(Omitted)

먼 한국에서. *The Rideau Record*
(온타리오 주 스미스 폴스) (1899년 7월 20일), 8쪽

먼 한국에서.
1894~96까지 난세(亂世)의 내밀(內密)한 역사
에비슨 박사의 세 번째 글

　　이어지는 여러 달 동안 러시아의 영향은 한국의 정책 발달, 오히려 일본이 어느 정도 들어 올렸던 그런 상태로 되돌아가게 한 것을 제외하고, 모든 명확한 정책을 명백하게 포기하는데 영향을 미쳤으며, 점점 더 심해졌다. 일본은 한국이 절대군주제이며, 국민을 등쳐 자신을 배불리는 유일한 목적을 가진 간신배의 변덕에 의해 때때로 통치되고 있다는 것을 알았다. 정부 관리는 봉급을 받지 않지만, 고위 관리에게 자신의 직책 임명에 대한 뇌물을 지불한 후에는 자유롭게 사람들로부터 자신의 직책을 위해 지불한 돈, 자신들의 생계비를 착취하였으며, 더 나아가서 개인 생활로 돌아가야 할 때를 위해 비축할 수 있었다. 그때까지는 길지 않았는데, 많은 경우 다른 자리를 살 기회가 생길 때까지 보다 짧았다. 따라서 수령과 관찰사의 주목적은 정의를 실현하고 자신들의 나라를 부강하게 하고 발전시킬 지혜와 근면함을 마음껏 발휘하도록 하기 보다는 가능한 짧은 시간에 불행한 백성들로부터 가능한 한 많은 돈을 확보하는 것이었다. 흔히 사용되었던 계획은 근면하게 혹은 다른 어떤 방법으로 성공하여 돈이나 물건을 축적한 사람을 주목하는 것이었다. 그런 사람 한 명 혹은 여러 명을 소환하여, 가상의 죄로 기소하고 재산을 내어 놓을 때까지 재판을 하지 않고 무한정 감옥에 가두었는데, 빈번히 재산의 상당 부분이나 전체를 수령의 바닥난 재원으로 내놓았으며, 그럴 경우 수령은 갑자기 그가 다른 사람을 체포한 것을 발견하고 즉각 석방할 것을 지시하였다. 그래서 꾸준하게 일을 하여 그들이 당장 필요한 것보다 더 많은 양을 생산하는 것은 힘들 뿐 아니라 어리석은 것이 되었고, 나라 전체가 뒤쳐져 있게 되고 사람들은 게을러졌으며, 오래 계속된 억압을 통해 예민하게 느낄 힘을 빼앗기고 독립정신을 잃어버린 사람을 제외하고 안전의 부족을 견딜 수 없었다. 이 상태를 일본이 치료하고 있다.

왕에게 절대 권력을 포기하고, 내각의 조언을 통해 지배하겠다고 약속을 하게 하였으며, 그들은 봉급의 규모가 정해진 관직을 새로 조정하였다. 그리고 모든 수령에게 공정하게 법을 집행하도록 지시를 내리고 강탈을 금지함으로써 한국인 근로자들은 처음으로 정의의 의미를 알게 되었고, 일정한 세금을 납부한 후 나머지 수익은 그들이 적합하다고 생각하는 대로 저축하거나 소비할 수 있는 그들의 것이라는 인식을 갖고 일을 할 수 있게 되었다. 그리고 여태껏 그들의 생득권(生得權)이었던, 지속적인 억압의 공포가 없는 삶의 새로운 즐거움을 경험하고 나서 일본인에 대한 강렬한 원한이 반작용으로 관용감으로, 심지어 호의적인 것으로 상당히 뚜렷해졌다. 많은 다른 개혁 조치가 일본에 의해 시작되었으며, 한국은 번영하고 만족해하는 나라가 된 것처럼 보였다. 그러나 불행하게도 일부 어리석은 일본인들은 즉각적으로 쳐들어가 (한국을) 완전한 속국으로 만들기를 바라고 있었는데, 시간이 흐르고 새로운 질서에서 나오는 이점에 대한 완전한 경험만이 증오와 국민적 편견을 없앨 수 있다는 것을 인식하지 못하였고, 오로지 오랫동안 계속된 친절만이 신뢰를 얻을 수 있다는 것을 잊고, 몇 달 만에 증대되고 있던 일본에 대한 인기를 파괴하고 그들 나라가 시작하였던 좋은 것을 뒤집어 버렸다. 자신들의 영향력이 영리한 한국 왕비의 반대에 직면하여 지지를 받을 수 없을 것이라는 두려움에, 그들은 만일 필요하다면 그녀의 죽음도 불사하는 것을 포함한 그녀의 타도 계획을 짰다. 왕비의 용서할 수 없는 적이었던 대원군의 적극적인 도움을 받아 그들은 어느 날 밤 한국군 및 일본군, 그리고 몇몇 무법자 낭인배 무리를 궁궐로 보냈고, 대원군이 선두에 서서 입궐을 요구하자 겁에 질린 보초들은 궁궐 문을 열어 그들이 통과하게 하였다. 왕비의 거처로 전진한 그들은 거처를 둘러쌌고, 왕비를 보호해야 할 겁에 질린 병사들은 도망쳤다. 자신을 알아보지 못하도록 자신과 유사한 의복을 입은 몇몇 궁녀를 동반한 왕비는 탈출을 시도하였지만, 그녀와 암살자 사이에 있던 그녀의 사촌인 궁내부 대신이 살해된 후 방 바로 바깥에서 시해되었다. 그녀의 시신은 근처의 작은 숲으로 운구 되었으며, 석유로 흠뻑 적신 그녀의 의복은 불을 질러 재로 변하였다. 나는 총소리에 의해 잠을 깨었고, 궁궐에서 소동이 일어났음을 알아챘지만 아침이 되어 진실을 알게 되었을 때 적지 않은 충격을 받았다. 일본에 대한 혐오감은 즉각적이고 강하였으며, 그것은 충성스러운 한국인과 증대되는 영향력을 선호하였던 외국인들에 의해 동등하게 공유되었다.

작은 왕국을 제어하려는 욕심을 즉시 보이는 것이 러시아의 정책은 아니었다. 오히려 모든 외부 간섭으로부터 한국의 독립을 고취시켰으며, 통치의 본

능에 충실하게 절대 권력의 입헌적인 개념의 발달을 저지하고 왕의 절대 권력에 대한 자연적 선호를 조장하였다. 그래서 일본의 철권이 들어 올려 지자마자 옛 체제로의 복귀를 알리고 자신의 바람에 반하여 반포된, 자신의 내각이 법제화 하였을 법령보다 우위에 있는 모든 법령을 무효로 하는 왕의 권리를 선포하는 칙령이 반포된 것은 이상한 것이 아니었다. 역시 점차 매관매직(賣官賣職)이 나타났다. 수령은 다시 쥐어짜고 압박하기 시작하였으며, 백성들의 상태는 이전과 같이 나빠졌고 더 낮은 상태를 짧게 경험하였었기에 더욱 괴로울 뿐이었다.

자유 무역은 이 나라에서 공표된 정책이 아니지만, 내 생각에 관세는 어떠한 경우에도 10%를 넘지 않으며, 어떤 경우에는 단지 5%이고 많은 물품들이 무관세로 허용되고 있다. 이 나라가 1882년의 조약에 의해 외국과의 무역을 열었을 때 이 조약들의 규정에 따라 관세법이 제정되었으며, 한국인들은 이 업무에 익숙하지 않았고, 외국 상인 혹은 심지어 행상들과 정직한 거래에 의존할 수 없었기 때문에 전체 관세 제도는 중국에서 같은 업무를 책임졌던 영국인 관리의 지휘를 받게 되었다. 경험이 있는 영국인 세관원들이 중국 세관에서 파견되었으며, 하급직들은 다양한 국적, 즉 영국인, 미국인, 독일인, 러시아인, 프랑스인, 덴마크인, 일본인, 중국인 등으로 채워져 모든 나라의 이해관계를 만족시켰으며, 한국인들 역시 채용되어 업무 수행 방법을 훈련받았다.

최근 6년 동안 총세무사는 맥리비 브라운 씨이었는데, 그는 탁월하게 능력이 있고 조심스러우며 진보적인 사람이지만, 자신의 업무 수행에서 신중하고 청렴하며 곧았고, 게다가 아직 훈련을 받지 않은 한국인들을 다루는데 있어 인내심이 있었다.

왕의 피신과 러시에 의한 보호로 일본인들이 쫓겨나간 후, 한국은 거의 파산 상태에 있으며 재정이 대단히 곤란한 상태에 있다는 것을 알게 되었고, 그래서 브라운 씨는 이것을 정리하는 임무를 요청받았다. 그는 지출을 통제하는 권한을 부여 받았으며, 그래서 브라운 씨가 부서(副書)하지 않으면 폐하마저도 자금을 인출할 수 없었고, 어떠한 지출도 승인되지 않았다.

From Far Korea.
The Rideau Record (Smith's Falls, Ont.) (July 20th, 1899), p. 8

From Far Korea.
The Inside History of the Troublous Times of 1894~96
Third Article by Dr. Avison

In the months that followed the influence Russia was wielding in the development of Korean policy, or, rather in the manifest abandonment of any definite policy, except to drift back into the condition from which Japan had to some extent lifted, her became more and more marked. Japan found Korea an absolute monarchy, ruled very often by the caprice of a royal favorite whose only object might be to enrich himself at the expense of the people; government officials received no salaries, but after having paid higher officials liberally for their positions, were turned loose upon the people to extract from them the money paid for their office, their current living expense, and as much more as they could to lay up for the time when they must go back to private life, which might not be long, not longer in many cases than till another purchaser turned up for the position The main object therefore of magistrates and governors was to secure as much money as possible from the unfortunate people in the shortest possible time rather than to administer justice and give free play to the intelligence and industry which would have increased wealth and advanced their country. A favorite plan was to watch for those who by industry or perhaps by some other method were prospering and laying by money or goods. One or more such was then summoned, charged with an imaginary crime, and lodged in prison, but instead of being brought to trial was allowed to remain there an indefinite time, until he contributed of his surplus; very often the greater part or all of it, to the impoverished exchequer of the magistrate, who then suddenly discovered that he had arrested the wrong man and ordered his immediate release. It thus became not only difficult but unwise to work steadily and produce in greater quantities than would suffice for their immediate needs and the whole country was kept back, the people became idle; and there was a want of security that could not have been endured except by a people who through long continued oppression had been deprived of the power to feel keenly and had lost the spirit of independence. This state of things Japan set about remedying.

Having compelled the king to give up his absolute power, and promise to rule through and by the advice of a cabinet, they re-adjusted the government offices to which a scale of salaries was attached, and all magistrates were directed to administer the laws equitably and forbidden to extort, and for the first time in generations, Korean workmen knew the meaning of justice and were able to work with the knowledge, that after paying a definite tax, the balance of their profits would be their own to save or spend as they saw fit, and the re-action from intense hatred of the Japanese to a feeling of tolerance and even of favor, became quite noticeable as they experienced the new delight of living without that constant dread of oppression which had hitherto been their birthright. Many other reforms were initiated by the Japanese, and Korea seemed as if it might become a prosperous and contented nation. But unfortunately some unwise men amongst the Japanese desiring to rush immediately into full possession and not realizing that only the flight of time and a thorough experience of the benefits that flowed from the new order of things, could obliterate hatred and national prejudice, and forgetting that only long continued kindness could win confidence destroyed in a few months all the growing popularity of Japan, and upset the good which their country had initiated. Fearing that their influence could not be upheld in face of the opposition of the clever queen of Korea they planned her overthrow which was to compass her death also if that seemed necessary. Securing the active assistance of the king's father who was the unrelenting enemy of the queen they took a body of Korean and Japanese soldiers together with some Japanese rowdies to the palace one night and when with the king's father at their head they demanded admittance the terrified guard opened the palace gates and allowed them to pass. Proceeding to the queen's apartments they surrounded them while the terror-stricken soldiers who should have protected the queen fled. The queen, accompanied by some of her lady attendants, who, dressed in garments like her own would have screened her from recognition attempted to escape but was killed just outside her room after her cousin, the minister of the household, who placed himself between her and her assaulters had been shot down. Her body was seized and carried to a grove near by abd her clothing having been saturated with coal oil was fired and burned to ashes. I was awakened by the firing of the shots and realized that the row was going on at the palace but was none the less shocked when morning came to learn the true facts. The revulsion of feeling against the Japanese was immediate and strong and was shared in equality by the loyal Korean and the foreigner who up to the time had favored the growing influences.

It was not Russia's policy to at once show her eagerness to control the little kingdom. She rather encouraged the idea of her independence of all outside interference and true to her own instincts of government, discouraged the development of the constitutional idea of, and fostered the King's natural preference for, absolute power, so it is not strange that soon after the iron hand of Japan had been lifted, an edict was issued, announcing a return to the old form and declaring the king's right to annul all laws which were contrary to his wish to issue decrees which should be effective above the laws which might be enacted by his cabinet. Gradually too, government positions were again sold. Magistrates again began to squeeze and oppress, and the condition of the people became as bad as before only more galling, because of the brief experience they had had of a better state of things.

While free trade is not the declared policy of the country, the custom duties are I think, not higher than 10 per. cent in any case; only 5 per cent., in some, and many articles are admitted free. When the country was opened to foreign trade by the treaties of 1882, customs laws were enacted in accordance with the provisions of those treaties, and the whole custom system was placed under the supervision of the British officer who was in charge of the same work in China, as the Koreans themselves were unacquainted with business methods and could not be depended upon to deal honestly with foreign merchants or even with their own colporters for that matter. A British customs officer of experience was sent over from the China staff, while the lower positions were filled by men of various nationalities, British, American, German, Russian, French, Danish, Japanese, Chinese, &c., so that the interests of all nations were served, and Koreans were also taken in and trained in the methods of conducting the business.

The chief commissioner of customs for the last six years has been Mr.

McLeavy Brown, a man eminently capable, careful, progressive but yet conservative, upright, firm in his administration, yet withal, patient in his dealings with the as yet untutored Koreans.

After the Japanese had been forced out by the flight of the king and his protection by Russia, it was found that Korea was almost bankrupt and her finances were terribly tangled, so Mr. Brown was asked to undertake the take of bringing them into order. He was given a free hand with power to control the expenditures, so that even His Majesty could not draw money from the treasury or authorize any payments unless the orders were counter-signed by Mr. Brown.

J. 맥리비 브라운(John McLeavy Brown)

J. 맥리비 브라운(1835. 11. 27~1926. 4. 6)은 아일랜드의 리즈번에서 태어났으며, 벨파스트의 퀸즈 대학교와 더블린의 트리니티 대학을 졸업하고 변호사가 되었다. 그는 1861년부터 1872년까지 주청 영국 공사관의 서기관으로 근무하였으며, 1873년 무역 관련 변호사로 중국세관 업무에 합류하였으며, 1874년 광저우[廣州] 세관의 부세무사로 임명되었다. 그를 좋게 보았던 총세무사 로버트 하트(Robert Hart)에 의해 한국 세관의 감독으로 추천되었으며, 1893년 10월 고종에 의해 재정 고문 및 총세무사로 고용되었다. 1895년 을미사변 후에는 재정에 관한 절대적인 권한이 주어졌

그림 5-8. J. 맥리비 브라운

다. 브라운은 한국이 일본의 반식민지가 되자 1905년 8월 한국을 떠났다. 그는 1913년 런던의 중국 공사관 고문으로 임명되어 사망할 때까지 그 직책을 유지하였다.

먼 한국에서. *The Rideau Record*
(온타리오 주 스미스 폴스) (1899년 7월 27일), 8쪽

먼 한국에서.
1894~96까지 난세(亂世)의 내밀(內密)한 역사
에비슨 박사의 네 번째 글

브라운 씨는 이 나라의 재정적 건실함을 증명하는데 탁월하게 성공적이었다. 어리석고 불필요한 모든 지출을 없애고, 정부의 모든 적절한 기능 수행과 공공 증진을 위한 개방적인 투자에 충분한 예산을 허용함으로써 1년 만에 그는 정규 수입원에서 50만 달러를 절약하였으며, 그것은 일본이 패권을 쥐었던 시기에 일본에 졌던 적은 부채의 상환에 사용하였다. 이은 6개월 동안 부채는 다시 25만 달러가 감소하였고, 비교적 적은 빚만 남기게 되었는데 그것이 한국의 국가 부채이다. 그렇게 적은 부채가 있는 나라는 이 세상에 없을 것이다.

그러나 외국인 감독자의 정직하고 엄중한 방법은 한국 정치인과 나라의 하인이 되려는 사람들 중 많은 사람들의 구미(口味)에 전혀 맞지 않았는데, 그들이 되돌려 줄 필요 없이 공적 재원으로부터 손에 넣어 편안하게 살아왔던 여태까지의 오래된 관습이 슬프게도 방해를 받았기 때문이었다. 예를 들어 군대 업무에 상당히 밝지 못한, 아마도 한문 공부에서 얻을 수 있는 것보다도 알 지 못하는 어떤 사람이 친구의 영향으로 군부(軍部)의 중요한 직책을 주었지만, 매월 봉급 대장이 감독자의 검토 및 승인을 위해 제출되었을 때 봉급 대장에서 그들의 이름에 점을 찍고 자신은 그들이 직책을 유지하고 있는 것에 반대하지 않지만 그 직책에는 봉급을 지급하지 않는다는 의견을 달았다.

처음에 러시아는 한국 문제에 전혀 간섭하려는 바람을 갖고 있지 않다는 인상을 주려하였고 한국인들 중에서도 원하지 않았지만, 그들은 러시아가 왕에게 백성들을 탄압해서라도 정부에서 하고 싶은 대로 하라는 고의적인 책략으로, 필연적으로 그러한 내부적 논의와 비참한 상태로 이끌게 될 경과를 취하도록 한국을 강제하는 것을 목격하였다. 그런 비참한 상태는 걱정스러운 한국 호(號)의 키를 잡아 러시아에 흡수시키는 조용한 물길로 이끌었을 때 외부의 방해에 대한 용서가 일어나게 할 것이다. 그리고 모두에게 명백해지는데 몇 달이 걸리지 않았는데, 1897년 가을 두 나라 사이에 체결된 조약에 따르면 탁지부(度支部) 고문과 총세무사의 자리는 러시아 정부가 선발한 러시아 인에게 주어야 하고, 군대는 러시아 정부에 의해 임명된 러시아 교관에 의해 훈련을 받아야 하며, 근위병은 러시아가 배치해야하며 모든 훈련은 러시아 어로 이루어져야했다.

한 나라가 재무와 군대의 통제를 다른 열강의 관리에게 맡겼을 때 그 나라는 사실상 그 열강에 독립성을 넘겨주고 그 일부가 되며, 국민들이 그렇게 되었다는 것을 자각하였을 때 그 나라에서 격렬한 반대가 생기는 것은 자명하며, 반면 일본과 영국 같이 한국에 관심을 갖고 있는 다른 나라들은 그런 조치의 무모함에 놀라서 보게 된다. 일은 더 진전되어 사실상 러시아 정부의 기관인 러시아-중국은행이 서울에 설립되었고, 모든 정부 업무가 일본은행에서 그 은행으로 이관되었으며, 그리스 교회의 사제가 교회를 설립하라는 지시를 받고 파견되었고 조선 정부와 세관 업무 등에 고용되어 있는 모든 다른 외국인들은 러시아 인들로 교체하도록 지시가 내려졌다.

이제 일이 암울해 보였으며, 선교사들마저 그들의 여행 자유, 그리고 전도가 박탈당하지 않도록 걱정하였는데, 실제로 러시아 공사가 조선 정부 측에 외국인들이 내륙, 혹은 4개의 조약 도시에 거주하고 자산을 소유하는 국제 조약의 조항을 엄격하게 강화하도록 조언하였다고 발표되었으며, 그러한 지역이 실제로 고려되었고 이것은 우리 선교 지역의 상당 부분을 잘라내게 될 것이었다. 일들이 암울해 보였고 우리가 외부의 간섭에 거의 절망해 있었을 때, 10척의 큰 영국 군함이 제물포에 닻을 내렸고 영국 영사관이 공사관으로 승격되었다고 공표되었는데, 그것은 말하자면 적어도 영국이 한국을 독립국으로 간주한다는 공식적인 발표이었다. 동시에 더 진보적인 한국인 집단은 자신들의 나라를 러시아에 팔아넘긴다는 선언에 대해 격렬한 반응이 일어났다. 바로 이때 러시아 공사는 러시아 관리가 한국인들로부터 무례한 취급을 받는다고 불평하며 자신은 그것이 계속되는 것을 허용하지 않을 것이라는 내용의 문서를 조선 정부로 보냈다. 그는 더 나아가 만일 조선 정부가 자신들의 조력을 받는 것을 바라지 않는다면, 자신들은 단지 한국을 도우기를 바랄 뿐 조력을 강제하고 싶지는 않기 때문에 철수할 것이라고 말하였다. 하지만 그는 24시간 안에 답을 요구하였다.

조선 정부는 그렇게 중요한 문제를 고려하기에는 너무도 짧은 시간이었지만, 그들이 할 수 있는 대로, 아마도 2~3일 안에 대답하겠다고 답하였다. 많은 사람들은 한국이 큰 이웃을 불쾌하게 할지도 모르는 답변을 하는 위험을 거의 감수하지 않을 것이라고 생각하였으며, 만일 러시아 관시들을 유지하기를 바란다고 이야기한다면 이미 두 나라를 엮고 있는 강한 끈에 또 다른 끈을 더할 뿐이기 때문에 그 며칠은 불안한 날들이었다. 일반적으로 러시아 공사는 한국이 감히 답변을 할 것으로 믿지 않고, 세계에 자신들은 한국의 요청으로 행동할 뿐으로 보이도록 한국인들이 (러시아의) 자문을 계속 받고 싶다는 공개적 언급을 하게 하기 위하여 이 제안을 한 것으로 믿어졌다.

하지만 대답은 한국은 (러시아가) 재정 및 군사 고문을 제공해 주고, 통치의 운용법을 가르쳐줌으로써 나라의 독립을 유지하는데 보인 비이기적인 노고에 감사하며, 한국이 받은 모든 호의에 대해 러시아에 결코 보답할 수 없고 충분하게 감사를 표시할 수 없을 것이지만, 그들은 자신들의 우호를 계속 강요할 수 없다고 느꼈고 이미 받은 교습에 큰 도움을 받아 이제 친구들이 잘 시작하였던 훌륭한 체계에 따라 일을 수행할 수 있다고 느꼈으며, 따라서 비록 내키지 않지만 좋은 일을 시작하는데 그들을 더 이상의 책임과 노력에서 면(免)하게 하고 싶다는 것이었다.

이 답변은 엄격히 동양식이었으며, 세련된 것은 아니었지만 더 직접적인 언급만큼 효과적인 것이었다. 러시아 고문 및 군사 교관은 철수하였고, 은행은 문을 닫았으며, 그리스 교회 건립 명령은 철회되었고 2주일 내에 모두 가버렸다. 놀랄만한 조약은 쓸모없게 되었고, 의도했던 세관원의 해고에 대해 더 이상 아무 소식도 들리지 않았다. 브라운 씨는 아직도 세관을 감독하고 있으며 더 이상 지출을 제어하지 않지만, 종종 그의 조언을 구하고 있으며, 이 작은 왕국에서 아마도 더 영향력 있는 사람은 없을 것이다. 이상한 것은 거의 동시에 영국 함대가 제물포에서 사라진 것이며, 그 함대의 존재를 러시아 인들의 자발적인 철수와 답변을 하였던 한국인들의 용기를 어떤 식으로든 연결시키는 사람들은 부족한 것이 없다. 런던과 상트페테르부르크 사이에서 무슨 일이 일어났는지 아무 것도 알려져 있지 않지만, 함대의 존재가 우리 모두에게 희망을 주었고 동시에 러시아 인들이 떠난 것은 다소 주목할 만하다.

From Far Korea.
The Rideau Record (Smith's Falls, Ont.) (July 27th, 1899), p. 8

From Far Korea.

The Inside History of the Troublous Times of 1894~96

Fourth Article by Dr. Avison

Mr. Brown was eminently successful in demonstrating the financial soundness of the country. Cutting off all foolish and unnecessary expenditures yet allowing plenty for the carrying on of all the proper functions of government, and a liberal expenditure on public improvements, he, in one year, saved from the regular sources of revenue $500.000 which was applied towards the liquidation of a small debt which had been contracted with Japan during that country's period of supremacy, and in the following six months again lessened that debt by $250,000, leaving a comparatively small balance which represents the national debt of Korea. There is probably no country in the world which has so small a debt.

But the straightforward and stringent methods of the foreign superintendent were not at all to the taste of a considerable section of Korea's statesmen and of would be servants of their country, as they sadly interfered with those ancient customs by which they had hitherto obtained from the public coffers a comfortable living without the necessity of giving an equivalent in return. For instance a man quite unversed in military affairs, who perhaps know nothing more of such things than could be gained from a study of Chinese characters, might through the influence of a friend be given an important position in the war department, but when the monthly pay sheet was brought for the commissioner's inspection and approval he spotted all such, removing their names from the sheet with the remark that he had no objection to them holding the offices but that these offices had no salary attached to them.

Although Russia at first promoted the impression that she had no desire to interfere at all in Korean affairs, there were not wanting even among Koreans, those who saw in the encouragement she gave to the King to follow his own inclinations in government even to the oppression of his people the deliberate scheme on the part of Russia to urge Korea on a course which would inevitably lead to such internal discussion and to such disastrous conditions that an excuse would arise for outside interference when she would quietly take the helm and steer the troubled Korean Ship of State into the quiet waters of Russian absorption, and it did not need the passage of many months to make it plain to all that such was the case for so soon as the fall of 1897 a treaty was made between the two countries by which the positions of adviser to the Finance Department and Commissioner of Customs should be given to a Russian who should be selected by the Russian government and the army should be drilled by Russian Officers appointed for the purpose by the Russian government and the Palace guard should be officered by Russians and all the drilling should be done in the Russian language.

It is self evident that when a country gives up the control of both its Treasury and its army to the officials of a foreign power it practically yields its independence and becomes a part of that power and a great outcry arose in the country itself when the people realized what had been done, while other countries interested in Korea, such as Japan and England looked on in surprise at the boldness of such a step. Things went so far that the Russian-chinese bank which is practically a Russian government institution was established in Seoul and all the government business was transferred to it from the Japanese bank, an official of the Greek Church was sent with orders to establish that church there, and orders were issued to replace all other foreigners in the employ of the Korean government, customs service etc. by Russians.

Things looked blue then and even missionaries feared lest their liberty to travel and preach should be, at the least, greatly curtailed, and indeed, it was given out that the Russian minister had advised the Korean government to strictly enforce the clauses in the international treaties which forbade foreigners to reside and hold property in the interior, or in any but the four treaty towns and such a proportion was actually under consideration and this would have cut off the greater part of our missionary world. But when things were looking the blackest and we almost despaired of outside interference, ten large British gunboats cast anchor in Chemulpo and the announcement was made that the British Consulate had been raised to the dignity of a legation which, to say the least was a formal announcement that Britain regarded Korea as a sovereign power. At the same time a great out-cry was made by the more progressive Korean party against what was declared to be the sale of their country to Russia. Just at this stage the Russian minister addressed a note to the Korean government complaining of the discourteous treatment the Russian officers were receiving at the hands of the Korean people and insisting that he could not permit it to go on. He further said that if the Korean government did not desire to make use of their service they would withdraw them as they (the Russians) only wished to be helpful to Korea and has no desire to thrust their services upon them. He would, however, require an answer within twenty four hours.

The Korean government replied that was too short a time for them to consider such an important matter but they would reply as soon as they could, probably in two or three days. Those were days of anxiety, for many thought that Korea would scarcely risk giving a reply that would probably be offensive to her big neighbor and yet if she should say she desired to keep the Russian officers it would be only adding another strand to the already strong cord that bound them. It was generally believed that the Russian minister made this offer only to bring forth a public statement of Korea's desire to keep on the advises so that it might appear to the world that she was acting at the request of Korea, not believing that they would dare to give the reply they did.

However the reply was that while Korea appreciated the unselfish effort in establishing her independence by lending her financial and military advisers and teaching her the be__ methods of conducting government and while he could never repay Russia or sufficiently express her gratitude for all the kindness she had received they felt they could not continue to impose upon their friendship and they felt that they had so profited by the teaching already given that they could now carry on the work in accordance with the admirable system so well inaugurated by their friends and they would therefore although unwillingly, release them from any further obligations and endeavor to carry on the good work begun.

This reply was in strict oriental style, nothing if not polite, but was as effective as would have been a more direct statement. The Russian advisers and military instructors were withdrawn, the bank was closed, and the order to establish the Greek Church was withdrawn, and within two weeks all had gone, the remarkable treaty became ineffective and nothing further was heard of the dismissed of Customs officers as had been intended. Mr. Brown still continues to superintend the customs, and although he no longer controls the expenditures, his advice is often sought and there is probably no more influential man in the little kingdom. The strange part of it was that the British fleet disappeared from Chemulpo about the same time and there are not wanting those who connect in some way the presence of that fleet with the willingness of the Russians to withdraw and the courage of the Koreans in giving the reply they did. Nothing is known of what took place between London and St. Petersburg, but the presence of the fleet gave hope to us all and the coincidence of the departure of the Russians was somewhat remarkable.

올리버 R. 에비슨(온타리오 주 스미스 폴스)이 프랭크 F. 엘린우드(미국 북장로교회 해외선교본부 총무)에게 보낸 편지 (1899년 7월 29일)

스미스 폴스,
1899년 7월 29일

친애하는 엘린우드 박사님,

호주의 케언즈 목사36)가 자신들의 선교사를 (우리 선교부의) 협력 회원으로 받아 달라며 우리 선교본부로 보낸 요청과 관련한 박사님의 7월 20일자 편지가 어저께가 되어서야 배달되었으며, 저는 급히 답장을 드립니다. 저는 언더우드 씨가 이 문제에 대해 케언즈 씨로부터 편지를 받았다고 기억하며, 그는 저에게 어떻게 생각하는지 물어보았습니다. 저는 그가, 모든 임명이 선교본부에 의해 이루어졌고, 적절한 방식은 그것과 관련하여 박사님께 편지를 쓰는 것이라고 케언즈 씨에게 조언하였다는 것을 나중에 알게 되었습니다. 아마도 그는 그렇게 편지를 쓸 의향이 있다고만 말하였습니다. 우리 선교부에는 애덤슨 씨37)를 신뢰할 수 없다는 의견을 굳게 갖고 있는 사람들이 있으며, 저는 비록 제휴 사역자이더라도 우리와 함께 일하는 것이 불편함과 불협화음을 일으킬 수 있다고 분명 느끼고 있어, 개인적으로 우리들 중 많은 사람들이 말하는 것보다 그에 대해 더 나쁜 그 어느 것도 알고 있지 못하지만 그의 합류를 조언하고 싶지 않습니다. 반면 애덤슨 씨가 아마도 그에 대한 비난에서 악의로 사용되었다고 생각하는 사람들은 제가 아는 한 선교부의 젊은 숙녀들에 대한 선입관을 갖고 있습니다.38) 아마도 그들은 숙녀들은 받아들이고 그를 받아

---

36) 토머스 R. 케언즈(Thomas R. Cairns, 1845. 9. 19~1913. 3. 2)는 당시 호주 빅토리아 장로교회 해외선교 위원회의 위원장이었으며, 1905년부터 1907년까지 빅토리아 장로교회 총회장을 역임하였다.

37) 앤드류 애덤슨(Andrew Adamson, 1860~1915. 8. 3)은 호주에서 출생하였으며, 1884년 영국성서공회에 의해 중국북지부로 파송되어 1889년까지 활동하였다. 그는 호주 빅토리아 장로교회 청년연합회에 의해 1894년 5월 한국에 파송되었으며, 부산 초량에서 호주 선교부의 감독으로 활동하였다. 1911년 이후에는 마산에서 활동하다가 1914년 선교사직을 사임하고 영국으로 돌아갔다.

38) 호주 빅토리아 장로교회 여선교 연합회는 1891년 이사벨라 B. 멘지스(Isabella Bell Menzies, 1856. 7. 30~1935. 9. 10), 진 페리(Jean Perry, 1864?~1935. 3. 25), 그리고 메리 포셋(Mary Fawcett, 1861. 8. 18~1938. 10. 31)을, 1892년 엘리자베스 S. 무어(Elizabeth S. Moore. 1863. 12. 31~1956. 1. 8)를 파송하여 부산에 선교부를 설립하였는데, 이들은 1894년 청년연합회에 의해 파송된 애덤슨과 심한 갈등을 겪었다.

들이는 것을 거절하는 것이 애덤슨 씨에게 불공평하다고 생각할 것입니다. 박사님께서 기억하실 것처럼 저는 논쟁 중인 문제를 조사하는 대표의 한 명이었습니다.

우리가 할 수 있는 면밀한 조사를 마친 후 언더우드 박사와 저는, 화합의 부족은 젊은 숙녀들이 총회 선교본부의 대표에 의한 어떠한 감독으로부터도 독립되기를 원한다는 사실 때문인 것이라는 느낌에 완전한 합의를 보았으며, 그들은 자신들의 방식대로 자신들의 사역을 원하였습니다. 반면 총회 선교본부의 대표는 여자 사역의 수행에 대하여 고국 선교본부에 책임이 있었으며, 그는 그것을 감독하고 어느 정도 지시하도록 요구받았다고 느꼈습니다.

고국의 선교본부에 의해 그에게 부여된 권리의 행사 범위는 당연히 그것을 실행하는 사람의 성격에 의존할 것이며, 애덤슨 씨보다 더 조심스럽거나 더 세련된 사람은 일부 화근(禍根)을 피했을 수 있지만, 결국 싸움으로 비화된 논쟁이 진정한 원인이었다는 것에 우리는 의심하지 않으며, 우리는 호주 선교본부에 남자 선교사의 수를 늘리고 정책을 변경하여 그들 사역의 수행이 한 사람의 판단에 너무 많이 의존하게 되지 않도록 권고하였습니다.

우리는 동일한 정책이 계속되는 한 선교 인력의 변화로 어떠한 영구적 이점을 기대할 수 있는지 알 수 없었습니다. 선교본부는 어떠한 판단에도 동의한다고 답변하였지만, 유감스럽게도 그들의 재정 상태는 선교부에 필요한 보강을 방해하였고 그래서 우리 선교부에 자신들의 업무에 대한 관리를 요청하게 되었던 것입니다. 저는 그들이 다음과 같이 느끼고 있다고 생각합니다. 즉 만일 그들의 사역이 우리 사역의 한 부분으로, 우리의 규칙에 따라 그리고 모든 것이 우리 선교부의 결정에 의해 제어될 수 있다면, 인력의 보강으로 얻을 수 있는 목적은 그들이나 우리들이 추가적인 경비가 없더라도 성취할 수 있는데, 그들이 현재 기여하고 있는 액수를 뉴욕의 선교본부나 서울의 선교부로 계속 보낼 것이기 때문입니다.

그런 계획이 시행될 수 있도록 하기 위해 호주 선교부의 개별 선교사들의 자유로운 동의와 우리 선교부에서 투표권자로서의 그들의 권리에 대한 대단히 분명한 합의가 필요할 것인데, 그들은 우리 선교부의 전체 사역은 아니더라도 적어도 자신들의 사역, 그리고 아마도 부산 전체의 사역에 대한 투표권을 가져야하는 것은 분명하기 때문입니다. 그래서 이전보다 더 큰 분쟁을 피해야한다면 우리들에 대한 그들의 관계, 그들에 대한 우리들의 관계를 조정하고 정의하는데 상당히 면밀한 고려를 필요로 하는 문제라고 생각합니다.

하지만 박사님은 부산 문제에 대하여 어느 정도 알고 계십니다. 문제가 되는 논쟁은 현재 부산에 있는 사람들과, 선교부에서 결별하여 플리머스 형제 교회에 합류한 페리 양 사이의 것이 아니라, 자신의 실수를 안 후에 그들로부 터 나와 호주로 귀국한 후 '신의 성실' 계획으로 고아원을 위한 약간의 지원 을 확보한 후 우리에게 협력을 요청한 것입니다. 그것은 또 다른 문제이었으 며, 그 경우에 당사자는 한 쪽은 페리 양, 다른 쪽은 애덤슨 씨와 나머지 여자 들이었습니다. 박사님은 애덤슨 씨와 나머지 여자들 모두는 페리 양에 반대하 고 있었다는 것을 알고 계십니다. 이 다른 문제는 애덤슨 씨와 다른 여자들 모두 사이의 논쟁인데, 그것에는 '신의 성실'의 원칙이 전혀 들어 있지 않으며 사실 그들은 그런 면에 ___합니다. 사업의 수행과 관련된 다른 분쟁이 있었 는데, 애덤스 씨에 대한 숙년들의 신뢰가 없어졌고 기독교인으로서의 그의 성 품에 반대하는 비난으로 끝났습니다.

따라서 그것은 누구의 편을 들거나 반대하는지 박사님께서 결정해야 하는 문제가 아니라 우리 선교본부가 양측 모두를 받아들여 논쟁의 원래 대의를 종 식시킴으로써 일이 조화롭게 진행되도록 하게 할 것인가 하는 문제입니다.

그렇게 함으로써 그런 결과를 얻을 수 있다면 저는 그 요청에 대한 동의 를 강하게 권하겠지만, 유감스럽게도 논쟁은 순전히 개인적인 것으로 변질되 었으며, 심지어 우리 선교사들의 개인적 요소까지 너무 많이 개재되어 그런 어려움이 극복되어 연합이 될 수 있다하더라도 화합의 부족이 적어도 대단히 불쾌하지 않을까 걱정하고 있습니다.

하지만 선교본부가 페리 양의 고아원과 관계를 갖는다고 선언한 사실은 그녀가 그것에서 벗어났으며, 다른 문제에 대해 다른 사람들과 분리되었기 때 문에, 우리는 지금 박사님 앞에 있는 문제와 관련이 있습니다.

저는 선교본부가 옳은 결론에 도달할 것으로 믿습니다. 만일 제가 논쟁이 무엇이었는지 분명하게 말씀드리지 않았다면, 박사님께서 물으실 수 있는 어 떠한 질문에도 기쁘게 답해드릴 것입니다.

안녕히 계십시오.
O. R. 에비슨

Oliver R. Avison (Smith's Falls, Ont.),
Letter to Frank F. Ellinwood (Sec., BFM, PCUSA) (July 29th, 1899)

Smith's Falls,

July 29/ 99

Dear Dr. Ellinwood: -

Your letter of July 20th re request of Rev. Mr. Cairns of Australia to our Board to receive their missionaries into affiliation only came to hand yesterday and I hasten to reply. I remember that Dr. Underwood received a letter from mr. Cairns on the subject and he asked me what I thought of it. I understood him to say afterward that he had written to Mr. Cairns advising him that all appointments were made by the Board and the proper course would be for him to write you concerning it. Perhaps he only said that he intended to so write. There are some in our Mission who are so firmly of opinion that Mr. Adamson is not trustworthy, that I feel certain that his admission to our company even as an affiliated worker, would cause uneasiness and give rise to discord, so that while I personally know of nothing against him worse than might be said of many of us I would not like to counsel his admission. On the other hand while those who think that Mr. Adamson has probably been hardly used or rather maligned in the accusations made against him, hold us prejudice, so far as I know against the young ladies of the missions, they would probably regard it as an injustice to Mr. Adamson to admit the ladies and refuse to admit him. As you will remember I was one of the delegation that investigated the matters in dispute.

After a thorough an investigation as we could make Dr. Underwood and I were in complete accord in feeling that the want of harmony was due to the fact that the young ladies desired to be independent of any oversight by the representative of the General Board; they wanted to do their own work in their own way. On the other hand the representative of the General Board was made responsible to the home authorities for the conduct of the ladies work and he felt called upon to supervise it and in some measure direct it.

The extent of such exercise of the powers vested in him by the home Board would depend naturally upon the disposition of the person exercising them and it is possible a man more cautious or more tactful than Mr. Adamson might have avoided some of the rocks, but we had no doubt that this was the real cause of the dispute which in the edn became a quarrel, and we recommended to the Australian Board an increase in the number of male missionaries and a change in their policy, so that the conduct of their work would not depend so much on the judgment of one man.

We could not see that any permanent benefit could be expected how a change in the personnel of the mission while the policy continued the same. The Board in reply stated that they concurred in any judgment but unfortunately their financial condition stood in the way of the needed reinforcing of the mission and it was this thought that led them to ask our Mission to take over the supervision of their work. As I understand the matter they felt that if their work could be carried on as an integral part of ours, subject to our rules and all controlled by the decision of our mission, the objects to be gained by enlargement of their force could be obtained without addition of expense either to them or us as they would continue to remit the amounts now contributed, sending them either to the Board in New York or to the Mission in Seoul.

To make such a plan workable it would be necessary to have the free concurrence of the individual missionaries of the Australian Mission and a very clear understanding of their rights as voters in our mission, for it is evident they must have a vote in the conduct of their own work at least and perhaps in that of the whole Fusan work, if not of the whole work of our mission, so that it is a matter that would, I think, require much careful thought in adjusting and defining their relation to us and ours to them, if even greater disputes than have been were to be avoided.

You are however at see somewhat in your understanding of the Fusan affairs. The dispute in question is not between those now in Fusan and Miss Perry who separated herself from the Mission and joined the Plymouth Brethren but afterward saw her mistake, and withdrawing from them return to Australia and, having secured some support for an orphanage on the "Faith" plan, applied to us for affiliation. That was another matter and the two sides in that case were Miss

Perry on one side and Mr. Adamson and the rest of the ladies on the other. You see Mr. Adamson & all the other ladies were at one in opposition to Miss Perry. This other affair is a dispute between Mr. Adamson on one side and all the other ladies on the other side, and the "faith" principle does not enter into it at all, in fact they are a ____ on that line. The dispute has been about other matters connected with the conduct of the work, ending in a loss of the ladies' confidence in Mr. Adamson & the laying of charges against his character as a Christian.

It is not therefore a question of taking sides for or against any one that you have to decide but a question of whether our Board will take in both sides and by ending the original causes of dispute enable the work to go on in harmony.

If by so doing that result could be obtained I should strongly advice acquiescence in the request but unfortunately the quarrel seems to have degenerated it a purely personal one, and the personal element has entered into it so much even with some of our own missionaries that even if the ordinary difficulties of effecting such a union could be overcome I fear there would be a want of harmony that would be at least very unpleasant.

The fact however that the Board declared to enter into relations with Miss Perry's orphanage has us bearing whatever on the matter now before you as she has been out of it all and separated from the others on a different question.

I trust the Board will be led to the right conclusion. If I have not made quite clear what the dispute was I shall be glad to answer any questions you may care to ask.

Very sincerely,
O. R. Avison

한국에서. *The Ottawa Citizen* (온타리오 주 오타와)
(1899년 7월 31일), 3쪽

한국에서
돌아온 선교사 에비슨 박사가 이곳에.
캐나다를 위한 시장
그는 자치령이 그 나라에서 이득을 보며 물건을 팔수 있다고 생각한다.

한국에서 돌아온 의료 선교사인 에비슨 박사는 그 선교지를 캐나다 산(産) 물품을 위한 유망한 시장이라고 부른다.

에비슨 박사는 아내 및 아이들과 2가(街) 25에 살고 있는 처제인 A. T. 쉐이버 부인을 방문하고 있다.

돌아온 선교사는 어제 저녁 *Citizen* 기자에게, 한국이 크게 진보하고 있으며, 잘 발전하고 있다고 말하였다. 미국, 일본 및 현지인 자본에 의해 철도가 개설되고 있기 때문에, 그는 다량의 캐나다 목재가 한국에서 즉시 판로를 찾을 수 있을 것이라고 생각하고 있다. 현재 미국과 한국 사이에는 적은 혹은 전혀 교역이 이루어지고 있지 않지만, 영국은 온전한 교역을 하고 있다. 그 이유의 하나는 런던에서 한국의 수도 서울까지의 운송이 샌프란시스코에서 보다 더 싸기 때문이다. 하지만 에비슨 박사는 이 점에서 밴쿠버가 런던보다 더 유리하다고 믿고 있다.

현재 미국인들은 한국에서 활발하게 채광을 하고 있으며, 그 개발을 위해 많은 일을 하고 있다.

선교사는 동양 국가에서 캐나다는 많은 외국적 요소와 함께 조달할 천 이백 만의 인구를 갖게 될 것이라고 말하였다.

러시아가 그 나라를 쫓고 있다.

에비슨 박사는 러시아가 현재 독립국으로 승인되어 있는 그 나라를 차지하기 위해 열심히 노력하고 있다고 언급하였다. 러시아가 시베리아 횡단 철도의 지선(支線)을 운영하고 있기 때문에 일본은 프랑스의 선동으로 이곳을 지나는 철로를 건설하였다. 하지만 에비슨 박사는 영국이 동양의 문제에서 가장 강한 영향력을 행사할 수 있을 것으로 생각하고 있다. 그는 러시아의 뤼순[旅順] 항보다 영국의 웨이하이웨이[威海衛]가 더 낫고 더 유리한 위치를 갖고 있다고 말한다. 사실 몇 년 후 러시아와 다른 국가가 한국이 독립 국가라고 선언한 것은 영국의 요구이었다. 에비슨 박사는 영국의 주장이 보다 강하게 제기되고 있지 않다는 것이 한 가지 유감스러운 일이라고 말한다.

또한 에비슨 씨는 한국에서 선교 운동이 빠른 진전을 이루고 있다고 말하였다. 그 나라는 1884년이 되어서야 외국 선교사에게 개방하였지만, 이미 개신교 지부에만 15,000명의 현지인 신자가 있다고 주장한다. 한국인은 일본인보다 더 착실하며, 중국인처럼 완고하지 않았다. 그들의 전도와 학교가 부분적으로 자립하고 있다는 사실에서 보여 지듯 그들은 가장 영리하고 부지런하다. 또한 그들은 기독교를 받아들이면서 교육에 대한 열망도 분명하게 나타내었다.

개신교 선교사는 처음에 의료적 조력을 통해 발판을 확보하였지만, 지금은 그것이 없이도 사업이 번성할 수 있으며, 외국인 사역자들에 대한 어떠한 적대감도 분명하게 나타내지 않는다. 현재 그 선교지에는 약 100명의 선교사들이 있으며, 가톨릭, 장로교회, 감리교회, 성공회 및 성결교회가 그곳에 선교사를 두고 있다. 그 선교지는 크고 결실이 풍부하지만, 여러 단체가 서로 부딪치지 않고 있다.

에비슨 박사는 안식년으로 고국에 있지만 1년 내에 한국으로 돌아갈 것으로 예상하고 있다. 그는 마지막으로 오타와를 방문한 지 20년이 되었으며, 이 도시의 빠른 성장에 대한 그의 즐거움과 놀라움은 크다.

에비슨 박사는 미국 북장로교회 선교본부의 지휘 아래 1893년 한국으로 파송되었으며, 그 선교단체에는 여러 명의 다른 캐나다인 선교사가 있다고 말한다. 그곳에는 캐나다에서 직접 파송된 3명의 캐나다인들도 있다.

From Korea.

The Ottawa Citizen (Ottawa, Ont.) (July 31st, 1899), p. 3

From Corea.

Dr. Avison, a Returned Missionary, Here

A Market for Canada

He Thinks the Dominion Could Sell With Profit in That Country.

A promising market for Canadian products is what Dr. Avison, a returned medical missionary from Corea, terms that field of labor.

Dr. Avison, with his wife and children, is visiting Mrs. Avison's sister, Mrs. A. T. Shaver, of 25 Second avenue.

Speaking to a Citizen reporter last evening, the returned missionary stated that Corea was making great headway and being well developed. On account of the railroads being built by American, Japanese and native capital, he considered Canadian heavy timber could, in Corea, find a ready market. At present there was little or no trade between America and Corea; England held the trade intact. One reason for this was that the transportation from London to Seoul, the capital of Corea, was cheaper than from San Francisco. Dr. Avison, however, believes Vancouver would have the advantage over London in this respect.

At present Americans were mining extensively in Corea, and doing much towards its development.

In the eastern country, the missionary stated, Canada would have a population of 12,000,000 to supply, as well as a large foreign element.

Russia After the Country.

Dr. Avison stated that Russia was striving hard to secure possession of the country, which is now recognized as independent. The Japanese at the instigation of the French had built a line of railway through the place, owing to Russia having run a branch line from the Trans-Siberian route. Dr. Avison. however, considers that Great Britain holds the strongest hand in the eastern question. In

Wei-Hai-Wei, he states England has a better and more advantageous vantage point than Russia has in Port Arthur. It was at England's mandate, in fact, that Corea was proclaimed an independent power by Russia and other countries a few years since. The one regret Dr. Avison expresses is that England's claims are not pushed stronger.

Mr. Avison also stated the missionary movement in Corea was making rapid progress. The country was only thrown open to foreign missionaries in 1884, but already there are 15,000 Christian natives claimed by the Protestant stations alone. The Coreans had more stability than the Japanese, and were not obstinate as the Chinese. They were most intelligent and industrious, as was shown by the fact that their missions and schools were in part self-sustaining. They also, on accepting Christianity, evinced a desire for educational instruction as well.

The Protestant missionaries first secured a foothold by means of the medical assistance lent, but now the work could flourish without this, and no hostility was evinced against the foreign workers. There were now about 100 missionaries in the field, the Roman Catholic, Presbyterian, Methodist, Anglican and Baptist bodies having representatives there. The field is a large and fruitful one, however, and none of the various bodies clashed.

Dr. Avison is home on furlough, but expects to return to Corea within a year. It is twenty years since he last visited Ottawa, and his pleasure and surprise at the rapid growth of the city are great.

Dr. Avison went to Corea in 1893 under the directions of the Presbyterian mission board of the United States with which body he states there are several other Canadian missionaries. There are also three sent out direct from Canada.

18990800

해외 선교를 위한 1899년 기도 연감
(장로교회 여자해외선교회, 1899년), 52쪽

8월

......

6일 서울 - O. R. 에비슨 의학박사(1894년)는 병원의 책임을 맡고 있으며 의학
생 강습반을 가르치고 있다. 에비슨 부인은 병원의 여자들에 대한 일
을 하고 있다.

......

1899 Year Book of Prayer for Foreign Missions (Women's Foreign Missionary Societies of the Presbyterian Church, 1899), p. 52

August

......

6 Seoul - O. R. Avison, M. D. (1894) is in charge of the hospital and teaches a
class of medical students. Mrs. Avison works among the women of the
hospital.

......

18990803

사회 소식. *The Rideau Record* (온타리오 주 스미스 폴스)
(1899년 8월 3일), 9쪽

......

O. R. 에비슨 박사는 지난 일요일[39] 오타와의 맥러드 가(街) 감리교회에서 설교를 하였다.[40] *Free Press* 지(紙)는 "많은 사람들이 그의 설교를 듣기 위해 모였다. 그는 명쾌한 강연자이며 훌륭하게 전달되었다."고 보도하였다.

......

The Social World.
The Rideau Record (Smith's Falls, Ont.) (Aug. 3rd, 1899), p. 9

......

Dr. O. R. Avison preached in McLeod Street methodist church, Ottawa, last Sunday. The *Free Press* says "A large crowd turned out to hear him. He is a clear speaker and has a good delivery."

......

---

39) 7월 30일이다.
40) 맥러드 가 감리교회는 1890년 세워졌는데, 1899년 당시 담임 목사는 윌리엄 팀버레이크(William Timberlake) 이었다.

먼 한국에서. *The Rideau Record*
(온타리오 주 스미스 폴스) (1899년 8월 17일), 8쪽

먼 한국에서.
1894~96까지 난세(亂世)의 내밀(內密)한 역사

러시아가 떠나면서 당분간 자신들
의 방식을 추구하도록 남겨진 한국은
이후 공공연하게 적어도 일본이 선언
하였던 독립의 모습을 보존하려 노력
하였다. 이것은 쉬운 문제가 아니었는
데, 러시아는 지배력을 확보하려는 야
심을 결코 버리지 않았고 계속해서
자신들의 지배에 호의적인 영향력 있
는 관리들을 통해 입법 조치에 영향
력을 행사하려 추구하였다. 반면 러시
아의 영향력을 시기하는 일본은 일본
의 지배에 기대는 다른 집단을 통해

그림 5-9. 서재필

자신들에 대한 지지를 확보하려 동일한 열의를 보였으며, 동시에 나라의 독립
을 원하는 집단은 추구할 정책에 대해 분열되어 있어 독립의 유지에 절대적으
로 필요한 애국적 정서를 구축하게 할 원기의 통합이 결여되어 있었다.

토의의 토대는 개혁 문제이었으며, 두 파는 개화파와 수구파로 구별되었다.

왕비의 사망 바로 직후 서재필(徐載弼)이란 이름을 가진 젊은 한국인이 미
국에서 그곳에 도착하였는데, 그는 1884년의 혁명 시도에 연루되었다가 일본
으로 망명하였고, 이어 미국으로 망명하여 자신의 노력으로 번 돈으로 완전한
교육을 받을 수 있었다. 그는 대단한 귀족 가문의 일원이었지만 개화 정신에
물이 들었으며, 일하는 것을 수치스럽다는 고루한 한국적 생각을 모두 던져버
리고 근면하게 학업에 정진하여 수석으로 의과를 졸업하였고 워싱턴 시에서
가필드 기념병원의 병리의사, 컬럼비아 대학교의 세균학 부교수, 그리고 미국
해군 의무과의 세균학자 등 워싱턴 시에서 중요한 여러 직책에 임명되었다.
그는 미국 시민이 되었으며, 사회적 계층이 높은 미국인 숙녀와 결혼하였고

워싱턴 시에서 개업을 하였다.

나는 이 사람들이 수 세기 동안 그들을 억눌러 나라를 현재와 같이 침체 상태에 있게 하였던 억누르고 있는 미신적 및 제한적 사고에서 해방되었을 때 지적 기질과 정신적 능력의 일부를 보여주며, 그들에게 관심을 갖고 있고 그들을 깨우고 모든 진리의 샘이자 모든 힘의 원천인 하나님께 인도되어 새로운 활기를 받아 기독교 문명의 앞선 주역으로 추가되도록 노력하는 모든 사람들을 격려하기 위해 이러한 일들을 언급하였다. 미국인에게 필립 제이슨 박사로 알려져 있는 이 젊은이는 자신의 모국이 거쳐 왔던 변화 속에서 이바지하겠다는 기대로, 언급한 바와 같이 귀국하였고 일어나고 있는 일에 관심을 가졌다. 권력을 가진 집단은 이에 공감하였고, 분명히 일본의 지배하에 있었지만 그들은 진취적인 생각을 갖고 있었으며, 대단히 진취적인 이 사람으로부터 도움을 얻으려는 희망으로 그를 내각의 고문직에 임명하였는데, 그가 이 나라에 체류하는 것을 보장하기 위한 목적으로 10년의 계약을 맺었다.

이것은 위에 언급한 것같이 왕이 러시아 공사관으로 피신하기 불과 한 달 전이었고, 그래서 상황이 갑작스럽게 변화되었지만 서재필 박사는 새 내각의 고문으로 계속 활동하였으며, 자신을 미국에서 성공하게 하였던 모든 원기와 결의를 바쳐 모국의 복지를 증진시키는 업무에 전념하였다. 그는 지면의 반은 영어, 반은 한글이며, 일주일에 세 번 발행되는 신문 발간을 시작하였는데,[41] 그는 애국심, 왕에 대한 충성을 주창하고 모든 분야에서 서양 문명의 빠른 진전에서 교육과 기독교의 가치에 대해 특별히 강조하였다. 그는 대중들의 모임에서 강연을 하는 기회를 결코 무시하지 않았으며, 그는 대중들에게 그가 보고 읽은 모든 것, 그리고 세계 여러 나라의 역사를 이야기하였고, 그런 역사에서 우리들의 나라를 어떻게 건설하고 너무도 오랫동안 부정되어왔던 자유와 인권을 확보하야 할지를 배울 필요가 있음을 촉구하였다. 선교부 교회에서도 그는 종종 설교를 하였는데, 동포들에게 구세주와 하나님의 진리가 필요함을 분명히 하였다. 머지않아 그는 관리 계층 중에서 독립심의 고취, 왕에 대한 충성, 그리고 나라의 발전이라는 목적을 가진 독립협회(獨立協會)를 조직하였다. 이 협회는 왕의 재가를 받아 발족하였으며, 영향력이 있고 재력이 있는 많은 사람들이 첫 회원으로 가입하였다.

중국의 우월을 공경하기 위해 도시 외곽에서 중국으로 가는 주요 도로에

---

41) 1896년 4월 7일 창간된 독립신문을 말한다. 이 신문은 서재필이 주도하였고, 국어학자 주시경이 참여하였다. 총 4쪽으로 구성되었는데, 3쪽은 한글, 1쪽은 영어로 되었으며, 띄어쓰기와 마침표를 처음으로 적용하였다.

그림 5-10. 독립문. 오른쪽의 기둥은 헐린 영은문의 기둥이다.

수 세기 동안 서있었던 오래된 문(門)을,[42] 변화된 (중국과의) 관계를 사람들에게 계속 상기시키고 국민적 자부심을 자극할 수 있는 현대식 석재 아치길인 '독립문(獨立門)'으로 대신하기 위한 기금의 조성을 위해 기부가 이루어졌다. 정초석을 놓을 때 협회는 행사에 참석하도록 모든 거주 외국인을 초청하였으며, 이상하게 보일 수 있는 식순의 하나는 협회의 요청으로 선교사 한 명이 드리는 하나님에 대한 기도이었는데, 하나님께서 이 나라를 보호하시고 인도해주시며, 하나님께서 자신들에게 주실 운명으로 이끌어달라는 내용이었다. 주로 이방인들인 사람들의 요청과 비록 희미하게 이해되어 왔던 의도로 드린 기도가 목적을 달성하지 못할 수도 있겠는가? 글쎄 하나님께서 그것을 듣고, 이 나라를 좋게 인도하시며 하나님이 도움이 필요하다고 느끼는 사람들의 힘없는 외침이지만 즉시 듣고 대답하신다는 것을 드러내게 될 것이라고 믿자. 옛 중국 문 근처에 있으며, 황제를 위한 조공과 충성의 맹세를 받기 위해 온 중국

---

42) 영은문(迎恩門)을 말한다. 영은문은 중국 명나라 사신을 맞이하는 모화관(慕華館) 앞에 세웠던 문인데, 1407년 송도의 영빈관을 모방하여 세운 모화루의 홍살문을 1537년 개축하고 영주문으로 불렀다가 1539년 영은문으로 고쳐 불렀다. 청일전쟁 후인 1896년 모화관은 사대사상의 상징물이라 하여 독립관(獨立館)으로 고쳐 불렸고, 영은문은 헐렸다.

관리들을 영접하기 위하여 사용되었던 큰 건물을,43) 회원들이 만나 국정을 논의하며 노예 제도, 대중의 권리, 왕과 국민의 관계 등의 주제에 대한 토론 등을 위한 협회의 회의 장소로 사용하도록 재가 받았다. 그 결과는 쉽게 예상할 수 있다. 많은 사람들이 토의된 진리에 마음을 열었고, 많은 사람들의 생각이 넓어졌으며, 사람의 권리에 근거한 헌법을 만드는 기초가 다져졌다. 모든 면에서 서재필 박사는 첫 몇 달 동안 선도적 인물이었지만 단순히 새로운 개념을 가르치는 데 만족하지 않았는데, 지배층 사람들이 저지르는 탄압

그림 5-11. 윤치호

을 목격한 그의 정의감은 계속 격분하였으며, 내각 관리와 정부 관리들의 비행을 자신이 편집하고 있는 신문에 공개적으로 강하게 비난하였다. 그러한 방식은 곧 자신이 비난하였던 사람들의 증오를 불러일으켰고, 그가 내각의 고문의 자격을 갖고 있었지만 그의 조언을 거의 요구하지 않았으며 조언을 해도 거의 따르지 않았다. 그러나 그는 계속해서 자신의 개혁적인 견해를 공표하였으며, 그를 자신들의 지도자로 여기는 일반인들에게 커다란 영향을 미쳤다. 이런 상태는 러시아가 이전 기사에서 언급한 조약을 맺어 자신들의 목적을 거의 달성할 때까지 계속되었다. 자신들의 독립에 대한 모든 외국의 침해에 저항하도록 협회 회원을 계속 고취시키고 사람들에게 그들의 권리를 계속 명심케 한 그에 대해 악감정을 갖게 된 러시아 당국은 자신들의 영향력과 그가 비행을 비난하였던 한국인 관리들의 힘을 결합시켜 그를 이 나라에서 몰아내려 노력하였다. 그들은 결국 그렇게 하는데 성공하였지만, 그는 많은 사람들의 가슴속에 자유를 위한 깨어난 의식과 욕구를 남기었으며 곧 대단히 놀랄만한 방식으로 열매를 맺었다.

독립협회의 회장과 신문의 편집인은 윤치호(尹致昊)라는 이름의 젊은이가 맡게 되었는데, 그는 기이하게도 서재필 박사가 미국으로 망명하였던 같은 이유로 동시에 중국으로 망명하였던 사람이다. 그는 상하이에서 감리교회 선교부에 의해 그들 학교에서 예비 교육을 받았다. 개종을 고백하고 상당히 총명함을 보인 그는 고등 교육을 위해 미국으로 보내졌으며, 그의 동료처럼 기회

---

43) 모화관을 말한다.

를 잘 이용하여 영어에 대해, 그리고 완전한 영어 교육에 따른 모든 분야에 대한 완전한 지식을 얻었다. 그리고 중국으로 돌아가 그곳의 선교 학교에서 교사로 근무하였다.

다음의 실례가 보여주듯 그의 기독교 개종은 진심에서 우러난 것이었다. 그의 부친은 한국에서 대단히 영향력이 있는 관리이었으며,44) 구정 연휴 중 어느 날 나는 미국에서 그의 아들을 만났던 다른 선교사와 함께 이 나이든 신사를 방문하였다. 부친은 자신의 아들로부터 계속해서 기독교가 진리이며, 부친에게 선교사에게 가서 자신이 배워 진리인 것으로 알게 된 기독교에 대해 배울 것을 간청하는 편지를 종종 받았다고 말하였다. 부친은 아들이 기독교인이 되는 것을 기꺼이 원하는 것 같았음에도 유감스럽게도 그 자신은 우리가 한국을 떠날 때까지도 하나님과 그리스도에 대한 개인적 믿음을 고백하지 않았다.

청일전쟁이 끝난 후 이 젊은이는 중국에서 소환되어 학부 협판으로 임명되었으며, 한 주일의 공직 업무에서 퇴근하고 주일에 교회에서 전도를 하면서, 일본이 소개한 쇄신의 하나인 토요일 정오에 모든 관공서의 문을 닫고 토요일에 반공일을 주며, 일요일을 완전히 쉬게 하는 조치를 도입하면서 가정에서 동일한 기독교 정신을 계속 보여 줌으로써 우리의 마음을 기쁘게 하였다.

From Far Korea.
The Rideau Record (Smith's Falls, Ont.) (Aug. 17th, 1899), p. 8

From Far Korea.
The Inside History of the Troublous Times of 1894~96

The departure of the Russians left Korea to pursue for the time being her own way and she has since then been trying to preserve before the world at least the semblance of that independence which Japan had declared her to possess. This has been no easy matter, for Russia has never lost her desire to secure control but has constantly sought to influences legislation through a section of the influential

---

44) 윤웅렬(尹雄烈, 1840~1911)이다.

officials favorable to Russian domination, while Japan, jealous of Russia's influence has with equal zeal tried to secure concessions in her favor through another section with leanings toward Japanese control, and at the same time the section desiring the independence of their country has been so divided on the policy to be pursued that the home party has lacked the strength which unity would have given it to build up the patriotic sentiment which is an absolute necessity to the maintenance of independences.

The rock of discussion has been the question of reform and the two parties may be distinguished as progressives and conservatives.

Just after the death of the queen there arrived from America a young Korean named Suh Jai Pil who, being mixed up in the attempted revolution of 1884, had fled to Japan, and then to America, where he had by his own exertions earned money to enable him to secure a thorough education. He was a member of a very aristocratic family but he had become imbued with the progressive spirit, and throwing away all the old Korean ideas of the disgracefulness of work, applied himself so assiduously to his studies that he finally graduated in medicine at the head of his class and received several appointments to important positions in the city of Washington, such as Pathologist to Garfield Memorial Hospital, Associate Professor of Bacteriology in a Columbia University and Bacteriologist in the medical section of the U. S. naval department. He became an American citizen, married as American lady of high social standing and practised the profession of medicine in the city of Washington.

I mention these things to show something of the intellectual fibre and mental calibre of this people when freed from the depressing superstitious and the restrictive ideas which have for centuries held them down and produced that condition of stagnation which the country now presents, and to encourage those who are taking an interest in them and seeking to arouse them and lead them to God, the fountain of all truth and the source of all power that receiving a new spirit they may be added to the ever advancing hosts of Christian civilization. This young man, known to the Americans as Dr. Philip Jaisohn, hoping to be of service to his native country in the changes through which she was passing, returned, as I said, and interested himself in the events that were taking place. The party in power was in sympathy with and apparently under the domination of

Japan but they had progressive ideas and, hoping to gain assistance from this very progressive man, appointed him to the position of adviser to the cabinet giving him a ten years's contract, probably for the purpose of ensuring his remaining in the country.

This was only a month previous to the flight of the king, to the Russian Legation spoken of above so that the conditions suddenly changed but Dr. Jaisohn continued to act as adviser the new cabinet, and he applied to the task of advancing his country's welfare all the energy and determination which had secured for him his success in America. He began the publication of a newspaper, one half in English and the other half in Korean which was issued three times a week, in which he advocated patriotism, loyalty to the King, and a rapid advance along all the lines of western civilization, laying special stress upon the value of education and the Christian form of religion. He never neglected an opportunity of addressing a meeting of the people, when he would tell them of all he had seen and read and of the history of the nations of the world and press upon them the need of learning from such histories how to build up their country and secure for themselves the liberties and privileges which have so long been denied them. In the mission churches too he often preached, declaring to his fellow-countrymen the need of a Saviour and the truths of God. Ere long he organized the Independent Club amongst the official class, having for its object the promotion of the sentiment in favor of independence, loyalty to the King, and the progress of the country. This club was launched with the royal sanction and had for its first members a large number of influential men and men of means.

A subscription was made for a fund to replace the old arch which for centuries has stood outside the city on the main roadway to China, to commemorate the Chinese supremacy, with a modern stone archway to be known as "The Independent Arch" which would constantly remind the people of their changed relations, and stimulate their national pride. When the corner stone was laid the club invited all the resident foreigners to participate in the ceremonies, and strange as it may appear, one item of the programme was a prayer to God, offered by one of the missionaries at the request of the club, that He would grant to the country His protection and guidance and lead them into that destiny which it was His will for them to realize. Can it be that that prayer, offered at the request of a body of men mainly heathen and its purport but dimly understood though it may have been, will fail of its purpose? Nay rather let us believe that God heard it and that He is even now leading the country to better things and that the end will reveal to all that God stands ready to hear and answer even the feeblest cry of those who feel their need. The large building which stood near by the old Chinese arch and which had been used for the entertainment of the Chinese officials who came to receive tribute and homage for the Emperor was granted to the club for a meeting place and there the members met and discussed the affairs of the country and held debates on such subjects as slavery, popular rights, the relation of the king to the people, etc. The result may easily be foreseen. Many minds opened the truths discussed, many had their ideas broadened, and the foundations were laid for the upbuilding of a constitution based on the rights of the people. In all this Dr. Jaisohn was the leading spirit during the earlier months but he was not content to simply inculcate new ideas; his feelings of justice were constantly outraged by the oppressions which he witnessed on the part of those in authority and the wrong doing of cabinet offices and government officials was constantly made public and strongly rebuked in the newspapers which he edited. Such a course soon drew upon him the hatred of those he rebuked and although he retained the position of adviser to the cabinet his advice was seldom sought and when given was rarely followed, but he continued to promulgate his reform views in the papers and wielded a great influence upon the people at large who looked upon him as their leader. This continued till the time when the Russians had nearly gained their end by the forming of the treaty referred to in a former article. Constantly inspiring the members of the club to resist all foreign encroachment on their independence and constantly impressing upon the people their rights as citizens he gained the ill will of the Russian authorities who united their influence with that of the energy Korean officials whose wrong doing he rebuked and strove to drive him from the country. This they finally succeeded in doing but he left behind him an awakened conscience and a desire in the breasts of many for freedom which shortly bore fruit in a very remarkable way.

The Presidency of the Independence Club and the editorship of the papers fell to a young man named Yune Che Ho, who, strange to say had fled to China at the same time and for the same reason that Dr. Jaisohn fled to America. He had been taken up by the Methodist Mission in Shanghai placed in their school and given a preliminary education. Having professed conversion and showing much intellectual brightness he was sent to America for advanced education, and like his compatriot he made good use of his opportunities and acquired a thorough knowledge of English and all the branches which go to constitute a thorough English education. He then returned to China and entered the Mission School there as a teacher.

It is gratifying to know that his conversion to Christianity was genuine, as the following incident will show. His father was a very influential official in Korea and one day during the celebrated of the Korean New Year I called upon the old gentleman in company with another missionary who had met his son in America. The father said he received frequent letters from his son who constantly declared the christian religion to be the truth and begged his father to go to the missionaries and learn from them that which he had learnt and proved to be true. I regret to say that although the father appeared quite willing that his son should be a christian he himself up to the time of our leaving Korea had not professed his personal belief in God and Christ.

After the Japanese war this young man was recalled from China and given a place as Vice Minister of Education and he gladdened our hearts by continuing to manifest the same christian spirit at home which he had shown when away for he discharged the duties of his official position during the week and preached in the mission churches on Sunday, for one of the innovations introduced by the Japanese had been to close all government offices at noon on Saturdays giving a half holiday on Saturday and a full holiday on Sunday.

18990800

올리버 R. 에비슨, 한국의 1898년.
The Assembly Herald 2(2) (1899년 8월호), 79~82쪽

1898년은 대의정치(代議政治)의 원리를 처음으로 도입, 더 정확하게 말하면 황제가 자신의 결정에 대하여 의문을 제기할 수 있는 백성들의 권리를 처음으로 인정하였기에 한국의 역사에서 주목할 만한 해가 될 것이며, 일부 사람들은 법률을 준비하고 국가의 외교 정책을 형성하는데 의견을 낼 것입니다. 자신들의 문자로 독립신문이 성공적으로 창간된 후, 여러 개의 주간, 주 3회, 그리고 일간 신문들이 간행되었는데, 모두 거의 대중의 권리를 나타내고 있습니다. 국가의 독립을 확고하게 하고, 백성들의 생각을 발달시켜 그것이 영속적으로 되도록 조직된 독립협회는 점차 대중 인권의 진보와 증진을 옹호하는 정치적 조직으로 되었습니다. 잇따른 열띤 논의의 결과, 많은 사람들의 마음속에서 보다 나은 것을 위한 바람과, 그들이 얻기 어렵지 않을 것이라는 희망이 생겨났습니다.[45] 여러 해 동안 기독교도 널리 전도되었고, 많은 사람들은 변함없이 동반되는 개화된 양심, 진리를 받아드리려는 의향, 그리고 옳고 그름을 인식하는 예민한 감수성 등과 함께 그 가르침을 받아들였고 그 권능을 느꼈습니다. 이렇게 새로운 씨의 성장을 위한 토양이 준비되었으며, 생겨난 불만의 잡음은 독립협회가 정부를 개혁하고 백성들에게 상당한 인권을 허락하도록 군주를 압박하는 결정에서 구체화되었습니다. 죽을 각오로 자신들의 목적을 성취하는데 함께 하겠다는 서약을 하였던 회원들은 백성들에 대한 자신들의 충성을 선언하며 개혁을 위한 압박 의도를 솔직하게 언급한 청원을 황제에게 제출하였습니다.[46]

협회의 지도자들 중 많은 사람들은 기독교인이었는데, 회장은 잘 알려진 윤치호로서, 저명한 관리의 아들이며, 부유하고 미국에서 온전하게 교육을 받았으며, 매주 주일에 설교를 하는 남감리교회와 관련을 가진 진실한 기독교인입니다. 또 한 사람은 독립신문의 영문판 및 한글판의 편집장인데, 이 신문은 대담하게 정부의 자리를 민중이 공유할 권리를 역설하였으며, 직위가 높건 낮건 관리들에 의해 불공정하게 자행되거나 묵인되었던 많은 행위들을 가차 없이 비난하였습니다.

---

45) 만민공동회에 대한 설명이다.
46) 독립협회의 이상재와 이건호 등이 2월 21일 고종에게 올린 구국 정치 운동을 선언하는 강경한 상소문을 의미하는 것 같다.

부자연스럽지 않게 협회는 공적 행위가 가장 눈에 띄게 부패하고 백성들에게 위험한 일부 관리들을 공격하는 것으로 개혁을 시작하였습니다. 의정대신(議政大臣)이 되었던 한 사람은 일부 사람들이 필시 '나라를 위한 봉사'라고 말할 수 있는 일로 늘었지만, 그의 이력은 동양의 윤리에 비쳐 고려하더라도 개인들과 자신의 나라에 대한 용서할 수 없는 죄로 범벅이 되어 있었으며, 불과 얼마 전에 부끄럽게도 정부로부터 해임 당하였던 사람이었습니다. 협회는 도시에서 가장 큰 건물을 확보하고 모여 이 사람의 임명에 대하여 토의하였으며, 그에게 위원을 파견하여 그의 비행을 이야기하고 오랫동안 고통을 받았으나 깨어난 백성들을 위하여 임명을 거절할 것을 부탁하였습니다. 그의 답변은 만족스럽지 않았고 모임은 밤까지 그 상황에 대하여 토의를 계속하였으며, 관심이 커졌습니다. 그런 드문 사건은 엄청난 구경꾼들을 모았으며, 오전 2시에도 토의는 계속 진행 중이었지만 대단히 질서 있는 방식이었습니다. 모임은 결국 끝이 났지만 많은 위원들이 결의를 이끌어내기 위해 밤새 남아 있었습니다. 다음 날 아침 일찍 건물은 다시 사람들로 붐볐으며, 결의가 논의되었고 황제께 2,000명의 서명을 첨부하여 보냈습니다. 그것은 문제의 사람의 비행과 관계된 것이었으며, 정중하게 그의 임명 취소를 요청하였습니다. 그렇게 전례가 없는 많은 서명인에 의한 강한 주장은 그 목적의 성취에 실패할 수 없었으며, 폐하는 이 사람의 악행을 알지 못하였다고 선언하며 그를 면직시켰습니다. 이러한 성공 소식을 들은 기다리던 군중들은 황제를 위한 환호와 함께 기쁨의 환호성을 질렀습니다. 그들은 지금 처음으로 피의 맛을 보았으며, 다른 사람들도 똑같이 끌어내려졌고, 그래서 매일 낮과 매일 밤에 흥분되는 이런 일을 하였지만, 인내심이 있는 군중들은 전갈이 궁궐로 오가는 가운데 토의를 하였으며, 관직에서 가장 나쁜 관리들을 제거하는데 성공하였습니다. 그런데 나쁜 제도가 치료되지 않고 있을 때, 나쁜 사람을 공직에서 제거하는 것은 억압 상태에서의 구제를 필연적으로 의미하지 않는다는 것을 곧 알게 되었고, 그래서 협회는 확실한 대중의 특권을 확보하고, 왕의 특권을 줄이기 위한 운동을 시작하였습니다. 어떤 사람이 왕에게 자신의 권력을 포기하지 말도록 요청하였기 때문에 절대군주는 자신의 권력을 포기하지 않았고, 그래서 이 요구들은 즉시 받아들여지지 않았습니다. 하지만 백성들은 대단히 끈질겼습니다. 그들은 자신들의 모임 장소를 궁궐 출입구 앞의 넓은 길로 옮겼고 폐하게 청원을 거듭 보내었습니다. 그는 만일 백성들이 집으로 돌아간다면 (그들이 밤낮으로 모임을 계속하였기에) 요구를 호의적으로 고려하고 청원에 대하여 며칠 내에 답변을 할 것이라고 대답하였습니다. 그들은 정중하지만 단호하게 자신들은 그곳에서 왕의 답변을 기다릴 것이라고 대답하였습니다. 만일 그가 이삼일 내에 호의적인 답변을 해 줄 수 있다면 그들은 그동안 조용히 기다릴 것이지만, 만일 그가 100일을 필요로 한다면 그들은 그곳에서 100일 동안 기다릴 것이라고 말하였습니다. 그들은 방침이 상당히 단호한 것 같았기에 그는 다음날 결정을 내려 모든 요청을 허락한다고 답하였습니다. 이것은 백성들의 커다란 기쁨을 일으켰지만, 곧 아무 것도 얻을 수 없다는 것이 분명해졌고, 상황을 토의하기 위하여 도시 중심가에서 대규모의 군중 모임이 조직되었습니다. 커다란 천막이 세워지고, 한낮의 모임에 대부분의 각료가 참석하였습니다. 윤 씨는 의장을 요청받았고, 다음의 조건을 내걸었습니다. (1) 황제나 왕가(王家)의 어느 누구에게도 손상시키는 말을 하지 않는다. (2) 공화국의 설립을 바라는 어떠한 말도 하지 않는다. (3) 한국이 우호적인 관계를 갖고 있는 외국인 혹은 외국에 대하여 어떠한 손상시키는 말을 하지 않는다.

이것들은 동의되었고, 모임에서 모종의 분명한 결론에 도달하는데 그리 오래 걸리지 않았으며, 그것은 결의 혹은 요구의 형태이었습니다. 여러 항목이 있었지만 가장 중요한 것은 아마도 위원의 반은 황제가 임명하고, 다른 반은 독립협회의 회원들이 회원 중에서 선출하는 일종의 의회47)를 구성하되, 이 의회는 국내 및 국외 업무에서 자문의 권한을 갖아야 한다는 것이었습니다. 모두 동의하였고, 선출할 날48)이 왔지만, 이상하게도 그날 아침 일찍 협회의 가장 걸출한 회원 18명이 체포되어 반역죄로 기소되었고, 회장은 겨우 피난처로 탈출하였습니다. 체포는 협회의 어떤 임원이 썼다고 하는 편지에 근거한 것이었는데, 황제의 폐위와 공화국의 설립을 주장하는 것이었습니다. (후에 이 편지는 꾸며낸 것으로 밝혀졌습니다.) 이 체포는 백성들의 커다란 흥분으로 이어졌습니다. 많은 동조자들은 감옥 앞에 모여 사람들을 석방하던지 자신들을 체포할 것을 요구하였으며, 그들에게 어떠한 죄가 있다면 자신들도 지도자들과 동등하게 죄가 있다고 선언하였습니다. 헛된 시도가 이루어졌으며, 군중들은 확고부동하였고 밤낮으로 그곳에 머물렀습니다. (체포된) 사람들은 재판을 받아 유죄로 판정되었고 유배형이 선고되었으며, 군인들을 이용하여 사람들을 해산시키려는 시도가 있었습니다. 하지만 군인들이 명령에 따르려하지 않았고, 사람들이 지휘관을 도망치게 하였기 때문에 이것은 실패로 끝났습니다.

그 때에 기록할 만한 가치가 있는 사건이 일어났는데, 적어도 우리 기독교인 중 일부가 어떤 사람들인지 보여주기 때문입니다. 죄수 중 한 명은 여러 해

---

47) 중추원(中樞院)을 말한다.
48) 11월 5일이다.

동안 조사 및 언어 선생으로 장로교회 사역에 관련을 가졌던 기독교 신자이었습니다. 그는 미국인 부지에서 머물고 있는 동안 체포되었으며, 이것은 국제 조약을 위반한 것이기 때문에 미국 공사는 그의 석방을 요구하였고 그는 석방되었습니다. 그것은 수요일[49] 저녁이었는데, 그는 감옥에서 자신의 교회로 가서 기도모임에 참석하니, 동료들이 자신을 위해 기도를 드리고 있는 것을 알게 되었습니다. 그들은 함께 기뻐하였으며, 그런 다음 그는 감옥으로 돌아가 친구들과 함께 벌을 받거나, 절차상이 아닌 결백한 사람으로서 그들과 함께 석방되겠다고 선언하였습니다. 그는 자신의 가족들을 방문하였고, 그런 후에 감옥으로 돌아갔는데 며칠 후[50] 형세가 바뀌어 모두 석방되었습니다.

이때의 흥미로운 다른 사건은 다음과 같습니다. 군중들이 감옥 앞에서 밤낮으로 계속 회의를 가지고 있는 동안, 그들의 동조자들은 먹을 것과 땔감을 보냈는데, 습기가 찬 날에는 우비를, 어떤 친구는 일본 술 한 통을 보냈습니다. 이것에 대해 그들은 약간의 논쟁을 벌였고, 술을 마시는 것은 흥분을 일으킬 수 있고, 어떤 사람은 아마도 통제가 불가능하게 될 수 있기에 그것을 마시는 것은 현명하지 않으며, 소음과 비합법적인 행위에 의해 자신들의 자제심을 잃고 대의가 손상되는 것보다 현재의 즐거움을 삼가는 것을 선호하여 감사의 인사와 함께 기부자에게 돌려보내자고 결정되었습니다.

죄수들은 석방되었지만 개혁의 약속이 수행될 전망이 없어보였고, 그래서 사람들은 다시 한 번 궁궐 정문 바로 맞은편 길로 이동하여 약속이 이행되도록 조용하지만 굳건한 요구를 계속하였습니다. 바로 이때가 정점이었으며, 한 해의 놀랄만한 사건이 일어났습니다.

그러나 사건을 이해하기 위하여 우리는 이전의 조직인 보부상(褓負商)에 대하여 어느 정도 알고 있어야 합니다. 이것은 원래 부상의 조합(組合)인데, 그들에게는 어떤 상품을 갖고 지방을 여행하며, 한국에서 상업의 하나인 장날에 판매하는 독점권이 주어졌습니다. 이 조합은 이러한 특혜에 대한 보상으로 무엇을 요청하건 왕과 정부에 보답하도록 동의하였으며, 필요에 따라 좋거나 나쁠 수 있는 조합을 조직하였습니다. 일본의 전쟁이 끝난 후, 이 조합은 폐지되고 전매권도 소멸되었지만, 진보적인 사람들이 골치 아프게 되자 반대 진영의 일부 사람들에게 보부상의 조직이 진보적인 사람들의 어리석음을 설득하는데 매우 유용할 것이라는 묘안이 떠올랐으며, 그래서 그것을 재조직하기 위하여 왕의 재가를 얻어내었고, 그 목적을 위하여 국고에서 허락된 돈을 이용하여 약

---

49) 11월 9일로 추정된다.
50) 11월 10일이다.

2,000명의 회원을 등록시켰다고 합니다. 그들은 보수(報酬)를 받았기에 무력으로 기꺼이 반대할 사람들로 구성되었는데, 그렇지 않으면 군중들이 정부를 계속 괴롭힐 것이기에, 두 집단은 일반적으로 독립파와 부상파로 알려졌습니다.

군중들에게 만일 해산하고 그들의 요구를 중단하지 않는다면 강제적으로 해산당할 것이라는 통첩이 보내졌습니다. 아무런 통고도 없이 특정 일51)에 곤봉과 돌로 무장한 약 1,000명의 부상들은 비무장의 군중들을 공격하였고, 그들은 혼란스럽게 흩어졌지만 똑같이 곤봉으로 무장한 채 곧 다시 모였고, 몇 시간 동안의 주먹다짐을 끝에 부상들이 시 외곽으로 쫓겨나 3마일 떨어진 강까지 밀려났습니다. 이번에는 군중들이 다시 모여 왕의 약속을 이행할 것과 보부상의 해체를 다시 요구하였습니다. 월요일부터 수요일52)까지 그들은 남아 있었고, 약속이 수행될 것이라는 엄숙한 보증에 의해서만 집으로 돌아가는 것이 설득될 뿐이었습니다. 그들은 항의하며, 문제가 되고 있는 개혁을 실행하기 위한 진정한 노력이 있는지 알아보기 위해 돌아오는 토요일53) 오후 2시에 다시 만나기로 하며 돌아갔습니다. 그 삼 일은 불안했던 날들이었습니다. 외곽의 부상들은 계속해서 공격 무기를 보강하였고, 시내의 군중들은 자신들을 방어할 준비를 하였으며, 개혁을 진정으로 소개하기 위한 어떠한 노력에 대하여 궁궐로부터 아무런 전언이 오지 않았습니다. 미국과 영국 공사는 폭동을 걱정하여 도시 외곽에 거주하고 있는 모든 독신 여자들을 외국인 거주지로 불러들였고, 다른 외국인들에게는 사태가 심각해지면 그곳으로 갈 준비를 하라고 조언하였습니다.

맑고 아름다운 토요일 아침이 되었지만 9~10시까지 궁궐로부터 아무런 전언이 없었고, 폐하가 2시에 군중 대표들과 만나 논쟁이 되고 있는 문제에 대하여 토의를 할 것이며, 궁궐 앞의 대로에서 그를 만날 200명을 선발하라는 내용의 벽보가 붙었습니다.

이것은 큰 흥분을 일으켰으며, 거리는 글자 그대로 이 새로운 광경을 보고 싶어 하는 사람들로 가득 찼습니다. 궁궐의 광장은 무장한 군인들이 둘러쌌으며, 왕실 일행을 위한 커다란 천막이 세워졌습니다. 2시 직후 폐하는 각료들 및 수행원들을 동반하고 천막의 자리에 앉았습니다. 거의 모든 외국 사절들과 많은 외국인들이 참석하였고, 한국의 역사상 처음으로 왕은 그들의 정부와 관련된 문제를 토의하기 위해 국민들의 대표를 만났습니다. 200명 중에서 3명이 폐하께 말씀드리도록 선택되었는데, 그중 2명이 기독교인이었습니다. 한 사람은

---

51) 11월 21일이다.
52) 11월 21일부터 23일까지이다.
53) 11월 26일이다.

윤 씨이었고, 다른 사람은 용감하게 감옥으로 돌아가 석방될 때까지 자발적으로 동료들과 고통을 함께 나누었던 홍 집사이었습니다.54) 자세한 것은 생략해도 될 것입니다. 폐하는 위에 언급한 사람들이 있는 가운데 모든 개혁을 시행하겠다고 약속하였고, 그래서 왕과 백성들의 첫 만남이 이루어졌으며, 아마도 한국에서 대의정치의 완전한 발달을 이끌 일이 시작되었습니다.

자기의 이득을 추구하는 많은 사람들이 독립협회에 가입하여 개인적 이득을 위해 그 영향력을 사용하자 협회는 그 특권을 잃었습니다. 나이가 든 지도자들이 예상할 수 있는 것보다 더 빠른 진전을 위해 참을 수 없는 협회의 일부 젊은 회원들은 당연하게 진될 것을 위하여 현명하지 않게 압박을 가하였고, 시계추는 다른 길로 흔들리기 시작하였습니다. 그때에 일부 젊은 회원들은 한때 대중적이며 영향력이 있던 독립협회 대신 기독교 교회를 정치적 조직으로 사용하려는 시도를 하였지만, 선교사들은 신중하게 조언하였으며, 기독교인들은 신자들이 시민으로서 모든 좋은 개혁을 위해 진심으로 일을 할 수는 있겠지만, 교회가 그런 일을 담당할 조직이 아니라는 것을 곧 확신하였습니다. 그렇게 어린 교회에 심각한 위험이 될 수 있었던 위험을 피하였습니다. 지난 해 더 나은 정부와 백성에 대한 억압에서의 해방을 확보하기 위해 독립협회가 용감한 시도를 하였고 완전한 열매를 맺지 못하였지만, 다시 다른 노력을 기울일 때가 왔을 때 훨씬 더 용이하게 할 앞선 한 걸음이었습니다.

Oliver R. Avison, The Year 1898 in Korea.
The Assembly Herald 2(2) (Aug., 1899), pp. 79~82

The year 1898 will be notable in the history of Korea as being the date of the first introduction of the principle of representative government, or perhaps rather of the first recognition by the Emperor of the right of the people to question his acts and have some say in the preparation of laws and shaping the foreign policy of the country. After the successful inauguration of the *Independent* newspaper in the native character there sprung into existence several weekly, tri-weekly, and daily

---

54) 홍정후(洪正厚)를 말한다.

sheets, all more or less bold in proclaiming popular rights. The Independence Club, which had been organized to mark the establishment of the independence of the country and develop the sentiment of the people so as to perpetuate that, gradually became a political organization, standing for progress and increase of popular privileges. As a result of the continual agitation there arose in many minds the desire for better things, and the hope that they might not be unattainable. For several years, too, Christianity had been widely preached, and many had accepted its teachings and felt its power, with its invariable accompaniments - an enlightened conscience, a greater readiness to accept truth, and a keener sensitiveness in recognizing right and wrong. Thus the soil had been prepared for the growth of the new seed, and there arose a murmur of discontent that became crystallized in the determination of the Independence Club to press the throne for the granting of some reforms in government and some privileges to the people. The members, who had taken a common vow to work together for the attainment of their purpose at the risk of life, sent a memorial to the Emperor. declaring their loyalty to his person, but stating plainly their intention to press for reforms.

Many of the leading members of the club were Christians, the president being the well-known Mr. Yune Che Ho, son of a prominent official, well to do, thoroughly educated in America, a devoted Christian connected with the M. E. Church South, for whose mission he preached every Sunday. Another was the editor of both the English and Korean editions of the Independent, which boldly asserted the right of the people to a share in government, and roundly denounced the many acts of injustice perpetrated by or connived at by officials, high and low.

The club. not unnaturally, began its reform work by striking at some of the officials whose public acts had been most glaringly corrupt and dangerous to the people. A man had just been made prime minister who had grown old in what some would perhaps speak of as "the service of his country," but whose record, considered even in the light of Oriental ethics, was black with unpardonable crimes both against individuals and his country, and who had, only a short time before, been dismissed in disgrace from the government. The club, having secured the largest building in the city, gathered and discussed this man's appointment, and sent a committee to him, telling him of his misdeeds and begging him to decline the appointment for the sake of a long suffering but aroused people. His reply being unsatisfactory, the gathering continued to discuss the situation far into the night, and the interest widened. Such an unusual occurrence drew a great crowd of onlookers, and at 2 a. m. the discussion was still going on, but in a most orderly manner. The meeting finally broke up, but a large committee remained all night to draw up a resolution. Early next morning the building was again crowded. and the resolution was discussed and sent to the Emperor with 2.000 signatures attached. It related the misdeeds of the man in question, and respectfully asked that his appointment be canceled. Such a strong representation by such an unheard-of number of signers could not fail in its purpose, and His Majesty, declaring he had not known heretofore of this man's evil doings, dismissed him. The news of this success was received by the waiting crowd with cheers of joy, accompanied by cheers for the Emperor. They had now got their first taste of blood and others must be likewise put down, and so day after day and night after night did this excited but patient crowd carry on the debate. while messages were carried to and from the palace, until they had succeeded in removing from office the most obnoxious of the officials. It was soon found that the removal of bad men from office does not necessarily mean relief from oppressive conditions when the bad system of doing things remains unremedied, and so the club entered upon a campaign for the securing of certain popular privileges and the lessening of the royal prerogatives. These demands were not readily assented to. for an absolute monarch does not give up his power just because some one asks him to do so. The people were very persistent, however. They removed their place of meeting to the broad street in front of the palace gate and sent in memorial after memorial to the Emperor. He replied that if they would retire to their homes (for they kept up their meetings day and night) he would give their demands favorable consideration and reply to their memorial in the course of a few days. They politely but firmly answered that they would wait there for his reply. If he could give them a favorable reply in two or three days they would quietly wait that length of time, but if he required one hundred days they would wait there one hundred days. As they seemed quite determined in their course, he succeeded in coming to a decision next day, and replied, granting all their requests. This caused great popular rejoicing, but it soon became apparent that nothing would come of it, and a great mass meeting of people was organized in the center of the city to discuss the situation. A great tent was erected, and the meeting, convened in the middle of the day, was attended by most of the cabinet ministers. Mr. Yune was called to the chair. and he made as conditions to his sitting ns chairman: (1) That nothing derogatory should be said of the Emperor or any member of the royal family. (2) That nothing should be said or done looking to the establishment of a republic. (3) That nothing should be said derogatory to foreigners or to the foreign countries with which Korea was in friendly intercourse.

These being agreed to, it did not take long for the meeting to reach certain definite conclusions, which were put in the form of resolutions or demands. There were several of these, but the most important perhaps was that a form of representative government should be establisher! consisting of a sort of council, one-half of its members to be nominated by the Emperor and the other half to be elected by the members of the Independence Club from among its number, which council should have advisory powers in both internal and foreign affairs. All was agreed to, and the day came on which the election was to take place; but, strange to relate, early on that morning eighteen of the most prominent members of the club were arrested and charged with treason, the president barely escaping to a place of refuge. The charge was based upon a letter said to have been written by some of the club's officers advocating the dethronement of the Emperor and the establishment of a republic. (This letter was afterward shown to have been forged.) These arrests led to great popular excitement. A large crowd o£ sympathizers gathered in front of the jail, demanding either the release of the men or the arrest of themselves, and declaring that they were equally guilty with their leaders if there were any guilt. Vain attempts were made at pacification the crowd remained steadfast, staying there day and night. The men were tried, declared guilty, and sentenced to banishment, while an attempt was made to disperse the people by ordering the soldiers to charge upon them. This, however, was abortive, as the soldiers were disinclined to obey, and the people made such an onset on the officers in command that they fled precipitately.

An incident then occurred which is worth chronicling, as showing what kind of stuff some at least of our Christians are made of. One of the prisoners was a Christian who had for several years been connected with the Presbyterian work in the capacity of a helper and language teacher. It seemed he had been arrested while on American property, and, as this was a violation of the international treaty, the American minister demanded his release, and he was set free. It was on a Wednesday evening, and he went from the prison to his church prayer-meeting, where he found his fellow workers praying fer him. They rejoiced together and then he told them he would return to prison, and with his friends endure the punishment or with them be released, not on a technicality, but as an innocent man. He visited his family and then went back to jail and remained there until after a few days the tide .turned and all were set free.

Another interesting incident of this time was as follows: While the people were persistently meeting day and night before the prison, their sympathizer s sent in provisions and fuel, and on wet days rain clothing; and some friends sent a barrel of Japanese liquor for their refreshment. Over this they held some debate, and it was decided that, as the drinking of the liquor might cause excitement and some would probably become uncontrollable, it would not be wise to use it; so they sent it back to the donors with thanks, preferring to refrain from present enjoyment rather than risk losing their self-control and injuring their cause by noisy and unlawful behavior.

Although the prisoners were set free there seemed to be no prospect that the promises of reform would be fulfilled, so the people transferred themselves once more to the street opposite the main gate of the palace and kept ·up a quiet but steady demand for the fulfillment of the promises made. It was at this time the culmination occurred and the remarkable event of the year took place.

But to understand the occurrences we must know somewhat of a former institution - the Peddlers' Guild. This was originally an association of peddlers, to whom was given the monopoly of traveling over the country with certain wares and selling at the great fairs which form one of the commercial features of Korea. This association in return for these privileges, agreed to render to the King and government, on demand, whatever services might he required of them, and they constituted a band which might be good or bad as occasion required. After the Japanese war this guild was abolished and the monopoly done away with, but when those progressive people became troublesome the bright idea occurred to some of their opponents that such an organization as the Peddlers' Guild might be very useful in convincing the reformers of their folly, so they secured royal sanction to its reorganization, and by the use, it was said, of money granted for the purpose from the national treasury, some 2,000 members were soon enrolled. They consisted of all such as were willing, in consideration of the payments, to oppose by force or otherwise the people who so persistently annoyed the government. and thus the two parties were popularly known as the Independent and the Peddlers.

Letters were sent to the former declaring that unless they dispersed and ceased their demands they would be forcibly scattered. No notice was taken of these, and, on a certain day, the peddlers, to the number of perhaps 1,000, armed with clubs and stones, attacked the unarmed people and scattered them in wild confusion but they soon returned, likewise armed with clubs, and alter a hand to hand fight of a couple of hours, drove the peddlers out of the city and clear to the river, three miles away. The people then regathered and redemanded the fulfillment of the royal promises, and the disbanding of the Peddlers' Guild. From Monday until Wednesday they remained, and were only persuaded to return to their homes on the solemn assurance that the promises would be carried out. They retired under protest and with a general understanding that they would meet again at 2 P. M. the following Saturday to see whether a genuine effort was being made to carry into effect the reforms in question. Those were three anxious days. The Peddlers outside continued to improve their weapons of offense, the people within prepared to defend themselves, and no word came from the palace of any effort toward real introduction of the reforms. The American and English ministers, fearing a riot, called in to the foreign settlement all the single ladies living in the outskirts of the city, and advised others to be ready to make their way there if the trouble should become serious.

Saturday morning came, bright and beautiful, but no word from the palace until about 9 or 10 o'clock, when notices were posted up saying His Majesty would, at 2 P. M., meet representatives of the people to discuss with them the questions in dispute, and directing that 200 be chosen to meet him on the public street in front of the palace.

This caused great excitement, and the streets were literally jammed with people anxious to see this new sight. The Palace Square was surrounded by armed troops, large tents were erected for the royal party, and soon after 2 o'clock His Majesty, accompanied by the members of the cabinet and a large retinue, took his place in the tent. Nearly all the foreign representatives and many foreigners were present, and for the first time in the history of Korea. the King met a representative gathering of his subjects to discuss matters connected with their government. From the 200 three gentlemen were chosen to address His Majesty. and two of these were Christians: one Mr. Yune and the other Deacon Hong. the man who had so bravely gone back to prison and voluntarily shared with his fellows their sufferings until released. The details may be omitted. Suffice it to say that His Majesty, in the presence of all those mentioned above, promised to inaugurate all the reforms advocated, and thus occurred the first meeting of King with people, and then began what will probably lead to the complete development of representative government in Korea.

Shortly afterward a number of self-seekers secured admission into the Independence Club, and used its influence for personal gain, so that the club lost its prestige. Some of the younger men of the party, impatient for more rapid progress than older heads could expect, pressed unwisely for what might have come of itself in due course, and the pendulum began to swing the other way. Then an attempt was made by some of these younger men to use the Christian Church as a political organization to take the place of the once popular and influential Independence Club, but the missionaries counselled prudently, and the Christians were soon convinced that it was not the business of the church as an organization to undertake such work, even though its members might. as citizens, work heartily for the introduction of all good reforms. Thus what threatened to be a serious danger to the young church was averted. Although the brave attempt made by the Independence Club last year to secure better government and freedom from oppression for the people did not go on to the full fruition it deserved, it marked a step in advance that will make it very much easier when the time comes round again to make another effort.

회의록, 한국 선교부 서울 지부(미국 북장로교회) 1891~1921
(1899년 8월 21일)

(중략)

샤록스 박사가 매일 제한된 시간 동안 제중원에서 진료하기 위해 그가 서울에 근무하는 것을 선교부에 요청하자는 동의가 통과되었으며, ...

(중략)

Minutes, Seoul Station, Korea, 1891~1921 (PCUSA)
(Aug. 21st, 1899)

(Omitted)

A motion to request the mission to station Dr. Sharrocks in Seoul with a view to work at the Government hospital during a limited time each day was passed, a motion to request the mission to transfer Miss Best to Seoul station with a view to work in the Girl's School was laid on the table till the next station meeting.

(Omitted)

에스터 L. 쉴즈의 편지. *Lewisburg Journal* (펜실베이니아 주 루이스버그) (1899년 8월 25일), 1쪽

(중략)

우리는 다른 사람이 씨를 뿌린 과일을 먹고 있습니다. 우리는 먹고 싶었던 딸기와 나무딸기를 먹었으며, 게다가 나무딸기 젤리도 먹었습니다. 에비슨 박사의 정원에는 블랙베리도 있을 것입니다.

(중략)

A Letter From Esther L. Shields.
Lewisburg Journal (Lewisburg, Pa.) (Aug. 25th, 1899), p. 1

(Omitted)

We are eating the fruits of somebody else's planting. Have had strawberries and raspberries all we wanted to eat, and of the latter for jelly, etc., besides. There will be blackberries too in Dr. Avison's garden.

(Omitted)

18990900

개인 동정.

The Canadian Practitioner and Review 24(9) (1899년 9월호), 612쪽

이전에 토론토에서 다년간 개업을 하며, 토론토 대학교 의학부의 약물학 조교수이었던 O. R. 에비슨 박사는 약 6년 전에 한국으로 떠나 그곳에서 지난 봄까지 의료 선교사로서 바쁘게 업무를 수행해 왔다. 휴식이 필요한 에비슨 박사 부부는 몇 달 동안의 방문을 위해 캐나다로 돌아 왔으며, 대부분의 시간을 토론토에서 보낼 예정이다.

Personals.

The Canadian Practitioner and Review 24(9) (Sept., 1899), p. 612

Dr. O. R. Avison, formerly lecturer on Materia Medica in the Medical Faculty of the University of Toronto, who practised in Toronto for several years, left Canada about six years ago for Korea, where he has been busily employed up to last spring in his work as a medical missionary. Being in need of a holiday Dr. and Mrs. Avison have returned to Canada for a visit of a few months, and will spend the greater portion of the time in Toronto.

리도 호수 단신. *The Rideau Record* (온타리오 주 스미스 폴스)
(1899년 9월 7일), 5쪽

......

S. M. 반즈 씨 가족, 에비슨 박사 부부 및 아이들, J. 베네딕트 씨 부부 및 아이들이 호수에서 2주 동안 체류하고 화요일 돌아왔다.[55] 그들은 그곳에서 랭햄 숙박지에 있는 A. G. 포스터 씨의 독채를 사용하였다.

......

Rideau Lake Notes.
The Rideau Record (Smith's Falls, Ont.) (Aug. 3rd, 1899), p. 9

......

Mr. S. M. Barnes' family, Dr. and Mrs. Avison and children and Mr. and Mrs. J. Benedict and children returned on Tuesday from a two weeks' stay on the lake. While there they occupied Mr. A. G. Foster's cottage, Langham Lodge.

......

---

55) 9월 5일이다.

올리버 R. 에비슨(토론토)이 A. 우드러프 홀시(미국 북장로교회 해외선교본부 총무)에게 보낸 편지 (1899년 9월 8일)

토론토,
1899년 9월 8일

A. W. 홀시 목사

안녕하십니까,

저는 휴가 기간이 끝나가고 있다고 생각하며, 그래서 언제 제가 뉴욕을 방문하여 총무님들을 만나고 사역과 그 전망에 대하여 이야기를 나누는 것이 좋은지 알아보기 위해 편지를 씁니다.

저는 여러분들 모두와 긴밀하게 접촉하여 여러분들의 견해를 완전히 알고 저의 계획에서 저에게 도움이 될 지식을 갖고 싶습니다.

만일 귀하께서 제가 언제 선교본부 사무실을 방문하는 것이 최상인지 엘린우드 박사님께 알아봐 주셔서 이전처럼 스미스 폴스의 저에게 알려주신다면 대단히 감사하겠습니다.

안녕히 계십시오.
O. R. 에비슨

Oliver R. Avison (Toronto),
Letter to A. Woodruff Halsey (Sec., BFM, PCUSA) (Sept. 8th, 1899)

Toronto,

Sep. 8/ 99

Rev. A. W. Halsey

Dear Sir: -

I presume vacation time is about over and so I write to find out at what time I had better to New York to see the Secretaries and talk over the work and its prospects.

I would like to get into close touch with you all so that I may know your view thoroughly and have that knowledge to aid me in my plans.

If you will kindly enquire of Dr. Ellinwood (if he is back at work) when it will be best for me to visit the Board Rooms and address me as before at Smith's Falls you will very much oblige me.

Very sincerely,

O. R. Avison

에비슨 박사 귀국. 예전에 토론토에서 활동하던 의료 선교사가 한국에서 돌아오다.

The Evening Star (토론토) (1899년 9월 9일), 1쪽

예전에 칼턴 가에서 개업을 하던 감리교회의 의료 선교사인 에비슨 박사가 자신이 활동하고 있는 한국의 수도 서울에서 귀국하였다.

박사는 일본이 한국에 살고 있는 일본인들을 보호하는 척하며, 많은 수의 군대를 한국에 주둔시키고 있지만 보호 받는 사람 수와 비교할 때 군인의 수가 대단히 많다고 언급한다.

일본과 러시아는 어느 열강이 한국에서 최고의 영향력을 확보할지 호각의 경쟁을 벌이고 있다.

에비슨 박사는 오늘 아내가 한때 가족과 살았던 스미스 폴스로 떠났다.

Dr. Avison Home. Medical Missionary, Formerly of Toronto, Returns from Corea. The Evening Star (Toronto) (Sept. 9th, 1899), p. 1

Dr. Avison, a medical missionary of the Methodist church, formerly a physician practising on Carlton Street in this city, is at home from Seoul, the capital of Corea, where he is stationed.

The Japanese, Dr. states, keep a large number of troops in Corea under a pretence of protecting Japanese subjects settled there, but the proportion of the troops is very great compared with the number of people protected.

Japan and Russia are engaged in a close contest to see which power will erect a paramount influence in Corea.

Dr. Avison left to-day for Smith's Falls, where his wife has been spending some time with her own family.

한국에서 온 선교사.
The Globe (토론토) (1899년 9월 11일), 12쪽

이전에 칼턴 가에서 개업하다가 이후에 감리교회 의료 선교사로 한국에서 활동하던 에비슨 박사가 지난 토요일 토론토를 방문하였다.56) 그는 한국에 관하여 언급하면서 일본은 한국에서 자국민을 보호한다는 구실로 막강한 병력을 유지하고 있다고 말하였다. 그는 이것이 참으로 일본이 한국에서 러시아보다 더 큰 영향력을 확보하기 위한 노력이라고 생각하고 있다. 토요일 저녁 에비슨 박사는 방문 중인 아내와 합류하기 위해 스미스 폴스로 떠났다.

A Missionary from Korea. *The Globe* (Toronto) (Sept. 11th, 1899), p. 12

Dr. Avison, formerly a physician practising on Carlton Street, but more recently a Methodist medical missionary in Korea, was in the city on Saturday. In speaking of Korea he said the Japanese kept a large force of troops in that country on the pretence of protecting their subjects there. He thought it was really an effort to secure a greater influence than Russia in that country. Dr. Avison left Saturday evening for Smith's Falls to join Mrs. Avison, who is visiting their.

---

56) 9월 9일이다.

장로교회 한국 선교부 제15차 연례회의
(1899년 9월 27일~10월 10일)

(중략)

제9일, 1899년 10월 6일

아침 회의: 오전 8시 30분

......

이어 이어진 "제중원에 적절한 숙소가 절대적으로 필요함을 선교본부에 제출하며, 현재 안식년 중에 있는 에비슨 박사가 적절한 수술실과 몇몇 병동을 위해 특별히 요청을 하도록 선교본부가 허용할 것을 요청할 위원회를 임명하자"는 결론 부분에 대한 토론은 제6 및 제7문구를 다시 고려하여 후에 보고하도록 요청하며 위원회로 되돌려졌다.

......

의장은 병원 위치 문제를 고려하기 위한 5인 위원회에 어빈 박사, 마펫 씨, 언더우드 박사, 에비슨 박사 및 필드 박사를 지명하였다.

(중략)

제10일, 1899년 10월 10일

......

저녁 회의: 오후 7시 30분

......

예산 위원회의 보고서가 전체로 채택되었으며, 예산은 다음과 같다.

서울 지부

제1급   선교지의 선교사

아급 A. 봉급   금화

O. R. 에비슨 박사 (9개월)   987.50

......

A. H. 샤록스 박사 (에비슨 박사가 도착하면
평양으로 이적됨)   1,250

......

아급 B. 아이들
　　O. R. 에비슨 박사 (6명) (9개월)　　　　　　　　450.00
　　　　　　　　　　　(중략)

Fifteenth Annual Meeting of Presbyterian Mission of Korea
(Sept. 27th~Oct. 19th, 1899)

(Omitted)

Ninth Day, Oct. 6th, 1899

Morning Session: 8:30 A. M.

......

A discussion followed on the concluding section namely "that a committee be appointed to lay before the Board the absolute need of suitable accommodations at the Government Hospital and to ask the Board to allow Dr. Avison now on furlough to make special appeals for a suitable operating room and some wards" was referred back to the committee with a request that it reconsider the 6th & 7th clauses and report later.

......

The chair appointed as committee of five to take the matter of hospital location into consideration Dr. Irvin, Mr. Moffett, Dr. Underwood, Dr. Avison, Dr. Field.

(Omitted)

Twelfth Day, Oct. 10th, 1899

......

Evening Session: 7:30 P. M.

......

The Report of the Estimates Committee was now adopted as a whole, the estimates being as follows: -.

Seoul Station

Class I   Missionaries on the field

    Subclass A. Salaries   Gold

        Dr. O. R. Avison (9 mos)   987.50

        .....

        Dr. A. H. Sharrocks (Transferred to Pyeng Yang   1,250

            on Dr. Avison's arrival   1,250

        ......

    Subclass B. Children

        Dr. O. R. Avison (6) (9 mos.)   450.00

(Omitted)

윌리엄 B. 헌트, 마가렛 베스트(평양), 연례 보고서. 한국 선교부 평양 지부의 1898~1899년도 보고서. 1899년 9월 서울에서 개최된 장로교회 선교부 연례회의에 제출함 (1899년 9월 29일)

(중략)

* 계속해서 선교부의 임명에 의해 샤록스 박사 부부는 에비슨 박사가 돌아올 때까지 서울 제중원에 배정되었으며, 사이드보텀 씨 부부는 대구에 배정되었다.

(중략)

William B. Hunt, Margaret E. Best (Pyeng Yang), Annual Report. Pyeng Yang Station, Korea Mission, for the Year 1898~1899. Submitted to the Annual Meeting of the Presbyterian Mission, Held at Seoul, September, 1899 (Sept. 29th, 1899)

(Omitted)

* By subsequent appointment of the Mission, Dr. and Mrs. Sharrocks were assigned to the Government Hospital in Seoul, until Dr Avison's return, and Mr. and Mrs. Sidebotham were assigned to Taiku.

(Omitted)

수전 A. 도티(서울),
1898~1899년 서울 지부의 총괄 보고서 (1899년 10월 2일)

1898~1899년 서울 지부의 총괄 보고서 (1899년 10월 2일)

선교부 및 선교지부로부터 위임 받은 사역은 지난 연례회의에서 결정된 계획에 따라 수행될 수 없었다.

지속된 밀러 부인과 에비슨 부인의 건강 악화, 그리고 에비슨 박사의 지친 상태로 인해 2월에 두 가족은 미국으로 돌아가기 위한 준비를 시작하였으며, 초봄에 떠났다. 밀러 부인으로부터의 최근 소식은 그녀가 아직도 일부 시간에 침대에 누워 있다. 같은 때에 보낸 에비슨 부인의 소식은 그녀는 살이 조금 쪘지만, 아직도 원기는 많이 회복되지 않았다.

(중략)

후에 에비슨 박사의 사업과 관련하여 만족할만한 조치를 취할 수 없었을 때, 빈튼 박사는 다시 우리를 도와 필드 박사와 쉴즈 양은 제중원 전체의 전반적인 감독과 책임을 맡고, 빈튼 박사는 남자 환자들을 정기적으로 진료하기로 하였다. 현 상황은 빈튼 박사 가족이 (안식년을) 떠나면 병원에는 남자 의사가 없게 되고, 이 업무가 올해에는 서울 지부의 감독 하에 운영되었지만 우리는 현재 책임을 맡고 있는 숙녀들이 아직도 '우선적인 언어 학습'을 해야 하며, 내년의 사업에 어떠한 조치가 취해지더라도 업무를 수행하는 데 있어 가능한 한 문제가 적고 신경을 덜 쓰게 되도록 계획하여야 한다는 것에 대한 선교부의 관심을 촉구하고 싶다.

(중략)

의료 사역

......

빈튼 박사

제중원 업무 외에 빈튼 박사는 약 500명의 환자를 진료하였는데 대부분 자신의 집에서 진료하였다.

제중원

　지난 연례회의 이후 (제중원에서의) 업무는 두 기로 구분되었다.

　제1기에 남자과는 에비슨 박사가 지난 연례회의에서 보고한 업무의 연속이었으며, 여자과는 필드 박사가 맡았다. 쉴즈 양은 병원 전체의 간호 업무를 맡기 시작하였고, 병원의 소년(조수)들에게 남자 병동의 간호 업무로서 어떻게 환자를 관리하는지, 그리고 외과적 수술을 위해 어떻게 준비하는지를 교육하는 것이 현명할 것으로 생각하여 상당한 시간을 할애하였다.

　병원에서는 방방곡곡에서 온 한국인 뿐 아니라 일본인, 중국인 및 러시아인들이 진료를 받았다.

　통계

　남자 진료소는 213일 동안 진료하였으며, 하루 평균 18명의 환자가 내원하였다. 이 기간 동안 환자는 신환 2,369명, 구환 1,625명으로 모두 3,994명이었다.

　여자 진료소는 200일 동안 진료하였으며, 하루 평균 12명의 환자가 내원하였는데, 한 명이 1~4명의 친구를 데리고 왔다. 이 기간 동안 환자는 신환 949명, 구환 1,469명으로 모두 2,408명이었다.

　에비슨 박사 부부는 건강 악화로 캐나다로 돌아가게 되었고, 필드 박사와 쉴즈 양이 한국에서 불과 2년째라는 사실, 그리고 빈튼 박사가 선교부에서 적지 않은 업무를 하고 있음에도 불구하고, 병원은 에비슨 박사가 계획하였던 대로 늦여름까지 중단 없이 진료를 하였다.

　제2기는 필드 박사와 쉴즈 양이 병원 운영을 맡았던 3월 25일부터이다. 빈튼 박사는 정기적으로 격일로 오후에 병원을 방문하여 남자 환자를 진료하고 병동의 입원 환자들에 대해 처방을 하였다.

　이외에 외과 업무의 필요에 따라 언제라도 응급 진료 요청을 받았다.

　의학적 도움을 필요로 하는 여자 중에 칼, 양잿물 등에 의한 자살 시도가 드물지 않았다.

　이 항목에서 마신 양잿물 때문에 식도가 완전히 폐쇄된 여자에 대해 작년에 에비슨 박사가 위벽을 통해 인공 관을 삽입하여 이를 통해 음식물을 섭취할 수 있도록 수술을 했던 환자를 언급할 가치가 있다. 그녀는 올해 병원의 친구들을 방문하였는데, 모든 면에서 건강하였다. 서울에서 '간(肝)의 사람'으로 더욱 잘 알려진 조 선달은 폐와 껍데기만 남은 간 사이에 연결 통로를 갖고 있다고 에비슨 박사가 작년 연례회의에서 보고하였던 그 환자인데, 수술 전에 간농양이 폐로 침투해 있었다. 이 사람은 현재 병원의 문지기이다.

　......

에비슨 박사가 작년 보고서에서 언급하였던 한 가지는 의학 교육을 받고 있는 소년들을 신뢰할 수 없다는 것이었다. 어떻게 그가 그렇게 이야기할 수 있었는지 우리는 모르지만, 다른 사람들이 운영을 하게 된 이후에도 개선되지 않고 더욱 악화될 뿐이라는 것을 알리게 되어 유감스럽다.

전도 사역.

의료 사업을 통해 처음 모이게 된 주일 회중에는 계속에서 참석하는 남자와 여자들이 있다.

언더우드 박사는 최근 지방에서 여러 명에게 세례를 주었는데, 그들은 에비슨 박사로부터 처음으로 복음을 들었다. 송석준 씨는 진료소로 오는 남자들이 진료 표를 받으며, 복음을 들을 기회가 있고 기독교 서적을 살펴보고 구입하는 곳인 남자 사랑방에 있는 책방의 책임 맡고 있다.

매일 진료소로 오는 사람들을 위해 30분 동안의 성경 공부, 말씀 그리고 기도가 남자 진료소에서 진행되었다. 무어 씨는 자신의 어학 선생이 매일 입원환자를 방문하도록 하였으며, 개인적으로 약간의 교육을 하고 사업을 감독하였다.

매일 일과가 시작될 때 입원 환자를 위한 성경 공부, 찬송 및 기도를 드렸다. 에비슨 박사는 남자들과 예배를 드리거나 병원 조수에게 맡겼다.

......

에비슨 박사가 교사로 고용하였던 목 집사에 대해 언급을 하지 않고는 보고서를 마감할 수 없다. 그는 업무의 모든 면에서 박사가 그렇게 오래 동안 크게 필요로 했던 바로 그런 사람이었다. 그는 겨울에 말라리아로 인한 병에 두 번 걸렸으며, 에비슨 박사가 캐나다로 떠나기 직전에 갑자기 사망하였다.

병원에서 모든 일의 운영을 관리하는데 도움을 주었던 그의 역할은 목공 석에게 넘겨졌는데, 그는 목 집사의 먼 친척이며 필드 박사가 한국에 온 이후 그녀의 어학 선생이었다.

대단히 업무에 충실하였던 또 다른 한국인은 곽 선달이었으며, 병원 식당의 책임 등을 맡았다.

......

빈튼 박사가 조만간 안식년으로 미국으로 돌아갈 것이라는 사실에 비추어 우리는 현재 선교지에 있는 어떤 선교사를 그 업무를 위해 임명해 줄 것을 선교본부에 요청하고 싶다.

건 물

......

제이콥슨 기념 사택은 거의 완성되고 있다. 이 건물의 위원회는 에비슨 박사가 업무의 책임을 맡을 것이라는 기대로 임명되었다. 그가 캐나다로 돌아가게 되자 아내의 병환 때문에 강변으로 이사를 했던 언더우드 박사가 위원회에서 활동하기로 승낙하였다. 그는 업무를 맡기에 너무 멀리 떨어져 있어 건축의 감독은 병원에서 근무하는 숙녀가 맡게 되었다. 에바 필드 박사가 그 책임을 맡았다.

(중략)

Susan A. Doty (Seoul),
General Report of Seoul Station, 1898~1899 (Oct. 2nd, 1899)

General Report of Seoul Station, 1898~1899 (Oct. 2nd, 1899)

The work delegated to us for the Mission, as well as that for the Station could not be carried out during the year, altogether according to the plans of the last Annual Meeting.

The protracted ill health of Mrs. Miller and Mrs. Avison, and Dr. Avisons' worn out condition, made it necessary for the two families to begin making preparations in February, for their return to America and they left early in the Spring. Recent word from Mrs. Miller, left her still confined to her bed a part of the time. Word from Mrs. Avison written at the same time stated that she had gained a little in flesh, but not much in strength.

(Omitted)

Later - when no more satisfactory arrangement could be made about Dr. Avisons work, Dr. Vinton again came to our help, and the work has been carried along - Dr. Field and Miss Shields taking the general oversight and responsibility of the entire hospital - Dr. Vinton making regular visits for the treatment of the male patients. The present situation is - that the hospital will, upon Dr. Vintons departure be left without a male physician - and as this work is, during the year, under the directions of the Seoul Station, we would call the attention of the Mission to the fact that the Ladies now in charge are still likely to have - "First Language Study" - and that whatever arrangements may be made for the work here, for the coming year, that it should be planned in such a way that there may be as few problems to solve, and as little nervous wear as possible, in connection with the carrying on of the work.

(Omitted)

Medical work

......

Dr. Vinton.

Outside of the Government Hospital work Dr. Vinton reports about five hundred patients seen, most of them at his house.

Government Hospital.

Since the past Annual Meeting, the work has divided itself into two stages.

The first stage would, in the men's department, be a continuation of the work as reported by Dr. Avison at our last Annual Meeting; and the taking up of the work in the woman's department by Dr. Field. Miss Shields, while beginning to take up the duties of nurse to the entire hospital, gave as much time as seemed wise to teaching the hospital boys how to care for the sick, as the responsibility or nursing in the men's wards, and the preparation for surgical operations, should be referred more particularly to them.

The patrons of the Hospital have been Koreans from all parts of the country, as well as Japanese, Chinese and Russians.

Statistics.

The men's dispensary was open 213 days with an average attendance of 18.patients.

During this time there were seen

New patients	2369
Returns	1625
Total	3994

The woman's dispensary was open 200 days with an average attendance or 12 patients each one bringing from 1 to 4 friends.

New patients	949
Returns	1469
Total	2408

Notwithstanding the poor health of Dr. and Mrs. Avison, which made their return to Canada necessary: the fact that .Dr. Fiel'd and Miss Shields were only in their second year in Korea: and that Dr. Vinton had no lightening or his own duties in the mission, the hospital was held open as late in the summer season as Dr. Avison had planned to do, had he continued uninterrupted in his work. The second stage dates from March 25th when Dr Field and Miss Shields took charge of the running of the hospital: Dr. Vinton making regular visits every second afternoon in carrying on the men's work, is, the clinics, and prescribing for those in the ward.

Outside of this, in addition to the demands of the surgical work, he held himself ready at any time for emergency calls.

Cases of attempted suicide, by use of knives, lye etc. have not been infrequent among the women seeking medical assistance.

Under this head it is worthy of note that the operation reported last year, by Dr. Avison, on the woman whose oesophagus was entirely closed from the effects of drinking lye, and for whom an artificial tube had been inserted through the walls of the stomach, by which she received food, has visited her friends at the hospital this year, and is, in every way, well and strong. Cho Sun Tal known more familiarly to us here in Seoul as "the liver man", is the one Dr. Avison reported at our last annual meeting as then having free connection between the lung and the mere shell left of his liver, the abscess having, before the operation penetrated into the lung. This man is the present hospital gate-keeper.

......

One thing that Dr. Avison mentioned in his report last year was the untrustworthiness of the boys under medical instruction: what he could have said of them from that time up to the time of hie hold loosening on the hospital, we do not know; we are sorry to note that since the work has fallen into other hands there has been no improvement: only further degenerating.

Evangelistic.

There are regular attendants, both of men and women in our Sabbath congregations, who were first reached through medical work.

Dr. Underwood has recently baptised several while in the country who first heard of the gospel. from Dr. Avison. Mr. Song Suk Chun has had charge of the book store in the men's sarang (men's reception room) where the men coming to the dispensary receive their tickets, and where they have an opportunity to hear the Gospel and to examine and buy Christian books.

The half hour service of Bible study, speaking, and prayer, for those who come to the daily clinic, has been kept up in the men's dispensary room. Mr Moore has arranged for daily visits of instruction by his teacher, to the in-patients: .and has given some personal teaching abd over sight to the work.

A Bible study, song and prayer service, was arranged for the in-patients at the beginning of the day. Dr. Avison either took this service with the men or entrusted it to the hospital boys.

......

We cannot close this report without making mention of Mok Chipsa., who was employed by Dr Avison as a teacher. In every phase of the work he proved himself the one for whom Dr. had so long felt the greatest need. He. had suffered twice in the winter from a disease caused by malaria, and from this disease he suddenly passed away, just before Dr. Avison departed for Canada.

His place in helping to look after the running of things in the hospital has been filled by Mok Kong Suk, a. distant. relative of his, who has been Dr. Field's language teacher since her arrival in Korea.

Another Korean who has proven very faithful in his duties is Kwak Sun Tal who has charge of the hospital kitchen etc.

......

In view of the fact that Dr. Vinton will so soon return to America on furlough, we would request the Mission to appooint some physician now on the field, to this work.

Building.

......

The Jacobson Memorial Home is nearing completion. The committee for this building was appointed with the expectation that Dr. Avison would have charge of the work. Upon his return to Canada, Dr. Underwood, who had previously moved out to the river on account of Mrs. Underwoods' illness, consented to act on the committee. He was away too much to be able to take charge of the work so the oversight of the building fell upon the ladies at the hospital. Dr. Eva Field has taken charge of it.

(Omitted)

18991002 [report M]

한국. 서울의 호러스 G. 언더우드가 장로교회 선교부에 제출한 1899년 9월 15일에 끝나는 연도의 전도 보고서(1899년 10월 2일)

(중략)

장연읍. ...... 나는 그들에게 처음에 어떻게 그리스도에 대해 듣게 되었는지 물었고, 거의 모든 경우에 이 사람들은 몇 년 전 내가 에비슨 박사와 함께 왔을 때 처음 들었다는 것을 알게 되었다.[57] 그들은 외국인 의사로부터 약을 얻기 위해서 왔다가 위대한 의사(그리스도)를 알게 되었던 것이다.

(중략)

Horace G. Underwood (Seoul), Evangelistic Report for Year Ending Sept. 15, 1899 of Work Under H. G. Underwood, of Seoul to the Presbyterian Mission (Oct. 2nd, 1899)

(Omitted)

Chang Yun Eup. ...... I enquired of them how first they had heard of Christ and found that in almost every case these men had first heard of Christ when Dr. Avison accompanied me some years ago. They had come to get medicine from the foreign doctor and had then learned of the Great Physician.

(Omitted)

---

57) 에비슨과 언더우드는 1896년 1월 송도, 곡산, 장연 등을 방문한바 있다.

새뮤얼 F. 무어(서울),
S. F. 무어의 전도 보고서 (1899년 10월 3일)

(중략)

내가 없는 동안 에비슨 박사가 교회의 책임을 맡았다. 그는 자신의 임무를 충실하게 수행하였으며, 부인과 아이들이 자주 주일 예배에 참석하곤 하였다. 필드 박사와 쉴즈 양은 에비슨 박사가 귀국한 후 짊어지게 된 과도한 업무 때문에 교회에서의 일에 방해를 받았지만, 크게 도와주었으며 지금은 매킨지 양이 우리와 함께 있다.

(중략)

에비슨 박사는 전 씨를 병원 전도사로 임명하고 싶어 하였으며, 나는 에비슨 박사가 돌아오면 혹은 그 전에라도 이 중요한 일을 시작할 수 있도록 필요한 예산을 선교부가 계속 요청하기를 추천하고 싶다. 나는 전 씨와 떨어지는 것이 대단히 싫지만, 이 업무를 담당할 다른 사람을 찾을 수 있을 것이다.

(중략)

Samuel F. Moore (Seoul), Ev. Report of S. F. Moore (Oct. 3rd, 1899)

(Omitted)

Dr. Avison had charge of the church in my absence. He discharged his duties faithfully and Mrs. Av. & the children used to attend the Sab. services frequently. Dr. Field & Miss Shields work in the church was hindered by the heavy burdens which came upon their shoulders after Dr. Avison's return to America but they have helped greatly & Miss McKenzie is with us now.

(Omitted)

Dr. Avison desired to appoint Mr. Chun as Hospital Evangelist, and I would recommend that the Mission ask a continuation of the appropriation necessary so that this important work may be commenced on Dr. Avison's return or before if that best. I am very loath to part with Mr. Chun & may be another man will be found to take this work.

(Omitted)

18991005 [report SS]

에스터 L. 쉴즈(서울), 1898년 10월부터 1899년 9월까지 에스터 루카스 쉴즈의 보고서 (1899년 10월 5일)

에스터 루카스 쉴즈의 보고서,
1898년 10월부터 1899년 9월까지[58]

"언어 학습, 병원 업무, 그리고 할 수 있는 전도 업무"가 지난 연례회의에서 나에게 주어진 역할이다.

나는 11월 2일 병원에 출근하였는데, 그 날짜는 여학교의 학생이 성홍열에 걸려 치료를 받기 위하여 병원에 입원하였기 때문에 결정된 것이었다.

인성부채(스트롱 양과 내가 살았던 곳)에서 이사를 해 병원의 한 건물에서 물품들을 정돈하였다. 필드 박사와 나는 집을 관리하기 시작하였는데, 에비슨 부인의 응접실을 우리의 침실로 사용하였다. 병원 의류 관리, 수술 준비, 소년들에 대한 약간의 강의, 한국인 여자 1명의 도움을 받으며 여자 입원환자의 간호 책임, 그리고 진료소 환자를 거드는 일들이 시작되었다.

나는 4월 중순 이 서방으로 바뀌기 전까지 차 서방으로부터 첫 해 한글을 배웠다. 두 선생은 그들의 임무를 위해 노력하였다.

병실에서 여자들과 성경 공부, 찬송가 부르기 및 기도 드리기 등을 하며 보냈던 시간은 무척 즐거웠다. 여자들은 나에게서 가치 있는 것을 많이 얻을 수는 없었으나, 그곳에는 여자 신자가 항상 우리들과 함께 있었으며, 하나님의 은총이 우리들 모두에게 내리셨을 것으로 확신한다. 때로 우리는 진료소에 온 여자들, 병원의 조수 혹은 다른 여자 신자 도우미들과 작은 모임을 가졌으며, 그들에게 규칙적으로 인쇄물을 나누어주었다. 우리는 그 이상의 질문을 이끌어낼 어떤 생각과 구원의 길에 대한 지식을 갖고 있지 않으면 그들 누구도 떠나지 않기를 기원하였다. 우리는 때로 전도지는 단순히 읽거나 갖고 있는 것은 아무 소용없으며, 그것에 담긴 진리를 진정으로 믿는 것이 훨씬 중요하다고 설명해야만 하였다.

(중략)

1년 동안 접촉하였던 환자와 사람 중에서 흥미로운 예는 다음과 같았다; -

---

58) 이 보고서는 다음의 신문에 게재되었다. Miss Shields Writes. *Lewisburg Chronicle* (Lewisburg, Pa.) (Nov. 25th, 1899, Fri,), p. 1.

다른 여자에 대해 격노한 한 여자가 자신의 목을 자해하였다. 이 상처는 진료소로 오기 며칠 전에 난 것이었다. 그녀는 병원에 입원하려 하지 않고 약을 갖고 집으로 가겠다고 애걸하였다. 우리는 그녀를 도울 수 있을 것으로 기대하지 않고 단지 안전하게 사용할 수 있는 유일한 것으로 판단하여 약간의 붕산가루를 주었다. 며칠 후 그녀는 돌아와 완쾌될 때까지 입원하겠다고 말하였으며, 그녀는 '완쾌되었다'. 그녀는 복음 교육을 주의 깊게 들었으며, 자신의 인생을 위해 감사하며 받아들였다. 우리는 그녀가 퇴원한 후 보지 못하였다.

더럽고 쇠약하며 불쌍한 늙은 부인이 내원하였다. 일단 목욕을 시키니 집에 가고 싶어 하며 두려워하는 것 같았는데, 우리 생각에 치료를 받기 위하여 기다리는 것을 거부하는 것 같았다.

심한 신장염이 있는 환자 한 명이 오랜 투병 끝에 완쾌되었으며, 최근 그녀가 5개월 된 아이와 함께 우리를 만나러 왔는데 둘 다 건강하고 행복해 보였다.

여학교 학생의 한 명인 작은 "노군이"는 우리와 여러 달 동안 함께 있었는데 점점 쇠약해져 갔다. 결국 그녀는 회복되기 시작하였고, 몇 달 후 행복하고 볼이 불그스레한 소녀가 되었으며, 지금은 고아원에서 살고 있다. 그녀는 병원에 입원하고 있는 동안 너무나도 예쁜 환자이었기에 모든 사람들에게 인기가 있었다. 그녀는 진실한 어린 신자이었다.

1월 10일, 한 엄마와 아이가 내원하였는데, 이들을 도움으로써 그 집 가장(家長)의 호감을 얻게 되었다. 기독교에 대해 상당히 비우호적이었던 그는 그의 아들이 우리의 한 학교에 다니는 것을 허락을 하였지만 그리스도는 믿지 못하게 하였다. 어느 날 병동에 입원해 있는 부인을 방문하였을 때, 에비슨 박사의 어학 선생인 목 서방이 병실 바깥에서 말하였다. "이곳에 와 보시오. 당신의 아내와 아기가 살아 있는 것은 하나님의 은총입니다. 당신은 하나님을 믿어야 합니다." 병실 안의 남자가 대답하였다. "믿겠습니다."

이후 그는 교회를 거의 정기적으로 출석하는 신자가 되었다.

1월 28일 겨우 19살인 젊은 부인이 진료소를 찾아왔다. 몇 주 전 그녀는 생을 마감하기 위해 양잿물을 마셨는데, 수술을 위해 병원에 입원하기를 기피하고 집으로 가져가게 약을 달라고 요청하였다. 그녀는 2월 6일 돌아와 의사에게 무엇이든 최상의 치료를 해달라고 요청하였다. 그러나 곧 폐렴이 발생하였다. 우리의 충고를 무시하고 체온이 화씨 104도가 넘는 병이 위중한 상태임에도 그녀는 집으로 돌아갔다. 총명하고 건강해 보이는 젊은 여자가 4월 15일 우리를 방문하였는데, 우리는 그녀를 도왔다. 그녀는 회복되었는데, 만일 집으

로 돌아가 신자가 되면 그녀의 남편
이 이를 허락하지 않을 것이라며 병
원에 계속 머물며 배우고 싶다고 하
였다.

어떤 흥미로운 늙은 여자가 손목
바로 위가 골절되어 내원하였다. (골
절 치료를 위해) 침을 맞았었던 그녀
는 다음 날 클로로포름으로 마취한
상태에서 골절 수술을 받았다.

지방에 거주하는 한 양반의 작은
아들이 천연두가 걸린 후 일부 관절

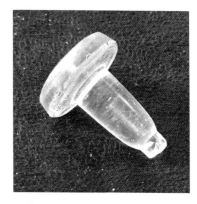

그림 5-12. 우스터 병의 유리 마개

에 질병이 나타났다. 에비슨 박사는 팔꿈치 관절을 절제하였는데, 시간이 경과
하자 만족할 만하게 회복되어 팔을 사용하게 되었다는 소식이 들려왔다.

한 가마꾼의 아내가 몇 주 전 매우 위중한 상태로 내원하였다. 필드 박사
와 해리스 박사는 그녀를 수술하였는데, 그녀는 즉시 회복되었다. 그녀는 내가
특별히 호감을 가졌던 여자이었는데, 매우 감사해하는 환자처럼 보였다. 그녀
는 아프기 전과 후에 한국 주방의 하인이었다.

호기심으로 갖고 있던 탄약통이 폭발하여 손과 눈이 다친 한 소년은 부분
적으로 회복되어 행복해 하였다. 나는 얼마 전 일요일, 일부 손가락을 잃었던
그가 교회 오르간 바로 뒤의 유리창에 서있는 것을 보았는데 그의 얼굴은 미
소를 띠고 있었다.

지난 해 위루술(胃漏術) 수술을 받았던 환자가 6월 7일 내원하였다. 그녀는
좋아 보였으며, 음식물이 공급되지 않을 때 위의 바깥쪽 구멍을 닫기 위해 붕
대로 고정시킨 우스터 병의 유리 병마개가 작동을 잘하고 있었다. 그녀는 필
드 박사를 만나는 것을 매우 기뻐하였으며, 자신의 어머니를 만나는 것 같다
고 말했다. 수술을 집도한 것은 에비슨 박사이었지만, 그녀가 자신의 생명에
대해 처음으로 간청한 것은 필드 박사이었다.

지방에서 여러 명의 여자가 귀먹은 한 사람의 치료를 위하여 왔다. 그중
한 명은 등을 돌려 복음의 가르침을 듣지 않았다. 그녀는 그들이 귀먹은 사람
이 치료를 받을 수 있을까 해서 왔을 뿐이라며, 그 이외 다른 것을 원하지 않
았다. 다음날 아침 예배를 드리고 있을 때 그녀는 격렬하게 반대하지 않았다.
그러나 귀머거리의 상태는 치료 가능성이 없었으며, 그래서 그들은 목적하였
던 것을 얻지 못하고 돌아가야만 하였다.

(중략)

에비슨 박사가 안식년으로 고국으로 돌아가게 되어 병원 업무에 많은 변화가 있었다. 나는 안나 P. 제이콥슨 기념 사택 건물에 상당한 관심을 갖고 있었으나 필드 박사가 건물 관리의 거의 모든 일을 다 해왔다.

(중략)

Esther L. Shields (Seoul), Report of Esther Lucas Shields, October 1898 to September 1899 (Oct. 5th, 1899)

Report of Esther Lucas Shields, October 1898 to September 1899

"Language study, Hospital work, and Evangelistic work as she is able," was the program appointed for me at the last Annual Meeting.

I went to the Hospital November 2nd, that date decided by the sickness of one of the school-girls, a case of Scarlet Fever sent to the Hospital for treatment.

After moving from In Sung Poo Chai, (where Miss Strong and I had lived) & arranging house-hold goods in one of the Hospital buildings. Dr. Field and I began our house keeping there, using Mrs. Avison's guest-room for our bedroom. The duties of looking after the Hospital clothing, helping prepare for operations, and giving the boys some lessons, taking charge of the nursing of women in-patients, one Korean woman helping, and assisting with the Dispensary cases, were then began.

I used my first year's teacher, Cha Su Pang, until the middle of April, when a certain Yi Su Pang took his place. Both teacher have tried to do their duty.

The time spent with the women in the ward in the Bible study, song and prayer service was of much pleasure to me. The women could not get much of value from me, but there was always a Christian woman with us, and I am sure God's blessing was in it for us all. We often had little meetings with the women who came to the Dispensary, the Hospital helper or other Christian women helping, and leaflets were regularly distributed too. We did wish that none might go away without some thought which would lead to further inquiry, and knowledge of the way of salvation. We ofter had to explain that the mere reading of or possessing the tract was useless, but that believing sincerely the truths which were told there was of much importance.

(Omitted)

Among the most interesting patients and people with whom we came in contact during the year were: -

A woman, who while in a fit of anger with another woman, had cut her own throat. The would was made several days before she came to the Dispensary for Medicine, and she would not stay in the Hospital, only begged for medicine to take home with her. Some Boracic Acid powder was given her, as the only thing she might safely use for herself, but without any expectation on our part that it could help her. Some days later she did come in to say with us until she got well, and she "did recover." She listened attentively to Gospel teaching, and received grateful for her life. We have not seen her since she left the Hospital.

An old lady, dirty, emaciated, and miserable, came, and after the initial bath seemed to be so home-sick, and frightened too, we supposed, that she refused to wait for medical treatment.

One severe case of Nephritis got well, after a long struggle, and lately she brought her five months old baby in to see us, both looking well and happy.

Little "No-Good-i", one of the school-girls, was with us several months, and grew weaker and weaker. Finally she began to improve, & some months later was a happy, red-cheeked little girl, & is now in an Orphanage. She was so sweet and patient while in the Hospital that she was a general favorite. She is an earnest little Christian.

January tenth, a mother and baby came, and the help given at this time secured the friendliness of the head of the house. He had been very unfavorable to Christianity; for although he allowed his son to go to one of our day-schools, he persecuted him for believing in Christ. One day while this man was visiting his wife in the ward, Dr. Avison's teacher, Mok Su Pang, called from outside, "See here. It is by God's grace that your wife and baby are living, and you ought to believe in Him." The man inside answered "Mit-ges-sim-nai-ta" (I will believe)

He has been an almost regular attendant at church since.

On January 28th a young wife, only nineteen years of age, came to the Dispensary. She had taken lye some weeks before, in order to end her life; and wanted only medicine to take home with her; was not willing to stay for surgical treatment. She came back February 6th for the doctor to do whatever seemed best, but very soon developed pneumonia. Against our advice, she went home while in the midst of the attack, with Temperature over 104' Fahr. A bright, healthy-looking young woman called to see us April 15th, and to our arrangement, we saw the same person before us. She had recovered - after all, and was eager to stay with us and be taught, saying that if she became a Christian at home her husband would not provide for her.

One interesting old woman came in with a fracture just above the wrist. The chim had been used, and the bone had to be set next day while she was under the influence of Chloroform.

The small son of a country "Yang-ban" (gentleman) had a disease of some of his joints, following small pox. Dr. Avison excised an elbow joint, and in due time came reports of a satisfactory recovery of the use of the arm.

The wife of a chair collie was very ill in the ward for a number of weeks. Dr. Field & Dr. Harris operated upon her, and she got well promptly. She was a woman to whom I was especially attracted, and seemed to be a very grateful patient. She was a servant in a Korean kitchen both before and after her illness.

A boy whose hand and eyes were injured by the explosion of a cartridge about which he had been curious, was happy over his partial recovery. Tho' he lost some of his fingers. I saw him on a recent Sunday standing at the open church window just behind its organ, with his face beaming.

The case upon which Gastrostomy was peformed last year came back to call on June 7th. She looked well, and the glass stopper from a Worcestershire bottle was doing good service, secured by a bandage, in closing the external orifice of her stomach, between meals. She was very glad to see Dr. Field, said it was almost like seeing her mother. For although Dr. Avison did the operation, it was to Dr. Field that she had first appealed for her life.

Several woman came from the country to have one cured who was deaf. One of the others turned her back & stopped her ears that she might not hear the Gospel teaching. She said they came only that the deaf person might be cured, and did not want anything else. The next morning she did not object so vehemently when the devotional exercises were held; but the case of deafness was hopeless, so they had to go back without that for which they came.

(Omitted)

Dr. Avison's going home on furlough made many changes in the plane for work. The building of the Anna P. Jacobson Memorial Home has been much interest to me, but Dr. Field has done nearly all the work in superintending it.

(Omitted)

에바 H. 필드(서울),
서울 제중원의 의료-전도 사업 보고서 (1899년 10월 5일)

서울 제중원의 의료-전도 사업 보고서

남자과의 사업은 에비슨 박사가 미국으로 출발할 때까지 예전과 같이 계속되었다. 그것은 입원 환자 및 조수들과의 매일 아침 예배, 1~2시간의 의학 강의로 이루어져 있다. 올해 초 강의 과목은 해부학이었으며, 후에는 약물학이었다.

오후에는 진료 업무를 하였다.

통계는 다음과 같다.

진료소 개원	210일
신환	2,369명
구환	1,625
합계	3,994
매일 평균 환자 수	18

에비슨 박사가 미국으로 떠난 후 빈튼 박사가 격일로 병원에서 진료를 시작하였으며, 조수들이 처방을 할 수 없거나 환자들에게 처방을 하고 입원환자 중에 수술이 필요한 경우 수술을 하였다.

(중략)

홍문석골 교회의 집사이었던 에비슨 박사의 (어학) 선생은 사망하기 전에 정기적으로 주일 아침 예배를 담당하도록 임명되었는데, 오후에는 2명의 남자와 2명의 여자가 병원으로 와서 환자들에게 이야기를 나누었다. 그들은 병원에서 약 1시간 동안 찬송가를 부르고 기도를 드리고 성경을 읽고 전도를 하였으며, 그것은 모두에게 도움이 되었다.

(중략)

나는 이 대목에서 지난 해에 에비슨 박사가 보고하였던 두 환자를 언급하는 것이 의미가 있다고 생각한다.

여러분들은 양잿물을 마쳐 식도가 협착된 여자를 기억할 것인데, 에비슨 박사는 그 환자에 대해 복벽을 통해 위(胃)에 대한 수술을 집도하였다.

이 여자는 (1899년) 6월 나를 만나러 왔다. 그녀는 건강이 완전히 좋았으며, 체중이 작년보다 최소한 25파운드가 더 나가는 것 같았다. 그녀는 음식을 먹는 시간 사이에 아직도 우스터 소스 병의 유리 마개를 사용하고 있는데, 그것은 복벽에 있는 구멍에 멋지게 맞았으며, 구멍의 테두리는 액체가 나오는 것을 막고 있었다. 그녀는 일반적으로 사용하는 허리끈을 매고 있는데, 음식을 먹을 때를 제외하고는 아무도 그녀가 다른 사람들과 다르다는 것을 알 수 없었지만 그녀가 밥과 김치를 먹을 때는 (사람들 앞에서 먹는 것이 부끄러워) 자리를 떠 방으로 들어가서 마개를 뺀 후에 한쪽 끝에 깔대기가 부착되어 있는 고무관을 삽입한다. 그녀는 음식을 씹은 후 그것을 깔때기로 넣으면 결국 적절한 위치에 도달하게 된다. 그녀는 자신의 어머니가 이곳에 와서 우리를 보는 것을 좋아한다고 말하였다..

여러분의 대부분은 에비슨 박사가 작년에 보고했던 간농양으로 수술을 했던 환자를 기억할 것이다. 당시의 보고서에서 박사는 그 환자가 아직 복부의 구멍을 통해 숨을 쉴 수 있다고 언급하였다. 그는 상태가 좋아졌으며 일을 할 수 있게 되었을 때 환자로 있으면서 받았던 약품비를 병원에 지불할 수 있도록 병원 문지기의 자리를 요청하였다. 그는 보수를 받지 않고 몇 달 동안 일을 하였으며, 너무도 녹초가 되었을 때 나는 약간의 보수를 주는 것이 그에게 좋을 것이라고 생각하였고 그렇게 하였다. 그는 아직도 일을 하고 있으며, 정원을 가꾸고 내가 요청하는 어느 일이건 할 수 있다.

참석하였던 5명의 의사 누구도 그가 수술에서 살아남을 것이라는 것을 믿지 않았지만 그는 수술을 해 달라고 강하게 사정을 하여 수술을 하였고, 이런 결과를 얻었다.

이 환자들에 대해 이야기하는 것은 수술 1년 후의 상태를 살펴볼 가치가 있고, 결코 당연히 갖추어져 있어야 할 상황 및 상태가 아님에도 외과의사[에비슨 박사]가 성공적으로 집도한 첫 예로서 그렇게 드물고 어려운 수술이 줄 수 있는 명성을 받을 만하다고 생각하기 때문이다.

(중략)

한국인들 중 많은 사람들은 그들이 받은 것에 대해 지불하려한다. 상민 노동자의 아내가 아파 몇 주일 동안 병동에 입원하였는데, 에비슨 박사가 한강으로 가기 위해 가마꾼을 불렀던 어느 날 남편이 다른 사람들과 함께 와서 자신이 가마를 들 수 있다고 이야기하였으며, 돌아온 에비슨 박사는 통상적인 요금을 지불하려하자 그는 "제 아내의 의료비로 사용해주세요."라며 받는 것을 거절하였다. 나는 그 남자가 가마 장비를 살 정도로 충분한 돈을 벌 수 있자마자 아내가 회복되었다고 말하게 되어 기쁘다. 그는 병원 근처의 노무자들과 함께 가마를 들게 됨으로써 이후 노무자들을 구하는 내 곤란함이 최소한 반이 경감되었다.

에비슨 박사가 미국으로 돌아간 후 소년들이 환자를 돌보도록 할 필요가 있었지만 그들은 그런 일에 흥미를 느끼지 못하였고, 나는 그들이 나태하고 무례하며 거의 신뢰할 수 없음을 알게 되었다. 나는 그들과 함께 최선을 다하려 노력하였지만 현재 이곳에는 단지 한 명만이 남아있을 뿐이다. 한 명은 서울에서 멀지 않은 지방에서 약을 팔고 있고, 한 명은 관립 의학교에 입학하였고, 한 명은 이전에 에비슨 박사가 집으로 보낸 것과 같은 이유로 집으로 보냈다. 이 소년들, 혹은 그들 중 한 명은 진료소에서 남자 환자들을 보고 있으며, 자신이 이해하지 못한다고 생각하는 환자들은 빈튼 박사의 진료 시간까지 붙잡아 두고 있다.

(중략)

Eva H. Field (Seoul), Medico-Evangelistic Report of Work at Government Hospital, Seoul (Oct. 5th, 1899)

Medico-Evangelistic Report of Work at Government Hospital, Seoul

Work in the men's department was continued as usual by Dr. Avison until he departed for America. This consisted of daily morning service with the in-patients and medical assistants followed by a class in medicine lasting from one to 2 hours. Early in the year the subject was Anatomy and later Materia Medica.

The afternoons were given up to the dispensary work.

Statistics are as follows.

Dispensary open	210 days
New Patients	2,369
Return	1,625
Total	3,994
Average Attendance per day	18

After Dr. Avison left for America, Dr. Vinton began to visit the hospital every other day, attending to such cases as the medical assistants were unable to prescribe for, prescribing for and operating upon those among the in-patients who needed it.

(Omitted)

Before the death of Dr. Avison's teacher, who was a deacon in the Hong-Mun-Suk-Kol church, he appointed regularly at the Sabbath morning service, two men and two women to come to the hospital in the afternoon and speak to the patients. They would come and spend about an hour, singing, praying, reading and preaching & it was helpful to all.

(Omitted)

Two cases reported last year by Dr. Avison are I think worthy of mention here.

You will remember the case of the woman whose oesophagus had become constricted from drinking lye and on whom Dr. Avison operated making an opening through the abdominal wall into the stomach.

This woman came to see me in June. She was perfectly well, & would weigh at least twenty five pounds more than last year. She is still using the glass cork from a Worcestershire Sauce bottle between meals, and it fits the opening nicely, the flange around the edge keeping the fluids from escaping. She puts the usual bands around her waist and except at meal time no one would know she was different from other people but when she receives her rice and kimche she goes off into a room by herself (being bashful about eating before people), takes out the cork inserts the rubber tube into the stomach, attaching a funnel at one end. After masticating the food she transfers it to the funnel and it ultimately reaches its proper destination. She said it was like seeing her mother to come here & see us.

Most of you will remember the case reported last year by Dr. Avison, on which he had operated for liver abscess. At that time in his report Dr. mentioned the fact that the man could still breathe through the opening in his abdomen. He got better and when he was able to work asked for the position of hospital gateman in order that he might repay the hospital for medicines that had been given him while he was a patient. He worked without pay for a number of months, in fact until he became so ragged that I thought a little salary would be good for him & so gave it. He is still working and is able to do gardening and any kind of work I call upon him for.

Not one of the five physicians present believed he would survive the operation but he begged so hard for it that it was performed & with this result.

I speak of these cases because I think the condition a year after operation is worthy of notice & because I think the surgeon is deserving of what credit may arise from so rare and difficult an operation as the firs one which was successfully performed amidst surroundings and under conditions which are anything but what they should be.

(Omitted)

Many of the Koreans like to pay for what they get. The wife of a common laborer was sick for some weeks in the ward and one day when Dr. Avison sent for chair coolies to go to Han Kang the husband came with the other man saying he could carry a chair & when the Dr. returned & offered the usual money the man refused saying "apply that on my wife's medicine bill." I am glad to say the wife recovered as soon as the man could earn money enough to buy a chair coolies outfit, he associated himself with the coolies near the hospital and since then my trouble to get coolies and afterwards get rid of them has been lessened by at least one half.

After Dr. Avison's return to America it was necessary to retain the boys to look after the patients but they felt that there was no interest attached to the work & I found them lazy, disrespectful and almost entirely untrustworthy. I have tried to do my best with them but there is only one still here. One is selling drugs in the country not far from Seoul; one has entered the Government Medical School; one I sent home for the same reasons for which he had previously been sent home by Dr. Avison. These boys, or rather, one of them, saw the dispensary patients on the men's side & kept such cases as he thought he did not understand until Dr. Vinton's hour.

(Omitted)

18991005 [report UU]

캐드월러더 C. 빈튼(서울), 의료 보고서 (1899년 10월 5일)

(중략)

  에비슨 박사가 떠나게 되자 공백을 메꾸는데 나에게 기대는 것 같았으며, 게다가 특히 어떤 무리들이 병원과 관련하여 우리 선교부와 조선 정부 사이의 계약을 깰 구실을 찾기 위해 혈안이 되어 있는 것 같았다. 나는 최소한 그런 방향에서 선교본부가 투자한 것을 성공적으로 구(求)하였으며, 매주 세 번 진료하기로 동의하였고, 곧 4~5번 진료하게 되었는데 하루는 대개 일요일이었으며 모두 수술을 받은 외과 환자를 무시하지 않기 위해서이었다. 소년(조수)들은 무지하거나 할 수 없다기보다는 무관심하고 말을 듣지 않았다. 나는 중요한 수술을 몇 건 하였지만, 많은 환자들이 한국에서 우리가 계속 보는 것 같이 악성의 고름이 배출되는 깊게 위치한 공동(空洞)이 있는 대단히 불결한 상태로 왔으며, 그래서 나는 그들의 진료에 시간을 보냈고 내 앞에서 죽기도 하였다. 그들 중 일부는 소년들이 진료소에서 씻고 붕대를 매는 지시를 수행하지 않았기 때문에 이런 운명을 맞게 되었으며, 나는 소년들에게 그런 의심을 갖는 몇 백 명의 환자를 보았다.

(중략)

Cadwallader C. Vinton (Seoul), Medical Report (Oct. 5th, 1899)

(Omitted)

Upon Dr. Avison's leaving it seemed incumbent upon me to fill the breach as well as I could and especially in view of the efforts certain parties were apparently making to find an excuse for breaking the contract between our mission and the Korean government in regard to the hospital. I was at least successful in saving the Board investments in that direction; and the three visits a week I had agreed to make there soon became four or five, with an extra one usually on Sunday, all because it would not do for surgical cases to be neglected after operation, and the boys were indifferent and disobedient rather than ignorant or incapable. I did few operations of any consequence, but so many cases came in utterly foul, as we constantly see it in Korea, with deep cavities secreting a malignant pus, that I had to spend time over them or let them die before my eyes. Some of them came near meeting this fate as it was through the failure of the boys to carry out orders for washing and dressing in the dispensary I saw some few hundred patients, being those the boys were in doubt about.

(Omitted)

호러스 G. 언더우드, 시릴 로스, 노먼 C. 휘트모어(위원회), 의료 위원회 보고서 (1899년 10월 7일)

(중략)

여섯째. 서울 병원에서 매주 10시간이 넘지 않게 진료한다는 조건으로 샤록스 박사를 임시로 배정하도록 추천한다.

일곱째. 제중원에 적절한 숙소가 절대적으로 필요함을 선교본부에 제출하며, 현재 안식년 중에 있는 에비슨 박사가 적절한 수술실과 몇몇 병동을 위해 특별히 요청을 하도록 선교본부가 허용할 것을 요청할 위원회의 임명을 추천한다.

Horace G. Underwood, Cyril Ross, Norman C. Whittemore (Com.), Medical Report, Korea 1899 (Oct. 7th, 1899)

(Omitted)

6th. That Dr. Sharrocks be temporarily assigned to Seoul hospital with work not to exceed ten hours a week.

7th. That a committee be appointed to lay before the Board the absolute need of suitable accommodations at the government hospital, and to ask the Board to allow Dr. Avison now on furlough to make special appeals for a suitable operating room and some wards.

알프레드 M. 샤록스(Alfred M. Sharrocks)

알프레드 M. 샤록스(1872. 4. 11~1919. 12. 25)는 캘리포니아 주 유레카에서 태어났다. 그는 1897년 6월 미주리 주 파크대학을 졸업하여 문학사의 학위를 받았으며, 1899년 샌프란시스코의 쿠퍼 의과대학(스탠포드 의과대학)을 졸업하고 의학박사의 학위를 받았다. 그는 메리(Mary S. Ames, 1868. 10. 22~1950. 5. 13)와 함께 1899년 2월 28일 미국 북장로교회 해외선교본부의 선교사로 지원하였으며, 4월 3일 선교사로 임명되었고 임지는 한국으로 결정되었다. 그는 8월 25일 샌프란시스코를 떠

그림 5-13. 알프레드 M. 사록스

나 9월 하순에 내한하였다. 그는 제중원에서 잠시 진료 업무를 맡았고, 1900년 평양에 이어 1901년 선천으로 전임되었다. 1904년에는 강계로 전임되어 신성학교 교감으로 취임하였으며, 1919년 12월 미네소타 주 로체스터에서 사망하였다.

노먼 C. 휘트모어, 서술 보고서 (1899년 10월)

(중략)

의료 전도 사업

의사들의 보고는 고무적이며 연중 많은 일을 하였음을 보여주고 있다. 모든 진료소에서 진료한 외래 환자의 수는 21,316명으로 작년에 비해 약 천 명이 적다. 이것은 서울 병원에서 에비슨 박사가 여러 달 동안 진료를 하지 않았기 때문이다.

.....

서울. 서울 병원(제중원)은 에비슨 박사 부부의 건강 악화로 3월에 갑자기 귀국하게 되었기에 그 이후 줄곧 상당한 지장을 받아왔다.

(중략)

Norman C. Whittemore, Narrative Report (Oct., 1899)

(Omitted)

Medico-Evangelistic Work

The report of the doctors were encouraging and showed a large amount of work done during the year. The number of out-patients seen all the dispensaries amounted to 21,316, or about a thousand less than last year. This is more than accounted for by the absence of Dr. Avison from the Seoul hospital for several months.

.....

Seoul. The Seoul hospital owing to the sudden departure of Dr. Avison in March, on account of his own and Mrs. Avison's ill health has been very much crippled ever since.

(Omitted)

18991010

대학교 의과 환영회. *The Globe* (토론토) (1899년 10월 10일), 12쪽

대학교 의과 환영회

이 시절의 가장 성공적인 환영회 중의 하나는 어제 밤 의학 기독교 청년회의 지도하에 기독교 청년회 건물의 응접실에서 토론토 대학교 의과 신입생들에게 제공된 것이었다. 회장 찰턴 씨, 리브 학장, 한 때 토론토 대학교 교수이었지만 최근 한국에서 돌아온 의료 선교사인 에비슨 박사, 맥페드란 교수 및 스메일 박사의 대단히 흥미로운 강연이 있었다. 식순 중 음악은 대단히 좋았으며, 소프라노 독창자인 리델 양, 소프라노 및 알토 가수인 콜레트 양, 피아노 연주자 키치너 양, 그리고 바리톤 가수인 알프레드 영 씨가 엄선되었는데, 모두 H. M. 플래처 씨의 문하생들이다. 다과가 제공되었고, 가장 즐거운 저녁을 보냈다.

Varsity Meds' Reception. *The Globe* (Toronto) (Oct. 10th, 1899), p. 12

Varsity Med' Reception.

One of the most successful receptions of the season was that tendered last evening to the Toronto University medical freshmen in the parlors of the Y. M. C. A. Building, under the direction of the Medical Y. M. C. A. Very interesting addresses were delivered by Mr. Charlton, President; Dean Reeve; Dr. Avison, one time a Professor in Toronto University, but recently a returned medical missionary from Corea; Prof. McPhedran and Dr. Smale. The musical part of the programme was very much appreciated, including selections by Miss Liddell, soprano soloist, the Misses Collett, soprano and contralto; Miss Kitchener pianist, and Mr. Alf. Young, baritone, all of whom are pupils of Mr. H. M. Fletcher. Refreshments were served and a most enjoyable evening was spent.

18991017

새뮤얼 A. 마펫(서울)이 프랭크 F. 엘린우드
(미국 북장로교회 총무)에게 보낸 편지 (1899년 10월 17일)

(중략)

우리는 (조선) 정부에 의사 한 명을 제공해야 할 의무가 있으며, 빈튼 박사는 (안식년으로) 다음 달에 미국으로 떠나기 때문에 에비슨 박사가 돌아올 때까지 샤록스 의사를 제중원에 임명하는 것 외에 다른 방도가 없는 것 같았습니다.

(중략)

연례회의에서는 한국에서 우리의 사역에 가장 필요한 다음의 네 가지를 강조하였습니다.

(중략)

넷째, 1등급 의료 시설의 필요성. 에비슨 박사와 어빈 박사는 모두 훌륭한 언어 구사력을 갖추었고, 최고의 의사임을 보여줌으로써 외국인과 한국인들의 신뢰를 얻었습니다. 그리고 이제 그들은 자신들의 의술을 제대로 발휘하고, 우리 선교 사역에서 의료 분야가 대의를 진정으로 돕게 하는 그런 설비를 제공해 줄 만합니다.

제중원(濟衆院)은 조선 정부, 선교부, 그리고 그곳에서 일을 해야만 했던 의사들에게 창피한 것입니다.

만일 우리가 이곳의 정치적 변화 가운데 손실을 당하지 않고 선교부를 안전하게 확보할 수 있으려면, 왕립 병원의 책임을 맡고 있고 한국에서 가장 큰 교회의 선교부라는 위상에 걸맞게 바로 지금 우리 선교부가 서울에 의료 설비를 가져야 할 시점이라는 것에 공감하고 있으며, 그 기지는 의사들이 자신들과 선교부를 명예롭게 할 그런 업무를 할 수 있게 해줄 것입니다.

우리는 그들을 위해 2명의 의사와 한 명의 간호원, 그리고 그들의 사택을 제공하며, 그들의 의료 사업을 위한 (병원은) 여러 채의 건물은 금방이라도 무너질 듯한 것들이고, 위치가 좋지 않고 잘못 지어졌으며, 배치와 설비가 건강에 좋지 않습니다. 만일 우리가 이곳에 병원 기지를 지어야 한다면, 대단히 클 필요는 없지만 최고이어야 합니다. 현재의 병원 시설로 계속 운영하는 것보다는 차라리 없는 것이 더 낫습니다.

저는 어떤 의사가 언어를 습득하고 의사이자 선교사로서 자신의 사역에 적합함을 보여줄 때까지 그런 설비를 요청할 권리를 갖고 있다고 생각하지 않지만, 그가 그렇게 했을 때에는 그가 최상으로 일을 하도록 직책을 부여해야 한다고 생각합니다. 서울 지부에서 필요한 영구적인 의료 기지를 위한 분명한 계획을 내년에 선교부에 제출하도록 3명의 의사와 2명의 목사로 구성된 위원회가 임명되었습니다.

(중략)

Samuel A. Moffett (Seoul), Letter to Frank F. Ellinwood (Sec., BFM, PCUSA) (Oct. 17th, 1899)

(Omitted)

There seemed to be no other course to take than to appoint Dr. Sharrocks to the Government Hospital until Dr. Avison's return, as we are under obligation to the government to furnish a physician, and Dr. Vinton leaves next month for America.

(Omitted)

The Annual Meeting has laid emphasis upon four great needs of our work in Korea:

(Omitted)

4th - The need for first-class medical equipment. Drs. Avison and Irvin have both equipped themselves with a good knowledge of the language, have shown themselves to be first-class physicians and surgeons commanding the confidence of foreigners and natives, and they now deserve to be provided with such an equipment as will enable them to do justice to their profession and to make the medical department of our missionary work, a real help to the cause.

The Government Hospital is a disgrace to the government, to the Mission and to the doctors who have been compelled to work in it. If we can secure the Mission against loss in the event of political changes here, it is the sentiment of the Mission that it is high time to give our Mission a medical plant in Seoul somewhat in keeping with our position as those in charge of the Royal Hospital and as the Mission with the largest church in Korea, and one which will enable the doctors to do such work as will be creditable to them and to the Mission. We provide two doctors and a nurse and residences for them, and then give them for their medical work a lot of ram-shackly buildings, badly located, badly built, and unhealthful in arrangement, in equipment, and in location. If we are to have a medical plant here at all, it should be a first class one, although not necessarily a very large one. Better far have none than to go on with the present plant.

I do not believe a doctor has a right to ask for such an equipment until he has gotten the language and shown himself to be fitted for his work as a physician and as a missionary, but when he has done that I believe we ought to put him in the position to do the very best kind of work. A committee of 3 doctors and two ministers was appointed to lay before the Mission next year definite plans for the permanent medical plant needed by our mission in Seoul.

(Omitted)

J. 헌터 웰즈(평양)가 프랭크 F. 엘린우드(미국 북장로교회 해외선교본부 총무)에게 보낸 편지 (1899년 10월 17일)

(중략)

선교부의 연례회의는 이곳에 있는 우리들에게 놀라웠고 실망스러웠습니다. 이것은 평양, 혹은 더 북쪽 지역으로 파송되었던 사이드보텀 목사 부부가 대구로 배정되었기 때문입니다. 그 뿐 아니라 서울 지부는 베스트 양을 서울의 작은 초등 여학생 기숙사 및 학교로 이적시키기 위해 지속적으로 거의 성공적인 노력을 하였습니다. 샤록스 박사 부부는 에비슨 박사가 귀환한 후 북쪽으로 올 것입니다. 의사는 '제중원'에 체류해야만 합니다. (그것은 전혀 정부 병원이 아닙니다. 그것은 일본 기관이지만 기술적으로 '왕립' 병원으로 부릅니다.) 그것은 단지 많은 적합하지 않고, 부적당하며 유해한 건물들이며, 병원 부지가 우리 교회를 망신시키기 때문에 선교부는 에비슨 박사에게 새롭고 적절한 건물을 위한 기금을 얻는데 편하게 해주었으며, 그들은 적적할 부지를 갖지 않게 되면 (병원 사업을) 그만 두어야 합니다. 갖가지 무모한 계획이 제안되었습니다. 어빈 박사와 제가 서울 병원에서 일하도록 제안되었지만, 에비슨 박사가 단지 안식년으로 떠나 있기 때문에 그러한 제안은 상식을 벗어난 것이었습니다.

(중략)

J. Hunter Wells (Pyeng Yang),
Letter to Frank F. Ellinwood (Sec., BFM, PCUSA) (Oct. 17th, 1899)

(Omitted)

The Annual Meeting of the Mission has been a surprise and a regret to us here. This is because Rev. & Mrs. Sidebotham, sent out for P. Yang, or the north rather, were assigned to Taigo. Not only that but Seoul made a persistent and almost successful effort to get Miss Best transferred to the little primary girls boarding home and school in Seoul. Dr. & Mrs. Sharrocks are to come north after Dr. Avison returns. A physician has to stay at the "Gov. Hospital." (It is not a Government Hospital at all. That is a Japanese institution, but it might be technically called a "Royal" hospital.) It is merely a lot of unsuitable, improper & bad buildings and as a hospital plant is a disgrace to our Church, the Mission has made it easy for Dr. Avison to get funds for new & proper buildings and they ought to have a proper place or quit. All sorts of wild schemes were proposed. Both Dr. Irvin & I were suggested for the Seoul hospital, but such a suggestion was preposterous since Dr. Avion is away merely in furlough.

(Omitted)

회의록, 한국 선교부 서울 지부(미국 북장로교회) 1891~1921
(1899년 10월 18일)

(중략)

(회의에) 참석하였던 마펫 씨는 병원 부지 및 건물 건축에 의문을 갖고 있는 현 부지의 교환과 관련하여, 우리가 어떻게 생각하는지를 요청하는 알렌 박사의 구두 연락을 전달하였다.

동의에 의해 빈튼 박사, 언더우드 박사, 그리고 기포드 씨로 구성된 위원회가 현재 웸볼드 양과 화이팅 박사가 사용하고 있는 자산을 지부가 황제에게 넘길 수 있는 조건을 만들 수 있는지 알아보며, 가능한 한 조속히 지부에 보고하도록 하였다.

(중략)

Minutes, Seoul Station, Korea, 1891~1921 (PCUSA) (Oct. 18th, 1899)

(Omitted)

Mr. Moffett who was present brought a verbal communication from Dr. Allen asking us how we would regard the exchange of the present property we question for the hospital site and buildings.

On motion a committee consisting of Dr. Vinton, Dr. Underwood and Mr. Gifford to see if it were possible to draw up conditions on which the station would be willing to yield up the property now occupied by Miss Wambold and Miss Dr. Whiting to the Emperor, the committee to report as soon as possible to the station.

(Omitted)

18991030

올리버 R. 에비슨(토론토)이 프랭크 F. 엘린우드(미국 북장로교회 해외선교본부 총무)에게 보낸 편지 (1899년 10월 30일)

온타리오 주 토론토 칼턴 가(街) 225,
1899년 10월 30일

친애하는 엘린우드 박사님,

지금 저는 가족을 이곳에 편안하게 정착시켰으며, 어느 때나 뉴욕을 방문할 수 있습니다. 만일 다음 주나 그 다음 주에 댁에 계실 예정이면 저는 그때 그곳으로의 여행을 준비할 것이며, 제가 그곳에 도착하는 시간에 관해 미리 분명하게 말씀드리겠습니다.

저는 건강이 좋으며, 아내는 우리가 집으로 돌아온 이후 그녀의 질병이 재발하지 않았다고 말씀드리게 되어 기쁩니다. 그녀는 아직 상당히 강인하지는 않지만 겨울이 그녀를 상당히 활기 띠게 할 것으로 기대하고 있습니다.

언더우드 박사로부터의 고무적인 편지는 최근의 황해도 여행이 이전에 가졌던 어느 여행보다 최고였다고 언급하고 있습니다. 그는 여섯 군데에서 새로운 교회 건물을 발견하였고, 세례 신청자의 반 조금 넘는 사람들만 볼 수 있었지만 그는 123명의 성인에게 세례를 주었습니다.

안녕히 계십시오.
O. R. 에비슨

Oliver R. Avison (Toronto),
Letter to Frank F. Ellinwood (Sec., BFM, PCUSA) (Oct. 30th, 1899)

225 Carlton St., Toronto, Ont.,

Oct. 30/ 99

Dear Dr. Ellinwood: -

I have now got my family settled comfortably here and can visit New York at any time. If you will be at home during the next week or two I will arrange a trip there within that time and will send in advance definite word as to time of my arrival there.

I am in good health and Mrs. Avison I am glad to say has had no return of her illness since we came home. She is not yet very strong, however, but I hope the winter will quite reinvigorate her.

An encouraging letter from Dr. Underwood says a recent trip to Whang Hai Do was the best he has ever had. He found new church building in six different places, and although able to see only a little more than half the applicants for baptism, he baptised 123 adults.

Very sincerely,

O. R. Avison

프레더릭 S. 밀러(뉴욕 주 오스위고)가 프랭크 F. 엘리우드
(미국 북장로교회 총무)에게 보낸 편지 (1899년 11월 1일)

(중략)

I. 저의 재정 상태는 뉴욕 시를 한 번 이상 방문하기 어려울 것이며, 저는 내년 4월에 진행될 10년마다 열리는 회의에 참석할 계산을 해 보았는데, 어쩌지요 어떻게 갈 수 있을지 모르겠습니다. 저는 대단히 그곳에 있고 싶으며, 에비슨 박사도 그곳에 있다면 대단히 좋을 것입니다.

(중략)

Frederick S. Miller (Oswego, New York),
Letter to Frank F. Ellinwood (Sec., BFM, PCUSA) (Nov. 1st, 1899)

(Omitted)

I. My finances will not permit if more than one visit to N. Y. C. and I had calculated on making that while the Decennial Meeting is in progress next April, and do not see how I could come now, tho. I should very much like to be there which Dr. Avison was there, too.

(Omitted)

호러스 N. 알렌(미국 공사, 서울)이
박제순(외부대신)에게 보낸 외교문서 (1899년 11월 2일)

삼가 아뢰옵니다. 전 제중원 학당 소유 화학 기구 몇 종은 옛 고문관 구례 (Clarence R. Greathouse)의 집에 있습니다. 오늘 귀 대신께서 사람을 보내 주시면 오미덕(吳美德)이 장차 출급해 줄 것이니 헤아려 주십시오. 거듭 평안하시기를 바랍니다.

11월 2일 알렌 올림

Horace N. Allen (U. S. Minister, Seoul), Dispatch to Pak Chai Soon
(Minister for Foreign Affairs) (Nov. 2nd, 1899)

敬啓者, 貴前濟衆院 學堂 所有 化學器具 幾種, 在於 故 顧問官 具禮家. 而今日 貴大臣 倘派人索取, 吳美德將照數出給也, 照亮送取可也, 耑此, 仍頌台安.

十一月 二日 安連 頓

대니얼 L. 기포드(서울)가 프랭크 F. 엘린우드(미국 북장로교회 해외선교본부 총무)에게 보낸 편지 (1899년 11월 3일)

(중략)

이익의 충돌이라는 측면에서 결정하기 가장 어려운 문제는 어쩌면 새로운 인력의 배치입니다. 결국 선교부를 위해 자산을 유지하기 위하여 에비슨 박사가 귀환할 때까지 샤록스 박사를 정부 병원에 배정한 것을 제외하고, 선교부는 배정에 있어 지난 해의 '요청 순서'를 따랐습니다.

(중략)

Daniel L. Gifford (Seoul),
Letter to Frank F. Ellinwood (Sec., BFM, PCUSA) (Nov. 3rd, 1899)

(Omitted)

Perhaps the hardest question to decide in view of the conflict of interests, was the disposition of new workers. In the end with the exception that Dr. Sharrocks was assigned to the Gov. Hospital, till Dr. Avison's return, in order to hold the property for the Mission, the Mission followed the "order of request" of last year, in their assignment.

(Omitted)

18991104

한국의 게르하르트 하인츠만 피아노.
The Windsor Star (온타리오 주 윈저) (1899년 11월 4일), 8쪽

한국의 게르하르트 하인츠만 피아노[59]

다음은 게르하르트 하인츠만 피아노 회사의 토론토 매장이 받은 가장 흥미로운 편지의 사본인데, 게르하르트 하인츠만 피아노의 내구성과 우수함에 관해 이 난에 자주 실리는 기사가 옳음을 완전히 증명하고 있다.

토론토, 1899년 10월 9일

안녕하십니까,

귀하는 1893년 봄 내가 귀하를 통해 우리가 한국으로 가져갈 게르하르트 하인츠만 피아노를 구입한 것을 기억하실 것입니다. 우리가 원하는 음질의 질에 대해 귀하와 하인츠만 씨에게 알려준 후, 우리는 경험이 없는 사람들의 판단보다는 여러분의 경험이 더 신뢰할 수 있다고 믿고 귀하와 그에게 악기의 선택을 맡겼습니다. 우리는 선적되기 전에 귀하가 선택하는 것을 보았고, 그 모양과 음질 모두에 만족하였지만, 오직 시간만이 한국의 대단히 습기 찬 기후에 견디는 능력과 힘을 가진 품질을 보여줄 수 있을 것입니다. 그것은 이곳에서 뉴욕까지 철도로 운반되었으며, 증기선으로 런던, 홍해, 인도양, 그리고 중국 해안을 따라 상하이까지 운반되었다가, 그곳에서 다시 한국의 제물포까지 다시 선적되었고, 그곳에서 황소가 끄는 마차에 실려 27마일 떨어진, 우리가 거주하고 있는 서울까지 운반되었습니다. 아마도 운반의 마지막 단계가 가장 어려웠을 테지만, 우리가 포장을 열었을 때 악기가 음질이 나빠지지 않고 완벽한 상태로 있는 것을 보고 기뻐하였습니다.

그것은 우리의 거주 장소가 변경되면서 도시에서 여러 번 이동하였지만, 조율을 하지 않고 5년 동안 사용하였어도 거의 불협화음이 없어 충분히 음질이 좋으며, 지금도 우리가 처음 받았을 때처럼 좋습니다.

---

59) 게르하르트 하인츠만 피아노는 독일 베를린에서 태어나 1860년 캐나다로 이주한 시어도어 A. 하인츠만 (Theodor A. Heintzman, 1817~1899)가 1866년 설립한 회사에 의해 제작되었다. 이 피아노는 장인 정신과 음색의 섬세함으로 명성을 유지하고 있다.

한국의 기후는 7월과 8월에 거의 항상 비가 오며, 온도계는 (화씨) 80도와 100도 사이를 계속해서 오르내리기 때문에, 계절에 따라 건조된 목재마저도 팽창과 수축을 반복하여 피아노와 가구 등에는 대단히 좋지 않지만, 우리 피아노는 변하지 않은 상태로 있고 예상할 수 있었던 건반의 뻑뻑함도 없었습니다.

한국의 외국인 거주자 중에는 대단히 훌륭한 피아노 연주자 몇 명이 있는데, 그들 모두는 악기의 음질뿐 만 아니라 접촉에 아름답게 반응하며, 우리가 처음 받을 때처럼 계속 훌륭한 상태인 건반의 편안함에 대하여 즐거움과 놀라움을 표현하였습니다.

미국인들은 그러한 악기가 캐나다에서 생산될 수 있다는 것에 놀라움을 나타내었으며, 고국의 회사에 대한 나의 확신이 너무도 호의적인 결과를 얻었다는 것을 알고 캐나다 인으로서 너무도 만족스러웠습니다.

나는 귀하와 하인츠만 씨에게 악기를 고르고 선적하는데 신경을 써준 것에 대해 감사드리고 싶습니다. 음질이 유지되지 않았거나 어쨌건 수리가 필요하였다면 한국에는 그것을 수리할 시설이 없다는 사실로 우리는 더욱 만족스럽습니다.

한 문장으로 줄이면, 나는 피아노가 우리에게 완전한 만족을 주었고, 이 편지는 우리의 만족을 자발적으로 표현하고 있다고 말할 수 있습니다.

안녕히 계세요.
(서명)O. R. 에비슨
미국 장로교회의 한국 파송 의료 선교사

B. J. 워커 씨는 윈저에서 게르하르트 하인츠만 피아노를 취급하고 있다.

A Gerhard Heintzman Piano in Corea, China.
The Windsor Star (Windsor, Ont.) (Nov. 4th, 1899), p. 8

A Gerhard Heintzman Piano in Corea, China.

The following is the copy of a most interesting letter received by the Toronto salesrooms of the Gerhard Heintzman pianos, and bears out fully the statements frequently made in these columns as to the durability and merits of the Gerhard Heitzman pianos:

Toronto, Oct. 9th, '99

Dear sirs,

You will remember that in the spring of 1893 I purchased through you a Gerhard Heintzman piano to take with us to Corea. Having indicated to you and Mr. Heintzman the quality of tone which we desired, we left to you and him the choice of the instrument, believing that your experience honestly employed, was more to be relied on than our own inexperienced judgment. We saw your selection before it was shipped and were well pleased with both its appearance and tone, but of course time only could show the qualities of our ability and power to withstand the very humid climate of Corea. It was shipped by rail from here to New York, thence via steamer, via London, the Red Sea, Indian ocean and up the coast of China to Shanghai, whence it was re-shipped to Chemulpo in Corea, and was carried from there twenty seven miles on heavy ox-cart to Seoul, where we resided. Probably the last stage of the journey was the most trying, but when we opened the packing case we were delighted to find the instrument in perfect condition, not a tone out.

It was moved through the city several times, as we changed our place of residence, but at the end of five year of use without tuning it was still sufficiently in tune to produce very little discord. At the end of five years we had the opportunity of having it tuned, and it now as good as when we first received it.

The climate of Corea is very hard on such things as pianos and furniture, as during July and August rain falls almost constantly, with the thermometer ranging between eighty and one hundred degrees, so that, even the driest wood swells and shrinks alternately, according to the season, but our piano remained unchanged, so that there was not even any sticking of the keys as might have been expected.

We have some very good pianists among the foreign residents of Corea, and all of them have expressed both pleasure and surprise not only at the tone of the instrument but at the comfortable action of the keys, which respond to beautifully, as they say, to the touch, and which remains as good as when we first received it.

Americans expressed surprise that such an instrument could be produced in Canada, and it was gratifying to me as a Canadian to find that my confidence in a home firm had resulted so favorably.

I wish to thank both you and Mr. Heintzman for the care you exercised both in selecting and shipping the instrument. Our gratification was enhanced by the knowledge that if it had not remained in tune or had required repairing in any way there were no facilities in Corea for remedying either difficulty.

To put it all in one sentence, I may say the piano gave us perfect satisfaction and this letter is an unsolicited expression of our satisfaction.

Yours very truly,
(Sgd.) O. R. Avison
Medical Missionary to Corea for the Presbyterian Church in the United States

B. J. Walker handles the Gerhard Heintzman pianos in Windsor.
A receiving teller - the gossiping woman.

프레더릭 S. 밀러(뉴욕 주, 오스위고)가 프랭크 F. 엘린우드
(미국 북장로교회 해외선교본부 총무)에게 보낸 편지
(1899년 11월 4일)

(중략)

6년 전 서울의 부지 가격이 쌌을 때, 우리는 빈튼 박사 사택까지의 중간에 위치한 낙동(駱洞)에 있는 상당히 덜 바람직한 집을 에비슨 박사의 집으로 사용하기 위해 매달 40엔을 지불하였습니다.

(중략)

Frederick S. Miller (Oswego, New York),
Letter to Frank F. Ellinwood (Sec., BFM, PCUSA) (Nov. 4th, 1899)

(Omitted)

We paid, six years ago when property was cheap in Seoul, forty yen per month for Dr. Avison's house, a much less desirable house in Nak Dong half way to Dr. Vintons.

(Omitted)

올리버 R. 에비슨(토론토)이 프랭크 F. 엘린우드
(미국 북장로교회 해외선교본부 총무)에게 보낸 편지
(1899년 11월 29일)

캐나다 토론토 칼턴 가(街) 225,
1899년 11월 29일

신학박사 F. F. 엘린우드 목사

안녕하십니까,

저는 집에 도착하였을 때 모든 것이 잘 있는 것을 발견하였고, 그날 저녁
(그것은 비록 100일 후이었지만) 중국 내지 선교회 사무실에 모인 많은 학생 자
원자들에게 짧은 연설을 하였으며, 일요일[60] 저녁에는 감리교회의 선교사 모임
에서 강연을 하였습니다. 저는 내일[61] 다시 강연을 할 예정이며, 금요일[62] 저녁
뉴욕을 향해 이곳을 떠나 토요일 선교본부 사무실에서 박사님을 다시 만나기를
바라고 있습니다.

집으로 가는 길에 저는 클리프턴 스프링을 방문하였으며, 포스터 박사를 만
나는 기쁨을 가졌는데 그에게 박사님의 전언을 인사로 전하였습니다. 밀러 가
족은 아직 그곳에 있으며, 밀러 씨와 아이들은 크게 회복되었고, 온전히 건강한
모습이었지만 부인은 그리 많이 회복되지는 않았습니다. 그녀는 이전보다 더
나아졌지만 장(腸)은 아직도 문제를 일으키고 있으며 빠진 살이 단지 부분적으
로만 회복되었습니다. 저는 그들에게 캐나다를 방문하여 잠시 우리의 상쾌한
기후를 시도할 것을 제안하였으며, 어쩌면 그들이 그렇게 할 것으로 저는 생각
하고 있습니다.

한국에서 온 편지들은 서울의 심각한 질병에 대해 이야기하고 있습니다. 기
포드 씨는 이질로부터 부분적으로 회복되었을 뿐이며, 요코하마로의 바다 여행
을 고려하고 있습니다. 무어 부인은 장기간 심하게 설사를 한 후에 이전보다
안색이 나빠져 보이며, 제물포의 필드 박사는 회복하려 시도하고 있고 쉴즈 양

---

60) 11월 26일이다.
61) 11월 30일이다.
62) 12월 1일이다.

은 견디고 있지만 많이 견딜 수 없으며, 빈튼 부인은 병환에서 만족할 만하게 회복해 있지 않고 도티 양은 단지 부분적으로만 일을 할 수 있을 뿐이고 웸볼드 양과 화이팅 여의사는 반쯤 아픕니다.

서울의 위생 상태는 대단히 나쁘며, 최근 몇 년 동안 제기되었던 오래된 주택과 거리에 대한 문제는 상태를 악화시킨 것 같으며, 저는 만일 우리의 삶이 연장될 것이라면 우리는 그곳에서 살고 있는 사람이 자주 변화가 필요하다는 것을 계속 예상해야 한다는 것이 걱정이 됩니다. 그곳에서 병에 걸린 외국인은 잘 회복되지 않으며, 그런 상태에 노출되어 있습니다.

1년 이내에 한국에서 정부 업무를 하였던 4명의 미국인들, 즉 닌스테드 대령, 다이 장군, 르장드르 장군 및 그레이트 하우스 씨가 모두 사망하였습니다.

서울의 위생 상태는 한국의 다른 어느 지역과도 다릅니다.

병원과 관련하여,

저는 필드 박사로부터 편지를 받았는데, 그것은 선교지에서 우세한 견해를 알려주고 있습니다. 그녀는 우리가 어떤 것을 건축하건 그것은 가장 입증된 최신의 계획에 근거해야 하며, 우리의 계획은 상당한 경비, 즉 20,000 혹은 30,000엔으로 병원을 짓는 것이되, 즉시 반이나 ¾을 짓고 나머지는 필요에 따라 돈이 준비되는 대로 짓는 것이어야 한다는 생각인 것 같다고 말합니다. "우리가 하는 것이 비록 작지만 훌륭하게 하자"는 것이 계속해서 다시 반복되었습니다.

필드 박사의 병동 수리 예산에 표시된 250엔은 최근에 필드 박사와 쉴즈 양이 사용하였던 병원 방의 돌바닥을 판자로 바꾸고 침대를 비치하려는 것입니다. 필드 박사는 제가 산과 업무를 맡는 것이 옳지 않다고 느끼고 있다고 말합니다. 고국에서 제가 발견한 것은 현 상황에서는 제가 그것을 맡아야 하지만 저는 병동의 상태에 대하여 책임이 있으며, 제가 다른 환자를 병원에서 박닥에 있게 하는 것은 옳다고 느끼지 않습니다. 이것과 관련하여 저는 그것을 허락하는 것이 좋을 것이라고 말씀드립니다. 그 방들은 그 위치 때문에 현 부지에 새 병원을 건립하는 경우 그대로 남아 격리 병동으로 사용될 개연성이 높아 그것에 사용될 돈이 유익하게 사용될 수 있으며 그런 환자들을 바닥에서 치료하는 것은 분명 어렵고 위험합니다.

새 병원과 관련하여 위에 언급된 것에 관하여 저는 그것이 저의 견해를 정확하게 표현하고 있다고 말씀드릴 수 있으며, 박사님과 다른 사람들이 말한 것에서 동일하게 느끼고 있다고 판단하고 있습니다. 저는 집으로 돌아 온 후 상당한 시간을 그 문제에 대하여 생각하였지만 아직 박사님께 분명하게 제출할 수는 없습니다. 건축가인 이곳의 제 친구[63] 한 명은 무료로 한국에 어떤 것이든 우리 건물을 위한 설계도를 만들어주겠다고 제안하였으며, 뉴욕으로 돌아가기 전에 그의 자문을 구하려 합니다.

부지와 관련하여 필드 박사는 선교부에서는 정부가 현 부지에 대한 분명한 권리증을 우리에게 주지 않는 한 현 부지에 새 건물을 지어서는 안 되며, 회의록에서 보고된 두 결정에서 일관성이 분명하게 결여되어 있는 것이 해명되어야 한다는 분위기가 있다고 말하였습니다.

저는 이 문제가 금요일 회의에서 논의될 것으로 생각합니다.

저는 박사님께서 관계된 원칙, 즉 병원 목적에 적합한 건물 혹은 건물들의 건립, 그리고 그러한 건물을 위해 제가 특별 기부를 받을 수 있도록 허락해주셔서 우리가 우리를 돕는데 관심을 가졌을 만한 사람들에게 제시할 분명한 계획을 가질 수 있도록 하는 등등을 승인하시는데 분명한 방도를 아실 수 있다면 저는 기쁠 것입니다.

그 동안 계획이 준비되어 제출될 수 있으며, 자세한 것은 고국과 선교지에서 철저하게 논의될 것입니다.

선교본부 사무실의 모든 분께 안부를 전합니다.

안녕히 계십시오.
O. R. 에비슨

---

63) 헨리 B. 고든을 말한다.

Oliver R. Avison (Seoul),
Letter to Frank F. Ellinwood (Sec., BFM, PCUSA) (Nov. 29th, 1899)

225 Carlton St., Toronto, Can.

Nov. 29/ 99

Rev. F. F. Ellinwood, D. D.,

Dear Sir: -

I found all well when I reached home and had the pleasure of delivering a short address the same evening (although it was after 100 days) to a large gathering of student volunteers at the China Inland Mission Home, and on Sunday evening addressed a missionary meeting in on by the Methodist Churches. I am to speak again tomorrow and shall leave here for New York on Friday evening, so that I shall hope to call on you again on Saturday at the Mission rooms.

On my way home I called at Clifton Spring and had the pleasure of meeting Dr. Foster whom I gave your message as greeting. The Miller's are still there and Mr. Miller and the children are greatly improved, have the appearance of perfect health but Mrs. Miller has not improved as much. She is better than she formerly was but her bowels still give her some trouble and she has only partially regained her lost flesh. I suggested that they visit Canada and try our invigorating climate for a time and I think perhaps they will do so.

Letters from Korea tell of serious sickness in Seoul. Mrs. Gifford only partially recovered from dysentery and contemplating a sea voyage to Yokohama. Mrs. Moore, after a severe prolonged attack of diarrhoea, looking worse than she had ever done before, Dr. Field in Chemulpo, trying to recuperate, Miss Shield going about but not able to endure much, Mrs. Vinton not recovering satisfactorily from her illness, Miss Doty only able to do part work, Miss Wambold & Dr. Whiting both half sick.

The sanitary conditions in Seoul are very bad and the stirring up of the old house & street sites during the last few years seems to have made the conditions worse and I am afraid we must continue to expect those being there to require frequent change if their lives are to be prolonged. Foreigner who get sick there do not recuperate well while they remain exposed to those conditions.

Within one year the four Americans identified with government affair in Korea. viz. Col Nienstead, Gen. Dye, Gen. Le Gendre, and Mr. Greathouse have all died.

The sanitary conditions in Seoul are different from those in any other part of Korea.

Re. Hospital -

I have received a letter from Dr. Field which gives light on the ideas that predominate on the field. She says it seemed to be the opinion that what ever we build should be on the most approved modern plan and that our plans should be for a hospital that would cost considerables say 20,000 or 30,000 Yen, but drawn up in such a way that half or three quarters should be built at once and the rest as needed and a money is provided. "Let us have what we do have good even though small" was repeated over and over again.

The 250 yen which appears in the estimate for fixing up ward for Dr. Field is intended to repair the rooms in the hospital recently occupied by Dr. Field and Miss Shield, to replace the stone floor with board and furnish with bed. Dr. Field say I feel that with anything less it is not right for me to undertake obstetrical work. What I find in the homes I must take as it is but I am responsible for the condition in the wards and do not feel that it is right for me to put another case on the floor in the hospital. With reference to this I would say it would be well to grant it. Those room are so situated that in all probability they would be left standing and used as isolation ward in case the new hospital should be built on the present site so that the money spent on them would still be profitably invested and it certainly is both difficult and dangerous to treat such cases on the floor.

In reference to the quotation above concerning a new hospital I may say it expresses my own view exactly and I judge from what you and others said the members of the Council feel the same way. I have spent a good deal of time since I came home thinking over the matter but cannot submit anything definite to you yet. A friend of mine here who is an architect once offered to make plan free of cost for any of our building in Korea and I am going to consult him before I return to New York.

Regarding a site Dr. Field said that there was a feeling in the mission that new building should not be erected on the present site unless the government gave us a clear deed of the property, and that no doubt accounts for the apparent lack of consistency in the two actions reported in the minutes.

I presume these matters will be discussed in your council meeting on Friday.

I should be glad you could see your way clear to approve the principle involved, viz, the erection of a building or buildings suitable for hospital purposed and giving me permission to receive special gift of money for such building so that we might have a definite project to lay before those who might be interested in helping us.

In the meantime plans might be prepared and submitted and the detail thoroughly discussed both at home and on the field.

With kindest regard to all at the Mission Rooms.

Yours very sincerely,

O. R. Avison

회의록, 한국 선교부 서울 지부(미국 북장로교회) 1891~1921
(1899년 12월 19일)

(중략)

병원 사택의 뒤쪽 방 3개를 스트롱 양을 위해 따로 배정하자는 요구가 있었으며, 샤록스 박사와 필드 박사가 그것을 처리하도록 위원회에 임명되었다.

화재로 인한 피해를 수리하기 위해 긴급 기금 25달러를 요청한 필드 박사의 동의가 승인되었다.

(중략)

Minutes, Seoul Station, Korea, 1891~1921 (PCUSA) (Dec. 19th, 1899)

(Omitted)

It was desired that the three rear rooms of the Hospital Residence be set apart for Miss Strong and that Dr. Sharrocks and Dr. Field be a committee to set the same in order.

(Omitted)

제임스 S. 게일(서울)이 프랭크 F. 엘린우드(미국 북장로교회 해외선교본부 총무)에게 보낸 편지 (1899년 12월 26일)

(중략)

약 한 달 전에 병원 건물에서 불이 나 전체 기지를 파괴할 뻔하였습니다. 불은 많은 노력으로 껐으며, 샤록스 박사를 돕는 한국인들이 가장 씩씩하였습니다. 병원 건물이 다시 모양을 갖추는데 사용된 금액은 약 125엔입니다.

(중략)

James S. Gale (Seoul), Letter to Frank F. Ellinwood (Sec., BFM, PCUSA) (Dec. 26th, 1899)

(Omitted)

About a month ago a fire developed in the Hospital building that threatened to destroy the whole plant. It was put out through great effort, the natives assisting Dr. Sharrocks most manfully. The amount used to put the building in shape again is some 125.00 yen.

(Omitted)

1900년에 들자 에비슨은 봄에 안식년이 끝날 것을 생각하여 한국으로 돌아갈 준비를 하였지만, 아내 제니의 건강이 다시 악화되었다. 이에 에비슨은 선교본부에 안식년 연장을 요청하였고, 선교본부는 3개월의 연장을 허가하면서 4월 말에 뉴욕에서 개최되는 세계 선교회의에 참석할 것을 요청하였다.

이 회의에 참석한 에비슨은 4월 30일 '의료 사역에서의 우의'란 제목으로 발표를 하였고, 이 강연에 감명을 받은 루이스 H. 세브란스 씨는 서울 병원의 건축을 위하여 10,000달러를 기부하였다. 에비슨은 5월 17일부터 세인트루이스에서 개최된 제112차 북장로교회 총회에 참석하여 세브란스 씨를 다시 만났고 이 자리에서 감사의 인사를 전하자 그는 "받는 당신보다 주는 내가 더 행복합니다."고 답하였다.

세브란스 씨의 기부는 1900년 1월 15일 서울 지부가 월례회의에서 서울 병원 신축을 위하여 선교본부에 10,000엔을 요청하기로 한 결정, 그리고 에비슨이 3월 1일 서울 병원 건축에 관한 계획서를 엘린우드 총무와 한국 선교부로 보낸 것에 이어 새 병원의 건립에 박차를 가하는 결정적인 계기를 마련해 주었다.

하지만 에비슨의 계획에 대하여 한국에서는 상반된 견해가 노출되었다. 서울 지부는 새 병원 부지로 남대문 바깥의 남묘 부근의 부지를 승인하였다. 반면 대표적으로 J. 헌터 웰즈를 중심으로 평양의 선교사들은 에비슨의 계획에 대하여 부정적인 견해를 표명하였다.

그런데 6월이 되어서도 제니의 건강이 충분히 회복되지 않자 에비슨은 다시 안식년의 2개월 연장을 요청하였고, 선교본부는 이를 승인하였다. 마침내 에비슨은 9월 11일 밴쿠버를 떠나 10월 2일 서울에 도착하였다. 에비슨은 10월 15일 진료를 재개하였다. 하지만 12월 30일 에비슨이 발진티푸스에 걸려 고열로 쓰러져 제중원의 문을 닫을 수밖에 없었다.

By 1900, Dr. Avison prepared to return to Korea, thinking that the sabbatical would end in the spring, but his wife Jennie's health again deteriorated. In response, Dr. Avison requested an extension of the sabbatical to the Board, and the Board allowed it for three months and requested him to attend the World Ecumenical Conference held in New York at the end of April.

Dr. Avison gave a presentation on April 30 under the title of "Committee in Medical Missions," and Mr. Louis H. Severance, who was impressed by the lecture, donated $10,000 for the construction of the Seoul Hospital. Dr. Avison attended the 112th General Assembly of the Presbyterian Church in the U. S. A., in St. Louis from May 17 and met Mr. Severance again. When he expressed his gratitude there, he replied, "You are no happier to receive it than I am to give it."

Mr. Severance's donation provided a decisive opportunity to spur the construction of a new hospital in Seoul, following the decision to request 10,000 yen from the Board by the Seoul Station on January 15th, 1900, and sending the Dr. Avison's plan for the hospital on March 1st to the Secretary and the Korea Mission.

However, contradicting views were exposed in Korea about Dr. Avison's plan. The Seoul Station approved the site near the Nammyo Shrine outside South Gate as the site for the new hospital. On the other hand, missionaries in Pyongyang, mainly Dr. J. Hunter Wells, expressed negative views on Dr. Avison's plan.

However, in June, when Jennie's health did not recover sufficiently, Dr. Avison again requested an extension of the sabbatical by two months, and the Board approved it. Finally, Dr. Avison left Vancouver on September 11th and arrived in Seoul on October 2nd. Dr. Avison resumed the clinic on October 15th. However, on December 30th, Dr. Avison contracted typhus, collapsed with high fever, and was forced to close the Jejoongwon.

에바 H. 필드(서울)가 프랭크 F. 엘린우드(미국 북장로교회 선교본부 총무)에게 보낸 편지 (1900년 1월 5일)

(중략)

제중원에 있는 기구들은 낡았으며, 관리를 잘 해왔지만 많은 것들이 사용할 수 없으며 교체할 필요가 있습니다. 병원 전체에 큰 수술의 집도를 안전하게 할 충분한 수량의 동맥 겸자(鉗子)가 없습니다. 저는 약간의 훌륭한 의학교과서와 현미경 업무를 위한 약간의 재료가 절박하게 필요합니다.

(중략)

Eva H. Field (Seoul),
Letter to Frank F. Ellinwood (Sec., BFM, PCUSA) (Jan. 5th, 1900)

(Omitted)

The instruments on hand in the Government Hospital are old and although they have had good care many of them are useless and need to be replaced. There are not enough artery forceps in the whole institution to make it safe to undertake a major operation. I am also seriously in need of a few good text books and some materials for microscopic work.

(Omitted)

에바 H. 필드(서울)가 프랭크 F. 엘린우드(미국 북장로교회 해외선교본부 총무)에게 보낸 편지 (1900년 1월 5일a)

(중략)

저는 이곳에 새로운 병원을 건립하기 위한 조치가 취해지고 있다고 알고 있지만, 이렇게 되더라도 지금 저의 사역에는 이 방이 필요하며, 그 일(수리)을 끝내는 데에는 250엔 이상이 들 것으로 믿고 있습니다.

만일 새 병원이 건축된다면 저의 지난 8개월 동안의 경험으로 한국에서의 건축은 돈을 확보한 후에 오랜 시간이 필요하다는 것을 알고 있으며, 저는 우리가 어떻게 하는지 알고 있는 최상의 일을 할 수 있을 때까지 오래 기다려야만 한다고 생각하지 않습니다.

만일 조만간 새 병원이 건축될 것이라면 이 방을 수리하는데 사용하는 재료가 쓸모가 있을 것입니다. 우리는 튀어나오거나 홈이 파인 것은 할 수 없는 재사용을 위해 편평한 바닥재를 설치할 것입니다.

(중략)

Eva H. Field (Seoul),
Letter to Frank F. Ellinwood (Sec., BFM, PCUSA) (Jan. 5th, 1900a)

(Omitted)

I am aware that steps are being taken towards the erection of a new hospital here but even though this is done, my work needs this room now and I believe it will be worth more than 250 yen to the work to have it done now.

If a new hospital is erected, I know from my past eight months experience that building in Korea, after you have the money takes a long time and I do not think we ought to have to wait longer before being able to do the best work we know how to do.

If a new hospital were to be built soon, the material we use in fixing this room would be available. We will put in plain flooring in order that it may be used again which tongued and grooved could not.

(Omitted)

회의록, 한국 선교부 서울 지부(미국 북장로교회) 1891~1921
(1900년 1월 15일)

(중략)

이어 병원과 관련된 (선교본부의) 요청 건이 논의되었으며, 지부는 다음과 같은 의견을 피력하였다.

(1) 우리는 분명한 권리 증서를 갖고 있지 않는 부지에는 병원을 건축하지 않을 것이다.

(2) 황제로부터 승인을 기대하는 것은 희망이 없는 것 같다.

(3) 우리는 사업의 시작을 위해 10,000엔을 요청한다.

동의에 의해 언더우드 박사와 필드 박사(그들은 선교부 병원 위원회의 위원임)로 구성된 위원회를 임명하여 12월 5일자 선교본부의 편지에 담긴 질문에 답장을 하며,64) 후의 회의에 보고하도록 하였다.

(중략)

문을 폐쇄하여 남자 병원과 차단시키기 위해 여병원의 수리를 위한 요청이 승인되었다.

(중략)

---

64) Horace G. Underwood, Eva H. Field (Com., Seoul Station), Letter to Frank F. Ellinwood (Sec., BFM, PCUSA) (Jan. 16th, 1900).

Minutes, Seoul Station, Korea, 1891~1921 (PCUSA) (Jan. 15th, 1900)

(Omitted)

The matter of request for Hospital was then discussed when the Station gave expression to be following.

(1) The Hospital shall not be built on ground for which we have not a clear title deed

(2) We deem it hopeless to expect a grant from this Majesty the Emperor

(3) We should favor asking 10,000 yen to start with

By motion a committee consisting of Dr. Underwood and Dr. Field (they being members of the mission Hospital Committee) was appointed to reply to the question of the Board in its letter of Dec. 5th and to report at a future meeting.

(Omitted)

A request for repairs in Woman's Hospital in order to shut it off by closed gates from the men's side was granted.

(Omitted)

19000116

호러스 G. 언더우드, 에바 H. 필드(서울 지부 위원회)가
프랭크 F. 엘린우드(미국 북장로교회 해외선교본부 총무)에게 보낸
편지 (1900년 1월 16일)

접수
1900년 2월 28일
· 엘린우드 박사

한국 서울,
1900년 1월 16일

친애하는 엘린우드 박사님,

우리는 박사님께서 12월 5일자 편지로 문의하신 병원과 새로운 예산과 관련한 질문에 답장을 하도록 서울 지부로부터 임명되었습니다.[65]

첫 번째 질문에 대해, 우리는 무상이건 아니건 조선 정부로부터 정식의, 완전한 권리증을 얻을 수 있을 지와 관련하여, 지난 연례회의에서 임명된 선교부의 위원회는, 만일 정식의 완전한 권리증을 얻을 수 없다면 이 부지에 어떠한 새 건물도 지어서는 안 된다고 분명하게 결정하였습니다. 현재의 부지는 조선 정부가 그것을 넘겨받기로 결정할 때까지 선교부가 사용하며, 그들이 그렇게 하기로[넘겨받기로] 결정을 하면 그들은 [우리 선교부가] 건물 등에 지출하였던 비용을 선교부에 갚아야만 합니다. 물론 여러 가지 점에서 큰 건물들이 세워져 있다고 해도 그렇지만, 고려해야 할 것은 단지 건물의 비용이 아니라 같은 건물들을 건축하는[데 필요한] 시간이며 작년 연례회의에서 임명된 위원회는 전체 선교부가 만일 완전한 권리증을 얻을 수 없다면 병원은 다른 곳에 지어야 한다고 결의하였다고 말씀드릴 수 있습니다. 더 확장할 공간이 있고 공기가 신선한 도시 다른 곳의 부지가 환경의 개선(改善)이라고 생각하는 사람들이 없지 않지만, 선교부 전체는 새 병원 건물이 선교부가 정식의 완전한 권리증을 갖고 있는 부지에 위치해 있어야 한다는 것에 이견이 없었습니다. 위원회의 두 위원은 작년에 이 문제에 관해 상의하는 중에 알렌 박사로부터 그런 완전한 권리증을 얻을 수 있을 가능성이 있다는 말을 들었습니다.

둘째, 박사님께서는 황제가 얼마간 기부할 뜻이 있는지 문의하셨으며, 우리는 그동안 국왕이 뚜렷하게 후하지 않았다는 것을 답변해 드리고 싶습니다. 왕비는 생전에 후하고 인심이 좋았습니다. 병원을 마련해주고 선교부가 받았

---

65) Minutes, Seoul Station, Korea, 1891~1921 (PCUSA) (Jan. 15th, 1900).

226 올리버 R. 에비슨 자료집 IV (1899~1901)

던 다른 많은 호의들은 대개 그녀가 하였거나 영향에 의한 것이었으며, 국왕은 그런 일을 많이 하지 않았습니다.

셋째, 박사님께서는 중국 광저우[廣州]에 있는 병원의 경우처럼 기금의 일부를 외국인 공동체와 부유한 한국인들로부터 모금할 수 있는지 문의하셨습니다. 이에 대해 우리는 이곳에는 단지 작은 외국인 공동체만 있다고 답변 드리고 싶습니다. 서울에는 외국인 무역상 공동체가 없으며, 사실 모든 상업적인 사업은 소수의 중국인과 일본인 회사들에 의해 이루어지고 있고, 게다가 부유한 한국인들은 전체적으로 광저우의 부유한 중국인만큼 잘 살고 있지 않습니다. 이런 상황에서 우리는 이곳에서 많은 기금의 모금을 기대할 수 없습니다. 하지만 동시에 선교부가 사업을 시작한 후에 틀림없이 약간의 돈이 모금될 수 있으나 그렇게 많은 액수는 아닙니다.

마지막으로, 박사님께서는 이 사업을 할 수 있는 최저의 경비에 대해 질문하셨습니다. 이곳 선교부의 의견은 동시에 병원의 모든 건물을 짓지 말고, 한 번에 약간의 병동을 짓고, 서서히 병원을 지어야 한다는 것인데, 이 점은 선교 본부의 의견과 일치하는 것 같습니다. 선교부 위원회의 여러 위원들은 이 문제에 대해 무슨 일을 하려면 최소한 10,000엔 혹은 금화 5,000달러가 필요할 것이라고 말하고 있습니다. 우리는 만일 현재 미국에 체류하고 있는 에비슨 박사가 적절하게 이용될 수 있다면, 이 금액을 쉽게 확보할 수 있을 것이라고 생각하고 있습니다.

안녕히 계십시오.
H. G. 언더우드
에바 H. 필드, 의학박사 서울 지부 위원회

Horace G. Underwood, Eva H. Field (Com., Seoul Station),
Letter to Frank F. Ellinwood (Sec., BFM, PCUSA) (Jan. 16th, 1900)

Received
Feb. 28 1900
Dr. Ellinwood

Seoul, Korea,

Jan. 16, 1900

Dear Dr. Ellinwood: -

We have been appointed by the Seoul Station to answer your questions concerning the hospital and new appropriations that have been asked for in your letter of December 5th.

In regard to the first of them, we would state that as to whether a full and complete title can be secured from the Korean government without cost or not, the committee of the mission appointed at the last annual meeting definitely determined that no new building should be put on this property if a full and complete title could not be obtained. The present property is for the use of the mission until the Korean government decides to take over the same, and when they do so, they must pay back to the mission the amount expended in building etc. It of course might do at the start and in some ways it might do even when larger buildings were put up, but it is not simply the cost of the building that has to be considered, there is the time of putting up the same, and the committee of the last annual meeting, and we might say the whole mission were determined that if a complete title could not be obtained, the hospital should be built some where else. There are not wanting those who consider that a site in some other part of the city where there would be more room for enlargement and fresh air would be an improvement, but the whole mission were unanimous that the new hospital building should be upon property to which the mission had a full and complete title. Two members of the committee in consultation concerning this matter last year were informed by Dr. Allen that the probability were that such a complete title could be obtained.

Second: You ask whether the Emperor would be willing to contribute something, and we would reply that His Majesty has not been noted for his generosity. The queen during her life was generous and open-handed. It was largely her doings, or rather her influence that provided the hospital and the many other favors that the mission received, however, His Majesty is not much inclined in that way.

Third: You ask if a part of the funds could be collected from the foreign community and from wealthy Koreans as was the case with the hospital in Canton. To this we would reply that there is but a small foreign community. There is no foreign mercantile community in Seoul, all the commercial work that is done, in fact, is done by a few Chinese and Japanese firms, in addition to this the rich Koreans are not as a class as well-to-do as the rich Chinese of Canton. Under these circumstances, we cannot expect that much funds could be collected here, and yet at the same time I have no doubt but what after the work was started by the mission, some money could be raised, but no very large amount.

Last: You enquire as to the lowest cost at which the work can be done. It is the opinion of the mission here, and in this they seem to agree with the Board that the hospital should not all be built at once, but that a few wards should be put up at a time and that gradually the hospital should be built. Several members of the mission committee in talking the matter over mentioned as the lowest sum at which anything could be done would be 10,000 yen or $5,000 U. S. gold. We think that Dr. Avison if he were properly used at this time when he is home in America could easily secure this amount of money.

Yours Sincerely,
H. G. Underwood
Eva H. Field, M. D.   Committee of Seoul Station

제임스 E. 애덤스(대구)가 프랭크 F. 엘린우드(미국 북장로교회 해외선교본부 총무)에게 보낸 편지 (1900년 1월 19일)

(중략)

하지만 선교본부의 견해에서 교육 방면을 확대하는 것과 서울 병원(박사님은 이 두 가지를 언급하셨습니다)의 확대 사이에 어떤 문제가 있다면, 박사님께서 어떤 일이 있더라도 병원이 잠시 기다리도록 하셔야 한다고 촉구 드리고 싶습니다. 제가 말씀드린 것이 선교부의 결정에 일치하는지 아닌지 기억하지 못하지만, 그것은 저 자신의 신념입니다. 교육 사업의 발달이 시급함과 비교할 때 병원 사업이 중요하지만 설 자리가 없습니다.

(중략)

James E. Adams (Taiku),
Letter to Frank F. Ellinwood (Sec., BFM, PCUSA) (Jan. 19th, 1900)

(Omitted)

However if there is any question in the Board's mind between enlarging on educational lines or on the Seoul hospital (there are the two you mention) let me urge you by all means to let the Hospital wait awhile. I do not remember whether what I say is in accord with the Mission's action or not but it is my own conviction. Compared with the urgency of the development of an educational work the Hospital although important, holds no place whatever.

(Omitted)

19000120

기념행사 변경. *The Evening Star* (토론토) (1900년 1월 20일), 7쪽

내일 아침 셔본 가 감리교회에서는 녹스 대학의 교장인 케이븐 목사에 의해 연례 선교회 설교가 있을 예정이다. 통상적인 저녁 예배 대신 강연이 있을 예정인데, 최근 한국에서 귀국한 의료 선교사 O. R. 에비슨 박사, 그리고 토론토 연회의 의장인 A. 브라운 목사의 강연이 있을 예정이다.

Anniversary Changes. *The Evening Star* (Toronto) (Jan. 20th, 1900), p. 7

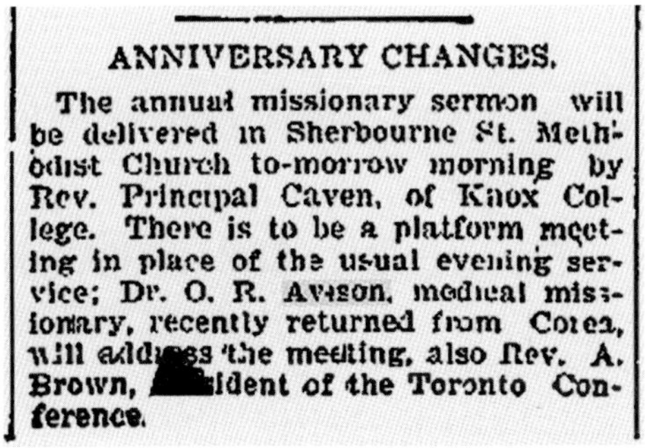

ANNIVERSARY CHANGES.

The annual missionary sermon will be delivered in Sherbourne St. Methodist Church to-morrow morning by Rev. Principal Caven, of Knox College. There is to be a platform meeting in place of the usual evening service; Dr. O. R. Avison, medical missionary, recently returned from Corea, will add[illegible]s the meeting, also Rev. A. Brown, [illegible]ident of the Toronto Conference.

그림 5-14. Anniversary Changes. *The Evening Star* (Toronto) (Jan. 20th, 1900), p. 7

에바 H. 필드(서울)가 프랭크 F. 엘린우드(미국 북장로교회 해외선교본부 총무)에게 보낸 편지 (1900년 1월 30일)

(중략)

우리는 에비슨 박사의 부재에도 가능한 한 병원 업무를 계속 잘 하고 있습니다. 저는 선교본부가 올해 실적의 수치에 너무 실망하지 않게 되기를 바랍니다.

(중략)

저는 에비슨 부인이 염려스러운 장마[철] 전에 한국에 도착하는 것이 상책이 아니라는 것을 당연하다고 생각하고 있지만 에비슨 박사의 예상된 조속한 한국 귀환 소식을 간절히 기다리고 있으며, ...

(이후 부분은 원문이 없음)

Eva H. Field (Seoul),
Letter to Frank F. Ellinwood (Sec., BFM, PCUSA) (Jan. 30th, 1900)

(Omitted)

We are going on with our hospital work as well as possible in Dr. Avison's absence. I hope the Board will not be too much disappointed with this year's returns in figures.

(Omitted)

I am anxiously waiting news of Dr. Avison's expected speedy departure for Korea although I think very probably it would be unwise for Mrs. Avison to reach Korea before the dreaded rainy ......

엘름 가(街) 감리교회. *The Globe* (토론토) (1900년 2월 3일), 15쪽

엘름 가(街) 감리교회

존 F. 저먼, 신학박사, 목사

오전 10시, 친교 모임; 오전 11시, 한국에서 온 O. R. 에비슨 박사, 신입 회원 환영: 오후 7시, 담임 목사. 예배 후에 성찬식. 두 예배에서 엄선된 성가 및 4중주.

Elm Street Methodist Church. *The Globe* (Toronto) (Feb. 3rd, 1900), p. 15

Elm Street Methodist Church

Rev. John F. German, D. D., Pastor.

10 a. m., fellowship meeting; 11 a. m., Dr. O. R. Avison from Corea, reception of new members: 7 p. m., the pastor. Lord's Supper at conclusion of service. Selections by choir and quartette at both services.

그림 5-15. 엘름 가(街) 감리교회

19000210

올리버 R. 에비슨(토론토)이 프랭크 F. 엘린우드
(미국 북장로교회 총무)에게 보낸 편지 (1900년 2월 10일)

접수
1900년 3월 19일
엘린우드 박사

토론토 칼턴 가(街) 225,
1900년 2월 10일

신학박사 F. F. 엘린우드 목사

안녕하십니까,

　　박사님의 ＿＿일자 편지를 오늘 아침에 받았습니다.[66] 우리의 출항 날자와 관련하여 우리가 귀국하게 되었던 상황, 즉 아내의 계속된 병, 그리고 1년의 정규 안식년을 끝내고 귀국하면 우리가 바로 여름철에 돌아가게 되는 것인데, 그것은 모든 것을 장마철 이후로 연기할 수 없어 사역에 상응하는 이점을 주지 않고 아내의 건강을 위태롭게 할 수 있다는 사실 때문에 우리의 귀환을 늦여름까지 지연시키는 것이 현명할 것입니다. 박사님께서는 제가 뉴욕에 있을 때 그 문제에 대한 대화에서 같은 견해를 보이신 것을 기억하실 것입니다. 우리가 4월 말에 집에 도착하였기에 우리의 안식년은 그때 끝날 것이고 따라서 저는 그것을 8월 1일로 연장해 달라고 요청 드리고 싶습니다.

　　우리는 9월 1일 서울에 도착하여 연례회의 전에 정착하고, 또한 사역을 시작할 수 있게 되기를 갈망하기 때문에 출항 예정에 따라 그 날 전후로 출항하고 싶습니다.

　　제가 박사님께 언급하였던 다른 문제는 부산에 병동을 위한 기금 승인 건입니다. 어빈 박사는 오랫동안 크게 불리한 상황에서 사역을 해왔습니다. 그는 훌륭한 외과의사로서 훌륭하고 설비가 잘되어 있는 수술방을 갖고 있어 병동이 대단히 필요하며, 저는 선교본부가 올해 그것을 승인할 입장에 있게 되기를 충심으로 바랍니다. 저는 서울 (병원)의 개선을 위한 우리의 희망보다 그들이 필요로 하는 것이 더 우선적일 것이며, 그것보다 더 강하게 간청할 수 없습니다. 어빈 박사는 저에게 그 문제에 대하여 편지를 쓰지 않았지만 저는 그 상황을 알고 있으며, 따라서 선교부의 요청을 지지하기 위해 편지를 씁니다.

---

66) 편지 원본에도 편지의 날짜는 비워져 있다.

저는 필리핀과 관련된 의사와 연락을 하고 있으며, 조만간 그 결과를 보고할 수 있기를 바라고 있습니다. 저는 그 선교지가 다른 일부 선교지에서와 같이 우리 사람들의 마음에 관심을 끌고 있지 않다고 생각합니다.

서울 병원의 문제와 관련하여 건축가는 자신의 도면을 완성하였으며, 많은 사본을 제작하고 있기 때문에 저는 그것들을 관심 있는 단체에 배부할 수 있는데, 이삼일 내에 박사님께 사본 한 부를 보내드리기를 희망합니다.

저는 내일과 월요일 저녁 강연을 위해 오늘 오후 기차를 타고 이곳에서 2시간 정도 떨어진 피터보로로 갑니다. 저는 1월 1일 이래 매주일에 1~3번, 주중에 2~4번의 강연을 해왔습니다.

안녕히 계십시오.
O. R. 에비슨

Oliver R. Avison (Toronto),
Letter to Frank F. Ellinwood (Sec., BFM, PCUSA) (Feb. 10th, 1900)

225 Carlton St., Toronto,
Feb. 10th, 1900

Rev. F. F. Ellinwood, D. D.,

Dear Sir: -

Your favor of ____ received this morning. In reference to the time of our sailing I think that owing to the circumstances under which we came home, viz., Mrs. Avison's continued illness and the fact that return at the end of the regular furlough of one year would take us back just in time for the summer season which would endanger Mrs. Avison's health without corresponding advantage to the work which could not be everything pushed till after the rainy season, it would be wise to defer our return until later in the summer. You will remember that in conversation on the subject when I was in New York you expressed the same view.

As we arrived home at the end of April our furlough would end then and I wish therefore to ask that it be extended to August 1st.

We would like to sail on or before that date according to the schedule of sailings, as we will be anxious to reach Seoul by Sept. 1st so that we may get settled before the Annual meeting and also get the work started.

Another matter that I mentioned to you was the granting of fund for ward at Fusan. Dr. Irvin has been working at a great disadvantage for a long time. He is a good surgeon and has a good and well equipped operating room and the ward are greatly needed and I sincerely hope the Board will be in a position to make the grant this year. I would go so far as to place the need for them ahead of our hoped for improvements in Seoul and I can make no stronger plea than that. Dr. Irvin has not written me on the subject but I know the circumstances and therefore write to support the request of the Mission.

I am in correspondence with a doctor concerning the Philippines and hope to be able to report result very soon. I imagine that field does not appeal to the mind and heart of our men as do some of the other fields.

In the matter of the Seoul Hospital the architect has completed his drawings and is making a number of copies so that I can distribute them amongst the interested parties, and I hope to send you a copy in two or three days.

I go out to Peterboro, about 2 hours journey from here by rail this afternoon to speak tomorrow and Monday evening. I have been speaking one to three times every Sunday and 2 to 4 times during each week since Jan. 1st.

Very sincerely,
O. R. Avison

한국인들의 사회생활.

The Toronto Daily Star (토론토) (1900년 2월 13일), 2쪽

토론토의 O. R. 에비슨 박사가 서울의 왕립병원에서 의료 선교사로 활동할 때의
경험을 설명하다.

대단히 즐거운 면담을 마감하면서 O. R. 에비슨 박사는 "여러분의 지도를
힐끗 보아 한국의 위치를 주목해 보세요. 여러분은 열강들이 동양에서 왜 그
나라를 차지하려는지 논점을 즉시 아실 수 있을 것입니다."라고 말하였다.

에비슨 박사는 이전에 1892년까지 6년 동안 칼턴 가(街)에서 개업을 하며
살았던 토론토의 의사이었다. 1893년 봄 그는 미국 북장로교회 선교본부의 의
료 선교사로 한국으로 파송되었다. 박사는 현재 1년 동안의 안식년을 즐기고
있으며, 전에 자신이 활동하던 곳 근처인 칼턴 가(街) 225에서 가족과 함께 임
시로 거주하고 있다.

에비슨 박사는 세계가 미래에 많은 것을 듣고 싶어 할 그 낯선 땅에서 성
취할 수 있었던 것을 자랑할 훌륭한 이유가 있음에도, 선교사로서 자신의 사
역을 이야기하는데 겸손하다.

에비슨 박사가 언급한 지리적 위치에서 오는 정치적 중요성은 그것이 반
도이며, 강국 러시아와 중국 제국 사이에 쐐기처럼 끼어 있고, 남동쪽으로 일
본의 섬들과 접해 있다는 사실에서 알 수 있다. 반도에는 7~8곳의 큰 항구가
있는데, 연중 얼음이 얼지 않으며, 러시아가 가장 필요로 하는 강력한 함대를
조직하기 위한 기지를 제공해 줄 수 있다. 미래에 한국과 그 항구들이 가질
힘은 동양에서 대단히 지배적인 것이 될 것이다. 이 이유 때문에 러시아, 일
본, 영국 및 심지어 미국과 독일 모두가 한국을 주목하고 있으며, 그런 방향에
서 모든 움직임을 시샘하며 주시하고 있다.

시의(侍醫)

그러나 에비슨이 이야기하는 것은 한국의 정치적 미래가 아니라, 상당한
관심을 두고 있는 그 사람들의 사회 상황이다. 1893년 봄 그곳에 처음 도착한
후 한국에서 박사가 경험한 것은 대단히 흥미로운 것이었다.

미국에서 파송된 의료 선교사로서, 실제적으로는 그 나라의 첫 선교사이었던 H. N. 알렌 박사에 이어, 에비슨 박사는 왕립 한국 병원(제중원)의 책임을 맡았다. 그러한 자격으로 에비슨 박사는 지난 7년 동안 실제로 한국 왕 및 왕가의 주치의이었다. 에비슨 박사의 진료가 필요할 때 한의사보다 우선해서 항상 불렀기에 그는 지난 몇 년 동안 그렇게 간주되었지만, 정식으로 임명된 시의(侍醫)는 없다.

왕립 병원 혹은 더 일반적으로 부르는 왕의 병원이 설립된 상황은 흥미롭다.

뉴욕(에서 파송된) 선교사인 알렌 박사는 1884년 한국에 도착하였다. 그 해는 실제적으로 그 나라가 기독교의 문명적 영향에 대해 처음으로 문을 열었던 해이다. 알렌 박사가 도착한 직후 수도 서울의 거리에서 반란이 발생하였다. 왕의 근친 한 명이 반란 중에 심하게 다쳤다. 한의사들이 부상당한 사람을 치료를 맡았지만, 그들의 이상한 치료법은 그를 회복시키는데 실패하였다. 이상한 일이지만 우리가 동양의 왕가(王家)의 일원들 사이의 관계에 대해 익히 들었던 것을 고려한 왕은 자신의 형제가 회복되어야 한다는 바람에서 환자를 두고 한의사들이 무기력해 보이는 것 같았기에 대단히 속을 태웠다. 그 도시로 온 외국인 의사에 대한 호의적인 보고를 받고, 폐하는 그를 면전으로 소환하였다. 면담의 결과 환자는 외국인에게서 치료를 받게 되었고, 행복하고 빠르게 이전의 좋은 건상 상태로 회복되었다.

왕은 너무도 만족하였고 의사는 즉시 왕의 총애를 받게 되었는데, 이후에 한국에 온 모든 선교 의사들에게는 다행스러운 상황이었다. 왕은 자신의 감사의 표시로 무엇인가 하기를 원하였다. 알렌 박사는 병원 설립을 제안하였는데, 그것은 즉시 설립되었고 현재 왕립병원으로 알려져 있다.

왕비 시해

에비슨 박사는 서울에 거주한 이래 약간의 흥미로운 일을 겪어 왔다. 한국의 왕비가 시해되었던 날 밤 궁궐에서 같은 건물에 있었다. 일본은 왕의 대신들을 몰아내었고, 왕을 죄수로서 자신의 궁에 억류하였으며, 자신들의 뜻대로 권력을 장악하였다. 도시에 있는 왕의 지지자들은 그를 구하려 시도하였으며, 그 날 밤은 전체적으로 복마전이었다. 왕은 완전히 좌절하였고, 궁궐의 다른 곳이 수라장이 되는 3시간 동안 에비슨 박사의 팔에 안겨 잠에 들었다.

일본이 한국에 대한 통제를 상실하고 러시아가 그 자리를 차지하였기 때문에 비록 실제로 그것은 주인의 변경일 뿐이었지만, 청일전쟁의 종결은 다시 한 번 왕을 비교적 안전한 상태에 있게 하였다.

영국 군함의 출현

에비슨 박사는 이와 관련하여 전쟁이 있은 후에 일어난 정치적 상황의 극적인 변화에 대해 이야기한다. 러시아는 전에 언급한 바와 같이 실제적으로 이 나라의 정부를 자신의 손아귀에 쥐었다. 이 나라의 모든 관리들은 러시아인 혹은 러시아가 임명한 사람들이었다. 나라 전체가 러시아에 의해 탈취되는 것 같아 보이기 시작하였던 시점에, 군함 10척으로 이루어진 영국 함대가 항구에 나타났다.

에비슨 박사는 당시 굉장한 흥분이 일어났으며, 어느 누구도 일어나고 있는 일의 의미를 알려하는 것 같지 않았다고 말한다. 하지만 거의 갑자기 함대가 출현하면서 정부에 변화가 일어났다. 왕은 자신의 권위를 강력히 주장하였으며, 러시아의 도구이었던, 관찰사, 수령 및 세금 징수관이 직책에서 해임되었다.

얼마 후 일본이나 러시아는 더 이상 힘을 갖지 못하였고, 수일 내로 영국 함대는 사라졌다.

사회 상황

서울에서 생활의 사회적 상황과 관련하여 에비슨 박사는 상류층에서 하류층까지 모든 계층과의 친밀한 교제를 바탕으로 이야기하고 있다. 서울은 거주민이 약 20만 명인 도시이다. 단층 보다 높은 주택은 없다. 가장 가난한 계층의 주택은 약 7.5평방피트 보다 크지 않은 하나의 방으로 이루어져 있으며, 이 작은 방에서 가족 전체가 살며 잠을 잔다.

에비슨 박사는 자신이 서울 사람들의 주요 솜씨를 나타내는 가장 흥미로운 물품들을 수집품으로 갖고 왔다. 그들은 놋쇠와 은의 유명한 직공들이며, 당연하게도 대부분 수공이다.

이 작업의 흥미로운 예는 금으로 무늬를 박아 넣은 은제 잉크통인데, 콜레라가 유행하였을 때 그의 수고를 인정하여 왕이 에비슨 박사에게 하사한 것이다. 무서운 기간 동안 의사와 함께 일을 하였던 동료 각각에게도 유사한 선물을 주었다.

풀을 엮어 만든 훌륭한 돗자리, 부채 그리고 유사한 정교한 수공예품은 평균적인 토론토 사람을 전율시키는 그런 환경에서 살고 있는 이 사람들의 능력을 입증하고 있다.

자립 선교

에비슨 박사가 한국에서 참여하고 있는 선교 사역의 독특한 특징은 사람들 중에 설립된 모든 선교, 혹은 모임 및 예배 장소가 처음부터 자립으로 만들어졌다는 사실이다. 이것은 선교 사역에서 새로운 출발이며, 그 결과는 대단히 만족스럽다. 대단히 많은 수의 사람이 고백하고 있고 기독교를 받아들이고 있지만 다른 선교지에서 "멋진 기독교인"으로 알려진 형(型)이 아니다. 즉, 그들은 자선의 수당 형태로 얻을 수 있는 것을 위해 외국의 종교에 대해 고백하지 않고 있다.

그들은 전적으로 자신들에게 의존하고, 돈과 대가없이 자신들의 구원, 성경의 단순한 복음, 그리고 올바른 삶을 위해 계획하도록 배웠다.

에비슨 박사는 비교적 젊고 자신의 일에 열정적이며, 3월 초에 돌아갈 것으로 예상하고 있다.

Social Life of Coreans.
The Toronto Daily Star (Toronto) (Feb. 13th, 1900), p. 2

Dr. J. O. Avison, of Toronto, Describes His Experience When a Medical Missionary in the Royal Hospital at Seoul

"Take a glance at your map and notice the position of Corea. You will at once see why the possession of that country is such a bone of contention among the powers in the East," said Dr. J. O. Avison, at the close of a very pleasant interview.

Dr. Avison was formerly a Toronto physician having for six years prior to 1892 lived in Carlton street, where he practiced his profession. In the spring of 1893 he was sent out to Corea as, medical missionary by the Mission Board of the Presbyterian church. The doctor is at present enjoying a year's vacation and is temporarily residing with his family at 225 Carlton street, near the scene of his former labors.

Dr. Avison is modest in speaking of his work as a missionary, though he has good reason to be proud of what he has been enabled to accomplish in that strange land about which the world is likely to hear much of in the future.

The political importance of Corea from its geographical position, alluded to by Dr. Avison, is seen in the fact that it is a peninsula, wedged in as it were between the great Russian and Chinese empires, with the islands of Japan to the south and east. The peninsula affords seven or eight great harbors, free from ice all the year, and would give to Russia what she most needs, a base for the building up of a powerful fleet. The power that in the future holds Corea, with its harbors, will to a large extent be the dominant power in the east. It is for this reason that Russia, Japan, Britain and even the United States and Germany are all keeping' their eyes on Corea and jealously watching every move in that direction.

The Royal Physician

But it is not the political future of Corea that Dr. Avison speaks of, or is so much interested in, as in the social conditions of its people. Deeply interesting have been the doctor's experience in Corea since he first landed there in the spring of 1893.

Succeeding Dr. H. N. Allen, a medical missionary from the United States and practically the first missionary in that country, Dr. Avison took charge of the Royal Corean Hospital. In that capacity Dr. Avison has been for the past seven years to all intents the family physician of the King of Corea and the whole of the royal family. There is no regularly appointed court physician, though Dr. Avison for the past few years has been regarded as such, being always called upon when his services are needed, in preference to the native doctors.

The circumstances of the establishment of the Royal Hospital, or the King's Hospital, as it is more generally called, are interesting.

Dr. Allen, the New York missionary, arrived in Corea in 1884. That year practically marks the date of the first opening of the country to the civilizing influences of Christianity. Soon after Dr. Allen's arrival a riot occurred in the streets of Seoul, the capital. A brother or some near relative of the King, was badly injured in the riot. The native doctors undertook to treat the injured man, but their strange methods failed to do him any good. The King, strange to say, considering what we have been accustomed to hear of the relations among members of eastern royal families, desired that his brother should recover, and was much annoyed because the native doctors seemed to be powerless in the case. Having a favorable report of the foreign doctor who had made his way into the city, His Majesty summoned him to the royal presence. The result of the interview was that the patient was placed under the care of foreigner, and happily, speedily recovered his former good health.

The King was so pleased that at once the doctor was in royal favor, a fortunate circumstance for all succeeding missionary doctors. The King was desirous of doing something as a. mark of his gratitude. Dr. Allen suggested the hospital, which was forthwith established, and is now known as the King's Hospital.

The Queen's Murder

Dr. Avison, since his residence in Seoul, has been through some exciting times. He was in the palace the night that the Queen of Corea was murdered in the same building. The Japanese had turned out the King's ministers, held the King himself a. prisoner in his own palace and had taken the control of things generally into their own hands. The King's friends in the city attempted his rescue, and during that night general pandemonium reigned. The King was completely prostrated, and for three hours in the arms of Dr. Avison, and slept throughout the scenes of wild tumult which reigned in another part of the palace.

The close of the Chinese-Japanese war once more left the King in comparative security, though it was in reality only a change of masters, for while the Japanese had lost their hold on the control of affairs in Corea, the Russians had taken their place.

British Warships Appear

Dr. Avison, in this connection, tells of a dramatic change in the political situation which occurred since the war. The Russians had, as before mentioned, practically taken the government of the country into its own hands. Every official throughout the land was either a Russian or a Russian nominee. It began to look as though the country was on the point of being seized entirely by Russia, when suddenly a fleet of ten British war vessels appeared in port.

Dr. Avison says the greatest excitement prevailed, no one seeming to know the meaning of what was happening. Almost as suddenly, however. as the appearance of the fleet had been, a change took place in the government. The King asserted his authority, and the tools of Russia, the governors, magistrates and tax collectors, were dismissed from office.

After a short time neither Japs nor Russian held power any longer, and in a few days the British fleet disappeared.

Social Conditions

As regards the social conditions of life in Seoul, Dr. Avison speaks from an intimate acquaintance with all classes of it, from the highest to the lowest. Seoul is a city of about 200,000 inhabitants. None of the houses are more than one story in height. Those of the poorest class consist of but one room, not more than about seven and a half feet square, and in this small room the whole family lives and sleeps.

Dr. Avison has thought with him a most interesting collection of articles, illustrating the principal handicrafts of the people of Seoul. They are famous workers in brass and silver, most of it, of course, being handwork.

An interesting specimen of this work is a silver ink-well, inlaid with gold, which was presented to Dr. Avison by| the King, in recognition of his services during an outbreak of cholera. Similar gifts were made to each of the doctor's co-workers during that terrible time.

Fine woven mats, made from grass, fans and similar articles of exquisite hand workmanship, testify to the ability of these people who live amid surroundings which are calculated to make the average Torontonian shudder.

Self-Supporting Missions

An unique feature of the missionary work in which Dr. Avison is engaged in Corea is the fact that every mission, or place of meeting and worship, established among the people, is from the very first made to be self-supporting This is a new departure in missionary work, and the results are said to be most gratifying. While great numbers are professing and adopting Christianity, they are not of the type known in other missionary fields as "nice Christians" That is, they do not profess the foreigner's religion for the sake of what they can get in the from of doles of charity.

They are taught that they must depend entirely upon themselves, working out their own salvation, without money and without price, the simple gospel of the Bible and right living.

Dr. Avison is a comparatively young man, and is enthusiastic in his work, to which he expects to return early in March.

19000213

프레더릭 S. 밀러(뉴욕 주 클리프턴 스프링스)가 프랭크 F. 엘린우드(미국 북장로교회 해외선교본부 총무)에게 보낸 편지 (1900년 2월 13일)

뉴욕 주 클리프턴 스프링스,
1900년 2월 13일

F. F. 엘린우드 박사,
　뉴욕 시 5가(街) 156

친애하는 엘린우드 박사님,

　아내의 건강 문제로 우리가 한국을 떠나도록 조언을 받았을 때, 그녀의 주치의인 에비슨 박사는 장마철이 시작될 때 돌아가지 않도록 우리에게 안식년 연장을 요청하도록 충고하였습니다.

　그런 후 지난 여름 아내의 원기와 건강이 회복되지 않았다는 소식을 들은 에비슨 박사는 한국으로 돌아가기 전에 또 한 번의 여름을 미국에서 보내는 것이 더 필요하다고 말하였습니다.

　현재 그녀의 건강 상태가 어떠한 지는 동봉한 편지가 박사님께 알려드릴 것입니다. 저는 또한 에비슨 박사에게 그의 의견을 편지로 박사님께 알려 줄 것을 요청하였습니다.

(중략)

Frederick S. Miller (Clifton Springs, N. Y.),
Letter to Frank F. Ellinwood (Sec., BFM, PCUSA) (Feb. 13th, 1900)

Clifton Spr., N. Y.,
Feby 13, 1900

Dr. F. F. Ellinwood,
156, 5th ave., N. Y. C.

Dear Dr. Ellinwood: -

When we were advised to leave Korea on account of Mrs. Miller's health, Dr. Avison, her physician, recommended that we ask for an extension of furlough so that we should not return at the beginning of a rainy season.

Then when Dr. Avison heard that Mrs. Miller recovered no strength & health last summer he said it was the more needful that she should spend an other summer in the U. S. A. before returning.

What the present condition of her health is the enclosed letter will inform you. I have also asked Dr. Avison to write you his opinion.

(Omitted)

지역 단신. *The Globe* (토론토) (1900년 2월 19일), 12쪽

지역 단신.

나병 환자 선교회의 정기 월례회의가 오늘 오후 3시 30분 컬리지 가(街) 110의 성경 학교에서 개최될 예정이다. W. W. 위크스 목사는 성경 낭독을 할 것이며, 한국에서 돌아온 선교사인 O. R. 에비슨 박사가 강연을 할 것이다.

Local Briefs. *The Globe* (Toronto) (Feb. 19th, 1900), p. 12

Local Briefs.

The regular monthly meeting of the Mission to Lepers will be held in the Bible Training School, 110 College street, at 3.30 p. m. to-day. The Rev. W. W. Weeks will give a Bible reading and an address will be delivered by Dr. O. R. Avison, a returned missionary from Corea.

호러스 G. 언더우드(서울)가 프랭크 F. 엘린우드
(미국 북장로교회 해외선교본부 총무)에게 보낸 편지
(1900년 2월 20일)

(중략)

현재 우리 선교부에는 초등학교밖에 없으며, 우리 서울 선교지부의 사역을 위해서 우리는 가능한 한 빨리 더 높은 단계의 학교[중학교]를 가져야만 합니다. 우리는 그 필요를 절실하게 느끼고 있어 에비슨 박사와 저는 그 사업에 대해 이야기를 하면서, 그는 자신의 의료 사업을, 저는 저의 문서 및 전도 사업을 중단하고 이 사역에 종사하자는 충동을 여러 번 느꼈습니다.

(중략)

Horace G. Underwood (Seoul),
Letter to Frank F. Ellinwood (Sec., BFM, PCUSA) (Feb. 20th, 1900)

(Omitted)

Our mission today has nothing but the primary schools, and for our Seoul station work we must have and that as soon as possible a school of a higher grade, and do badly do we feel the need of this that Dr. Avison and I in talking over the work, have more than once threatened to through up, he his medical work and I my literary and evangelistic work, and engage in this labor.

(Omitted)

지역 단신. *The Globe* (토론토) (1900년 2월 22일), 14쪽

지역 단신67)

나병 환자에 대한 선교회와 관련된 회의가 오늘 저녁 8시에 웨스트앤드 기독교 청년회에서 개최될 것이다. 한국에서 돌아온 선교사인 O. R. 에비슨 박사가 강연을 할 예정이다.

Local Briefs. *The Globe* (Toronto) (Feb. 22nd, 1900), p. 14

Local Briefs

A meeting in connection with the Mission to Lepers will be held in the West End Y. M. C. A, this evening at 8 o'clock. An address will be given by Dr. O. R. Avison, a returned missionary from Corea.

---

67) 같은 내용의 기사가 다음 신문에도 실렸다. Coming Events. Thursday. *The Toronto Daily Star* (Toronto) (Feb. 22nd, 1900), p. 1.

The Varsity 19(17) (1900년 2월 28일), 212쪽

한국의 왕립병원에서 근무하기 위하여 몇 년 전에 토론토에서의 개업을 접었던, 한국에서 돌아온 선교사인 에비슨 박사는 토요일[68] 오후에 학생들에게 가장 고무적이며 실제적인 강의를 하였다. 그 날은 상당히 추웠고 청중은 많지 않았지만 에비슨 박사의 강의를 들은 한국인들의 습관과 풍습, 그리고 필요로 하는 것을 많이 배웠으며, 기뻐하며 돌아갔다. ......

The Varsity 19(17) (Feb. 28th, 1900), p. 212

Dr. Avison, returned missionary from Corea, who some years ago gave up his practise in Toronto to enter the Royal Corean Hospital, gave a most inspiring and practical lecture to the students on Sunday afternoon. The day was bitterly cold and the audience was not large, but those who heard Dr. Avison learned a very great deal of the habits and customs and needs of the Corean people, and were glad they went. ......

---

68) 2월 24일이다.

19000300

에스터 L. 쉴즈(서울)가 프랭크 F. 엘린우드(미국 북장로교회 해외선교본부 총무)에게 보낸 편지 (1900년 4월 23일 접수)

(중략)

현재 우리 병원에는 두 명의 소년과 두 명의 소녀가 있는데, 모두 배우고 싶어 합니다. 그들에게 가르치는 것을 돕는 것은 매우 기쁩니다. 소년 한 명은 제가 만족스럽게 설명할 수 있을 정도의 강의를 할 수 있을 만큼 영어를 잘 합니다. 시범을 통해 여러 가지를 이해할 수 있기는 하지만, 제가 그들에게 한 국어로 훌륭한 간호 강의를 할 수 있을 정도는 아닙니다.

......

스트롱 양은 3월 2일 서울에 도착하였습니다. 그녀는 우리와 함께 살고 있 으며, 에비슨 박사 사택의 방을 사용하고 있습니다.

(중략)

Esther L. Shields (Seoul),
Letter to Frank F. Ellinwood (Sec., PCUSA) (Rec'd Apr. 23rd, 1900)

(Omitted)

There are two boys and two girls in our Hospital work now, all of whom are eager for knowledge. It is a great pleasure to help teach them. One of the young men knows enough English to make it possible for me to explain lessons satisfactorily. It has not yet been possible for me to give them a good "nurse's lecture" in Korean, tho' with the demonstrations, they have been able to understand many things.

......

Miss Strong reached Seoul Mar. 2nd. She is boarding with us, and occupying rooms in Dr. Avison's house.

(Omitted)

19000301

올리버 R. 에비슨(토론토)이 프랭크 F. 엘린우드(미국 북장로교회 해외선교본부 총무)에게 보낸 편지 (1900년 3월 1일)

토론토 칼턴 가(街) 225,
1900년 3월 1일

친애하는 엘린우드 박사님,

저는 별도 문건으로 서울의 병원을 위한 계획서를 이 편지에 동봉된 설명과 함께 박사님께 보내드립니다. 이것들을 읽어보시면 이 계획서가 병원에 대한 논의의 시작점으로 작성된 것임을 아실 것이며, 다방면에서의 제안이 여러 구체적 내용을 변경시킬 수 있습니다. 저는 한국으로 사본을 보내었습니다. 저는 필요한 것의 목록을 작성하였으며, 한 가지에 이어, 다른 것에 대해 제의가 오기 때문에 저는 이것들을 차례대로 적었으며, 우리가 필요한 것에 대한 제의가 들어온 것들의 목록이 어떻게 많아지는지 보는 것이 흥미롭습니다.

오늘 쉴즈 양으로부터 받은 편지는 현재 소독기가 한국으로 가는 중이라고 언급하고 있습니다.

우리 모두는 상당히 좋으며, 선교본부의 업무도 만족스럽게 진행되고 있다고 믿습니다.

모든 총무님들께 안부를 전합니다.

안녕히 계십시오.
O. R. 에비슨

어제 현재 네브래스카 주에 있는 한국 감리교회의 콥 씨로부터 받은 편지는 아내의 계속된 질병(설사)을 언급하며, 만일 자신이 아내를 토론토로 데리고 오면 제가 그녀의 치료를 담당해 줄 수 있는지 문의하고 있습니다.[69]

---

69) 1898년 미국 북감리교회의 선교사로 내한하였던 조지 C. 콥(George C. Cobb)을 말한다. 그는 아내의 신병으로 귀국길에 올라 1899년 7월 5일 샌프란시스코에 도착하였다.

Oliver R. Avison (Toronto),
Letter to Frank F. Ellinwood (Sec., BFM, PCUSA) (Mar. 1st, 1900)

225 Carton St., Toronto,

Mar. 1st, 1900

Dear Dr. Ellinwood; -

I send you under separate cover a plan for a hospital in Seoul, with explanation enclosed in this. As you will see from reading these this is intended as a starting point for consideration and suggestions from various sources may modify it in various particulars. I am sending a copy to Korea. I have a written list of requirements and as offers come in first of one thing and then of another I write these down and am interested to see how the list of things offered such as we shall need is growing.

A letter from Miss Shields today tells of a sterilizing apparatus now on its way to Korea.

We are all fairly well and trust the work of the Board is going on satisfactorily.

With kind regards to all the Secretaries.

Very sincerely,

O. R. Avison

A letter yesterday from Mr. Cobb of the Methodist Mission in Korea, now in Nebraska tells of the continued illness of his wife (diarrhoea) and asks me if I will undertake her treatment if he brings her to Toronto.

19000305

한국. O. R. 에비슨 박사, 안식년이 연장되다. 미국 북장로교회 해외선교본부 실행이사회 회의록 (1900년 3월 5일)

한국. **O. R.** 에비슨 박사, 안식년이 연장되다. 한국 선교부의 O. R. 에비슨 박사의 안식년 및 고국 수당이 1900년 4월 29일부터 3개월 동안 연장되다.

Korea. Dr. O. R. Avison, Furlough Extended. *Minutes [of Executive Committee, PCUSA], 1837~1919* (Mar. 5th, 1900)

Korea. Dr. O. R. Avison, Furlough Extended. That the furlough and home allowance of Dr. and Mrs. O. R. Avison, of the Korea Mission, be extended for three months from April 29th, 1900.

19000320

엘렌 스트롱(서울)이 프랭크 F. 엘린우드(미국 북장로교회 해외선교본부 총무)에게 보낸 편지 (1900년 3월 20일)

(중략)

　제가 처음 왔을 때 필드 박사와 쉴즈 양은 저를 자신들의 편안한 작은 집으로 데리고 갔으며, 그 이후 저는 에비슨 박사 사택의 방으로 이사하여 이전과 같이 필드 박사, 쉴즈 양과 함께 생활하고 있습니다. 샤록스 박사 부부는 사택의 앞쪽 부분에 거주하고 있습니다. 저는 그녀가 오기 전부터 샤록스 부인 및 그녀의 어머니와 약간의 편지를 주고받았으며, 우리는 두 명 모두를 진실로 대단히 좋아하고 있습니다.

(중략)

Ellen Strong (Seoul),
Letter to Frank F. Ellinwood (Sec., BFM, PCUSA) (Mar. 20th, 1900)

(Omitted)

　Dr. Field and Miss Shields took me into their comfortable little house when I first came, but since then I have moved to rooms in Dr. Avison's house and board with Dr. Field and Miss Shields as I did before. Dr. Sharrocks and wife are in the front part of the house. I had some correspondence with Mrs. Sharrocks and her mother before she came but and we like them both very much indeed.

(Omitted)

19000326

[잡보.] *The Evening* Star (토론토) (1900년 3월 26일), 7쪽
[Miscellaneous.] *The Evening Star* (Toronto) (Mar. 26th, 1900), p. 7

어제 아네트 가(街) 감리교회에서 선교 행사가 있었다. 한국에서 돌아온 밀러 씨와 에비슨 박사가 각각 아침과 저녁에 강연을 하였다.

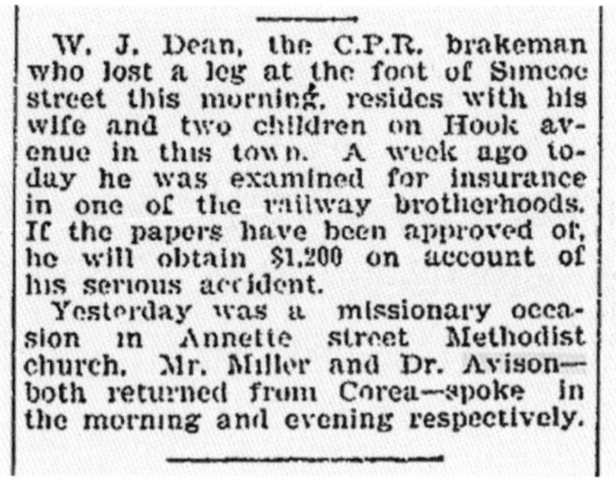

W. J. Dean, the C.P.R. brakeman who lost a leg at the foot of Simcoe street this morning, resides with his wife and two children on Hook avenue in this town. A week ago today he was examined for insurance in one of the railway brotherhoods. If the papers have been approved of, he will obtain $1,200 on account of his serious accident.

Yesterday was a missionary occasion in Annette street Methodist church. Mr. Miller and Dr. Avison—both returned from Corea—spoke in the morning and evening respectively.

그림 5-16. *The Evening Star* (Toronto) (Mar. 26th, 1900), p. 7

그림 5-17. 아네트 가(街) 감리교회

한국. 서울 병원의 침상을 위한 특별 기부 예산. 미국 북장로교회 해외선교본부 실행이사회 회의록 (1900년 4월 2일)

한국. 서울 병원의 침상을 위한 특별 기부 예산. 서울에 있는 병원의 침상을 유지하기 위한 특별 기부금으로 블루클린의 찰스 모임이 60달러, 여자 선교회 기념교회가 60달러, 워싱턴 D. C. 뉴욕 애버뉴 교회 선교회가 30달러.

Korea. Appropriation of Special Gifts for Beds in Seoul Hospital. *Minutes [of Executive Committee, PCUSA], 1837~1919* (Apr. 2nd, 1900)

Korea. Appropriation of Special Gifts for Beds in Seoul Hospital. For maintaining beds in the Hospitals at Seoul, $60 a special from the Charles Band Brooklyn, $60 from the Woman's Missionary Society Memorial Church, $30 from the Missionary Society, N. Y. Ave. Ch., Washington, D. C.

그림 5-18. 뉴욕 애버뉴 장로교회. 워싱턴, D. C.

19000416

올리버 R. 에비슨(토론토)이 프랭크 F. 엘린우드(미국 북장로교회 해외선교본부 총무)에게 보낸 편지 (1900년 4월 16일)

토론토 칼턴 가(街) 225,
1900년 4월 16일

친애하는 엘린우드 박사님,

기포드 씨의 사망을 알리는 박사님의 짧은 편지를 막 받았으며 그것은 우리에게 상당한 슬픔을 일으켰는데, 우리는 친구를 잃고 한국은 성실한 사역자를 잃은 것을 슬퍼하고 있습니다.

그의 사망 원인에 대해 저는 만일 한국인들의 폭동과 연관이 되었다면, 그러한 사실이 전보에 언급되었을 것으로 생각하고 있습니다.

그의 주치의로서 저는 처음 한국에 간 후 그가 심장병이 있다는 것을 알게 되었으며, 저는 그에게 과로하지 않도록 조심하라고 이야기하였습니다. 저는 그가 조심하였고 잘 지내는 것으로 보였지만 그가 안식년으로 귀국하기 이전 이후 그의 심장 상태를 검사하였는지는 기억하지 못합니다. 저는 그 당시 그를 위해 완전한 휴식이 필요함을 강조하는 편지를 썼다고 생각합니다. 저에게 이것이 그의 사망에서 한 요인이었을 수 있다는 생각이 떠오릅니다. 그의 부친은 그가 한국으로 돌아간 후에 심장병으로 사망하였는데, 그렇지 않습니까? 저는 박사님께서 우리에게 편지를 써서 기포드 부인 및 선교부와 연락을 취할 기회를 주셔서 박사님께 대단히 감사를 드립니다.

안녕히 계십시오.
O. R. 에비슨

Oliver R. Avison (Toronto),
Letter to Frank F. Ellinwood (Sec., BFM, PCUSA) (Apr. 16th, 1900)

225 Carlton St., Toronto,

Ap. 16/ 900

Dear Dr. Ellinwood: -

Your note announcing Mr. Gifford's death just received., has caused us exceeding sorrow, and we mourn both for the loss of a friend and the loss to Korea of an earnest worker.

As to the cause of his death I think had it been connected with a native uprising such a fact would have been mentioned in the cable.

As his physician I was aware of an affection of his heart which I learned after I first went to Korea and which I told him of, that he might exercise care in subjecting himself to undue exertion. I think he was careful and he appeared to get along very well, but I do not remember having examined the condition of his heart since before he came home a furlough. I think I wrote the Board at that time emphasizing the need of a thorough rest for him. It occurs to me that this may have been a factor in his death. His father died of a heart affection some after his return to Korea, did he not? I am very thank to you for writing us & giving us the opportunity of communicating with Mrs. Gifford & the Mission.

Very sincerely,
O. R. Avison

한국에 대한 강연. *The Globe* (토론토) (1900년 4월 16일), 12쪽

한국에 대한 강연

한국이라는 나라, 사람, 그들의 예절 및 관습에 대한 틀림없이 흥미로운 강연이 오늘(월요일) 저녁 블루어 가(街) 이스트의 웨스트민스터 장로교회에서 한국 의료 선교사인 에비슨 박사에 의해 진행될 예정이다. 강연은 실물 환등기를 이용해 진행될 것이다.

그림 5-19. 웨스트민스터 장로교회

Lectures on Corea. *The Globe* (Toronto) (April 16th, 1900), p. 12

Lecture on Corea.

What will doubtless prove an interesting lecture on Corea, the country, the people, their manners and customs, is to be delivered by Dr. Avison, medical missionary to Corea, in Westminster Presbyterian Church, Bloor street east this (Monday) evening. The lecture will be illustrated by stereopticon views.

그림 5-20. 실물 환등기

선교 회의. *The New York Times* (뉴욕 시) (1900년 4월 21일), 6쪽

선교 회의.
세계 각지에서 온 대표들을 환영함
오늘 개막 행사
회의가 5월 1일까지 계속됨 – 거의 70개의 회의가 예정됨 – 회의 예정표

월요일 오전부터 5월 1일 저녁까지 이 도시에서 회의를 여는 해외 선교 기독교 협의회는 오늘 오후와 저녁에 카네기 홀에서 열릴 회의에서 (대표들이) 미국에 온 것을 환영할 것이다. 회의 초반에는 목회자와 선교사들만이 연설을 할 것이다. 저녁 회의는 맥킨리 대통령과 루즈벨트 (뉴욕) 주지사가 참석하여 품위 있게 될 것인데, 그들은 각각 국가와 주(州)를 대신하여 축하 인사를 할 예정이다. 해리슨 전 대통령은 오후 회의를 개회할 예정이며, 저녁에 그는 대통령과 주지사의 인사말에 답사를 할 것이다. 이 공식 행사로 해리슨 장군은 회의의 대회장으로, 모리스 K. 제섭은 저녁 모임의 의장으로 임명될 것이며, 이 도시를 위해 연설을 할 것으로 예상된다.

(중략)

회의의 공식 예정표는 다음과 같다.

(중략)

월요일, 4월 23일

......

오후 2:30 선교지 개관: 10개의 지역별 모임: (1) 캘버리 침례교회, 일본, 한국; ......

(중략)

수요일, 4월 25일

......

오후 2:30 연합 감리교회 - ......

챔버 음악당, 카네기 홀 – 현지인의 의학 교육: "권할 만한지 – 어떻게 어

느 곳에서 교육을 받아야 하는지," 에드윈 S. 프라이, 의학박사, 스코틀랜드, 에든버러 의료 선교회 책임자; 앨버트 P. 펙, 의학박사, 중국 퉁저우의 북중국 대학 의학부 학장; 존 C. 베리, 의학박사, 매사추세츠 주 워스터, 전(前) 미국 회중교회 해외선교본부의 일본 파송 선교사; 토의

  ......

(중략)

  토요일, 4월 28일

  ......

  오전 10시 - 카네기 홀 - 선교 교회의 자립: "자립의 원리 및 방법," (발표문) H. N. 바넘 목사, 신학박사, 터키 하푸트, 미국 회중교회 해외선교본부 선교사; "선교 교회의 현 상태," W. R. 램버스 목사, 신학박사, 의학박사, 남감리교회 선교본부 총무; "새로운 선교지에서의 실례," (발표문) H. G. 언더우드 목사, 신학박사, 미국 북장로교회 한국 파송 선교사; "구 선교지에서의 조정" (발표문) D. S. 스펜서 목사, 감리교회 일본 파송 선교사; 토의

(중략)

  월요일, 4월 30일

  ......

  오전 10시 - 카네기 홀 - 의료 분과 - 의료 사역; "선교 사역 전체와의 관계 - 그 가치의 실제적인 증거 - 중요성 - 한계 – 결과," 조지 E. 포스트 목사, 문학석사, 의학박사, 치의학박사, 베이루트, 시리아 개신교대학 외과학 교수; C. F. 하트포드-배터스비, 의학박사, 영국 리빙스톤 의과대학; "의료 사역을 위한 자격," 윌리엄 H. 톰슨, 의학박사, 뉴욕; F. 하워드 테일러, 의학박사, 토의

  오후 2:30 - 센트럴 장로교회 - 병원과 진료소: "언제 건립해야 하나? - 관리 - 여러 상황에서의 관리 - 목회자와 의료 사역의 관계," R. C. 비브 목사, 의학박사, 중국 난징, 감리교회 선교사; 존 크로스, 의학박사, 중국, 영국 장로교회 선교사; L. R. 스커더 목사, 의학박사, 미국 개혁교회 인도 파송 선교사; "의료 사역에서의 우의," O. R. 에비슨, 의학박사, 한국 서울, 미국 북장로교회 선교사; 토의.

(중략)

Conference for Missions.

The New York Times (New York) (Apr. 21st, 1900), p. 6

Conference for Missions.

Welcome to Delegates from All Parts of the World

Opening Ceremonies To-day

Sessions to Last Until May 1 - Nearly Seventy Meetings Schedules – Programme of the Proceedings.

The Ecumenical Council on Foreign Missions, which will be in session in this city from Monday morning until the evening of May 1, will be welcomed to the United States to-day in meetings in Carnegie Hall this afternoon and evening. At the earlier meeting the clergy and missionaries alone will speak. The evening meeting will be dignified by the attendance of President McKinley and Gov. Roosevelt, who are extend greetings, respectively, on behalf of the Nation and the State. Ex-President Benjamin Harrison will open the afternoon meeting, and in the evening he will respond to the addresses of the President and the Governor. This formality will install Gen. Harrison as President of the conference, Morris K. Jesup, as Chairman of the evening meeting, is expected to speak for the city.

(Omitted)

The formal programme of the conference is as follows:

(Omitted)

Monday, April 23

......

2:30 P. M. Survey of Fields: Ten sectional meetings: (1) Calvary Baptist Church, Japan, Korea; ......

(Omitted)

Wednesday, April 25

......

2:30 P. M. Union Methodist Church - ......

Chamber Music Hall, Carnegie Hall - Medical Training of Natives: "Whether Advisable - How and Where Should They Be Trained," Edwin Sargood Fry, M. D., Scotland, Superintendent Edinburgh Medical Missionary Society; Albert P. Peck, M. D., Pang Chuang, China, Dean, Medical Department, North China College, Tungchow; John C. Berry, M. D., Worcester, Mass., formerly Missionary A. B. C. F. M., Japan; Discussion

......

(Omitted)

Saturday, April 28

......

10 A. M. - Carnegie Hall – Self-Support by Mission Churches: "Principles and Methods of Self-Support," (paper,) the Rev. H. N. Barnum, D. D., Harpoot, Turkey, missionary, American Board of Commissioners for Foreign Missions; "Present Status of Mission Churches," the Rev. W. R. Lambuth, D. D., M. D., Secretary, Board of Missions, Methodist Episcopal Church, South; "Object Lesson in New Field," (paper,) the Rev. H. G. Underwood, D. D., Korea, missionary, Presbyterian Church in the United States of America; "Adjustment in Old Fields," (paper.) the Rev. D. S. Spencer, Japan, missionary, Methodist Episcopal Church; discussion.

(Omitted)

Monday, April 30

......

10 A. M. - Carnegie Hall - Medical Section - Medical Work; "Relation to Missionary Work as a Whole - Practical Proofs of Its Value - Importance - Limitations – Results," the Rev. George E. Post, M. A., M. D., D. D. S., Beirut, Professor of Surgery, Syrian Protestant College; C. F. Hartford-Battersby, M. D., Livingstone Medical College, England; "Qualification for Medical Work," William H. Thompson, M. D., New York; F. Howard Taylor, M. D., discussion

2:30 P. M. - Central Presbyterian Church - Hospitals and Dispensaries: "When

Should They be Established? - Their Conduct - Management Under Various Conditions - Relation of Clerical Men to Medical Work": the Rev. R. C. Beebe, M. D., Nankin, China, Missionary Methodist Episcopal Church; John Cross, M. D., China, Missionary, Presbyterian Church in England; the Rev. L. R. Scudder, M. D., India, Missionary, Reformed Church in America; "Comity in Medical Work," O. R. Avison, M. D., Seoul, Korea, Missionary, Presbyterian Church, U. S. A.; discussion.

(Omitted)

19000422

내일 행사.
New-York Daily Tribune (뉴욕 시) (1900년 4월 22일), 3쪽

내일 행사
회의가 실제적으로 시작된다.

선교 회의는 실제로 내일 시작되는데, 어제의 모임은 성공적이었지만 단지 예비적인 것이었다. 선교 주제의 논의를 위한 첫 회의는 내일 오전 10시부터 카네기 홀과 센트럴 장로교회에서 동시에 진행될 예정이며 ......

오후 2시 30분에 시작되는 오후 회의는 5시까지 계속되는데, 선교지의 개관을 다룰 것이다. 일본과 한국은 캘버리 침례교회에서 논의될 것이며; ......

오후 연자의 일부는 다음과 같다.

일본과 한국 - J. L. 디어링, 줄리어스 소퍼, 알버투스 피터스, J. H. 페테 부인, C. F. 리드, O. R. 에비슨, W. M. 베어드

(중략)

Programme For To-morrow.
New-York Daily Tribune (New York) (Apr. 22nd, 1900), p. 3

Programme For To-morrow.

Actual Start of the Work of the Conference Begins Then

The Ecumenical Conference really begins its work to-morrow, yesterday's meeting, successful as they were, having been merely preliminary. The first sessions for the discussion of missionary topics will be held simultaneously in Carnegie Hall and the Central Presbyterian Church to-morrow, beginning at 10 a. m. ......

In the afternoon session, which begins at 2:30 and lasts until 5 o'clock, a survey of mission fields will be taken. Japan and Corea will be discussed in Calvary Baptist Church; ......

Here are some of the afternoon speakers:

Japan and Corea - J. L. Dearing, Julius Soper, Albertus Peters, Mrs. J. H. Pettee, C. F. Reed, O. R. Avison, W. M. Baird

(Omitted)

19000423

진행 중인 회의.
New-York Tribune (뉴욕 시) (1900년 4월 23일), 1쪽

진행 중인 회의.

대표들의 실제 일정이 오늘 시작된다.

많은 회중들의 기쁨을 위해 어제 많은 지역 설교단이 대표들로 찼다.

오늘 일정표

......

오후 2:30 - 캘버리 침례교회에서 한국과 일본 선교지의 개관; ......

연자는 다음과 같이 예정되어 있다.

......

오후:

일본과 한국 - J. L. 디어링, 줄리어스 소퍼, 알버투스 피서스, J. H. 페테

부인, C. F. 리드, O. R. 에비슨, W. M. 베어드

(중략)

각 선교지의 개관에 대한 오후 회의에서 각 선교지는 역사, 현재의 상태,

그리고 기독교 선교 사역 검토, 현지인 교회와 교회 조직의 발달, 각 나라에서

전도를 위한 노력과 관련된 주요 문제점에 대한 고려, 그리고 다가오는 세기

를 위한 전망과 필요한 것 등에 대해 알아볼 예정이다.

오늘 오후 회의의 주제는 다음과 같다.

......

한국 - 전도; 의료; 교육 사역; 한국의 선교 사역에 대한 사업가의 견해.

(중략)

Conference at Work.

New-York Tribune (New York) (Apr. 23rd, 1900, Sun.), p. 1

Conference at Work.

Actual Business of Delegates Starts To-day.

Many Local Pulpits were Filled by the Delegates Yesterday, to the Delight of Large Congregations.

Programme for To-day

......

2:30 P. M. - Survey of mission fields in Japan and Corea, at Calvary Baptist Church; ......

The speakers will be as follows:

......

In the afternoon:

Japan and Corea - J. L. Dearing, Julius Soper, Albertus Peters, Mrs. J. H. Pettee, C. F. Reed, O. R. Avison, W. M. Baird

(Omitted)

At the afternoon meetings for the survey of mission fields each field will be surveyed in its past history and present conditions, with a review of work of Christian missions, the development of the native church and Christian institutions, a consideration of the chief problems involved in the effort to evangelize each country, and the outlook and demands for the coming century.

The topic for these afternoon meetings are as follows:

......

Corea - Evangelistic work; medical; educational; business men's view of mission work in Corea.

(Omitted)

19000423

O. R. 에비슨, 의료 사역. 세계 선교회의, 뉴욕, 1900. 제권 (뉴욕: 미국 성서협회, 1900), 537쪽

의료 사역

O. R. 에비슨, 의학박사, 미국 북장로교회 선교사, 한국*70)

의료 사역은 H. N. 알렌 박사가 부상당한 민영익 공(公)을 성공적으로 치료하였던 1884년 한국의 문을 열었습니다. 이것은 그에게 개인적으로 왕실의 호의를 확보해 주었으며, 이후 그것은 그의 동료 및 후임자들에게 이어졌습니다.

그렇게 호의적으로 사람들과 만나는 기회는 무시되지 않았고, 한국에는 선교사들에 대한 신뢰감이 있어 선교사들이 자신들의 말을 쉽게 전달할 수 있게 해주고 있습니다.

기회가 주어졌을 때 그 첫 의료 선교사가 왕실의 후원으로 병원을 확보한 것에서 보여준 현명함, 그리고 그의 선교본부가 왕립병원에 의사를 계속 마련하겠다는 보증에서 보여준 추가적인 현명함은 반작용이 가라앉은 몇 년 후에 이 나라가 복음에 대해 문을 계속 열도록 하였으며, 만일 이 작은 쐐기가 단단하지 않았다면 많은 관리들이 자진하여 (나라의) 문을 다시 닫았을 것입니다.

1895년의 콜레라 유행 중에 일반 선교사들은 의사와 간호원의 지도하에 한국인들이 크게 놀랄 정도로 몇 주일동안 밤낮으로 그 불결한 질병과 싸웠으며, 더욱 놀라운 것은 한국인 신자들이 그들의 외국인 지도자들의 본보기에 감격하고, 그리스도의 사랑에 의해 감동을 받아 계층이나 빈부에 관계없이 거절하지 않고 동포들의 생명을 구하기 위해 성의를 다하여 열심히 일을 하였고, 오물의 씻어내고 시신을 다루는 등, 이전에는 하는 것을 경멸하였을 가장 천한 임무를 기꺼이 수행하였다는 것입니다. "우리 눈이 보고 있는 것이 무엇이지?" 놀란 한국인들이 물었습니다. "만일 이것이 실제 기독교 정신이라면, 그것은 나쁜 것이 아니야."

---

70) * 캘버리 침례교회, 4월 23일.

O. R. Avison, Medical work. *Ecumenical Missionary Conference, New York, 1900.* Vol. I (New York: American Tract Society, 1900), p. 537

Medical Work

O. R. Avison, M. D., *Missionary, Presbyterian Church, U. S. A., Korea**

Medical work opened Korea in 1884 when Dr. H. N. Allen successfully treated the wounded prince, Min Yong-Ik. This secured for him personally that royal favor which has ever since been extended to his colleagues and successors.

The opportunity thus gained to meet with the people on terms so favorable has not been neglected, and there is in Korea a feeling of confidence in the missionaries that makes it peculiarly easy for them to deliver their message.

The wisdom shown by that first medical missionary in securing a hospital under royal patronage when the opportunity presented itself, and the added wisdom he displayed in pledging his board to keep the Royal Korean Hospital supplied with physicians, kept the country open to the gospel in the after years when reaction had set in, and many officials would fain have closed the doors again had this little wedge not been firm in its place.

During the cholera epidemic of 1885 the lay missionaries, led by the physicians and nurses, worked day and night for weeks in the fight with that filthy disease - to the great wonderment of the Korean people; and, greater wonder still, the Korean Christians, moved by the example of their foreign leaders and touched by the love of Christ himself, worked as hard and as faithfully to save the lives of their fellows, irrespective of the rank, or wealth, or poverty of their patients, not refusing, but willingly performing the most menial duties, such as washing away the filth and handling dead bodies; duties which they would previously have scorned to do. "What is this our eyes see?" inquired the amazed Koreans; "if this is Christianity in practice it is not a bad thing."

19000424

선교지 개관. 캘버리 침례교회. 일본과 한국.
The New York Times (뉴욕 시) (1900년 4월 24일, 화), 5쪽

선교지 개관
오후에 9개의 지역 모임이 개최되다.
많은 나라에서의 보고서
사역자들은 극동, 인도, 아프리카, 북 및 남 아메리카, 유대인 신자 - 필리핀의
허스트 감독

오후에 9개의 지역 모임이 여러 교회 및 카네기 홀에서 개최되어 선교지들을 살펴보았다. 이것에는 일본과 한국, 중국, 어샘, 버마와 샴, 인도와 실론, 오세아니아, 오스트레일리아, 하와이와 필리핀, 터기, 페르시아, 시리아, 아라비아와 이집트, 아프리카, 남아메리카, 중앙아메리카, 서인도제도와 멕시코, 북아메리카와 그린란드를 포함한다. 모든 나라의 유대인들도 역시 토의되었다.

캘버리 침례교회
일본과 한국
(중략)

신학박사 C. F. 리드 목사와 O. R. 에비슨 박사

남감리교회 한국 선교부의 감리사인 신학박사 C. F. 리드 목사와, 한국의 의료 선교사인 O. R. 에비슨 박사의 5분 발표가 있었는데, 콜레라가 유행하였을 때 의료 선교사들은 이전에는 하는 것을 경멸하였던 시신을 치우는 등의 일을 하였다고 말하였다.

그들은 현지인 기독교 사역자들을 이끌고 외국인이 금지되어 있는 곳으로 들어가도록 현지인 여자를 보내기 위해 의료 선교사들의 파송을 주창하였다.

Survey of the Mission Fields. Calvary Baptist Church. Japan and Korea. *The New York Times* (New York) (Apr. 24th, 1900, Tue.), p. 5

Survey of the Mission Fields

Nine Sectional Meetings Held in the Afternoon

Reports from Many Lands

Workers Tell of Conditions in the Far East, India, Africa, North and South
America, Jewish Christians - Bishop Hurst on the Philippines

In the afternoon nine sectional meetings were held in various churches and at
Carnegie Hall, at which the mission fields were surveyed. These included Japan and
Korea, China, Assam, Burma and Siam, India and Ceylon, Oceania, Malaysia,
Australasia, Hawaii and the Philippines, Turkey, Persia, Syria, Arabia and Egypt,
Africa, South America, Central America, the West Indies and Mexico, North
America and Greenland. The Hebrews in all lands are also discussed.

Calvary Baptist Church

Japan and Korea

(Omitted)

The Rev. Drs. C. F. Reid and O. R. Avison

A period of five-minutes talks was taken up with addresses by the Rev. Dr.
C. F. Reid, Superintendent of the Methodist Mission in Southern, Korea, and Dr.
O. R. Avison, a medical missionary in Korea, who said native medical
missionaries had done work during cholera epidemics, such as removing dead
bodies, which they had previously scorned to do.

They advocated the sending out of medical missionaries to lead the native
Christian workers and to send native women to enter places where foreigners are
forbidden.

19000425

올리버 R. 에비슨, 토의. 세계 선교회의, 뉴욕, 1900, 제II권 (뉴욕: 미국 성서협회, 1900년), 224쪽

토의

O. R. 에비슨, 의학박사, 미국 북장로교회 한국 파송 선교사*[71]

제가 할 수 있는 혹은 시도할 수 있는 모든 것은 한 가지, 즉 선교를 하고 있는 모든 나라에 현지인 의사와 간호원을 교육하기 위한 설비가 잘 된 학교의 설립을 변호하는 것이 될 것입니다. 왜 우리는 그렇게 해야 합니까? 왜 그들은 다른 곳에서 교육을 받지 말아야 하고, 이왕이면 우리가 교육을 시켜야 합니까? 우리 선교 사역의 모든 분야는 단지 일시적이라는 생각으로 진행되어 왔지만, 궁극적으로 선교 사역의 모든 분야는 현재 우리가 파송된 그곳의 사람들이 받아 유지하고 수행해야만 할 것입니다. 그렇지 않으면 그 사역은 진행할 가치가 없다고 생각합니다. 만일 우리가 항상 의사의 파송에 의존해야 한다면, 우리는 그것을 전혀 걱정하지 않는 것이 좋을 것입니다. 그러나 우리의 사역이 일시적인 것이라면, 우리는 현지인 의사들이 있을 때를 기대해야 합니다. 우리가 현지인 의사들을 가질 것이라면, 어느 누구는 그들을 교육시켜야 합니다. 그들을 교육시키기에 적합한 사람들은 선교지에 있는 사람들입니다. 그러나 기독교의 소개로 돈이 많은 부자 혹은 정부의 마음속에 충분히 강한 기독교 및 자비심 많은 정서가 조성될 때까지 이것은 이루어질 수 없습니다.

자, 한국에서 정부가 의과대학을 준비할 때가 올 것이지만, 만일 우리가 교육을 받도록 현지인들을 그곳으로 보내야만 한다면 그것은 솔직히 우리에게 손해를 끼치게 될 이교도 의사들을 배출시키는 일이 될 것입니다. 저는 우리가 기회가 왔을 때 그것을 잡을 준비가 되어 있기를 원한다고 생각합니다. 제가 한국을 떠났을 때 저는 7명의 의학반을 교육 중에 있었으며, 그들에게 "그리 오래지 않아 이 나라에서 정식의 관립 의학교가 설립될 것이다. 만일 귀하가 충실히 공부한다면, 귀하는 즉시 그 학교에 가서 교육을 할 수 있는 이 나

---

71) * 챔버 음악당, 카네기 홀, 4월 25일.

라에서 유일한 사람이 될 것이라는 것을 명심하라."라고 말하였습니다. 저는 관립 학교가 설립되기 전인 지금, 교육을 하고 있는 많은 젊은이를 갖고 있는 것은 저의 기회이자 우리 선교부의 기회라고 간주하고 있으며, 그 학교가 설립되었을 때 그들에게 가르칠 수 있는 유일한 사람들은 기독 의사들이 될 것입니다. 그것이 바로 제가 미래를 바라보며 준비하는 것입니다.

그들은 어디에서 교육을 받아야 합니까? 현장에서. 무슨 언어로? 자신들의 언어로. 어떤 의사들이 내게 "영어를 말하지 못하는 사람을 내 병원에 받아 귀찮아하고 싶지 않습니다."라고 말하였습니다. 저는 말합니다. 학교로 오는 모든 사람들을 한국어로 교육하기를 원하며, 그가 한국어를 배우는 동안 그는 영어도 공부하게 되기를 바랍니다. 그래서 그가 졸업할 때가 되었을 때 영어 원서를 읽을 수 있을 정도로 충분히 영어를 이해하게 될 것이고, 자신을 개발할 수 있어 이후 자신만의 행로를 추구하게 될 것입니다. 그러나 만일 여러분이 그들을 영어로만 교육한다면, 여러분은 자기 동포들 중에서 살아야 하는 그들을 망치고 있는 것입니다.

Oliver R. Avison, Discussion. *Ecumenical Missionary Conference, New York, 1900.* Vol. 2 (New York: American Tract Society, 1900), p. 224

Discussion

O. R. Avison, M. D., *Missionary, Presbyterian Church, U. S. A., Korea**

All I can do, or attempt to do, will be just to plead for one thing - that is, for the establishment in every mission country of a well-equipped school for the training of native physicians and nurses. Why should we have it? Why should they not be trained somewhere else, or why should we train them at all? It seems to me that every department of our mission work has been founded with the thought that it was only to be temporary; that ultimately every department of the mission work will have to be taken up and sustained and carried on by the people to whom we are now sent, or else that work is not worth founding at all. If we are to be dependent upon sending out doctors always, then we had better not bother with it at all. But if our work is only temporary, we must look forward to the time when there shall be native physicians. If we are to have native physicians, somebody has to train them. The proper people to train them are the people on the field themselves. But this can not be done until there has been, by the introduction of Christianity, sufficiently strong Christian and benevolent sentiment created in the minds of those people who have the money, or of the Government.

Now, the time will come when Government will provide a medical school in Korea; but if we have to send our natives there to be trained it will simply develop a class of infidel physicians that will be a detriment to our work. Now, it seems to me that we want to be ready to take the opportunity when it comes. I had, when I left Korea, a class of seven young men under training, and I have said to them: "It will not be long until there is a regularly established Government school in this country. Remember this, that if you are faithful, you will be the only men in this country ready to go in and teach in that school." I regard it as my opportunity, and the opportunity of our mission to have a number of young men trained up now, in the day before Government schools are established, so that when these schools are established, the men, and the only men they can get to teach in them, will be Christian doctors. That is what I call looking out for the future, and being ready when it comes.

Where should they be trained? On the spot. In what language? In their own language. Some doctors have said to me: "I would not be bothered taking a man into my hospital who can not talk English." Well, I say, I want to train every man that comes into my school in the Korean language, and then I am willing that while he is studying the Korean language he shall also study English; so that by the time he is ready to graduate he shall understand enough English to be able to read English books, so that he can advance himself, and follow on his course afterward. But if you train them only in the English language you are going to spoil them for living among their own people.

19000426

현지인의 의학 교육.
The New York Times (뉴욕 시) (1900년 4월 26일), 6쪽

현지인의 의학 교육

카네기 홀의 연자들은 교육을 위해 미국이나 유럽으로 데려 오는 것에 반대한다.

"현지인의 의학 교육: 권할 만한지 - 어떻게 어느 곳에서 교육을 받아야 하는지?"가 카네기 음악당, 챔버 음악당에서 열린 분과 모임에서 토의된 문제 이었다. 영국 런던 리빙스턴 대학의 학장인 C. F. 하트포드-해터스비 박사가 의장을 맡았다. 그는 의료업이 너무 자주 오해를 받아 왔으며, 그것은 어떤 것 보다도 가장 비이기적인 것이었다고 말하였다. 토의 주제에 관하여 여태껏 해 결책은 없었다.

(중략)

한국 서울의 에비슨 박사는 관립 학교가 개교하자마자 책임을 맡을 현지 인 강습반을 교육시키고 있었다고 말하였다. 그는 현지인들을 미국보다 자신 들의 나라에서 교육시키는 것이 더 싸다고 말하였다. 만일 이곳에서 교육을 받으면 그들의 식성이 변해 비프스테이크를 먹기를 원할 것이다.

(중략)

Medical Training of Natives.
The New York Times (New York) (Apr. 26th, 1900), p. 6

Medical Training of Natives
Speakers at Carnegie Hall Opposed to Bringing Them to America or Europe for Instruction.

"The Medical Training of Natives; Whether Advisable; How and Where Should They Be Trained?" were the questions discussed at the sectional meeting in the Chamber Music Hall, Carnegie Music Hall. Dr. C. F. Hartford-Hattersby, Principal of Livingston College, London, England, acted as Chairman. He said that the medical profession was too often misunderstood; it was the most unselfish profession of any. As to the subject of discussion there had so far been no solution.

(Omitted)

Dr. Avison of Seoul, Korea, said he was developing a class of natives who would be placed in charge of the Government schools as soon as the latter were opened. He said it was cheaper to train natives at home than in America. If trained here their appetites were spoiled for plain, cheap food, and they wanted to eat beef steak.

(Omitted)

의료 선교사 환영회.
The New York Times (뉴욕 시) (1900년 4월 26일), 7쪽

의료 선교사 환영회.

미국 의료 선교사 협회는 월요일[72] 오후 12시 15분에 캘버리 침례교회에서 개최될 환영회에 선교 회의에 참석한 모든 의료 선교사들을 초청하였다.

Reception to Medical Missionaries.
The New York Times (New York) (Apr. 26th, 1900, Thur.), p. 7

Reception to Medical Missionaries.

The American Medical Missionary Society has extended a general invitation to all medical missionaries attending the Ecumenical Conference to a reception in the Calvary Baptist Church at 12:15 o'clock on Monday afternoon.

---

72) 4월 30일이나.

한국은 현지인 신자의 절약의 좋은 예를 만들다.
New-York Tribune (뉴욕 시) (1900년 4월 28일), 2쪽

한국은 현지인 신자의 절약의 좋은 예를 만들다.

(중략)

오전에 카네기 홀에서 시작된 자립 선교에 관한 토의는 저녁에 센트럴 장로교회에서 계속되었는데, 한국의 O. R. 에비슨 박사는 한국에서 거의 무일푼인 현지인 신자들이 500달러의 교회를 건축하는 성공적인 노력을 설명하였다. 건축을 위해 목수와 석공은 격일로 일을 하였으며, 교사들은 반죽을 섞었고 여자들은 각 가정에서 한 움큼의 쌀을 절약하여 팔았으며, 아이들은 돌을 모아 보도(步道)를 만들었다.

(중략)

ONE OF THE SECTIONAL MEETINGS IN THE CENTRAL PRESBYTERIAN CHURCH.

그림 5-21. 센트럴 장로교회에서 진행된 회의

Corea Sets a Good Example of Native Christian Thrift.
New-York Tribune (New York) (Apr. 28th, 1900), p. 2

Corea Sets a Good Example of Native Christian Thrift.

(Omitted)

The discussion of self-supporting mission, which was begun at Carnegie Hall in the morning, was continued at Central Presbyterian Church in the evening, where the Rev. Dr. O. R. Avison, of Corea, described a successful effort of almost penniless native Christians to build a $500 church in Corea. In order to do it the carpenters and masons gave alternate days' work, the teachers mixed mortar, the women saved a handful at rice from each family dinner and sold it, and the children gathered a tones to make the walks

(Omitted)

회의가 끝나려한다.
New-York Tribune (뉴욕 시) (1900년 4월 30일), 1쪽

회의가 끝나려한다.
내일이 회의의 마지막 날.
어제의 주요 행사는 인디안 기근 피해자를 위한 대중 집회 - 대표들이 여러
교회에서 강연하다.

오늘의 일정

오전 9:30 - 카네기 홀 - 인도자, 헨리 포스터 박사, 클리프턴 스프링스 요양소의 창립자

의료 사역 - "선교 사역 전체와의 관계 - 그 가치의 실제적인 증거 - 중요성 - 한계 - 결과," 조지 E. 포스트 박사, 베이루트, 시리아 개신교대학 외과학 교수; C. F. 하트포드-배터스비, 의학박사, 영국 리빙스톤 의과대학; "의료 사역을 위한 자격," F. 하워드 테일러 박사, 중국 내지선교부; "의료 사역에서의 우의," O. R. 에비슨, 의학박사, 한국 서울, 미국 북장로교회 선교사; 토의.

Conference Near its End.
New-York Tribune (New York) (Apr. 30th, 1900), p. 1

Conference Near its End.

To-morrow the Last Day of the Ecumenical.

Mass Meeting for Indian Famine Sufferers the Chief Feature Yesterday - Delegates Speak in Various Churches.

Programme for To-day

9:30 A. M. - Carnegie Hall - Leader, Dr Henry Foster, founder of Clifton Springs Sanitarium.

Medical Work - "Relation to Missionary Work as a Whole, Practical Proofs of Its Value, Importance, Limitations, Results." the Rev. Dr. George E. Post, Beyroot, Professor of Surgery, Syrian Protestant College; Dr. C. F. Harford-Battersby, Livingstone Medical College, England; "Qualifications for Medical Work." Dr. F. Howard Taylor, China Inland Mission; "Comity in Medical Work." Dr. O. R. Avison, Seoul, Corea, missionary, Presbyterian Church, U. S. A. Discussion

19000430

선교에서의 의료 사역. *The Brooklyn Citizen* (뉴욕 시 블루클린) (1900년 4월 30일), 10쪽

선교에서의 의료 사역
의료 선교사들이 카네기 홀에서 그 분야에 대해 토의한다.
회의가 끝나려 한다.
내일 저녁 결론이 내려진다. - 의료 선교사 사역의 가치 - 이 분야로 들어가는
사람들의 자격 - 노력 - ......

하루가 더 지나면 성대한 해외 선교 회의가 끝나게 될 것이다. 마지막 모임이 내일 밤 카네기 홀에서 개최될 예정이다. 회의가 끝나면, 이교도를 대상으로 한 선교 사역의 모든 측면이 검토될 것이다.

두 회의가 오늘 아침 개최되었는데, 하나는 카네기 홀에서, 하나는 센트럴 장로교회에서 개최되었다. 9시 30분 회의가 시작되었을 때 비교적 비어 있던 맨 위층 관람석을 제외하고 카네기 홀은 꽉 찼다. 이 회의는 이 넓은 곳이 구석구석 차지 않은 첫 회의이었다. 오늘 아침의 토의는 의료 선교 사역에 대한 것이었다.

참석한 많은 의사들이 특별히 초청되었으며, 많은 사람들은 다른 어떤 회

그림 5-22. 카네기 홀의 내부 전경. 연단에서 바라본 것이다.

의에도 참석하지 않은 사람들이었다. 시리아 개신교대학의 외과학 교수인 조지 E. 포스트 목사와 영국 리빙스턴 의과대학의 C. F. 하트포드-배터스비 박사는 "의료 사역의 선교 사역 전체와의 관계 - 그 가치의 실제적인 증거 - 중요성 - 한계 - 결과,"에 대해 토의하였고, 중국 내지 선교부의 F. 하워드 테일러 박사는 "의료 사역을 위한 자격."에 대해, 한국 서울의 O. R. 에비슨 박사는 "의료 사역에서의 우의"에 대하여 발표하였다.

(중략)

에비슨 박사는 자신의 발표문에서 노력의 분산을 비판하였다. 그는 서울에 여러 교파가 운영하는 병원들이 많이 있지만 어느 것도 그렇게 불릴 만한 가치가 있는 것이 없다고 밝혔다. 그는 하나의 훌륭한 병원이 여러 부실한 병원보다 더 낫다며, 노력의 통합 정책을 촉구하였다.

(중략)

Medical Work in the Missions.
The Brooklyn Citizen (Brooklyn, New York) (Apr. 30th, 1900), p. 10

Medical Work in the Missions.
Medical Missionaries Discuss that Branch at Carnegie Hall
Conference Near its End.
It Will Be Concluded To-Morrow Evening - Value of Medical Missionary Work - Qualifications of Those Who Enter This Field - A Efforts - Reception To-Night at Plea - Against the Separation of Sherry's

One day more and the big Ecumenical Conference on Foreign Missions will have come to an end. The last meeting will be held in Carnegie Hall to-morrow night. When the conference is ended every phase of missionary work in foreign lands among the heathens will have received consideration.

Two meetings were held this morning, one in Carnegie Hall and the other in the Central Presbyterian Church. Carnegie Hall was filled when the meeting was called to order at 9:30 o'clock with the exception of the top gallery, which was comparatively empty. This was the first meeting at which the immense place was not crowded in every part. The discussion this morning was on medical missionary work.

A special invitation had been extended to physicians to be present, and many were there who had not been present at any of the other meetings. The Rev. George E. Post, professor of surgery in the Syrian Protestant College, and C. F. hartford-Battersby, M. D., of the Livingston Medical College, England, discussed the "Relation of Medical Work to Missionary Work as a Whole, Practical Proofs of Its Value, Importance, Limitations and Results," F. Howard Taylor, M. D., of the China Inland Mission, discussed "Qualifications for the Medical Work," and O. R. Avison, of Seoul, Korea, considered "Comity in Medical Work."

(Omitted)

Dr. Avison, in his paper, criticized the separation of endeavor. He declared that while there were a number of hospitals under different denominations in Seoul, not one of them was worthy of the name. He urged the policy of a unification of efforts, declaring that one good hospital was better than many poor ones.

(Omitted)

의료와 선교 사역의 관계. *The Brooklyn Daily Eagle* (뉴욕 시 브룩클린) (1900년 4월 30일), 3쪽

의료와 선교 사역의 관계.
카네기 홀에서의 연자들은 어떻게 둘을 관련시킬지 보여 주었다.

......

오늘의 선교 회의에서 선교 사역의 새로운 측면, 즉 의료와 영적 교육과의 관계에 대한 토의가 있었다. 예배의 서두에 성경에서 인용한 문구가 전체 오전 행상을 위한 적절한 문구이었다. "하나님의 나라를 전파하며 앓는 자를 고치게 하려고 내보내시며!"[73]

내일 폐막하여 회의의 폐막이 가까워졌는데, 연자들은 끊임없는 관심을 받았다. 위대한 모임의 두 번째 주에 참석자는 줄어들지 않았으며, 당연히 오늘부터 회의가 끝날 때까지 청중이 특별히 많아 질 것이다. 오늘 아침 카네기 홀 내의 열기는 주목할 만하게 압도적이었는데, 사람들은 계속 참석하고 있었다. 오전 내내 임시 우체국 앞에는 줄이 이어져 있었는데, 그 속의 직원들은 계속 분주하였다. 방문 대표들이 사용하기 위해 설치된 특별 우체국은 정말 편리하였다. 그 근처에는 회의에 참석한 모든 국가를 집중적으로 볼 수 있는 한 곳이 있다. 위로 창문에 이르는 줄에는 동쪽, 서쪽, 북쪽 및 남쪽에서 온 미국인들, 영국인들, 캐나다인들, 독일인들, 덴마크인들, 스위스인 및 다른 사람들이 걸려 있다.

(중략)

에비슨 박사의 선교지에서 의사로서의 사역

"의사들은 선교지에 파송됩니다. 첫째, 선교사들의 진료를 위해, 둘째, 기독교인이 이곳저곳에서 곤란에 빠져 있을 수 있는 사람들에게 항상 베풀어야 하는 병든 환자에 대한 실제적인 기독교적 도움을 주기 위해, 셋째, 많은 사람들에게 편견을 제거하고 복음을 전달함으로써 전도 사업을 증진하는 도구로서, 넷째, 현지인 의사와 간호원을 교육시키고, 선교사들이 시작한 자선 사업을 수

---

73) 누가복음 9:2.

행할 준비를 시키기 위하여.

"위의 목표는 그런 상황에서 가능한 최고의 의료를 제공함으로써 가장 확실하게 성취할 수 있다는 것이 저의 첫 제안입니다. 선교지에서 의료 사업을 수행하는 데에는 순회 전도, 환자 왕진, 정해진 곳의 진료소와 병원을 통한 사업 등 세 가지 주요 방법이 있습니다. 능률적인 병원은 훌륭한 건물, 훌륭한 설비, 확고한 인력, 그리고 필요한 약품, 외과용 붕대와 음식물을 제공하는데 필요한 충분히 많은 수입을 필요로 합니다. 한국에 여태껏 설립된 모든 병원들은 이 모든 점이 부족하며, 저는 그 나라에 관한 한 의료 사업이 제가 할 수 있다고 생각하는 것의 극히 일부분만 성취하였다는 사실에 마음이 무겁습니다. 이렇게 부족한 주요, 아마도 유일한 이유는 자금의 부족이며, 각 선교본부가 현재 극복해야 할 방침, 즉 각 선교본부가 각 도시에 의사, 진료소 및 어떤 종류의 병원을 하나 혹은 때로 같은 도시에 그 이상을 갖고 적절하게 운영하는데 충분한 기금을 갖게 될 때가 결코 올 것 같지 않습니다. 하나의 최상급 병원과 부속된 진료소는 현재 산재되어 있고 초라한 모든 병원들이 시도할 수 있는 것보다 사람들에게 더 가치가 있을 것이며, 서울과 같은 도시에서 3~4명의 의사와 많은 간호원을 가진 하나의 훌륭한 병원은 현재 이루어지는 모든 것을 수용하며, 상당한 기간 동안 치료에 이용될 수 있을 것입니다. 현재의 분리된 교파별 병원 계획은 선교지에서 선교사 이외의 외국인 공동체로부터 재정적 지원을 받는 모든 기회를 말살시키지만, 병원을 어떻게 운영해야 하는지 아는 사람들에게 맡겨 운영되는 하나의 종합병원은 기부를 이끌어낼 것이며, 선교부 재무에 대한 요구를 크게 경감시켜 줄 것입니다. 조선 정부의 도움을 확보할 가능성은 하나의 훌륭한 병원이 많은 작고 초라한 병원보다 더 클 것입니다.

"제 생각에 우의를 적용하는 방법에는 첫째, 선택된 곳에 연합 병원의 설립, 둘째, 선택된 곳에 각 병원의 설립, 그리고 셋째, 사역 교환의 적용 등 세 가지가 있습니다.

(중략)

Relation of Medicine to Missionary Work. *The Brooklyn Daily Eagle* (Brooklyn, New York) (Apr. 30th 1900), p. 3

Relation of Medicine to Missionary Work.

Speakers at Carnegie Hall Show How Closely the Two Are Allied.

Dr. Cuyler to Talk To-night.

He Will Address the Conference on the Evil of Liquor Importation.

A new phase of missionary labor was discussed at the Ecumenical Conference to-day, that which pertains to medical practice and its relation to spiritual teaching. The quotation from the Scriptures, prefacing the devotional exercises, formed a fitting text for the entire morning service: "And he sent them to preach the kingdom of God, and to heal the sick!"

The end of the conference being so near at hand - it adjourns to-morrow - the speakers were given undivided attention. The second week of the great gathering showed no falling off in the attendance, and it is more than likely that from now until the closing ceremonies the crowd will be of exceptional size. This morning the heat within Carnegie Hall was noticeably oppressive, so much so that fans and folded programmes were brought into play, but the people still came. All the forenoon there was an unbroken line in front of the temporary post office and the clerks within were kept constantly busy. The special post office. which was arranged for the use of the visiting delegates, has proved a convenience indeed. Its neighborhood is the one place where all the nationalities represented at the conference may be seen in concentrated space. On the line leading up to the window are Americans from East, West, North and South, Englishmen and Canadians, Germans, Danes, Swiss and many others.

(Omitted)

Dr. Avison on Work of Physicians in Mission Fields.

Physicians arc sent to the mission fields: First. to give medical care to the missionaries; second, to render that practical Christian help to the sick natives which must always be extended by Christians to those in trouble, wherever they may happen to be, here or there; third, as a means of advancing evangelistic work by disarming prejudice and bringing the gospel to the notice ot many who, but for the evident benefits to be gained from the former, would decline to put themselves within reach of the latter; fourth, to train native physicians and nurses and prepare them to carry on the beneficent work which the missionaries have inaugurated.

My first proposition would be that the above aims can be most surely attained by providing the very best medical service possible under the circumstances. There are three principal methods of carrying on medical work on the mission fields: Itinerating, visiting patients at their homes and working from an established position through a dispensary and hospital. An efficient hospital requires good buildings, good equipments, a strong staff of workers and a sufficiently large yearly income to supply necessary medicines. surgical dressings and food. All the hospitals so far established in Korea are deficient in all these respects, and I am oppressed with the knowledge that so far as that country is concerned the medical work has accomplished only a small portion of what I believe it is capable or doing. The chief and probably the only reason for this lack is insufficiency of funds, and it seems likely that there will never be a time when each mission board will have money enough to properly carry out the policy which now prevails, that is of each board having in every place of its operations a physician, a dispensary and a hospital of some kind, at least one and sometimes more than one in the same city. One first class hospital with its attached dispensary would be of more value to the people than all the present scattered and weakened attempts can be, and in such a city as Seoul one good hospital with a staff of three or four physicians and as many nurses would accommodate all that do now, or will for a considerable time to come, apply for treatment. The present plan of separate denominational hospitals destroys all chance ot financial aid from the foreign community other than missionary, residing on the field, while one general hospital, carried on in a way to commend itself to those who know how a hospital ought to be conducted, would command donations that would greatly relieve the demands on the missions' treasuries. The probability of securing government help, for one good hospital would be greater than doing so for a number of smaller and poor ones.

Three methods of applying comity appear to my mind: First, the establishment of union hospitals at selected points; second, the establishment of individual hospitals at selected points. and· third. the application of the principle of exchange of works.

(Omitted)

19000430

의료 사역.74)

Knoxville Sentinel (테네시 주 녹스빌) (1900년 4월 30일), 7쪽

의료 사역
선교 회의의 일반 주제.
경험자에 의해 낭독된 논문.

뉴욕, 4월 30일. - 오늘 카네기 홀에서 개최된 선교 회의의 오전 회의에서 논의되었던 일반 주제는 "의료 사역"이었다.

(중략)

중국 내지 선교부의 F. 하워드 테일러 박사는 "의료 사역을 위한 자격"에 대한 글을 낭독하였으며, 한국 서울의 O. R. 에비슨 박사는 "의료 사역에서의 우의" 대한 마감 글을 낭독하였다.

에비슨 박사는 현 상황에서 가능한 최상의 의료에 대한 강한 바람을 청원하였다. 그는 "선교지에서 의료 사역을 수행하는 세 가지 방법이 있는데, 순회 전도, 환자 집으로의 왕진, 그리고 진료소와 병원에 정해진 직책에서 일하는 것이 바로 그것입니다. 능률적인 병원은 훌륭한 건물, 훌륭한 자비, 우수한 의료진, 그리고 필요한 약품, 외과용 붕대, 그리고 음식물을 공급하기 위해 충분히 많은 수입을 필요로 합니다. 여태껏 한국에 설립된 모든 병원들은 이 모든 점들이 불충분하며, 저는 그 나라에 관한 한 극히 일부의 부분에서만 의료 사역이 수행된 것을 알고 있어 괴롭습니다."라고 말하였다.

(중략)

---

74) 같은 내용의 기사가 다음 신문에도 실렸다. Medical Work. *Nashville Banner* (Nashville, Tennessee) (Apr. 30th, 1900, Mon.), p. 7; Medical Work. *The Boston Globe* (Boston, Mass.) (Apr. 30th, 1900, Mon.), p. 2; Medical Work. *The Topeka State Journal* (Topeka, Kansas) (Apr. 30th, 1900, Mon.), p. 4; On Mission Duties. *The Tennessean* (Nashville, Tennessee) (May 1st, 1900, Tue.), p. 3; Value of Medical Missions. *St. Louis Globe-Democrat* (St. Louis, Missouri) (May 1st, 1900, Tue.), p. 6; Will Close To-day. *The Indianapolis Journal* (Indianapolis, Ind.) (May 1st, 1900, Tue.), p. 2; Medicine and Missions. *Warren Sheaf* (Warren, Minnesota) (May 3rd, 1900, Thur.), p. 4.

Medical Work.

Knoxville Sentinel (Knoxville, Tennessee) (Apr. 30th, 1900), p. 7

Medical Work

General Topic for Ecumenical Conference.

Paper Read by Men of Experience in Work.

New York, April 30. - The general topic for discussion at the morning session of the Ecumenical Conference, in Carnegie Hall, to-day was "Medical Work."

(Omitted)

Dr. F. Howard Taylor, of the China Inland Mission, read a paper on, "Qualifications for Medical Work," and Dr. O. R. Avison, of Seoul, Korea, read the concluding paper on "Comity in Medical Work."

Dr. Avison made a strong plea for the very best medical service possible under the circumstances. "There are," he said, "three principal methods of carrying on medical work on the mission fields - itinerating, visiting patient at their homes, and working from an established position through a dispensary and hospital. An efficient hospital requires good building, good equipments, a strong staff of workers, and a sufficiently large yearly income to supply necessary medicines, surgical dressings and food. All the hospitals so far established in Korea are deficient in all these respects, and I am oppressed with the knowledge that so far as that country is concerned the medical work has accomplished only a small portion of what I believe it is capable of doing."

(Omitted)

올리버 R. 에비슨, 의료 사역에서의 우의. 세계 선교회의, 뉴욕, 1900. 제권 (뉴욕: 미국 성서협회, 1900), 243~248쪽

의료 사역에서의 우의

O. R. 에비슨, 의학박사, 미국 북장로교회 한국 파송 선교사*75)

의료 선교 사역을 하는 이유는 (1) 선교사들의 건강을 관리하고, (2) 현지인들의 건강을 관리하며, (3) 편견을 제거하고 단순한 전도 방식으로 주의를 끌지 못하는 사람들에게 복음을 전함으로써 전도 사역을 돕고, (4) 현지인 의사 및 간호원을 교육시키는 것입니다.

이 발표에서는 병원 및 진료소 사역만을 다룰 것인데, 다른 종류의 사역들은 우의에 의해 덜 영향을 받기 때문입니다.

여태껏 한국에 설립된 모든 병원들은 건물, 장비, 사역자, 그리고 연 수입이 불충분합니다. 그 이유는 기금의 부족 때문인데, 기금이 부족한 이유는 이런 종류의 사역을 하기에 상대적으로 경비가 많이 들어 각 선교본부가 사역 중심지에 제대로 설비를 갖춘 병원을 설립할 수 없기 때문입니다. 예를 들어, 서울에는 9명의 의사와 6~7명의 간호원이 일을 하는 8개의 병원 및 진료소가 있습니다.

현재 서울에서 전체 의료진이 힘들고 무관심으로 수행하는 일들을 반 정도의 인원이 편하고 대단히 능률적으로 수행할 수 있다면, 나머지 반은 순회 진료에 나서든지 다른 종류의 일을 할 수 있을 것입니다.

각 교파가 세운 병원이 분리되어 있는 현재의 상태는 정부나, 선교사를 제외한 선교지의 외국인 사회로부터 재정적 도움을 받을 모든 기회를 실제적으로 말살하고 있습니다. 반면 병원이 어떻게 운영되어야 하는지 아는 사람들에게 권할만한 방식으로 운영되는 하나의 종합병원은 기부를 받아 선교부 재무에 대한 요구를 크게 경감시킬 수 있을 것입니다.

제 생각에 가장 중요하게 고려해야 할 것은 미래 이 병원들의 발전과 지원입니다. 이 나라와 다른 기독교 국가에서 교회가 현재 선교지에 있는 병원들을

---

75) * 4월 30일 카네기 홀.

항상 계속해서 지원할 희망은 없으며, 우리가 그것을 왜 기대해야 하는지 이유가 없습니다. 실로 우리는 우리가 현재 소개하고 있는 영적인 싹이 성장하여 자립 및 자전(自傳)하게 될 생명으로 발달할 충분한 생명력을 갖고 있을 전망을 갖고 있지 않으며, 우리는 그것을 소개하는 노력을 계속하는 것을 주저하며 그래서 우리는 교회나 나라에 의해 이 기관들의 지원과 연속을 위한 책임의 약속을 기대하고 있습니다. 저는 각 교파의 현지 교회가 각 선교 중심에 병원을 유지할 정도로 충분히 강해지기까지 오랜 시간이 걸리며, 우리가 그렇게 많은 기관에 배치하기 위해 교육을 시킨 충분한 현지인 의사와 간호원을 가질 때까지는 오랜 시간이 걸릴 것이라고 생각하며, 그래서 분산 정책은 현지인 교회가 이러한 책임을 조기에 지는 것에 치명적이 될 것입니다.

많은 허약한 기관에 비해 통합된 의료 사역의 부차적인 이점은 많습니다.

(a) 보다 나은 설비, 많은 의료진, 나은 간호원은 더 고난도의 외과 수술을 가능케 하고 더 좋은 결과를 얻을 가능성을 증대시킬 것입니다.

(b) 여러 명의 의사가 있는 것은 업무의 세분화를 가능하게 하여, 각각은 자신의 전문 분야에 더 집중할 수 있고, 그래서 더 전문가가 되고 더욱이 성공적인 치료(결과)를 보증할 것입니다.

(c) 그것은 지식 습득과 전문적 연구에 더 많은 시간을 줄 것입니다. 만일 이 사역에 훌륭한 의사만을 파송하는데 주의를 기울일 필요가 있다면, 선교지에서 그러한 기준에서 벗어나지 않는 것이 중요할 텐데 해가 갈수록 그는 더 유능하게 발전할 것입니다.

만일 추가적인 조력을 쉽게 얻을 수 있는 나라에서 시대에 뒤처진 의사에 의지하지 않을 것이라면, 추가적인 조력을 가질 수 없는 곳에서 시대에 뒤처진 의사의 도움을 받지 않기 위해서는 선교사의 삶과 이 위대한 사업이 얼마나 더 필요하겠습니까!

(d) 그것은 의사에게 개인적인 전도 노력에 헌신할 더 많은 시간을 줄 것이며, 이것은 그들이 자신의 영적 능력을 유지하고, 선교부의 전도 사역과 능동적으로 공감을 유지하며, 의료 사역이 전도력을 이끌게 할 것인데, 그것은 그렇게 해야 하고, 할 수 있으며, 전도 사역자나 의사 모두가 그렇게 되기를 바라는 것입니다.

(e) 한 병원에 두 명 이상의 의사가 있으면 나머지 인원이 수행하는 병원의 업무에 지장을 주지 않고 교대로 한 명이 전도 여행을 할 수 있습니다. 이것은 중요합니다. 의사가 치료와 현명한 조언을 성공적으로 하려면 고려해야 할 전도 사역, 사람들의 마음, 그리고 가정생활, 그들이 살아가는 상태 등을 이해하

는 것을 돕는 데에 순회전도만큼 유용한 것은 없습니다.

(f) 의료 선교사의 임무 중 대단히 중요한 부분은 현지인 의사의 교육이지만, 이것은 언어에 대한 특별한 학습, 교과서의 변역 혹은 집필, 그리고 교육에 대한 시간과 정열의 상당한 헌신을 필요로 합니다. 이 업무는 여러 기관에 각각 한 명의 의사만이 일을 하는 정책 하에서는 적절하게 수행될 수 없습니다.

현재 존재하는 것 같은 많은 산재된 약한 기관보다 강하게 통합된 기관에서 최고의 의료를 제공할 수 있습니다.

그러면 왜 우리가 그렇게도 경비가 많이 들고 유해한 분산 정책을 더 이상 계속하지 말아야 할까요?

따라서 저의 세 번째 제안은 이 발표의 목적인데, 설비가 잘 된 통합된 의료 기관 계획은 우의의 원칙의 적용을 필요로 한다는 것입니다. 그것은 중요한 중심에 위치한 연합 병원에 여러 선교본부의 힘을 결합시킴으로서만 실행될 수 있는데, 각 선교본부는 여러 선교본부의 선교사들에게 의료를 제공하며, 각 선교부를 위해 선교병원의 모든 기능을 수행하는 것입니다.

저는 그 목적을 이루는데 세 가지 방법이 있는 것 같습니다.

(1) 선택된 곳에 연합 병원을 설립하며, 각 선교본부는 미리 정해진 비율에 따라 건물, 장비, 인력 및 유지에 기여하는 것입니다.

(2) 선택된 곳에 개개의 병원을 설립하여, 한 선교본부가 한 병원을 맡되, 각 병원은 그 지역에서 연합 기관으로서 모든 기능을 수행하는 것입니다.

(3) 업무의 교환 원칙의 적용입니다. 예를 들면, 특정 선교지역에서 한 선교본부는 중요한 중심에 병원의 유지를 맡고, 다른 선교본부는 인쇄, 고등 학교의 설립 등과 다른 특별한 업무를 맡는 것입니다.

이 계획 중 어떤 것을 채택하기 위해서는 선교지에 대한 면밀한 검토, 병원을 위한 유리한 장소의 선택, 그리고 관여하는 선교본부들 사이의 합의가 필요할 것입니다.

각 선교부가 각 사역 중심에 대표를 보낼 수 있기에 첫 번째 것이 가장 공정하고 실행하기 쉬운 것 같으며, 여러 중심의 상대적인 중요성과 어느 선교본부가 각 중심에 의료 인력을 제공해야 하는지를 결정하는 것보다 각 선교본부의 책임 비율을 결정하는 것이 덜 힘든 것 같습니다.

반면 기관의 운영을 두고 논쟁이 일어날 가능성이 내재되어 있습니다.

그러나 병원의 전체적인 정책은 선교부들에 의해 해결될 수 있고, 상세한 정책은 참여하는 의사들에 의해 결정될 수 있으며, 책임자는 매년 교수회에서 선임하거나 그 직책은 연장자의 문제일 수 있습니다.

저는 연합 병원에 대한 반대가 있다고 인정하며, 그중 일부는 충분히 심각한 것이지만 그중 어느 것도 극복하지 못할 정도로 큰 것은 아니며, 이점이 그것보다 중요하기 때문에 우리는 확신을 갖고 전진할 수 있습니다.

이 문제에서 다른 논점은 한 선교부가 자매 선교부의 회원에게 행한 진료로 비용을 청구하는 것의 타당성입니다.

선교본부는 선교사들의 건강에 책임이 있으며, 그것을 제공할 수 있는 능력 한도 내에서 파송한다는 일반적인 주제로 시작해 보겠습니다. 그렇다면 의료를 위한 준비를 해야 하는데, 그것은 두 가지 방법, 즉 이 임무를 수행할 의사를 파송하거나 현지에 있는 어떤 의사가 이를 수행하도록 조치를 취함으로써 할 수 있으며, 두 방법은 정당하고 타당합니다. 후자의 경우 의사는 다른 어떤 선교본부의 선교사이거나 보통의 개업을 하고 있는 평범한 의사일 것이며, 평범한 의사가 정당하게 보상 받기를 예상하리라는 것은 상당히 자명합니다. 또한 선교 의사는 거리낌 없이 기꺼이 진료를 하겠지만, 그렇게 하는데 드는 시간은 그렇게 하지 않았을 때 자신이 했어야 할 일에서 빼내야 하는데, 그 일은 그가 속한 선교본부가 그렇게 해야 할 목적으로 그를 지원한 것이며, 따라서 그의 시간 일부를 사용한 선교본부는 의사가 속한 선교본부의 손실을 보상할 의무가 있는 것이 분명합니다. 따라서 저는 다른 관점에서 문제를 고려하고 싶으며, "경비를 청구하여야 하나?"라는 질문 대신 "보상을 해야 하나?"로 묻고 싶습니다. 이것은 정서에서 벗어난 것이기 때문에 대답하기 훨씬 쉬운 질문입니다.

우의는 다른 곳의 유사한 호의로, 즉 여러분이 이곳의 우리 선교사를 진료하고, 우리가 다른 곳의 여러분 선교사를 진료하여 보답하거나, 다른 분야로, 즉 여러분의 우리에게 의료 업무로, 우리는 여러분에게 출판으로 실행할 수 있습니다.

만일 경비의 지급으로 해결된다면, 그 경비를 어떻게 정할 수 있을까요? 추정한 진료의 평균 총액에 따라 미리 매년 지불할 고정된 액수를 결정하거나 진료할 때 마다 정해진 금액을 지불함으로서 할 수 있습니다. 저는 전자, 즉 고정된 액수의 지불이 더 만족스럽다는 것을 알게 될 것이라고 생각하는데, 의사는 그런 사람들을 자신이 돌본다고 여길 것이고 환자가 도움이 필요하다는 것을 알 때 자신이 오해를 걱정하지 않고 더 자유롭게 조언을 하게 될 것이기 때문입니다.

그 경비는 얼마가 되어야 할까요? 저는 유사한 환경에 있는 사람들이 고국에서 유사한 진료에 평균 경비가 얼마나 드는지에 근거하여 계산하는 것이 공정할 것으로 생각합니다. 저는 일반적인 가정을 위해 1년에 50달러, 그리고 독신 선교사나 가족이 많은 가구는 비례해서 청구하는 것이 아마도 공정한 액수일 것으로 제안합니다.

의약품은 경비를 분리해서 청구하는 것이 더 나은데, 그 가격은 원가에 주문, 조제 및 취급에 불가피한 손해를 더해 추정할 수 있는데, 그렇게 되면 그들을 보낸 선교본부가 그 거래에서 어떠한 경비의 손해도 없게 될 것입니다.

우의에 대하여 사람들이 자신의 경험을 생각해 보면 여러 사소한 문제가 마음속에 생겨날 수 있습니다. 이중 하나는 한 선교회의 의료 선교사가 다른 선교부의 한국인 신자를 치료해야 하는 근거입니다. 그들의 치료는 무료입니까 혹은 청구한다면 얼마를 해야 합니까?

저는 모든 것은 그들이 치료 받으러 오는 상황, 환자의 지불 능력, 그리고 그들이 연관된 선교부의 입장에 의존할 것이라 생각합니다.

개종자들에 대한 치료를 무료해야 할 책임을 갖고 있다고 주장하는 어떤 선교부의 경우, 그 선교부는 그런 환자를 위한 치료 요청서를 분명히 보낼 것이며 이후 길은 분명한데, 사용된 경비에 대한 청구서를 선교부로 보내면 기꺼이 지불될 것입니다.

개종자에 대한 무료 치료의 책임을 갖고 있지 않은 어떤 선교부가 특정 지역에 의사를 갖고 있지 않으면, 현지인 신자는 다른 현지인처럼 동일한 바탕에서 누구건 의사의 치료를 받게 될 것입니다.

당연히 각 집단은 자신의 방식을 추구할 권리를 갖고 있지만, 변화는 무료 병원의 경쟁에 직면할 것으로 믿는 사람들에게는 어려울 것이며, 때때로 편의상 권리의 포기가 권할 만합니다. 그것은 우리 병원들 사이에 경쟁의 보습을 보이게 하는 나쁜 정책이기 때문에 저는 선교부가 잘 고려해야 할 문제라고 생각하고 있습니다. 당연히 선교사들은 병원과 진료소가 그렇게 해야 한다는 것을 주장하기 전에 경비를 청구하는 타당함과 현명함에 대해 확신을 가져야 합니다. 필자는 의료 인력을 증가시키고 병원 설비를 개선하는데 대단히 필요한 선교부 경비를, 많은 경우 고국에서 돈을 내는 사람들 보다 약품비를 더 지불할 수 있는 사람들에게 무료로 의약품과 음식을 제공하는데 사용해야 하는지 그 이유를 모르겠습니다. 당연히 우리가 무료로 치료해야 하는 가난한 사람에게는 아무 것도 적용되지 않지만, 그들이 얻은 것에 대한 대가를 지불할 수 있는 사람들로부터 받는다면 그런 사람들을 많이 도울 수 있고 더 효율적으로 할 수 있을 것입니다.

우리가 시작한 업무의 장래를 생각할 때 현지인에 대한 의학 교육은 상당히 중요합니다. 그것은 한 사람이 성공적으로 수행할 수 없는 큰 업무이며, 우리가 의료 문제에서 더 바람직한 완전한 우의의 상태에 도달하게 되면 특정 지부에서 일을 하는 선교부들의 여러 의사들이 합동으로 수행하기에 대단히 적합해 질 것입니다.

Oliver R. Avison, Comity in Medical Missions. *Ecumenical Missionary Conference, New York, 1900.* Vol. 1 (New York: American Tract Society, 1900), pp. 243~248

Comity in Medical Missions

O. R. Avison, M. D., *Missionary Presbyterian Church, U. S. A., Korea**

The reasons for medical mission work are: (i) To give medical care to the missionaries. (2) To give medical care to the natives. (3) To aid evangelistic work by disarming prejudice and bringing the gospel to the notice of those who are not attracted by merely evangelistic methods. (4) To train native physicians and nurses.

For the purposes of this paper only hospital and dispensary work will be considered, as other kinds of work are less affected by comity.

All the hospitals yet established in Korea are deficient in building's, equipment, staff of workers, and annual income. The reason for this is lack of funds, and the reason for lack of funds is that the comparative expensiveness of this kind of work makes it impossible for each Board to equip the right kind of a hospital in each of its centers of work. For instance, there are eight hospitals and dispensaries in Seoul operated by nine physicians and six or seven nurses.

One-half of the medical force now working in Seoul could do with ease and greater efficiency all the work that the whole force now does with difficulty and indifferent results, leaving the other half to itinerate or carry on work at another point.

The present plan of separate denominational hospitals practically destroys all chance of financial help from the Government or the foreign community (other than missionary) residing on the field, while one general hospital, carried on in a way to commend itself to those who know how a hospital should be conducted, would command donations that would greatly relieve the demands on the mission treasures.

To my mind a very important consideration is the future development and support of these hospitals. There is no hope that the Church in this and other Christian lands will always continue to support hospitals in what are now mission fields, and there is no reason why we should expect it. Indeed, had we no prospect that the spiritual germ we are now introducing would have sufficient vitality to grow and develop a life that will be self-supporting and self-propagating, we might well hesitate about continuing the effort to introduce it, so that we look forward to the assumption, either by the Churches or by the State, of the responsibility for the support and continuance of these institutions. It seems to me that it will be a long time before the native churches will be strong enough for each denomination to maintain a hospital in each center, and it will be a considerable time before we have enough native physicians and nurses trained to man so many institutions, so that the policy of separation is likely to be fatal to an early assumption of this responsibility by the native church.

There are many incidental advantages to a consolidated medical work as opposed to numerous weak establishments:

(a) Better equipment, a larger staff of physicians, and better nurses: would make it possible to undertake a much more serious class of surgery and increase the probability of better results.

(b) The presence of several physicians would make possible a division of the work, each giving more attention to his own department, and so becoming more expert and still further insuring successful treatment.

(c) It would give more time for reading and professional study. If it is necessary to exercise care in sending out only good physicians to this work, it is equally essential that they fall not away from that standard while on the field, but rather grow more efficient as the years pass by.

If a fossilized physician is not to be depended upon in this land, where further assistance can be so easily obtained, how much more necessary is it that the lives of the missionaries and the fate of this great work be not left to the care of fossils in a land where further assistance is not to be had!

(d) It would give the physicians more time to devote to personal evangelistic effort - a very necessary condition if they are to maintain their own spiritual power, retain their active sympathy with the evangelistic work of the mission and make the medical work that direct evangelistic force which it should be, which it can be, and which both the evangelistic workers and the physicians wish it to be.

(e) The presence of two or more physicians at one hospital would make it possible for them to take turns in itinerating without interfering with the work of the hospital, which could be carried on by the rest of the staff while one itinerated. This is important. Nothing else is so useful as itinerating in helping the physician to a knowledge of the evangelistic work, the hearts of the people and their home life, the conditions under which they live, and all those have to be taken into consideration if he is to be successful in treatment, and wise in advising.

(f) A very important part of the missionary physician's duty is the education of native physicians; but this necessitates special study of the language, translation or writing of textbooks, and much devotion of time and energy to teaching. This work can not at all be adequately accomplished under the system of many institutions with one man in each.

The best medical service can be provided in strong, consolidated institutions, rather than in the many scattered weak establishments now in existence.

Why, then, should we any longer continue the system of separation which is so expensive and so detrimental?

My third proposition, therefore, is the one that it is the object of this paper to introduce to the consideration of this body; the plan of well-equipped, consolidated medical institutions requires the application of the principle of comity; it can only be carried out by combining the forces of the various boards in a system of union hospitals located at important centers, each furnishing medical service to the missionaries of the several boards, and performing all the functions of a mission hospital for each of the missions.

Three methods of accomplishing the purpose appear to my mind:

(1) The establishment of union hospitals at selected points, each board contributing, according to a prearranged ratio, to their building, equipping, manning,

and maintenance.

(2) The establishment of individual hospitals at selected points, one board occupying one point, another a second point, and so on, each hospital, however, to perform in its own locality all the functions of a union institution.

(3) The application of the principle of exchange of works. For instance, in a given field one board might undertake the maintenance of hospitals at the important centers, while other boards applied themselves to the carrying on of other special lines, such as printing, establishments, advanced schools, etc. The use of any one of these plans would necessitate a careful survey of the field, the selection of vantage points for hospitals, and an agreement among the boards as to relative responsibilities.

The first one would appear to be the fairest and the easiest of execution, as it would give each mission representation at each center of work and it would seem less difficult to determine the ratio of responsibility of each board in each center than to decide upon the relative importance of the several centers and which board should supply medical service to each.

On the other hand it carries with it the possibility of dispute over the government of the institution.

But the general policy of the hospital would be settled by the missions; the policy in detail would be decided by the staff in consultation; the superintendent could be elected annually by the staff in council, or the filling of that position might be a matter of seniority.

1 am quite willing to admit that there are objections to union hospitals, some of which are serious enough, but they are none of them too great to be overcome; and the advantages so far outweigh them that we may with confidence go forward.

Another point in this subject of comity is the propriety of one mission making charges for medical services rendered to members of a sister mission.

Let us start with the general proposition that a board is responsible for the physical well-being- of the missionaries it sends out up to the measure of its ability to provide for it. It, then, follows that Provision should be made for medical attendance, which can be done in either of two ways - by sending out a physician to attend to this duty, or by arranging with some doctor already on the field to do so; either method is legitimate and proper. In the latter case the doctor will be either a missionary of some other board or a lay physician in ordinary practice, and, while it is quite evident that the lay physician would rightly expect compensation, it is also plain that, although personally the missionary physician would gladly perform the service freely, the time occupied in so doing must be taken from work which would otherwise be done, and which his own board is supporting' him with the object of having done and that there devolves upon the board which thus secures a portion of his time, the obligation to compensate his board for their loss. I would, therefore, Prefer to consider the question from the other standpoint. and instead of asking. "Should charges be made?" would ask. "Should compensation be given?" This is a much easier question to answer because divested of sentiment.

Comity could be made use of either by a return of similar favors in another place - you attend to our missionaries here and we will attend to yours there, or through another department - you do our medical work, and we will do your printing.

If settlement is made by a money payment, how shall the amount be determined? By deciding in advance either upon a fixed sum to be Paid annually and based upon a probable average amount of attendance, or upon a fixed charge for each attendance. I think the former plan - i. e., the payment of a fixed sum annually - will be found to be the more satisfactory, as the Physician will then regard those so arranged for as being under his care and will feel more at liberty to advise them when he sees they need advice, without fearing that his attention may be misinterpreted.

How much should such a charge be? I think it would be fair to calculate on the basis of what similar attendance would cost on the average at home for persons in similar circumstances in life. 1 would suggest $50 gold per year as being perhaps a fair sum to be paid for an ordinary family, with proportionate amounts for single missionaries or very large families.

Medicines had better be charged separately, their value being reckoned at their actual cost plus a percentage for time spent in ordering, and dispensing, and for inevitable loss in handling, so that the board supplying them may not be at any money loss in the transaction.

Several minor questions in comity in this department occur to one's mind as he thinks over his experience. One of these is the basis on which the medical missionaries of one society should treat the native Christians of another mission. Should they be treated freely, or should they be charged, and, if so, how much?

I think all will depend upon the circumstances under which they come for treatment, the ability of the patients to pay, and the standpoint of the mission with which they are connected.

Some missions appeal to hold themselves responsible for the free medical treatment of their converts, and in such cases the authorities will doubtless send a written request for treatment with such patients as they feel themselves responsible for, and then the way is clear - a bill to cover the expense involved should be sent to the mission, and it will, no doubt, be cheerfully met.

In cases where a society not holding itself responsible for the free treatment of its converts has no physician in a given locality, its native members will be treated by whatever physicians are in the place on the same basis as other natives.

Each body has a right, of course, to pursue its own method, but it is difficult for those who believe in making changes to meet the competition of the free hospitals, and it is sometimes advisable to waive rights for the sake of expediency. I think it is a question which missions may do well to consider, for it is bad policy to have even the appearance of competition between our hospitals. Of course, missionaries must become convinced of the propriety and wisdom of making charges before they will insist on their hospitals and dispensaries doing so; the writer can see no reason why mission money, so badly needed to increase the force of workers or to better equip the hospital, should be used in supplying free medicine and food to those who are, in many cases, better able to pay for their medicines than are some of the home people who have contributed the money. Of course, none of this applies to the poor whom we must treat freely, but we shall be able to help a greater number of such and do it more efficiently if we receive from those who are able to pay some return for what they get.

Medical education of natives is a subject that assumes a good deal of importance if we think of the future of the work we have inaugurated. It is a great work that can not be successfully carried on by one man, and, until we attain to the more desirable condition of complete comity in medical matters, this phase of it might very profitably be undertaken Jointly by the several physicians of the missions at work in a given station.

19000500

최근 뉴욕에 모인 여러 이교도 땅에서 온 의료 선교사들(사진).
The Double Cross and Medical Missionary Record 15(5)
(1900년 5월호), 74쪽
Medical Missionaries from Many Heathen Lands Recently
Assembled in New York (Photo). *The Double Cross and Medical*
Missionary Record 15(5) (May, 1900), p. 74

MEDICAL MISSIONARIES FROM MANY HEATHEN LANDS RECENTLY ASSEMBLED IN NEW YORK

1. Dr. A. C. Bunn.
2. Dr. F. P. Lynch.
3. Dr. R. H. Nassau.
4. Dr. Sophie E. Johnson.
5. Dr. and Mrs. Hepburn.
6. Dr. and Mrs. Hepburn.
7. Dr. and Mrs. Luther
8. Dr. and Mrs. Luther
9. Dr. Mary P. Eddy.
10. Mr. Edward A. Jones.
11. Dr. O. R. Avison.
12. Mrs. Avison.
13. Dr. Nutting.
14. Dr. and Mrs. W. F. Seymour.
15. Dr. and Mrs. W. F. Seymour.
16. Mrs. F. Krecker.
17. Mr. Orissa W. Gould.
18. Dr. Mary Bryan.
19. Dr. Borchgrevink.
20. Mrs. Borchgrevink.
21. Mrs. A. H. Henderson.
22. Dr. and Mrs. Geo. D. Dowkontt.
23. Dr. and Mrs. Geo. D. Dowkontt.
24. Dr. H. Zackhausen.
25. Dr. Clinton F. Rife.
26. Sam Hau.
27. Theodore F. Hahn.
28. John A. Morgan.
29. Dr. E. Sargood Fry.
30. Dr. D. W. Torrance.
31. Dr. H. C. Sanders.
32. Dr. Pauline Root.

그림 5-22. 의료 선교사들. 둘째 줄 왼쪽 끝에 서있는 사람이 에비슨이다.

19000500

세계 선교회의에서의 의료 선교. *The Double Cross and Medical Missionary Record* (뉴욕) 15(5) (1900년 5월), 77~80쪽

세계 선교회의에서의 의료 선교

77쪽

　최근 전 세계 선교회의 선교사들 및 대표들의 큰 모임은 분명히 세계 역사에서 여태껏 개최된 회의 중 가장 크고 멋진 것이었다.

(중략)

　"의료 선교의 날"은 월요일 4월 30일이었으며, 다른 날의 두 회의가 의료 선교와 관련된 것이었지만, 그날 회의는 아침, 정오 및 밤에 거행되었다.

　의료 선교의 날을 활용하여 뉴욕 시의 국제 의료 선교사 협회(International Medical Missionary Society)의 이사들은 그들의 형제자매들에게 애정 어린 환영과 함께 환영회와 오찬을 준비하였는데, 현직이건 은퇴하였건 모든 의료 선교사들을 부부 동반하여 초청하였다. 그것은 실로 기억할만한 의료 선교사 모임이었다.

　그것은 카네기 홀의 거의 맞은 편에 위치해 있으며 모든 큰 모임이 열렸던 캘버리 침례교회에서 열렸다. 의장인 루시언 C. 워너 박사가 회의의 실행위원회를 대신하여, 그리고 10년 동안 국제 의료 선교사 협회의 회장인 스티븐 스미스 박사가 자신이 50년 동안 회원이었던 의료업을 대신하여 내빈들에게 "환영의 말씀"을 하였다.

(중략)

　그 광경은 모임이 열렸던 방에 특별히 "고인(故人)이 된" 의료 선교사와 관련하여 꾸민 것에 대한 설명이 없이는 끝낼 수 없다.

　연단 뒷벽에는 주홍색과 금색의, 길이가 거의 30피트가 되는 "하나님의 나라를 전파하며 앓는 자를 고치게 하려고 내보내시며."라는 문구가 걸려 있었다. 그 밑에는 작은 글씨의 "그들은 육신의 수고로부터 휴식을 얻으며, 그들의 업적이 그들을 따르리라."라는 문구가 역시 주홍색과 금색으로 쓰여 있었고, 이 문구 아래에 세계의 여러 어둡고 이교도 지역에서 고인이 된 이름이 적힌

9개의 두루마리가 걸려 있었다. 이 이름들은 그들이 살았던 여러 나라 별로 분류되어 있었는데, 모두 100명이었다. "고인이 된" 사람들의 이름은 그들의 위엄과 보상을 나타내는 주홍색과 금색으로 칠해져 있었다.

(중략)

다섯 번째 10년 동안 - 1841~1850년에 29명이 파송되어 1850년에 세계에는 39명의 의료 선교사가 있었다. 1860년에는 56명이, 1870년에는 95명이, 1880년에는 164명이, 1890년에는 356명이 있었으며, 1900년 말에는 700명이 될 것이다. 세기를 통해 크게 증가하였는데, 어떤 이는 상당히 당황해서 물어볼 수 있다. "얼마나 많은 사람들 중에 그들이 있나요." 얼마인가? 10억. 한 사람당 평균 150만 명, 혹은 우리가 약 4,000명의 의사를 갖고 있는 300만 인구의 뉴욕시에 2명의 비율이다.

(중략)

이어 가장 흥미로운 행사가 있었는데, 의료 선교사들이 함께 모여 사진을 찍은 것이었다. 참석자 전원이 남아 사진에 찍히지는 않았지만 한 장의 사진에 가장 많은 의료 선교사들이 함께 모여 찍은 사진이다. 중앙에서 앞줄에 앉아 있는 분이 존경할 만한 헵번 박사 부부이다. 박사의 오른쪽에 인도 젤럼의 소피 E. 존슨 박사이며, 그녀 다음이 서 아프리카의 R. H. 낫소 박사, 그 다음이 콩고의 F. P. 린치 박사, 그리고 중국에서 활동하였던 A. C. 번 박사이다. 헵번 부인 다음에 버마의 루터 박사와 그녀의 남편, 신학박사 루터 목사, 루터 박사와 국제 의료선교사협회의 총무인 에드워드 A. 존스 씨 사이에 시리아의 메리 피어슨 에디 박사가 앉아 있다. 그녀는 터키 영역에서 의술 면허를 소지하고 있는 유일한 여자이다.

존스 씨 뒤에 서있는 사람은 이 잡지의 편집인이고, 그 다음에 그의 다음에 버마에서 방금 귀국한 A. H. 헨더슨과 함께 서 있는 것이 다우콘트 부인이며, 그녀 다음에서 헨더스 씨 바로 위에 이전에 인도 마두라서 활동하던 폴린 루트 박사가 있다. 에디 박사와 루터 박사 사이에 마다가스카르의 보츠그레빙크 부인이 서 있으며, 노르웨이 출신의 숙련된 의사인 그녀의 남편은 그녀의 바로 오른 쪽에 서 있다. 인도의 메리 브라이언 박사가 루터 박사 부부 사이에 서 있으며, 그녀 다음에는 이전에 인도에서 활동하였던 오릿사 W. 굴드 박사가 있다. 굴드 박사 뒤에는 이전에 인도에서 활동하였으며 현재 에든버러 의료선교사 협회의 책임자로 있는 E. 사구드 프라이 박사가 서 있다. 프라이 박사와 보츠그레빙크 박사 사이에서 뒤에는 티베리아스의 훌륭한 스코틀랜드 출신 형제인 D. W. 토랜스 박사가 서있다. 그의 왼쪽에는 허버트 C. 샌더스 박사가 있으며, 프라이 박사 뒤쪽에는 우리의 유색 형제인 존 A. 모건 박사가 시오. F. 한 복사와 함께 서있는데 이 세 사람은 국제 의료 선교사협회 학생이며, 뒷 열에서 다음의 세 명은 각각 중국의 샘 한씨, 마이크로네시아의 클린턴 F. 라이프 박사, 러시아의 H. 제크하우젠 박사이다. 두 번째 줄의 끝에서 번 박사 뒤에 서있는 사람이 한국의 O. R. 에비슨 박사 부부이다. 1854년에 터키에서 활동하던 너팅 박사가 그 다음에 있고, 이어 중국의 W. F. 세이무어 박사 부부가 있다. 헵번 박사와 존슨 박사 사이에 서있는 숙녀는 1876~83년까지 일본에서 활동하였던 프레드 렉커 박사의 미망인이다. 다른 네 명의 숙녀가 포함되어 있는데, 이름은 모른다.

회의에 참석하였으나 이 단체 사진에 포함되지 않은 사람은 중국의 허드슨 테일러 박사, 인디아의 제이콥 챔벌레인 박사, T. S. 존슨 박사, 또한 페르시아의 L. R. 스커더 박사, O. W. 홈즈 박사, 한국의 C. C. 빈튼 박사 등이며,
……

(중략)

출판된 대표 선교사 명단에 의하면 회의에 70명 이상의 의료 선교사가 참석하였다. 파송되었던 70명은 훌륭한 일을 하였으며, 돌아왔지만, 대다수는 그들의 선교지로 돌아가 이교도 땅에서 병으로 고통을 받고 있는 사람들 중에서 사역하게 될 때를 간절하게 기다리고 있다.

(중략)

Medical Missions at the Ecumenical Missionary Conference.
The Double Cross and Medical Missionary Record (New York) 15(5) (May, 1900), pp. 77~80

Medical Missions at the Ecumenical Missionary Conference.

p. 77

The recent great gathering of missionaries and representatives of the missionary societies throughout the world, was doubtless the largest and most wonderful convention ever held in the world's history.

(Omitted)

"Medical Mission Day" was Monday, April 30th, and although two sessions on other days were given to medical missions, meetings were held morning, noon and night of that day.

Taking advantage of Medical Mission Day, the Managers of the International Medical Missionary Society of New York City arranged to give their brethren and sisters a hearty welcome; and a Reception and Luncheon was provided, to which all the medical missionaries, still serving or retired, were invited, together with their wives or husbands. It was indeed a memorable medical missionary gathering.

It was held in the Calvary Baptist Church, nearly opposite to Carnegie Hall, in which all the great meetings were held. "Words of welcome" were spoken to. the guests by Dr. Lucien C. Warner, Chairman, on behalf of the Executive Committee of the Conference; by Dr. Stephen Smith, ten years President of the I. M. M. Society; on behalf of the medical profession, of which he has been a member for fifty years.

(Omitted)

The picture would not be complete without a description of the decorations of the room in which the gathering was held, with special reference to the "departed" veterans of the cause of medical missions.

Along the wall at the back of the platform was hung, painted in scarlet and gold, and measuring nearly thirty feet in length, the words, "He sent them to heal the sick and preach the Gospel." Beneath these, in smaller type, were the words, "They rest from their labors; and their works do follow them," also in scarlet and gold, while beneath these texts were hung nine rolls of names of departed heroes and heroines - from the various dark and heathen lands of the world. These named were grouped under the various countries to which they had given their lives, and made a total of one hundred. The names of the "departed" were painted in purple and gold, indicative of their royalty and reward.

(Omitted)

During the fifth decade – 1841~1850 - twenty-nine were sent out, so that in the year 1850 there were 39 medical missionaries in the world. By 1860, there were 56; in 1870, 95; in 1880, 164; in 1890, 356, and by the end of 1900 there will be fully 700. A great increase through the century, but one may well ask, almost in dismay, "What arte they among so many?" How many? One thousand millions. And allowing one, on an average, to a million and a half, or at the rate of two physicians to the 3,000,000 of New York City, in which we have some 4,000 doctors.

(Omitted)

Then followed a most interesting occasion, the grouping together and photographing of the medical missionaries, and although all who were in attendance were not able to remain and be included in the picture, it represents the largest gathering of medical missionaries ever brought together or taken in one picture. Seated in the centre of the group, in the front row, is the venerable Dr. Hepburn and his wife. On the doctor's right hand is Dr. Sophie E. Johnson, of Jhelum, India; next to her being Dr. R. H. Nassau, of West Africa; then Dr. F. P. Lynch, of the Congo, and Rev. A. C. Bunn, M. D.,. formerly in China. Next to Mrs. Hepburn sits Mrs. Luther, M. D., and her husband, Rev. Dr. Luther, both of Burma; while between Dr. Luther and Mr. Edward A. Jones, Secretary of the I. M. M. Society, sits Dr. Mary Pierson Eddy, of Syria, the only woman possessing a license to practice medicine in the Turkish dominions.

Standing at the back of Mr. Jones is the editor, Mrs. Dowkontt standing next to him, with A. H. Henderson, just home from Burma, next to her. Just above Mr. Henderson is Dr. Pauline Root, formerly of Madura, India. Between Dr. Eddy and Dr. Luther stands Mrs. Borchgrevink, of Madagascar, her husband, the veteran doctor from Norway, standing just to her right. Dr. Mary Bryan, of India, stands between Dr. and Mrs. Luther, next to her being Dr. Orissa W. Gould, formerly of India. Behind Dr. Gould stands Dr. E. Sargood Fry, formerly of India, and now at the head of the Edinburgh M. M. Society. Between and behind Dr. Fry and Dr. Borchgrevink stands Dr. D. W. Torrance, a good Scotch brother, of Tiberias. On his left is Dr. Herbert C. Sanders, and at the back of Dr. Fry stands our colored· brother, Dr. John A. Morgan, with Rev. Theo. F. Hahn, all three I. M. N. Society students, also the three next in the back row, who are respectively, Mr. Sam han, of China; Dr. Clinton F. Rife, of Micronesia, and Dr. H. Zeckhausen, of Russia. Standing at the end of the second row, behind Dr. Bunn, is Dr. O. R. Avison, of Korea, and Mrs. Avison. Dr. Nutting, formerly of Turkey, 1854, being next, then Dr. W. F. Seymour and Mrs. Seymour, of China. The lady standing between Drs. Hepburn and Dr. Johnson is the widow of Dr. Fred. Kreckcr, Japan, 1876~83. Four other ladies are in the group, whose names are not given.

Of those at the Conference not included in the group picture were Dr. Hudson Taylor, China; Dr. Jacob Chamberlain, and Dr. T. S. Johnson, of India; also Dr. L. R. Scudder; Dr. O. W. Holmes, of Persia; Dr. C. C. Vinton, of Korea; ......

(Omitted)

According to the published list of delegate missionaries, there were over seventy medical missionaries in attendance at the Conference. Seventy who had been "sent out," had done good service, and had been spared to return, the majority only waiting anxiously for the time to come when they could and would return to their field and labors among suffering humanity in heathen lands.

(Omitted)

19000500

[제목 없음]. *The Canadian Journal of Medicine and Surgery* 7(5) (1900년 5월호), 340쪽

우리의 독자들은 이번 호에서 다른 논문들 중에서 맥두걸 판사와 O. R. 에 비슨 박사가 쓴 원저(原著)를 정독하는 것을 기뻐할 텐데, ... 자신이 살던 도 시에서 몇 개월을 보내며 상당히 필요한 휴식을 즐기고 있는 에비슨 박사는 한국에서 자기 부인(否認) 및 선교 사역을 수행하기 위해 올 여름 돌아갈 예 정이다. 우리는 두 분의 기고에 대해 감사를 드린다.76)

[No Title]. *The Canadian Journal of Medicine and Surgery* 7(5) (May, 1900), p. 340

Our readers will be pleased to peruse in this issue, amongst other papers, original articles from the pens of Judge McDougall and Dr. O. R. Avison, the former based upon a discussion which took place at Toronto Medical Society a few weeks ago. Dr. Avison, who is spending a few months in his native city, and earning a much-needed rest from his labors, expects to return to his work of self-denial and missionary effort in Corea this summer. We thank both gentlemen for their contributions.

---

76) Oliver R. Avison, Disease in Korea. *The Canadian Journal of Medicine and Surgery* 7(5) (May, 1900), pp. 301~310.

19000500

올리버 R. 에비슨, 한국의 질병. *The Canadian Journal of Medicine and Surgery* 7(5) (1900년 5월), 301~310쪽

한국의 질병.
O. R. 에비슨, 의학박사

한 나라의 질병에 대한 연구는 그 사람들의 습관과 사회 상태, 도시의 위생 설비, 그리고 그 나라의 지형과 문화 등에 대한 탐구를 포함한다. 한국에 있는 외국인 의사가 가장 먼저 마주치는 것은 집이 작다는 것이다. 그것들은 단층이고, 햇빛을 가려주는 폭이 2피트 보다 긴 처마를 갖고 있으며, 약 5피트 높이의 담장으로 둘러싸여 있는데, 그 속에는 종종 크기가 기껏해야 15~20평방미터인 마당에 있다. 이 마당은 종종 거리보다 낮게 위치해 있으며, 그것을 가로질러 노출되어 있는 도랑이 지나는데 비가 오면 갖가지 폐물이 씻겨 들어간다. 방은 1~3개 정도인데, 대개 7~8평방피트 크기이고 높이가 7피트이지만 크기가 두 배일 수도 있다. 하나의 방이 식당, 거실 그리고 침실로 이용되며, 그 결과 방에는 가족의 옷을 넣는 장농, 밤에 침대로 이용되는 누비이불과 얇은 요가 있지만, 그것들은 낮에는 말아 방의 한쪽에 쌓아 놓으며, 공간이 그만큼 빼앗긴다. 창문으로도 사용될 수 있는 문은 이 방으로 열리며, 유리 대신 창호지를 부치는 격자로 만들어진다. 때로 1x2피트 크기의 작은 창문이 방의 반대편에서 천장 근처에 있으며, 거주자가 그것을 믿으면 환기를 위해 멋지게 사용할 수 있지만, 그렇지 못하면 방을 용이하게 덥히기 위해 자주 닫아 놓는다. 이 방에서 부모와 아이들 가족 전체가, 더 따뜻할수록 종종 더 많은 다른 친척이 바닥에서 잠을 자며, 심지어 밤에 2명이 잤더라도 아침에 환기가 잘되며 널찍한 우리의 침실에서 나는 독특한 냄새와 구별이 되는데 위에서 설명한 그런 방에서의 공기의 상태를 알게 해 줄 것이다.

그래서 개인의 청결은 한국인의 뚜렷한 특징이 아니다. 그들은 겨울철의 목욕이나 여름철의 많은 목욕을 믿지 않으며, 그래서 그들의 피부는 겨울철의 축적으로 덮이게 되며, 자유로운 발한이 불가능하다. 주로 밥과 매우 적은 양의 고기로 이루어진 그들의 음식도 빨리 먹으며, 음식의 양이 너무 많아 소화불량이 너무도 흔하지만, 성관계가 불결하고 난잡하여 치료를 받으러 온 성병

환자 중 많은 사람들이 치료를 필요
로 한다.

그림 5-23. 서울의 도랑. 1901년 촬영

　위생은 아직 한국 사회의 주민들
의 마음을 괴롭히기 시작하지 않은
현대적 혁신이며, 그래서 우리는 큰
도시의 어떤 길은 폭이 6피트 정도
되기도 하지만 종종 단지 4~8피트에
불과한 좁은 길에 길 양쪽에서 집의
기초에 근접하여 위치한 도랑을 제
외하고 배수로가 없으며, 그 도랑에
는 거리와 집의 모든 쓰레기가 놓여
있으며, 종종 유익한 비가 와서 씻어
내려갈 때까지 그곳에 있게 된다. 화
장실은 집 혹은 마당의 옆에서 튀어
나와 이 도랑 위에 놓여 있으며, 분뇨가 도랑으로 떨어져 새로 도착한 외국인
에게 거리 광경의 가장 뚜렷한 특징과 냄새를 이룬다. 이 축적물의 특징은 거
의 항상 촌충과 회충이 존재하고 있어, 실제적으로 모든 한국인들은 일생의
대부분에 다소 성가신 침입자의 숙주라는 결론을 내릴 수 있게 한다. 이 이유
를 발견하는데 도움이 되는 관찰은 거의 없다. 이웃의 우물은 흔히 거리 옆에
서 이 도랑의 2~3피트 이내에 위치해 있으며, 대개 대단히 낮기 때문에 샘물
의 저장소보다는 종종 표면의 물과 도랑에서 스민 물의 저장소가 되며, 반면
야채상은 종종 도랑의 물로 갓 뽑은 상추와 순무에서 흙을 씻어내어 실제보다
더 분명하게 청결하게 보이도록하며, 그래서 대개 요리하지 않고 먹는 야채는
놀랍게도 도랑에서 촌충과 회충의 알을 조심하지 않고 먹는 사람의 소화기로
운반하여 계속 공급하는 도구가 된다. 이 장내 기생충의 존재는 너무도 일정
하여 평균적인 한국인은 그것들을 자신들의 생활의 일부분으로 믿고 있으며,
그것들이 많아져 고통스러운 복통으로 괴롭힘을 받게 될 때에만 방해를 받는
다고 생각한다. 그는 항상 자신의 편안함을 위해 그것들이 너무 많은 수와 연
관시키며, "벌레가 올라오고 있다."고 말합니다.

　나는 우리 진료소에서 사용하기 위해 20파운드의 산토닌을 구입하는데, 너
무도 유용하여 한의사가 그것을 가져다가 즉시 2,000개의 기생충 알약을 만들
어 우리에게 보낸다. 각 알약은 2그램의 산토닌과 1그램의 감홍을 포함하는데,
우리는 진료실에 비치하며, 그것들은 항상 신선하고 잘 녹는다.

우리가 발견한 촌충의 가장 효과적인 치료는 관중(貫衆)의 오래된 추출물인데, 우리는 (모든 것이 끝난 후) 환자가 만족스럽도록 빈속에 한 모금을 주었지만, 종종 필요한 금식과 하제에 상당한 불평을 늘어놓는다.

마을과 도시 외부의 주요 농작물인 쌀은 대부분이 저지대(低地帶) 품종이어서 대단히 촉촉한 토양을 필요로 하며, 논은 둑을 쌓아 대부분의 시간동안 물을 담고 있다. 이 논은 말라리아의 원이이거나 대단히 유해하다. 어쨌건 말라리아는 한국에서 가장 흔한 질병 중의 하나이며, 대개 논이 많은 곳에 더 흔하다. 최근 연구가 시사 하는바와 같이 이 지역에 모기가 존재하는 것은 논에 말라리아가 발생하는 것과 관계가 있을 수 있으며, 이 밤의 벌새는 인체 외부의 말라리아의 숙주이다. 분명 논, 모기와 말라리아는 종종 함께 발견되는 조합을 형성한다. 나는 사업을 독점하지 않았던 한 사람이 1년 내에 6,000온스의 퀴닌을 판매한 것을 알게 된 사실에서 말라리아의 빈도에 대해 다소 알 수 있다. 그것은 주로 현지인 상인이 구입하였으며, 그것을 내륙으로 가져가 주로 말라리아 치료를 위해 온스 단위로 혹은 종종 5 그레인 분말로 판매하였다.

이 질병은 다른 지역에서와 같이 모든 형태, 즉 매일열, 3일열, 4일열로 나타난다. 이 모든 형의 환자들이 동시에 치료를 받기 위해 오는 것은 드물지만, 우리는 한 형태가 우세한 기간을 갖고, 그 후에 다른 형이 우세한 기간을 갖는 것이 훨씬 더 일반적이다. 그것들은 대개 모두 퀴닌으로 치료가 되며, 평균적으로 30그레인을 한 번에 5그레인씩 나누어 복용시키는데, 대개 다른 약이 필요하지 않지만 회복이 완전하지 않으면 두 번째 약을 주거나 아마도 퀴닌, 비소, 그리고 왕수(王水)의 혼합물로 1주일 동안 치료한다. 나는 종종 통상적인 석탄산의 3~5 미님(minim) 용량으로 약간의 관장을 함으로써 성공적으로 치료하였다.

말라리아는 때때로 한국의 많은 다른 질병과 관계되며, 그 질병을 연장시키는 요인인 것 같으며, 그래서 우리는 다른 형태의 치료로 완쾌되지 않지만 퀴닌 투여로 즉시 치료되는 많은 예의 설사 및 이질, 전신 권태, 두통 및 신경통 환자를 진료하였다.

위에 이야기한 것으로 독자들은 한국의 많은 질병들이 더러운 질병들에 속한다는 결론을 내릴 수 있을 것이며, 그것은 사실이다.

말라리아 이외에 가장 유행하는 발열은 발진티푸스 및 재귀열, 그리고 약간의 발진성 발열이다. 장티푸스는 알려져 있지만 분명히 드물며, 이 나라에서 발진티푸스가 그 대신 자리를 차지하고 있다. 이것은 오래된 홍반열(紅斑熱)이며, 한국인이 걸리는 많은 질병 중에서 가장 무서워하는 것 중의 하나이다. 예전, 확실히 1896년까지는 발진티푸스 열병 환자를 마을 외곽의 고립된 곳에 볏짚으로 세운 매우 작은 천막에 옮겨 놓고 죽거나 살기를 기다렸는데, 그를 기다리는데 필요한 접촉의 위험을 감수하며 혈연 혹은 애정으로 엮인 친척이 살폈다. 나는 종종 이 천막들을 방문하였는데, 작은 구멍으로 기어들어가, 그곳에는 다른 사람이 앉을 공간이 거의 없기에, 바닥의 돗자리에 누워있는 환자 옆에 앉은 나는 가까운 곳에서 나는 냄새에 거의 질식될 것 같았으며, 그러한 상태에서 회복된 사람이 있을까 궁금하였다. 그러나 열병 환자의 방을 환기시키는 것을 두려워하였기에, 그들은 자신의 집을 몹시 떠나고 싶어 했을 것이다. 가난한 계층은 종종 도시 외부로 환자를 운반하여 성벽 근처의 길가에 뉘어 놓을 뿐이지만, 어쨌건 그들은 더 많은 공기를 숨 쉬었기 때문에 아마도 천막 방의 이점을 확보한 사람들보다 더 좋은 기회를 가졌을 것이다.

어느 해 여름에 나는 그런 목적으로 설립된 병원으로 버림 받은 사람들을 모으느라 주로 시간을 보냈다. 한국인들은 홍반열이 더 치명적이라는 것을 인식한 것 외에 발진티푸스, 재귀열 및 이장열을 구별하지 않는다. 그래서 나는 환자가 모두 같은 종류가 아니지만, 위의 세 형태로 발달한다는 것을 알게 되었다. 더 좋은 음식, 신선한 공기, 그리고 강장제 치료가 그들이 익숙하였던 사망률을 크게 낮추었다. 우리는 사망의 대부분이 '홍반열이 있는 환자'에서 가장 흔함을 발견하였다.

나는 재귀열을 이야기하고 있지만 혈액을 검사할 기회를 가졌을 때 유감스럽게도 현미경이 없었기에 증상만으로 진단을 하였기 때문에 다소 조심스럽다. 그러나 다른 의사들도 같은 진단을 내렸고, 아마도 그것은 맞을 것이다. 하지만 나는 어떤 면에서 더 잘 갖추어지고, 더 정확한 지식을 바탕으로 미래에 진단을 내릴 수 있도록 희망한다.

결핵은 집이 작고, 주변 환경이 매우 비위생적이며, 잠자는 숙소가 과도하게 밀집되어 있어 의심할 여지없이 큰 재앙을 일으킨다. 어쨌건 한국에서 어느 곳에서 어떤 환자가 있더라도 이 질병은 우유를 사용한 결과가 아닌데, 젖소는 짐을 끄는 동물로 사용될 뿐 우유를 위해 사용되지 않아 사람들이 어떤 형태건 우유를 먹지 않기 때문이다. 폐, 뇌막 및 복막 등 모든 형태의 결핵성 질환이 발견되지만, 뼈 조직의 결핵은 우리 병원에서 수술 받는 환자의 상당한 비율을 차지한다. 이들의 대부분은 결핵성이며, 척추, 모든 관절, 그리고 여러 장골 및 편평골을 포함한다.

연주창 역시 대단히 흔하며, 너무나도 오랫동안 치료를 받지 못하고 내버려두었거나 치료를 하였다면 한의사가 더럽고 자극적으로 도포하였기 때문에,

그들은 대단히 악화된 상태로 우리에게 온다.

위에서 암시한 바와 같이 성병은 대단히 유행하고 있지만, 이곳에서 유행하는 종류들만 있기 때문에 특별한 처방은 필요하지 않다. 피부 질환은 다른 나라에서와 같은 비율로 흔하며, 습진이 가장 많고 다음으로 옴이다. 우리는 동량의 소석회와 황(黃)을 물에 넣고 끓여 만든 황화칼슘 용액으로 이루어진 골든 워시(golden wash)의 작용이 너무 완전하고 빨라 다른 치료제를 찾지 못하였다.

나병은 반도의 남부에 강력하게 퍼져 있다. 교과서에서 기술된 통상적인 변이, 즉 결절(結節)형, 무감각형 혹은 신경성 나병, 그리고 혼합형 등이 존재한다.

풋내기 의사는 이 질병을, 특히 초기에 진단하기 어렵지만, 대단히 분명한 증상 때문에 경험은 그것의 인식하는데 큰 도움을 준다. 이중 처음으로 발달하는 것은 아마 무감각형이다. 이것은 고립된 점으로 나타나며, 거의 항상 발견할 수 있고 일반적으로 의심되는 환자에서 전두 아래쪽 반의 피부가 두터워져 이른바 얼굴이 '사자 같은' 표정을 띠게 되는 특징으로 의심할 수 있다. 강력한 특징은 얼굴이 나이든 표정을 짓는 것인데, 20세 된 남성이 종종 50세의 모습을 갖는다. 이것은 얼굴의 피부에 이른바 결정성 물질이 침착되어 주름지고 두터워져 발생한다.

다른 나라의 나병처럼 한국의 나병은 대단히 느리게 퍼지기에 전염성은 단지 약간만 있는 것 같으며, 약 17세인 소년 한 명이 내게 왔는데 그는 7년 동안 병을 앓았고, 내가 설명한 작은 집에서 가족의 다른 구성원과 밀접한 접촉을 하며 살았는데, 다른 사람들은 발병하지 않았고, 이것은 예외적인 경우가 아니다. 이 질병은 진전 자체가 역시 대단히 느리며, 많은 경우 몇 해 동안에 걸쳐 일어나는데, 환자들은 조직의 저항력이 약해져 환자를 쉬운 먹이로 만드는 다른 병발증에 의해 더 흔히 희생된다. 나는 이것이 그 불행한 사람들의 흔한 경과라고 판단해야 한다.

이따금 북쪽 지역에서 발견되지만 이 질병은 실제적으로 남쪽 지방에서 다소 제한된 지역에 국한되어 있으며, 그래서 토양의 어떤 모르는 상태(?)와 관계되는 것 같다. 나는 다양한 치료법을 시도하였으며, 청결에 주목하여 환자를 깨끗한 지역으로 옮김으로써, 그리고 좋은 음식을 줌으로써 질병의 진전이 호의적으로 영향을 받으며, 완치된 예는 보지 못하였지만 항매독 치료제, 특히 수은염화물을 사용한 후 대단히 뚜렷하게 개선된다는 것을 알게 되었는데, 하루 세 빈 1/20 그레인의 용량으로 심한 궤양이 아물고, 피부의 침착이 상당히 얇아지며, 환자가 젊음과 밝음을 되찾고, 모든 증상이 현저하게 개선되는 것을 관찰하였지만, 항상 완전히 회복이 되지는 않았다.

나는 영어 명칭은 모르는 특별한 질병을 관찰하였다. 나는 우리의 어느 병명(病名)에도 넣지 못하였다. 현지인들은 그것을 '토질(土疾)'이라고 부르는데, 어떤 지역의 물을 마셔서 생긴다고 믿기 때문에 '지역의 질병'을 뜻한다. 그것은 중앙과 남부 지방에 분포되어 있는 것 같으며, 이 지방에서 특정 지역에 국한되어 있고, 이 특정 지역에서 상당한 사람이 감염되어 있다. 그것은 폐결핵과 동일하게 환자를 파괴하기 전에 여러 해 동안 진행되는 만성 질환이다. 첫 증상은 약간의 객담 및 약한 전신 쇠약이 동반된 약간의 기침이지만, 병이 진행되면서 기침이 고질적으로 되는데, 더 많고 화농성인 객담이 신선하고 변질된 피로 배어 있으며, 더럽게 보이고 냄새가 역겹다. 동시에 손가락 끝이 뚜렷하게 곤봉 모양으로 되며, 가장 특징적인 양상의 하나가 된다. 나는 어떤 환자에서도 체온 상승은 보지 못하였으며, 상당한 쇠약이 있음에도 결핵의 홍조는 없는데, 이것은 기침과 객담의 양에서 예상하는 것처럼 현저하지 않다. 나는 자주 객담을 현미경으로 검사하였지만 적어도 다른 한 명의 관찰자처럼 결핵 간균(桿菌)을 발견하는데 실패하였다. 나는 시도하였던 어떠한 치료로도 분명한 회복을 관찰할 것을 기억하지 못하겠으며, 현지인들은 어떠한 성공적인 치료제에 대해 알고 있지 못하는 것 같다.

각기는 한국에서 발견되지만 사실상 일본인 거주민에 국한되어 있는 것 같다. 그것은 교과서에 실린 경과를 따라가지만, 이 병에 걸리지 않는 한국인들도 쌀과 생선을 먹기 때문에 그것들에 의해 거의 발생하지 않는다.

발진성 발열 중에서 천연두가 가장 흔하며, 거의 모든 아이들이 6세가 되기 전에 걸리는데, 많은 가정은 그것 때문에 아이가 없다. 그래서 그들은 아이들이 그것에 전염될 것이라고 확신하며, 사망률이 높아 어머니들은 아직 걸리지 않은 아이들을 가족 구성원으로 계산하는 것이 가치가 있다고 생각하지 않는다.

종두는 소개되었으며, 성공적이어서 많은 가정은 최근 몇 년 동안 특별히 손대지 않고 자랐다. 그 결과 편견이 이곳에서 만큼 그곳에서도 힘들게 없어졌지만, 그것은 빠르게 보편적으로 되었다. 외국인들은 그들의 종두 접종에 따라 그것에 거의 관심을 두지 않고 두려움 없이 출입하였다.

반종두론자는 예방 접종을 한 사람들이 때로 천연두에 걸리기 때문에 종두가 믿을만한 보호가 아니라고 말하지만, 그 질병 자체가 항상 변함없이 두 번째 감염에 대하여 보호를 하기 때문에 이 주장은 유효하지 않다. 나는 우리 병원에서 이전에 걸린 적이 있지만 이 병에 걸린 한 젊은이를 치료하였는데, 이전의 감염에도 불구하고, 치료에도 불구하고 발진(發疹)이 융합되어 환자는 사망하였다.

성홍열과 디프테리아는 나타나지만 유행하지는 않으며, 홍역은 이곳에서 일반적으로 만연되어 있고 백일해 역시 상당히 흔하다. 아시아 콜레라는 풍토성이 아니지만 몇 년 마다 유행이 된다. 나는 그 유행을 한 번 겪었는데, 경험을 되풀이 하지 않는 것이 만족스러울 것이다. 나는 아직도 창백하고, 차갑고 축축하며 오그라들어 있고 맥이 없이 임시 병원의 바닥에 줄지어 누워있으며, 구토, 설사제 사용, 동통으로 울부짖음, 쥐가 난 사지의 찌푸림, 혹은 극도로 안절부절 못하여 뒤척임 등을 보이는 반면, 의료인들은 한 환자에서 다른 환자로, 사지를 문지르며 위기가 지나갈 때까지 순환을 유지하기 위하여 노력하였다. 나는 짚으로 싸서 매장하기 위해 시체를 임시 영안실로 운반하는 것을 볼 수 있으며, 바닥의 빈 곳은 똑같이 창백하고 맥이 없는 새로운 환자로 채워졌다. 나는 환자 기록지를 살펴보고 치사율이 97%이며, 그것을 개선하기에 아무것도 할 수 없는 의사의 난감해 하는 표정을 볼 수 있다.

여러 학자들이 추천한 모든 치료를 시도하였지만, 모두 외부에서 따뜻하게 해 줄 수 있는 더 나은 곳으로 옮길 때까지 똑같이 소용이 없는 것 같았으며, 위치를 변화시켜주면 사망률이 65퍼센트로 떨어졌다. 내가 언급한 더 나은 곳은 밑에서 가열되는 온돌을 가진 작은 방으로 구성되며, 그래서 바닥에 누운 환자가 병의 고통이 지나갈 때까지 상당히 따뜻하게 유지될 수 있고 원기를 보존할 수 있다. 우리는 외부에서 따뜻하게 해주며 1~2시간 마다 10그램의 살롤을 투여하는 것이 분명하게 도움이 된다고 생각하였으나, 병세의 진전이 너무도 빨라 소화관의 점막이 그런 비율로 물질을 거부하기에 아마도 약제와 음식물의 흡수가 거의 일어나지 않는 것 같으며, 그 사실을 인식하고 약제 복용에 의존하는 것보다 따뜻하게 하고 신체 표면을 마찰시킴으로써 반응을 촉진하고 생기를 유지시켜주는 것이 더 성공을 가져다준다.

갈증은 가장 고통스러운 증상의 하나이며, 환자는 신체 표면이 대단히 차지만 많은 양의 냉수를 마시겠다고 사정할 것인데, 즉시 토하는 그것은 더 빠른 탈진의 확실성을 더 할 뿐이다. 그러나 약간의 쌀을 천천히 먹고 차가운 탄산음료를 조금씩 마시는 것이 구토와 갈증을 분명 해소시켜 주는 것 같다. 내가 이 질병에 대해 여름 동안 경험하였던 결과, 만일 내가 치료 받아야 한다면 나는 약전(藥典)에 실려 있는 일부 혹은 모든 약제를 투여하는 것보다 깨끗하고 따뜻한 주변 환경, 충분하게 외부에서 따뜻하게 하기, 자주 장의 세

척, 그리고 자유로운 식염수의 피하 주사 등을 믿는 것을 선호할 것이다.

이질은 한국의 전염병 중의 하나인데, 종종 대단히 다루기 어려우며, 다른 열대 및 아열대 지방에서와 같이 간농양이 뒤따르는 경우가 드물지 않다. 서울의 외국인 정규 간호원 2명이 그 합병증으로 사망하였다. 그런 경우 우리는 고름의 존재가 확인되자마자 수술하는 것을 선호한다. 내가 주목한 최근의 한 환자는 대단히 심한 경우이었다. 환자는 어느 날 밤 찬 바닥에서 잠을 잤고 오한이 시작된 과거력을 갖고 있었으며, 그 이후 그는 다음과 같은 현 상태가 될 때까지 악화되었다. 대단히 무기력함, 전신 부종이 대단히 심하며 얼굴마저도 상당히 부어오름, 기침과 화농성 및 갈색 가래를 동반한 심한 호흡 곤란, 좌측 폐에 큰 공동, 압박으로 우측 폐는 거의 굳음, 심첨음은 좌측 액와선에서 들림, 간 부위가 심하게 돌출되어 있는데, 간 탁음이 위로 제3 및 제4늑골에서 아래로 상전장골극까지 뻗어 있으며, 이 부위에서 환자가 동통과 촉진 시 확실한 압통(壓痛)을 호소함, 체온은 일정하지 않음, 자주 소모성 홍조가 있으며, 그 간격에 끈끈한 식은땀을 흘림, 빈맥, 그리고 종종 환자의 허약과 부종으로 맥을 잡기 어려움. 마지막 늑골 아래 3인치, 그리고 우측 액와선에서 앞쪽으로 2인치되는 곳, 그리고 제7늑간의 천자에 의해 간농양에서 흔히 그런 것처럼 고름을 얻었으며, 진단은 좌측 폐로의 천공을 동반한 간농양이었다. 우리는 가망이 없어 보이는 경우 수술을 주저하였지만, 그는 우리에게 그가 수술대에서 죽더라도 수술을 집도해 줄 것을 강하게 간청하였으며 그래서 우리는 대단히 조심스럽게 클로로포름을 투여하고 아래쪽 늑연골 바로 앞쪽에 간으로 통하는 구멍을 만들었으며, 많은 양의 고름과 파괴된 조직을 뽑아내었다. 그 공간은 너무도 커서 나는 9인치 드레싱 겸자를 넣어 양쪽으로 자유롭게 움직일 수 있을 정도이었다. 나는 간과 복벽 사이에 강한 유착이 형성되어 수술이 상대적으로 단순하였다는 것을 빠트리지 말아야 한다. 큰 고무 배액관 두 개를 넣은 후 우리는 많은 양의 붕대를 넣고 결과를 기다렸다. 밤에 그는 탈진으로 거의 사망할 정도이었고, 우리는 그것이 부분적으로 쇼크 때문으로 생각하였지만 아침이 되면서 회복되었고, 두 번째 날에 우리가 공간의 세척을 시도하였을 때 쇼크의 원인이 농양 강으로의 심한 출현 때문이며, 그것이 강을 완전히 채웠을 때 중지되어 다행히도 사망에 이르지 않았다는 발견하였다. 우리는 이 덩어리를 쪼개어 제거하는데 상당히 어려움을 겪었지만 결국 성공하였다. 공간에서 고형 물질이 완전히 제거되자, 공기가 천공된 폐에서 배액관을 통해 자유롭게 들락거렸다.

간에서 뽑은 고름을 현미경으로 검사해보니 아메바는 없이, 단지 고름 세포, 간세포, 그리고 파괴된 간 조직만 관찰되었고, 가래도 같은 특징을 나타내었다. 결국 그는 회복되었으며, 며칠 전 나는 그가 잘 있고 건강하다는 편지를 받았다.

항문열은 대단히 흔하며, 너무도 오래 동안 치료를 하지 않고 방치되어 때로 대단히 심하다. 내가 수술을 하였던 한 예에서 엉덩이에 많은 열(裂)이 있었는데, 이것들은 모두 서로 연결되어 있어 나는 단계적으로 수술을 해야 했는데, 실제 재어보니 나는 50피트 길이의 열을 절개하였으며, 결국 엉덩이는 흉터 조직 덩어리들로 덮여 나는 결국 거의 모든 피부를 잘라내었고 육아형성에 의해 낫도록 매끈한 표면만 남겨 두었다.

자살은 대단히 종종 시도된다. 아편의 수입과 판매는 금지되어 있지만 때로 중국인이 갖고 들어오며, 그래서 이것이 자살 목적으로 흔히 사용되는 독극물이다. 방법의 선택은 시기에 따라 다른 것 같다. 여러 달 동안 내가 요청받은 거의 모든 경우는 아편을 사용한 것이었다가, 목을 베는 시기가 이어질 것이며, 그런 후 여러 달 동안 대부분의 경우는 농축 양잿물을 사용한 것이다. 이것은 분명 그들이 채택할 수 있는 가장 두려운 방식인데, 큰 고통이 유발되고, 서서히 죽게 되며, 생명을 건졌더라도 식도의 흉터 조직이 점진적으로 수축하여 서서히 기아와 무서운 사망을 일으키기 때문이다.

이런 환자 중 한 명은 건강한 젊은 기혼 여성으로, 우리에게 위루술의 시행을 허락하여 성공적으로 시행되었는데, 2년이 지난 지금까지 그 어느 때보다도 강하고 왕성하게 살아 있다. 그녀는 음식을 씹어 작은 고무 깔때기를 통해 자신의 위로 옮긴다. 음식을 먹는 사이에 그녀는 우스터 소스 병의 유리 마개로 입구를 막는데, 헝겊으로 제자리에 고정시킨다.

모든 형태의 안질환 환자가 우리에게 오지만 가장 흔한 것은 결막염인데 종종 청결하지 못한 결과이다. 다음은 각막 궤양인데, 종종 매독성이다. 백내장 환자는 많으며, 그들의 거의 대부분은 수술 후 좋아진다. 많은 경우 천연두에 병발하는 감염 때문에 눈을 잃는데, 우리가 만난 많은 어린이 맹인의 일반적인 원인이다.

한국인의 진료는 증상을 해석하고 약제를 투여하는데 있어 비과학적이고 되는 대로의 시도로 뒤범벅되어 있는데, 그 전통은 먼 옛날부터 구전에 의해, 어떤 경우에는 문서로 내려온 것이다. 그 체계는 중국에서 따온 것이며, 그곳에서의 인기와 유사하다. 두 종류의 의사가 있는데, 한 종류의 의사는 모든 질병의 치료를 위하여 약제만 사용하며, 다른 의사들은 약제를 경멸하고 침을 신봉하며 체액 혹은 병을 일으키는 요인이 바늘로 만든 작은 구멍을 통해 빠져 나오게 한다. 종종 환자는 한 의사의 약제와 다른 의사의 시술에 의해 목숨을 부지하지만, 후자의 의사는 침을 관절과 근육에, 혹은 심지어 복강에 삽입하는 개념을 갖고 있지 못하기에 항상 그렇지는 않다. 그리고 세균학과 청결의 필요에 대한 그들의 지식이 아직 결여되어 있어 그들의 불결한 침이 종종 농양과 염증을 일으켜 큰 손상이나 심지어 사망하게 한다.

그들은 해부학 지식을 갖고 있지 못하며, 따라서 결코 수술을 시행하지 않아 그런 방면에서 외국인 의사는 밝은 분야를 갖고 있다. 많은 사람들의 마음 속에는 자신들의 방법을 선호하는 편견이 아직도 강하며, 많은 사람들은 한의사의 노력에도 불구하고 생명이 위험하다고 느낄 때에만 외국인 의사가 시도하도록 허락한다.

Oliver R. Avison, Disease in Korea. *The Canadian Journal of Medicine and Surgery* 7(5) (May, 1900), pp. 301~310

Disease in Korea.
By O. R. Avison, M. D.

A study of the diseases of a country involves an investigation of the habits and social conditions of its people, of the sanitary arrangements of its towns, and the topography and cultivation of its land. The first thing that strikes a foreign physician in Korea is the small size of the houses. They are of one story, have overhanging eaves some two or more feet wide which shut off the sunshine, are enclosed by a wall about five feet high within which is a court often not more than fifteen to twenty feet square. This court is often lower than the street, and across it runs an open gutter into which are thrown all sorts of refuse to be washed away when it rains. The rooms may be one to three in number, and are usually seven to eight feet square and seven feet high, but may be twice as long. The same room serves as dining room, living room and bedroom, and is consequently partly occupied by the cabinets which contain the clothing of the family, and by the quilts and thin mattresses, which at night constitute the beds, but which in the day time are rolled up and piled at one end of the room, the air space being so much the more curtailed. A door, which may be also the window, opens into this room, and is made of lattice-work over which paper is pasted to take the place of glass. Sometimes a small-window, one by two feet, is placed on the opposite side of the room, near the ceiling, which would serve nicely for ventilation purposes, did the occupants believe in such a thing, but, as they don't, it is oftener kept closed to make the room easier to heat. In this room the whole family sleep on the floor, parents and children, and oftentimes other relatives, the more the warmer, and the recollection of the odor that can be distinguished in one of our own well ventilated and commodious bedrooms in the morning, after a night's occupancy by even two persons will, in some measure, suggest the condition of the air in such a room as is described above.

Then, cleanliness of person is not a marked characteristic of the Korean people. They do not believe in winter baths, nor in too many summer ones, and so their skins become coated with the accumulations of the winter months, and free perspiration is one of the impossibilities. Their food, too, consisting largely of boiled rice, with very little animal food, is eaten rapidly, and on account of its nature is so bulky that digestive troubles are all too common, while the impure and promiscuous relations of the sexes is so common that venereal diseases constitute a considerable proportion of the cases that call for treatment.

Sanitation is a modern innovation that has not yet begun to trouble the minds of the dwellers in Korean communities, and so we find narrow streets, often only four to eight feet wide, although some streets in large cities are as much as sixty feet wide, with no drainage except open gutters along the sides, close to the foundations of the houses, which gutters contain all the refuse of the streets and houses, and retain it often, too, until a beneficent rain comes and washes it away. The water closets jut out from the sides of the houses or courtyards so as to overhang these gutters, and the night soil drops into them and forms one of the most striking features of the street scenes and odors to the newly-arrived foreigner. A peculiarity of these deposits is the almost constant presence of tape-worms and ordinary ascarides, so that one is almost forced to the conclusion that practically all Koreans are, during a great part of their lives, the hosts of those more or less troublesome intruders. Very little observation serves to discover the reasons for this. The neighborhood wells are frequently located at the side of the street, within two or three feet of these same gutters, and, being usually very shallow, often serve more as collectors of surface water and soakage from the gutters than as reservoirs of spring water, while the venders of vegetables often wash off the soil from the freshly-plucked~lettuce and turnips in the water of the gutters, and give them a cleanness more apparent than real, and then the vegetables, being generally eaten uncooked, serve admirably as a means of transfer of the eggs of the tenia and ascaris from the gutter to the digestive tract of the unthinking eater, and thus, keep up the supply. The presence of these intestinal parasites is so constant that the average Korean believes them to be an integral part of his economy, and only thinks of interfering with them when they become so numerous as to annoy him with griping abdominal pains, which he invariably associates with their presence in numbers too great for his comfort, saying "the worms are coming up" in him.

I buy santonin in 20-lb. lots for use in our dispensary, and so useful is it that the Korean doctors have taken it up, and often send to us for two thousand worm-pills at once. Each pill contains 2 gr. santonin and 1 gr. calomel, and we put them up in the dispensary so that they are always fresh and soluble.

The most effective remedy we have found for tape-worm is the old extract of male fern, which we give in dram doses on an empty stomach, much to the satisfaction of the patient (after it is all over), but he often grumbles a good deal at the necessary fasting and preparation by cathartics.

Outside the towns and cities the chief agricultural crop is rice, and as almost all of it is of the lowland variety, it requires very wet soil, the fields being banked up and containing standing water most of the time. These rice fields are either the cause of a great deal of malaria or they are very much maligned. At any rate, malaria is one of the commonest diseases found in Korea, and usually is more frequent where rice fields are most numerous. The presence of mosquitoes in these localities may have something to do with the coincidence of malaria with rice fields if, as recent investigations appear to indicate, it be a fact that these humming birds of the night are the hosts of the malarial parasite outside, the human body. Certain it is that rice fields, mosquitoes and malaria form a combination often found together. Some idea of the frequency of malarial attacks may be gathered from the fact that I have known six thousand ounces of quinine to be sold within one year by one man, who had not by any means a monopoly of the business. It was bought largely by native dealers, who took it into the interior and sold it out in single ounces, or often in 5-grain powders, and mainly for the relief of malaria.

This disease appears in all the forms noticed elsewhere - quotidian, tertian and quartan intermittent, with remittent of various, types. While cases of all these types not infrequently come for treatment simultaneously, it is much more common for us to have a period marked by a preponderance of one of them, afterward a period during which another type prevails, and so on. They are all usually amenable to quinine, the average quantity given being thirty grains, in divided doses of five grains each, and generally no other medicine is required, but if recovery is not complete a second portion is given, or perhaps a week's treatment with a mixture of quinine, arsenic, and nitro-hydrochloric acid. I have frequently treated cases successfully by a few enemata of three to five minim doses of ordinary carbolic acid.

Malaria very often seems to be associated with and to be a factor in the prolongation of many other diseases in Korea, even if it be not their exciting cause, and so we have innumerable cases of diarrhea and dysentery, general malaise, headache and neuralgia, which remain uncured by other forms of treatment, but yield readily when quinine is administered.

What has been said above will lead your readers to the ready conclusion that many of the illnesses of Korea belong to the class of dirt diseases, and such is the fact.

Outside of malaria, the fevers most prevalent are typhus and relapsing, and some of the eruptive fevers. Typhoid is not unknown, but is certainly rare, typhus apparently taking the place occupied by it in this country. This is the old spotted fever, and is one of the most dreaded of all the many sicknesses that Koreans are subject to. In former days, indeed so late as 1896, typhus fever patients were placed in small (very small) tents made of straw matting, erected in isolated places outside the towns, and there they awaited death or recovery, being attended by a relative who felt bound by ties of blood or affection to run the risks of the contact necessitated by waiting upon him. I have often visited these tents and, creeping through the small opening, sat by the side of the patient who lay on a mat on the ground, there being barely room for a second person inside the booth, and, myself almost smothered by the close odors, wondered that any ever recovered under such conditions. But then they would have been as badly off in their own homes, for they are afraid to ventilate the room of a fever patient. The poorer classes often were simply carried to the outside of the city and left lying on the roadside near the city wall, but it may be that these had even a better chance than had those who secured the supposed advantage of a booth; they got more air, at any rate.

One of my summers was chiefly spent in gathering such outcasts into a hospital which had been established for the purpose: The Koreans do not distinguish between typhus, relapsing, and remittent fevers, excepting that they realize that the spotted kind is more deadly, so I found that my patients were not all of a kind, but developed along those three types. The better food, the fresher air, and the tonic treatment we gave them greatly decreased the death-rate they were accustomed to. We found that most of the deaths occurred amongst the "spotted cases."

I speak of relapsing fever, but must do so a little guardedly, as I was unfortunately without a microscope when I had the opportunity to examine the blood, and so diagnosed the cases by their symptoms only, but other physicians have also made the same diagnosis, and it is probably correct. I shall go back, however, better equipped in some ways, and hope to base future diagnoses on more exact knowledge.

Tuberculosis plays great havoc, being undoubtedly favored by the smallness of their houses, the very unsanitary condition of their surroundings, and the overcrowding of their sleeping apartments. In Korea, at any rate, whatever may be the case elsewhere, this disease does not result from the use of milk, as cows are used only as beasts of burden, never being subjected to the milking process, because the people do not use milk in any form. All forms of tubercular disease are observed - pulmonary, meningeal, and peritoneal - while diseases of bony tissues constitute a considerable proportion of the cases that are operated on in our hospital. Most of these appear to be tubercular, and include spinal column, all the joints, and the several long and flat bones.

Scrofular glands, too, are exceedingly common, and being left untreated for so long, or, if treated at all, subjected to the dirty, irritating applications of the native doctors, they come to us in very aggravated forms.

As hinted above, venereal diseases are exceedingly prevalent, but as they occur only in the forms that are prevalent here, no special description is necessary. Skin diseases are common in about the same ratio as in other lands, eczema leading easily, with scabies as a good second. We have found no other remedy for this so thorough and so rapid in its action as the golden wash, consisting of a solution of calcium sulphide, made by boiling together in water equal parts of slaked lime and sulphur.

Leprosy has gained a strong foothold in the south of the peninsula. It presents the usual varieties and aspects described in the text-books, viz., tubercular or nodular, anesthetic, or nerve leprosy, and mixed.

While the uninitiated may find difficulty in diagnosing this disease, especially in its early manifestations, experience gives great facility in recognizing it, because of its very definite symptoms. The first of these to be developed is probably the anesthesia. This occurs in isolated spots, can almost always be found, and is generally considered to be pathognomonic in suspected cases, suspicion being aroused by a peculiar appearance of the face caused by a thickening of the skin of the lower half of the forehead, producing the so-called "leonine" countenance. A feature that strikes one forcibly is the aged expression of the face, a man of twenty years often having the appearance of fifty. This is caused by the wrinkling and thickening of the skin of the face, produced by the deposit of the so-called tuberculous matter in it.

Like the leprosy of other countries, that in Korea is apparently only slightly contagious, for it spreads very slowly, and one case of a boy of about seventeen years of tge was brought to me, who had suffered from the disease for seven years, during which time he had lived at home in one of the small houses I have described, in close contact with other members of the family, without any others developing the disease, and this is not an isolated example of such incidents. The development of the disease itself is also very slow, extending in many cases over a period of many years, the patients more often succumbing to other intercurrent troubles, to which the weakened resistance of the tissues renders the victim an easy prey. I should judge that this is the more common end of those unfortunates.

While an occasional case is found northwards, the disease is practically confined to the southern province, and to a somewhat circumscribed locality, so that it would appear to be dependent upon some undetermined conditions of soil (?). I have tried various methods of treatment, and find that the progress of the disease is favorably influenced by removal of the patient to an uninfected district, by attention to cleanliness, and by good food, and that while I have seen no instances of complete cure, I have seen very marked improvement follow the use of anti-syphilitic remedies, more especially perchloride of mercury,. under the influence of which, in doses of gr. 1-20th three times a day, I have observed severe ulcerations heal up, deposits in the skin become much thinner, the patient resume a younger and brighter aspect, and all the symptoms become markedly changed for the better, but the improvement invariably stopped short of recovery.

I have observed a peculiar disease, the English name of which I do not know. I have been unable to tabulate it under any of our lists. The natives speak of it as "tojil," which means place disease, as they believe it to be caused by drinking the water of certain localities. It appears to be distributed over the central and southern districts, but is limited to certain localities in these districts, and in those special localities a considerable number are affected. It is a chronic disease which runs a course of years before it destroys the patient, which it does in much the same way as pulmonary tuberculosis. The first symptoms are slight cough, with a little expectoration and slight general debility, but as the disease advances the cough becomes more troublesome, and the expectoration, which is more profuse and purulent, is tinged with blood, fresh and decomposed, and is foul-looking and foul-smelling. At the same time the ends of the fingers become clubbed in a marked degree, and form one of the most characteristic features of the condition. I have not observed in any cases any rise of temperature, there is absence of the hectic flush of phthisis, and although there is considerable debility, this is not nearly so prominent a feature as one would expect from the amount of cough and expectoration. I have made frequent microscopic examination of the sputum, but have failed to discover the bacillus of tubercle, as has at least one other observer. I do not remember having seen any definite improvement from any of the lines of treatment I have attempted, and the natives do not appear to know of any successful remedy.

Beriberi is found in Korea, but appears to be practically confined to the Japanese residents. It follows the lines described in the text-books, but can scarcely be caused by the rice and fish diet, as this same diet is used by the Koreans, who are free from the disease.

Of the eruptive fevers, smallpox is the most common, almost all children having it before they are six years old, many families being childless because of it. So certain are they that their children will contract it, and so great is the death-rate, that mothers scarcely think it worth while to reckon as definite members of the family such children as have not yet had it.

Vaccination has been introduced, and has been so successful that many families have grown up of recent years untouched, as a result of which it is fast becoming popular, although prejudice dies as hard there as here. The foreigners, depending upon their vaccination, pay little attention to it, going in and out amongst it without fear.

It is said by anti-vaccinationists that vaccination is not a reliable protective, because sometimes those who have been vaccinated contract smallpox, but this argument is not effective, because even the disease itself, while almost always protective against a second attack, is not invariably so. I treated a case of this disease at our hospital in a young man who had previously had it, but in spite of his former attack, and in spite of treatment, the eruption became confluent and the patient died.

Scarlet fever and diphtheria are not prevalent, though they do occur, but measles are as general as in this land, and whooping cough is also quite common. Asiatic cholera is not endemic, but is epidemic every few years. I went through one epidemic of it, and shall be quite satisfied not to repeat the experience. I can see even yet the rows of blue, cold, clammy, shrivelled, pulseless patients lying on the floor of the· temporary hospital, vomiting, purging, crying out with pain, drawing up their cramped limbs, or tossing about with extreme restlessness, while the attendants passed from one case to another, rubbing the limbs and trying to maintain the circulation until the crisis should pass. I can see the dead being carried out to the improvised morgue, to be wrapped in straw mats and borne away to burial, while the vacant places on the floor were filled by new-comers equally blue and pulseless as they had been. I can see the troubled looks of the doctors as they looked over the records and found a death-rate of 97 per cent., and wondered if nothing could be done to improve it.

All the remedies recommended by various writers were tried, but all seemed equally useless until we got the patients into better quarters where external heat could be used, and then a change came, and the death-rate fell to 65 per cent. The better quarters I refer to consisted of small rooms, having stone floors heated from below, so that the patient lying on the floor could be kept fairly warm and the vitality preserved until the severity of the. disease had passed. We thought that salol as of definite assistance when administered in. 10-gr. doses every one or two hours, in conjunction with the supply of external heat, but the progress of the disease is so rapid, and the mucous membrane of the digestive tract is throwing out material at such a rate that absorption of medicines and. food probably scarcely takes place at all, and greater success comes from recognizing that fact and endeavoring to bring about a reaction and support vitality by the application of heat and friction of the surface than by relying on internal medication.

Thirst is one of the most troublesome symptoms, and although the patient is so cold externally, he will beg for copious drinks of cold water which, being promptly ejected, only adds to the certainty of more rapid collapse, but the slow sucking of bits of rice and the sipping of cold aerated drinks appear to give decided relief from vomiting and thirst. As the result of my summer's experience with the disease, if I were to be treated for it I would prefer to trust myself to clean, warm surroundings, application of plenty of external heat, high lavage of the bowels frequently administered, and free subcutaneous injections of saline solution, than to the administration of any or all the drugs of the pharmacopeia.

Dysentery is one of the plagues of Korea, is often, very stubborn and as in other tropical and sub-tropical countries, is not infrequently followed by hepatic abscess. Two of the foreign trained nurses located in Seoul died of that complication. In such cases we prefer to operate as soon as the presence of pus is determined. The last case that came under my notice was a very severe one. The patient was brought in with a history of having slept on a cold floor one night, resulting in the onset of a chill, since which tine he had grown worse until he· reached his present condition which was as follows: Very anemic; general edema very great, even his face being much swollen; great dyspnea with cough and abundant purulent and brownish expectoration; left lung with a large cavity; right lung almost solidified from compression; apex beat of heart in left axillary line; marked bulging over liver region, with liver dulness extending from between third and fourth ribs above to the level of the antero-superior iliac spine below, over all of which region he complained of pain and evinced tenderness on percussion; temperature variable; hectic flush frequent, with cold clammy perspiration in the intervals; pulse very rapid and sometimes difficult to find because of weakness and the edema. Aspiration obtained pus such as is usually found in liver abscess, from a point three inches below the last rib and two inches in front of the right axillary line, and also from the seventh interspace, and the diagnosis was hepatic abscess, with perforation into the left lung. We hesitated to operate on what seemed to be a hopeless case, but he pleaded so hard for us to try, even though he should die on the table, that we gave him chloroform very carefully, and made a free opening into the liver just in front of the cartilages of the lower ribs, and evacuated a large quantity of pus and broken down tissue. The cavity was so large that I could pass into it a 9-in. dressing forceps and move it freely from side to side. I should not omit to say that firm adhesions had formed between the liver and abdominal wall, which rendered the operation a comparatively simple one. Having passed in two large rubber drainage tubes, we put on plenty of dressings and awaited results. During the night he almost died from collapse, which we thought was due partly to shock, but he rallied towards morning and when, on the second day, we attempted to wash out the cavity, we discovered the cause of the shock in an extensive hemorrhage into the abscess cavity, which stopped only when the lot completely filled it, but fortunately in time to prevent death. We had considerable difficulty in breaking up and removing this clot, but eventually succeeded. When the cavity had been cleared of solid matter, air passed freely in and out of the drainage tubes to and from the perforated lung.

Microscopic examination of the pus from the liver revealed no amebae, but only pus cells, liver cells, and broken down liver debris, while the sputum was of the same character. Recovery ultimately took place, and a letter received a few days ago spoke of him as being well and strong.

Fistula in ano is very common, and the cases are left untreated so long that they are sometimes very severe. In one case on which I operated the nates were so undermined with fistulae, all connected with one another in a net-work, that I was compelled to operate in stages, and by actual measurement I cut through over fifty feet of fistulae, and finally the buttocks were left covered with such a mass of nodules of cicatricial tissue that I had in the end to cut off almost all the skin and leave a smooth surface to heal by granulation.

Suicide is very frequently attempted. The importation and sale of opium is forbidden, but the Chinese often bring it in, and so this is a commonly used. poison for suicidal purposes. The choice of methods seems to vary at different periods. For several months, almost all the cases I arm called to have taken opium, then will follow a period of throat-cutting, then for months most of the cases have used concentrated lye. This is certainly one of the most fearful modes they could adopt, for great suffering is caused, death comes but slowly, and even when the life is for the time being saved, the gradual contraction of cicatricial tissue in the esophagus often causes slow starvation and a terrible death.

One of these cases, an otherwise healthy young married woman, permitted us to attempt gastrostomy, which was successful, and she is still living after a period of two years, as strong and hearty as ever. She masticates her food and then transfers it into her stomach through a small rubber funnel taken from a stomach siphon. During the intervals between meals she stops up the opening with a glass stopper taken from a Worcestershire sauce bottle, held in place by a bandage.

All forms of eye disease come before us, but the most common is conjunctivitis, which is often a result of want of cleanliness. Next to it is corneal ulcer, often of syphilitic origin. Cataract cases are abundant, and nearly all of them do well after operation. Many eyes àre lost from the inflammation accompanying smallpox, this being the ordinary cause of the great number of blind children that we meet.

Native Korean medical practice is a jumble of unscientific, haphazard attempts to interpret symptoms and administer remedies, the traditions of which have been handed down from the distant past by word of mouth, and in some cases by written description. The system has been obtained from China, and is similar to that in vogue there. There are two classes of doctors, one of them using medicines only, for the cure of all kinds of cases, the other despising medicines, and putting his faith in acupuncture, letting out through the little holes made by the needles the humors or disturbing influences which have caused the disease. Patients frequently survive both the medicines of the one and the operations of the other, but not always, for the latter gentlemen have no scruples about inserting their needles into joints and muscles, or even the abdominal cavity, and as their knowledge of bacteriology and the need for cleanliness is yet a minus quantity, their dirty needles often cause abscesses and inflammations which do great damage or even cause death.

They have no knowledge of anatomy, and therefore never attempt surgery, so in that line the foreign physician has a clear field. Prejudice in favor of their own methods is still strong in the minds of the majority of the people, and many consent to give the foreign doctor a trial only when they realize that death is threatening them in spite of their own doctor's efforts.

19000500

한국의 선교. 1900년 5월 총회에 제출된 미국 북장로교회
해외선교본부 제63차 연례 보고서, 157, 159, 162, 168쪽

157쪽

한국의 선교

서울: 수도, 서해안 근처에서 한강 옆에 위치해 있으며, 상업 항구인 제물포에서 내륙으로 25마일 떨어져 있다. 1884년 선교부가 시작됨. 선교사 - 신학박사 H. G. 언더우드 목사 부부, *D, L. 기포드 목사 부부, S. F. 무어 목사 부부, F. S. 밀러 목사 부부, C. C. 빈튼 박사 부부, O. R. 에비슨 박사 부부, 제임스 S. 게일 목사 부부, 알프레드 M. 샤록스 박사 부부, S. A. 도티 양, C. C. 웸볼드 양, 엘렌 스트롱 양, 조지아나 화이팅 박사, E. L. 쉴즈 양, E. H. 필드 박사, 그리고 새러 H. 너스 양.

(중략)

귀국 중: F. S. 밀러 목사 부부, C. C. 빈튼 박사 부부, O. R. 에비슨 박사 부부, 윌리엄 M. 베어드 목사 부부, J. E. 애덤스 부인, J. S. 게일 부인

(중략)

159쪽

서울의 O. R. 에비슨 박사 가족과 F. S. 밀러 목사 가족, 또한 대구의 J. E. 애덤스 부인이 건강상 문제 때문에 정규 안식년 이전에 귀국해야 하였지만, 많은 수의 사역자를 고려할 때 한국의 선교 인력들은 전체적으로 좋은 건강과 원기를 유지하고 있다.

(중략)

160쪽

회계연도 중에 사택이 완성되었으며, "제이콥슨 기념 사택"으로 불릴 것이다. 기금은 서울 제중원에 고용된 첫 정규 간호원으로, 많은 자기희생으로 충실하게 임무를 수행하다 사망한 제이콥슨 양을 기리기 위해 유티카 노회의 장

제5부 에비슨의 첫 안식년과 새 병원 건립을 위한 진통

그림 5-24. 제이콥슨 기념 사택

로교회 선교회가 주로 마련하였다. 지금 그곳에는 필드 박사와 쉴즈 양이 살고 있으며, 병원과 책임 의사 에비슨 박사 사택 근처에 있다.

전도 사역

서울

162쪽

　장연읍 회중은 외국인 의사로부터 의약품을 얻을 목적으로 언더우드 박사와 에비슨 박사에게 순회 여행 때 방문해 달라고 요청한데서 시작되었다. 그들은 위대한 의사에 대해서도 알게 되었다.

(중략)

의료 사업

168쪽

　서울 제중원의 의료 사업은 O. R. 에비슨 박사가 안식년으로 귀국하여 곤란을 겪고 있다. 빈튼 박사는 일주일에 세 번씩 방문하여 잠시 동안 병원의 부분적인 책임을 맡았으며, 11월에 그가 안식년으로 귀국하자 새로 도착한 선교사인 샤록스 박사는 언어에 대한 지식이 없이 아마도 통역을 통해 일을 하면서 병원과 관련을 맺었다. 하지만 에바 H 필드 박사는 정규 간호원인 에스터 L. 쉴즈 양의 도움으로 병원의 주요 책임을 맡았으며, 병이 나 잠시 중단되었던 것을 제외하고 업무를 계속하였다. 전국의 한국인, 또한 일본인, 중국인 및 러시아 인이 병원의 도움을 받았다. 쉴즈 양은 자신의 업무의 한 부분으로 병원 소년 (의학) 강습반을 갖고 있었는데, 병원에서 뿐 아니라 어느 곳에서든지 환자를 적절하게 돌보는 법, 그리고 외과 수술을 위한 환자 준비 등에 대하여 강의하였다.

(중략)

Mission in Korea.

Sixty-third Annual Report of the BFM of the PCUSA. Presented to the General Assembly, May, 1900, pp. 157, 159, 162, 168

p. 157

Mission in Korea.

Seoul: the capital, near the western coast, on the Han River and 25 miles overland from the commercial port, Chemulpo; Mission begun in 1884; missionaries - Rev. H. G. Underwood, D. D., and Mrs. Underwood, *Rev. D, L. Gifford and Mrs. Gifford, Rev. S. F. Moore and Mrs. Moore, Rev. F. S. Miller and Mrs. Miller, C. C. Vinton, M. D., and Mrs. Vinton, O. R. Avison, M. D., and Mrs. Avison, Rev. Jas. S. Gale and Mrs. Gale, Dr. Alfred M. Sharrocks and Mrs. Sharrocks, Misses S. A. Doty, C. C. Wambold, Ellen Strong, Georgiana Whiting, M. D., E. L. Shields, E. H. Field, M. D., and Sarah H. Nourse.

(Omitted)

In this Country: Rev. F. S. Miller and Mrs. Miller, Dr. C. C. Vinton and Mrs. Vinton, Dr. O. R. Avison and Mrs. Avison, Rev. Wm. M. Baird and Mrs. Baird, Mrs. J. E. Adams, Mrs. J. S. Gale.

(Omitted)

p. 159

Considering the large number of laborers, the missionary force in Korea has on the whole enjoyed a good degree of health and strength, though the families of Dr. O. R. Avison and Rev. F. S. Miller, of Seoul, and also Mrs. J. E. Adams, of Taiku, have been obliged to return home before the time of their regular furlough on account of sickness.

(Omitted)

p. 160

During the year a house has been completed, to be known as the "Jacobson Memorial Home." The money was contributed chiefly by the Presbyterial Society of Utica Presbytery, in memory of Miss Jacobson, the first trained nurse employed at the Government Hospital in Seoul, who died while faithfully discharging her duties with much self-sacrifice. It is now occupied by Dr. Field and Miss Shields, and is adjacent to the hospital and residence of Dr. Avison, physician in charge.

(Omitted)

Evangelistic Work.
Seoul.

p. 162

The Chang Yun Eub congregation owes its origin to a visit which a company of men had made upon Dr. Underwood and Dr. Avison, then on an itinerating tour, for the purpose of getting medicine from the foreign physician. They had also learned of the Great Physician.

(Omitted)

Medical Work.

p. 168

Medical work in the Government Hospital in Seoul has suffered from the absence of Dr. O. R. Avison on furlough. For a part of the time Dr. Vinton had partial charge of the hospital, which he visited three times a week, and since his return on furlough in November, Dr. Sharrocks, a newly arrived missionary, without knowledge of the language, has been connected with the hospital, working supposably through interpreters. Dr. Eva H. Field, however, aided by Miss Esther

L. Shields, as trained nurse, has had principal charge of the hospital, and has continued in the work with the exception of a brief interruption from sickness. Koreans from all parts of the country, as well as Japanese, Chinese and Russians, have availed themselves of the advantages of the hospital. Miss Shields, as a part of her work, has had a class of hospital boys whom she has instructed in proper methods of caring for the sick not only in the wards but elsewhere, and also in the work of preparing patients for surgical operations.

(Omitted)

한국. L. H. 세브란스 씨, 병원 건축 제안에 응하다. 미국 북장로교회 해외선교본부 실행이사회 회의록 (1900년 5월 15일)

한국. L. H. 세브란스 씨, 병원 건축 제안에 응하다. 선교본부는 선교본부의 승인으로 한국에 새 병원을 건축하겠다는 L. H. 세브란스 씨의 약속을 대단히 만족스럽게 들었으며, 담당 총무에게 관대한 기부에 대해 세브란스 씨에게 선교본부의 다정한 감사를 표해 줄 것을 요청하였다.

Korea. Mr. L. H. Severance, Offer to Build Hospital Acceded.
Minutes [of Executive Committee, PCUSA], 1837~1919
(May 15th, 1900)

Korea. Mr. L. H. Severance, Offer to Build Hospital Acceded.. The Board having heard with much satisfaction that Mr. L. H. Severance had promised to build a new hospital in Korea, with the Board's approval, the Secretary in Charge was asked to extend the cordial thank of the Board to Mr. Severance for the generous gift thus indicated.

프랭크 F. 엘린우드(미국 북장로교회 해외선교본부 총무)가 한국 선교부로 보낸 편지 (1900년 5월 15일)

(중략)

지난 편지에서 내가 쓴 바와 같이 우리는 부지와 관련한 추가적인 예산을 만들었습니다. 나는 에비슨 박사가 병원[건립]을 위한 모금을 확보할 전망이 있다고 말하게 되어 기쁩니다. 병원을 옛 대지에 지을 지 혹은 새로운 부지에 지을지는 이제 그와 선교부가 다루어야 할 문제입니다.

(중략)

Frank F. Ellinwood (Sec., BFM, PCUSA), Letter to the Korea Mission (May 15th, 1900)

(Omitted)

We have, as I wrote you in the last letter, made additional appropriations in the line of property. I am glad to say that there is prospect that Dr. Avison will secure money for a hospital. Whether this shall be built upon the old premises, or on some new lot is a question now for him and the Mission to deal with.

(Omitted)

단신. *Pittsburgh Daily Post* (펜실베이니아 주 피츠버그)
(1900년 5월 16일), 4쪽

단신

세인트루이스에서 개최될 장로교회 총회에 참석할 대표 중에서 어제 밤 유니온 역(驛)을 떠난 사람은 캐나다 토론토의 O. R. 에비슨 박사이었다. 에비슨 박사는 자신이 6년 이상 미국 장로교회 해외선교본부의 선교사로 활동하였던 한국에서 최근 귀국하였다. 그는 왕립병원의 책임을 맡고 있다. 그는 7월에 밴쿠버에서 출항하여 선교지로 귀환할 예정이다.

Bright Bits of News and Gossip.
Pittsburgh Daily Post (Pittsburgh, Pa.) (May 16th, 1900), p. 4

Bright Bits of News and Gossip

Among the delegates to the general assembly of the Presbyterian Church at St. Louis who left Union station last night was Dr. O. R. Avison, of Toronto, Canada. Dr. Avison has lately returned from Korea, where he represented the American Presbyterian board of foreign missions for over six years. He had full charge of the Royal Korean hospital. He will return to his missionary duties in July, sailing from Vancouver.

19000517

장로교회 총회. *St. Louis Daily Globe-Democrat*
(미주리 주 세인트루이스) (1900년 5월 17일), 5쪽

장로교회 총회
제112차 총회가 (이곳에서) 처음으로 오늘 열린다.

채울 직책에 대한 상당한 관심 - 의장과 서기가 선발된다 - 두 자리를
위한 많은 후보자

오늘 아침 11시에 제112차 장로교회 총회가 콤프턴 및 워싱턴 애버뉴 교
회에서 개최될 예정이다.

(중략)

총회에 의해 세인트루이스를 방문한 선교사들 중에 자신의 이름을 등록한
사람은 다음과 같다.

...... C. C. 빈튼, 한국 서울; ...... O. R. 에비슨, 한국 서울

Presbyterian Assembly. *St. Louis Daily Globe-Democrat*
(St. Louis, Missouri) (May 17th, 1900), p. 5

Presbyterian Assembly

The 112th General Session Meets for the First Time To-day.

Considerable Interest Attaching to the Offices to Be Filled – Moderator and
Permanent Clerk to Be Chosen – Many Candidates for Both of the Positions.

At 11 o'clock this morning the 112th general assembly of the Presbyterian
Church in the United States will be convened in the Compton and Washington
Avenue Presbyterian Church.

(Omitted)

Among the missionaries who have been attracted to St. Louis by the general
assembly and who have registered their names, are the following:

...... C. C. Vinton, Seoul, Korea; ...... O. R. Avison, Seoul, Corea.

19000519

올리버 R. 에비슨(미주리 주 세인트루이스)이
프랭크 F. 엘린우드(미국 북장로교회 해외선교본부 총무)에게 보낸
편지 (1900년 5월 19일)

제112차 총회
워싱턴 및 콤프턴 가(街)
장로교회

신학박사 프랭크 W. 스니드 목사
W. C. 버틀러, 대회 서기

세인트루이스,
1900년 5월 19일

신학박사 F. F. 엘린우드 목사,
　　뉴욕 시

친애하는 엘린우드 박사님,

　　토론토로 보내신 박사님의 편지가 이곳의 저에게 배달되었습니다. 저는 세브란스 씨가 기부금을 제의하도록 인도하신 하나님께 대단히 감사를 드립니다. 저는 금액의 배분에 대하여 말씀하신 것을 인식하고 있으며, 그것을 대단히 면밀하게 숙고하고 결국 하나님께서 우리를 어떤 방향으로 인도하시건 채택할 준비가 되어 있습니다.

　　최종 결과가 무엇이든 지금 당장 저는 박사님께서 하실 것처럼 보이는 것 같이 문제를 보고 있지 않습니다. 저는 이곳에 있는 총무들 및 세브란스 씨와 논의를 할 것이며, 우리는 사방에서 제기되는 물음에 대하여 살피도록 노력할 것입니다.

　　그 동안 저는 우리 계획이 실행되는데 필요한 경비를 제공함으로써 우리의 계획을 승인하여 하나님께서 우리에게 열정을 주신 것에 대한 감사함으로 충만해 있으며, 하나님께서 우리가 설립해야 할 병원의 성격에 관하여 인도함이 없이 우리를 떠나시지 않을 것으로 확신하고 있습니다.

　　안녕히 계십시오.
　　O. R. 에비슨

Oliver R. Avison (Saint Louis, Mo.),
Letter to Frank F. Ellinwood (Sec., BFM, PCUSA) (May 19th, 1900)

112th General Assembly

Washington and Compton Avenue

Presbyterian Church

Rev. Frank W. Sneed, D. D., Pastor

W. C. Butler, Clerk of Session

St. Louis,

May 19th, 1900

Rev. F. F. Ellinwood, D. D.,

New York City

Dear Dr. Ellinwood: -

Your letter sent to Toronto has come on to me here. I am very grateful to God for the contribution that Mr. Severance has been led to offer. I note what you say about the division of the amount and am prepared to weigh it very carefully and to adopt in the end whatever course God may guide us into.

Just at present, whatever the final outcome may be, I do not see the matter just as you appear to do. I shall consult with the secretaries here & with Mr. Severance, who is here, and we will try to look at the question from all sides.

In the meantime I am filled with gratitude that God has given us the zeal of His approval of our plans by providing the money required to carry them into effect and am confident that He will not now leave us without guidance as to the character of the hospital we should establish.

Yours very sincerely,

O. R. Avison

현재 세인트루이스에 체류 중인 선교사가 이야기한 것. *St. Louis Post-Dispatch* (미주리 주 세인트루이스) (1900년 5월 20일), 25쪽

현제 세인트루이스에 체류 중인 선교사가 이야기한 것.
O. R. 에비슨 박사, 한국 왕의 시의

지난 6년 동안 나는 한국에서 선교사이었으며, 이름이 '이(李)'인 왕 혹은 황제의 의사이었다. 이러한 직책으로 나는 많은 예외적인 경험을 하였는데, 가장 흥미로운 것은 왕비의 시해 직후인 1895년에 일어났다. 이(李)는 약 47세이며, 신경질적이고 화를 내기 쉬운 기질을 가졌다. 왕비는 청일전쟁이 끝난 후 10월에 일본의 계략에 의해 살해당하였다.

11월 수도 서울의 선교사들과 외국인들은 왕에게 해(害)가 가해지지 않는지 알기 위해 교대로 왕을 호위하였다. 우리는 2명이 함께 매일 밤 궁궐에서 우리의 도움이 필요할 왕 근처에 있었다. 나는 그의 주치의이었으며, 따라서 왕실 사람들과 친하였다.

왕에 대해 적대적인 내각은 그로부터 많은 권한을 빼앗았다. 11월 말 왕의 지지자들은 밤에 궁궐로 들어가 실제적으로 왕을 구류하고 있는 내각 대신들을 죽이고, 황제의 사람들을 손아귀에 넣어 그에게 다시 한 번 진정한 힘을 주려 모의하였다.

나와 다른 두 명의 선교사들은 그날 밤 임무를 맡았으며, 그 일이 시도될 때 현장에 있었다. 나는 그 날 밤을 왕의 처소에서 그와 함께 보냈다.

왕의 힘을 복구하려는 시도는 근위대 대장의 배신이 없었다면 성공하였을 것이다. 대장은 음모자들과 함께 할 것으로 생각되었지만, 거짓임이 들어났고 침입자들이 궁궐 앞에 도착하였을 때 자신의 군대를 준비시켜 계획을 좌절시켰다.

왕의 지지자들은 궁궐의 외곽 벽에 달라붙어, 안으로 뛰어 내렸다. 기다리고 있는 대장 휘하의 병사들은 각 사람이 땅에 닿자마자 생포하여 감방에 처넣었고 확실하게 문을 잠갔다. 담장을 타고 오르고 있던 곳과 왕의 개인 처소는 거리가 짧았으며, 우리는 소음을 들을 수 있었고 진행되고 있던 혼란을 조금은 파악할 수 있었다.

왕은 상황을 파악하지 못하고 대단히 두려워하였으며, 자신의 경호대가 자신을 죽일 준비를 하고 있지 않을까 무서워하였다.

총리대신은 왕이 궁궐의 다른 처소로 가도록 설득을 시도하였지만 그(왕)는 그것을 거절하였다. 그는 신중하였고 주의 깊었다. 결국 총리대신과 조력자들은 완력을 휘두르기로 결정하였다. 그들은 왕을 붙잡고 그를 방에서 빼내기 위해 잡아당겼다. 한국의 왕과 왕세자는 팔로 나와 다른 두 명의 미국인 선교사를 잡고 있었고, 필사적으로 버티고 있었다. 우리가 생각을 바꾸지 않자, 담장을 타고 오르고 있는 왕의 후원자들의 수중에 있게 되지 않도록 궁궐의 다른 곳으로 데려 가려는 시도는 실패하였다.

세 미국 선교사가 한국의 황제와 총리대신이자 실제적으로 그의 교도관 사이에 서있는 것은 기묘한 광경이었으며, 그것은 말하자면 통치자의 비참한 수족에 매달려 있는 밀집 같았다.

왕의 거처에서 왕, 왕세자, 그리고 우리를 끌어당길 수 없다는 것을 알게 되자 총리대신과 그의 조력자들은 결국 단념하였다. 그들은 왕의 안녕을 갈망하였으며 그를 보호 하고 싶었다고 거짓말하였다.

얼마 후 내각은 우리가 왕을 도운 것에 대해 공식적으로 우리에게 감사를 표하였지만, 우리는 대신들의 감사를 간파할 수 있었다.

Stories Told by Missionaries who are Now in St. Louise. *St. Louis Post-Dispatch* (St. Louis, Missouri) (May 20th, 1900), p. 25

Stories Told by Missionaries who are Now in St. Louise.

By Dr. O. R. Avison, Physician to the King of Corea

For the past six years I have been a missionary in Corea and have been physician to the King or Emperor, whose name is Ye. In this position I have had many unusual experiences, the most interesting of which occurred in 1895, shortly after the assassination of the Queen. Ye is about 47 years old and a man of nervous, excitable temperament. The Queen was assassinated through the intrigues of the Japanese, in October, after the Chino-Japanese war. Those were stirring times.

In November the missionaries and other foreigners at Seoul, the capital, took turns as guards for the King, to see that no harm befell him. We remained in the palace two together each night to be near the King should be need our services. I was his physician and therefore close to the royal personage.

A cabinet hostile to the King had been formed, which deprived him of much of his power. At the end of November a conspiracy was organized by the friends of the king to enter the palace by night, kill the cabinet ministers, who practically held the King in custody, take possession of the imperial person and give him real power again.

Two other missionaries and myself were on duty that night and were present when the attempt was made. I spent the night with the king in his private room.

The attempt to restore the King to power would have been successful had it not been for the treason of the chief of the royal guards. The chief was supposed to be with the conspirators, but he proved false, and when the invaders arrived before the palace he had his troops ready and frustrated the scheme.

A large party of the King's friends scaled the outer wall of the palace grounds and dropped down inside. As each man touched the ground he was seized by the chief's soldiers in waiting and was hustled to the prison room and securely locked up. It was but a short distance from the point of scaling the wall to the King's private apartments, and we could hear the noise and partly comprehend the confusion that was going on.

The King was terribly frightened, not understanding the situation, and fearing that his own guards were preparing to take his life.

The prime minister attempted to persuade the King to go into another apartment of the palace, but he declined the invitation. He was wary and watchful. Finally the prime minister and his assistants determined to use force. They grabbed the King and tried to pull him out of his room. In this extremity the King of Corea and the crown prince, who was present, caught hold of me and the other two American missionaries and held on for dear life. As we refused to budge, the attempt to get the King to a part of the palace where he would be less liable to fall into the hands of his friends, who were scaling the walls, failed.

It was a peculiar spectacle, that of three American missionaries standing between the Emperor of the Corean Islands and his prime minster and practical jailer, and being used as straws to cling to, so to speak, in the ruler's dire extremity.

Finding that they could not pull the King, the crown prince and ourselves all in a bunch out of the royal apartment, the prime minister and his helpers finally desisted. They pretended that they had been solicitous for the King's welfare and wanted to protest him.

A little later the cabinet formally thanked us for having helped the King as we did, but we were able to see through the gratitude of the ministers.

1900년 5월 20일 볼티모어 우체국에 보관 중인 편지 목록.
The Sun (메릴랜드 주 볼티모어) (1900년 5월 21일), 1쪽

다음 목록의 편지를 필요로 하는 사람들은 공시되었다고 이야기 해주세요, 그렇지 않으면 받지 못할 수도 있습니다.

다음의 규칙을 살펴보면 집배원에 의한 무료 배달이 가능할 수 있다. .....

남자 목록

......

에비슨, 박사 O. R.

......

List of Letters Remaining in Baltimore Postoffice, May 20, 1900.
The Sun (Baltimore, Md.) (May 21st, 1900), p. 1

Persons calling for letters in the following list will please say they are advertise, otherwise they may not receive them.

Free delivery of letters by carriers at the residences of owners may be secured by observing the following rules: .....

Men's List

......

Avison, Dr. O. R.

......

회의록, 한국 선교부 서울 지부(미국 북장로교회) 1891~1921
(1900년 5월 21일)

(중략)

7월 초쯤 북쪽으로 가기위해 (제중원을) 떠나는 것을 허가해 달라고 요청하는 샤록스 박사로부터의 편지가 낭독되었으며, 승인되었다.

(중략)

Minutes, Seoul Station, Korea, 1891~1921 (PCUSA) (May 21st, 1900)

(Omitted)

A communication was also read from Dr. Sharrocks asking permission to leave for the north sometime early in July - Granted.

(Omitted)

19000522

제임스 S. 게일(서울)이 프랭크 F. 엘린우드(미국 북장로교회 해외선교본부 총무)에게 보낸 편지 (1900년 5월 22일)

(중략)

제가 부재중일 때 무심결에 병원에서 발생한 화재로 인한 피해를 보수하기 위해 청구하였던 특별 예산이 누락되었습니다. 그것은 평양과 서울 선교지부에서만 검토되고 승인된 것이며, 작년도 예산에서 이미 지급되었지만 이제야 그것을 보냅니다.

(중략)

샤록스 박사 부부는 7월 초에 북쪽으로 갑니다. 그들은 훌륭한 사람들이며, 선교 인력에 큰 보탬이 되고 있습니다. 저는 그들이 이곳에 남으면 좋겠지만, 조만간 밀러 가족과 에비슨 가족을 이곳에서 다시 만날 것입니다.

James S. Gale (Seoul),
Letter to Frank F. Ellinwood (Sec., BFM, PCUSA) (May 22nd, 1900)

(Omitted)

By some oversight during my absence, a request for special appropriation to repair damage done by fire at Hospital was overlooked. It was seen only by Pyeng Yang and Seoul and sanctioned, so 1 send it now though the amount has already been paid on last year's account.

(Omitted)

Dr. and Mrs. Sharrocks go north early in July. They are fine people and are a great addition to the force. 1 wish they were to remain here, but we hope to have the Millers and Avisons here soon again.

(Omitted)

19000524

해외 선교사 모임. *St. Louis Globe-Democrat* (미주리 주 세인트루이스) (1900년 5월 24일), 5쪽

해외 선교사 모임

어젯밤 워싱턴 및 콤프턴 애버뉴 교회에서 열린 대중 모임에서 해외 선교가 논의되었다. 이 주제는 아침에 총회에서 진행되었으며, 어젯밤 연자들은 상임 위원회의 추천에서 표시된 정서를 표현하였다. 뉴욕에서 가장 큰 교회 중 하나의 담임 목사인 신학박사 조지 알렉산더 목사가 의장을 맡았고, 연자 중에는 인도의 신학박사 조셉 P. 그레이엄 목사; 전(前) 아프리카의 신학박사 R. H. 내소 목사; 인도의 신학박사 J. C. 일리, 한국의 O. R. 에비슨 박사; 중국의 신학박사 존 H. 로플린 목사, 그리고 시리아의 신학박사 윌리엄 제섭 목사 등 많은 해외 선교사들이 있었다.

Foreign Missionary Meeting. *St. Louis Globe-Democrat* (St. Louis, Missouri) (May 24th, 1900), p. 5

Foreign Missionary Meeting

Foreign missions were discussed at a popular meeting held at the Washington and Compton Avenue Church last night. This subject had occupied the assembly in the morning, and the speakers last night voiced the sentiments expressed in the recommendations of the standing committee. Rev. Dr. George Alexander, pastor of one of the largest churches in New York, presided, and among the speakers were a number of foreign missionaries, including Rev. Dr. Joseph P. Graham, of India; Rev. Dr. R. H. Nassau, formerly of Africa; Rev. Dr. J. C. Ely, of India; Rev. Dr. O. R. Avison, of Corea; Rev. Dr. John H. Laughlin, of China, and Rev. Dr. William Jessup, of Syria.

19000528

J. 헌터 웰즈(평양)가 프랭크 F. 엘린우드(미국 북장로교회 해외선교본부 총무)에게 보낸 편지 (1900년 5월 28일)

(중략)

우리는 올해 연례회의가 이곳 평양에서 개최될 것이라는 사실에 행복합니다. 에비슨 박사가 정성들여 만든 서울의 병원 계획은 평양 지부의 정서가 기준이 된다면 선교부의 승인을 받지 못할 것입니다. 우리 모두는 서울에 타당하고 적절한 의료 선교 기지를 보고 싶습니다만 그 계획과 이에 대한 정서는 그 기관을 운영하는데 매년 5,000에서 6,000엔 이상의 예산과, 게다가 추가로 한 두 명의 외국인 간호사와 에비슨 박사를 도울 다른 의사의 필요성을 선교부와 선교본부에 지우게 될 것이라는 점입니다.

(중략)

J. Hunter Wells (Pyeng Yang),
Letter to Frank F. Ellinwood (Sec., BFM, PCUSA) (May 28th, 1900)

(Omitted)

We are happy over the fact that the Annual Meeting this year is to be held here in P. Yang. Dr. Avison's elaborate plans for a hospital in Seoul will not meet with Mission approval if the sentiment of P. Yang station is to be a criterion. We all want to see a proper and suitable medical missionary plant in Seoul, but it seems from plans and sentiments furnished that the idea is to saddle on the Mission and Board an institution that will require a yearly appropriation of from 5,000 to 6,000 yen or more to run it, besides a couple of more foreign nurses and another doctor as an assistant to Dr. Avison.

(Omitted)

19000618

회의록, 한국 선교부 서울 지부(미국 북장로교회) 1891~1921
(1900년 6월 18일)

(중략)

비공식 회의에서 병원 부지 문제에 관한 일을 처리하도록 임명된 언더우드 박사, 필드 박사, 샤록스 박사, 그리고 게일 씨로 구성된 위원회는 남대문 바깥의 언덕이 적합하다고 주의를 환기시키는 보고서를 작성하였다.

병원의 위치가 변동되지 않는 경우, 지부는 여자 전도 사역자들이 사용할 부지로 가톨릭 교회(명동 성당) 맞은편의 여자 사택77) 동쪽의 부지 구입을 찬성한다는 동의가 있었고 통과되었다.

병원의 위치가 변동되는 경우, 지부는 남대문 바깥의 남묘(南廟) 북쪽의 부지를 선호한다는 동의가 있었고 통과되었다.

(중략)

---

77) 제이콥슨 기념 사택을 말한다.

(Omitted)

A report was made by a committee appointed at an informal meeting consisting of Dr. Underwood, Dr. Field, Dr Sharrocks and Mr. Gale on the matter of Site for Hospital calling attention to a hill outside of the South Gate as being suitable.

It was moved and carried that in case the Hospital be not changed that the Station favor purchase of the lost east of the Ladies Home and opposite the Roman Catholic Church lots used for the lady evangelistic workers.

Moved and carried that in case the Hospital be changed that the Station favor the site north of the Temple of the God of War outside the South Gate.

(Omitted)

사회 소식. *The Rideau Record* (온타리오 주 스미스 폴스)
(1900년 6월 21일), 9쪽

......

에비슨 박사의 아이들 네 명이 토요일 토론토로부터 마을에 도착하였으며, 몇 주일 동안 조부모인 S. M. 반스 부부를 방문할 것이다. 에비슨 박사 부부는 다음 주에 도착할 것으로 예상되며, 가족과 함께 다음 달 초에 한국에 있는 자신들의 집으로 떠날 예정이다.

......

The Social World.
The Rideau Record (Smith's Falls, Ont.) (June 21st, 1900), p. 9

......

Four of Dr. Avison's children arrived in town from Toronto on Saturday and will visit for a few weeks with their grandparents Mr. and Mrs. S. M. Barnes. Dr. and Mrs. Avison are expected next week and their intention is to leave with their family early next month for their home in Korea.

......

올리버 R. 에비슨(토론토)이 프랭크 F. 엘린우드(미국 북장로교회 해외선교본부 총무)에게 보낸 편지 (1900년 6월 23일)

토론토 팔러먼트 가(街) 225,

1900년 6월 23일

신학박사 F. F. 엘린우드 목사,

　뉴욕

친애하는 엘린우드 박사님,

　　가능한 한 빨리 한국으로 복귀하겠다는 우리의 열렬한 소망 때문에 이 편지를 쓸 때 저는 슬프고 유감스럽습니다.

　　아내가 뉴욕에서 돌아온 이후 저는 여러 마을에서 강연을 하고 총회에 참석하기 위해 미국에 3주 동안 체류하였습니다. 제가 집으로 돌아왔을 때 아내가 대단히 피곤해 보이는 것을 알게 되었습니다.

　　그녀는 회의의 참석이 당시 인식하였던 것보다 더 힘들다는 것을 알게 되었고, 저의 계속된 부재가 가족을 돌보는 모든 책임을 그녀에게 넘겨 버렸으며, 우리의 예정된 출발 날짜가 가까워지면서 여행을 위한 준비를 할 필요가 있게 되었는데, 아마도 그녀를 상당히 회복시키고 제대로 갈 수 있게 했을지도 모르는 휴식을 취할 수 없었습니다. 그 다음에 돌아온 지 3일 후에 저는 감기에 걸려 거의 1주일 동안 누워 있어야 했으며 상당히 약해져 이것이 그녀에게 상당한 부담을 추가하였고, 그래서 제가 다시 갈 수 있을 즈음 그녀가 상당히 쇠약해져 누워 있어야 했습니다. 이 동안 저는 7월 30일 출항하는 엠프레스 오브 인디아 호(號)에서 우리의 선실을 확보하기 위해 핸드 씨에게 편지를 보내었고, 그는 후에 그렇게 하였다고 저에게 알려주었습니다.

　　아내의 쇠약이 걱정되어 저는 우리가 가장 신뢰하는 의사이며 토론토 대학교 내과학 교수인 맥페드란 박사와 논의하였습니다. 그는 기질성 질환을 발견하지 못하였지만 그녀가 너무도 쇠약하여 강건해지는데 아마도 2~3개월이 필요할 것이라고 말하였습니다. 우리는 즉시 아이들을 몇몇 친구들에게 보냄으로써 그녀가 가능한 한 조용히 쉴 수 있도록 조치를 취하였고, 그녀는 점차 회복되어 지금 상당히 힘든 것을 견딜 수 있습니다. 저는 처음에 예상되었던 것 보다 더 빠르게 회복할 수 있다는 희망, 그리고 출항 시기의 변경이 필요하지 않기 때문에 일찍 편지를 쓰지 않았습니다. 그녀는 비록 점차 회복되고 있지만 7월 30일까지는 여행을 감당할 준비가 될 수 없다는 것이 자명하기에 저는 대단히 유감스럽지만 상황에 대한 박사님의 자문을 구하고 안식년을 조금만 연장해 주도록 요청하기 위해 편지를 씁니다. 우리는 3주일 후인 8월 20일 밴쿠버를 출항하는 다음 증기선을 탈 수 있을 것으로 희망하고 있으며, 그렇게 하면 우리가 연례회의에 맞추어 한국에 도착할 수 있을 것이지만 당연히 분명하게 말하기는 불가능합니다. 박사님은 무엇을 조언하시겠습니까? 우리가 3주일 연장을 요청하고, 그때 그녀의 상태가 좋지 않으면 다시 연장할까요 아니면 2개월[의 연장]을 요청하고 그 동안 가능한 가장 빠른 날짜에 떠날까요? 박사님의 판단에 따라 취해질 조치에 따르겠습니다. 이것에 대해 박사님을 돕고, 또한 그런 경우와 관련되는 규정에 부합하기 위해 저는 맥페드란 박사의 짧은 편지를 동봉하겠습니다.

우리는 다음 주 화요일 경에 토론토를 떠나 아이들을 친구들에게 맡긴 후 아내를 리도 호수의 조용한 한 곳으로 데리고 갈 것으로 예상하고 있는데, 저는 그녀가 그곳에서 야외 생활의 기운을 돋우는 효과와 책임감으로부터의 완전한 해방으로 아마도 빠르게 회복할 것으로 생각하고 있습니다.

우리는 서울 사역자들의 커다란 부족을 생각할 때 이러한 지연에 대해 특별히 유감스럽지만 하나님께서 우리가 일찍 안식년을 갖게 하신 것처럼 현명하게 해주실 것으로 믿습니다. 세브란스 씨의 초대로 저는 일주일 전에 클리블랜드를 방문하였는데, 그의 손님으로 3일을 보내었습니다. 개인적으로 그는 자신이 이사로 있는 아름다운 새 병원을 안내해 주었으며,[78] 가장 즐거운 방식으로 그의 가족으로 접대를 받았습니다.

일요일 저는 그가 다니는 교회[79]의 주일학교 모임과 기독 면려회에서 강연을 하였는데, 그는 그 교회 주일학교의 교장이었으며 그들은 한국에서 왕국

---

78) 레이크사이드 병원(Lakeside Hospital)을 말한다. 이 병원은 클리블랜드 최초의 종합병원이며, 1868년 세브란스의 어머니 메리 헬렌 롱 세브란스(Mary Helen Long Severance, 1816~1902)가 클리블랜드 장로교회(올드 스톤 교회)의 교우들과 함께 설립하였다. 이 병원은 설립 당시 윌슨 가(街) 병원으로 불리었다가 1875년 연방 병원 건물로 이전한 후 1876년 클리블랜드 시립병원으로 불리었다가 1888년 레이크사이드 병원으로 이름을 바꾸었다. 레이크사이드 병원은 1895년 웨스턴 리저브 대학교 의학부의 제휴 병원이 되었으며, 1898년 연방 병원 건물 옆에 새 병원을 건립하였다. 이 병원의 이사로 있던 세브란스는 1902년 어머니가 작고한 후 이사장으로 활동하였다. 레이크사이드 병원은 1925년 다른 두 병원과 함께 병합되어 대학 병원이 되었다.

79) 그는 우들랜드 가(街) 장로교회를 다녔으며, 1897년 주일학교의 교장이 되었고, 1893년부터 1903년까지 클리블랜드 장로교회 연합회의 회장으로 활동하였다.

그림 5-25. 레이크사이드 병원

의 발전에 대한 이야기에 상당한 흥미를 보였습니다.

디트로이트의 메저즈 파크 데이비스 앤드 컴퍼니80)로부터 자신들의 손님으로 자신들이 커다란 제약 시설을 방문해 달라는 초청을 받고 저는 클리블랜드에서 그곳으로 갔으며, 그들과 이틀을 보내었습니다. 그들은 자신들의 생산 공정 내부 작업을 보도록 모든 편의를 제공하여 주었으며, 저는 이전에 단지 책의 독해를 통해서만 알고 있었던 실제적인 방식, 특히 항독소와 같은 새로운 많은 약제를 준비하고 사용하는 방법, 제가 한국으로 간 이후 주로 사용하게 된 다른 혈청 제품과 관련된 것에 대해 많은 것을 알게 되었습니다. 저는 이 방문이 더 중요한 방식으로 우리에게 유익한 것으로 증명될 것으로 생각하지만 어느 정도 인지 아직 말씀드릴 수 없습니다.

제퍼슨 애버뉴 교회의 바 목사는 제가 방문하였던 회사의 관리인 중 한 명이었는데, 저를 만나 수요일 저녁 기도모임에서 강연을 해달라고 요청하였습니다. 저는 그렇게 하였고 그들과 대단히 좋은 시간을 가졌습니다.

회의 전에는 우리의 사역을 지원하는 사람들에 대해 조금도 알지 못하였다는 것을 느꼈기에, 회의 후에 제가 미국 교회의 많은 목사와 사람들을 만난

---

80) 1866년 디트로이트에 설립되어 한때 미국에서 가장 오래되고 가장 큰 제약회사로서 신약의 임상시험을 처음으로 체계화하는 등 의학 역사에서 중요한 역할을 수행하였지만, 2000년 화이자의 자회사가 되었다.

것이 저에게 커다란 즐거움이었습니다. 저는 대단히 성실한 사람들을 상당히 많이 알게 되었으며, 한국 사역에 대해 관심을 끌게 하는 것이 대단히 쉬었다는 것을 말씀드려야겠습니다.

틀림없이 박사님이 이미 알고 계시는 것처럼 스키넥터디의 한 신사[81]가 별도의 500달러 수표를 핸드 씨에게 보냄으로써 자신의 관심을 나타내었고, 뉴저지 주 채텀의 한 신사는 제가 세인트루이스에 있을 때 그의 부부가 한국 사역, 특히 병원 사역을 위해 별도의 기부로 500달러를 주기로 결정하였다고 저에게 이야기하였으며, 스키넥터디의 한 숙녀는 며칠 전 그녀의 주일학교 반이 아마도 병원의 특별 병동 하나를 후원할지 모른다는 편지를 보내었습니다.

병원 사역과 관련한 우리의 소망을 승인하신 놀랄만한 방식, 그리고 그것과 관련하여 하나님의 의도를 수행하는데 우리가 바로 사용될 수 있으며, 한국민을 돕고 하나님의 왕국을 진전시키는데 가장 효과적인 매개가 될 수 있을 계획을 발전시키는데 유일하게 될 수 있는 우리의 현재 소망 등 우리는 하나님께 감사드릴 상당한 이유를 갖고 있습니다.

6월 25일 이후 우리의 주소는 지난 여름과 같을 것입니다. - 캐나다 온타리오 주 스미스 폴스

박사님께서 건강하실 것으로 믿으며, 한국으로의 귀환 문제에 대해 곧 소식을 듣기를 바랍니다.

안녕히 계십시오.
O. R. 에비슨

---

81) 앨버트 J. 핏킨(Albert J. Pitkin, 1854~1901)을 말한다.

Oliver R. Avison (Toronto),
Letter to Frank F. Ellinwood (Sec., BFM, PCUSA) (June 23rd, 1900)

568 Parliament St., Toronto,

June 23, 1900

Rev. F. F. Ellinwood, D. D.,

New York

Dear Dr. Ellinwood: -

The occasion of my present writing is a both sorrow and regret to us because of our ardent desire to get back to Korea as soon as possible.

After Mrs. Avison returned from New York I remained in the United States three weeks in order to speak in several towns and attend the General Assembly. When I returned home I found Mrs. Avison looking very tired.

She had found attendance upon the meeting of the Conference more trying than she realized at the time and my continued absence throwing all the responsibility of the care of the family upon her and the near approach of the time of our intended departure making it necessary to carry on preparation for the journey, she was unable to take the rest which would probably have quite restored her, and enabled her to go right on. Then three days after my return I was taken ill with an attack of La Grippe which kept me in bed nearly a week and left me quite weak and this added considerably to her load, so that by the time I was able to go about again she quite broke down and had to go to bed. In the meantime I had written Mr. Hand to secure berth for us on the Empress of India sailing July 30th which he informed me later he had done.

Feeling anxious about Mrs. Avison's breakdown I consulted Dr. McPhedran, our most trusted physician and Prof. of Medicine in Toronto University. He found no organic disease but said there was so much debility that she would probably require two or three months to become strong in. We at once took steps to secure as much quiet & rest as possible for her by sending away the children to some friends and she has been steadily recovering so that she can now stand quite a bit of exertion. I refrained from writing earlier in the hope she might possibly recuperate more rapidly than at first seemed probable and that no change in the time of sailing might be necessary, but it has become evident that although she is steadily improving she cannot be ready to undertake the journey by July 30th and so I very regretfully write to advise you of the circumstances and ask for a short extension of the furlough. We hope that we may be able to take the next boat which leaves Vancouver Aug. 20th just three weeks later, for that would enable us still to reach Korea in time for the Annual Meeting but of course it is impossible to say definitely. What would you advise? Shall we ask for an extension of three weeks and in case she is not quite well by that time having it again extended or shall we ask for say two months and they sail at the earliest possible date during that interval? I will leave the kind of arrangement to be made to your judgment. To aid you in this and also to comply with the regulation governing such cases I will enclose a note from Dr. McPhedran.

We expect to leave Toronto about next Tuesday and having settled the children with friend I will take her to a quite place on one of the Rideau lakes where I think she will probably recover rapidly under the invigorating effect of outdoor life and entire freedom from responsibility.

We are expecially sorry for this delay when we think of the great dearth of workers in Seoul but trust that God will overrule it some good as He has done our enforced early return on furlough. At the invitation of Mr. Severance I visited Cleveland a week ago spending three days there as his guest. He personally conducted me through the beautiful new hospital of which he is a trustee and I was entertained in his household in the most delightful way.

I spoke on Sunday to the congregation to the Sabbath School, and to the C. E. Society of the Church of which he is a member and S. School Superintendent and they were greatly interested in the recital of the progress of the Kingdom in Korea.

Having received an invitation from Messrs Parke Davis & Co. of Detroit to visit their great drug establishment as their guest I went on there from Cleveland and spent two days with them. They afforded me every facility to see the inner workings of their method of manufacture and I was enabled to learn in a practical way much that I had formerly known only by reading, more especially concerning the preparation and method of using the many new remedies such as Antitoxin, and the other Serum products which have come largely into use since I went to Korea. I think the visit will prove profitable to us also in a more material way but to what extent I cannot yet say.

Rev. Mr. Barr of Jefferson Ave. Church, having been to be by one of the firm's superintendents of my visit, called on me and invited me to speak to his people at the Wednesday evg. prayer meeting I did so and has a very good time with them.

It has been a great pleasure to me to meet so many of the pastors and people of the American churches as I have done since the Conference, for I felt before that I scarcely knew even in a slight way the people who are supporting our work. I must say I have found a great many very earnest people, it was very easy to interest in the Korean work.

As you doubtless already know a gentleman in Schenectady has manifested his interest by sending to Mr. Hand an extra cheque for $500.00, and a gentleman in Chatham, N. J. told me while I was at St. Louis that he and his wife had decided to give $500.00 as an extra contribution to the Korean work, preferably to the hospital, while a Schenectady lady wrote me a few days ago that her S. S. Class would probably furnish one of the private ward in the hospital.

We have much reason to thank God for the remarkable way he has granting us our desires concerning the hospital work, and our present desire is that we may just be used to fulfil His purpose in regard to it and that only that may be done in developing the plans which will render it the most effective agent in helping the Korean people and promoting His Kingdom.

After June 25th our address will be as it was last summer - Smith's Falls, Ont., Can.

Trusting you are quite well and hoping to hear from you shortly concerning the matter of our return to Korea.

Yours very sincerely,
O. R. Avison

19000628

사회 소식. *The Rideau Record* (온타리오 주 스미스 폴스)
(1900년 6월 28일), 9쪽

......

지난 해에 토론토에 거주하였던 O. R. 에비슨 박사 부부는 몇 주일 동안 부인의 부모인 S. M. 반스 부부와 보내기 위해 어제 [이곳으로] 내려왔다.

......

The Social World.
The Rideau Record (Smith's Falls, Ont.) (June 28th, 1900), p. 9

......

Dr. and Mrs. O. R. Avison who have been in Toronto for the past year came down yesterday to spend a few weeks with the latter's parents, Mr. and Mrs. S. M. Barnes.

......

한국. O. R. 에비슨 박사, 안식년이 연장되다. 미국 북장로교회 해외선교본부 실행이사회 회의록 (1900년 7월 2일)

평의회의 다음과 같은 권고가 승인되었다.

한국. O. R. 에비슨 박사, 안식년이 연장되다. 1. O. R. 에비슨 박사 부부의 안식년이 에비슨 부인의 와병 때문에 고국 수당의 지급과 함께 2개월 연장함.

Korea. Dr. O. R. Avison, Furlough Extended. *Minutes [of Executive Committee, PCUSA], 1837~1919* (July 2nd, 1900)

Korea. Dr. O. R. Avison, Furlough Extended. 1. That the furlough of Dr. and Mrs. O. R. Avison, be extended two months with home allowance, on account of illness of Mrs. Avison.

알프레드 M. 샤록스(평양)가 프랭크 F. 엘린우드(미국 북장로교회 해외선교본부 총무)에게 보낸 편지 (1900년 7월 28일)

(중략)

1900년 8월 6일

추신. 서울 지부의 허락으로 우리는 평양으로 이사하였는데, 서울 병원에서 1년의 업무가 끝났다는 기분이었습니다.

(중략)

Alfred M. Sharrocks (Pyeng Yang),
Letter to Frank F. Ellinwood (Sec., BFM, PCUSA) (July 28th, 1900)

(Omitted)

P. S. With the permission of Seoul Station we have removed to Pyeng Yang, feeling that our year's work in the hospital at Seoul was ended.

(Omitted)

새뮤얼 F. 무어(서울)가 프랭크 F. 엘린우드(미국 북장로교회 해외선교본부 총무)에게 보낸 편지 (1900년 7월 31일)

(중략)

서울 선교사들은 도움이 필요한 도티 양을 제외하고 모두 통상적인 건강을 유지하고 있습니다. 그녀는 북한산에서 대단히 필요하였던 휴식을 취하고 있습니다. 우리는 상당한 증원 인력이 오고 있다는 소식을 들어 기쁘며, 에비슨 박사는 새 병원을 위한 준비에 대한 멋진 소식을 우리에게 보내었습니다.

(중략)

Samuel F. Moore (Seoul),
Letter to Frank F. Ellinwood (Sec., BFM, PCUSA) (July 31st, 1900)

(Omitted)

The Seoul missionaries are all in usual health except Miss Doty who needs an assistant. She is having a rest at Puk-Han, which was very much needed. We are glad to hear that substantial reenforcements are coming, and Dr. Avison sends us good news about the provision made for a new hospital.

(Omitted)

호러스 G. 언더우드(서울)가 프랭크 F. 엘린우드
(미국 북장로교회 해외선교본부 총무)에게 보낸 편지
(1900년 8월 18일)

(중략)

우리는 예년에 비해 약간 일찍 평양에서 개최되는 연례회의에 막 가려하고 있습니다. 우리는 에비슨 박사가 참석하지 않은 상태에서 만나야 할 것이며, 그의 사업에 관한 토의는 연례회의가 폐회된 후 위원회에 의해 서울에서 이루어져야 하기 때문에 저는 무엇보다도 다른 해보다 올해 너무 일찍, 그것도 평양에서 열리는 것에 대해 대단히 유감스럽습니다.

(중략)

Horace G. Underwood (Seoul),
Letter to Frank F. Ellinwood (Sec., BFM, PCUSA) (Aug. 18th, 1900)

(Omitted)

We are just going to our annual meeting which convenes in the city of Pyeng Yang, a little earlier than in former years. I regret very much that this year above all years that it is so early and that in the city of Pyeng Yang, because we will have to meet without Dr. Avison and the discussions concerning his work will have to be held in Seoul by a committee after the adjournment of the annual meeting.

(Omitted)

19000830

사회 소식. *The Rideau Record* (온타리오 주 스미스 폴스)
(1900년 8월 30일), 9쪽

......

O. R. 에비슨 박사 부부와 가족은 한국 서울까지의 먼 여정을 떠났다. 그들은 매니토바 주 와와네사에서 박사의 부모를 잠시 방문할 것이며, 9월 12일 먼 집을 향해 출항할 예정이다.

......

The Social World.
The Rideau Record (Smith's Falls, Ont.) (Aug. 30th, 1900), p. 9

......

Dr. and Mrs. O. R. Avison and family have started on their long journey to Seoul, Korea. They will visit for a short time with the doctor's parents at Wawanesa, Man. and will sail on Sept. 12th for their distant home.

......

운항 소식. *The Victoria Daily Times*
(브리티시컬럼비아 주 빅토리아) (1900년 9월 11일), 5쪽

운항 소식

R. M. S. 임프리스 오브 차이나 호(號)가 극동을 향해 이곳을 떠난 것은 어제 밤 자정이었다. 배에는 많은 승객이 승선하였는데, 그들 중에는 러중 은행의 총재이었으며, 또한 중국의 여러 철도의 주주이었던 디주크톰스키 공(公)과 아들이 있다. 차이나 호의 객실 승객 명단은 다음과 같다. …… 에비슨 박사, L. 에비슨, 에비슨 부인 및 다섯 아이들, ……

Shipping News.
The Victoria Daily Times (Victoria, B. C.) (Sept. 11th, 1900), p. 5

Shipping News

It was midnight last night, when the R. M. S. Empress of China left here for the Far East. She had a big number of passengers abroad, among them being Prince Dizouchtomsky and his son, the former being president of the Russo-Chinese bank and also a stockholder in several Chinese railways. The saloon list of passengers on the China is as follows: …… Dr. Avison, L. Avison, Mrs. Avison and five children, ……

1900년 9월 한국 평양에서 개최된 장로교회 선교부 회의 회의록 (1900년 9월)

(중략)

평양, 1900년 9월 18일

제4일

(중략)

......

연례회의 준비 위원회 - 에비슨 박사, 필드 박사, 밀러 씨

......

(중략)

평양, 1900년 9월 20일

제6일, 오전 9시

(중략)

에비슨 박사의 인사 말씀을 언더우드 박사가 낭독하였다.

(중략)

평양, 1900년 9월 21일

제7일

(중략)

의장은 제이콥슨 양의 무덤에 놓을 묘비에 대한 위원회에 에비슨 박사, 밀러 씨, 필드 박사, 그리고 위원회가 임명하는 그들과 연관된 한국인 2명을 임명하였다.

(중략)

선교부에 의해 채택된 예산 위원회의 보고서

요청 예산

서울 지부

제I급. 선교지의 선교사	금화
아급 A. 봉급	
O. R. 에비슨 박사	1250.00
......	
아급 B. 아이들	
O. R. 에비슨 박사 (6명)	600.00
......	
제III급. 전도	엔
......	
아급 D. 다른 조사	
......	
O. R. 에비슨 박사 (1명)	120.00
제IX급. 선교부 및 지부 경비	
......	
아급 G. 문헌 조수	
......	
에비슨 박사	120.00

상임 위원회를 다음과 같이 선출하였다.
......

재정 위원회	1년	애덤스 씨
	2년	언더우드 박사
	3년	에비슨 박사

......

시험 위원회	1년	에비슨 박사
	2년	마펫 씨
	3년	게일 씨

Minutes of the Meeting of the Presbyterian Mission Held in Pyeng Yang Korea, September, 1900 (Sept., 1900)

(Omitted)

Pyeng Yang, Sept. 18, 1900

Fourth Day

(Omitted)

......

Committee on Arrangement for Annual Meeting - Dr. Avison, Dr. Field, Mr. Miller

......

(Omitted)

Pyeng Yang, Sep. 20th, 1900

Sixth Day, 9 A. M.

(Omitted)

A message of greeting was read by Dr. Underwood from Dr. Avison.

(Omitted)

Pyeng Yang, Sep. 21, 1900

Seventh Day

(Omitted)

The Chairman here appointed as committee on tombstone for Miss Jacobson's grave, Dr. Avison, Mr. Miller, Dr. Field and two Koreans to be associated with them, to be chosen by the committee.

(Omitted)

Report of Estimates Committee Adopted by the Mission.

Request for Appropriations

Seoul Station

	Gold
Class I. Missionaries on the field	
Sub-Class A. Salaries	
Dr. O. R. Avison	1250.00
......	
Sub-Class B. Children	
Dr. O. R. Avison (6)	600.00
......	

	Yen
Class III. Evangelistic	
......	
Sub-Class D. Other Helpers	
......	
Dr. O. R. Avison (1)	120.00

Class IX. Mission and Station Expenses	
......	
Sub-Class G. Literary Assistants	
......	
Dr. Avison	120.00

The election of the Permanent Committees was now proceeded with the following were the results: -

......

Financial Committee	1 year	Mr. Adams
	2 years	Dr. Underwood
	3 years	Dr. Avison

......

Examination Committee	1 year	Dr. Avison
	2 years	Mr. Moffett
	3 years	Mr. Gale

19000802 [Report YY]

에스터 L. 쉴즈[북한(산)], [보고서] (1900년 8월 2일)

(중략)

필드 박사와 나는 유티카 장로교회의 여자들이 마련해준 제이콥슨 기념 사택에 대해 크게 감사하고 있다. 우리는 12월 4일 그곳으로 이사한 후 사택 안팎을 정돈하여 편안하게 보냈다.

(중략)

병원 업무. ……

11월 22일 밤 남자 진료소의 천장에서 불이 난 것은 우리 모두에게 충분히 관심을 끄는 일이었다. 병원에 고용된 두 명의 한국인 잡역부인 곽 선달, 그리고 에비슨 박사의 환자이었으며 이전에 알린 대로 기적적으로 회복된 사람인 차 선달은 끊임없이 용감하게 불을 끄는데 특별히 최선을 다하였다. 샤록스 박사의 효과적인 도움, 여러 순사들, 일부 이웃 한국인, 그리고 후에 온 게일 씨의 도움으로 3시간 동안의 사투 끝에 화재를 진압하였다. 나는 이전 것을 대치하는 새로운 벽돌 굴뚝을 바닥에서부터 건립하는 것이 영구적인 개선책이라고 생각한다. 우리는 화재가 병실 혹은 약국에서 일어나지 않은 것에 매우 감사해하고 있다.

(중략)

그림 5-26. 제이콥슨 기념 사택에 있던 쉴즈의 침실. 1900년경. 프린스턴 신학교 소장

그림 5-27. 쉴즈의 서재. 1900년경. 프린스턴 신학교 소장

Esther L. Shields (Puk Han), [Report] (Aug. 2nd, 1900)

(Omitted)

The Jacobson Memorial Home provided by the ladies of the "Utica Branch" has been greatly appreciated by Dr. Field and me; and since we moved there Dec. 4th, arrangements out-of-doors and in-doors for future use and comfort have occupied some of our time.

(Omitted)

Hospital Work. ......

A fire in the roof of the Men's Dispensary on the night of Nov. 22nd was sufficiently exciting to all of us. Two of the Koreans employed on the place, "Kwak-Sun-Tal", "the man of all work" and "Cha-sun-tal", one of Dr. Avison's patients whose marvelous recovery has been written of before, were especially persistent and fearless in their efforts to extinguish the fire. With Dr. Sharrocks' most efficient help, the assistance of several policeman, some neighboring Koreans, and Mr. Gale, who was called later, a three-hours fight brought victory. I expect the new brick chimney built from the ground, which replaced the old one, is a permanent improvement. We were very grateful that the fire was not in one of the wards or the drug room.

(Omitted)

19000814 [Report TT]

새뮤얼 F. 무어(서울),
S. F. 무어의 보고서, 1899~1900년 (1900년 8월 14일)

(중략)

나는 샤록스 박사가 한국인들로부터 상당히 인정받은 병원에서의 전도 사역에 대해 주목하였다. 만일 우리가 서울 병원에 두 명의 의사를 갖게 된다면 한국인들은 샤록스 박사에게 투표를 할 것이다. 서울에 있는 동안 나는 병원을 매일 방문하여 진찰실로 오는 사람들과 입원 환자들에게 이야기하려 노력하였다. 많은 전도지가 배포되었고, 말씀이 여러 입원 환자의 마음속에 잡은 것 같았는데, 그들은 지방의 집으로 책을 가져갔다.

(중략)

Samuel F. Moore (Seoul),
Report of S. F. Moore, 1899~1900 (Aug. 14th, 1900)

(Omitted)

I gave some attention to the evangelistic work at the hospital where Dr. Sharrocks work was much appreciated by the Koreans. If we are to have two physicians at the Seoul hospital the Korean vote is for Dr. Sharrocks. While in Seoul I tried to visit the hospital daily speaking to those who came to the clinic, and also to the in-patients Many tracts were distributed and the Word seemed to find a lodgment in the hearts of several in-patients who took books with them to their homes in the country.

(Omitted)

19000920 [Report J]

서울 병원에 관한 특별 위원회 보고서 (1900년 9월 20일)

선교부에 의해 승인됨

서울 병원에 관한 특별 위원회 보고서

우리는 위원회로서 서울 지부가 선택한 부지, 즉 남대문 밖의 남(관왕)묘 (南關王廟)가 있는 언덕의 북서쪽 부지를 승인하며,[82] 정동 부지의 매각이 실현되는 경우, 정동과 의료 기지 사이의 연합을 위해 서대문 밖의 부지를 승인한다.

우리는 미국의 친구들이 서울에 병원 건물을 위한 계획을 제공하겠다는 제의에 대단히 감사해 하고 있으며, 그 건물을 추천한다. 우리는 (a) 병원, (b) 의사 사택, (c) 여의사 및 간호사 사택, 그리고 (d) 예배당 건물을 승인하지만, 이것을 승인하는데 있어 전도 인력이 필요가 더 절박한 측면을 고려하여 선교부는 의료 기지의 다른 의료 인력 임명을 예측하지 못하였다.

의료 기지의 유지를 위해 선교본부가 매년 2,000엔 이상의 비용을 들이지 않는다면 우리는 이 기지의 건립을 승인한다.

에비슨 박사가 이곳에 있어 선교회의에 참석할 수 없었기에 우리는 새 병원과 관련한 계획은 귀 위원회에 선교부 의장을 추가하여 에비슨 박사와 논의하되 앞의 범위 내에서 결정하도록 일임하는 것을 추천한다.

현재의 병원은 남자 진료소로 사용하되 전화와 구급차로 병원과 연결되어 의료 기지의 일부를 이루며, 제이콥슨 기념 사택으로 알려진 현재의 건물은 전도 사역을 하는 두 명의 여자 숙소로 사용하고, 현재의 병원 사택은 목회 사역자의 숙소로 사용하도록 추천한다.

만일 정동 부지의 매각이 실현되면, 우리는 화이팅 박사와 웸볼드 양의 숙소를 위해 제이콥슨 기념 사택을 재현하도록 선교본부가 4,500엔의 양도를 승인하도록 요청할 것을 추천한다.

더 나아가 우리는 정동 부지의 매각이 실현되지 않는 경우, 병원 기지에 제이콥슨 기념 사택을 재현하기 위해 선교부가 선교본부에 4,500엔의 예산을 요청하도록 추천한다.

---

82) 남묘(南廟)라고도 하며, 정유재란에 참전하였던 명나라 장군 진인(陳寅)이 관우(關羽)를 제사지내기 위하여 1598년 자신이 머물고 있던 남대문 밖(용산구 도동)의 숙소 후원에 건립한 사당이다. 이 사당은 1889년 불에 탔지만 3년 후에 다시 지었다. 이외에도 1602년에 동묘(東廟)가, 고종 때에 북묘와 서묘가 세워졌다.

삼가 제출함,

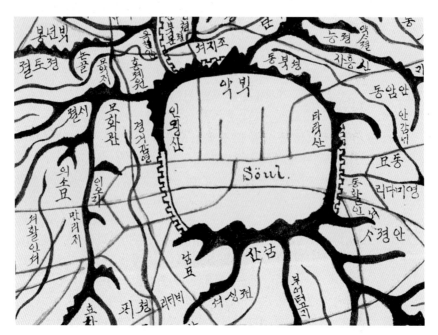

그림 5-28. 1880년대 중반의 서울 지도. 남묘와 동묘가 표시되어 있다.

그림 5-29. 남관왕묘. 1880년대 중반 촬영

Report of Special Committee on Seoul Hospital (Sept. 20th, 1900)

Adopted by Mission

Report of Special Committee on Seoul Hospital

We as a committee approve the site selected by the Seoul Station viz: outside the South gate on the North West side of the hill on which stands the temple to the God of War; or should it be possible in the sale of the Chung Dong property to effect a union between the Chung Dong and medical plants we approve the site outside the West Gate.

We view with much thankfulness the offer of friends in America to provide the means for the building of a hospital in Seoul and we recommend the building of same. We approve the building of (a) hospital, (b) physician's residence, (c) residence for lady physician and nurses and (d) chapel; but in approving this, in view of the more urgent need for evangelistic workers the mission does not contemplate the appointment of other medical workers to the medical plant.

We approve the erection of this plant provided that the maintenances of it does not contemplate an annual outlay on the part of the Board of more than 2,000 yen.

As Dr. Avison has not been able to be here and present to the mission the propositions concerning the new hospital, we recommend that your committee, with the addition of the chairman of the Mission be empowered to consult with Dr. Avison and within the limits of the foregoing to decide the same.

We recommend that the present hospital be used as a dispensary for men, connected by telephone and ambulance with the hospital and to be an integral part of the medical plant; that the present building known as the Jacobson Memorial House be used as a residence for 2 ladies engaged in evangelistic work; that the present hospital residence be used as a residence for a clerical worker.

If the sale of the Chung Dong property is effected we recommend that the Board be requested to allow the transfer of the 4,500 yen appropriated for a house for Dr. Whiting & Miss Wambold to be used for the reproducing of the Jacobson Memorial House.

We still further recommend that in case the Chung Dong property sale is not effected that the Mission ask the Board to appropriate 4,500 yen to reproduce the Jacobson Memorial House at the hospital plant.

Respectfully submitted,

배정 위원회 보고서 (1900년 9월 22일)

(중략)

서울 지부

(중략)

업무 배정

......

S. F. 무어 목사: - ...... 제중원에서의 전도 사업. ......

......

O. R. 에비슨 박사: - 돌아오면, 제중원 책임 의사. 지부 감독 하에 순회전도. 의학 강습반 조직. 지부가 임명할 여행 전도사 감독. 지부 감독 하에 문서 사업

O. R. 에비슨 부인: - 여자들에 대한 전도 사업.

......

에바 H. 필드 박사: - 5월 1일까지 재무. 제중원 여자과에서 의료 사업. 지부에 의해 승인 받은 전도 조수로서 여자를 감독함

E. L. 쉴즈 양: - 제중원에서 간호. 여자들에 대한 전도 사업

Report of Apportionment Com. (Sept. 22nd, 1900)

(Omitted)

Seoul Station

(Omitted)

Apportionment of Work

......

Rev. S. F. Moore: - ...... Evangelistic work at Government Hospital. ......

......

Dr. O. R. Avison: - On return, Physician in charge of Government Hospital. Itineration under direction of the station. Institution of medical class. Oversight of travelling evangelist to be appointed by the station. Literary work under directions of the station.

Mrs. O. R. Avison: - Evangelistic work among women.

......

Dr. Eva H. Field: - Treasurership till May 1st. Medical work in woman's department of Government Hospital. Evangelistic work among women. Oversight of a woman as evangelistic assistant to be approved by station.

Miss E. L. Shields: - Nursing in the Government Hospital. Evangelistic work among woman

제임스 S. 게일(서울), 장로교회 선교부 서울 지부의 총괄 보고서, 1899~1900년 (1900년 9월)

장로교회 선교부 서울 지부의 총괄 보고서

선교사

이름	한국 도착
……	
에비슨 박사 부부 (부재 중)	1893년 7월
……	

(중략)

또 한 해가 고도(古都) 서울에 그 흔적을 만들었으며, 둘러싸고 있는, 정상이 회색인 산들을 다시 한 번 희게 하였다. 위에 솟아 있는 북한산성의 가장 높은 능선에는 절이 있는데, 그곳에는 신령이 살고 있는 동굴과, 발 아래의 조용한 큰 도시를 바라보고 있는 500개의 불상으로 가득 찬 방이 있다. 맞은편으로 7마일 떨어져 위치한 남산에는 언덕의 신령을 위해 건립된 또 다른 절이 있는데, 그것은 길의 반대편에 있는 절을 손짓으로 부르며, 두 절은 사이에 무수한 인간의 삶과 운명을 붙잡고 있다.

나는 궁형(弓形) 지붕의 그림자 아래에 앉아 있으며, 내 발 앞에 펼쳐 있는 커다란 도시와 벌처럼 떼지어있고 희게 살고 있는 군중에 대해 탐구하고 있다. 절의 귀퉁이에 달려 있는 둥근 유리 장식은 부드러운 여름 산들바람에 쨍그랑하는 소리를 내며, 잠시 이 광경의 아름다움이 모르는 사이에 내게 스며든다. "바람은 소나무에 있으며, 그것들이 말하는 것을 절의 종이 이야기한다." 그러나 아니다! 그것들은 아무 것도 말하지 않으며, 불현듯 나는 상황의 느낌을 깨닫는다. 내 뒤에 있는 바로 그 절은 사악한 공포의 신을 위해 건립된 것이며, 내 발 앞의 도시는 긴 500년 동안 이교국으로 아직 잠자고 있다.

남대문 밖 저쪽에 있는 것이 새로 건립된 사당인데,[83] 2세기가 끝날 무렵 중국인으로 한때 사람의 모습을 가졌다가; 일본인이 이 도시를 위협하였던 300년 전 이 지역의 공중에 나타났던 전쟁의 신을 섬기기 위해 건립되었다.

---

83) 남묘(南廟)를 말한다.

그는 사대문 안으로 이동하여 종로를 지나 여학교가 세워져 있는 언덕 위를 넘어 동쪽으로 가서 그가 하늘로 올라갔는데, 이를 기념하기 위해 그곳에 다른 절이 건립되었다.[84] 그 언덕들과 오늘날 우리 신자들이 만나는 중심가에서 경탄하는 사람들이 공중을 지나는 관(關) 공이 지나가는 것을 보았다.[85]

그의 사당은 세 개가 있는데, 크고 호화롭다. 그를 그린 그림은 높이가 12 피트이며, 수염이 검고 몹시 사납다. 대단히 섬뜩한 눈은 참배객을 보고 있고, 이와 동반된 신령은 그의 칼, 방패 및 투구를 잡고 있다. 이것은 의화단(義和團)의 신(神)이며, 마찬가지로 모든 한국인의 마음속에 있는 신이다. 내가 남산에서 바라본 이 공포의 방 근처에는 소나무로 덮인 언덕이 있으며, 그 앞에 번잡한 거리가 있다. 언젠가 우리는 그곳 근처에 병원이 건립된 것을 보고 싶다. 그것은 남묘(南廟)와 대비될 것이다. 불쌍하고 병든 창조물이 우상 앞에서 절을 하고, 향과 음식물 제물로 자신들의 재산을 낭비하며, 누더기 옷 및 오물의 한 가운데에서 상처에 배설물의 고약한 혼합물이 붙어 죽을 수밖에 없는 곳에서, 우리는 깨끗하게 옷을 입고 깨끗한 손으로 능숙하게 수술칼을 사용하여 맹인의 눈을 볼 수 있도록 뜨게 하고, 몸이 불쌍하게 여윈 이들에게 절망적으로 달라붙어 있는 소름끼치는 종양을 제거하며, 열병을 가진 환자를 평온하게 하고, 수백 수천 명이 그들의 손을 거칠 때까지 매일 이들을 돌보고 있는 미국인 남녀 의사들을 본다.

제중원. 만일 독자가 이곳에서 도시를 가로질러 북서쪽을 보면 뒤쪽에 서양식 집이 있는, 일군의 기와집들이 대단히 밀집해 있는 지역을 볼 수 있다. 이것이 제중원과 에비슨 박사의 사택이다. 수 백 야드 뒤쪽의 다음 거리에는 필드 박사와 쉴즈 양이 살고 있는 아담한 새 집이 있다. 내가 의사가 아닌 것이 감사할 정도로 맹인, 불구자, 병자가 매일 모이며, 나는 무수한 종류의 고통을 알아채지 못할 정도로 충분히 떨어진 이 산에서 그들 집단을 보고 있다.

샤록스 박사 및 필드 박사. 이곳에서 병원을 책임 맡은 의사들이 연중 일을 하였다.

(중략)

에비슨 박사가 돌아오면 우리 병원 사업에 대한 진전된 조치가 있을 것이며, 이교도들에게 기독교인의 손길과 마음이 병자와 고통을 받고 있는 사람을 위해 할 수 있다는 것을 보여 줌으로써 이들 사역자에게 도움을 줄 장비가 설

---

84) 동묘(東廟)를 말한다.
85) 관우(關羽)를 말한다.

비될 것이다. 우리는 병원 사업을 위해 미국의 신사가 기부한 금화 10,000달러의 대단히 관대한 선물에 대해 감사하는 마음으로 듣고 있다. 그 일과 직접 연결되어 있지 않은 우리는 선입관을 갖지 않은 견해를 가질 수 있으며, 우리는 그런 목적으로 선물을 준 사람이 그 선물을 주님께 드렸을 것으로 믿는다.

(중략)

James S. Gale (Seoul), General Report of Seoul Station of the Presbyterian Mission, 1899~1900 (Sept., 1900)

General Report of Seoul Station of the Presbyterian Mission, 1899~1900

Missionaries.

Name	Arrival in Korea.
......	
Dr. And Mrs. Avison (Absent)	July, 1893
......	

(Omitted)

Another year has marked its lines upon the ancient city of Seoul, and bleached again the gray topped mountains that surround it. On the highest ridge of the North Fortress *(Puk-han)*, towering above us, there is a Buddhist temple, with a cave where a spirit lives, and a room filled with 500 gods, that watches at its feet the great silent city. On the South Mountain *(Nam-san)*, seven miles across, is another guardian shrine. or joss-house, erected to the spirit of the hill, that beckons to the temple over the way, the two holding between them the lives and destinies of countless mortals.

I sit under the shade of the overarching roof and study the great city that stretches before my feet, with its multitudes, swarming like bees, moving in white. The glass bangles, that hang from the corners of the shrine, tinkle in the soft summer breeze, and for a moment the beauty of the scene steals over me. "For the wind is in the pine trees, and the temple bells they say" But no! they don't say anything, and suddenly I awake to a sense of the situation: the very temple back of me is erected to a vicious god of terror, and the city at my feet sleeps still its long five hundred years of heathendom.

Yonder outside the South Gate is a newly erected temple, built to the worship of the God of War, who was incarnate once as a Chinaman at the close of the second century; who appeared, three hundred years ago, in mid air over this point, when the Japanese threatened the city; who moved inside the gate, passed down (Chong-no) Main Street, over the hill where the Girl's School stands, and out toward the east, where another temple is erected to commemorate the place of his ascent to heaven. On those hills and in the centres where our Christian people meet today, wondering crowds watched the passage of Kwan-kong through the air.

His temples, three in number, are large and costly. His image sits twelve feet high, black and fiercely bearded. Great hellish eyes look out on the worshipers, attendant spirits hold his sabre, spear and helmet. This is the god of the Boxers and the deity likewise of every Korean heart. Near this chamber of horrors that I behold from the South Mountain, is a hill with pine trees on it, and before it a busy thronging street. Some day we hope to see a hospital erected near there, that will serve as contrast to the Temple of the God of War. In the place of poor diseased creatures bowing before the idol, and wasting their means on incense and offerings of food, only to die in the midst of rags and filth, with vile mixtures of excrement plastered on their sores, we see gentleman and lady American doctors, with neat dress and clean hands, touching this one and that, deftly handling the scalpel, opening the eyes of the blind to see, removing ghastly tumors that have clung desperately to some poor emaciated body, quieting the fever patient, caring daily for this one and that, until hundreds and thousands pass their hands.

The Government Hospital. If you will cast your eye north-west across the city from this point, you will see in the very thickest part, a group of tiled buildings with a Western house behind. This is the Government Hospital and Dr. Avison's home. A few hundred yards to the rear, on the next street, is where Dr. Field and Miss Shields live in their neat new home. The blind, the lame, the sick gather daily, until I am thankful I am not a doctor, and that I view the assemblage from this mountain, far enough away not to be aware of such numberless kinds of suffering.

Dr. Sharrocks and Dr. Field. Here the physicians in charge have labored during the year.

(Omitted)

On Dr. Avison's return, may a step forward be taken in our Hospital work, and an equipment be furnished that will give liberty to these workers, to show to the heathen what Christian hands and hearts can do for the sick and suffering! We hear with gratitude of a most generous gift of $10,000 gold, given by a gentleman in America for hospital work. We, who are not directly connected with that department, can take an unbiassed view, and we believe that he who has given the gift for such a purpose, has lent it to the Lord.

(Omitted)

우드브릿지 O. 존슨(대구),
의학박사 W. O. 존슨의 보고서, 1899~1900년 (1900년 9월)

(중략)

우리 예비신자 중 한 명인 오(吳) 씨가 인상적인 예이다. 그는 대구에서 70리 떨어진 경상북도에 살고 있다.

약 3년 전 그는 아픈 친척과 함께 에비슨 박사가 책임을 맡고 있는 서울의 병원으로 갔다. 친척이 박사의 진료를 받는 동안 그는 그곳에서 개종하였으며, 그 이후 이 도시에서 저 도시로 여행하며 상품을 팔면서 활발하게 전도를 하였다.

(중략)

Woodbridge O. Johnson (Taiku),
Report of W. O. Johnson, M. D., 1899~1900 (Sept., 1900)

(Omitted)

Of this we have a striking example in one of our catechumens Mr. O. He lives in this province seventy li from Taiku.

About three years ago he went to Seoul with a sick relative to the hospital in charge of Dr. Avison. There, while his relative was under the doctor's care he was converted and has been ever since preaching actively while following his trade of travelling merchant and going from town to town.

(Omitted)

19000922

릴리어스 S. 호튼 언더우드(평양)가 프랭크 F. 엘린우드
(미국 북장로교회 총무)에게 보낸 편지 (1900년 9월 22일)

(중략)

에비슨 박사는 순회전도를 하지 않으며, 그가 순회전도를 할 수 있도록 우리에게 또 한 사람의 의사를 하락해 달라는 요청을 선교지부는 거절하였습니다. 빈튼 박사는 재무로, 선교 책자들의 판매 및 출판, 그리고 월더 예배당의 관리 업무 때문에 자신의 시간 중에서 ⅙ 이상을 순회전도에 할애할 수 없습니다.

(중략)

Lillias S. Horton Underwood (Pyeng Yang),
Letter to Frank F. Ellinwood (Sec., BFM, PCUSA) (Sept. 22nd, 1900)

(Omitted)

Dr. Avison does no itinerating, and the station have just refused to grant us another doctor so that he could itinerate. Dr. Vinton with the treasury, the care of sale and publication etc. of mission books, and the Walder chapel, cannot itinerate more than ⅙th of his time.

(Omitted)

J. 헌터 웰즈(평양)가 프랭크 F. 엘린우드(미국 북장로교회 선교본부 총무)에게 보낸 편지 (1900년 9월 28일)

(중략)

회의록에서 박사님은 기이하게도 한 명 이상이, 대구가 아니라 부산에 대한 반대를 표시하였지만, 여러 회원들이 부산 및 대구 병원에 대해 기록 투표를 하였다는 것에 주목하실 것입니다! 그들 중 한 명이 회의장에서 해부학적으로 표현한 바와 같이 "전력을 다하여" 서울 병원[건립]을 위한 은화 20,000달러에 대하여 반대하였음에도 회의록에는 그들의 생각에 대해 아무 것도 보여주지 않는다는 것을 박사님께서 주목하시면 이 반대 투표의 이상함이 기묘할 것입니다. 위원회 보고서에서 인증되었던 문제는 선교부에 제출되지 않았으며, 이것은 주로 에비슨 박사의 부재 때문이었습니다.

모두들 우리가 서울에 훌륭하고 적당한 [병원] 설비를 가져야 한다는 것에 동의하고 있지만 서울에 큰 병원을 짓는 문제에 대해서는 선교부가 결코 한마음이 아닙니다. 위의 문제에 대한 저의 의견은 유럽, 미국 및 아시아의 병원에 대한 검토에 근거한 것으로, 그들 각각의 입장에 근거하여 검토하여 1890년 *Hospitals*에 논문을 발표하였는데, 전체 부지를 현대적으로 입증된 독채 계획에 따라야 한다는 저의 생각에 따라 서울이나 [사]대문 외부에 20,000엔 이상을 들여 한 지붕의 큰 병원을 짓는 것에 찬성할 분명한 이유를 알 수 없습니다. 우리에게 제출된 시안(試案)에는 격리 병동, 열병 병동 및 진료소가 없으며 본관만 있을 뿐인데, 만일 그렇게 수행이 된다면 그것에 준하여 분명 더 많은 인원 보충이 필요할 것입니다! 만일 선교 사업으로 이미 병원이 있으며, 전도 혹은 박애의 관점에서 다른 병원의 필요가 절실하지 않은 곳에 20,000 혹은 40,000달러를 들여 병원을 지을 수 있다면, 그 병원을 책임 맡고 있는 사람들이 이미 너무도 압박을 받고 있는 그런 사역을 담당할 새로운 선교사들을 위해 얼마나 많은 경비를 지불해야 하겠습니까.

(중략)

J. Hunter Wells (Pyeng Yang),
Letter to Frank F. Ellinwood (Sec., BFM, PCUSA) (Sept. 28th, 1900)

(Omitted)

In the minutes you'll note that several members had their votes recorded against the Fusan and Taiku hospitals tho one or more, strange to say, registered against Fusan and not Taiku! The strangeness of these adverse votes is made queerer when you note that tho opposed to the 20,000 dollars silver, for the Seoul hospital "tooth and toe nail" as one of them anatomically expressed it on the floor, there is nothing in the minutes to show their minds. The question, tho. the coms. report was approved did not come before the Mission, and this was largely due to the absence of Dr. Avison.

The Mission is by no means of one mind on the question of a big hospital for Seoul tho all agree that we should have a good worthy and proper plant there. Writing for myself above, and my opinion is based on a study of hospitals in Europe, America and Asia, having studied them on their own grounds and having published an article on "Hospitals" in 1890, I cannot see my way clear to approve a one roof big hospital in Seoul or rather outside the gate, to cost 20,000 yen or more when that sum, according to my idea ought to put up the entire plant on the modern approved & proved cottage plan. The plan as submitted to us tentatively has no isolation wards, has no fever wards and has no dispensary, and is only the main building of a plant which if carried out in proportion would need certainly that much more to round it out! If missionary enterprise can build 20,000 or 40,000 dollar hospital in a center where hospitals are already provided and where there is no crying need for another, either from evangelistic or philanthropic standpoints, how much more ought it be ready to provide for new missionaries to take up work already too pressing for those who have it in charge.

(Omitted)

최근 운항. *The Japan Weekly Mail* (요코하마)
(1900년 9월 29일), 345쪽

최근 운항
도착.

임프리스 오브 차이나, 영국 증기선, 3,003톤, 선장 - R. 아키볼드, 입항 - 9
월 24일, - 9월 11일 브리티시컬럼비아 주 밴쿠버 출항, 우편 및 일반 - 캐나
다 태평양 철도회사

승객
도착

영국 증기선 임프리스 오브 차이나를 통해 브리티시컬럼비아 주 밴쿠버에
서: - ...... 고베 향(向): - ...... 에비슨 박사 부부 및 5명의 아이들 , ... 객실.
......

......

Latest Shipping. *The Japan Weekly Mail* (Yokohama) (Sept. 29th, 1900), 345쪽

Latest Shipping

Arrivals.

Empress of China, British steamer, 3,003, R. Archibald, 24th Sept., - Vancouver, B. C., 11th Sept., Mails and General - C. P. R. Co.

Passengers

Arrived

Per British steamer Empress of China, from Vancouver, B. C.: - ...... For Kobe: - ...... Dr. Avison, wife and 5 children, ... in cabin. ......

......

회의록, 한국 선교부 서울 지부(미국 북장로교회) 1891~1921
(1900년 10월 5일)

(중략)

이미 자산 위원회에 의해 승인된 에비슨 박사 사택의 수리가 인가되었으며,

......

(중략)

다음의 청구가 승인되었다.

......

에비슨 박사   600.00달러

......

Minutes, Seoul Station, Korea, 1891~1921 (PCUSA) (Oct. 5th, 1900)

(Omitted)

Repairs to be made that had already been approved by the Property Committee
were sanctioned for Dr. Avison's house, ...

(Omitted)

The following orders were approved.

......

Dr. Avison $ 600.00

......

그레이엄 리(평양)가 프랭크 F. 엘린우드(미국 북장로교회 선교본부 총무)에게 보낸 편지 (1900년 10월 5일)

(중략)

동의는 대다수로 가결되지 않았습니다. 서울의 독신녀들은 이 문제에 대해 힘의 균형을 유지하였습니다. 이제 저의 이유입니다.

주 이유는 근래 너무도 힘들게 노력을 기울였던 자립의 원칙에서 벗어나려는 경향이 우리 선교부에 있다고 제가 생각하고 있기 때문인데, 이런 경향은 선교부가 의료 사역을 과장하려는 명백한 바람에서 드러나며, 그것을 적당한 균형에서 벗어나게 과장시킵니다. 저는 서울 병원의 건축을 상당히 걱정스럽게 보고 있는데, 에비슨 박사가 건축을 하고 싶은 부지는 조만간 선교본부 기금의 보다 큰 지출을 필요로 할 것이고, 우리 사역의 그런 분야에 상당히 많은 사역자를 투입해야 할 것 같기 때문입니다. 한국인들이 그 기관을 후원하였다면 기지의 크기나 사역자의 수에 대해 저는 할 말이 없겠지만, 기금의 상당 부분이 선교본부로부터 와야 하기는 저는 사업을 걱정스럽게 보고 있는데, 우리가 큰 의료 기관으로 휘말리게 되면 결국 우리 사역에 손상을 줄 경향이 시작되는 것 같다는 걱정 때문입니다. 모든 예산이 의료 사업에 추가되면 전도 사업에 상당한 삭감이 있어야 할 것은 자명합니다.

(중략)

에비슨 박사가 갖게 될 큰 기지는 그 영향을 나타내기 시작하고 있습니다. 에비슨이 갖고 있는 것을 어빈이 원하며, 어빈이 갖고 있는 것을 다른 모든 의사들이 원하게 될 것이며, 그 끝이 무엇이 될지 저는 모르겠습니다.

(중략)

Graham Lee (Pyeng Yang),
Letter to Frank F. Ellinwood (Sec., BFM, PCUSA) (Oct. 5th, 1900)

(Omitted)

The motion carried but not by a large majority. The single ladies of Seoul held the balance of power on this question. Now for my reasons.

The main reason is this I think now that there is a tendency in our mission to break away from the principles of self support for which we have been stirring so hard these years, and this tendency came out in the evident desire of the Mission to magnify the medical work, and magnify it out of due proportion, I look upon the building of the Seoul hospital with a good many misgivings, for it would seem that the plant Dr. Avison wishes to build will soon call for a greater outlay of Board funds, and a greater number of workers that should be put into such a department of our work. Did the Koreans support the institution I would have no word to say about the size of the plant, or the numbers of workers, but where the great bulk of the funds must come from the Board I look upon the work with misgivings for it would seem as if we are drifting into large medical institutions, and starting a tendency which in the end I fear will with damage to our work. It is self evident that all appropriations added to the medical work must by so much curtail the evangelistic.

(Omitted)

The large plant Dr. Avison is to have is beginning to have its effects. What Avison gets Irvin wants, and what Irvin gets every other doctor will want until I don't know what the end will be.

(Omitted)

19001008

노먼 C. 휘트모어(정주)가 프랭크 F. 엘린우드(미국 북장로교회 선교본부 총무)에게 보낸 편지 (1900년 10월 8일)

(중략)

부산 어빈 박사 병원의 병동.

저는 5,500엔의 요청을 건의하였던 의료 위원회에 속해 있었는데, 위원회는 이에 대하여 어떠한 진지한 고려도 하지 않았고, 어빈 박사의 사업은 그 선교지부의 가장 큰 사업이 아니며, 그렇게 큰 돈을 한 번에 모두 사용하면 선교계에서는 의료 사업이 가장 큰 일이라는 개념을 줄 수 있기 때문에 저는 곧 실수를 저질렀다고 느꼈습니다. 더구나 이미 건축된 건물만으로도 어빈 박사는 조만간 한 명 보다 많은 의료 사역자를 필요로 하게 될 것인데, 저는 서울 병원의 남자 의사 한 명 [증원] 요청에 강하게 반대하였던 것을 고려하면 선교부의 승인은 더딜 것이라고 생각합니다.

(중략)

서울 병원의 계획에 관하여 저는 세브란스 씨의 큰 기부가 대단히 관대하다는 선교부 대다수의 의견에 동의하지만, 그것이 지출, 그리고 마련된 기부금의 어떤 계획과 밀접하게 연관되지 않는다면, 그것을 유지하기 위해 선교본부는 상당한 액수의 부담을 지게 될 것이라고 생각합니다. 그 계획은 억제하지 않으면 세브란스 씨의 지원이 없어지자마자 우리가 맡아야 될 것이며, ……

(중략)

Norman C. Whittemore (Jyung Chyu),
Letter to Frank F. Ellinwood (Sec., BFM, PCUSA) (Oct. 8th, 1900)

(Omitted)

The Wards for Dr. Irvin's Hospital at Fusan.

I was on the medical committee which brought in the recommendation that ¥5,500 be asked, but the committee did so without any real consideration, and I soon felt that a mistake had been made. For Dr. Irvin's work is not the biggest part of the station, and to spend so much money all at once would give the idea that medical work was the greatest thing in the missionary world. Furthermore with the buildings already built I think Dr. Irvin would have such a hospital as would soon require the attention of more than one medical worker, which the mission, I think will be slow to grant especially considering the strong position we took against having another male doctor for the Seoul hospital.

(Omitted)

Further regarding the Seoul Hospital Plan, I think I agree with a large part of the Mission in considering the large gift of Mr. Severance as very liberal and generous, but that unless it is closely related in the expenditure, and some plan of endowment provided, will cost the Board a large amount sum for maintenance, as soon as Mr. S's support is taken away, unless the plan are kept down we will have a hospital plan on our hands, ...

(Omitted)

엘렌 스트롱(서울)이 프랭크 F. 엘린우드(미국 북장로교회 선교본부 총무)에게 보낸 편지 (1900년 10월 15일)

한국 서울,
1900년 10월 15일

친애하는 엘린우드 박사님,

몇 주일 전에 저는 선교본부로부터 기포드 부인과 제가 현재 살고 있는 인성부채의 가옥 임대비용을, 에비슨 박사 사택이 비어 있었고 우리가 관리하다가 [이곳으로] 처음 이사하였던 6월 1일 대신에 9월 1일부터 계산한다는 내용의 편지를 받았다고 들었습니다.

지금 쯤 박사님은 에비슨 사택이 올 여름 내내 중국에서 온 우리 선교사들이 사용하였다는 것을 아실 것이며, 왜 우리가 그 때부터 이 주택의 임대를 요청하였는지 이해하실 것입니다.

3월 2일 이곳에 도착한 후 저는, 샤록스 박사 부부가 사택의 다른 부분에서 살고 있어 사용하고 있지 않은 에비슨 사택의 빈방을 사용하였습니다.

5월에 D. L. 기포드 부인이 사망하였고, 기포드 씨 어머니가 한국에 남아 재무 업무를 돕고 싶어 했지만 체류할 곳이 없었기에 저는 어쨌건 조만간 이사를 해야 한다는 것을 알고 있었기에 함께 즉시 인성부채의 주택으로 이사하자고 제안하였습니다. 그래서 우리는 6월 1일 이곳으로 이사하였습니다. 밀러 씨와 리온 씨(중국)86) 가족이 여름 동안 에비슨 박사 사택을, 어빈 가족이 기포드 사택을 사용하게 됨으로써 늦여름에 우리의 이사가 잘한 일로 입증되었으며, 루스 씨87) 가족은 필드 박사와 쉴즈 양이 (여름휴가를) 떠난 동안 제이콥슨 기념 사택을 사용하였습니다.

(중략)

---

86) D. N. 리온(D. N. Lyon)은 당시 쑤저우[蘇州]에서 활동하고 있었다.
87) 헨리 W. 루스(Henry W. Luce, 1868~1941)를 말한다.

Ellen Strong (Seoul),
Letter to Frank F. Ellinwood (Sec., BFM, PCUSA) (Oct. 15th, 1900)

Seoul, Korea,

Oct. 15, 1900

My dear Dr. Ellinwood: -

A few weeks ago I heard that a letter had been received from the Board, in which it was said that the rent for the house at In-Sung-Put-Chai, where Mrs. Gifford and I live now should be reckoned from Sept. 1st instead of from June 1st when we first moved in, as up to that time Dr. Avison's house was vacant and at our disposal.

By the time you will know that the Avison's house has been used by the missionaries of the Board who were during out of China, all this summer and will understand why we are asking rent __ this house from that time.

After reaching here Mar. 2 I took the vacant rooms in Dr. Avison's house, which Dr. and Mrs. Sharrocks who lived in the other part of the house were not using.

In May Mrs. D. L. Gifford died and as Mr. Gifford's mother was willing to stay and help in the treasurer's work, and there was no place for her to stay, I proposed that we move together at once to the In-Sung-Poo-Chai house, as I knew I should have to move shortly anyway. So we moved here the first of June. It proved a good thing later in the summer as Mr. Miller's and Lyon's families (from China) occupied Dr. Avison's house during the summer, and the Irvins the Gifford house, while Mr. Luce and family were in the Jacobson Memorial home during the time that Dr. Field and Miss Shields were away.

(Omitted)

윌리엄 B. 헌트(황해도 안악)가 프랭크 F. 엘린우드(미국 북장로교회 선교본부 총무)에게 보낸 편지 (1900년 10월 15일)

(중략)

서울 병원과 관련하여 저는 제 생각이나 감정을 ＿＿하려 하지 않을 것입니다. 이 나라에서 복음 전도에 대한 문이 열렸을 때, 교회가 진리에 대해 더 배우고자 분투하고 있었을 때, 교회가 장로교회로서 지도자와 전도자를 양성할 그런 중요한 기회를 갖고 있을 때, 병원 사업에 그렇게 많은 돈을 쏟아 붓는 것은 저에게 죄악이자 벌 받을 행위인 것처럼 보입니다. 이것은 중국에서 우리를 방문하고 있던 형제들의 견해이기도 하였습니다. 저는 그런 규모의 병원 사업이 서울과 이 나라의 교회에 확실한 ＿＿이 될 것이라고 믿고 있습니다. 그러나 박사님은 다른 사람들이 이미 그랬던 것처럼 제가 너무 강하게 말을 한다고 말씀하십니다. 저는 단지 주님께서 저를 가르쳐주신 것을 말씀드릴 뿐이며, 제가 솔직하게 박사님께 말씀드려야 한다고 느끼고 있습니다.

(중략)

William B. Hunt (Anak),
Letter to Frank F. Ellinwood (Sec., BFM, PCUSA) (Oct. 15th, 1900)

(Omitted)

With regard to the Seoul Hospital I shall not attempt to ___ my thoughts or feelings. When the country is open to the preaching of the Gospel, when the Church is struggling of itself to learn more of the truth, when the Church has such a grand opportunity for raising up leaders and preachers as the Presbyterian Church has in this land, it seems to me that the putting of so much money into Hospital work is a sin and sacrilege. This also was the opinion of the brethren visiting us from China. I believe that Hospital work on such a scale to be a positive ____ to Seoul and to the Christian Church of this land. But you say I speak too strongly as others have already done. I only speak for what the Lord has taught me and feel that I should frankly tell you.

(Omitted)

회의록, 한국 선교부 서울 지부(미국 북장로교회) 1891~1921
(1900년 10월 22일)

한국 서울,
1900년 10월 22일

(서울) 지부의 특별 회의가 에비슨 박사의 사택에서 소집되었으며, 샤프 씨의 성경 봉독과 기도로 개회하였다.

(중략)

여학교의 여자 사택을 위해 제안된 수리는, 특별 위원회에 구성하여 그 위원회에 위임하자는 동의가 있었고 통과되었다. 위원회에는 게일 씨, 스눅 양, 도티 양, 에비슨 박사, 그리고 밀러 씨가 임명되었다.

(중략)

Minutes, Seoul Station, Korea, 1891~1921 (PCUSA) (Oct. 22nd, 1900)

Seoul, Korea,
Oct. 22nd, 1900

A special meeting of the Station was called at the house of Dr. Avison and was opened with reading and prayer by Mr. Sharp.

(Omitted)

It was moved and carried that the repairs proposed for the ladies residence Girls' School be intrusted to a special committee and that this committee have power to act. The committee appointed was Mr. Gale, Miss Snook, Miss Doty, Dr. Avison & Mr. Miller.

(Omitted)

19001022

새뮤얼 A. 마펫(평양)이 프랭크 F. 엘린우드(미국 북장로교회 해외선교본부 총무)에게 보낸 편지 (1900년 10월 22일)

(중략)

올해 우리는 의료 사역이 우리의 방침으로부터 이탈한 것을 보았으며, 저는 이러한 경향에 대하여 대단히 근심하고 있습니다.

지난 해에 저는 우리가 선교부로서 서울에 최고의 선교부 병원을 설립하는 것을 찬성하며, 우리의 의료 기지를 위한 명확한 계획을 다음 선교부 회의에 제출하도록 위원회를 구성한다는 결의를 알린 바 있습니다.[88] 1년이 지나면서 일부 선교사들은 선교부가 인력이 보강된 큰 의료 기지의 건설을 지지한 것으로 생각하였고, 선교부가 승인한 것보다 훨씬 규모가 큰 계획을 만들기도 하였습니다. 명확한 계획을 제출하기 위한 위원회 회의에서 저는, 모두는 아니지만 선교부 대다수의 견해를 나타내는 두 구절을 삽입하는데 성공하였는데, 선교부는 현재의 의료 인력, 즉 1명의 남자 의사, 1명의 여자 의사, 그리고 1명의 간호원이 감당할 정도의 그리 크지 않은, 그리고 선교본부로부터 운영비로 연간 2,000엔보다 많은 예산을 필요로 하지 않을 최고의 병원 기지를 서울에 설립하는 것을 승인한다는 것이었습니다.[89]

우리는 선교본부가 선교부가 승인한 계획 이상의 조치를 취하지 않기를 진심으로 바랍니다. 우리는 선교부가 요청하지 않은 다른 의사 한 명이 한국에 임명되었다는 소식을 듣고 놀랐습니다.

선교부는 의료 사업을 신뢰하며, 우리는 서울에 최고의 병원 기지를 원합니다. 그러나 저는 서울의 의료 사업이 고국의 교회와 선교부 인력 뿐 아니라 한국 교회의 돈, 힘, 시간, 그리고 관심을 흡수함으로써 한국인들에게 기독교는 인류 구원을 위한 예수 그리스도의 교회가 아니라 자선 기관으로 소개되고, 의료 사업이 기독교의 가장 뚜렷한 특징으로 제시될 것이기 때문에 서울의 의료 사업이 우리의 주요 사업인 한국의 복음화에 진정한 도움이 아니라 장애가 되는 것을 막기 위하여 선교부는 가장 어려운 일을 감당해야 하고 선교본부의 호의적인 후원 및 협조가 필요할 것이란 것을 분명히 알고 있다고

88) Samuel A. Moffett (Seoul), Letter to Frank F. Ellinwood (Sec., BFM, PCUSA) (Oct. 17th, 1899).
89) Report of Special Committee on Seoul Hospital (Sept. 20th, 1900).

생각합니다. 제가 믿고 있는 근본적이고 본질적으로 중요한 원리가 위태로움에 처해 있다는 것을 분명하게 하려 노력하면서, 저는 오해의 위험을 무릅쓰고 있다는 것을 깨달았는데, 저는 의료 사업을 반대하는 것이 아닙니다. 저는 진심으로 그것을 믿고 있으며, 이곳에서 우리의 사역에 그것을 위한 계획을 세웠습니다. 하지만 저는 올해 선교부가 합리적인 선을 벗어난 일을 하였고, 의료 사업과 비교해 볼 때 무한하게 더 가치가 있는 (전도) 사업을 위태롭게 하고 있는 것 같다고 생각합니다.

서울의 의료 사업에 대해 제가 쓴 것은 선교부가 지금까지 내린 어떤 결정을 반대하는 것이 아니라, 우리가 지금 대단히 절박하게 간청하는 똑같은 근본 방침에 대해 선교본부의 지지를 얻지 못하면 후에 우리에게 강요될 지도 모른다는 걱정 때문입니다.

(중략)

Samuel A. Moffett (Pyeng Yang),
Letter to Frank F. Ellinwood (Sec., BFM, PCUSA) (Oct. 22nd, 1900)

(Omitted)

In the medical work, we this year saw a departure from our policy, and a tendency which fills me with the gravest misgivings.

Last year I introduced the resolution that we as a Mission favor the establishment of a first class Mission Hospital in Seoul and that we appoint a Com. to present definite plans, to the next meeting of the Mission, for our medical plant. It became evident thro the year that some thought the Mission had thereby committed itself to the establishment of a large medical plant with an increased force of workers and that plans were being formed far in advance of what the mission would approve. In the meeting of the Com. to report definite plans I succeeded in having two clauses inserted which represent the opinion of most of the mission, tho not all, and the mission has approved the establishment of a first class medical plant in Seoul not too large to be managed by the present force of medical workers, one male physician, one lady physician and one nurse, and which shall not require for running expenses more than 2,000.00 yen as an annual appropriation from the Board.

We sincerely hope the Board will not go beyond the approved plans of the Mission. We were surprised to hear that another physician had been appointed to Korea when the Mission had made no request for one.

The Mission believes in medical work and we want a first class plant in Seoul but I think I see cleary that it will take the hardest kind of work in the mission and the sympathetic backing and cooperation of the Board to prevent the medical work in Seoul from assuming proportions which instead of making it a real help to our main work, the evangelization of Korea, will make it an obstacle in that as a medical work it will absorb the money, energy, time and interest not only of the home church and the mission force but that of the Korean church, so that to the Korean nation, Christianity will be presented rather as a philanthropic institution, the medical work being its most prominent feature, and not as the Church of Jesus Christ for the salvation of men. In trying to make clear what I believe is a fundamental and essentially important principle which is at stake, I realize that I run the risk of being misunderstood, but I am not opposed to medical work. I do believe in it most heartily, I planned for it in our own work here and yet it does seem to me that this year the Mission has been carried outside of the bounds of reason and is endangering that which compared to the medical work is of infinitely more value than the medical work.

What I have written with reference to the Seoul medical work is not in opposition to any action of the Mission taken so far, but is in view of what I fear will be forced upon us later on unless we can get the Board to stand for the same principle for which we most urgently plead.

(Omitted)

우드브리지 O. 존슨(대구)이 프랭크 F. 엘린우드(미국 북장로교회 선교본부 총무)에게 보낸 편지 (1900년 10월 27일)

(중략)

다른 일들 중에서 "에비슨 박사 부부, 베어드 씨 부부는 새로운 사람 같았으며, 저는 그들을 거의 알아보지 못하였습니다. 어떤 사람이 그녀가 누구인지 저에게 말해줄 때까지 에비슨 부인을 정말 전혀 못 알아보았습니다." 1898년 10월 서울에서 개최된 연례회의 10일 동안 에비슨 부부가 제 부부를 접대한 후 처음 만난 것입니다.

(중략)

Woodbridge O. Johnson (Taiku), Letter to Frank F. Ellinwood (Sec., BFM, PCUSA) (Oct. 27th, 1900)

(Omitted)

Among other things, "Dr. and Mrs. Avison, Mr. & Mrs. Baird were like new people I hardly recognized them. Indeed I did not know Mrs. Avison at all until some one told me who she was." This after the Avison's entertained Mrs. J. and I at Seoul, Annual Meeting in Oct. '98 for ten days.

(Omitted)

해외 선교를 위한 1900년 기도 연감
(장로교회 여자해외선교회, 1899년), 80쪽

11월

......

6일 서울 - O. R. 에비슨 의학박사 부부(1893년). 에비슨 박사는 정부병원(제중
　　　원)의 책임을 맡고 있으며, 9,018명의 외래 환자, 228명의 입원 환자
　　　를 돌보았다.

......

1900 Year Book of Prayer for Foreign Missions (Women's Foreign Missionary Societies of the Presbyterian Church, 1900), p. 80

November

......

6 Seoul - O. R. Avison, M. D. and Mrs. Avison (1893). Dr. Avison is in charge of
　　　the Government Hospital, over 9,018 in-patients and 228 out-patients.

......

제임스 S. 게일(서울)이 프랭크 F. 엘린우드(미국 북장로교회 해외선교본부 총무)에게 보낸 편지 (1900년 11월 17일)

(중략)

에비슨 가족은 다시 병원으로 돌아와 할 일이 많습니다. 사람들은 그가 다시 이곳으로 돌아온 것을 기뻐하고 있습니다. 많은 사람들은 그가 오기를 대단히 참을성 있게 기다렸습니다. 병원의 모든 문제들이 이제 논의되고 있습니다.

(중략)

James S. Gale (Seoul), Letter to Frank F. Ellinwood (Sec., BFM, PCUSA) (Nov. 17th, 1900)

(Omitted)

The Avisons are once more in the hospital with plenty to do. The people are delighted to have the doctor here again. Many have waited most patiently for his coming. The whole question of hospital now comes up.

(Omitted)

회의록, 한국 선교부 서울 지부(미국 북장로교회) 1891~1921
(1900년 11월 19일)

(중략)

동의에 의해 수리 위원회와 담장 및 배수 위원회를 하나의 위원회로 합쳐
수리 위원회로 부르기로 하였다.

재정 위원회 - 에비슨 박사, 언더우드 박사

수리 위원회 - 게일 씨, 그리고 웰본 씨

다음의 청구가 승인되었다.

......

에비슨 박사   300.00달러

......

(중략)

(Omitted)

On motion the Repairs Committee and the Committee on Walls and Drains were merged with on to be called the Repairs Committee.

The Finance Committee - Dr. Avison, Dr. Underwood

Repairs Committee - Mr. Gale & Mr. Welbon

The following orders were approved:

......

Dr. Avison $ 300.00

......

(Omitted)

19001210

호러스 G. 언더우드(서울)가 프랭크 F. 엘린우드(미국 북장로교회 해외선교본부 총무)에게 보낸 편지 (1900년 12월 10일)

(중략)

이런 상황에서 박사님께서는 우리가 조만간 이 새 건물들의 건축을 감독할 건축가 한 명이 미국에서 필요하게 될 것이라는 것을 아실 것입니다. 동시에 그는 새 병원의 건물도 감독할 수 있으며, 밀러 씨의 집과 게일 씨의 집도 있습니다. 당연히 누가 올 수 있는지가 문제입니다. 저는 박사님께서 이 일을 맡기에 적절한 건축사를 뉴욕 시에서 구하실 수 있을지 모르겠습니다. 아직 실무 지식이 많지는 않지만 미주리 주 파크 대학의 학생으로 내년 봄에 졸업할 건축가가 한 명이 있습니다. 그는 건축가라기보다는 실제로 건축업자에 가깝습니다. 현재 이곳에서 우리는 매우 훌륭한 중국인 건축업자를 구할 수 있는데, 그는 필드 박사의 집을 지었고 신뢰할 수 있는 것 같으며, 미국에 체류한 적이 있고 우상 숭배를 버리고 양저우[揚州]의 침례교회에서 세례를 받았습니다.[90] 훌륭한 건축가로서 모든 일을 감독하고, 이 중국인이 제대로 일하고 있는지를 알 수 있는 사람이면 충분할 것입니다. 그 외에도 저는 캐나다 토론토의 컨페더레이션 라이프 보험회사 건물의 고든 씨에게 편지를 쓰고 있습니다. 그는 고든 앤드 힐리웰 회사 소속의 토론토 공인 건축가이며, 캐나다의 여러 정부 건물의 입찰에 성공하였습니다. 그는 한국 선교에 상당한 관심을 가지고 있습니다. 그는 최근 가족과 사별하였으며, 캐나다에 그렇게 많이 얽혀 있지 않습니다. 제가 그에 대해서 알고들은 바에 의하면 그는 동업자에게 사업을 맡기고 떠날 수 있을 것이라고 생각합니다. 그런 사람을 위해 그가 이곳으로 오는 경비, 체재비, 그리고 돌아갈 여비로 요청한 금액은 그가 해야 할 일에 비해 그러한 건축가에게 충분한 보수가 되지는 않지만, 만일 고든 씨가 자유롭고 올 수 있다면, 한국 선교에 대한 그의 관심은 그가 이 일을 위해 일 년이나 일 년 반 동안[의 시간]을 낼 수 있을 것으로 생각합니다. 우리는 건축가 한 명이 이곳에 와서 일 년 동안 현장에 있다가 미국으로 돌아갈 경비로 6,000엔 혹은 금화 3,000달러를 책정하였습니다. 만일 그가 감독할 수 있는 선

---

90) 해리 장(Harry Chang)을 지칭하는 것 같다. 그는 1886년 전반에 오웬 N. 데니(Owen N. Dennay) 가족과 함께 한국으로 온 것으로 알려져 있다. 그는 1890년까지 데니의 가사를 돌보다가, 미국 공사관에 고용되어 영어를 배웠다. 후에 그는 외국인 주택과 관련된 업자와 일하면서 건축물 매매도 배웠다.

교부 건물 때문에 일 년 이상 머물러야 한다면, 저는 선교본부가 추가 기간에 대해 그에게 지불해야 한다고 생각합니다. 뉴욕보다 토론토나 서부의 작은 도시에서 오는 사람과 관련한 다른 이점은 그가 환경에 더 쉽게 적응하고 어떤 자재가 적합한지 더 빠르게 알 수 있는 기회들이 있다는 것입니다. 이 점에 대한 한 예로, 저는 뉴욕, 토론토, 일본 및 중국에 있는 한두 명의 건축가들에게 한국에서의 건축과 관련한 편지를 보냈는데, 첫 번째 답장에서 만일 자신이 한국에서의 건축에 대해 조언하려면, 벽돌, 목재, 석재의 상대적인 가격과 인부들이 어떤 사람들인지 알아야 한다고 언급한 것은 오직 고든 씨 뿐 이었습니다. 지금과 같이 건축할 건물이 많을 때 우리가 만일 고든 씨와 같이 경험이 많은 사람의 도움을 받을 수 있다면 큰 이점이 될 것이며, 결국에는 참으로 선교본부에 큰 절약이 될 것입니다. 우리 선교사들 중에는 건축가나 건축업자가 없으며, 당연히 우리가 설계와 건축에 대해 공부를 했지만, 건축할 건물이 너무도 많을 때 우리 건축을 감독하기 위해 고든 씨 같은 사람을 얻을 수 있다면 분명히 큰 도움이 될 것입니다.

박사님이 조언을 해주셔야 할 다른 문제는 새 병원과 병원 기지의 위치 문제입니다. 지난 연례회의에서 만일 새 병원을 서울 외곽에 둔다면, 우리가 정동 기지를 옮길 때 병원 기지와 정동 기지를 결합하여 두 기지가 서로 협력할 수 있는 하나의 강력한 중심으로 만드는 데 노력해야 한다는 안이 제안되어 통과되었습니다. 그 방안은 세 개의 강력한 중심, 즉 하나는 연동에, 하나는 무어 형제의 [홍문석골] 교회와 연계된 시내 중심가에, 하나는 새문안교회와 연계된 서부에 갖는 것일 것입니다. 만일 이렇게 된다면 박사님은 의사의 사택을 지어야만 한다는 것을 아실 것이며, 만일 훌륭한 건축가의 감독 하에 건물 전체를 지을 수 있다면 시간과 돈이 크게 절약될 것입니다.

(중략)

Horace G. Underwood (Seoul),
Letter to Frank F. Ellinwood (Sec., BFM, PCUSA) (Dec. 10th, 1900)

(Omitted)

Under these circumstances, you see that we will be soon needing an architect from America to superintend the putting up of these new buildings. At the same time the man can superintend the building of the new hospital and there is Mr. Miller's house and Mr. Gale's. Of course the question comes as to who can come. I do not know whether you can find a suitable architect in New York city to undertake this. There is an architect, who as yet has not had much practical knowledge, a student at Park College, Missouri, who will graduate from there next spring. He is more of a practical builder than architect. Out here at the present time we can secure a very good Chinese builder, the one who put up Dr. Field's house, a man who seems to be trusty and who has been in America, who has given up his heathen worship and was baptized in the Baptist church at Tang Chow Foo. A man who was a good architect to superintend all the work and to see that this Chinaman does the right thing would be all that would be needed. In addition to this, I am just writing to H. B. Gordon, Confederation Life Building, Toronto, Canada, a certified architect of Toronto, of the firm of Gordon and Hilliwell, who has been a successful architect competitor for several government buildings in Canada. He is considerably interested in Korean missions. He has just lost his family and has not much to tie him to Canada. From all that I know and hear of him, I think he could leave his business in the hands of his partner, and while the amount that has been asked for such a one, for his expenses here and during his stay and his return expenses would not give much remuneration to such an architect for the work that he would have to do, I think that if Mr. Gordon is free and able to come, that his interest in the Korea Mission would make it such that he would give a year or a year and a half to this work. In our reckoning we allowed for an architect to come out here, be on the field for one year and for his expenses back to America 6,000 yen or 3,000 U. S. gold dollars was what we put down for this. If he had to stay longer than a year because of their being mission buildings which he could superintend, I suppose the Board would have to pay him for the additional time. Another advantage appears to me in connection with a man from Toronto or one of the smaller western cities over New York is that the chances are he would be more ready to adapt himself to circumstances and would be more quick to realize what material would be suitable. An instance to the point, I have written to one or two architects concerning building in Korea, both in New York, Toronto, Japan and China, and Mr. Gordon was the only one who in his first reply stated, that he must know the relative cost of bricks, timber, stone and the kind of workmen we had if he was to give advice concerning buildings for Korea. It would be a great advantage, if we could have a man of Mr. Gordon's experience in building to assist at this time when there is so much building to be done, and really in the end it would be a great saving to the Board. None of us missionaries are architects, none of us are builders, and while we have of necessity studied up concerning architecture and building, it would certainly be a great help if we could have a man like Mr. Gordon at this time to superintend our buildings when there is so much to be done.

Another matter concerning which you should be advised is in regard to the placing of the new hospital and the hospital plant. At the last annual meeting it was proposed and carried that if the new hospital was to be outside of Seoul, an effort should be made, when we are removing the Chong Dong plant to combine the hospital plant and Chong Dong plant in one strong center, where each could mutually aid the other. The idea then would be to have three strong plants, one at Yun Dong, one in the center of the city in connection with brother Moore's church, and one at the West in connection with the Sai Mun An church. If this is done, you see a doctor's house will have to be built and it would be a great saving of time and money if the whole thing could be built under the superintendence of a good architect.

(Omitted)

19001217

한국. 병원, 미국 북장로교회 해외선교본부 실행이사회 회의록
(1900년 12월 17일)

한국. 병원. 한국의 병원에 대해 다음의 결정이 내려졌다.

(중략)

세브란스 기념 병원 기지 계획. 선교본부는 서울의 병원 기지를 위해 오하이오 주 클리블랜드의 L. H. 세브란스 씨가 제안한 너그러운 기부는 병원 건물과 두 채, 즉 하나는 책임 의사를 위한, 다른 하나는 여의사와 정규 간호사를 위한 사택을 포함하여 사용해야 하며, 이를 위한 예산은 건축 부지가 확보되고 세브란스 씨로부터 기부금을 받았을 때 설정될 것이며, 전체는 '세브란스 기념 병원 기지'로 부를 것이라고 '결의'되었다.

(중략)

Korea. Hospitals, *Minutes [of Executive Committee, PCUSA]*, *1837~1919* (Dec. 17th, 1900)

Korea. Hospitals. The following action was taken with regard to hospitals in Korea

(Omitted)

Severance Memorial Hospital Plant Plans. "Resolved," that it be the opinion of the Board that the generous gift proposed by Mr. L. H. Severance of Cleveland, O. for a hospital plant at Soul, should be so used as to include the hospital building and two houses, one for the head physician in charge and the other for the lady physician and trained nurse, appropriations for the same to be made when the building site has been obtained and the money from Mr. Severance shall have been received, and the whole to be called the "Severance Memorial Hospital Plant."

(Omitted)

회의록, 한국 선교부 서울 지부(미국 북장로교회) 1891~1921
(1900년 12월 17일)

한국 서울,
1900년 12월 17일

서울 지부의 정기 월례회의가 모든 회원들이 참가한 가운데 병원 사택에서 열렸다.

(중략)

남감리교회 선교부의 콜리어 씨로부터 자신이 이미 활동을 벌이고 있는 풍덕에 위치한 마을의 잠식(蠶食)과 관련한 편지를 받았다.[91] 서기는 에비슨 박사, 언더우드 박사, 그리고 무어 씨로 구성된 위원회를 구성하기로 결정하였고, 위원회로 하여금 그 문제를 살피도록 하였다는 것을 콜리어 씨에 알리도록 하였다.

(중략)

다음의 청구가 승인되었다.

......
에비슨 박사   290.00달러
......

(중략)

---

91) 찰스 T. 콜리어(Charles T. Collyer, 1868~1944)는 1897년 1월 27일 미국 남감리교회 선교사로 내한하였으며, 11월 개성지방 책임자가 되었다. 1900년 개성 구역회가 조직되면서 구역장이 되었다. 동시에 강원도로 선교지를 확장하였으며, 1906년 춘천 구역을 담당하였다.

Minutes, Seoul Station, Korea, 1891~1921 (PCUSA) (Dec. 17th, 1900)

Seoul,

Dec. 17, 1900

The regular monthly meeting of Seoul Station convened at the Hospital Residence with all the members present.

(Omitted)

A communication was received from Mr. Collyer of M. E. Mission South referring to an encroachment upon territory already occupied of him in a village situated in P'ung-duck. It was decided to have a committee look into the matter that the Secretary be instructed to acquaint Mr. Collyer with the same and that the Committee consist of Dr. Avison, Dr. Underwood and Mr. Moore.

(Omitted)

The following orders were approved:

......

Dr. Avison   290.00

......

(Omitted)

19001218

프랭크 F. 엘린우드(미국 북장로교회 해외선교본부 총무)가 한국 선교부로 보낸 편지 (1900년 12월 18일)

뉴욕,
1900년 12월 18일

한국 선교부 귀중

친애하는 형제들,

어제 개최된 선교본부 회의에서 엘렌 스트롱 양이 사용할 주택의 임대와 관련하여 다음의 결정을 내려졌습니다. 너무도 많은 피난민들이 중국에서 왔기 때문에 9월까지 에비슨 박사의 주택을 그녀가 사용할 수 있을 것이라는 기대가 깨어졌고, 그녀는 임대를 요청한 숙소를 사용할 필요가 생겼다는 사실에 근거하여 신청되었습니다.

> "한국 선교부는 1900년 6월 1일부터 1900년 9월 1일까지 매달 25엔에 스트롱 양의 임대비를 지급하도록 허가받았다."

(중략)

한국 선교부의 훌륭함은 소박한 절약과 자립의 교훈에서 찾을 수 있습니다. 그것은 우리의 선교지에서 계속해서 배워야만 하는 교훈인데, 미국에서 기금을 제공하는 것은 결코 무한하지 않으며, 개인적인 간청으로 관대한 기부를 하는 경우가 있을 수 있지만 반발이 따르기 쉽습니다. 우리는 한국에서 온 편지들의 영향으로 한 약속, 빈튼 박사와 스피어 씨의 제안이 선교회의 일부 숙녀들로부터 심각한 질문을 받았으며, 그 결과 정서가 분열되었습니다. 강압적인 움직임과 약속은 나중에 이행하기 어렵다는 것을 알게 되는 해(害)를 초래할 수 있습니다.

선교본부는 병원과 관련한 선교부 회의의 결정을 받았지만, 지출하는 경비 때문이라기보다는 모든 것이 사람들이 빈곤함을 나타내며, 모든 종류의 지출이 극히 낮고, 모든 주택과 다른 구조물들이 단순하고 변변치 않은, 한국 같은 나라에서의 도덕적인 영향 때문에 더 절약하는 정책을 옹호하는 편지가 이미 발송되었습니다. 받은 편지는 선교부가 서울의 병원을 위한 지출과 관련하여 결코 만장일치가 아니었음을 보여주고 있으며, 선교본부는 서울 병원의 문제와 대구를 위한 6,000엔의 경비를 권고하면서 충분하게 고려한 끝에 다음과 같은 결정을 내렸습니다.

> 서울의 병원 시설을 위해 오하이오 주 클리블랜드의 L. H. 세브란스 씨가 제안한 관대한 기부는 병원 건물과, 하나는 책임 의사를 위한, 다른 하나는 여의사와 정규 간호원을 위한 두 채의 사택을 포함하여 사용해야 하며, 그 예산은 건축 부지를 얻고 세브란스 씨로부터 기부금을 받았을 때 책정될 것이고, 전체를 '세브란스 기념병원 기지'라 부르는 것이 선교본부의 의견임을 결의한다.
> ......
> 전반적인 결의: 선교본부는 해외 기금의 경제적인 사용과, 여태껏 한국 선교부에서 너무도 성공적인 것으로 입증된 자립의 착실한 발전을 지지한다.

한 분야에 많은 지출을 하게 되면, 다른 모든 분야에서 같은 수준으로 (지출을) 올려달라는 권리를 주장하는 것이 선교본부의 불변의 경험이었습니다. 사람들의 생각은 그러한 실례에 의해 변경됩니다. 미국의 선교본부는 엄청난 부(富)의 황금향이고, 교회들은 거의 모든 요청을 받아들일 준비가 되어 있다는 인상이 근거를 얻고 있습니다. 선교본부가 해마다 빚을 지거나 가장 중요한 일의 예산을 삭감하여만 하는 것이 이런 일이나 다른 일에 많은 돈을 사용하고 이것이 다른 일에 비치는 영향 때문입니다. 예산의 삭감은 봉급 혹은 선교사들에게 속하는 것들에게는 결코 적용되지 않았습니다. 그것은 현지 통화로 지불되는 현지인 사역에 적용됩니다. 그러한 축소는 혹한처럼 성장의 가장 중요한 급소인 어린 싹을 해칩니다. 또한 선교지에 파송될 선교사를 유지하고, 후원하며, 파송되었을 때 사택을 제공해 주어야 하는데 영향을 미칩니다. 또한 특별한 개인 기부에 의해 제공되지 않으며, 긴급하게 필요한 건물의 건축을 지연시키는 영향을 미칩니다. 이 개인들의 큰 기부는 교회의 정규 기부와 충돌하지 않는다고 이야기 할 수 있지만, 그것들은 충돌하며 그래서 매년 모든 돈을 받기 전에 매년 예산을 책정하고 있습니다. 예산을 안전한 토대에 있게 하기 위하여 선교본부는 당시에는 알 수 없는 교회의 기여금, 여자 선교본부, 주일학교, 청년회, 그리고 유산뿐 아니라 특별히 개인의 기부와 특별 기부를 고려하며, 선교지의 선교사들에게 아마도 전체적으로 보탬이 되고 모든 적절한 예산에서 벗어나지 않는 것에 근거하여 평균적으로 계산합니다. 그러나 한국의 우리 사역에서 가장 중요하게 보이는 것은 도덕적 영향입니다. 오래 동안 유해한 관습이 자립을 불가능하게 하였던 오래된 선교지에서 불평이 있었지만, 우리가 그곳에서 취하였던 고귀한 입장에서 내려 올 때는 슬픈 날이 될 것이며, 외국 자금의 완전한 진정 효과가 작동하기 시작할 것입니다.

우리는 아직 너무도 오래 논의하였던 선교부 자산의 매각에 대한 분명한 조치를 알지 못하고 있는데, 그 부지를 매각하고 새 병원 부지를 구입하며, 선교부 사택을 건축할 새 부지를 구입하여 선교본부의 경비로 병원 뿐 아니라 다른 모든 사택을 건축하는 복합적인 사업을 제안하였습니다. 이 거대하고 복잡한 사업은 계획과 방법에서 조차 완료되지 않은 것 같습니다. 질문이 남아 있습니다. 만일 사택이 제공될 부지가 매각되면, 어느 곳부터 시작해야 합니까? 만일 새 부지에 건축을 한다면 옛 부지에 대한 지불을 확보할 확실성은 무엇입니까?

선교본부가 취한 결정은 만장일치인 것 같습니다. 그 결정에서 표시된 경과대로 따른다면 그 문제는 단순해 질 것이고, 세브란스 씨가 선교본부의 판단에 따라 사용하기를 원하는 기부금은 다른 기금을 포함하지 않고 독립적으로 사용될 것입니다. 우리는 선교부로부터 소식을 듣고 싶습니다. 나는 단지 여러 나라에서 병원을 건축하는데 금화 3,000 혹은 4,000달러를 넘지 않는 것이 규칙이었다는 것만을 추가하고 싶습니다. 내가 기억하기로 렌저우[連州]에 있는 큰 병원도 3,000달러에 건축하였습니다. 인도와 페르시아에 더 비싼 기지가 건설되었는데, 기금을 그렇게 써야 한다는 바람과 함께 특별 기부가 이루어졌기 때문입니다. 나는 이미 그런 기부의 영향에 대하여 이야기하였습니다.

나는 선교부가 즉시 예산과 보고서 등(평양 예산을 제외하고)을 보내 준 것에 대하여 감사를 드리고 싶습니다. 우리는 평양의 예산도 곧 올 것으로 기대하고 있습니다. 빈튼 박사는 보고서 일을 하고 있습니다. 나는 특별히 고국에서 빈튼 박사가 선교 회의에서의 강연, 그리고 특히 우리 잡지에 게재된 뛰어난 글에 대하여 모든 지역에서 온 찬사에 대하여 말씀드리고 싶습니다. 부유한 한 신사는 *Assembly Herald* 11월호에 실린 한국에 대한 그의 논문[92]을 널리 배포할 수 있도록 별책 비용을 대겠다고 제안하였습니다. 또 다른 예로 한 신사는 그 잡지에 실린 기사의 영향을 받아 한국 선교부에 1,000달러를 특별 기부하였습니다. 우리는 빈튼 박사 사역의 가치에 대한 이러한 증거에 대하여 대단히 기뻐하고 있습니다.

---

92) C. C. Vinton, Korea the Strategic Mission (Illustrated). The Assembly Herald 3(4) (Nov., 1900), pp. 870~873.

선교부 모든 분들께 안부 전합니다.

안녕히 계세요.
(서명) F. F. 엘린우드

추신. 월요일에 선교본부의 회의가 있은 후에 나는 선교부로 보낸 10월 2일의 결정을 발견하였는데, 그것은 다음과 같습니다.

    ...... 6월 1일부터 9월 1일까지 스트롱 양의 임대료를 부담한다. 따라서 위의 결정은 재고될 것이다.
    "서울의 엘렌 스트롱 양을 위한 주태 임대료 예산을 1900년 6월 1일부터 회계연도 말까지 매달 25엔으로 배정하였다."

Frank F. Ellinwood (Sec., BFM, PCUSA), Letter to the Korea Mission (Dec. 18th, 1900)

New York,
Dec. 18th, 1900.

To the Korea Mission.

Dear Brethren: -

At a meeting of the Board held yesterday, the following action was taken in regard to the rental of the house occupied by Miss Ellen Strong. The application was based on the ground that the anticipation that Dr. Avison's would be available for her until Sept. failed owing to the accession of so many refugees from China, leaving her under necessity of occupying the quarters for which the rent was asked: -

    "The Korea Mission was authorized to meet the rent of Miss Strong's house from June 1st, 1900, to Sept, 1st, 1900, at the rate of 25 yen per month."

(Omitted)

The glory of the Korea Mission has been found in its lessons of frugal economy and self-support. It is a lesson that has to be learned over and over again our mission field, that the supply of funds in America is by no means boundless, and that although there may be instances of generous giving upon some strong personal appeal, yet a reaction is apt to follow; and we found that the promise made under the influence of letters from Korea, addresses from Dr. Vinton and Mr. Speer, were seriously questioned by some of the ladies belonging to the Society and a division of sentiment was the result. Harm is apt to come from high pressure movements and pledges which it is found difficult afterwards to fulfil.

The Board has received the decision of the Mission Meeting in regard to hospitals, but already letters had been written from here advocating a more economical policy not so much on account of the money expended, as the moral influence in a country like Korea, where everything indicates the poverty of the people, where all grades of expense are exceedingly low, all houses and other structures simple and humble. It appears from letters received that the Mission was by no means unanimous in regard to the outlay for a hospital in Seoul, and the Board after fully considering the question of the Seoul Hospital, and also the expense involved in the recommendation for six thousand yen for Taiku took the following action: -

Resolved: - That it be the opinion of the Board that the generous gift proposed by Mr. L. H Severance of cleveland, Ohio, for a hospital plant at Seoul, should be so used as to include the hospital building and two houses, one for the head physician in charge and the other for the lady physician and trained nurse, appropriations for the same to be made when the building site has been obtained and the money from Mr. Severance shall have been received, and the whole to be called the 'Severance Memorial Hospital Plant'.
......

Resolved in General: That the Board favors an adherence to the economical use of foreign funds and the earnest development of self- 3 support which have proved so successful in the Korea Mission hitherto.

It has been the invariable experience of the Board that where one department of the work was raised to a high grade of expenditure, all things else claimed the right to be lifted up to the same grade. The ideas of the people are changed by such object lesson. The impression gains ground that the Board in America is an El Dorado of untold wealth, that the churches are ready to grant almost any request, and it is by reason of the absorption of so much money in this thing or that and the influence it has on other things that the Board from year to year finds itself compelled to either run in debt or to cut down the estimates at the most vital points. The reduction in estimates is never made in salaries or in anything that pertains to the missionaries. It comes upon the native work, that which is paid in local currency. Like a hard frost, such retrenchments nip the youngest buds, the most vital points of growth. It also has the effect to keep, back missionaries who might be sent to the field, and who when sent must be provided with houses. It has the effect also to delay the erection of buildings however urgently needed, which are not provided for by special personal gifts. Now it may be said that these large individual gifts do not conflict with the regular contributions of the churches, but they do and in this way, the appropriations are made every year in advance of all moneys received. In putting them upon a safe basis the Board takes into account not only the church contributions, Women's Boards, Sabbath Schools, Young people's Societies and legacies, all unknown at the tine, but also individual gifts and special gifts particularly, the averages of calculation are based upon those things which perhaps to the missionary on the field seem wholly a plus and out of all proper estimates. But it is the moral effect of our work in Korea which seems the most important. It will be a sad day when we come down from the exalted position which we have taken there, and which however complained of in the old field where long and pernicious habit has rendered self-support impossible shall be abandoned and the full sedative effect of foreign money shall come into play.

We see no definite indication as yet of the sale of the Mission property that has been so long discussed, and the combined movement proposed of selling that property, buying new hospital premises, and the site of the mission houses built there, the purchase of new property and the erection of not only the hospital but all other houses with the funds of the Board- this large and complex movement does not seem to be completed even in plan and method. There remains the question - Where shall we begin, if with the sale where shall homes be provided - if with building new property, what certainty of securing pay for the old?

In regard to the action taken the Board seems unanimous. If the course indicated in that action is pursued, the problem will be simplified and the use of Mr. Severance's gift, which he wishes to make in accordance with the judgement of the Board, will stand by itself without involving other funds. We shall be anxious to hear from the Mission. I will only add that in building hospitals in various countries, the rule has been not to exceed three or four thousand dollars gold. Even the large hospital at Lien Chow, as I remember, was built for three thousand dollars. More expensive plants have been built in India and Persia, but only because special gifts were made with the express wish that the money should be so devoted. I have already spoken of the effect of such gifts.

I want to thank the Mission for the estimates, reports, etc. (with the exception of Pyeng Yang estimates) so promptly forwarded. We hope the Pyeng Yang will soon come. Dr. Vinton is at work on the report. I want to speak particularly of the high commendations which have come to us from all quarters, of Dr. Vinton's work here at home in his addresses at mission meetings, etc. and more particularly in his able articles published in our magazine. A wealthy gentlemen has offered to meet the expense of a reprint of his article on Korea, in the November number of the *Assembly Herald*, in order that it may have the very widest circulation. In another case, a gentlemen gave a thousand dollars as a special gift for the Korea mission, influenced by that some number of the magazine. We are very glad of these testimonials of the value of Dr. Vinton's work.

With kindest regards to all the Mission,

Very sincerely yours,
(Signed) F. F. Ellinwood

P. S. I find, since the meeting of the Board on Monday, that the action of Oct. 2nd, communicated to the Mission, and which is as follows:

...... cover s Miss Strong's rent from June 1st, to Sept. 1st. The above action will therefore be reconsidered: -

"An appropriation was made for house rent for Miss Ellen Strong in Seoul, at the rate of twenty-five yen per month from June 1st 1900 to the end of the fiscal year."

19001221

프랭크 F. 엘린우드(미국 북장로교회 해외선교본부 총무)가 새뮤얼 A. 마펫(평양)에게 보낸 편지 (1900년 12월 21일)

(중략)

우리의 젊은 의사들이 자신의 업무를 추진해 나가는 것은 대단히 칭찬할 만하고 당연하며, 서울을 위한 세브란스 씨의 관대한 기부와 몬트클레어의 훌륭한 숙녀가 부산에 보인 관심은 당연히 병원과 진료소를 위한 전체 활동을 강화시켜주는 효과를 갖고 있습니다. 하지만 선교본부는 사역의 균형과 조화에 대해 경계해야 합니다. 우리는 아직 한국에서 고등 교육을 거의 하지 않았으며, 서울에서 교육 기관의 필요성은 분명 새 병원 보다 훨씬 클 것입니다. 그럼에도 불구하고 세브란스 씨처럼 관대한 기부가 이루어지고, 자신의 아들에 대한 기념(紀念)으로서 어떤 사업을 하기를 바랄 때 우리는 거절할 수 없습니다. 유일한 문제는 총액 20,000엔을 하나의 건물에 사용해야 할 지 혹은 전체 기지를 망라해야 할지의 문제입니다. 우리는 후자가 더 좋다고 믿고 있으며, 그에 따라 선교본부의 결정이 이루어졌고 그 사본은 이 우편과 함께 가는 선교부로 보낸 우편으로 받을 것입니다.

(중략)

Frank F. Ellinwood (Sec., BFM, PCUSA),
Letter to Samuel A. Moffett (Pyeng Yang) (Dec. 21st, 1900)

(Omitted)

It is very laudable in our young doctors to push forward their work, it is natural, and the generous offer of Mr. Severance for Seoul, and the interest expressed by the good women in Montclair in Fusan, doubtless had the effect to key up the whole movement for hospitals and dispensaries. The Board, however, must have an eye to the symmetry and proportion of the work. In higher education we have as yet done almost nothing in Korea, and the need of an educational institution in Seoul, is certainly far greater than that of a new hospital. Nevertheless, when a generous offer like that of Mr. Severance is made, and he desires to do certain work as a memorial of his son, we cannot refuse. The only question is, whether all the money 20,000 yen should be put in the one building, or should be made to cover the entire plant. We believe that the latter is better, and the action of the Board is taken accordingly, a copy of which you will receive in the mission letter which goes by this mail.

(Omitted)

프랭크 F. 엘린우드(미국 북장로교회 해외선교본부 총무)가 평양 지부로 보낸 편지 (1900년 12월 21일)

(중략)

우리의 전도 사역과 병원 및 진료소 사역 사이의 조화를 지킬 필요와 관련한 마펫, 헌트, 리 및 웰즈 씨의 편지와 관련하여 여러분들은 선교본부의 최근 회의의 결정을 알게 될 것입니다. 이들 편지에 표현된 견해들은 그 문제와 관련하여 선교본부가 갖고 있는 것과 상당히 일치합니다. 우리는 여태까지 수입이 더 많지 않고 부족하기 때문에 올해 사업을 마감하면서 기금의 여유가 없습니다.

(중략)

Frank F. Ellinwood (Sec., BFM, PCUSA), Letter to Pyeng Yang Station (Dec. 21st, 1900)

(Omitted)

With regard to the letter of Messrs. Moffett, Hunt, Lee and Wells, in regard to the need of keeping due proportion between our evangelistic work and that of hospitals and dispensaries, you will note the action of the Board at its last meeting. The views expressed in these letters are quite in accord with those held by the Board on that subject. We are not going to have a redundancy of funds for the closing work of this year, as our receipts thus far are behind rather than in advance.

(Omitted)

윌리엄 L. 스왈른(오하이오 주 존스타운)이 프랭크 F. 엘린우드(미국 북장로교회 해외선교본부 총무)에게 보낸 편지 (1900년 12월 28일)

오하이오 주 존스타운,
1900년 10월 28일

해외선교본부
F. F. 엘린우드 목사, 총무

친애하는 박사님,

저는 박사님께서 한국 선교부로 보내신 편지를 방금 받아 읽었습니다. 저에게 사본을 보내주셔서 감사드립니다.

저는 한국의 사역과 관련하여 두 가지 문제, 즉 병원 확장 계획과 교육 사업에 대해서만 말씀드리고 싶습니다. 저는 그것이 필요한지, 혹은 지금 제가 그 주제에 대해 무엇인가 추가할 수 있을지 모르겠습니다. 그러나 올해 의료 사역의 확장이 크고 설비가 잘 된 외국인 병원 기지라는 잘못된 방향으로 본질에서 벗어나 버렸다는 최소한의 저의 강한 신념을 표현하는 것을 참지 못하겠습니다. 첫째, 그것은 다른 방면의 사역인 전도와 교육과 비교할 때 노력과 지출에 있어 균형을 깨는 것입니다. 둘째, 상대적으로 이야기하면 사역을 시작할 때 의료는 한국에서 사업을 여는 제일 중요한 것이었으나 현재는 조금도 중요한 것이 아닙니다. 그것이 대단히 중요한 것은 아니지만 계속 되어야 하며, 게다가 상대적으로 가장 생산적 가치가 적기에 그렇게 많은 관심을 가져서는 안 됩니다. 셋째, 그것은 너무도 부유함의 느낌을 줍니다.

그것은 여러 방면의 사업 모두에 대단히 심각한 영향을 미칠 것인데, 한국인들은 그것을 이해하지 못할 것이고 그들은 우리가 복음을 주는 입장에서는 외국의 돈이 대단히 적게 사용되지만, 의료를 주는 입장에서는 외국의 돈이 대단히 자유롭게 사용된다는 대단히 명백한 사실을 어떻게 설명해야 하는지 모를 것입니다. 저는 어떤 선교사들이 그들을 만족시킬 설명을 하는데 상당한 어려움을 가질 것으로 걱정하고 있습니다.

저의 견해는 평양 지부의 견해와 일치한다고 생각합니다.

(중략)

William L. Swallen (Johnstown, Ohio),
Letter to Frank F. Ellinwood (Sec., BFM, PCUSA) (Dec. 28th, 1900)

Johnstown, Ohio,

Dec. 28, 1900

Board of Foreign Missions,

Rev. F. F. Ellinwood, Sec.

Dear Dr.: -

I have just received and read with much interest, your letter to the Korea Mission. I thank you for sending me a copy.

I wish only to speak of two matters concerning the work in Korea; the hospital enlargement scheme, and the educational work. I do not know that it is necessary, or that I shall be able to add anything now upon the subject; but I cannot refrain from at least expressing my somewhat strong conviction that the digression made this year, towards an enlargement in medical work, in the way of a large foreign equipped hospital plant, is in the wrong direction. First; it throws the balance of effort, and expenditure quite out of proportion, to the other lines of work, evangelistic and educational. And second; relatively speaking, while at the beginning of the work, the medical was of first importance in opening the work in Korea, today it is of least importance. Not but that it is very important, and should be continued, yet it is relatively of least productive value; and therefore should not receive such a preponderance of attention. In the third place; it savors too much of opulence. It will have a very serious effect upon all the other lines of work; Koreans will not understand it; they will not know how to account for a very obvious fact, viz. that where we give them the Gospel, very little foreign money is used, but where we give them medicines, there foreign money is very freely use, and some of the missionaries, I fear, will have considerable difficulty in making an explanation that will satisfy them.

I think my view accords with that of the Pyeng Yang station.

(Omitted)

제3장
1901년

1900년 12월 17일 선교본부는 세브란스 씨의 기부금으로 병원 건물과 두 채의 사택을 짓기로 하고, 전체를 '세브란스 기념 병원 기지'로 부르기로 결의 하였다. 서울 지부는 이렇게 기부금의 반액만을 병원 건축에 사용하기로 한 선교본부의 결정을 취소해 주도록 1901년 3월 탄원서를 보냈다. 이를 받은 선 교본부는 세브란스 씨와 논의한 끝에 4월 15일자 회의에서 기부금 전체를 병 원 건축에 사용하며 에비슨에게 모든 권한을 주기로 결정하였다.

하지만 탄원서를 보냈다는 사실을 알게 된 평양의 선교사들은 10,000달러 전체를 병원 건축에 사용하는 것을 반대하는 편지를 선교본부로 보냈으며, 이 에 대해 엘린우드 총무는 선교본부로서는 기부자의 뜻을 존중할 수밖에 없다 며 선교사들의 이해를 구하였다.

건강이 회복된 에비슨은 3월 21일 제중원에서 진료를 재개하였다. 4월 23 일에는 미국 북장로교회 선교본부의 아서 J. 브라운 총무가 서울에 도착하였 다. 에비슨은 4월 30일 에비슨은 평양으로 떠나는 브라운을 안내하기 위하여 동행하였지만 병원과 관련한 어떠한 언급도 하지 않았다. 브라운 총무가 한 국을 떠나기 전날인 5월 20일 서울 지부는 세브란스 병원의 건축에 10,000달 러가 충분하다는 평양 지부의 결의에 대해 동의하였다. 12월 2일 선교본부는 세브란스 병원에 한 명의 의사만을 고용한다는 한국 선교부의 결정을 승인하 였다.

선교본부는 한국 선교부에서 계획 중인 건축을 위하여 3월 토론토의 건축 가 헨리 B. 고든을 1년 동안 한국에 파견하기로 결정하였고, 이에 따라 그는 6 월 17일 서울에 도착하였다.

한편 세브란스 씨의 기부 소식을 들은 고종은 에비슨에게 병원 건립 부지를 제공하겠다는 의사를 밝혔지만, 관리들의 비협조로 이 약속은 이루어지지 않았다.

On December 17th, 1900, the Board decided to build a hospital building and two houses with donations from Mr. Severance, and to call it as the 'Severance Memorial Hospital Plant.' The Seoul Station sent a petition in March 1901 to cancel the Board's action to use only half of the donation for hospital construction. On receipt of a petition, the Board decided to use the whole donation for hospital construction after discussions with Mr. Severance, and give Dr. Avison a full authority at a meeting held on April 15th.

However, when the missionaries in Pyongyang, learning that missionaries in Seoul Station had sent the petition, sent a letter to the Board against the use of the whole $10,000 in hospital construction, Secretary Dr. Elinwood said that the Board had no choice but to respect the will of the donor. He asked the understanding of the missionaries.

After recovering, Dr. Avison resumed treatment at Jejoongwon on March 21st. On April 23rd, Dr. Arthur J. Brown, Secretary of the Presbyterian Church in the U. S. A., arrived in Seoul. Dr. Avison accompanied to guide Dr. Brown on April 30th, leaving for Pyongyang, but made no mention of the hospital. The day before Secretary Brown left Korea, the Seoul Station agreed with the Pyongyang Station's resolution that $10,000 would be sufficient for the construction of Severance Hospital. On December 2nd, the Board approved the Mission's decision to hire only one doctor at Severance Hospital.

For the construction being planned by the Korean Mission, the Board decided to send Toronto architect Henry B. Gordon to Korea for one year in March, and he arrived in Seoul on June 17th.

Meanwhile, King Gojong, who heard the news of Mr. Severance's donation, announced his intention to provide the hospital site to Dr. Avison, but the promise was not implemented due to the non-cooperation of officials.

19010105

한국의 학살 위협. *The Globe* (토론토) (1901년 1월 5일), 17쪽

2가(街) 25의 A. B. 쉐이버 부인은 한국 서울의 의료 선교사이며 형부인 에비슨 박사로부터 편지를 받았다. 편지에는 조선 정부가 모든 기독교 신자들을 학살하고 모든 외국인을 추방하려는 최근의 시도에 대해 흥미로운 사실들을 담고 있다. 에비슨 박사는 비밀 지시가 내려졌는데, 이것은 고위직의 일부가 외국 방식을 싫어하며, 새로운 것을 따르는 사람들의 학살을 꾀하기에 충분히 사악함을 보여 주었다고 한다. 다행히 잔혹하고 어리석은 행위인 그 계획을 시도하기로 정해진 때보다 2주 전에 드러났다. 내륙의 선교사가 그 음모를 처음으로 탐지하였고, 정부와 중재를 하였던 미국 영사와 의견을 나누었던 에비슨 박사는 라틴 어로 전보를 쳤으며, 학살은 철회되었다.93)

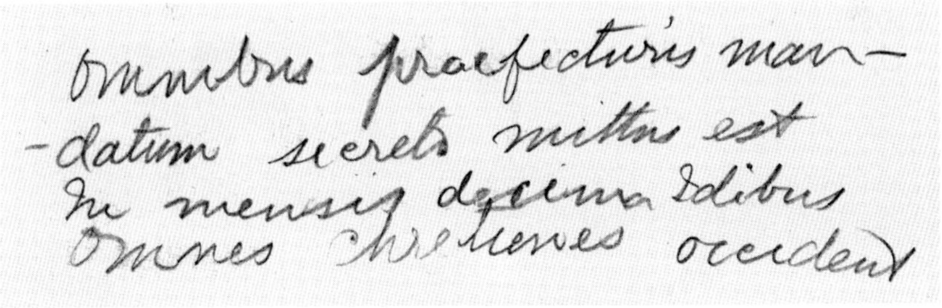
omnibus praefecturis man-
-datum secreto mittus est
in mensis decima sdibus
omnes christianes occident

그림 5-30. 해주에서 언더우드가 에비슨에게 보낸 라틴어 전문 내용. Priscilla W. Ewy, Sadie Goes to Korea (Colorado Springs, 2007), p. 275에서 인용하였음

93) 1900년 9월경 외국인을 몰아내려는 반란이 계획되고 있다는 소문이 있었다. 9월 22일 평양에서의 연례 회의가 끝난 후 황해도 지방에서 순회전도를 하던 언더우드 부부는 12월 6일 반란 계획이 시행되도록 비밀 통문이 발송되었다는 이야기를 듣고 라틴어 전문을 에비슨에게 보냈다. 이 전문은 에비슨에 의해 11월 20일 주한 미국공사 알렌에게 전달되었다. 알렌의 통보를 받은 외부(外部)는 황제로부터 그러한 반란을 방지할 지시를 전보로 내리겠다는 확답을 얻었고, 그 결과 특별한 일은 일어나지 않았다.

Threatened Massacre in Korea.
The Globe (Toronto) (Jan. 5th, 1901), p. 17

Mrs. A. B. Shaver, 25 Second Avenue, has received a letter from her brother-in-law, Dr. Avison, a medical missionary to Seoul, Korea. The letter gives an interesting account of a recent attempt by the Government to massacre all Christians and expel all foreigners. Dr. Avison write that secret instructions were issued, which showed that some in high places dislike foreign ways and are evil-minded enough to propose the slaughter of those who follow after new things. Fortunately, the plot came to light two weeks before the time decided on for the cruel and foolish deed. A missionary in the interior first got wind of the plot and wired Dr. Avison in Latin, who communicated with the American Consul, who intervened with the Government and the slaughter was called off.

마가렛 베스트(평양 지부 총무),
선교부 간행물에 대한 결정 (1901년 1월 11일)

평양 지부는 ......

1월 10일 목요일, 다음과 같은 결정이 역시 내려졌다.

선교부 신문94)을 창간하자는 제안이 채택되는 경우, 그 일을 진척시키기 위하여 다음 연례회의 전에 그것이 시작될 때 신문은 다음과 같이 내용으로 구성될 것이라는 동의가 있었고 통과되었다.
  1. 간행물의 선교부 실행 위원회, 게일 씨, 밀러 씨, 베어드 부인
  2. 편집장, 게일 씨
  3. 업무 관리인, 빈튼 박사
  4. 분야 책임자
     전도, 게일 씨
     의료, 에비슨 박사
     교육, 베어드 씨

(중략)

---

94) 1901년 11월에 첫 호를 발행한 *The Korea Field*를 말한다.

Margaret Best (Sec., Pyeng Yang Station),
Actions in a Mission Paper (Sec., BFM, PCUSA) (Jan. 11th, 1901)

Pyeng Yang Station, ...

On Thursday, Jan. 10, the following action was also taken; -

In order to expedite matters in case the proposition to establish a Mission paper be adopted, it was moved and carried, that from such time as it may be started until the next annual meeting, the paper shall be made up as follows; -

1. Mission executive committee of the paper,   Mr. Gale.
                                                Mr. Miller.
                                                Mrs. Baird.

2. Editor-in-chief, Mr. Gale.

3. Business Manager, Dr. Vinton.

4. Heads of departments.
   Evangelistic, Mr. Gale.
   Medical, Dr. Avison.
   Educational, Mr. Baird.

(Omitted)

19010114

에바 H. 필드(서울)가 프랭크 F. 엘린우드(미국 북장로교회 해외선교본부 총무)에게 보낸 편지 (1901년 1월 14일)

<table>
<tr><td>접수
1901년 3월 12일
엘린우드 박사</td></tr>
</table>

한국 서울,
1901년 1월 14일

친애하는 엘린우드 박사님,

저는 항상 나쁜 소식을 전하는 것 같지 않습니까? 저는 12개월 동안 두 번 사역자의 사망을 보고하였으며, 우리들은 지금 며칠 동안이나 그 명단에 에비슨 박사의 이름이 추가되지 않을까 걱정해 왔습니다. 그는 결코 위험에서 벗어난 것이 아니지만 오늘 밤 다소 호전된 상태입니다.

12월 30일, 그는 고열로 쓰러졌고, 곧 무서운 발진티푸스에 걸렸다는 것을 알게 되었습니다. 처음에 그것은 경미한 것처럼 보였지만, 그는 조금씩 쇠약해지고 더 광란 상태에 있게 되었으며, 거의 16일이 지난 지금 아직도 고열이 해소되지 않았고 때때로 잠시만 의식만 있을 뿐입니다.

처음에 카든 박사가 맡아 매일 두 번 진료하였고,[95] 세 밤을 이곳에서 진료하여 오늘은 아침이 될 때까지 뚜렷하게 회복할 것으로 기대하고 있습니다.

처음에 병원(제중원)에는 환자가 꽤 많았는데, 그들 중 두 명이 박사보다 며칠 전에 고열로 쓰러졌습니다. 그리고 거의 동시에 의료 조수 두 명이 걸렸습니다. 그들은 지금 대부분 상태가 좋으며, 저는 환자들 뿐 아니라 조수들도 집으로 보냈습니다. 에비슨 부인은 낮에 박사를 간호하겠다고 주장하였으며, 모든 남자들은 자신들이 밤에 돌보겠다고 제안하였습니다.

하지만 단지 두 사람만이 돌보는 것이 최선으로 생각되었고, 언더우드 박사와 스테드먼 씨가 교대로 맡았습니다.[96] 우리는 선교부로서 분명히 스테드먼 씨에게 감사의 큰 빚을 지고 있습니다. 그는 3일을 연속에서 이곳에 있었

---

95) 윌리엄 A. 카든(William A. Carden, 1872?~1951. 12. 27)은 영국 가이스 병원에서 의학 수업을 받고 1895년 의사 자격을 받았다. 그는 성공회의 의료 선교사로 내한하여 1898년부터 1901년 중반까지 인천 성누가병원의 책임을 맡았다가 귀국하였다. 1903년 그는 남아프리카 공화국으로 가서 개업을 하다가 1942년 은퇴하였다.

96) 프레더릭 W. 스테드먼(1871. 10. 10~1948. 9. 19)은 캐나다 노바스코샤에서 출생하였으며, 엘라딩 기념 선교회의 선교사로 1896년 4월 한국으로 파송되었다. 그는 1897년 5월 공주에 정착하였고, 9월 29일 서울에서 같은 선교회의 애그니스 T. 브라이든(Agnes T. Bryden, 1868~1951)과 결혼하였다. 그는 1899년 강경으로 옮겼다가 1901년 4월 귀국하였다.

고, 하루 밤은 잠을 잔 후 다시 왔습니다. 현재 박사는 너무도 쇠약해서 아기처럼 무기력하며, 에비슨 부인이 혼자 감당할 수 없어 스테드먼 씨는 오늘 낮을 이곳에서 보냈고 오늘 밤에 자지 않을 것입니다.

우리는 쉴즈 양이 한 동안 너무도 과로해서 일을 할 수 없는 상태이기 때문에 간호를 요청하지 않았습니다. 우리는 두 명의 간호사가 필요합니다.

저는 이곳에서 여러 밤을 보내면서 맥박을 재기 위해 여러 번 일어났지만, 카든 박사가 밤에 체류한 이후 낮 시간의 대부분을 이곳에 있도록 노력하였습니다.

쉴즈 양과 저는 에비슨 박사의 6명의 아이들을 우리 사택으로 데리고 왔고, 우리는 많은 시간에 떠나 있었기에 스눅 양이 그들을 돌보기 위해 우리 사택으로 왔으며, 우리의 작은 가족이 갑자기 2명에서 9명을 늘었습니다. 아이들의 행동거지가 좋았고 그들과 대단히 잘 보냈음에도 그 경험으로 우리는 이웃 아이들, 적어도 그들 모두를 돌보는 것을 바라지 않게 되었습니다.

Eva H. Field (Seoul),
Letter to Frank F. Ellinwood (Sec., BFM, PCUSA) (Jan. 14th, 1901)

Received
MAR 12 1901
Dr. Ellinwood

Seoul, Korea,
January 14, 1901

My dear Dr. Ellinwood: -

Do I always seem to be the bearer of bad news? Twice within a twelve month I have reported the death of a worker and now for days we have feared that Dr. Avison's name would be added to the list. He is some better tonight though not by any means out of danger.

December 30th he came down with a fever which we soon learned was the dreaded typhus. At first it seemed to be a light attack but little by little he has grown weaker and more delirious and now it is nearing the close of the 16th day and still the fever has not gone down & he is conscious only for a few moments at a time.

At the beginning the case was given into the hands of Dr. Carden who has been here twice every day & for three nights has spent the night here and expects to do so tonight hoping to see marked improvement before morning.

At first the hospital was pretty well filled with patients, & two of them came down with the fever a few days earlier than Dr. Then about the same time two of the hospital boys (medical assistants) were taken. They are all about well now and I have sent the patients home as well as those on my side of the hospital. Mrs. Avison insisted on nursing Dr. during the day and the gentlemen all offered themselves for night duty.

It was thought best to have only two, however, and Dr. Underwood & Mr. Steadman have taken turns. We certainly owe as a mission a big debt of gratitude to Mr. Steadman. He has been here three nights in succession & then, taking one night off for sleep, has gone right at it again. Dr. is so weak now that he is as helpless as a baby & Mrs. Avison cannot get along alone and today Mr. Steadman has spent the day here and will sit up tonight.

We dared not ask Miss Shields to take the case for she has been so tired now for some time that she has been unable to do full work. Oh how we do need two nurses.

I have spent several nights here, getting up a couple of times to take the pulse, but since Dr. Carden has been staying nights, I have tried to be here most of the time during the day.

Miss Shields & I took the six Avison children home to our house and as we had to be away so much of the time, Miss Snook came over to look after them, hence our little family has suddenly increased from 2 to 9. I think the experience has not made us covet our neighbor's children - at least not all of them - although they have been well behaved and we have gotten along very well.

마가렛 베스트(평양)가 프랭크 F. 엘린우드(미국 북장로교회 해외선교본부 총무)에게 보낸 편지 (1901년 1월 15일)

(중략)

에비슨 박사 때문에 우리의 마음은 슬픕니다. 우리는 하나님의 뜻이라면 그의 가족과 사역을 보호해주실 것이라고 기도를 드리고 있습니다. 매일 전해지는 소식은 고무적이지 않으며, 오늘은 어떤 소식도 듣지 못하였습니다.

(중략)

Margaret Best (Pyeng Yang), Letter to Frank F. Ellinwood (Sec., BFM, PCUSA) (Jan. 15th, 1901)

(Omitted)

Our hearts are sad on account of Dr. Avison. We are praying that if it is God's will he may be spared to his family and to the work. The word that comes from day to day is not encouraging, and today no word at all has been received.

(Omitted)

19010117

H. G. 언더우드 목사의 1901년 1월 17일자 편지 발췌
(1901년 1월 17일)

H. G. 언더우드 목사의 1901년 1월 17일자 편지 발췌

"에비슨 박사가 발진티푸스에 걸려 지난 두 주일 동안 누워 있었는데, 우리는 그를 잃지 않을까 무척 걱정하였습니다. 하지만 그저께 열이 내렸으며, 우리는 모든 것이 조속이 잘 되기를 바라며 기도드리고 있습니다. 발진티푸스의 유행이 있었습니다. 제중원에 환자 한 명이 입원했는데, 며칠 후 사망하였습니다. 그 결과 병원의 거의 모든 남자 간호원들, 정확히 이야기하면 한국인 의학생들이 감염되었고, 얼마 지나지 않아 박사 자신도 병에 결렸습니다. 우리는 처음에 심각한 독감 이외의 다른 무엇이 아닌가 의심을 하였지만, 얼마 후 분명한 발진티푸스의 증상이 나타났고, 우리는 대단히 조심해서 관찰해야 한다는 것을 알게 되었습니다. 아이들은 즉시 집에서 나오게 하였습니다. 우리들 중 한두 명이 간호를 맡기로 동의하였습니다. 박사는 불안정하였고 주변에 많은 사람이 있는 것을 원하지 않는 대신 두 사람이 간호를 맡아주기를 바랐습니다. 이곳의 침례교회 선교부의 스테드먼은 현재 자유롭기 때문에 기꺼이 돕겠다고 자원하였으며, 사실상 간호 책임을 맡았습니다. 그는 낮에는 쉴 수 있었고, 그래서 그는 제가 낮에 해야 할 일이 있었기 때문에 제가 할 수 있는 것보다 더 많은 밤을 보낼 수 있다고 느꼈습니다. 그리고 저는 그곳으로 내려가서 여러 밤을 지냈고 여러 번 낮 시간을 일부 보냈는데, 비록 전문 의사들도 그런 예방 조치를 알고 있지 못하였고 만일 제가 체력을 유지할 수 있다면 그것이 질병을 막는 최선의 방책일 것이라고 느꼈기에 저는 갈 때마다 키니네와 철분으로 제 자신을 보강하려고 노력하였습니다.

에비슨 부인은 상당히 힘든 시간을 보냈지만 잘 견디었고, 우리는 그녀가 쇠약해지지 않기를 바라고 있습니다. 당연히 우리는 아직 말할 수 없으며, 사실 다른 사람이 감염되지 않았다고 확신할 수 있기 전까지 9~12일을 기다려야 합니다. 우리는 진료에서 가장 신중해 왔던 영국 성공회 선교부의 카든 박사를 부를 수밖에 없었습니다. 그는 의료 선교에 헌신하였던 꽤 젊은 의사입니다. 그는 고교회(High Church) 성공회 선교본부에 의해 이곳으로 파송되었는데,

선교본부는 그가 너무 복음적이어서 귀국하도록 결정하였습니다. 그는 좋은 사람이며, 저는 그가 곧 떠날 것이라고 믿고 있습니다. 그가 항상 비국교도로 간주해 온 사람들과 조화롭게 일할 수 있는지 없는지 모르지만, 만일 그가 그렇게 할 수 있다면 에비슨 박사를 돕도록 하는 것이 우리 선교부에게 좋은 일일 수 있다고 생각합니다.

에비슨 박사가 돌아 온 이후 병원에 대해 꽤 많은 논의가 있었습니다. 그는 의료 분야의 어떠한 발전에 대해서도 선교회의 일부 회원들이 반대하는 태도를 갖고 있다는 것을 강하게 느꼈습니다. 저는 만일 선교본부가 이곳으로 의사들을 파송하려 한다면, 그들에게 사업을 수행하기 위한 수단을 분명히 제공해야 한다고 생각합니다. 의사가 자신의 일을 하려면 단순한 복음 전도사보다 더 고가의 시설이 필요한 것은 당연합니다. 에비슨 박사는 복음 전도자이자 동시에 뛰어난 의사입니다. 저는 그가 지금까지 이곳에 있었던 그 어느 누구보다도 한국인들로부터 더 좋은 평판을 얻었다고 믿고 있습니다. 신분의 고하(高下)를 막론하고 모든 사람들은 그를 일류 의사로 간주하며, 저는 그가 대체로 한국 최고의 의사로 존경받고 있다고 생각합니다.

지난 연례회의에서 평양 형제들의 일부가 우리 의료 사업의 발전에 대해 반발을 일으킨 것 같습니다. 그들은 입으로 말을 하여 복음을 선포하는 것이 우리가 해야 할 유일한 사역이라는 생각을 갖고 있는 것 같습니다. 우리의 의료 사업은 전도 사업을 위해 단순하게 문을 열 뿐만 아니라, "가서 병자를 고치라"고 하신 우리 주님의 명령을 실천하는 드높고 고상한 사역입니다. 자신의 기금 확보 성공에 대해 모두가 기뻐하리라는 충분한 믿음과, 의료 사업을 발전시키는 데 선교부가 그와 함께 하나가 될 것이라는 충분한 기대를 갖고 돌아온 에비슨 박사는, 이 형제들이 전혀 뜻밖의 반대를 하는 것을 보고 상당한 고통을 받고 있습니다. 게다가 그는 처음 돌아왔을 때 곧 바로 의료 사역을 시작하였고, 사실 너무 활기에 넘치게 시작해서 발진티푸스 환자를 진료할 때 그 자신이 병에 걸릴 바로 그런 상태에 있었습니다. 저는 선교부의 일부 회원들이 서울에 다른 의사를 더 두어서는 안 된다고 느끼고 있다는 것을 알고 있습니다. 당연히 우리에게 빈튼 박사가 있다고 주장하지만, 그는 거의 모든 시간을 회계와 세부적인 업무에 전념하고 있고, 그래서 다른 선교사들의 시간을 절약해 주고 있으므로 의사로 간주해서는 안 됩니다. 의술로 그는 일년 동안 거의 진료하지 않았으며, 저는 그가 이 업무를 확대하고 싶어 하지 않는다고 믿고 있습니다. 만일 이곳 서울에 병원에서 함께 일을 하는 두 명의 의사가 있어 서로 도와 교대로 내륙 지방으로 여행을 갈 수 있다면, 우리의 의료 사업은 대폭 성장할 것입니다. 게다가 현재 병원에는 노동을 줄이는 설비가 없어 사소한 일을 끝내기 위해 필요한 일의 양에 박사님은 놀라실 것입니다. 앞으로 건축될 새 병원에는 최대한 편리하게 모든 시설이 갖추어져야 합니다. 추가 논의를 위하여 선교본부에 이 문제가 상정되면 에비슨 박사가 요청한 것을 선교본부가 최대한 승인하도록 박사님께서 힘써주시기를 바랍니다.

(중략)

Extract from Rev. H. G. Underwood's Letter, January 17th, 1901 (Jan. 17th, 1901)

Extract from Rev. H. G. Underwood's Letter, January 17th, 1901

Dr. Avison has been down with typhus fever for the last two weeks and we feared much that we were going to lose him. However, the day before yesterday the fever left him and we hope and pray that all will soon be right. There has been an epidemic of typhus fever. At the Government hospital one case was taken in and after a few days the man died. As a result of this, nearly all the male nurses in the hospital, or rather we should say, the Korean students were taken down and it was not long before the doctor himself was also sick. We doubted at first whether it was anything other than a severe attack of grippe but after a little while very decided typhus symptoms developed and we knew that the greatest caution would have to be observed. The children were at once moved out of the house. One or two of us agreed to undertake the nursing. The doctor was restless and did not want to have many people around but preferred that two should undertake the nursing. Mr. Steadman of the Baptist Mission here, being at the present time free, kindly volunteered to assist and in fact has taken the burden of nursing. He was able to rest in the day time and thus felt that he could spend more nights than I could, as I had day work that had to be attended to. I was down there several nights and parts of several days but each time I tried to fortify myself with quinine and iron, for although there are no such prophylactic measures known to the profession, I felt if I could keep my strength it would be the best way to ward off the disease.

Mrs. Avison has had quite a hard time of it but she has stood it fairly well and we are in hopes that she will not come down. Of course we cannot yet tell, in fact we must wait from nine to twelve days before we can be sure that no one else is to follow. We had to call in Dr. Carden of the Church of England Mission, who has been most careful in his attendance. He is quite a young doctor who has given himself to medical mission work. He came out here under the High Church Episcopalian Board but they have found him altogether too evangelical for them and consequently have decided to let him go back home. He is a good man and will I believe be leaving them soon. I don't know whether he could work in harmony with what he has always looked upon as dissenters or not, but I think that if he could, it might be a good thing for our mission to have him assist Dr. Avison.

There has been considerable talk about the hospital since Dr. Avison got back and he has felt very strongly the attitude of some of the members of the mission that seem to oppose any progress in that line. It does seem to me that if the Board is to send physicians out here, they certainly ought to be provided with means for the carrying on of the work. It stands to reason that a physician needs a more costly plant to carry on his work than the simple evangelist. In Dr. Avison we have a man who is both evangelical and at the same time an excellent physician. A man who has I believe obtained among the Koreans a better reputation than anyone who has ever been here. Everyone from the highest to the lowest considers him a first rate physician and I think he is generally considered the best in Korea?

At the last Annual Meeting there seemed to be a revolt against the developing of our medical work by some of the Pyeng Yang brethren. They seem to have gotten the idea that the proclamation of the gospel by word of mouth is the only work that we have to do. Our medical work is not only simply opening the door for evangelistic effort but it is the higher and nobler work of carrying out our Lord's command "as ye go heal the sick". Dr. Avison, coming back in the full belief that everyone would rejoice in his success in getting the offer of the funds, in the full expectation that the mission would be one with him in the development of this phase of the work, was considerably troubled when he found so unexpectedly the opposition on the part of these brethren. In addition to this, when he first got back he started right in to the medical work and in fact started in with too much vigor so that at the time he was attending the case of typhus he was just in the condition to take the disease himself. I know that some of the members of the Mission feel that we ought not to have another physician in Seoul. Of course, it is claimed we have Dr. Vinton, but he should not be reckoned as a physician as he gives almost his entire time to clerical and detail work and thus saves the time of other missionaries. Medically he treats but few cases in the year and I believe is not willing to increase this part of his work. Had we here in Seoul two physicians who could work together in the hospital and relieve one another and thus be enabled alternately to take trips into the interior, the results for our medical work would be vastly increased. In addition to this, as the present hospital is, there are no labor saving appliances and you would be astonished at the amount of work that it takes to get the smallest thing done. In the new hospital which is to be put up everything should be arranged for the utmost convenience. I do hope that when the matter comes up before the Board for further discussion, that you will use your efforts to see that the utmost asked for by Dr. Avison is granted by the Board.

회의록, 한국 선교부 서울 지부(미국 북장로교회) 1891~1921
(1901년 1월 21일)

한국 서울,
1901년 1월 21일

서울 지부의 정기 월례회의가 병원의 여자 사택에서 열렸다. 발진티푸스에 걸린 에비슨 박사를 제외하고 투표권이 있는 모든 회원들이 참석하였다.

(중략)

Minutes, Seoul Station, Korea, 1891~1921 (PCUSA) (Jan. 21st, 1901)

Seoul,
Jan. 21, 1901

The regular monthly meeting of Seoul Station convened at the residence of the ladies, Hospital. All the voting members present but Dr. Avison who was down with typhus fever.

(Omitted)

회의록, 한국 선교부 서울 지부(미국 북장로교회) 1891~1921
(1901년 1월 30일)

한국 서울,
1901년 1월 30일

서울 병원과 관련한 선교본부의 결정, 또한 정동 부지의 매각과 관련한 제안을 검토하기 위한 지부의 소집된 회의가 병원의 여자 사택(제이콥슨 기념 사택)에서 열렸다. 회의는 성경 봉독과 기도로 개회되었고, 병원 문제에 대한 토의로 이어졌다.

언더우드 박사, 에비슨 박사, 그리고 밀러 씨가 답장 초안을 만들어 후에 제안과 최종 서명을 위한 회람을 작성하고, 사본 1부를 선교본부의 각 직원들에게 보내도록 위원회에 임명되었다.

(중략)

Minutes, Seoul Station, Korea, 1891~1921 (PCUSA) (Jan. 30th, 1901)

Seoul,
Jan. 30th, 1901

A called meeting of the Station convened at the Ladies Residence Hospital (Jacobson Memorial House) to consider the action of the Board with regard to Seoul Hospital also certain proposal with regard to the sale of Chung Dong Property. The meeting was opened with reading and prayer and the discussion of the Hospital question followed.

Dr. Underwood, Dr. Avison and Mr. Miller were appointed a committee to draft a reply that was afterwards to be circulated for suggestions and finally for signatures, one copy to be sent to each members of the Board.

(Omitted)

메리 B. 바렛(단계)가 프랭크 F. 엘린우드(미국 북장로교회 해외선교본부 총무)에게 보낸 편지 (1901년 1월 31일)

(중략)

다음 곳에는 여러 명의 신자가 있었는데, 그들은 에비슨 박사가 책임을 맡고 있는 병원에서 치료를 받는 동안 그리스도에 대해 처음 알게 되었습니다.

(중략)

Mary B. Barrett (Tan Kai),
Letter to Frank F. Ellinwood (Sec., BFM, PCUSA) (Jan. 31st, 1901)

(Omitted)

_____ next place were several believers who got their first knowledge of Christ from being treated at the hospital of which Dr. Avison is in charge.

(Omitted)

에바 H. 필드(서울)가 프랭크 F. 엘린우드(미국 북장로교회 해외선교본부 총무)에게 보낸 편지 (1901년 2월 2일)

1901년 2월 2일

이 편지는 많은 다른 일처럼 잠시 곁길로 새었습니다. 에비슨 박사의 열은 17일째 떨어져, 그때부터 서서히 점진적으로 좋아지고 있습니다. 그는 한 번 문밖의 의자에 앉은 적이 있지만 지금은 날씨가 대단히 추워져 아직 대부분의 시간을 침대에서 보내고 있습니다.

쉴즈 양은 10일 동안 휴식을 취하기 위해 제물포로 갔습니다. 우리는 (함께) 여름휴가를 가졌지만, 이 오래된 병원 건물은 그곳에서 일하는 사람들을 죽이기에 충분하기 때문에 그것은 긴 시간 같지 않습니다. 온도가 어는 점 이하인 방에서 어떤 종류의 일에 대한 열의를 가질 수 없을 것인데, 우리들 중 많은 사람들이 그렇습니다. 땔감 나무는 올해 너무 비쌉니다. 쉴즈 양과 저는 숙소에서 하루에 1달러어치 이상의 나무를 태우고 있으며, 그래도 방의 온도는 화씨 65도[97] 이상으로 올라가지 않습니다.

저는 우리가 조만간 새로운 병원 건물을 갖게 되고, 어떤 사람이 수술실이나 검사실에서 몇 분 동안 일을 하기를 원할 때 찬 방에서 일을 하거나 편안하게 하기 위해 태워야 하는 나무의 양에 대해 염려하지 않도록 훌륭한 난방장치를 갖게 되기를 바라고 있습니다.

저는 우리 병원의 예산과 관련된 선교본부의 편지에 의한 충격에서 아직 회복되지 못한 상태입니다. 당연히 박사님은 우리의 부지를 구입해서 사택을 짓는 데 5,200엔이 필요하며, 현재 그보다 적은 돈으로 지을 수 없다는 것을 아실 것이며, 당연히 에비슨 박사의 사택은 더 커야 하고, 따라서 두 숙소를 위해 전체 예산의 반 이상이 필요할 것입니다.

저는 선교본부가 이 문제를 재고하시기를 분명하게 바라고 있습니다. 저는 선교본부가 선교부의 대다수의 목소리보다 소수의 견해에 더 주목할 필요가 없다고 생각합니다. 평양에서는 이곳에서 우리가 필요로 하는 것 같은 잘 갖추어진 병원이 필요하지 않기 때문에, 그리고 평양 지부의 선교사들은 의료사역에 대한 애정 어린 믿음이 없기 때문에 왜 그들이 "서울은 큰 병원을 갖

---

97) 섭씨 18.3도이다.

지 못할 것이다."라고 이야기해야 하는지 이유가 없습니다. 우리는 큰 병원이 아니라 50개의 병상을 가질 정도로 큰 하나의 병원을 원하는 것이며, 세브란스 씨가 기부한 10,000달러는 크기가 더 작고 평양 교회보다 한국인으로부터 훨씬 적은 주목을 받게 될 병원을 짓고 장비를 갖추게 할 것입니다.

　　한국의 북쪽 지방과 남쪽 지방에서의 사역은 대단히 다르며, 반드시 동일한 종류의 치료가 필요하지 않습니다. 저는 결코 동종(同種) 요법을 믿지 않았습니다. 저는 리 씨가 그것을 믿고 있다고 알고 있으며, 그래서 저는 결코 그에게 재래 의학을 강요하지 않을 것이지만 그가 그것을 믿지 않는 우리들에게 강요하려 노력하지 않고 자신의 일에서 자신의 가루약을 사용하는 것에 만족할 것이라고 생각합니다.

　　안녕히 계십시오.
　　에바 H. 필드

　　이 10센트 우표가 막 새로 발행되었습니다.

Eva H. Field (Seoul),
Letter to Frank F. Ellinwood (Sec., BFM, PCUSA) (Feb. 2nd, 1901)

Feby 2, 1901

　　This letter as many others got side-tracked for a time. Dr. Avison's fever broke on the 17th day and from that time he has slowly but steadily improved. He has been out of doors once in a chair but the weather has turned very cold now & he is still spending most of the time in bed.

　　Miss Shields has gone to Chemulpo for a ten days rest. It doesn't seem long since we had our summer vacation but this old hospital building is enough to kill any one that works in it. You can't get up much enthusiasm for any kind of work in a room where the temperature is below freezing point and that is the way many of ours are except those that are in use all the time. Wood is so high this year. Miss Shields & I are burning in our dwelling house more than a dollar's worth a day & then the rooms never get above 65'.

I do hope we may soon get the new hospital built and have a good heating apparatus in it so if one wants to do a few minutes work in the operating room or laboratory one won't have to either do the work in a cold room or feel conscience stricken about the amount of wood burned to make them comfortable.

I have not yet recovered from the shock caused by the Board's letter concerning our hospital appropriation. Of course you know it took 5200 yen to buy our site & put up the house and we cannot build it for less now, while of course Dr. Avison's has to be larger - hence more than half the entire amount would need to go for the two dwellings.

I certainly hope the Board will reconsider the matter. It doesn't seem to me just for the Board to pay more attention to the opinion of a few than to the voice of a majority of the mission. Because there is not the need for a hospital in Pyeng Yang as well-equipped as we need here & because the members of Pyeng Yang station are not hearty believers in medical work is no reason why they should say "Seoul shant have a big hospital". We do not want a big hospital but we do want one large enough to accommodate fifty patients on beds and the $10,000 which Mr. Severance has offered will build and equip such a hospital which will be less in size and attract much less attention from the Koreans than the Pyeng Yang church.

The work in the North and South of Korea is very different & it does not need the same kind of treatment necessarily. I never did believe in homeopathy. I know Mr. Lee does, hence I never will try to force "Old School" medicine on him but I think he should be content to use his 3 x trituration in his own work without trying to force it on us who do not believe in it.

Yours very sincerely,
Eva H. Field

This 10¢ stamp is just out new

프랭크 F. 엘린우드(미국 북장로교회 해외선교본부 총무)가 한국 선교부로 보낸 편지 (1901년 2월 5일)

(중략)

병원 계획과 관련하여 우리는 부지 확보가 어떻게 진행되었으며, 부지 구입에 어떤 반대가 없었는지 무엇이든 알고 싶으며, 계획의 다른 측면은 어떻게 진행되었는지요?

(중략)

Frank F. Ellinwood (Sec., BFM, PCUSA), Letter to the Korea Mission (Feb. 5th, 1901)

(Omitted)

With regard to hospital plans, we are anxious to learn what is anything, has been done about securing a site whether any refusal for the purchase of land has been obtained, and what progresses in other respects has been made in plans?

(Omitted)

19010212

회의록, 한국 선교부 서울 지부(미국 북장로교회) 1891~1921
(1901년 2월 12일)

한국 서울,
1901년 2월 12일

위원회가 마련한 병원과 관련하여 선교본부로 보낼 답장, 또한 정동 부지의 매각과 관련한 제안을 검토하기 위한 지부의 소집된 회의가 병원 사택에서 열렸다. 의장은 성경 봉독과 기도로 개회하였다.

......

언더우드 박사는 제안을 하였다. 우리가 새문 바깥의 길에서 북쪽 부지 대신 남쪽 부지를 요청하자고 제안하였다. 이렇게 변경한 이유는 제안된 프랑스 철도가 길의 그쪽으로 지날 것 같기 때문이었다.

언더우드 박사, 에비슨 박사, 필드 박사, 그리고 도티 양을 임명하여 구성한 위원회가 제안을 검토하여 후의 소집된 회의에서 보고하도록 하였다.

......

이어 병원과 관련하여 선교본부에 답장을 보내기 위한 위원회가 작성한 편지가 단락 별로 낭독되었으며, 제안과 수정을 적어두었다. 낭독이 끝나자 서명을 위해 ____하도록 지시하였다.

(중략)

Minutes, Seoul Station, Korea, 1891~1921 (PCUSA) (Feb. 12th, 1901)

Seoul,

Feb. 12th, 1901

A called meeting of the Station convened at the Hospital Residence to consider the Committee reply to the Board with reference to the Hospital and also to consider the proposition with regard to the sale of Chung Dong Property. The Chairman opened the meeting with the reading of Scripture and prayer.

......

Dr. Underwood made the suggestion that we request property on the south side of the road outside of the New Gate instead of property on the north side. The reason for this change being that the proposed French railway was likely to run along that side of the road.

A committee consisting of Dr. Underwood, Dr. Avison, Dr. Field and Miss Doty was appointed to take into consideration this proposition and to report at a future called meeting.

......

A letter drawn up by the Committee as a proposed reply of the Board regarding Hospital was then read paragraph by paragraph and suggestions and amendations noted. At the close it was ordered _____ for signatures..

회의록, 한국 선교부 서울 지부(미국 북장로교회) 1891~1921
(1901년 2월 13일)

한국 서울,
1901년 2월 13일

새문 안쪽의 제안된 부지와 관련하여 임명된 위원회의 보고서를 검토하기 위한 지부의 소집된 회의가 병원 사택에서 열렸다. 회의는 성경 봉독과 기도로 개회하였으며, 위원회의 보고서가 다음과 같이 낭독되었다.

"이 위원회는 여러 부지를 검토하여, 지부는 언더우드 박사가 정동 부지와의 교환을 위해 이채연(李采淵)[98] 부지, 언덕과 연결시키기 위해 길을 따라 150 혹은 200피트 너비의 부지, 그리고 가능한 한 언덕의 많은 부분을 확보하도록 승인을 하며, 이 부지가 두 부지가 연결되는 연합 부지가 되기를 기대할 것을 권고하기로 결정하였다. 위원회는 이것이 병원의 최적지는 아니지만 연합 기지로 가능한 최고의 부지인 것 같다고 느끼고 있다."

동의에 의해 보고서는 채택되었다.
기도로 폐회하다.

제임스 S. 게일, 서기

---

[98] 이채연(1861. 9. 17~1900. 8. 16)은 경상북도 칠곡에서 태어났다. 그는 1886년 진사시에 입격하여 제중원 주사로 잠시 근무한 후 외아문에서 1년 정도 영어를 습득하였다. 그는 1887년 번역관의 직책으로 주미 한국공사관에서 근무하다가 1893년 6월경 귀국하였으며, 1894년 12월 제2차 김홍집 내각에서 농상공부 협판의 직책을 맡았다. 1896년 아관파천 직후 한성판윤에 임명되어 한성 개조 사업의 실무를 담당하였으며, 1898년 2월 한성전기회사의 사장으로 임명되었다. 그는 한성판윤으로 재임 중이던 1900년 8월 갑자기 사망하였다.

Minutes, Seoul Station, Korea, 1891~1921 (PCUSA)
(Feb. 13th, 1901)

Seoul,

Feb. 13th, 1901

A called meeting of the Station convened at the Hospital Residence to consider the report of the Committee appointed with reference to the proposed ground inside of the New Gate. The meeting was opened with reading and prayer and the report of the committee was read as followed:

> "Your committee in looking over the sites decided to recommend that the station authorize Dr. Underwood to secure the Yi Chui Yon site and a strip of land 150 or 200 feet wide along the road to connect with the hill and as much of the hill as possible in exchange for the Chung Dong Property and look forward to this site for united plant of the two plants are to be connected. While the committee feel that this is not the best site for a hospital it seems to be the best available for a united plant."

On motion the Report was adopted.

Closed with prayer.

Jas. S. Gale, Sec.

19010214

새뮤얼 F. 무어(서울)가 프랭크 F. 엘린우드(미국 북장로교회 해외선교본부 총무)에게 보낸 편지 (1901년 2월 14일)

접수
1901년 3월 28일
엘린우드 박사

한국 서울,
1901년 2월 14일

친애하는 엘린우드 박사님,

1. 박사님의 편지는 항상 원기를 돋우며, 분명 도움이 되는 관심의 결과입니다. 박사님의 마지막 편지를 받은 지 어느 정도 시간이 지났습니다. 지금 에비슨 박사가 대단히 심각한 병을 앓고 있다는 것을 이미 들으셨을 것입니다. 그의 삶은 며칠 동안 생사의 갈림길에 있는 것 같았지만, 지금 회복되었고 일주일 동안 제물포로 갔습니다.

2. 오늘 대구에서 온 전보는 어빈 박사가 서명하였는데, 존슨 박사가 발진티푸스에 걸려 대단히 아프다고 보고하고 있습니다. 심장이 침범되었고 상태가 '심상치 않습니다.' 우리는 오늘 밤 기도 모임에서 특별히 그를 위해 기도를 드렸습니다. 복음전도협회의 랜디스 박사가 발진티푸스로 사망하였고, 카든 박사, 어빈 박사 및 에비슨 박사 모두가 그것을 앓았습니다. 에비슨 박사를 간호하기 위해 많은 선교사들이 필요할 것으로 생각되었기에 외국인 사회 모두, 특히 우리 선교부 가정들이 이 병에 노출되었습니다.

저는 그것이 어느 누구도 받지 못한 특별한 자비이었다고 느끼고 있습니다.

(중략)

4. 우리는 병원 문제에 대한 선교지부 편지를 박사님께 보내는 중인데, 그 편지는 세브란스 씨의 선물 중 반을 다른 사업에 사용하는 것에 대해 우리가 얼마나 강하게 반대하는지 박사님께 보여드릴 것입니다. 저는 우리의 병원에 어떤 일이 있더라도 다른 의사를 가져야 한다고 느끼고 있습니다. 병원 업무는 지난 6주일 동안 중단되었으며, 몇 주일 동안 더 계속될 것입니다. 만일 우리가 10,000달러를 사용하여 다른 의사를 가진다면 에비슨 박사는 전도 사역 및 순회 전도에 더 많은 시간을 할애할 수 있습니다. 저는 선교부가 연례회의

에서 "우리는 의료 인력의 어떠한 추가도 고려하지 않는다." 혹은 그런 취지에 대해 투표하는 실수를 하였다고 생각하였습니다. 에비슨 박사는 전체적으로 해야 할 일이 너무 많으며, 저는 과도한 업무가 이때 그를 쓰러트린 것과 상당한 관련이 있다고 생각합니다.

(중략)

Samuel F. Moore (Seoul),
Letter to Frank F. Ellinwood (Sec., BFM, PCUSA) (Feb. 14th, 1901)

<table>
<tr><td>Received
MAR 28 1901
Dr. Ellinwood</td><td>Seoul, Korea,
Feby. 14, 1901</td></tr>
</table>

Dear Dr. Ellinwood: -

1. Your letters are always cheering & evidently the outcome of a helpful heart. It has been some time since your last was rec'd. You will have heard before now of Dr. Avison's very serious illness. His life seemed to hang in the balance for some days but he is now convalescent & has gone to Chemulpo for a week.

2. The telegram from Taiku today is signed by Dr. Irvin & reports Dr. Johnson as very sick with typhus. The heart is affected and the situation is "grave." We remembered him especially at the prayer mtg tonight. Dr. Landis of S. P. G. died of Typhus & so did Dr. Hall, and Dr. Carden. Dr. Irvin & Dr. Avison have all had it. It seemed to be tho't necessary for a no. of the missionaries to nurse Dr. Avison, so the foreign community were all exposed to the disease or our own missionary families.

I feel that it was a special mercy that no one else was taken.

(Omitted)

4. We are sending you a station letter on the hospital question which will

show you how strongly we are opposed to taking half of Mr. Severance's gift for other work. I feel that we ought to have another Dr. by all means in our hospital. The work has had to be closed for the past six weeks & will be for a couple of weeks longer. If we put the $10,000 into it let us by all means have our physician so that Dr. Av. may have time for more evangelistic work & itinerating. I tho't the Mission made a mistake in voting at the Ann. Mtg that "we do not contemplate any increase in our medical staff" or words to that effect. Dr. Avison has altogether too much to do & I think that over work had much to do with his coming down this time.

(Omitted)

호러스 G. 언더우드(서울)가 프랭크 F. 엘린우드
(미국 북장로교회 총무)에게 보낸 편지 (1901년 2월 14일)

(중략)

서울 지부는 최근 회의에서 병원에 관한 선교본부의 결정에 대한 편지를 작성하였으며, 제때에 박사님께 도착할 것입니다. 박사님은 편지에서 이 문제와 관련하여 한국 선교회는 절대 만장일치가 아니었다고 하였습니다. 이것은 서울 병원 문제가 토론에 올랐던 지난 연례회의에 있었던 선교 현장의 우리가 상당히 이해할 수 없는 것입니다. 당시 반대하는 목소리는 전혀 없었으며, 그 문제는 어떤 공식적인 결의 없이 거의 만장일치로 통과되었습니다. 대구와 부산의 의료 예산을 증액하는 것에 대해 많은 의논과 장황한 반대가 있었습니다. 그러나 서울 병원에 관해서는 모두가 최신 시설을 잘 갖춘 일급 병원이 세워져야 한다고 느꼈고, 이 문제를 담당하였던 위원회의 보고서가 채택되었으며,[99] 선교부는 위원회가 기금의 일부나 전부의 사용을 결정하도록 일임하였습니다. 선교부에서는 만일 시설을 잘 갖춘 일급 병원을 위해 기금 전체가 필요하다면 사용해야 한다는 의견이 자유로이 개진되었습니다. 마펫 본인은 그 액수에 대하여 만일 그런 목적으로 필요하다면 사용해야 한다고 말하였습니다. 기금 전체가 필요한지 아닌지에 대해서는 의견 차이가 있었으며, 선교부는 이 문제를 대표 위원회에 일임하여 에비슨 박사가 돌아온 후 결정하도록 하였습니다. 그런데 지금 뉴욕에 있는 선교본부의 결정은 이 위원회의 손을 완전히 묶어놓아 그런 기관의 건립을 허락하지 않고 있습니다. 우리가 가장 강하게 주장하는 것은 이곳과 비교하여 목재와 건축 자재의 가격이 싸며, 운송 수단이 좋지 않아 막대한 비용을 지불하지 않고는 이곳에서 우리가 이용할 수 없는데, 북한의 형제들이 병원 건립안과 건축비를 면밀하게 검토하기 전에는 서울 병원을 위해 필요한 액수를 판단할 위치에 있지 않다는 것입니다. 평양의 가격을 서울의 가격과 비교할 수는 없습니다. 우리 지부의 편지는 이 주제들을 다소 상세하게 다룰 것인데, 우리는 선교본부가 결정을 변경하리라 확신하며, 적어도 작년 연례회의에서 임명된 대표성을 가진 선교부 위원회가 그 위원회의 뜻을 수행하도록 놔두어야 한다고 생각합니다.

(중략)

---

99) Report of Special Committee on Seoul Hospital (Sept. 20th, 1900).

Horace G. Underwood (Seoul),
Letter to Frank F. Ellinwood (Sec., BFM, PCUSA) (Feb. 14th, 1901)

(Omitted)

The Seoul station at the last meeting drew up a letter which will in due course reach you, concerning the Board's action concerning the hospital. You say in your letter in regard to this matter, that the Korea Mission was by no means unanimous. This is rather unintelligible to us on the field who were at the last annual meeting, for at the time, when the matter of the Seoul hospital was up for discussion there was not one dissenting voice and the matter was carried thro without any formal action and almost unanimously. There was considerable talk and considerably lengthy objections to increasing medical expenditure at Taiku and Fusan. But in regard to the Seoul hospital it was felt by every one that a first class hospital, well equipped and up-to-date, should be built and the report of the committee which was to have this matter in charge was adopted and it was left with a committee by the Mission to decide on the use of the part or all of the funds. The feeling has been freely expressed in the Mission that if the whole amount were needed for a first class, well equipped hospital it should be used. Mr. Moffet, himself when speaking of the amount said, that if it were needed for such a purpose it should be used. There was a difference of opinion as to whether the full amount was needed or not, and the Mission committed this matter to a representative committee which was to decide and act after Dr. Avison's return. Now then, the action of the Board in Now York completely ties the hands of this committee and does not allow them to see to it that such an institution is built. We contend and contend most strongly that the brethren in the North where timber and building materials are so cheap compared with what they are here, and hence because of the poor facilities for transportation, they cannot be obtained for our use except at tremendous outlay, or not in a position to judge of the amount of money needed for the hospital in Seoul until they have gone carefully over the plans proposed for the building and the cost of its erection. Pyeng Yang prices cannot be compared with that of Seoul. Out station letter will go somewhat into these subjects and we feel convinced that the Board should change its action and at least leave the Mission committee, which was appointed at the last annual meeting because of its representative character, to carry out the will of that meeting.

회의록, 한국 선교부 서울 지부(미국 북장로교회) 1891~1921
(1901년 2월 18일)

(중략)

우리는 선교본부에 제중원과 관련한 12월 17일의 결정100)을 취소해 주도록 긴급히 요청하며, 지난 연례회의에서 어빈 박사, 에비슨 박사, 필드 박사, 언더우드 박사, 그리고 애덤스 및 마펫 씨를 임명하여 구성된 특별 위원회가 그것과 관련된 선교부의 지시를 수행하도록 허락하자는 동의가 있었다.

(중략)

통상적인 액수의 에비슨 박사의 청구가 통과되었으며, 지부는 또한 제중원 경비로 280달러의 특별 청구를 재가하였다.

동의에 의해 언더우드 박사, 에비슨 박사, 그리고 웰본 씨가 미국에서 목재를 선적하는 문제와 주택 건물에 필요한 다른 물품을 검토하기 위한 위원회에 임명되었다.

......

청구는 다음과 같았다.
    에비슨 박사   320.00달러
    ......

(중략)

---

100) Korea. Hospitals, *Minutes [of Executive Committee, PCUSA], 1837~1919* (Dec. 17th, 1900).

Minutes, Seoul Station, Korea, 1891~1921 (PCUSA) (Feb. 13th, 1901)

(Omitted)

Moved that we urgently request the Board to rescind their action of Dec. 17 with regard to the Government Hospital and that they allow the special committee appointed at last annual meeting consisting of Drs. Irvin, Anson, Field, Underwood and Messrs. Adams and Moffett to carry no the instructions of the Mission with regard it.

(Omitted)

Dr. Avison's order was passed for the regular amount, the station also sanctioned a special order for $280 for expenses for Government Hospital.

On motion Drs. Underwood, Avison and Mr. Welbon were appointed a committee to work into the matter of shipment of lumber from America and other necessaries for house building

......

Orders were,

Dr. Avison   320.00

......

(Omitted)

올리버 R. 에비슨(서울)이 호러스 N. 알렌(미국 공사, 서울)에게 보낸 편지 (1901년 3월 1일)

서울,
1901년 3월 1일

의학박사 H. N. 알렌 님,
주한 미국 공사

안녕하십니까,

저는 방금 입체경(立體鏡) 사진을 취급하는 뉴욕의 메저스 언더우드 앤드 언더우드 회사로부터 입체경과 100장의 사진이 담겨 있는 소포를 받았는데, 그들은 폐하께 드리고 싶어 합니다.

입체경은 주로 정교한 알루미늄으로 만들어져 대단히 아름다운데 분명히 특별하게 제작되었으며, 사진들은 세계의 여러 나라를 보여주고 있습니다. 작년에 제가 뉴욕에 있을 때 친구로부터 이 회사를 소개 받았고, 그들은 한국에 대해 많은 것을 물어보았습니다. 그들은 제가 폐하와 약간의 관계를 갖고 있다는 것을 들었는데, 그와 그의 나라에 대하여 배우는데 흥미를 갖고 있으며, 그들이 폐하께 드린 것처럼 멋지지는 않지만 저에게도 입체경과 사진들을 보낸 것은 그 대화의 결과임이 분명합니다.

귀하께서는 그것이 어떻게 폐하께 적절한 방식으로 전해질 수 있을지 아실 것이며, 그 기구의 사용법을 설명드릴 수 있을 것입니다. 회사의 이름이 비슷하지만 서울의 언더우드 박사 가족과는 연관되어 있지 않다는 것을 말씀드릴 필요는 없습니다.

저는 폐하로부터 부지와 관련하여 듣지 못하였지만, 한 신사가 언더우드 박사를 방문하여 그것에 대하여 물어보았고 저에게 넘겨졌습니다.

우리는 기다릴 것입니다.

안녕히 계십시오.
O. R. 에비슨

Looking N. W. along a street in the native (old) Fusan, one of the three open ports of exclusive Korea. Copyright 1904 by Underwood & Underwood.

그림 5-30. 입체경(왼쪽)과 메저스 언더우드 앤드 언더우드 회사에서 만든 부산의 입체경 사진 (오른쪽)

Oliver R. Avison (Seoul),
Letter to Horace N. Allen (U. S. Minister, Seoul) (Mar. 1st, 1901)

Seoul,

Mar. 1st, 1901

Hon. H. N. Allen, M. D.,

U. S. Minister to Korea &c.

Dear Sir: -

I have just received from Messrs. Underwood & Underwood of New York, a firm dealing in Stereoscopic Views, a parcel containing a Stereoscope and 100 views which they desire to offer to H. M. the Emperor.

The Stereoscope has evidently been made specially for the purpose, being a very beautiful one, made largely of Aluminium elaborately chased and the views are illustrative of the various countries of the world. When I was in New York last year I was introduced to the firm by a friend of mine and they asked a good deal about Korea. They had heard that I had had some relations with His Majesty and were interested to learn something of him and his country and this is apparently the outcome of that conversation as they have sent me also a set of views and a Stereoscope, very pretty but not so elaborated chased as the one intended for H. M.

You will know how to proceed so that it may reach H. M. in an acceptable way and so that the method of using the instrument may be explained. I need not say that although the name is similar this firm is in no way connected with the family of Dr. Underwood of Seoul.

I have not heard from H. M. further concerning this property but one gentleman called on Dr. Underwood to ask about it and was referred to me.

We shall await their coming.

Very sincerely,
O. R. Avison

프랭크 F. 엘린우드(미국 북장로교회 해외선교본부 총무)가 한국 선교부로 보낸 편지 (1901년 3월 6일)

(중략)

우리는 에비슨 박사가 발진티푸스에 걸렸다는 것을 알리는 편지를 받고 그의 건강과 관련하여 염려해 왔습니다. 보고서에 담긴, 다소 회복되었다는 가장 직접적인 정보에 대해 우리는 대단히 기뻐하고 있습니다. 우리는 걱정하며 우리의 정오 기도 모임에서 특별하게 그를 위해 기도하였습니다. 우리는 그가 조만간 완전하게 회복되기를 분명하게 바라고 있습니다.

(중략)

Frank F. Ellinwood (Sec., BFM, PCUSA), Letter to the Korea Mission (Mar. 6th, 1901)

(Omitted)

We have been made anxious in regard to the health of Dr. Avison by letters received informing us of his attack of typhus fever. We are very glad that the most direct information which has come brings the report of some improvement. We are not without anxiety, and have specially remembered him in our noon-day prayer meeting. We certainly hope that he may soon be entirely restored.

(Omitted)

19010306

프랭크 F. 엘린우드(미국 북장로교회 해외선교본부 총무)가 올리버 R. 에비슨(서울)에게 보낸 편지 (1901년 3월 6일)

1901년 3월 6일

O. R. 에비슨 박사,
    한국 서울

친애하는 에비슨 박사님,

귀하가 발진티푸스에 걸려 심하게 앓고 있다는 것을 알게 되어 유감스러우며, 우리는 선교부와 함께 귀하의 회복 전망에 대한 염려를 공유하고 있습니다. 우리는 최근 편지에서 귀하의 상태가 다소 회복되었다는 것을 알고 기뻐하고 있습니다. 우리는 귀하가 완전하게 열병에서 회복되어 이전 보다 더욱 건강하게 되기를 바라며 기도를 드립니다. 배달에 1달 이상이 소요되는 선교지의 편지를 받을 때 치명적인 내용의 전보를 받지 않았다면, 우리는 희망적인 결과를 당연하게 여기며, 이것 때문에 귀하의 경우 우리가 안도하고 있습니다.

우리는 병원 문제에 대하여 부지가 확보되었거나 적어도 거절되었는지, 그리고 그 문제를 활발하게 진행시키는데 필요한 다른 일들에 대한 통고 등 약간의 분명한 사실을 받고 싶었습니다. 세브란스 씨는 그 문제가 진전되고, 자신이 기부한 돈은 자신의 의도에 따라 사용되어야 한다는 것에 대단히 염려하고 있습니다. 나는 그에게 다음과 같은 편지를 보냈습니다.[101]

"우리 모두는 귀하의 기부를 서울의 병원 건립에 사용하는 것에 찬성하고 있으며, 나는 이것이 이해되었다고 생각하였습니다. 그 돈을 두 곳, 즉 하나는 서울에, 또 하나는 대구에 사용한다는 계획은 오래 전에 폐기되었습니다. 유일한 문제는 귀하의 고귀한 기부금을 건물(병원) 한 채의 건축에 사용하느냐 혹은 각각 1,000달러가 소요되는 두 채의 사택을 포함한 기지의 건축에 사용하느냐 하는 것입니다. 나는 귀하께 선교본부의 결정(이것에 대해서 사본을 보냅니다.)을 보내드렸지만, 우리는 선교본부가 이 문제에 대해 귀하의 바람에 전적으로

---

101) Frank F. Ellinwood (Sec., BFM, PCUSA), Letter to Louis H. Severance (Jan. 25th, 1901).

따르는데 있어 많은 수의 우리 선교사들의 바람에 따라 비용이 많이 드는 것이나 과시적인 것을 피하고자 한다는 것이 이해되기를 바라고 있습니다. 이것은 귀하의 기부이며, 귀하의 바람이 수행되어야 하고 그렇게 될 것입니다.

이 문제에 대해 귀하와 나눈 대화에서 나는 귀하가 선교본부의 판단에 따르고 싶어 한다는 인상을 받았지만, 이것은 귀하의 계획이며 선교본부는 귀하가 어떤 형태를 원하든지 대단히 감사해 할 것입니다.

우리는 선교부에 이 문제를 진행하라고 전보를 보냈습니다. 나는 이 문제의 지연이 선교부의 무관심 혹은 활동 부족 때문이 아니라 단순히 한국에서 부동산 문제의 검토 과정이 느리기 때문이란 것을 말씀드립니다. 종종 부지를 확보하는데 오랜 시간이 소요됩니다."

이곳에서 우리는 선교부가 가능한 한 화합하고 가장 많은 회원들의 바람에 부합하는 방식으로 모든 일들을 추구하기를 바라고 있습니다만, 세브란스 씨는 자신의 기부에 관한 한 자신의 바람을 번복하지 않을 것이라는 것을 귀하는 알게 될 것입니다. 그는 몇 주일 동안 서인도제도에 체류하고 있어 부재 중입니다. 나는 그가 뉴욕으로 돌아오면 이 문제와 관련하여 그를 만나고 싶습니다.

완전히 회복된 귀하가 이 편지가 받게 되기를 바라며, 부인께 안부를 전합니다.

안녕히 계세요.
F. F. 엘린우드

Frank F. Ellinwood (Sec., BFM, PCUSA),
Letter to Oliver R. Avison (Seoul) (Mar. 6th, 1901)

March 6th, 1901

Dr. O. R. Avison,
 Seoul, Korea

My Dear Dr. Avison:

It is with sorrow that we have learned of your severe attack of typhus fever, and we have shared the anxiety of the Mission in regard to your prospect of recovery. We are glad to know by the last letters that your condition was somewhat improved. We hope and pray that you may recover from the fever so completely as to be even better than you were before. Always when we receive a letter from a field requiring a month or more in transmission, and have had no cablegram of the fatal issue, we assume a hopeful outcome, and this is our comfort in your case.

We have been hoping to receive some definite facts in regard to hospital matters, some intimation that land has been secured or at least a refusal given and other things necessary in going ahead vigorously with the matter. Mr. Severance is exceedingly anxious that matters shall progress, and his money be utilized accordingly to his intention. I have written to him as follows:-

"We are in favor of concentrating your gift for a hospital in Seoul, and I supposed this was understood. The idea of using the money for two, one at Seoul and the other at Taiku, was long since abandoned. The only question is whether your noble gift shall all be put into one building (hospital) or shall be put into a plant, including thousand each into the two residences. I sent you the action of the Board (of which I send you another copy) but we wish it understood that the preference of the Board in view of the desire of a large number of our missionaries to avoid anything that shall seem costly or ostentatious is held in entire subordination to your wish in the matter. It is your gift and your wishes ought to be and shall be carried out.

I got the impression in my conversation with you on the subject, that you desired to follow the judgement of the Board, but this is your enterprise and the Board will be very grateful for it in any shape that you desire.

We have sent a cablegram to the Mission to go forward with the matter. I ought to say that the delay has not been due at all to any apathy or want of activity on our part, but simply to the slow process of looking after real estate matters in Korea. It takes a long time to secure land sometimes."

We are anxious here to harmonize the Mission as much as possible and pursue in all things such course as shall meet the wishes of the largest number, but you will see that Mr. Severance's wish will not be thwarted in any respect so far as his gift is concerned. He has been absent for several weeks in the West Indies. I hope on his return to New York to see him in regard to this matter.

Hoping that this will find you fully restored, and with very kind regards to Mrs. Avison, I remain,

Sincerely yours,
F. F. Ellinwood

윌리엄 B. 헌트(평양)가 프랭크 F. 엘린우드(미국 북장로교회 해외선교본부 총무)에게 보낸 편지 (1901년 3월 7일)

(중략)

3. 서울 병원과 관련하여 저는 선교본부가 취한 결정을 보고 상당히 기쁩니다. 저의 걱정은 이 사안에 압력이 가해져 현명하고 선견지명이 있는 선교본부의 결정이 벗어나지 않을까하는 것이었습니다. 평양의 선교사들은 현재 자립의 소란스러움의 주역일 뿐 아니라 선교부 내에서는 신문 및 찬송가 문제 등 그들이 갖고 있는 거의 모든 역량을 동원하여 두세 가지 문제를 해결하려 노력하고 있습니다. 병원 문제가 실제로 전체 사업과 관련이 되었을 때, 그것은 그렇게 직접적이지는 않았는데, 에비슨 박사가 선교지로 돌아오자 서울의 모든 선교사들이 연합하여 선교본부에 세브란스 씨의 기부와 관련한 결정을 재고해 주도록 요청하고 있는 지금, 완전한 화합을 생각하는 사람들의 바람은 너무도 강해서 이 경우에는 어쩌면 그들(서울)이 받아들여만 한다고 느껴야 할 것입니다. 저 자신은 저의 견해를 변경할 아무런 이유를 찾지 못하겠습니다. 저는 한 사람이 할 수 있는 일의 양에는 한도가 있으며, 어쩌면 한 사람이 맡을 수 있는 것은 작은 병원인데, 그가 한국인 의사와 간호원을 갖고 있을 때 한국인 기금으로 병원, 병동 등을 지어야 한다고 생각합니다. 이것들은 우리가 기다리고 그들에게 전도를 하면, 할 수 있고 올 것들입니다. 미국인들은 너무 조급하며, 그 결과 일을 하는데 너무 자주 오랜 시간이 소요됩니다. 세계선교 회의가 열렸을 때 통용된 이상한 표현 중의 하나는 자립 방법을 "지름길 방법"으로 부른 것이었습니다. 모욕적인 모든 표현 중에서 저는 그런 말보다 더 강하게 저의 감정을 상하게 하는 것을 찾을 수 없습니다. 우리 선교사들은 항상 현지인 교회가 할 수 있을 때까지 우리가 하고 싶었던 것을 하지 않고 기다리는데, 느려 빠진 아시아인들이 하는 것을 기다리기보다 오히려 우리 주머니에서 돈을 지불하는 것은 누구든 반쪽 눈 혹은 귀로 이것이 자립 방법에 대한 유일한 반대라는 것을 압니다. 이것은 옳은 길이기 때문에 역사는 결국 이것이 지름길이라는 것을 입증하였습니다. 따라서 우리의 적(敵)들은 길이 지름길이라고 부를 때 본의가 아니게 진리를 언급하고 있습니다. 그것은 외관상 더 길어 보이고 육신에 더 힘든 길이지만 옳은 길이기 때

문에 그들의 길보다 짧은 길입니다.

(중략)

William B. Hunt (Pyeng Yang),
Letter to Frank F. Ellinwood (Sec., BFM, PCUSA) (Mar. 7th, 1901)

(Omitted)

3. With regard to the Seoul Hospital I am more than glad to see the action which the Board has taken regarding the matter. My fears are that pressure will be so brought to bear upon the Board that its wise and far sighted policy may be turned aside in this case. Pyeng Yang people are not only the main occasion of the present self support hubbub but also within the mission they are trying to clean up two or three matters such as the Paper and hymn book matters that take just about all the strength they have. The hospital matter when as it does bear really upon our whole idea of work does not bear on it so directly and so now when Dr. Avison is on the field and all Seoul is united in asking the Board to reconsider its action with regard to the Severance gift, the desire on the part of some for complete harmony is so strong that they are made to feel that perhaps in this one instance they ought to give in. I myself can see no ground for a change in my opinion. I think that there is a limit to the amount of work that one man can do, that a small hospital is all that one man can possibly fill and that when he has Korean doctors and nurses thus then should be the Korean fund built hospital, wards and so on. These things all can and will come if we but wait and preach for them. The Americans are too much in a hurry and as a result most often take the longest time to doing the thing. One of the oddest phrases current at the time of the Ecumenical conference was that of calling the Self Support method the "Short Cut" method. Of all expressions of contempt I find none strong enough to express my feelings for such a statement. Any one knows with half an eye or ear that the only objection to the self support method is that

we missionaries are always forced to wait to do what we would like to have done until we can get the native Church to do it, that we would rather pay the money from our own pockets than wait for the slow Asiatic to do the same. History has proved that this is the shortest road in the long run, because it is the right road. Therefore our enemies in calling the road Short Cut have unwillingly stated a truth. It is a shorter road than their road because it is the right road but it is a far longer road in appearance and a harder road for the flesh.

(Omitted)

호러스 G. 언더우드(서울)가 프랭크 F. 엘린우드(미국 북장로교회
해외선교본부 총무)에게 보낸 편지 (1901년 3월 9일)

접수
1901년 4월 9일
엘린우드 박사

한국 서울,
1901년 3월 9일

신학박사 F. F. 엘린우드 목사,
　뉴욕 주 뉴욕 시

친애하는 엘린우드 박사님,

　　오늘 날짜의 저의 개인 편지에 언급되어 있는 정동[기지의] 매각은 실제로 완결되었습니다.[102] 조선 정부는 10,000엔을 지불하였는데, 만일 계약이 이행되지 않으면 (우리 선교부에 의해) 몰수될 것입니다. 그 부지와의 교환으로 선교부는 매우 넓고 아름다운 부지를 얻었는데, 우리의 현재 건물 모두를 건축하기에 충분하며, 사실 상당한 확장도 가능하게 할 것입니다. 이제 선교부 앞에는 재건축이라는 가장 심각한 문제가 있습니다. 박사님께서는 선교부가 요청한 48,220엔 가운데 6,000엔이, 건축을 감독할 실제적인 건축가를 미국에서 구하는 목적이라는 것을 아실 것입니다. 우리가 원하는 사람은 알고 있는 것이 실용적인 사람이며, 동시에 진행되는 건축을 모두 기꺼이 활발하게 감독하려는 사람입니다. 새 병원을 지으려 할 바로 지금 이 금액이 수중에 있으면 저는 대단히 다행스러울 것입니다. 6,000엔은 한국까지의 왕복 경비, 이곳에 있는 동안의 주택 임대료, 그리고 1년 치 봉급을 포함합니다. 박사님께서 보시는 것처럼 이것은 큰 금액이 아니지만, 우리가 원하는 그런 사람은 십중팔구 대의를 위해, 그리고 그에게 줄 경험을 위해 기꺼이 와서 일을 할 것이라고 생각하였습니다. 무엇보다도 그는 실제 일을 할 수 있어야 합니다. 얼마 전 저는 박사님께 토론토의 실용적이며 잘 알려진 건축가인 H. B. 고든 씨에 대하여 편지를 드렸습니다. 저는 그가 기꺼이 올지 안 올지 모르겠습니다. 어제 열린 지부 회의에서 우리는 지금부터 18개월 안에 이 부지에서 나가야 하고, 동

---

102) 1899년 4월 초순 알렌이 미국으로 귀국하기 전날 고종은 정동 북장로교회 부지의 궁내부 매각을 주선하여 달라고 부탁하였다. 뉴욕의 북장로교회 선교본부는 이를 수용하였으며, 한국 선교부에 이를 제안하였다. 처음에 언더우드 등은 매각에 반대하였지만, 고종의 거듭된 요구에 승낙하였다.

시에 이 건물들이 모두 입주할 준비가 되어 있어야 하기 때문에 박사님께서 즉시 건축가의 확보를 위한 조치를 취할 수 있도록 서기에게 박사님께 전보를 보내도록 하였습니다. 제가 전에 말씀드린 대로 무엇보다도 우리가 필요로 하는 것은 실용적인 사람입니다.

자재. 조사해 보니 이곳보다 오리건에서 목재 가격이 훨씬 싸다는 것을 알게 되었습니다. 사실 대패질로 마감이 된 1,000자 길이의 목재 가격이 오리건에서는 10달러이지만, 같은 목재가 이곳에서는 70달러입니다. 철도 회사는 배 한 척 분량의 오리건 주 목재를 구하였는데, 제물포까지 1,000피트[자] 당 1.90달러에 운반하였습니다. 병원, 새 교회(정부는 새문안교회를 매입하였습니다), 그리고 지을 6~7채의 사택을 면밀하게 추산해 보면, 거의 작은 배 한 척 분량의 목재가 필요합니다. 그래서 우리는 지금 제물포까지 이 분량의 목재를 운반해 줄 수 있는지 미국의 회사와 연락을 취하고 있습니다. 만일 건축가가 지금 이곳에 있다면, 우리는 면밀하게 작성한 내역서를 줄 수 있을 것이며, 정확한 금액을 산정하고 정확하게 주문할 수 있을 것입니다.

이 두 항목과 관련해서 제기되는 한 질문은, 언제 그러한 계획이 착수되고 건축가가 제공될 것인가, 이곳에서 각 선교사가 나서서 비싼 가격에 목재를 구입하고 건축의 감독에 시간을 들여야 하는가 하는 것입니다. 이곳에는 건축 중인 주택은 자신들을 위한 것이고, 따라서 그들은 건축가를 기다리지 말고, 목재와 자신들의 집을 건축해 줄 것을 기다리지 말고 곧바로 진행할 권리를 갖고 있다고 생각하는 사람들이 있습니다.

저는 인용되는 것을 원하지 않지만, 만일 선교본부가 건축가를 보내기로 결정하고 있다면, 아직 시작되지 않은 서울 지부 건물은 건축가의 도착을 기다려야 한다고 제안하는 것이 선교본부의 직분이라고 생각합니다.

안식년. 우리의 안식년에 관하여. 브라운 박사가 바로 그 즈음에 오기로 되었는데, 우리는 이곳에서 브라운 박사를 만나 그에게 우리 사역의 일부를 보여주기를 간절히 원하기 때문에 3월 1일경에 출발하는 것은 불가능합니다. 덧붙여 유럽을 경유하는 것에 대하여, 선교부의 자재 위원회는 만일 우리가 귀국하는 길에 자재 문제를 책임지고 시애틀을 방문하고, 이어서 대륙을 횡단하여 동부에서 가격을 알아본다면, 자재가 이곳에 도착하는 것을 상당히 당길 수 있고 훨씬 싼 가격으로 확보할 수 있을 것이라고 생각하였습니다.

철도 회사는 저에게 동부와 서부가 이와 같은 일에 서로 경쟁할 경우 우리는 대서양 쪽에서 동일한 좋은 가격에 확보할 수 있으며, 우리가 필요하게 될 철물은 작은 품목이 아니고 동부 해안의 가격이 서부 해안의 가격보다 훨

썬 저렴하다고 알리고 있음으로, 목재와 모든 것을 동부에서 구입해서 선적하는 것이 유리할 것 같습니다. 박사님께서도 아시는 것처럼 운반비는 상당히 비싸지만, 우리가 이곳에서 필요한 자재의 양은 작은 배 한 척의 적재량 정도이며, 콜브란 씨는 만일 배가 제물포로 직접 온다면 운송비가 상하이나 고베로 바로 오는 것보다 비싸지 않을 것이라고 저에게 이야기합니다. 상하이와 고베에서 한국까지의 운반비가 뉴욕에서 상하이나 고베까지의 운반비와 동일하다는 것을 기억하신다면, 이번에 필요하게 될 많은 양의 자재에 얼마나 많은 돈을 절약할 수 있는지 박사님께서 아실 것입니다.

(중략)

Horace G. Underwood (Seoul), Letter to Frank F. Ellinwood (Sec., BFM, PCUSA) (Mar. 9th, 1901)

<table>
<tr><td>Received
APR 9 1901
Dr. Ellinwood</td><td>Seoul, Korea,
March 9, 1901</td></tr>
</table>

Dr. F. F. Ellinwood, D. D.,
　New York, N. Y.

Dear Dr. Ellinwood: -

The Chong Dong sale as referred to in my personal letter of this date has practically been completed: the government having paid down ten thousand yen which is to be forfeited if the contract is not fulfilled. In the exchange of the site the Mission has obtained a very large and healthful site, that will give plenty of room for all of our present plant and will in fact allow for considerable enlargement. There now comes before the mission the most serious problem of rebuilding. You will notice that in the 48,220 yen asked by the Mission, 6,000 yen was asked for the securing of a practical architect from America to superintend the building. What is wanted is a man who is practical in his ideas and at the same time one who would be willing to actively superintend all the building that is going on. It seems to me extremely fortunate that this sum should be on hand just now when the new hospital is to be built. The 6,000 yen contemplated the expenses to Korea and back again, rental for a house while here and one year's salary. This you see does not allow a large sum, but it was thought that the kind of man that we wanted would in all probability be willing to come out and do the work for the sake of the cause and for the experience that it would give him. Above all things he must be a practical man. I wrote you sometime ago concerning H. B. Gordon, a practical and well known architect in Toronto. Whether he would be willing to come or not, I do not know. The station at its meeting yesterday, instructed our secretary to cable you, so that you might immediately take steps towards the securing of an architect, as we have to get out of this property in eighteen months from now, and all these buildings have to be ready for occupancy at the same time. As I have said before, above all things what we need is a practical man.

Materials. We find on inquiry that the prices of lumber in Oregon is much lower than our here. In fact that the price of a thousand feet, planed and finished lumber in Oregon is $10.00, but the same lumber here in Seoul is $70.00. That the railroad company secured a ship load of Oregon lumber delivered in Chemulpo for $1.90 a 1000ft. A careful estimate with a hospital, a new church (the government having bought the Sai Mun An Church), and six or seven houses to be built, we will almost need a small ship load of timber and we are now corresponding with firms in the States to see what they would deliver this amount of lumber for us in Chemulpo. If the architect were here now, we would be able to give such careful specifications that a definite bid could be made and a definite order placed.

A question in connection with both these items comes as to whether when such a scheme is on foot and an architect is provided for, whether the individual missionary should go ahead and pay the higher prices for lumber here and take the time to superintend the building. There are those here who consider that the houses that they are building are for themselves and that therefor they have the right to go ahead without waiting for the architect and without waiting for the lumber and building their own house.

I do not want that I should be quoted, but if the Board is deciding to send an architect, it seems to me that it would be within the province of the Board, to suggest that in Seoul Mission buildings not yet begun, should await the arrival of the architect,

Furlough. In regard to our furlough. Dr. Brown's coming a bout this time has made it so that it would be impossible for us to start about the first of March, as we desire very much to see Dr. Brown here and to show him some of our work. In addition to that, in regard to going through Europe, the Mission's committee on material have thought that it might very materially hasten the arrival of material here and secure for us much lower rates, if when we are on our way home, that we should take that matter in charge and perhaps visit Seattle and then cross the continent and see the prices in the East. The railroad company inform me that when the East and West are competing in anything like this, that we can secure equal good rates on the Atlantic coast and as the hardware which we will need, will be no small item and the rates on the East coast are much lower than that on the West coast, it might be advantageous to buy lumber and everything and ship it from the East coast. Shipping rates are as you know extremely high, but the amount of material that we need for here would be a small ship load and if a ship were to come direct to Chemulpo, Mr. Collbran tells me, that the rate would not be higher than direct to Shanghai or Kobe. When you remember that the rate from Shanghai and Kobe to Korea is the same as from New York to Shanghai or Kobe, you will realize, how with such a large amount of material as will be needed at this time, a great saving can be made.

(Omitted)

19010300

찰스 E. 샤프, 수전 A. 도티, 메리 L. 기포드, 아서 G. 웰본, 에바 H. 필드, 에스더 L. 쉴즈, 엘렌 스트롱, 프레더릭 S. 밀러, 안나 R. 밀러, 릴리어스 H. 언더우드, 호러스 G. 언더우드, 캐서린 웸볼드, 제니 에비슨, 올리버 R. 에비슨, 로즈 E. 무어, 새뮤얼 F. 무어, 벨마 L. 스눅(서울 지부)이 프랭크 F. 엘린우드(미국 북장로교회 해외선교본부 총무)에게 보낸 편지 (1901년 3월경)

접수
1901년 4월 10일
엘린우드 박사

친애하는 엘린우드 박사님,

한국의 병원 및 의료 사역과 관련한 박사님의 총괄적인 편지는 서울 지부의 회원들에게 낭독되었습니다. 우리는 지부로서 삼가 답변 드리고자 하며, 답변과 함께 박사님께 모든 것을 갖고 계실 수 있도록 우리가 언급하는 부분을 보여주는 A, B, C 등으로 표시된 박사님의 편지를 보내드립니다.

선교본부 편지 'A'. 첫째, 최근 연례회의에서 서울의 정부병원[제중원]과 관련하여 취해진 결정은 만장일치는 아니었지만 거의 그러하였습니다. 특별위원회의 보고서는 채택되었던 것 이외의 다른 비평 없이 통과되었는데, 만일 박사님께서 보고서를 보신다면 건물이 병원 뿐 아니라 예배당으로서도, 그리고 현 부지는 진료소로 할당하기로 추천되었다는 것을 아실 수 있을 것입니다. 당연히 만일 우리가 새 진료소를 가져야 한다면, 그것은 경비가 더 들 것입니다. 연례회의에서 대구와 부산의 의료 사업 확장에 반대가 있었으며, 서울 지부에 관해서는 '최고의, 최신식의 병원' 건립 이외의 다른 결정이 없었습니다. 선교본부의 결정은 회의가 끝난 후 받은 어떤 사적 편지 때문에 취해진 것 같습니다.

둘째, 단 하나의 예외도 없이 반대하는 사람들은 서울의 완전하고 철저하게 설비를 갖춘 병원에 대해 반대하는 것이 아니라, 병원을 위해 거론되었던 액수를 사용할 필요성을 의심하는 것입니다.

셋째, 이들 모두는 북쪽에서 활동하는 사람들인데, 그곳의 자재비는 가격이 서울보다 낮습니다. 직경이 18~24인치인 20피트 길이의 똑바른 목재는 2~3

엔에 구입할 수 있고, 특별히 무겁고 긴 것은 4½~5엔에 구입할 수 있습니다. 반면 서울에서는 같은 목재에 20, 30, 그리고 40엔의 비용이 듭니다. 서울 지부의 우리들은 북쪽에 살고 있는 사람들이 그들 상황에서 건축비에 대해 내리는 판단에 찬성할 수 없는 것 같습니다. 다른 자재에서는 그렇게 큰 불일치가 없지만, 전체적으로 보아 서울의 건축비는 평양의 것과 비교가 되지 않습니다. 수입된 자재는 서울에서 더 저렴해야 합니다.

넷째, 1월 22일 알렌 박사는 폐하께 세브란스 씨의 호의적으로 기부와, 그가 한국에 새 병원을 짓기 위해 10.,000달러를 기부한 것에 대하여 말하였습니다. 폐하는 미국인도 그렇게 많은 돈을 들이는데, 자신도 무엇인가 분명 해야만 하는데 부지를 주겠다고 즉시 약속하였습니다. 한 미국인이 병원 건물을 위하여 금화 10,000달러를 주기로 하였으며, 폐하께서 부지를 주겠다고 약속하였다고 미국 공사가 언급하였기에 우리는 그렇게 알고 있으며, 알렌 박사는 병원의 운영비를 위하여 무엇인가 할 수 있을 지도 모른다고 생각하고 있습니다. 부지와 관련한 폐하의 제의는 세브란스 씨의 너그러운 기부에 대하여 들은 것에 의해 이루어졌기 때문에, 만일 그 액수가 병원에 사용되지 않는다면 폐하가 그 부지를 제공할 것이라고 확신할 수 없습니다.

다섯째, 만일 선교본부가 이곳에서 의료 사역의 진행을 원한다면 의사들에게 완전한 설비를 갖추어 주어야 합니다. 우리는 그들이 화려한 장비나 보여주기 위한 무엇을 갖고 있어야 한다고 요청하는 것이 아니며, 그것은 불가결한 것입니다. 의료 시설은 의료 사역이 성공적으로 되도록 도울 모든 것을 갖추어야 한다는 것이 가장 중요한데, 의료 사업의 성공이 전도 요원으로서 의료 사역자들의 능률에 좌우되기 때문입니다. 우리의 의료 사업은 두 주요 목적을 갖고 있는데, 첫째 고통을 경감해 주고 생명을 구하는 것이며, 둘째 많은 간접적인 영향을 언급하지 않더라도 사역자들과 접촉하는 사람들의 영(靈)을 구원하는 것입니다. 첫째 목적은 좋은 효과적인 방법과 도움을 요구하며, 둘째 목적은 첫째 목적의 성공에 크게 좌우됨이 분명합니다. 또한 선교본부는 고국에서의 유용성을 포기하고 이곳으로 파송된 사람들에게 빚지고 있으며, 선교본부는 업무를 위해서 뿐 아니라 불결한 질병으로 둘러 싸였을 때 건강의 유지를 위해서도 최상의 편의를 제공해야 합니다. 이것은 수수한 미국인 주택의 가격에 지나지 않는 병원에서는 이루어질 수 없습니다. 미국 병원의 혜택을 누리다가 (선교) 사업을 위해 이곳으로 온 이 사람들이 적절한 의료 사업을 위해 절대적으로 필요한 것을, 특히 그들 중 한 명이 선교본부의 허락을 받아 필요한 기금을 확보한 후에 선교본부가 거절하여 자신들의 업무를 포기하게 하는 것은 옳지 않은 것 같습니다.

선교본부의 편지 'G'. 선교본부의 편지에는 이 10,000달러의 기부가 에비슨 박사의 연설 혹은 특정인에 대한 개인적인 특별한 호소의 결과임을 암시하는 것 같은 언급이 있습니다. 그러나 우리는 그로부터 단 한 번도 누구에게도 공개적으로나 개인적으로 경비 요청을 하지 않았다고 들었으며, 반면에 카네기 홀의 연단 위(세브란스 씨의 요청으로 그곳으로 부름을 받은 에비슨 박사)에서 에비슨 박사를 세브란스 씨에게 소개한 엘린우드 박사가 아시는 것처럼 이 기부는 세브란스 씨의 주도로 그가 에비슨 박사와 가졌던 대화의 결과입니다. 상세한 것은 에비슨 박사가 쓴 편지를 보십시오.

선교본부의 편지 'B'. 여섯째, 10,000달러를 들여 병원을 지으면 '선교본부가 막대한 재산을 가진 황금향이라는 인상이 근거를 얻게 된다.'는 걱정에 대한 답변으로, 한국인을 아는 우리들은 2명의 외국인을 위한 영사관 사택보다 적은 돈으로 건축한 40명의 한국인을 위한 병원이 선교본부가 황금향이라는 인상을 줄 것이라고 생각하지 않습니다.

선교본부의 편지 'C'. 일곱째, 또한 선교본부의 편지는 '우리가 그곳 한국에서 취했던 고귀한 입장에서 내려올 때, 그날은 슬픈 날이 될 것이다.'라고 말하고 있습니다. 그러나 사람들이 자신의 병원을 세우거나 우리의 의사와 간호원이 그들 환자, 그들 자신 및 그들의 업무에 치명적인 불리한 조건에서 일을 해야 하는 입장에 있었던 적은 없습니다.

주로 초가지붕인 시골 교회의 건축 및 운영에 적용하는 자립과 의료 사업에 적용되는 자립은 다른 것입니다. 미국에서 지방 공동체가 교회를 건축하고 운영할 수 있지만, 교인 한 사람이 병원에 갈 때 그는 주(州) 혹은 교회의 부자 신자가 지원하는 병원으로 가며, 그가 거주하는 지역의 자립을 가르치기 위해 입원을 거절하거나 설비가 갖추어지지 않은 작은 병원으로 보내는 것을 어느 누구도 생각할 수 없습니다. 미국에서 우리는 전도 사업에서의 자립과 병원 사업에서의 자립을 구분하며, 한국에서도 그렇게 해야 하는데 한 분야의 자립이 다른 분야를 불구가 되게 하지 않도록 해야 합니다. 우리는 어떤 종류이건 좋고 화려한 설비를 요청하는 것이 아니며, 고급스러운 것은 상관하지 않지만 우리에게 오는 환자들이 회복될 기회를 갖도록 건강에 좋은 곳에 건축하거나, 다른 말로 그들의 회복이 우리가 그들을 입원시킨 환경 상태에 의해 방해를 받지 말아야 한다는 세브란스 씨의 말에 충심으로 동감하고 있습니다. 만일 박사님께서 잠시 생각하신다면, 그렇게 자립하는 종합병원이 미국에 없다는 사실을 인식하실 것입니다. 환자로부터 받는 수입은 건물을 위한 경비를 말하지 않더라도 유지비보다도 항상 적습니다. 이 건물들은 주(州)나 시(市)의 기금 혹은 자비심 많은 자산가의 기부로 건축되고 후원되어야 합니다. 이 자비는 기독교의 정서의 결과인데, 한국에는 정부나 자산가가 필요한 기금을 내게 할 정서가 충분한 시기가 아직 도래하지 않았으며, 만일 우리가 병원을 가질 것이라면, 한동안 외국인의 자비심의 결과에 의한 것임에 틀림없습니다. 지금까지 병원 사업은 많은 사람들이 판단하기에 너무도 소박하게 수행되어 왔기에 선교본부는 유지 보수를 위해 매년 500 혹은 600달러만을 요청받았으며, 수지는 선교지에서 마련하였습니다. 이것은 지난 2년 동안 불가피한 중단이 있기 전 여러 해 동안 병원이 적절하게 운영되었을 때 적용되었습니다.

여덟째, 우리의 병원은 두 방식, 즉 말씀과 실천으로 복음을 전도하기 위해 존재합니다. 후자는 이교도들에게 기독교 정신의 결과가, 즉 그것을 고백한 사람들의 가슴 속에 생겨난 사랑과 자비가 무엇인지를 보여준다는 의미입니다. 이제 지적인 한국인들이 우리가 수십만 달러를 고국에 있는 미국인들을 위한 우리 병원에 보낸다는 것을 알 때, 그들은 한국인들에 대한 우리의 사랑과 기독교적 공감이 우리가 병원을 건축하는데 위에 언급한 필요성을 충족시키는데 필요한 경비를 사용하는데 주저하기 때문에 환자를 병원에서 치료하는데 규모와 수용 시설이 상당히 적절하지 않은 건물과, 환자들에게 생명과 고통의 경감의 최상의 기회를 줄 수 없는 설비에 만족하고 있는 것을 본다면, 그 반대와 비교할 때 무엇이 기독교적 자비를 보여주는 것입니까? 한국인을 위해 이곳에서 필요한 의약품, 기구 및 장비를 고려해 보면, 우리는 미국인을 위해 필요한 것과 무엇이 다른지 모르겠습니다. 한국인들이 더 단순하게 살고 있고 자신들을 위해 덜 쓴다는 사실은 사용할 의약품을 조금도 싸게 하지 않거나 외국인 진료에 사용하는 것을 사용할 필요가 없게 하지 않습니다. 한국인들의 치료는 외국인들의 치료와 일치해야 하며, 서울 지부가 요청하는 모든 것은 이것을 시행할 수 있는 곳에 굳건하고 실속이 있으며 설비가 잘 갖추어진 병원이 있어야 한다는 것입니다.

아홉째. 한국인들에게 자립을 가르치기 위해 우리는 그들의 교회 건축에 도움을 거절하고 있으며, 우리가 인색한 모습을 벗어날 수 있는 유일한 길은 미국, 이곳 혹은 어느 곳에서나 자립으로 해결할 수 없는 일들에서 그들에게 관대하게 다가가는 것뿐입니다.

선교본부의 편지 'D'. 다른 기지의 설비와 비교할 때, 어떤 사람들이 알아보고 싶은 것처럼 그리 다르지 않습니다. 해마다 다른 사업에 적지 않은 액수가 사용되며, 이 의료 사업은 우리의 자립 원칙을 손상사키지 않고 외국 기금을 사용할 수 있는 분야의 하나입니다. 교회 건물의 기금에 예산을 배정하지 않는 원칙을 고수하는 것은 그들에게 자립의 개념을 훈련시키기 위한 것인데, 그런 분야에서 도움을 삼가는 것이 그들에 대한 사랑의 결여나 인색함 때문이 아니라는 것을 보여 줄 수 있는 분야가 하나 있습니다. 바로 이것과 관련하여 요청한 액수에 반대하는 사람들은 다른 분야에서 자립을 강하게 주장하였던 사람들이 아닙니다. 그들은 평양의 현지인 교회 건물에 외국인들이 보낸 3,000 혹은 4,000엔을 사용할 수 있게 해달라는 요청을 갖고 서울로 올라왔던 사람들입니다. 반면 완절하게 설비를 갖춘 병원 문제에서 가장 강하게 실감하는, 자립을 되돌리는 것이라고 주장하는 사람들이며, 우리는 선교본부와 선교부가 한국에서 이미 정립되어 실행되고 있는 자립 원칙을 손상시키지 않고 상당한 액수를 지출할 수 있는 곳을 알고 있습니다.

선교본부의 편지 'E'. 5,000달러로 페르시아나 중국에서 무엇을 건축할 수 있는지 우리는 모르지만, 이곳에서는 겨우 건물만, 그것도 환자, 의사 및 간호원의 건강에 필요한 하수 처리, 환기 및 난방 계통도 없이(이 편지 12항의 예산을 볼 것) 지을 수 있을 뿐입니다. 우리가 현지인 신자들에게 자립을 가르친다는 희망으로, 환자를 위한 적절한 하수 처리, 환기, 청결한 침구 및 의복이 없어 남녀 의료인에게 치명적인 전염병에 노출시키도록 하는 것은 옳지 않은 것 같습니다. 이 논점의 한 예는 막 회복이 된 에비슨 박사의 심각한 병이었는데, 적절한 설비 없이 그는 발진티푸스 환자를 진료해야만 하였습니다. 그 자신이 그 병에 걸려 쓰러졌고, 우리는 그것이 치명적이지 않을까 걱정하였습니다. 병원의 다른 직원 및 환자 7명도 병에 걸려 쓰러졌으며, 이 모든 것은 적절하게 환기가 되는 격리 병동이 없었기 때문이었음이 명백합니다. 그런 환자를 거절하라고 말 할 수 있지만, 그렇게 할 수 없습니다. 이번 달 3일 수은주가 거의 0도이었을 때 한 여자가 발진티푸스로 병원에 이송되었습니다. 이곳에서 종종 일어나는 것처럼, 가련한 여자는 거리로 쫓겨났고, 갈 곳이 없었으며, 밤이 다가왔을 때 기독교 병원에서 받아들이지 않으면 그 앞에서 굶주림과 추위로 죽을 것입니다. 우리 앞에 그런 환자가 있을 때, 적절한 설비가 갖추고 그들에게 제공함으로써 최상의 결과를 얻을 기회를 주며 외국인 의사, 간호원 그리고 현지인 병원 종사자들이 최소의 위험에 노출되도록 하는 것이 절박합니다. 우리 의료인들을 병나게 하고 죽일 수 있는 "초라한 절약 및 자립"은 어느 선교본부나 선교부에도, 그리고 한국인이나 세상의 눈에도, 그런 '초라한 절약'이 아니라 희생이 아닌 자비를 기뻐하는 하나님께도 영광스럽지 않을 것입니다.

열한째, 우리가 한국인 환자에게 그들의 집보다 더 나은 숙소를 병원에서 제공하지 말아야 한다는 생각은, 만일 뉴욕의 훌륭한 장로교회 병원에서 뉴욕시 빈민가의 주민들에게 시행한다면 그것은 풍자만화의 좋은 재료가 될 것이며, 그런 요구를 하는 자립은 사망의 조종(弔鐘)을 울릴 것입니다.

열두째, 의사와 그에게 자문을 하였던 사람들은 지금 지하층을 가진 단층 병원을 짓기로 계획하고 있습니다. 그것은 남자와 여자를 위한 이중의 병원이 될 것이며, 약 30~40명의 한국인을 수용할 예정입니다. 이것은 분명 상당한 일을 할 수 있는 최소한입니다. 제안된 시설, 방의 개수 및 크기 등에 주목하여 동봉한 계획(설명 역시 동봉할 것입니다.)을 부디 검토해 주십시오. 박사님께서는 우리가 필요한 것보다 더 큰 건물을 요청하고 있다고 생각하십니까? 이 계획은 선교부 위원회를 아직 통과하지 않았지만 부지에 관한 결정을 기다리고 있습니다. 구조는 부지에 맞추어 변경되어야 하지만, 그 계획은 주 건물에서 우리가 계획하고 있는 방의 수에 대한 개념을 주고 있습니다. 이 주 건물에 덧붙여 우리는 두 격리 병동, 즉 하나는 남자, 하나는 여자를 위한 병동이 필요해질 것입니다. 이것들은 아직 계획되지 않았지만, 진료를 위한 방 이외에도 남녀가 병원에 내내 체류할 수 있고, 게다가 환자를 즉시 진료하는 동안을 제외하고 불필요하게 감염에 노출되지 않도록 우리는 동시에 적어도 두 종류의 전염병을 위한 설비가 필요해 질 것입니다. 이것은 또한 다른 환자와 외부인들에게 전염시킬 위험을 없앨 것입니다.

격리 병동 외에도 우리는 요리사 가족이 머물 정도로 큰 부엌으로 사용할 한옥, 또한 세탁실과, 한국인 조사 및 하인을 위한 주택도 필요하게 될 것입니다. 이 부지는 담장이 있어야하고, 남자 구역과 여자 구역 사이에 적절한 분리가 되어 있어야하며, 좋은 우물을 파야하고 부지를 다져야 합니다. 폐하가 부지를 승낙한 것은 세브란스 씨의 기부에 대한 감사를 보여주고 싶었기 때문이며, 반면에 만일 그가 이 부지를 넘겨받는 경우 금액의 지불은 1895년[103] 우리가 이 건물들을 넘겨받고 우리 자체의 업무를 시작했을 때 맺은 협정의 이행과는 다르다는 것을 유념해 주십시오. 선교본부의 결정은 우리가 금화 5,000달러가 들어갈 병원과 각각 금화 2,500달러가 들어갈 두 채의 사택을 갖는 것으로 제안하고 있습니다. '제이콥슨 기념 사택'은 막 지어졌고, 금화 2,500달러가 들었습니다. 제안된 계획은 이 건물의 크기보다 두 배가 넘는 건물을 요청하고 있습니다. 사실 기념 사택 크기의 건물은 제안된 병원의 여자 병동을 위해 충분히 큰 것이 아니며, 게다가 수술실, 진료소, 한국인 조사를 위한 사택,

---

103) 1894년 9월이다.

남자와 여자의 격리 병동 등이 필요하고, 이외에도 사택을 위해 제안된 2,500 달러는 설비가 없는 건물만을 위한 것이라는 것을 기억해야 합니다. 우리는 단지 5,000달러로 이 이중의 병원을 건축하고 설비를 갖추어야 한다는 것을 이해할 수 없습니다. 이 계획을 건축가에게 주었더니 건물 자체의 가격을 금화 7,000달러로 산정하였습니다. 이것은 어림 견적일 뿐이며, 다른 사택의 건축 경험의 예를 볼 때 모든 시방서를 알게 되면 증가할 것 입니다. 어쨌건 이것은 하수 처리, 배관, 급수, 난방 기구 및 다른 필요한 설비에 사용할 3,000달러를 남기게 될 것이며, 그래서 우리가 너무 큰 건축을 기대하고 있거나 혹은 선교본부가 우리에게 단지 5,000달러만을 허락한 것은 이곳의 물가를 오해한 것에 근거한 것임이 분명합니다.

열세째, 여의사 및 간호원 사택은 특별 기부에 의해 마련되었으며, 에비슨 박사의 사택은 이미 준비되었습니다. 선교본부의 계획은 10,000달러 전체를 의료 설비에 사용하되, 그것의 반을 다른 목적에 사용한다는 것을 의미하는 것이라고 생각됩니다. 그 이유는 만일 우리가 이 부지를 계속 사용한다면 이 사택들은 이미 이곳에 있는 것이며, 만일 왕이 이 부지를 가져간다면 어느 곳엔가 사택을 지어야 하는데, 이 주택들의 가격이 우리들에게 지불되어 새로운 부지의 재건축을 위해 사용할 수 있게 될 것이며, 그렇게 되면 10,000달러는 손대지 않아도 되기 때문입니다. 그래서 사택은 이미 준비되어 있고, 병원 건축을 위한 경비는 특별 기부금이며 선교본부의 정규 예산을 사용하는 것이 아니기 때문에 우리의 계획은 선교본부에 어떠한 새로운 예산을 요청하는 것이 아닙니다.

열네째, 이 액수를 사용하느냐 사용하지 않느냐 하는 문제는 뉴욕(의 선교본부)에서 토의되었고, 세인트루이스에서 총회가 열렸을 때 열렸던 위원회에 회부되었습니다. 그 당시 그 문제는 한국 선교부의 수중으로 넘기기로 이해되고 결정되었으며, 선교부의 결정으로 문제가 해결되어야 한다고 한국의 우리는 이해하고 있습니다. 또한 우리는 미국의 선교본부가 모든 선교사들에게 다수파의 의지를 제출할 필요에 대해 촉구하고 있다고 믿고 있는데, 선교부 측에서 압도적 다수일 때 왜 선교본부가 입장을 변경하지 않는지 이유를 알 수 없으며, 우리는 선교본부가 12월 17일자 결정을 무효로 하고 선교부 위원회가 선교부의 결정에 따라 그 기금을 사용할 수 있도록 허용해 주실 것을 공손히 요청 드리는 바입니다.

C. E. 샤프, 위원장

수전 A. 도티 메리 L. 기포드 A. G. 웰본
에바 H. 필드 에스터 L. 쉴즈 엘렌 스트롱
F. S. 밀러 A. R. 밀러 L. H. 언더우드
H. G. 언더우드 캐서린 웸볼드 M. J. 에비슨
O. R. 에비슨 로즈 E. 무어 S. F. 무어
벨마 L. 스눅

Charles E. Sharp, Susan A. Doty, Mary L. Gifford, Arthur G. Welbon, Eva H. Field, Esther L. Shields, Ellen Strong, Frederick S. Miller, Anna R. Miller, Lillias H. Underwood, Horace G. Underwood, Katherine Wambold, M. Jennie Avison, Oliver R. Avison, Rose E. Moore, Samuel F. Moore, Velma L. Snook (Seoul Station), Letter to Frank F. Ellinwood (Sec., BFM, PCUSA) (ca. Mar., 1901)

Received
APR 10 1901
Dr. Ellinwood

Dear Dr. Ellinwood: -

Your letter concerning the Korean hospital and medical work in general has been read to the members of Seoul station. We as a station beg to reply and with our reply, in order that you may have all before you, we send you a marked copy of your letter, with marks A. B. C. etc. showing to what parts we refer.

Board's Letter "A". In the first place. The action taken at the last annual meeting concerning the Korean Government hospital in Seoul although not unanimous was almost so. The report of the special committee went through without other comment than that it was adopted, and if you will refer to the report, you will see that it recommended the building not only of a hospital but also a chapel and that the present place be rationed as dispensaries. Of course, if we have to have new dispensaries, it will cost more. In the annual meeting there was opposition to the extension of the medical work in Taiku and Fusan; no action about Seoul station, except that approving the erection of a "first class, up-to-date hospital", was taken. The Board's action seems to have been taken because of certain private letters received since the meeting.

Secondly. Those opposing without a single exception, are not opposed to a complete and thoroughly equipped hospital in Seoul, but they doubt the need of using the amount of money that was spoken of for the same.

Thirdly. Every one of these men are from the North where building materials cost but a small proportion of what they do in Seoul. Straight timbers twenty feet long and from eighteen to twenty four inches in diameter can be purchased for from two or three yen, and extra heavy and long ones can be had for the matter of four and a half and five yen, while in Seoul, the same timbers would cost twenty, thirty and forty yen. Under their circumstances, it seems to us in Seoul station, that the judgement of those living in the North as to the cost of building, cannot be accepted for Seoul. There is not such a large discrepancy in other materials, but on the whole the cost of building in Seoul is not comparable to that in Pyeng Yang. Imported materials must cost less at Seoul.

Fourthly. On January 22nd, Dr. Allen told His Majesty of the kind offer that had been made by Mr. Severance and that he (Mr. Severance) was to put ten thousand dollars into the new hospital in Korea. His Majesty at once said, that when the American is doing so much, be must certainly do something himself and promised to give the site. Thus, we see because the American minister stated that an American was to give ten thousand dollars gold, for the building of an hospital, His Majesty has promised to give the site and Dr. Allen thinks it probable, that he may desire to do something towards the running expenses of the same. As His Majesty's offer concerning the site was brought about through his hearing of Mr. Severance's generous gift, we cannot have the assurance that His Majesty will donate the site, if the amount is not used for the hospital.

Fifthly. If the Board desires to have medical work done here, it should thoroughly equip its doctors. We do not ask that they should have a showy equipment or anything for looks, but it is essential that the medical plant have everything that will assist in making the medical work a success, for upon the success of the medical work will depend the efficiency of the medical workers as evangelistic agents. Our medical work as two main objects to serve, first, the relief of suffering and the saving of life and, secondly, the salvation of the souls of those who are brought into contact with the workers, not to mention its many indirect influence. It is evident that the first object calls for good. effective methods and helps and that the second is largely dependent upon the success of the first. Also, the Board owes it to the men and women who withdraw from fields of usefulness at home and come out here, the Board owes it to them, to give them the best facilities, not only for their work, but for the maintenance of their own health, when surrounded by foul? disease. This cannot be done in a hospital costing no more than a modest American residence. It does not seem right to us that the Board allow these men and women to give up their work amid the advantages of American hospitals to take up work here and then after they arrive on the field, refuse them the absolute necessities for proper medical work and especially after with the Board's permission, one of them has secured that needed funds.

Board's Letter "G". In the Board's letter a statement is made, which seems to imply that this gift of ten thousand dollars was the result of a special appeal either in an address or personally to individuals by Dr. Avison, but we are informed by him, that he never at any time made a single appeal for money to any one, either in public or privately but on the other hand, as is known to Dr. Ellinwood, who introduced Dr. Avison to Mr. Severance on the platform of Carnegie Hall (Dr. Avison having been called there at Mr. Severance's request), this gift was the result of conversations which Mr. Severance had with Dr. Avison at Mr. Severance's initiative. For further particulars see letter being written by Dr. Avison.

Board's Letter "B". Sixthly. In reply to the Board's fear that from the erection of a ten thousand dollar hospital "the impression gains ground that the Board is an El Dorado of untold wealth"; it does not seem to us who know, the Koreans, that a hospital for forty Koreans that costs (with equipment) no more than a consular residence for two foreigners will give the impression that the Board is an El Dorado.

Board's Letter "C". Seventhly. The Board's letter also says, "It will be a sad day when we come down from the exalted position which we have taken there" in Korea. But the position has never been taken that the people must build their own hospitals or else our physicians and nurses must work under disadvantage, fatal to their patients, themselves and their work.

Self-support as applied to the building and running of country churches, mainly thatched roofs, and self-support as applied to medical work are different things. In America, a country community may build and run its own churches but when one of its members goes to a hospital he goes to one supported by the State or wealthier members of the church, and no one would think of refusing him admission or of sending him to a little unequipped hospital in order to teach his district self-support. In America we draw the distinction between self-support in evangelistic work and self-support in hospital work and so must we do in Korea, and not let self-support in one cripple the other. We do not ask a fine or showy plant of any kind and we agree most heartily with Mr. Severance, who said, that he did not care for anything fancy but wanted the hospital on a healthy site and built so that the patients who came to us would have a chance to get well, or in other words that their recovery would not be hindered by the conditions in which we placed them. If you consider for a moment, you will recognize the fact, that such a thing as a self-supporting general hospital in America is unknown. The receipts from patients are always far below the cost of maintaining the work, not to say anything of paying for the buildings. These buildings not only must be erected but largely supported either by grants from the State or municipality, or by gifts of benevolent men of means. Now, this benevolence is the result of Christian sentiment and the time has not yet come in Korea when there is sufficient of this sentiment to cause either the government or men of means to grant the needed funds, and if we are to have a hospital, it must for sometime be the outcome of the benevolence of foreigners. Yet the hospital work has hitherto been carried on with such economy, too frugal in the judgement of many, that the Board has been called upon to supply only about $500.00 or $600.00 per year towards the maintenance, repairs included, the balance being raised on the field. This applies to the years when the hospital was in proper running order, previous to the many but unavoidable interruptions that have occurred in the past two years.

Eightly. Our hospitals exist for the preaching of the gospel in two ways- by word and practice. By the latter is meant, that they illustrate to the heathen what Christianity is in its results, I.e, in the love and charity it has begotten in the hearts of those who profess it. Now if, when intelligent Koreans know that we send hundreds of thousands of dollars on our hospitals for Americans at home, they see that our love and Christian sympathy for the Koreans permits us to erect and to be satisfied with buildings quite inadequate in size and accommodation to give hospital treatment to the sick and with equipment which does not enable us to give our patients the best chance for life and relief, because we hesitate to spend the money needed to provide the above mentioned necessities, what should be an illustration of Christian charity becomes, by comparison the opposite. When it comes to medicines, instruments and equipment needed here for the Koreans, we do not find that they are in any way different from what are needed for Americans. The fact that Koreans live more simply and spend less upon themselves, in no way cheapens the medicines that are to be used, or does away with the need for exercising the same care for them as would be exercised in the care of foreigners. The treatment of Koreans must be in line with the treatment of a foreigner, and all that the Seoul station is asking for is, that it shall have a strong, substantial, well equipped hospital where this can be done.

Nineth. For the sake of teaching Koreans self-support, we refuse them aid in building their churches and the only way we can escape the appearance of stinginess is to be generous towards them in those things which cannot be self-supporting in America, here, or elsewhere.

Board's Letter "D". Compared with the equipment in other plants, it is not so different as some would want to make out. No small amount has been applied from year to year on other work and this medical work is the one place where we can use foreign funds without any detriment to our self-supporting principles. We insist that our non-appropriation of funds for church buildings etc. is to train them up along the ideas of self-support, and now, in the medical work, we find one place where we can show them that it is not from lack of love for them or any stinginess that we refrain from helping them along those lines. In this very connection consider those who are opposing the amount that is asked- are not the men that have stood out the strongest for self-support along other lines. They are the men that came up to Seoul with a request that they be allowed to put foreign money to the amount of three or four thousand yen to the native church building of Pyeng Yang. On the other hand it is mainly the men who insisted that this was going back on self-support, that realise most strongly that in the matter of a fully equiped hospital, we find a place where the Board and Mission can appropriate a good round sum without any detriment to the Self-support principles already established and working in Korea.

Board's Letter "E". What five thousand dollars would build in Persia or China we do not know, but it would hardly give us a bare building here and that too without the sewerage, ventilation and heating systems that the health of the patients, physicians, and nurses requires (see estimate in section twelve of this letter). And it does not seem right to us to subject medical men and women to deadly contagion, simply from lack of proper sewerage and ventilation and clean bedding and clothing for the patients, in the hope of teaching the native Christians self-support. A case in point is Dr. Avison's serious illness, from which he is only just recovering, because without proper facilities, he was forced to take in cases of typhus fever. He himself was stricken with the same disease and we feared that it would have been fatal. Seven other members of the hospital staff and patients were also stricken down and all this apparently because there were no properly ventilated isolation wards. It may be said refuse such cases, but this cannot be done. Only on the third of this month a woman was brought to the hospital with typhus fever, when the thermometer was almost at zero. As is so often done here, the poor woman was turned out upon the street, had no other place to go and as night was coming on would have died in front of a Christian hospital, of starvation and cold had she not been taken in. With such cases before us, it is imperative that the proper facilities be afforded, and that they be afforded in such a way, that there shall be an opportunity of obtaining the best results and at the same subject the foreign doctors and nurses and native hospital attendants to the least possible danger. "Frugal economy and self-support" that would sicken and kill our medical workers would not be a glory to any Board or Mission, neither in the eyes of the Koreans, nor of the world, nor of God who demands no such "frugal economy" but delights in mercy and not sacrifice.

Eleventhly. Again, the idea that we must not give a sick Korean better accommodations in our hospital than he has in his home, if practiced upon the denizens of the New York city slums in the magnificent Presbyterian hospital there, would provide material for the cartoonist, and a self-support that would make such demands would be sounding its death knell.

Twelfthly. It is now planned by the doctor and those that have been consulting with him, to build a one story hospital with a basement. It is to be a double hospital for men and women and is to accommodate about thirty or forty Koreans. This certainly is the least that would be of much service. Kindly examine the enclosed plan (a description will also be enclosed) noting the accommodation proposed, number and size of room etc. Do you think we are asking for a larger building than is needed? This has not yet been passed on by the Mission committee but is tentative awaiting the decision as to the site. The form of the structure may have to be altered to suit the site but it gives an idea of the amount of rooms that we are planning for in the main building. In addition to this main building, we shall require two sets of isolation wards- one for men and one for women. These have not yet been planned but we shall need accommodation for at least two kinds of contagious disease at one time besides a room for an attendant so that he or she can remain in the building all the time and yet be not unnecessarily exposed to the infection, except while in immediate attendance upon the patient. This will also do away with the danger of carrying the infection to other patients and outsiders.

Besides the isolation wards we shall need a Korean building to be used as a kitchen, large enough to accommodate the family of the cook; also a room for a laundry and houses for the Korean helpers and servants. The site must also be walled in, suitable separation be made between the men's and women's compounds, a good well dug and the site graded. Please note that the granting of a site is due to his Majesty's desire to show his appreciation of Mr. Severance's gift, while the payment of a sum of money in case he takes over this site is distinct from that being in pursuance of the agreement entered into in 1895, when we took over these buildings and undertook to support the work ourselves. The Board by its action proposes that we have a hospital that will cost five thousand dollars gold and two houses that will cost two thousand five hundred dollars gold, each. The "Jacobson Memorial" has just been built and cost two thousand five hundred dollars gold. The proposed plan calls for a building more than twice the size of this latter. In fact a building the size of the Home would barely be large enough for the women's wards of the hospital that is proposed, and then there is needed operating room, dispensaries, houses for Korean helpers, laundry, isolation wards for men and women, and when in addition to this, it is remembered that the two thousand five hundred dollars proposed for a residence covers the bare building without equipment, we fail to see that we should build and equip this double hospital for simply five thousand dollars. This plan has been submitted to a contractor who estimates the cost of the building itself at seven thousand dollars gold. This is only a rough estimate and likely to be increased when all the specifications are made known, if experience in building other houses may be taken as a guide. In any case this would leave but three thousand dollars to put in sewerage, plumbing, water supply, heating apparatus and other necessary equipment, so that it is evident, either that we are looking for much too large a building or that the Board's action in granting us only five thousand dollars is based upon a misapprehension of the cost here:

Thirteenthly. The Home for the lady physician and nurse has been provided by a special gift, and the home for Dr. Avison is already provided. The Board's proposition sounds as though the whole ten thousand dollars was to be used in the medical plant, while the facts are that it means taking half of the money for other purposes, because if we continue to use this site, these houses are already here and if this site is taken by His Majesty and we have to build elsewhere the value of these houses will be paid over to us and will be available for rebuilding on the new site, leaving the ten thousand dollars untouched, so that our proposition does not call upon the Board for any new appropriations, the houses being already provided and the money for the hospital being a special gift and not a draft on the regular funds of the Board.

Fourteenthly. We understand in Korea that the using or the not using of this sum of money was discussed in New York and that it had been referred to a committee, which met at the time of the General Assembly at St. Louis, and it was understood at that time, that it was decided that this matter should be left in the hands of the Korea Mission and that its decision should settle the matter. We believe also, that the Board in America urges upon all its missionaries the necessity of submitting to the will of the majority and when this is such an overwhelming majority on the side of the Mission, we can see no reason why the Board should not change its position and we respectfully request that they rescind their action of December 17, and allow the Mission's committee to use the funds, in accordance with the decision of the Mission.

C. E. Sharp, Ch'm'n	Susan A. Doty	Mary L. Gifford
A. G. Welbon	Eva H. Field	Esther L. Shields
Ellen Strong	F. S. Miller	A. R. Miller
L. H. Underwood	H. G. Underwood	Katherine Wambold
M. J. Avison	O. R. Avison	Rose E. Moore
S. F. Moore	Velma L. Snook	

J. 헌터 웰즈(평양)가 프랭크 F. 엘린우드(미국 북장로교회 해외선교본부 총무)에게 보낸 편지 (1901년 3월 13일)

접수
1901년 4월 20일
엘린우드 박사

한국 평양,
1901년 3월 13일

친애하는 엘린우드 박사님,

신문 문제가 정리되고 나니,104) 그 지부가 보낸 "격렬한" 편지에 의해 박사님께서 틀림없이 아시는 바와 같이 이제 서울의 병원이 민감한 주제가 되었습니다.

선교본부의 결정을 재고하게 하려는 노력이 우리에게 적나라하게 요청되었는데, 우리 지부는 병원을 위해 14,000엔을, '설비'를 위해 6,000엔을 사용하겠다는 요청에 대해 알고 있지 않기 때문에 추가적인 정보를 얻기 위해 만장일치로 그 문제를 서울 지부로 돌려보냈습니다. 건물과 별채에 14,000엔을 어떻게 쓸 것인지, '설비'를 위한 6,000엔은 무엇을 의미하는지 이곳의 우리들 중 아무도 알거나 정보를 받지 않았습니다. 저는 그들이 한국의 의료 선교사로서가 아니라 의사로서 자신들의 전체 설비를 위해 전체 20,000엔을 받는 것이라는 것을 투표에 붙이고 싶습니다. 20,000엔은 병원과 '설비'를 위해 넉넉한 것이 아니며, 그 액수의 두 배 혹은 여러 배이었더라도 전액을 잘 사용할 수 있었을 것입니다. 저의 입장은 선교본부에 의해 승인된 선교부의 정책을 기다리는, 그리고 그것을 시행하려 노력하는 사람의 입장입니다. 이것은 이곳 평양에서 의사로서 제가 갖고 있는 어려운 입장이었습니다. 우리는 병원이라는 관점에서 볼 때 우리가 가졌어야 했던 기금, 병실, 장비의 반 혹은 ¼도 결코 가지지 못하였으며, 박사님께서 아시는 것처럼 병원이 돈을 얻을 수 있는 가장 쉬운 도구이기에 우리는 위의 모든 것들을 위해 돈을 얻을 수 있었습니다. 저는 1901년 2월에 우리 선교지부에 보고서를 제출하였습니다.

"[외래] 환자, 입원 환자 및 외과 업무는 직년 2월보다 훨씬 많았으며, 따라서 우리는 가능한 한 조속히 외과 건물과 병동이 (마련되어야 할) 중요성과 필

---

104) 1901년 11월에 첫 호를 발행한 *The Korea Field*를 말한다.

요성을 촉구한다.

　서울 및 부산 지부의 의료 사역의 확장 제안에 비추어 나는 다소의 중요한 변경을 생각하는 계획을 제출할 것인데, 아래 건물이 기울고 있어 개축이 필요하며 이곳 평양의 작은 설비에 추가하고자 한다. (그렇게 하지 않았던 것은) 우리가 병원을 이루는 세 개의 작은 방(8x8피트)과 하나의 작은 입원실(12x15피트)이나, 보다 낫고 적절한 것을 위해 지금까지 긴급 요청을 하지 않고 약품을 제외한 약 300엔의 빈약한 설비 예산에 만족하였기 때문이 아니라, 엄격한 전도 및 교육 사업이 가장 중요하였기 때문이었다.

　만일 선교부가 선교본부의 결정을 취소하고 정책을 변경하라는 요청을 투표로 통과시키고 선교본부가 그렇게 한다면, 나도 기쁘게 선교부 정서를 수행하고 기준이 허용하는 바에 따라 이곳에 완전하고 적절한 크기의 작은 병원 설비를 만들 기금을 찾아 나설 것이다."

　박사님께서 지난 몇 년 동안의 보고서에서 보실 수 있듯이 평양의 의료 사업 결과는 [외래] 환자, 입원 환자 그리고 주로 외과 업무에 있어 서울보다 많습니다. 가장 극단적인 금전적 기준에 근접하지는 않지만, 우리는 약 2,100엔을 들인 병원 설비를 갖고 있으며, 100~200엔 가치의 약품을 제외하고 500엔 미만으로 장비를 갖추었습니다. 우리는 올 봄에 외과와 외과 병동에 700엔을 지출할 것으로 예상하고 있는데, 그것으로 병원 설비의 가치는 약 3,000엔이 될 것입니다. 만일 선교부가 서울의 기준을 20,000엔, 부산의 기준을 약 10,000엔으로 설정한다면, 그것은 한국에서 아마도 가장 많은 일을 하는 저에게 선교부와 선교본부가 필요하고 적절하다고 투표하였던 기준의 약 1/10 밖에 안 되는 것(설비)으로 시도하고 꾸려 나가라는 분명한 힐책이 될 것입니다. 이곳의 많은 기독교인들은 우리에 대한 특별한 책임을 보일 것인데, 그것은 서울에는 없습니다.

　이것이 주요 질문이며, 선교부와 선교본부에 의해 새로운 방침이 정해졌을 때 저는 선교본부의 방침을 수행하기 위하여 이곳저곳, 그리고 모든 곳에서 서둘러 기금을 조성하는데 시간을 허비하지 않을 것이라는 것을 박사님께서는 아실 것입니다. 자세한 것을 많이 말씀드릴 수 없지만 한 가지는 아셔야 할 것입니다. 제물포에는 영국 성공회가 병동 이외에 500엔으로 지은 병원이 있는데, 제 생각에 약 20~30명, 아마 단지 15~25명을 수용하고 두 명의 외국인 간호원을 위한 방들과 의사를 위한 숙소를 갖고 있으며, 모든 것에 선교본부가 서울(의 병원)을 위해 투표하였던 경비의 반(半)이 들었습니다. 저는 서울 지부를 위해 20,000엔을 허용하는 것에 반대하는 것이 아니라, 그들이 제물포에 있는 카든 박사의 병원을 조사해보면 5,000엔으로 얼마만큼의 사업을 할 수 있는지 알 수 있다는 것을 단지 말씀드리는 것뿐입니다.

누구나 병원이 훌륭한 주택보다 1,000달러 정도 더 비싸다고 알고 있기 때문에 5,000엔 병원이 서울의 필드 및 쉴즈 사택 같은 큰 여자 사택만을 건축하게 되는 것이라고 말하는 것은 정당한 비교가 아니며, 그것은 러시아 식 난방기가 달린 주택이지 병원이 아닙니다.

서울이 20,000엔을 사용하는데 떠맡은 압박은 이미 그 지부를 "놀라게" 하였으며, 틀림없이 선교부의 대부분, 그리고 선교본부에 동일한 효과를 나타낼 것입니다.

저는 일반적으로 생각할 때 총액이 넉넉한 것은 아니며, 이 편지에서 보여주는 선교부 정책에 미치게 될 한 가지 영향 때문에, '설비'와 '장비'에 대한 추가 정보를 얻을 때까지 20,000엔의 사용 승인을 촉구할 수 없습니다. 저는 선교본부와 선교부의 표준에 맞추기 위하여 더 기금을 구해야 될 것인데, 서울의 예처럼 쉽게 구할 수 있으며, 그것은 의심할 여지없이 정규 기부 이외의 것이 될 것입니다. 더욱이 서울 지부는 그가 순회 전도를 원하고 있다는 근거로 다른 의사를 요청할 예정이라는 소문이 있습니다. 빈튼 박사는 언제, 무엇을 할 것입니까? 만일 요청한다면 기포드 부인은 선교부 재무 장부를 관리할 것이며, 그를 그런 목적에서 자유롭게 할 것입니다. 기포드 부인이 재무 업무를 맡은 이후 우리는 그런 즉각적으로 즐겁고 만족스러운 도움을 받은 적이 없었습니다.

안녕히 계십시오.

J. 헌터 웰즈

J. Hunter Wells (Pyeng Yang),
Letter to Frank F. Ellinwood (Sec., BFM, PCUSA) (Mar. 13th, 1901)

Received
APR 20 1901
Dr. Ellinwood

Pyengyang, Korea,
Mar. 13, 1901.

Dear Dr. Ellinwood: -

With the newspaper question settled, the hospital for Seoul is now the acute Mission subject, as you doubtless know from "hot" letters sent you from that station.

The effort to have the Board reconsider its action came to us in a bare request to that effect and our station unanimously referred the matter back to Seoul for further information, for beyond the request to use 14,000 yen for hospital and Yen 6,000 for "equipment" we have not an idea. What the 14,000 yen contemplates as to building and out buildings and what they mean by 6,000 yen for "equipment" none of us here know or have as yet been informed. I am willing to vote that they have the entire 20,000 yen for their plant as a physician, but not as a medical missionary in Korea. 20,000 is little enough for a hospital and "equipment," indeed were it twice that sum, or several time that sum, it could still all be well put in. My position is as one who waits for Mission policy, approved by the Board, and who tries to carry it out. This has been my difficult place as a physician & surgeon here in P. Yang. We have never had half or a quarter of the funds, room, equipment or outfit which, looking at the matter from a Hospital standpoint, we should have had, and we could have had its money for all these things for you know that one of the easiest things to get money for is hospital. In my narrative to our station for Feb., 1901 I submitted: -

"Attendance, in-patients and surgical work much larger than last Feb., consequently we urge the importance and necessity of the building of the surgery and ward as soon as possible.

In view of the propose enlargement of the medical work in Seoul and Fusan stations I will submit plans looking toward some important changes alterations & the lower buildings are leaning and need reconstruction and addition to the small plant we have here in P. Yang. It has not been because we were satisfied with the three small rooms (8x8 feet) and one little ward (12x15 feet) which constitutes the "hospital", nor the meager outfit a "equipment" with some 300 yen, exclusive of drugs, that urgent requests have not heretofore been made for better and more proper things, but it was because we that that strictly evangelistic and educational work was of paramount importance.

If the Mission votes to request a reversal of the action of the Board, and a change in its policy, and the Board do it, it will give me pleasure to proceed on a search for funds to carry out Mission sentiment and to make the little plant here as complete and proper in size and equipment as the standard set will allow."

As you can see by the reports for the past few years the medical work in P. Yang exceeds that in Seoul in attendance, in-patients and very largely in surgical work. Tho. not near what it should be even on the most extreme basis of penny, we have a "plant" with about 2,100 yen, and "Equipment" with less than 500 yen, exclusive of Yen 100 or 200 worth of drugs. We expect to expend yen 700 on a surgery and surgical ward this spring, that will make a "plant" worth about 3,000 yen. If the Mission sets 20,000 yen as a standard in Seoul and some 10,000 as a standard in Fusan, it will surely be a rebuke to me to try, with perhaps the largest work in Korea, to try & "get along" with about 1/10 of what the Mission & Board vote as necessary & proper. The large number of Christian here _____ of ___ _____ put a special & peculiar obligation on us, it does not hold in Seoul.

This is the main question and you may be sure that when the new policy is established by the Mission & Board that I will lose no time in hustling up funds here there, and everywhere to carry out Board policy. As to details I cannot say much, but one thing you should know. There is a 500 yen hospital in Chemulpo, built by the English Mission which in addition to its wards, which I think accommodate some 20 or 30 patients perhaps only 15 to 25, which has rooms for two foreign nurses & quarters for the doctor, and all at a cost of half what the Board voted as big enough for Seoul. I am not arguing against allowing them yen

20,000 for Seoul, but merely saying that they can find out how far 5,000 yen will go if they examine Dr. Carden's hospital in Chemulpo.

It is not a fair comparison to say a 5,000 yen hospital will build only a large a building as the Ladies - Misses Field & Shield house in Seoul, for everyone knows that that cost 1,000 or so more than a good house would have, and it's a house, with its Russian heaters etc, etc, and not a hospital.

The pressure already bout to bear in Seoul to use the 20,000 yen has "stampeded" that station and will doubtless have the same effect on a majority of the Mission and on the Board.

I cannot urge the appropriateness of the use of the 20,000 yen until I get more information as to "plant" & "equipment" tho. as a general consideration the sum is little enough, but as effecting Mission policy this letter shows one effect it will have. I will have to get more funds so as to come up to Board & Mission standards, and I can easily get the funds tho., as in the Seoul case, it will doubtless draw away from regular contributions. Another thing, it is whispered that Seoul expects to ask for another doctor pulling it on the ground that he is wanted to itinerate. When, what will Dr. Vinton do? Mrs. Gifford will, if asked, keep the Mission treasury books, & lean him free for such purposes. Since Mrs. G. has had the treasury work we have never had such prompt pleasing and satisfactory service.

Yours sincerely,
J. Hunter Wells

프랭크 F. 엘린우드(미국 북장로교회 해외선교본부 총무)가 노먼 C. 휘트모어(평양)에게 보낸 편지 (1901년 3월 13일)

(중략)

서울 병원과 관련하여 귀하는 나의 견해를 알고 있지만, 선교본부는 타계한 아들을 기념하기 위해 기금을 기부한 세브란스 씨의 바람에 따라 결정하는 것이 현명하다고 생각할 것 같습니다.

그럴 것 같지만, 만일 그가 모든 기금의 병원을 위한 사용을 크게 원한다면 다른 방도가 없을 것입니다. 나는 세브란스 씨에게 나의 견해와 선교본부의 결정에 대해 편지를 썼습니다. 이러한 고려 외에도 이곳의 어느 누구도 20,000엔을 들여 병원을 건립하는 것을 찬성하리라고 생각하지 않습니다. 앞으로 몇 주 동안 이 문제가 결정될 것입니다. 그 동안 우리는 그 문제와 관련한 계획 및 예산 등을 살필 것입니다.

안녕히 계세요.
F. F. 엘린우드

Frank F. Ellinwood (Sec., BFM, PCUSA),
Letter to Norman C. Whittemore (Syen Chun) (Mar. 13th, 1901)

(Omitted)

In regard to the Seoul hospital, you know my views, but the Board may think it wise to act upon the desires of Mr. Severance who donated the money as a memorial to a departed son.

If he greatly desires, as he seems to do, to put the money all into a hospital, there may be no other course to be pursued. I have written Mr. Severance giving my views and the Board's action. Aside from these considerations, I do not think that any of us here would favor any twenty thousand yen hospital. The next few weeks will determine this matter. Meanwhile, we are looking for some plans and estimates, etc. etc. with reference to the matter.

Very sincerely yours,

F. F. Ellinwood

19010313

프랭크 F. 엘린우드(미국 북장로교회 해외선교본부 총무)가 에바 H. 필드(서울)에게 보낸 편지 (1901년 3월 13일)

1901년 3월 13일

에바 H. 필드 박사,
    한국 서울

친애하는 필드 박사님,

나는 귀하의 편지105)를 커다란 관심으로 막 읽었습니다. 우리는 에비슨 박사가 병에 걸린 것을 알고 있었으며, 적지 않게 걱정하고 있었습니다. 우리의 작은 모임은 그를 위해 대단히 진심으로 기도를 드렸습니다. 우리는 귀하의 편지에 따라 그가 회복되었다는 것을 알고 기쁘며, 그가 사망하였다는 전보를 받지 못한 것으로 우리는 그 사이 그가 점점 회복되고 있었다고 믿게 되었습니다.

나는 불과 며칠 전 에비슨 박사에게 병원과 관련한 편지를 보냈지만,106) 핸드 씨나 나 자신 누구도 답할 수 없는 한 가지, 즉 세브란스 씨가 기부한 10,000달러가 부지의 구매를 포함하는지, 혹은 전적으로 건축에만 사용할 지, 그리고 선교본부가 부지를 구입하고 담장, 사택 등을 지어야 할 것인지의 문제가 있습니다. 귀하가 이 문제와 관련하여 우리에게 알려줄 수 있습니까? 혹시 왕이 부지를 줄 수도 있습니다. 간접적으로 우리가 받은 한 가지 조그마한 사실은 왕이 병원에 관해 '무엇인가 하려는' 마음이 있다는 것입니다. 이곳의 우리는 한국 선교부에 널리 퍼져있는 견해의 차이 중에 어떻게 처신하는 것이 좋은지 아는 것이 다소 어렵습니다. 이 병원과 관련하여 선교본부는 건축비를 제공한 세브란스 씨의 바람에 상당한 영향을 받을 것입니다.

(중략)

---

105) Eva H. Field (Seoul), Letter to Frank F. Ellinwood (Sec., BFM, PCUSA) (Feb. 2nd, 1901).
106) Frank F. Ellinwood (Sec., BFM, PCUSA), Letter to Oliver R. Avison (Seoul), (Mar. 6th, 1901).

Frank F. Ellinwood (Sec., BFM, PCUSA),
Letter to Eva H. Field (Seoul) (Mar. 13th, 1901)

March 13th, 1901

Dr. Eva H. Field,
   Seoul, Korea

My Dear Dr. Field:

I have just read your letter with great interest. We had known of Dr. Avison's sickness, and have had not a little solicitude. He has been remembered very earnestly in prayer in our little meeting. We are glad to know of his improvement according to your letter, and the fact that we have had no cable announcement of his death leads us to feel that the interval of time has only established more and more his recovery.

I wrote to Dr. Avison not many days ago in regard to the hospital, but there is one thing which neither Mr. Hand nor myself is able to answer, namely: the question whether the ten thousand dollars offered by Mr. Severance is supposed to include the purchase of the land, or whether it is to be entirely used in the building, and whether the Board is expected to purchase the land, supply the wall and build the houses, etc. etc. Can you inform us in regard to this matter? Possibly the King may give the land. One little fact has come to us indirectly, namely: that he is disposed to "do something" about the hospital. It is a little difficult here for us to know how to steer between differences of opinion which prevail in the Korea Mission. The Board will be controlled very much in regard to this hospital by the wishes of Mr. Severance who gives the money for the building.

(Omitted)

19010320
프랭크 F. 엘린우드(미국 북장로교회 해외선교본부 총무)가 한국 선교부로 보낸 편지 (1901년 3월 20일)

(중략)

같은 회의107)에서 재정 위원회의 권고로 선교본부는 다음의 보고서를 채택하였습니다.

"재무는 왕에게 정동 부지를 매각하는 문제의 종결을 알리며 건축가의 즉각적인 파송을 요청하는 내용의 전보를 서울로부터 받았다고 보고하였다.

선교부는 이전에 캐나다 토론토의 H. B. 고든 씨의 고용을 제안하였으며, 고든 씨는 뉴욕으로 와서 (선교본부의) 위원회에 참석하였고 위원회는 그가 그 업무에 적합한지를 충분하게 판단할 기회를 가졌다. 회의는 대단히 만족스러웠다고 말할 수 있으며, 위원회는 다음과 같이 권고한다.

토론토의 H. B. 고든 씨를 한국으로 가서 세브란스 병원을 포함한 서울의 신축 건물 건축을 감독하고, 또한 선교본부의 승인 하에 한국 다른 지역의 다른 건축물의 건축을 감독하도록 1년 동안 고용한다. 보수는 1년에 3,000달러로 고정하며, 한국까지 필요한 왕복 여행 경비를 지급한다.

재무는 평의회와 논의하여 고든 씨에게 부여된 권한을 제시하고, 이 문제에서 그와 선교부와의 관계에 대한 문서를 준비하며, 그것을 재정 위원회에 제출하여 승인 혹은 수정하도록 지시를 받았다.

그리고 고든 씨에게 할 수 있다면 그에게 1개월 내에, 혹은 그 후 가능한 한 조속히 서울로 가도록 요청하도록 하였다."

우리는 필드 박사의 1월 14일자108) 및 2월 6일자 편지로 에비슨 박사가 아프다는 것 뿐 아니라, 사이드보텀 씨의 2월 8일자 편지109)로 대구의 존슨 박사도 아프다는 것을 듣고 유감스러웠습니다. 우리는 머지않아 그 역시 회복하기를 바라며 기도를 드리고 있습니다. 전보가 없는 것은 항상 우리에게 병에 걸린 것으로 보고된 선교사가 1달 내에 회복되었거나 최소한 살아 있다는 것을 어느 정도 확신시켜 주거나 그런 희망을 주고 있습니다. 그것은 항상 좋

---

107) 1901년 3월 19일에 개최된 실행위원회를 말한다.
108) 1Eva H. Field (Seoul), Letter to Frank F. Ellinwood (Sec., BFM, PCUSA) (Jan. 14th, 1901).
109) Richard H. Sidebotham (Fusan), Letter to Frank F. Ellinwood (Sec., BFM, PCUSA) (Feb. 8th, 1901).

은 표시로 받아드려지고 있습니다. 하나님의 자비가 그의 봉사를 수행하고 있
는 우리 선교사들의 삶과 건강을 보전해 주실 것이라는 것이 우리의 진정한
기도입니다.

(중략)

Frank F. Ellinwood (Sec., BFM, PCUSA),
Letter to the Korea Mission (Mar. 20th, 1901)

(Omitted)

On the recommendation of the Finance Committee, the following report was adopted by the Board at the same meeting: -

"The Treasurer reported having received a cable from Seoul, announcing the consummation of the sale of the Chong Dong property to the King and asking that an architect be sent out at once.

The Mission having suggested previously the employment of Mr. H. B. Gordon of Toronto, Canada, it had been arranged that Mr. Gordon come to New York to meet the committee and being present, the Committee had full opportunity to judge of his fitness for the work. It may be said that the conference was very satisfactory, and the Committee recommends: -

That Mr. H. B. Gordon of Toronto, Canada, be engaged to go to Korea for one year to superintend the construction of the new buildings at Seoul, including the Severance Hospital, and also any other buildings authorized by the Board in other parts of Korea. That the compensation be fixed ar $3,000 per year and the necessary traveling expenses to Korea and return.

That the Treasurer in conference with the Council, be directed to prepare a paper setting forth the authority conferred on Mr. Gordon and his relation to the Mission in this matter, the same to be submitted to the Finance Committee for the approval or amendment.

And that Mr. Gordon be requested to proceed to Seoul say in one month, if he can conveniently do so, or as soon thereafter as may be possible"

We have been sorry to hear not only of the illness of Dr. Avison from Dr. Field's letter of Jan. 14th and Feb. 6th, informs us is better; but also the sickness of Dr. Johnson at Taiku, in a letter from Mr. Sidebotham of Feb. 8th. We are hoping and praying that ere this he also is convalescent. The absence of cablegrams always gives us a degree of assurance or at least of hope that any missionary reported to be ill, is within the month improved or at least is living. It is always welcomed as a good indication. It is our earnest prayer that God in His mercy would preserve the lives and health of our missionaries while engaged in His service.

(Omitted)

엘렌 스트롱(서울)이 프랭크 F. 엘린우드(미국 북장로교회 해외선교본부 총무)에게 보낸 편지 (1901년 3월 25일)

(중략)

1년 전 한국으로 돌아왔을 때 저는 상당히 좋게 느꼈으며, 약 3개월 동안은 좋았다가 그 이후 전혀 좋지 않게 되었지만 저에게 심각한 문제가 없을 것이라는 희망을 가졌습니다. 두통과 보행 및 시력 등의 저하가 흔하게 나타났기에 에비슨 박사는 다시 회복되기 위해서는 제가 고국으로 가야한다고 말하였습니다.

(중략)

Ellen Strong (Seoul),
Letter to Frank F. Ellinwood (Sec., BFM, PCUSA) (Mar. 25th, 1901)

(Omitted)

When I came back to Korea a year ago I felt quiet well, and was well for about three months after I came here, since then I have not been well at all, but have hoped against hope that nothing serious was the matter with me. Frequent headaches and weakness in walking, seeing etc. have become so common that Dr. Avison has said that I ought to go home where I hope to be well again.

(Omitted)

요약, 한국 (1901년 4월 1일)

(중략)

서울.
1901년 5월 1일~1902년 5월 1일

제I급. 선교지의 선교사

봉 급	금 화
O. R. 에비슨 박사	1,250.00달러

......

아동 수당:

에비슨 박사, 6명	600.00

......

제IV급. 전도

......

다른 조사:

......

O. R. 에비슨 박사	120엔

......

제VI급 병원 및 진료소

조수:

제중원, 남자	300
제중원, 여자	150
빈튼 박사의 조수	60
	510

의약품:

언더우드 부인	100
제중원	1,200

선교지에서 조성	450	750		
			850	

경비:

제중원		1,200		
선교지에서 조성	550	650		
언더우드 부인		50		
			700	
				2060

제VII급 사용 중인 부지

수리:

......

제중원	75

......

제IX급 선교부 및 선교지부 경비

......

문헌 조수:

......

에비슨 박사	120

(중략)

Summary, Korea (Apr. 1st, 1901)

(Omitted)

Seoul.

May 1st, 1901~May 1st, 1902

Class I. Missionaries on the field.

Salaries: Gold

Dr. O. R. Avison $1250.00

......

Children's Allowance:

Dr. O. R. Avison - 6   600.

......

Class IV. Evangelistic

......

Other Helpers:

......

Dr. O. R. Avison   120 Yen

......

Class VI. Hospitals & Dispensaries

Assistants:

Govt. hospital, Male   300

Govt. hospital, Female   150

Dr. Vinton's asst.   60

                                            510

Medicines:

Mrs. Underwood   100

Govt. Hospital   1,200

   Raised on field   450   750

                                                        850
Expenses:

Govt. Hospital   1200
        Raised on field   550   650
Mrs. Underwood   50
                                                        700
                                                                    2060

Class VII. Property in use.

Repairs:

......

Hospital   75

......

Class IX. Mission & Station expenses

......

Literary Assistants:

......

Dr. Avison   120
                        (Omitted)

19010404

새뮤얼 A. 마펫(평양)이 친애하는 동료들께 보낸 편지
(1901년 4월 4일)

접수
1901년 6월 28일
엘린우드 박사

한국 평양,
1901년 4월 4일

친애하는 동료들께,

여러분들께 매각 승인을 요청한 자산은 평양 대동문 안에 위치한 '옛 교회'의 일부인데, 1893년 선교지부를 개척할 때 마펫 씨의 '거처'로 매입한 것입니다. 선교본부의 자금 44엔이 매입에 사용되었습니다. 그것은 그 용도로 사용되어 왔으며, 지금 새 교회 건물을 갖고 있기 때문에 우리는 옛 건물을 팔아 그 대금을 이 도시의 '여자 사역 중심'으로 만드는 데 필요한 시설을 구비하는 데 사용하는 것이 최상이라고 생각하고 있습니다. 그곳에서는 스왈른 부인, 베어드 부인 및 베스트 양이 이 도시의 여자들을 위한 자신들의 사역을 수행할 것입니다.

그 자산은 선교본부가 투자한 액수 혹은 받을 수 있는 더 높은 가격에 팔도록 제안되었습니다.

안녕히 계십시오.
새뮤얼 A. 마펫,
　　위원장

평양 대동문 교회 자산과 관련한 요청

1901년 1월 28일 개최된 평양 지부 회의의 결정
"우리는 대동문 자산의 매각에 대한 선교본부의 승인을 요청하기로 동의하고 결정한다."

찬 성:　　　　　　　　　　　반 대:

......

O. R. 에비슨

......

평양 대동문 자산 매각 대금의 처분과 관련한 요청

1901년 1월 28일 평양 선교지부 회의의 사항
"이 매각 대금을 여자 사업을 위한 사창골 사역 중심이나 그 근처에 세울 사역 중심의 발전을 위해 사용하도록 선교본부에 승인을 요청하기로 동의하고 결정한다."

찬 성:	반 대:
......	노먼 C. 휘트모어
올리버 R. 에비슨	알프레드 M. 샤록스
......	

(중략)

Samuel A. Moffett (Pyeng Yang),
Letter to Frank F. Ellinwood (Sec., BFM, PCUSA) (Apr. 4th, 1901)

Received
JUN 28 1901
Dr. Ellinwood

Pyengyang, Korea,
April 4, 1901

Dear Friends: -

The Property - the sale of which you are requested to approve is part of the "old church" building inside the East Gate, Pyengyang - purchased in 1893 as "quarters" for Mr. Moffett in the opening of the Station. Board money to the amount of yen 44 has been expended on the same. It has served its purpose and now that we have the new church building we think it best to sell the old and apply the proceeds to making what is now the "Center for Woman's Work" in the city an adequate equipment for that work where Mrs. Swallen, Mrs. Baird & Miss Best carry on their work for women in the city.

It is proposed to sell for the amount which the Board has invested in the same or for as much more as can be obtained.

Very Sincerely,
Samuel A. Moffett
  Chairman

Request with regard to East Gate church property, Pyeng Yang

Action of Pyeng Yang station at meeting held Jan. 28th, 1901
"Moved and carried that we ask permission of the Board to sell the East Gate Property"

In favor: Opposed:
Samuel A. Moffett
N. C. Whittemore
Graham Lee
A. M. Sharrocks
Wm. B. Hunt
J. Hunter Wells
W. M. Baird
Margaret Best
Jas. S. Gale
Katherine Wambold
H. G. Underwood
S. F. Moore
O. R. Avison
Eva H. Field

Ellen Strong

Susan A. Doty

C. C. Vinton

Esther L. Shields

Request with regard to disposal of the proceeds of the sale of East Gate Property, Pyeng Yang.

Action of Pyeng Yang Station at meeting held Jan. 28th, 1901

"Moved also and carried that we ask the Board for permission to use the proceeds of this sale for the development of a center at Sa Chang Kol or in that neighborhood for Woman's Work"

In favor:	Opposed:
Samuel A. Moffett	N. C. Whittemore
Graham Lee	A. M. Sharrocks
Wm. B. Hunt	
J. Hunter Wells	
W. M. Baird	
Margaret Best	
Jas. S. Gale	
Katherine Wambold	
H. G. Underwood	
O. R. Avison	
Eva H. Field	
Ellen Strong	
Susan A. Doty	
C. C. Vinton	
Esther Shields	

(Omitted)

19010405

J. 헌터 웰즈(평양)가 프랭크 F. 엘린우드(미국 북장로교회 해외선교본부 총무)에게 보낸 편지 (1901년 4월 5일)

접수
1901년 5월 15일
엘린우드 박사

한국 평양,
1901년 4월 5일

F. F. 엘린우드 박사, 미국 북장로교회 해외선교본부 총무

친애하는 엘린우드 박사님,

　서울 병원에 대한 위원회의 찬성 및 반대 예비 보고서를 받았으며, 저는 의사이자 선교사로서 그것에 대해 약간의 심각한 반론 및 비판적 견해를 갖고 있습니다. 어떤 의미로 뚜렷함이 결여되어 있고, 다른 의미로 과도하게 뚜렷하여 그들은 20,000엔 이상의 경비로 병원 기지, 더 정확히 말하면 기지의 일부를 건축하는데 절대적인 백지 위임장을 원하고 있는데, 이것은 문제의 심각한 국면의 하나입니다.

　박사님께서 아시게 될 것 같이 제출된 유일한 계획은 건물 한 채에 대한 것이며 14,000엔의 경비가 산정되었는데, 그 건물은 미국에서 조차 정성을 들인 것이며 한국에서는 더욱 더 그렇습니다. 분명 20,000엔 이상의 경비가 소요될 기지는 심사숙고해야 합니다. 저는 제출된 계획에 대해 약간의 비판적 견해를 갖고 있습니다. 첫째, 건축물의 외부 및 내부에 관한 것인데, 저는 그것이 한국에 잘 어울리지 않으며, 서울에서 가장 인상적인 건축물의 하나인 가톨릭 성당 다음의 건축물이 될 것이라고 생각합니다. 둘째, 내부 위생 설비에 관한 것입니다. 병동 복도와 다른 방들의 전체적인 계획은 최신 및 최상의 병원 건축 방식에 따른 것이 아닙니다. 남자와 여자 병동의 분리는 미국에서처럼 분명하지 않은데, 성(性)의 차이가 더 뚜렷하고 관습이 더 확실한 한국에서 그래야 하는 것보다 덜 하며, 특별 병동의 수는 병원의 크기에 비해 균형이 맞지 않습니다. 셋째, 크기에 관한 것입니다. 최신의 병원 건축은 작은 건물을 짓는 추세이며, 필요하면 작은 건물을 더 짓는 것입니다. 서울의 병원 (건립) 계획은 대단히 큰 건물을 계획하고 있습니다. 이것은 최신의 병원 건축에 반대가 되는 것입니다. 박사님은 벨뷰 병원이 주로 충분한 도움의 결여와 하나

의 큰 건물 때문에 얼마나 더럽고 어떤 불명예가 갖고 있는지 알고 계십니다. 그것은 정신과를 완전히 분리시켜야 했을 최근에 노출되었습니다.

저는 서울 계획과 관련하여 병원 전문가로서 전에 보스턴 시 병원장, 하버드 대학교 의학부 강사 등을 역임하였던 매사추세츠 주 섬머빌에 있는 맥린 병원의 병원장인 법학박사 에드워드 카울러 박사를 박사님께 알려드립니다. 저는 박사님께서 얻으실 수 있는 어느 병원 도면과도, 특별히 W. B. 웬트포스가 건축한 퀸시 매사추세츠 시립병원의 도면과 비교해 보실 것을 요청 드립니다. '이 병원은 다른 사람들로 따르는 (병원) 건축의 본보기가 되었습니다.' 그것은 완성하는데 16,500달러가 듭니다. 그것은 25개의 병상을 갖고 있으며, 최신으로 개량된 아주 안전한 최신식 병원입니다. 그것은 틀림없이 한국에 중요한 것을 갖추고 15,000엔으로 똑같이 만들 수 있을 것입니다. 퀸시 시립병원의 대체적인 도면은 다음과 같습니다.

만일 박사님께서 병원 건축의 멋진 본보기인 이것과 비교하신 다면 약간의 근본적인 차이를 아시게 될 것입니다.

저는 크건 작건 약 32개의 다른 병원과 병동의 도면을 갖고 있으며, 그것들과 서울의 계획 사이에는 부지(敷地)에서 현저한 차이가 있습니다. 간단히 말해 만일 에비슨 박사를 위해 계획을 만들어 주었던 토론토 건축가는 현대 병원 건축에 대해 거의 혹은 전혀 알지 못하는 것 같습니다.

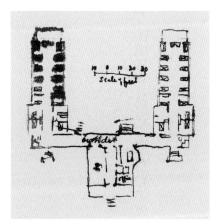

그림 5-31. 퀸시 시립병원의 도면

또 다른 점이 있는데, 그것은 한국인을 위한 병원과 서양인을 위한 병원 사이의 치명적인 차이를 서울 병원의 계획을 세운 사람들이 무시한 것 같습니다. 그들은 침상 등에 차이가 있어야 한다는 것에 동의할지 모르지만, 그럼에도 불구하고 이곳 한국에서 필요한 설비가 더 저렴해야 한다고 생각합니다. 저는 기술적으로 더 상세하게 다루지 않겠지만, 큰 본관 건물과 많은 개인 병실은 현대 병원 건축의 좋은 개념에 반하는 것이며, 진료소나 기타 대단히 필수적인 별채가 없는 것은 현재까지의 제안에 대한 반대와 비평을 강화시켜주는 것 같습니다. 이 편지의 목적은 그들이 완전한 계획을 제안할 수 있을 때까지, 그리고 선교부가 정규 회의에서 이것과 선교부 정책에 영향을 미치는 많은 문제들에 인정할 수 있는 있게 될 때까지 지연을 확보하기 위해서입니다. 저는 독신녀들의 투표가 대수롭지 않다는 것을 과장하고 싶지 않지만, 투표를 할 때 선교학에 훈련을 받지 않았거나 정통하지 않고 항상 열렬한 지지자인, 많은 감정적인 독신녀들을, 선교를 평생의 과업으로 삼고 있는 목회자들과 비교하는 것은 공정하지 않다는 것을 선교본부는 심각하게 고려해야 합니다. 솔직하게 말씀드리면 저는 선교부의 독신녀들이 일반적인 투표권을 가져야 한다는 것을 믿지 않지만, 그들은 업무를 배정 받은 기혼녀들과 함께 여자 사업과 관면한 문제에 투표하는 특전을 가져야 한다고 생각합니다.

제안된 계획에 대한 비평의 참고서적은 9권 및 부록으로 이루어진 *A Reference Handbook of the Medical Science*인데, 병원에 관한 저의 논문은 제가 뉴욕, 뮌헨, 빈, 파리, 런던, 오리건 주 포틀랜드, 즈푸 그리고 상하이의 병원들에 대해 연구하고 방문하였던 자격으로 1890년 출판되었으며, 저는 한국의 여러 지역에서 큰 의료 경험은 아니더라도 선교지의 다른 어떤 의사보다도, 특히 서울과 평양에서 큰 경험을 하였습니다.

선교사로서 저는 그런 병원이 복음을 진전시키는 도구로서 필요하다거나 이미 수행중인 사업을 위한 필요성을 알 수 없습니다. 서울 혹은 다른 지부는 그런 의료 사업의 확장이 필요하지 않습니다. 저는 의업에 대한 열의에 있어 한국이나 아시아에서 누구에게도 2등으로 밀리지 않지만, 한국에서 진전을 위해 긴급하게 필요한 것은 먼저 전도 및 교육 사업 분야이며, 둘째이자 부속된 것이 의료라는 것을 말씀드려야겠습니다. 서울에서 제안한 계획은 병원이 우선이며, 모든 것들을 그 주위에 두고 있는 것 같습니다.

저는 서울의 능률적이고 적절한 기지에 반대하는 것이 아닙니다. 이 편지에서 저의 반대는 일반적인 것보다 전문적인 것입니다. 그와는 반대로 저는 처음부터 10,000달러의 사용을 촉구하였지만, 그것이 전체 설비를 건축하고 장비를 갖추는 것이어야 하며 돈을 남겨야 한다고 생각하고 있습니다.

하지만 저는 더 나아가 5,000달러로 서울의 병원 설비를 짓고 장비를 갖추게 되는 것이 모든 선교 목적에 대한 답을 주고 2명의 의사와 간호원에게 풍부한 일거리를 주게 될 것이라고 믿는다고 말씀드립니다. 그럼에도 불구하고 저는 기관의 모든 것을 갖출 것이라고 생각하여 미화 10,000달러 전체를 사용하는 요청에 동참하였습니다. 선교부, 선교본부 및 교회가 자랑스러워할 5,000달러 병원 건물을 지을 수 있습니다. 만일 서울 지부가 보내는 주장이 옳다면 선교부에서 가장 큰 병원은 이곳 평양에 있어야 합니다. 만일 이곳 평양에 금화 10,000달러로 병원 설비를 갖춘다면 틀림없이 그것은 북한 지방의 전체 사역을 심각하게 손상시킬 것입니다.

문제의 요점은 20,000엔 이상이 드는 병원 기지를 위한 서울의 계획이 선교학의 관점에서 필요한 것보다 훨씬 넘어선다는 것입니다. 외관과 내부 모두 설비가 너무 공을 들인 것이고 너무 많은 개인 병실을 갖고 있습니다.

저는 전체 기지 및 장비를 위해 금화 10,000달러를 사용하는 것에 찬성하고 있지만, 위원회가 우리들에게 준 정보를 고려할 때 그것보다 더 사용하는 것은 한국에 있는 의료 선교사로서, 지금은 제가 필요하거나 현명하다고 신중하게 추천할 수 있는 선을 넘는 것입니다.

안녕히 계십시오.
J. 헌터 웰즈, 의학박사

J. Hunter Wells (Pyeng Yang),
Letter to Frank F. Ellinwood (Sec., BFM, PCUSA) (Apr. 5th, 1901)

Received
MAY 15 1901
Dr. Ellinwood

Pyengyang, Korea,
Apr. 5, 1901

Dr. F. F. Ellinwood, Secy. B. of F. M., P. C. in U. S. A.

Dear Dr. Ellinwood: -

The preliminary majority and minority reports of the Com. on Seoul Hospital have been received and both as a doctor and as a missionary I have some serious objections and criticisms on it. The lack of definiteness in one way, and of too much definiteness in another in that they want absolute *carte blanche* to go ahead and build a plant or rather part of a plant to cost even more than 20,000 yen is one of the serious phases of the question.

The only plan submitted, as you'll note, is for one building and it estimated to cost 14,000 yen, a building which is elaborate even for America and so much more so for Korea. It contemplates a plant which will certainly cost much more than 20,000 yen. I have some serious criticisms on the one plan submitted first on its architecture both external and internal which I think is not well adapted to Korea and which will make it, next to the Roman Catholic Cathedral, one of the most imposing buildings in Seoul. Second on its internal hygienic arrangements. The general plan of wards corridors and other rooms are not in accord with that is latest and best in hospital construction. The separation of the mens and womens wards are not as distinct as they would be in America much less as they ought to be in Korea where the differences in sex are more pronounced and customs more positive and the number of private wards is out of all proportion to the size of the hospital. Third, in its size. Modern hospital construction is all along the line of smaller buildings and more of them if necessary. The Seoul plan is for one large badly planned comparatively big building. This is contrary to modern hospital construction. You know how rotten Bellevue is and what scandals, due largely to lack of enough help and to one big building. When the insane department should have been entirely separate, have lately been exposed.

I refer you with the Seoul plan to such an hospital expert as Mr. Edward Cowler, M. D., Ll. D., Medical Supt., McLean Hosp., Summerville, Mass., formerly Supt. Boston City Hospital, Instructor Harvard Unv. Med. Dept., etc. I ask a comparison with any hospital plans you can get especially with that of the Quincy Mass. City Hospital, architect W. B. Wentforth. "This hospital has become a model of construction that others have followed." It cost $16,500 complete. It has 25 beds and is a gilt edged modern hospital with all recent improvements. It could doubtless be duplicated, with essentials in Korea, for 15,000 yen. The rough plan of Quincy City Hospital is:

If you will compare this, which is a fine model for hospital construction you will note some radical differences.

I have before me some 32 other plans for hospitals and wards, great and small, and throughout the lot a marked difference between them and the Seoul plans is apparent. In short it seems as if the Toronto architect who planned it for Dr. Avison knows very little or nothing of modern hospital construction.

There is another point and that is there are vital differences in a hospital for

Koreans and one for occidentals, which those who plan for Seoul seems to have left out. They may not agree with me that there should be any differences in beds and such things, but nevertheless, I think there should - all of which tend to cheaper the plant necessary here in Korea. I ought not to go into further technical details, but the large central building with its many private wards is contrary to the best ideas of modern hospital construction, and the lack of any plan as a dispensary, and other very essential outbuildings all seem to strengthen our objections and criticisms on that so far proposed. The object of this letter is to keep in securing delay until they can propose a complete plan and until the Mission in regular session, can take cognizance of the larger questions involving this and affecting Mission policy. I would not unduly magnify the unimportance of the single womens votes, but the Board ought seriously to consider that a lot of emotional single women, not trained or versed in the science of missions, and always ardent partizans, are not a fair pairing off when it comes to votes with clerical men who have made missions their life study. I am frank to say that I do not believe the single women of the Mission should have a general vote, but that they, together with the married women who have work assigned should be privileged to vote on questions concerning womens' work.

The bibliography for these criticism on the proposed plan are the Reference Handbook of the Medical Science., 9 vols. and supplement; my own article on Hospitals published in 1890, and qualifications in the fact that I have worked studied and visited in the hospital of New York, Munich, Vienna, Paris, London, Portland, Oregon, Chefoo, & Shanghai, and have had as large if not a larger medical experience in different parts of Korea, especially Seoul and Pyengyang, than any other doctor on the field.

As a missionary I cannot see the needs of such a hospital as a means of promoting the Gospel or its necessity for the work already in hand. Seoul station or any other station does not need such an enlargement of the medical work. I take second place to no one in Korea or in Asia in my enthusiasm in my profession of medicine, but I must say that the urgent need for advance in Korea is along the lines of evangelistic and educational work first with medical secondary and as accessory. The plan proposed in Seoul seems to be hospital first and above all with everything to swing around it.

I am not arguing against a good efficient and proper plant in Seoul. My objection in this letter are technical rather than general. On the contrary I urge as I have from the first the use of the $10,000, but think it ought to erect the entire plant and equip it, and have money left over.

I will however go further now and say that I believe $5,000 will put up and equip a hospital plant in Seoul which will answer every missionary purpose and give plenty of work to the two doctors and the nurse; nevertheless I untie in requesting the use of the entire $10,000 U. S. coin with the distinct understanding that it shall complete the institution in all details. A $5,000 building could be put up a hospital plant which the Mission, the Board and the Church would be proud of. If the arguments Seoul puts forth hold good the largest hospital in the Mission should be here in Pyengyang. It is my opinion that if $10,000 gold was put in a hospital plant here in Pyengyang that it would undoubtedly prove a serious detriment to the whole work in northen Korea.

The gist of the matter is that the Seoul proposition for a hospital plant with more than 20,000 yen goes for beyond the needs from the standpoint of the science of missions, and goes far beyond the needs from the standpoint of medical missionary work. It is too elaborate in its arrangements both external and internal and has too many private wards.

I am in favor of the use of the $10,000 U. S. money for the entire plant & its equipment, but anything more than that, considering the information the Com. gave us, goes beyond what I, as a medical missionary in Korea, can conscientiously recommend, at this time, as necessary or wise.

Yours sincerely,
J. Hunter Wells, M. D.

프랭크 F. 엘린우드(미국 북장로교회 해외선교본부 총무)가 한국 선교부로 보낸 편지 (1901년 4월 6일)

(중략)

보낸 예산과 관련하여, ... 우리는 또한 연못골의 기숙학교, 성경 번역 등 서울 지부와 관계되는 것 같은 어떤 항목들이 서울 지부의 항목이 아니라 선교부의 일반적인 경비 항목에 들어가 있는지 이해하지 못하겠습니다. 서울의 제중원 비용 역시 다른 급(級)의 예산에 비해 비율이 높은 것 같습니다. 서울 지부의 제IX급에는 "문헌 조사"라는 항목이 있습니다. 우리는 이것이 전체가 선교부의 항목에 들어 있는 성경 번역과 어떤 관계가 있는지 이해하지 못하겠습니다.

(중략)

Frank F. Ellinwood (Sec., BFM, PCUSA), Letter to the Korea Mission (Apr. 6th, 1901)

(Omitted)

In regard to the estimates sent, it has seemed to us that the estimates in Class VI. at Fusan are high, and that the item for repairs at the same Station, Class VII. is also large. We do not understand, also why certain items seemingly local at Seoul, as the Boarding School at Yun Mot Kol, Bible translation, etc. are set down as a general charge upon the Mission, instead of being put under Seoul station. The Government Hospital expenses at Seoul, also seemed high in proportion to other classes. In Class IX. of Seoul, there is an item of "literary assistants". We do not quite understand how this stands related to Bible translations which are under the estimates for the Mission as a whole.

(Omitted)

19010406

그레이엄 리(평양)가 프랭크 F. 엘린우드(미국 북장로교회 해외선교본부 총무)에게 보낸 편지 (1901년 4월 6일)

접수
1901년 5월 15일
엘린우드 박사

한국 평양,
1901년 4월 6일

친애하는 엘린우드 박사님,

　우리 지부는 '죄인이 되게 한다.'는 어구를 사용하고 있는데, 우리의 사역을 시작할 때부터, 합의에 이르기 어려운 문제에 접하였을 때마다 그 문제를 당분간 '죄인'으로 되게 하는 것이 우리의 정책이었으며, 여태껏 제대로 된 정신으로 좋은 방안을 기다리면 해법에 도달하지 않은 적이 없었습니다. 그런데 이 병원 문제에 관하여 저는 선교부로서 우리가 좀 더 길게, 적어도 다음 연례회의까지 그 문제를 '죄인'으로 만들어 다시 한 번 논의할 기회를 가짐으로써 대단히 유익하게 할 수 있다고 생각합니다. 우리들 중 일부는 지금까지도 우리가 지난 연례회의에서 우리 선교부의 역사상 대단히 중대한 시기에 도달했다고 생각하고 있으며, 만일 그럴 경우 확실히 잃을 수 있는 것이 없고 서서히 움직임으로 많은 것을 얻을 수 있습니다. 만일 선교본부가 연례회의까지 결정을 늦춘다면 우리에게 그 근거를 검토할 기회를 줄 것이며, 그 문제에 대해 생각할 한 해를 더 갖게 될 것입니다. 저는 서울의 우리 의료 사업을 5년 동안 포기해도 우리 교회의 발달에 아무런 장애가 되지 않을 것이라고 확신하고 있습니다. 사실 만일 어떤 사람이 5년 동안 우리의 의료 사업에 들이고 싶어 하는 원기와 시간을 직접 전도 사업에 들인다면, 틀림없이 교회의 발전에 커다란 수확을 얻을 것입니다. 우리는 서울과 북한에서 의료 사업이 복음을 소개하는데 쐐기로서 필요하였던 시기를 보내었으며, 이것을 인식한 감리교회 선교부는 점차 의료 사업을 포기하고 전도에 모든 노력을 경주하고 있습니다. 우리가 그들이 경험을 통해 축소하는 것이 최상이라고 알게 된 분야를 확장하려는 것을 우리가 좋은 정책으로 생각하는 것이 이상하지 않겠습니까?

　이제 저를 이해해 주십시오. 저는 의료 사업을 없애자고 주장하는 것이 아니라 제가 말씀드리고자 하는 것은 적절한 비율에서 벗어나 확대시킴으로써 우리가 세우기 위해 너무도 힘들게 노력을 해왔던 원칙을 악화시키는 것보다는 의료 사업을 하지 않고 먼 길을 가는 것이 좋다는 것입니다. 우리는 서울 지부나, 에비슨 박사나, 의료 사업에 반대하는 것이 아니라 우리의 사업이 확립된 원칙을 찬성하고 있는 것입니다. 우리는 원칙들을 위해 논쟁하고 있으며, 가진 모든 원기를 다하여 그것들을 악화시키는 양상을 보이는 어떠한 의도와도 싸우고 있습니다. 제가 위에 말씀드린 것 같이 선교본부가 그 문제를 철저하게 검토할 시간을 우리에게 더 주십시오.

안녕히 계십시오.
그레이엄 리

Graham Lee (Pyeng Yang),
Letter to Frank F. Ellinwood (Sec., BFM, PCUSA) (Apr. 6th, 1901)

Received
MAY 15 1901
Dr. Ellinwood

Pyeng Yang, Korea,
April 6, 1901

Dear Dr. Ellinwood: -

We have an expression in our Station "let it sinner", and from the very inception of our work, it has been our policy whenever we came to a question upon which we found it difficult to reach an agreement, to let the matter "sinner" as it were, for the time being and never yet have no failed to reach a solution when we were willing in the proper spirit to wait for light. Now it seems to me that as a Mission in regard to this hospital question we can very profitably let the matter "sinner" a while longer, at least give another Annual Meeting a chance to thrash it over once more. Some of us feel, even now that we did at the last Annual Meeting that we have reached a very critical time in the history of our Mission, and if that is the case then certainly nothing can be lost, and much may be gained by moving slowly. If the Board will defer action until the Annual Meeting, it will give us an opportunity to go over the ground and more having had another year to think the matter over. I feel sure that if our medical work in Seoul were given up altogether for five years, it would not hinder the development of the church our iota: in fact if the strength and time that some wish to put into our medical work were for the next five years put directly into the evangelistic, it would be without a doubt a great gain in the development of the church. We have passed the time in Seoul and north Korea, when medical work is needed as an entering wedge for the Gospel and the Methodist Mission realizing this are gradually giving up their medical work, and putting all their efforts upon the evangelistic. Will it not be strange if we consider it good policy to expand largely a department of our work which they have found from experience it best to retrench?

Now please understand me. I'm not arguing for the abolition of medical work, but what I do say is that we had better a long way, have no medical work than magnify the medical work out of all due proportion, with the direct result I am sure of undermining the principles we have driven so hard these years to establish. We are not against Seoul Station, we are not against Dr. Avison, we are not against medical work, but we are in favor of the principles upon which our work has been established and we are going to contend for these principles and fight with all the strength that is in us any tendency that has even the appearance of undermining them. As I said above let the Board give us more time to thrash the matter out.

Sincerely yours,
Graham Lee

19010406

새뮤얼 A. 마펫(평양)이 프랭크 F. 엘린우드(미국 북장로교회 해외선교본부 총무)에게 보낸 편지 (1901년 4월 6일)

접수
1901년 5월 15일
엘린우드 박사

한국 평양,
1901년 4월 6일

친애하는 엘린우드 박사님,

저는 방금 서울에서 돌아왔는데, 그곳에서 병원 문제에 대하여 저와 다른 입장을 강하게 고수하는 위원회의 다른 위원 4명에 대항하여 저의 확신을 열심히 견지하는 대단히 불쾌한 의무를 수행하였습니다. 저는 선교부 건축 위원회의 소수를 대표하였지만 다수를 대표한다고 믿으며, 위원회의 결정을 설명하기 위하여 편지를 쓰고 있습니다.

저는 에비슨 박사가 제출한 본관과 두 개의 격리된 병동을 위한 예비 계획에 찬성투표를 하였지만, 그렇게 하면서 그것들이 단지 예비 계획으로만 간주될 것이며, 에비슨 박사와 필드 박사가 식당, 세탁실, 조수실, 수위실, 벽, 그리고 완전한 기지의 부분을 이루어야 하는 다른 모든 시설을 포함하는 더 명확하고 구체화된 계획을 준비하여 최종 계획으로서 경비의 정확한 예산과 함께 위원회에 제출하였을 때, 저는 그것에 대해 투표할 권리를 갖고 있음을 분명하게 언급하였습니다. 또한 저는 의사와 간호원들의 사택을 제외하고, 완전한 병원 기지를 설립하고 설비를 갖추는데 10,000달러 전체를 사용하도록 선교본부가 허락해 줄 것을 요청하는 안에 대단히 걱정스럽게 (만일 그렇게 기록되어 있다면) 찬성하였습니다.

저는 위원회의 다른 위원들(애덤스 목사는 참석하지 않았습니다)이 이 금액이 서울의 병원 기지에 그들이 원하는 것을 마련하는데 충분하지 않다고 생각하는 것을 알고 놀랐으며, 그것이 더 많은 돈과 더 많은 의료진을 압박하는 결의라는 것을 알고 더욱 유감스러웠습니다.

저는 현재의 의료진에 의해 운영될 수 있는 적절한 규모의 최상급 병원을 확보하기 위하여 10,000달러가 필요하다면, 기꺼이 그 액수가 사용되는 것을 보고 싶지만, 현시점에서 저는 박사님께서 이 문제에 대하여 제가 지난 가을에 보낸 편지를 다시 읽어주시기를 부탁드리고 싶습니다.

빈튼 박사가 편지 사본 한 통을 가지고 왔고, 저는 이 주제에 관한 저의 깊은 확신의 표현으로서 이것을 위원회 앞에서 읽는 기회를 가지게 되어 기뻤습니다. 위원회는 저의 편지에 표현된 견해에 강한 이의를 제기하였지만, 저는 그 편지의 모든 낱말이 신중히 기도하며 형성된 신념이라는 것을 다시 강조하고 싶으며, 우리 지부에서 낭독한 후에 모든 사람들의 배서를 받았습니다. (참석하지 않았던 샤록스 박사는 일부 견해에 이견을 가지고 있는 것 같습니다). (편지 사본을 보십시오)

에비슨 박사는 병원에 사용할 금액으로 금화 10,000달러에 만족하고 있지 않으며, 다른 의사 한 명과 다른 간호원 한 명을 확보하기를 충분히 기대하고 있다고 언급합니다.

저는 10,000달러로 그가 이루기를 원하는 것을 할 수 있다고 믿지 않으며, 구체적이고 완전하게 혹은 사업적인 방식으로 계획이 위원회나 선교부에 제출되지 않았기 때문에 얼마나 많은 금액이 필요하게 될지 아무도 모릅니다. 또한 예비 계획으로 승인된 것을 건축하는데 필요한 금액에 대한 적절한 예산도 갖고 있지 않습니다. 위원회에 제출된 계획은 너무 엉성하고 분명하지 않기 때문에 저는 위원회에서 그것을 최종 계획으로 투표할 수 없다고 언급하였습니다.

저는 한국의 감리교회 사람들이 상황을 제대로 파악하고 있다는 사실에 주의를 환기시키고 싶습니다. 그들은 서울에서 남자를 위한 모든 의료 사업을 포기하였고, 릴리언 해리스 박사에게 그녀의 시간 대부분을 의료 사업보다 전도 사업에 할애하도록 요청하고 있으며, 평양의 폴웰 박사에게 전도 사업에 헌신할 것을 부탁하고 있어 그들은 서울과 인근에서 전도 방면에 열을 올리고 있습니다.

저는 의료 사업을 갖는 것을 강하게 믿고 있고, 현 의료진에 과도한 짐을 지우지 않을 정도로 적당한 규모의 최고 병원이 서울에 있는 것을 간절하게 옹호하지만, 현재 만들어 제안되는 대규모 계획을 실행하는 것보다 차라리 모든 의료 사업을 포기하는 것을 보고 싶습니다.

우리는 평양의 사역과 관련하여 동일한 입장을 취하고 있습니다. 우리는 원기와 시간의 대부분을 이곳의 전도와 교육 사업에 집중하고 있으며, 최상의 결과를 얻었습니다. 감리교회 사람들도 서울에서 동일하게 하고 있으며, 추수를 하고 있습니다. 왜 우리 선교부의 서울 지부나 다른 지부들이 동일하게 하지 않습니까? 의료 사역은 선교의 주된 목적이 아닙니다. 문제는 가장 중요한 기초적인 원리와 정책에 관한 것 중의 하나입니다.

만일 선교본부가 돈을 주면, 선교부의 결정에 따라 위원회는 병원을 추진할 수 있습니다. 저는 전체 병원 기지와 설비(사택은 제외)를 위하여 10,000달러의 사용을 기꺼이 요청하고 있지만, 선교부가 다음 연례회의에서 그 문제를 고려하는 것을 보고, 선교부가 승인한 계획에 대한 지출을 관리하고 싶습니다.

우리는 한국에서 우리 사역의 역사에 있어 결정적인 단계에 있으며, 저는 우리가 중대한 위험에 처해 있다고 믿고 있습니다. 우리는 브라운 박사님이 방문과 우리 회의의 참석을 간절하게 기대하고 있습니다.

박사님께 안부를 전하며, 이 중요한 문제들에 대한 결정에 주님의 인도하심을 기도드립니다.

안녕히 계십시오.
새뮤얼 A. 마펫

Samuel A. Moffett (Pyeng Yang), Letter to Frank F. Ellinwood (Sec., BFM, PCUSA) (Apr. 6th, 1901)

Received
MAY 15 1901
Dr. Ellinwood

Pyengyang, Korea,
April 6, 1901

Dear Dr. Ellinwood: -

I have just returned from Seoul where I had the very unpleasant duty to perform of standing strenuously for my convictions on the Hospital question against four other members of the Committee who are strongly on the other side. I write to explain the action of the Mission Building Committee, as I represented the minority of the Com. but as I believe the majority of the Mission.

I voted to approve as a preliminary plan the plans for the main building and the two isolated wards which were presented by Dr. Avison, but in doing so stated clearly that they were to be considered only preliminary plans and that I reserved the right to vote against them when the more definite & full plans including the whole plant, kitchens, laundry, assistants quarters, gate quarters, wall and all else that must constitute a part of the complete plant, is prepared by Drs. Avison & Field and presented to the Committee as a final plan with accurate estimates on the cost of the same. I also gave my vote with very great misgivings, (and had it so recorded) in favor of asking the Board to allow the use of the whole $10,000 in establishing & equipping the complete Hospital Plant exclusive of the residence for the physicians & nurse.

I am surprised to find that the rest of the Com. (Mr. Adams was not present) think this sum is not sufficient to provide what they want in the way of a hospital plant in Seoul and I am more than sorry to find that it is the determination to press for more money & for a larger medical force.

I am perfectly willing to see the $10,000 so used if that amount is necessary in order to secure a first class moderate-sized hospital which can be managed by the present medical force, but I want at this point to ask you to re-read my letter on this question sent to you last fall.

Dr. Vinton brought a copy of the letter with him and I was glad to have the opportunity of reading it to the Com. as expressing my deep convictions on the subject. The Com. took strong exception to the opinions expressed in my letter but I wish to again emphasize every word of it as my deliberately, prayerfully formed convictions, which read in our station here has received the endorsement of all. (Dr. Sharrocks who was not present would possibly dissent from some of the views.) (see copy of the letter).

Dr. Avison states that he is not satisfied with the $10,000 U. S. Gold as the amount to be expended on the Hospital and that he fully expects to secure another physician and another nurse.

I do not believe that $10,000 will do what he wants done and no one knows how much will be required, for as yet the plans have not been definitely or fully or in a business-like way brought before the Committee or the Mission, nor have we any adequate estimate as to the amount required to build what has been approved as a preliminary plan. Because the plans placed before the Committee were so crude and indefinite, I stated in the Com. that I could not vote for them as final plans.

I want to call attention to the fact that the Methodists in Korea have grasped the situation. They have given up all their medical work for men in Seoul, are asking Dr. Lilian Harris to give most of her time to evangelistic rather than medical work and are asking Dr. Folwell in Pyengyang to devote himself to evangelistic work and that in Seoul and vicinity they are forging ahead along evangelistic lines.

Strongly as I believe in having medical work and earnestly as I advocate a first class moderate sized hospital in Seoul that will not overtax the energies of the present medical force, I would rather see us abandon medical work altogether than to carry out the large plans now made and proposed.

We take the same position with reference to our work in Pyengyang. We are concentrating most of our energy and time upon evangelistic and educational work here and have the very best results. The Methodists are doing the same in Seoul and are reaping a harvest. Why should not the Seoul station of the mission & other stations do the same? Medical work is not the prime object of missions. The question is one of underlying principles and policy of the very greatest importance.

Under the action of the Mission, the Com. can go ahead with the hospital if the Board gives the money. While I am willing to ask for the use of the $10,000 for the entire Hospital plant & equipment (exclusive of residences) I should like to see the Mission consider the question at its next Annual Meeting and direct the expenditure of it upon plans approved by the Mission.

We are at a critical stage in the history of our work in Korea and I believe we are in the gravest danger. We eagerly anticipate Dr. Brown's visit and his participation in our conferences.

With kindest regards and with prayer for guidance in the decision of these important questions.

Very Sincerely,
Samuel A. Moffett

윌리엄 B. 헌트(평양)가 프랭크 F. 엘린우드(미국 북장로교회 해외선교본부 총무)에게 보낸 편지 (1901년 4월 7일)

(중략)

3. 저는 이전의 제이콥슨 간호원이 가졌으며, 쉴즈 양이 가지고 있다고 말하는 상식이 풍부한 그런 훌륭한 정신을 가진 사람들을 지치게 하고 허물어뜨리는 기관[병원]과 관련하여 무엇인가 잘못되어 있음이 틀림없는 것 같다고 생각합니다. 저는 비전문가에 불과하지만 그것이 있다고 생각합니다. 서울 병원의 업무는 철저하게 관리할 수 있는 것 보다 항상 더 많았습니다. 현재의 병원에서조차 에비슨 박사는 보조 의사를 원하고 있습니다. 서울의 외국인 사회에 대한 진료는 한 사람이 수행하기에 충분히 많음에 틀림없습니다. 에비슨 박사는 주로 과로에 의해 초래된 질병에서 이제 막 회복되었습니다. 과로는 좋습니다. 오히려 모든 사람이 녹슬기보다 닳아 없어져야 하는 좋은 일입니다. 부산의 어빈 박사는 엄청난 사역자이며, 제가 알기에 어느 의사보다도 더 많을 일을 할 수 있고 더 잘 할 수 있습니다. 그러나 어빈 박사는 3,000달러의 설비를 사용하여 밤낮으로 그의 엄청난 사역 능력을 발휘하고 있습니다. 어떤 사람은 설비에 많은 돈을 들이면 의사를 좀 더 편하게 할 것이라고 말하였습니다. 그것은 사실이지만 동시에 선교 사업에서 대단히 중요한 문제인 각 환자의 마음에서 개인적인 요소를 제거할 수 있다는 점입니다. 그러나 저는 의사의 업무가 기구 및 설비의 증가로 경감된다는 것은 사실이 아니라고 생각합니다. 의사들이 철저하게 일을 하면 (업무가) 늘어난다고 저는 생각합니다. 이것은 논리적입니다. 이것은 상식입니다. 설비가 단순할수록 사업은 쉽습니다. 설비가 복잡할수록 부담이 힘들고 크며, 만일 의사가 기지 전체를 사용하려 시도한다면 어떤 부분은 이전처럼 편리하게 사용될 수 없기에 전체적으로 의사의 전체 사업은 작은 기지에서와 같이 훌륭하게 될 수 없습니다. 따라서 서울의 설비가 잘 된 큰 병원을 위한 주된 주장, 즉 그런 병원만 의사가 최고의 일을 하게 할 수 있다는 것은 배제됩니다. 큰 병원에서 그는 더 많은 일을 할 수 있을지 모르지만 훌륭한 일을 할 수 없으며, 그 자신 대신에 설비가 일을 하고 있기 때문에 그는 선교사로서 _____를 갖고 있습니다. 말씀은 육신이 되어야 합니다.

이것은 사역자의 증가가 없다면 합리적입니다. 저는 훌륭한 권위자로부터 에비슨 박사가 계획하고 있는 병원은 미국에서 1명의 책임자와 2명의 보조 의사, 약 12명의 방문 의사, 일군의 훈련된 간호원이 필요하다고 들었습니다. 설비는 약 31개의 침상이지만, 의사들은 붐비지 않고 그 수의 배인 80명을 입원시킬 수 있다고 추정합니다.

에비슨 박사는 위원회에서 제안된 설비는 추가의 의료인이 없이 운영될 수 있으며, 자신은 조금도 그렇게 하는 것을 예상하고 있지 않다고 이야기하였지만 즉시 더 많은 도움을 요청할 것으로 예상하고 있습니다. 그는 설비가 현재의 의료진이 운영하기에 너무 크다는 것에 근거하지 않고 말하고 있습니다. 그래서 저는 업무가 현재의 인력으로 수행하기에 너무 많다는 것이 근거가 될 것이라고 생각합니다.

저는 한국의 의료 인력을 증가시키지 말아야 할 이유가 적어도 두 가지가 있다고 생각합니다.

1. 의료 선교는 복음의 전도에 절대적으로 필요한 것이 아닙니다. 선교지의 오래된 선교부의 하나인 감리교회는 그것이 필요하지 않다는 이유로 의료 기지의 문을 닫고 있으며, 한국에서 감리교회 선교부와 우리 선교부 사이에 차이가 있다면 그것은 감리교회가 우리보다 더 자선적인 노력에 의존한다는 점입니다. 빈튼 박사는 의료 선교가 필요하지 않다고 반복해서 확언하였습니다. 오웬 부인(화이팅 박사)은 의사이지만 의료 사업을 대단히 단호하게 두 번째 순위에 두었습니다. 우리는 필요불가결한 분야에 더 많은 사람들을 간청하고 있습니다. 저는 교회가 절대적으로 필요한 사역을 할 수 있게 될 때까지 교회의 생명과 성장에 절대적으로 필요하지 않은 것을 시도하지 말아야 한다고 생각합니다.

2. 의료인은 적절한 격려 아래 훌륭하게 선교부의 자립을 지지할 수 있으며 그렇게 하고 있지만, 모든 힘, 영혼과 마음을 다해 교회를 사랑함에도 불구하고 그것에 관심을 두지 않았습니다. 만일 그들이 그들의 마음을 교회를 돌보는데 둔다면 그들은 틀림없이 원칙을 더 지킬 것입니다. 그러나 그들은 그렇게 하지 않고 있습니다. 그들은 대부분 목회자들이 자신들의 정책을 마련하도록 하기에 바쁩니다. 교회에 별 관심이 없는 사람들의 수중에 선교부 정책의 결정을 맡기는 것은 자신의 출생 권(權)을 파는 것과 같습니다.

병원 문제에 대해 선교본부가 지난 가을에 취하였던 입장은 옳습니다.

1. 준비될 설비는 현재의 인력에 충분할 것이기 때문입니다. 만일 그들이 최고의 일류 진료를 시도한다면 다른 업무들은 그것들과 우리들을 망신시키

고, 온전하신 그리스도의 이름을 더럽힐 것입니다.

2. 선교본부의 결정에 의한 인력의 증가는 이 병원에 대한 연간 지출의 증가를 일으킬 것이기 때문입니다.

3. 지출의 증가와, 어떤 방식이건 병원 설비에 대한 증가는 어떻게 든 전도 사업에 주어질 힘을 빼앗아 갈 것이기 때문입니다. 그것은 이번 겨울처럼 목회자의 많은 힘을 빼앗을 것입니다. 그것은 우리가 할 수 있는 모든 일에도 불구하고 사람들에게 평범한 복음을 전하는 것이 될 것입니다.

4. 현재까지 사람들에게 복음을 단순하게 유지하되 서구식 문명과 돈의 힘이나 능력으로 ＿＿하지 않는 것에서 선교본부의 정책이 선교부의 정책이었기 때문입니다. '이는 힘으로 되지 아니하며 능력으로 되지 아니하고 오직 나의 영으로 되느니라.'[110]가 우리들의 표어이었으며, 적어도 최근 10년간 선교본부의 표어이었습니다.

5. 증가는 선교부가 강하게 유지하고 있는 정책인 선교본부의 정책 뿐 아니라, 현재 선교부의 대단히 존경스러운 소수파에게도 반(反)하는 것이기 때문입니다.

6. 공평함, 모든 상식에 입각하여, 그들 모두가 서울 병원을 위해 무시하였더라도 위에 언급한 이유들을 무시할 수 없다는 것을 제외하고, 만일 서울의 병원이 확장된다면 다른 지부의 병원들도 따라서 확장될 것이고 그렇게 되어야 합니다.

7. 이 막대한 증가는 우리들 중에 사악함, 바알을 위한 제단 혹은 바벨탑을 세우는 것에 해당하며, '예수 그리스도와 그의 십자가에 못 박히심'을 설교하는데 문제와 장애를 일으킬 것입니다.

(중략)

---

110) 스가랴 4:6.

William B. Hunt (Pyeng Yang),
Letter to Frank F. Ellinwood (Sec., BFM, PCUSA) (Apr. 7th, 1901)

(Omitted)

3. It seems to me that there must be something wrong with the institution which wears out and breaks down people of such good spirit, abounding in common sense as the former nurse Miss Jacobson is said to have had and as Miss Shields entirely has. And I for ___, though I am only a lay men, think there is. The work in Seoul Hospital has always been greater than the ____ alloted to it could with thoroughness take care of. Even in the present hospital Dr. Avison wants an assisting physician. The practice among the foreign population in Seoul must ____ be almost heavy enough for one man. Dr. Avison has just pulled through a sickness caused largely by over work. Over work is all right, rather a good deal that any man should wear out rather than rust out. Dr. Irvin of Fusan is a tremendous worker and can do more (and do it well) than any doctor I know. But Dr. Irvin is kept driving his mighty working capacity early and late to make use of a little $3,000 plant. Some one has said that more money in a plant would make it easier for the doctor. That is true may be but at the same time it would eliminate in each patients mind the personal element, a very important matter in missionary work. But I think it is not true that the physician's labors are lessened by increase of apparatus and equipment. I think that they are increased if the physician continues to do thorough work. Every dollar invested in working apparatus increases care. This is logical. This is common sense. The simpler the plant the easier the work. The more complex the plant the harder and greater on the burdens, and if the physician attempts to use all his plant some part cannot be used to as good advantage as formerly so that as a whole the physician's work cannot be as good as it was in the smaller plant. Consequently the foremost argument for a large well equipped hospital plant in Seoul is cut out, i. e. that only in such a hospital can a doctor do tip top first class work. In a large plant he may do more work but he cannot do as good work and he has ____ himself as a missionary because his plant is doing the work instead of himself. The word

should be made flesh.

This reasonable unless there is an increase of workers. I have it on good medical authority that a hospital similar to this one Dr. Avison contemplates, in America, would require our superintending and two assistant superintending physicians, about a dozen visiting physicians and a corps of trained nurses. The plant _____ but about 31 beds but it is estimated by doctors that it can be used for and accommodate without over crowding fully double that number, about 80.

Dr. Avison has told the committee that while the proposed plant can be run without extra medical help he doesn't expect to do so in the least but expects immediately to ask for more help. He says not on the ground that the plant is too large for the present force to use. I presume then that it will be on the ground that the work is too much for the present force to do.

I think that there are at least two reasons for not increasing the medical force in Korea.

1. Medical missions are not absolutely necessary to the preaching of the Gospel. The Methodist Church, one of the oldest missions on the field, is shutting up its medical plant on the ground that it's not necessary and if there is any difference between the Methodist Mission and ours in Korea it is that the former depend more upon its philanthropic efforts than our mission. Dr. Vinton has repeatedly affirmed that Medical Missions are not necessary. Mrs. Owen (nee Dr. Whiting) gave the medical work a very decidedly secondary place though a doctor. We are crying for more men along other lines that are *in qua non* lines. It seems to me that until the church is able to do the absolutely necessary work it should not attempt that which is not absolutely necessary to the life and growth of the church.

2. Medical men, though they can and do under proper encouragement splendidly support the self-support idea of missions, nonetheless have not the care of the church, though they love it with all their strength, soul and mind. If they had upon their minds and hearts the care of the church I have no doubt but that they would stand more for principles. But they don't. They have on the clerical man to make their policy in the main. To leave them, the decision of a mission policy in the hands of a large force of men who have not the care of the church upon them is like selling one's birth right.

The Board's position on the Hospital matter taken last Fall is right.

1. Because the plant to be provided will be enough for the present force of workers, if they attempt to do tip top first class work, any other work would disgrace them and us as well and dishonors the Christ who is perfect.

2. Because an increase (from the Board's decision) entails an increase in yearly expenditure for this our hospital.

3. Because an increase in expenditure and an increase in the Hospital plant in any way takes energy which would otherwise be given to evangelistic work. It will take as it is doing this winter much of the energy of the clergyman. It will become that which we preach rather than the plain Gospel to the people in spite of all we can do.

4. Because up to the present time the Board's policy has been the policy of the Mission to keep before the people the Gospel in simplicity and not balstend up by the might and power of Western ideas of civilization and money "not by might nor by power but by my Spirit saithe the Lord" has been our motto and that of the Board during the last decade at any rate.

5. Because the increase would not only be contrary to the Board's policy, the hither to strongly held policy of the Mission but also to a very respectable minority of the Mission at the present time.

6. Because in the spirit of fairness, in the spirit of all common sense it follows that if the hospital in Seoul is enlarged that the Hospitals in the other Station will be enlarged, ought to be enlarged except that the afore mentioned reasons cannot be set aside even though they all set aside for the Seoul Hospital.

7. This enormous increase would be equivalent to setting up in our midst the m_____ of unrighteousness, a sacrificial altar to Baal or a tower of Babel, ___ the cause of trouble and hindrance to the preaching of "Jesus Christ and Him crucified."

(Omitted)

한국 세브란스 병원. 미국 북장로교회 해외선교본부 실행이사회 회의록
(1901년 4월 15일)

한국 세브란스 병원

세브란스 병원, 서울. 서울 지부 회원들이 엘린우드 박사에게 보낸 편지[111]가 위원회에 제출되었다. 이 편지에는 제대로 설비를 갖춘 병원이 필요함이 제시되었으며, 세브란스 씨가 기부한 전체 기금의 실제적인 지출을 위한 계획이 구체화되어 있었다. 위원회는 선교본부가 취한 결정과 1901년 3월 28일자로 선교부 총무에게 보낸 편지[112]에 포함된 내용이 그 문제를 충분하게 다루고 있으며, 그것이 서울 지부에 만족스러운 결과를 가져다 줄 것으로 간주하였다. 위원회는 고든 씨로 하여금 한국으로 떠나는 것에 대해 세브란스 씨와 논의하도록 요청하였다.

Severance Hospital, Korea.
Minutes [of Executive Committee, PCUSA], 1837~1919
(Apr. 15th, 1901)

Severance Hospital, Korea.

Severance Hospital, Seoul. A communication addressed to Dr. Ellinwood, from members of the Seoul Station was placed before the Committee. In this communication the need of a fully equipped hospital was set forth, and embodied plans for the expenditure of practically the entire fund provided by Mr. Severance. The Committee deems that the action taken by the Board and embodied in the

---

111) 이 편지에는 날짜가 표시되어 있지 않다. Seoul Station, Letter to Frank F. Ellinwood (Sec., BFM, PCUSA) (ca. Mar., 1901).

112) 3월 20일자 편지를 잘못 적은 것으로 판단된다. Frank F. Ellinwood (Sec., BFM, PCUSA), Letter to the Korea Mission (Mar. 20th, 1901).

letter addressed to the Secretary of the Mission, dated March 28th, 1901, covers the matter sufficiently, and will lead to results satisfactory to the Seoul Station. The Committee has requested Mr. Gordon to confer with Mr. Severance upon leaving for Korea.

회의록, 한국 선교부 서울 지부(미국 북장로교회) 1891~1921
(1901년 4월 15일)

(중략)

이제 브라운 박사 부부를 평양까지 안내하도록 위원회에 임명된 언더우드 박사 및 밀러 씨 문제가 다루어졌으며, 언더우드 박사는 에비슨 박사와 샤프 씨가 대신 맡도록 하자고 동의하였다. 동의는 통과되었다.

동의에 의해 에비슨 박사의 부재 중에 빈튼 박사가 병원의 업무를 맡도록 임명되었다.

(중략)

다음과 같은 위원회가 임명되었다.

......

　　제중원과 관련된 특별 위원회　　　- 언더우드 박사, 게일 씨, 빈튼 박사

......

(중략)

이제 보고서가 낭독되었다. 쉴즈 양이 작성한 보고서에는 병원에서의 업무에 관한 요청이 들어 있었는데, 에비슨 박사, 빈튼 박사 및 게일 박사로 구성된 위원회에 회부되었다.

언더우드 박사는 자신의 부재 중에 에비슨 박사가 자신의 지역에서 업무를 책임 맡아 줄 것과, 샤프 씨가 그를 도와 업무를 수행해 줄 것을 요청하였다. 요청은 승인되었다.

(중략)

이제 다음의 청구가 승인되었다.
　　에비슨 박사　　　998.07달러

(중략)

(Omitted)

The matter of Dr. Underwood and Mr. Miller's having been appointed as a committee to see Dr. and Mrs. Brown to Pyeng Yang was now taken up and Dr. Underwood moved that Dr. Avison and Mr. Sharp take ___ place. This was carried.

On motion Dr. Vinton was appointed to take Dr. Avison place at the Hospital during his absence.

(Omitted)

The following Committees were now appoint.

......

Special Committee with regard to Hospital Government - Dr. Underwood, Mr. Gale and Dr. Vinton

......

(Omitted)

Reports were now read. In that of Miss Shields there was a request concerning work in the hospital that was referred to a Committee consisting of Dr. Avison, Dr. Vinton and Dr. Gale.

Dr. Underwood asked that Dr. Avison be given charge of his work in his district during his absence and that Mr. Sharp be associated with him in the carrying of ____. The request was granted.

(Omitted)

The following orders were now approved.

Dr. Avison $ 998.07

(Omitted)

프랭크 F. 엘린우드(미국 북장로교회 해외선교본부 총무)가 한국 선교부로 보낸 편지 (1901년 4월 17일)

1901년 4월 17일

한국 선교부 귀중

친애하는 형제들,

두 세 항목에 대한 지난 15일 선교본부 회의의 결정은 다음과 같습니다.

1. 재정 위원회는 서울 병원과 관련하여 다음 회의록의 내용을 권고하였으며 채택되었습니다.

"서울 지부 회원들이 엘린우드 박사에게 보낸 편지가 위원회에 제출되었다. 이 편지에는 제대로 설비를 갖춘 병원이 필요함이 제시되었으며, 세브란스 씨가 기부한 전체 기금의 실제적인 지출을 위한 계획이 구체화되어 있다.
위원회는 선교본부의 결정과 1901년 3월 28일자로 선교부 총무에게 보낸 편지에 포함된 내용이 그 문제를 충분하게 다루고 있으며, 그것이 서울 지부에 만족스러운 결과를 가져다 줄 것으로 간주하였다.
위원회는 고든 씨로 하여금 한국으로 떠나는 것에 대해 세브란스 씨와 논의하도록 요청하였다."

나는 이것과 관련하여 3월 4일[113) 에비슨 박사에게 사본을 보낸 바 있는 세브란스 씨에게 보낸 1901년 1월 25일자 편지와 부합한다고 말할 수 있습니다. 편지는 다음과 같습니다.

"우리 모두는 귀하의 기부를 서울의 병원 건립에 사용하는 것에 찬성하고 있으며, 나는 이것이 이해되었다고 생각하였습니다. 그 돈을 두 곳, 즉 하나는 서울에, 또 하나는 대구에 사용한다는 계획은 오래 전에 폐기되었습니다. 유일한 문제는 귀하의 고귀한 기부금을 건물(병원) 한 채의 건축에 사용하느냐 혹은

---

113) '3월 6일'을 '3월 4일'로 잘못 적었다. Frank F. Ellinwood (Sec., BFM, PCUSA), Letter to Oliver R. Avison (Seoul) (Mar. 6th, 1901).

각각 1,000달러가 드는 두 채의 사택을 포함한 기지의 건축에 사용하느냐, 즉 6,000달러는 병원에, 2,000달러씩을 두 채의 사택에 사용하느냐 하는 것입니다. 나는 귀하께 선교본부의 결정(이것에 대해서 사본을 보냅니다.)을 보내드렸지만, 우리는 선교본부가 이 문제에 대해 귀하의 바람에 전적으로 따르는데 있어 많은 수의 우리 선교사들의 바람에 따라 비용이 많이 드는 것이나 과시적인 것을 피하고자 한다는 것이 이해되기를 바라고 있습니다. 이것은 귀하의 기부이며, 귀하의 바람이 수행되어야 하고 그렇게 될 것입니다.

이 문제에 대해 귀하와 나눈 대화에서 나는 귀하가 선교본부의 판단에 따르고 싶어 한다는 인상을 받았지만, 이것은 귀하의 계획이며 선교본부는 귀하가 어떤 형태를 원하든지 대단히 감사해 할 것입니다.

우리는 선교부에 이 문제를 진행하라고 전보를 보냈습니다. 나는 이 문제의 지연이 선교부의 무관심 혹은 활동 부족 때문이 아니라 단순히 한국에서 부동산 문제의 검토 과정이 느리기 때문이란 것을 말씀드립니다. 종종 부지를 확보하는데 오랜 시간이 소요됩니다. 우리는 예 부지의 일부를 황제에게 매각하였거나 하려하고 있습니다. 그 문제는 여러 달 동안 끌어왔습니다. 우리는 토지 문서를 확보하는 대로 조속히 진행할 것입니다."

세브란스 씨의 바람이 무엇이었는지, 특히 기부가 자신의 아들을 기념하기 위한 것이라는 것을 알게 되자마자 모든 문제는 해소되었는데, 우리는 기부자가 선택할 수 있는 권리 및 특전을 갖고 있다는 것을 알고 있기 때문입니다. 하지만 세브란스 씨와의 대화에서 우리는 그의 주된 바람이 선교본부의 판단에 의해 인도될 것이라고 생각하게 되었습니다. 하지만 그의 기부액 전체를 선교본부가 받았고, 조만간 한국으로 파송될 고든 씨의 감독 하에 건축을 추진할 것입니다.

(중략)

Frank F. Ellinwood (Sec., BFM, PCUSA), Letter to the Korea Mission (Apr. 17th, 1901)

April 17th, 1901

To the Korea Mission.

Dear Brethren:

Action was taken at the Board meeting on the 15th inst. with reference to two or three items, as follows: -

1. The following Minute was recommended by the Finance Committee and adopted in regard to the Seoul Hospital: -

"A communication addressed to Dr. Ellinwood, from the members of the Seoul Station, was placed before the Committee. In this communication the need for a fully equipped Hospital was set forth, and embodied plans for the expenditure of practically the entire fund provided by Mr. Severance.

The Committee deems that the action taken by the Board and embodied in the letter addressed to the Secretary of the Mission, dated March 28th. 1901, covers the matter sufficiently and will lead to results satisfactory to the Seoul Station.

The Committee has requested Mr. Gordon to confer with Mr. Severance before leaving for Korea."

I may say in regard to this that it is in accordance with a letter which I wrote to Mr. Severance, Jan. 25th. 1901, a copy of which I transmitted to Dr. Avison, March 4th. The letter is as follows: -

"We are all in favor of concentrating your gift for a hospital in Seoul, and I supposed this was understood. The idea of using the money for two, one at Seoul and the other at Taiku, was long since abandoned. The only question is whether your noble gift shall all be put into one building (hospital) or shall be put into a plant, including hospital and doctors' houses- say six thousand in the hospital and two thousand each into the two residences. I sent you the action of the Board (of which I send you herewith another copy) but we wish it understood that the preference of the Board in view of the desire of a large number of our missionaries to avoid anything that shall seem costly or ostentatious, is held in entire subordination to your wish in the matter. It is your gift and your wishes ought to be and shall be carried out.

I at the impression in my conversation with you on the subject, that you desired to follow the judgement of the Board- but this is your enterprise and the Board will be very grateful for it in any shape that you desire.

We have sent a cablegram to the Mission to go forward with the matter. I ought to say that the delay has not been due at all to the apathy or want of activity on our part, but simply to the slow process? of looking after real estate matters in Korea. It takes a long time to secure land sometimes. We have just effected or are about to effect a sale of some of our old property to the Emperor. The matter has dragged along many months. We shall be ready to move just as fast as titles to land can be secured."

As soon as it became known what Mr. Severance's wishes were, and especially as the contemplated gift is a memorial to his son, all question was removed, as we recognize the right and privilege of liberal donors to make their gifts as they choose. Conversations with Mr. Severance, however, had led us to suppose that his chief desire was to be guided by the judgement of the Board. The full amount of his gift, however, is accepted by the Board and the way is open to proceed with the building which will be done under the superintendence of Mr. Gordon who is soon to go out to Korea.

(Omitted)

19010417

프랭크 F. 엘린우드(미국 북장로교회 해외선교본부 총무)가 올리버 R. 에비슨(서울)에게 보낸 편지 (1901년 4월 17일)

1901년 4월 17일

O. R. 에비슨 박사,
　　한국 서울

친애하는 에비슨 박사님,

　　나는 우리가 선교부와 가졌던 교신에서 (이 편지를 받는 지금쯤) 귀하가 발진티푸스에서 회복되었다고 생각할 수 있다는 사실에 대단히 기쁩니다. 우리는 귀하가 아픈 것을 알고 난 후에 귀하에 대한 기도를 드렸으며, 호전된 결과에 감사를 드리고 있습니다.

　　귀하는 내가 서울 지부로 보낸 편지114)에서 서울 병원과 관련하여 어떤 입장을 정하였는지 알게 될 것입니다. 취한 결정은 이곳의 모든 사람들의 전폭적인 승인을 받았으며, 선교본부의 취했던 통상적인 관례를 훨씬 넘어선 것이었는데, 귀하는 건축과 관련하여 진행할 수 있는 백지 위임장을 받았습니다. 하지만 아직 우리가 상당히 이해하지 못하고 있는 몇 가지가 있는데, 예를 들면, 우리는 귀하가 세브란스 씨의 기부금 중에서 병원에 부수될 필요가 있는 담장, 가구 및 다양한 별채를 포함시키려는지 모르고 있습니다. 우리는 건물에 예배당으로 사용할 방이 포함되어 있다는 것을 알게 된다면 기쁠 것입니다. 우리는 선택한 부지가 서울에서, 특히 기존 병원과 상대적으로 어떤 위치에 있는지, 또한 서로 거리가 어느 정도 떨어져 있는지 보여주는 대략적인 것이라도 작은 지도가 있으면 좋겠습니다.

　　나는 이 문제들과 관련하여 선교부와 서울 지부에 상세하게 편지를 썼는데, 이곳에서 다시 늘어놓을 필요는 없습니다. 나는 세브란스 씨에게 선교부 결정의 사본을 보내는 중이며, 이곳에서 우리에 관한 한 가능한 한 조속히 일을 진행하겠다고 알릴 예정입니다. 귀하가 병석에 있는 동안 보다 신속하게 일을 추진할 수 없었습니다.

---

114) Frank F. Ellinwood (Sec., BFM, PCUSA), Letter to the Seoul Station (Apr. 17th, 1901).

병원 건물과 다른 모든 건물을 감독하도록 건축가로 고든 씨를 임명한 것으로 우리의 조치를 다하였다는 것을 마지막으로 알려드립니다.

귀하가 완전히 회복되었고, 부인이 간호와 걱정으로 너무 심각하게 지쳐있지 않고, 귀하의 집안 모두가 잘 있기를 바랍니다.

안녕히 계세요.
F. F. 엘린우드

Frank F. Ellinwood (Sec., BFM, PCUSA), Letter to Oliver R. Avison (Seoul) (Apr. 17th, 1901)

April 17th, 1901.

Dr. O. R. Avison,
    Seoul, Korea

My Dear Dr. Avison:

I rejoice greatly in the fact, supposably from the correspondence we have had with the Mission, that you have recovered by this time from your serious arrack of typhus. We have remembered you in our prayers here since we knew of your sickness, and are grateful for the favorable outcome.

You will see in my letter to the Seoul Station, what position is now taken with regard to the Seoul Hospital. The action taken has the full endorsement of everybody here, and to a degree far beyond the customary usage of the Board in such cases, you are given carte blanche to go ahead with the building. There are some things that we do not quite understand yet, for example, we do not know whether you propose to, include walls, furniture and various out-buildings that may be necessary as accessories to the hospital, in Mr. Severance's gift. Supposably, however, you do, and we are glad to see that the building will contain a room to be used as chapel. We would like a little map, even though it be a rough one, showing the relative position of the site chosen, to the city and particularly to the existing hospital; and also the distance from one to another.

I have written so fully to the Mission and to the Seoul Station in regard to these matters, that I need not here enlarge. I am sending to Mr. Severance a copy of the Board's action, and saying to him that so far as we are concerned, here, the way is open to go ahead as rapidly as possible. Greater celerity could not have been possible so long as you were on the sick bed.

The appointment of Mr. Gordon as an architect with a pretty full commission to superintend the hospital building and all others is the last thing called for to complete the arrangements on our part.

Hoping that you are fully restored, and that Mrs. Avison is not too seriously worn by her care and anxiety, and that all your household are well, I remain,

Very heartily yours,
F. F. Ellinwood

프랭크 F. 엘린우드(미국 북장로교회 해외선교본부 총무)가 서울 지부로 보낸 편지 (1901년 4월 17일)

1901년 4월 17일

서울 지부 귀중

친애하는 형제들,

여러분들은 이 우편으로 선교부로 보내는 편지115)에서 서울의 세브란스 병원과 관련된 선교본부의 결정을 보았을 것입니다. 이런 사정에서 무엇을 해야만 하는 지에 대해서는 이곳에서 아무런 의문이 없으며, 내가 세브란스 씨에게 쓴 편지(내가 선교부로 보낸 편지에 들어 있습니다)를 인용하였던 에비슨 박사에게 편지를 보낸 이후 (3월 4일116)) 아무런 의문이 없었습니다. 우리는 항상 기부자의 바람에 충실함으로써 큰 기부를 유도하였기에 그 문제를 선교본부의 판단으로 남겨 두었던 것 같았던 세브란스 씨가 자신의 기부로 한 채의 건물을 건축하고 싶어 하는 것 같다는 사실은 충분히 의미가 있는 주장이었습니다. 지부가 나에게, 그리고 선교본부의 다른 회원들에게 보낸 편지에 제시된 여러 이유들은 설득력이 있습니다. 예를 들어 (서울) 지부가 기대하는 그런 건물은 의심할 여지없이 황제가 부지를 기부하도록 촉진할 것이라는 사실, 또한 에비슨 박사가 앓았던 심각한 병의 이유가 되는 완전한 위생 시설의 결여에서 보듯 선교사를 위해 완전한 위생 시설을 가질 필요가 있다는 사실입니다. 하지만 나는 이 지부 편지가 말하고자 하는 근거가 선교부에 의해 채택되었다는 것을 말하고 싶습니다. 즉, 모두 완전하게 설비된 훌륭한 병원을 갖는 것에 찬성하였지만, 일부는 그렇게 많은 비용을 병원에 사용해야 하는지 의구심을 가진 것은 이곳에서도 모두 가졌던 것과 정확하게 동일합니다. 그러나 금화 5,000 혹은 6,000달러, 혹은 은화 10,000 혹은 12,000달러가 훌륭한 미국 주택의 적절한 경비에 지나지 않는 것으로 여겨야 한다는 논쟁의 위력을 볼 수 없습니다. 내가 알고 있는 바로는 선교부 예산에서 선교사 사택으로 그

---

115) Frank F. Ellinwood (Sec., BFM, PCUSA), Letter to the Korea Mission (Apr. 17th, 1901).
116) '3월 6일'을 '3월 4일'로 잘못 적었다. Frank F. Ellinwood (Sec., BFM, PCUSA), Letter to Oliver R. Avison (Seoul) (Mar. 6th, 1901).

런 액수를 요청한 적이 없었습니다. 영사관 및 공사관 등급은 우리와 관련이 없으며, 우리는 그것을 한국에서의 경제적인 사업의 목표로 잡아서는 안 됩니다. 나는 결코 금화 6,000달러 혹은 은화 12,000달러 이하를 병원 건축에 사용하고, 은화 4,000달러를 두 사택 각각에 사용한다고 제안하지 않았습니다. 나는 논쟁의 여지를 모르겠습니다. 우리는 지방 교회 및 교사 건축 등 다른 모든 사업들은 대단히 절약하여 계획해 왔지만, 한 분야, 즉 의료 사업에서 우리가 너무 아끼지 않고 우리의 사역을 인색하게 하지 않는다는 것을 사람들에게 보여 주기 위해 더 큰 규모를 채택하여야 합니다. 그러한 구별로 사람들은 오히려 '여러분은 이 일에서 여러분들이 많은 돈을 갖고 있다는 것을 보여주었는데, 왜 우리 지방 교회 및 다른 모든 전도 사업에서 우리에게 심하게 대합니까.'라고 나는 말할 것 같습니다.

우리는 다른 일에서 부담을 덜고 있습니다. 즉, 선교본부는 새 병원 부지에 두 채의 사택을 건축하거나 진료소 건물을 추가하기 위해 재원의 사용을 예상하고 있지 않습니다. 우리는 이전 편지에서 현 부지에 있는 두 채의 사택은 목회 선교사들에게 넘긴다고 예상한다고 알렸습니다. 또한 우리는 현재의 진료소를 보유하면서 새 부지에 새로운 한 채가 필요할 것이라고 알렸습니다. 이것은 지부가 방금 보낸 편지에서 고려되지 않은 것 같습니다. 선교본부가 이 결정을 한 이후, 경우에 따라, 임명된 건축가인 고든 씨의 감독 하에 진행할 백지 위임장을 사실상 선교부나 지부에 주었으며, 더 이상의 문제 때문에 지연될 필요가 없습니다. 돈은 필요할 때 틀림없이 즉시 보낼 것이며, 선교부가 가능한 한 조속히 정동 자산을 대신할 사택을 건축할 뿐 아니라 이 건축 계획을 추진하느냐에 달려 있습니다. 이 모든 것은 왕이 병원 부지를 줄 것이라는 가정에 따른 것입니다.

Frank F. Ellinwood (Sec., BFM, PCUSA),
Letter to the Seoul Station (Apr. 17th, 1901)

April 17th. 1901

To the Seoul Station.

Dear Brethren:

You will have seen in the Mission letter which goes by this mail, the action of the Board with regard to the Severance Hospital in Seoul. There was no question here as to what should be done in the circumstances, and there had not been since the date of my letter to Dr. Avison (March 4th.) in which I quoted a letter that I had written to Mr. Severance which is given in the Mission letter. The fact that Mr. Severance, who had been supposed to leave the matter to the judgement of the Board, seemed anxious to have his gift embodied in one building, was argument enough since we always encourage large gifts by fulfilling the desire of the donor. Some of the reasons given in the station letter to me and to members of the Board, are cogent. For example, that fact that such a building as you contemplate will doubtless encourage the Emperor to donate the lane, also the fact that it is necessary for the sake of the missionaries to have a complete sanitation, a lack of which may possibly have accounted for the serious illness of Dr. Avison. I should say, however, that the ground which this station letter says was taken by the Mission, namely: that all were in favor of having a thoroughly good hospital, but some doubted whether so large an expenditure should be put into it, is precisely the ground that we all held here. But we do not see the force of the contention that the $5,000 or $6,000 gold, or ten or twelve thousand dollars silver, should be regarded as no more than the proper cost of a good American house. No such amount has ever been called for in the mission estimates for a missionary house in any part of Korea, so far as I know. With the grade of Consular and Legation houses we have nothing to do, and should not have it we are aiming at an economical work in Korea. I never supposed that less than

$6,000 gold or $12,000 silver would be put into the hospital building, leaving $4,000. silver each for the houses. I do not quite see the fords of the argument, that having projected all our other work on very economical lines, such as the building of country churches and school-houses, etc. we should in some one department, namely: - medical work, adopt a grander scale in order to show the people that we are not stingy and do not our work grudgingly. It seems to me that such a distinction would rather lead the people to say - "You have shown in this thing that you have lots of money, why therefore do you pinch us so hard on our country churches, and all our evangelistic work."

We are relieved also in another thing, namely: - that the Board is not expected to put its hand into its treasury for the building of two houses on the grounds of the new hospital, or to add a dispensary building. We have supposed from the earlier correspondence that this was expected, the two houses of the present grounds being turned over for clerical missionaries etc. We had supposed also, that even while retaining the present dispensary, a new one would be needed on the new site. This does not appear to be contemplated in the letter just sent by the Station. Since this action by the Board virtually gives to the Mission or the Station, as the case may be, *carte blanche* to go ahead under the direction of Mr. Gordon, the architect commissioned, there is no need of delay on account of any further questions. The money will undoubtedly be transmitted as soon as needed and it rests upon the Mission to carry forward this building enterprise as well as the erection of houses to take the place of the Chong Dong property as fast as possible. All this supposes that the King will grant the land for the hospital site.

호러스 N. 알렌(미국 공사, 서울)이 최영하(외부대신 서리)에게 보낸
[아서 J. 브라운 호조 발행 요청] 외교 문서
(1901년 4월 25일)

미합중국 공사관
한국 서울

___호   1901년 4월 25일

최영하 각하,
외부대신 서리

안녕하십니까,

　　저는 미국 시민인 브라운 박사의 호조 발행을 요청 드리는 바입니다.

　　안녕히 계십시오.
　　호러스 N. 알렌

Horace N. Allen (U. S. Minister, Seoul), Dispatch to Chay Yung Ha (Acting Minister for Foreign Affairs) (Apr. 25th, 1901)

Legation of the United States of America

Seoul. Korea,

No. ___   April 25, 1901

Hon. Chay Yung Ha

Acting Minister for Foreign Affairs

Sir:

I have the hor to request that a passport be issued to Dr. Brown, an American citizen.

I have the honor to be,

Sir,

Your obedient servant,

Horace N. Allen

照會無號

大美欽命駐箚漢城便宜行事大臣兼 總領事 安, 爲照會事, 照得, 美國人 普羅溫 醫士, 願領路照, 玆行照會, 請煩 貴署理大臣查照, 發下 一紙爲荷, 須至照會者,
右照會

大韓 外部大臣 署理 崔 閣下
一千九百一年 四月 二十五日

19010426

최영해(외부대신 서리)가 호러스 N. 알렌(미국 공사, 서울)에게 보낸
외교문서 제26호 (1901년 4월 26일)
Chay Yung Ha (Acting Minister for Foreign Affairs), Dispatch No.
26, to Horace N. Allen (U. S. Minister, Seoul) (Apr. 26th, 1901)

조회에 대한 회답 제26호

대한제국의 외부대신 서리 외부협판 최영하는 호조 사본을 보내 드리오니
호조를 확인하시고 브라운 박사에게 전해 주시기 바랍니다.

미국 변리공사 안련 각하
1901년(광무 5년) 4월 26일

照覆 第二十六號

大韓 外部大臣署理 外部協辨 崔榮夏, 爲照覆事, 照得, 昨准 貴照會, 將護照一紙
繕送, 請煩 貴大臣 查照, 轉給 普羅溫 醫士 可也, 須至照會者,
右

大美辨理公使 安連 閣下
光武 五年 四月 二十六日

미국 북장로교회 해외선교본부 총무 아서 J. 브라운의 한국 방문
Visit of Arthur J. Brown, the Secretary of PCUSA, to Korea

미국 북장로교회 해외선교본부의 총무 중 선교지 한국을 가장 먼저 방문한 것은 1889년 10월 말의 아서 미첼이었다. 두 번째는 1897년 8월의 로버트 E. 스피어이었고, 그 다음이 1901년 4월의 아서 J. 브라운이었으며, 그 일정은 다음과 같았다.

(1901년)
4월 21일 부산에 도착함
4월 23일 제물포에 도착한 후 경인선 철도를 타고 서울에 도착함
4월 30일 에비슨 및 샤프 선교사와 함께 평양으로 가기 위하여 먼저 제물
        포로 가서 연안 증기선을 타고 자정에 황해도 해주에 도착함
5월 1일 해주에 상륙함
5월 3일 금동에 도착함
5월 4일 소래에 도착함
5월 6일 장연에 도착함
5월 7일 은율에 도착함
5월 8일 은율을 떠나 서울 선교구역의 경계에서 브라운 박사 부부가 평
        양 선교사에게 인도됨. 새평동에 도착함
5월 9일 신안로에 도착함
5월 10일 황해도 황주에 도착함
5월 11일 평양에 도착함
5월 17일 진남포에 도착함
5월 18일 서울에 도착함
5월 21일 기차를 타고 제물포로 내려감
5월 22일 겐카이 마루를 타고 제물포를 떠남

그림 5-32. 선원들과 대화를 나누는 에비슨

그림 5-33. 브라운 총무 일행을 태운 가마들. 맨 왼쪽이 에비슨이다.

회의록, 한국 선교부 서울 지부(미국 북장로교회) 1891~1921
(1901년 4월 27일)

한국 서울,
1901년 4월 27일

특별히 병원 문제를 검토하고, 그것과 관련하여 브라운 박사와 논의하기 위하여 지부 회의가 열렸다. 회의는 성경 봉독과 기도로 개회하였다.

병원의 전체 문제가 검토되었다. 20,000엔이 선교사 사택을 제외한 병원과 관련된 모든 비용을 포함하는가? 확실한 한도는 무엇인가? 혹은 병원과 관련하여 더 많은 건물과 인력을 [확보하기] 위해 계속 일을 하였는가?

회의는 오후 10시에 기도로 폐회하였다.

제임스 S. 게일, 서기

Minutes, Seoul Station, Korea, 1891~1921 (PCUSA) (Apr. 27th, 1901)

Seoul,
April 27, 1901

The Station convened specially for the consideration of the Hospital question and for conference with Dr. Brown with it. The meeting was opened with the reading of a portion of Scripture and prayer.

The whole question of Hospital was gone over. Was $20000.00 Yen to include all the outlay with regard Hospital exclusive of ___ of missionary residence? What is the definite limit? or did we work forward to more buildings and more workers in connection with it?

The meeting adjourned at 10 p. m. with prayer.

Jas. S. Gale, Sec.

19010429

제임스 S. 게일(서울)이 새뮤얼 A. 마펫(평양)에게 보낸 편지 (1901년 4월 29일)

(중략)

　나는 며칠 전에 브라운 박사가 다음 주 화요일[117] 경에 은율에 도착할 것이라는 내용의 전보를 보냈습니다. 브라운 박사 부부는 우리 모두를 크게 격려하고 기쁘게 하였습니다. 박사는 대단히 짧은 시간에 상황을 파악하고, 그것에 대해 현명한 조언을 해 줄 수 있는 넓은 마음을 가진 사람입니다. 학교 사역에 관하여 우리는 대단히 만족스러운 대화를 가졌고, 현재 그것을 적당한 시간 내에 착수할 수 있을 것 같습니다.[118] 켄뮤어 부지는 아직 확보하지 못하였지만, 저의 조사 이 씨[119]가 도티 양을 위해 다른 부지를 매입하였습니다. 이 예배당에서 계곡을 바로 가로질러 위치한 언덕은 가장 멋진 부지이며, 그 문제는 해결을 위해 폐하께 제출되어 있습니다. 저는 그녀가 무사히 얻을 수 있을 것이라고 생각합니다. 브라운 박사는 전체 기지에 대해 상당히 만족해하였습니다. 하지만 그는 "새문"의 바깥에 위치한 부지에 대해서는 만족해하고 있지 않습니다. 그는 그것이 너무 저지대라고 생각하고 있으며, 그래서 문제가 그런 답보 상태에 있습니다. 그 부지는 아직 확보되지 않았습니다.

　병원과 관련하여 우리는 토요일[120] 저녁에 상당히 민감한 회의를 열었습니다. 나는 몇 가지 사실을 발견하였습니다. 금화 10,000달러에 대한 질문이 제기되었고, 브라운 박사가 그것의 사용 찬성이 (지부의) 만장일치이었는지 질문하였을 때, 나는 그것이 부지와 의사 사택을 제외한 병원과 관련된 모든 것을 포함한다는 것을 고려해야 한다고 생각하였다고 감히 말하였습니다. 나는 그것이 사실 특별 병동 등 모든 것을 포함한다고 이해하였습니다. 그때 언더우드가 말을 이어 받아 우리가 선교본부로 보냈던 편지에 대해 어떤 다른 해석을 쥐어짜 내려고 시도하였습니다. 하지만 브라운 박사는 우리의 편지를 읽은 후 금화 10,000달러는 병원의 담장과 대지 정지 작업까지도 포함하는 것을 의미하는 것으로 이해하였다고 말하였습니다. 그러나 그 문제는 거기서 보류

---

117) 5월 7일이다.
118) 중등학교(Intermediate School)의 개교에 관한 내용이다.
119) 이창직을 지칭하는 것 같다.
120) 4월 27일이다.

되었습니다. 그는 그 문제가 선교지부에 달려 있다는 점에 대하여 우리가 어떻게 생각하는지 물었습니다. 나는 "귀하가 금화 10,000달러를 병원 기지에 기꺼이 투자할 최고 한도로 간주한다는 인상을 받았다."고 말하였습니다. 도티 양이 일어나서 "귀하가 그렇게 말하지 않았다'고 말하였습니다. 나는 계속해서 '귀하가 그렇게 생각하며, 나도 그렇게 생각한다."고 말하였는데, 지금도 내가 보는 한에서는 현재나 미래에 1달러도 더 사용하는 것에 반대하며, 그것은 당연히 우리가 말할 수 있는 전부입니다. 무어가 일어나서 "우리 모두는 에비슨 박사를 사랑하며, 그의 판단에 절대적인 신뢰를 갖고 있습니다. 나는 그가 다른 의사를 가져야 한다고 생각합니다. 많은 의사로 일종의 의사 집단을 만들어 각 선교사마다 한 명의 의사가 있게 하는 것입니다. 그들이 좋은 일을 많이 할 수 있을 텐데 어떻게 해로운 일이 생기는지 모르겠습니다."라며 재미있게 말하였습니다. 무어의 과장된 이 말로 집이 무너질 것 같았습니다. 이어 에비슨은 두 번째 의사가 필요할 만큼 계획이 충분히 실행되었는지 질문을 받았습니다. 그가 가지고 있는 유일한 계획은 어떤 한 사람이 와서 2년 동안 그의 조수로서 일을 한 후 다른 선교지부로 보내며, 이렇게 조수를 계속 충원하려는 것이었습니다. 나는 다음을 알게 되었습니다. 즉, 그는 말하는 것처럼 필요하다면 10,000달러 이상의 금액을 요청할 것이며, 또한 함께 일을 하는 것에 대한 어떤 정리된 계획도 갖지 않은 상태에서 더 많은 의사를 원하고 있습니다. 내가 편지를 쓰는 주된 이유는, 내가 브라운 박사께 귀하와 평양의 다른 사람들이 그 시설에 금화 10,000달러 이상을 투자하는데 반대한다고 말하였지만, 도티 양과 다른 사람들은 내가 틀렸다고 생각하는 것 같았기 때문입니다. 나 자신은 추가 금액에 단호하게 반대하며, 평양 측 사람들도 10,000달러가 건축에 필요한 모든 경비를 포함할 것이라고 믿고 있습니다. 그 이상은 흰 코끼리를 우리 손위에 놓는 격이 될 것인데, 그것은 달러를 낭비하게 될 것이며, 엘린우드 박사는 마찰을 줄여 평온을 되찾으려는 해야 할 것입니다. 나는 에비슨이 어떤 식으로든 방해받는 것을 원하지 않지만, 그는 아무런 계획도 갖고 있지 않기에 선교부가 반드시 그를 위한 계획을 수립해야합니다.

필드 박사와 에비슨 박사 사이의 논쟁 문제는 연례회의까지 연기되었습니다.[121]

(중략)

---

121) Eva H. Field (Seoul), Letter to Frank F. Ellinwood (Sec., BFM, PCUSA) (Nov. 1st, 1901)를 볼 것.

James S. Gale (Seoul),
Letter to Samuel A. Moffett (Pyeng Yang) (Apr. 29th, 1901)

(Omitted)

I sent a telegram to ___ the other day saying that Dr. Brown would be in Eulyul about Tuesday next. He and Mrs. Brown have greatly cheered and delighted us all. The doctor is a big-hearted one who is able to grasp a situation in a very short time and give the wisest kind of advice on it. Regarding school work we have had a very satisfactory talk and it looks now as though it might be launched within a reasonable time. The Kenmure property is not yet secured but another piece has been purchased by my man Yi for Miss Doty. The hill just across the valley from the chapel is a most magnificent site and that matter is now before his Majesty for settlement. I think she'll get it all right. Dr. Brown was apparently well satisfied with the whole plant. He is not however enthusiastic about the piece of land outside the "New Gate." It is too low, in his mind and so the matter stands. That property is not yet secured.

About hospital we had a rather nervous meeting on Saturday evening. I made some discoveries. The question came up as to the 10,000 gold, and I ventured to say that when Dr. Brown asked if we were unanimous in sanctioning the use of it I thot on consideration that it included everything in connection with the hospital but land and physician residences. I understood it to include special separated wards _____ everything in fact. Underwood then undertook to squeeze some other interpretation into the letter we had sent the Board. Dr. Brown said however that after reading our letter he understood it to mean that 10,000.00 gold was to include even walls & grading. However there the matter hung. He asked how we thought the matter stood in the stations. I said I was under the impression that you regarded the 10,000 gold as the maximum limit that you were willing to see go into a hospital plant. Miss Doty rose and said you had not said so. I still said I thought you thought so that I did so myself and now oppose another dollar at present or in future as far as I could see and of course that's all we can talk of. Moore got up and gave us a rich speech: "We never lack of ___ a man but we all love Dr. Avison, we have implicit confidence in his judgment, 1 think he ought to have another doctor. Yes a lot of them make a sort of school of doctors, have one for every missionary. They could do a lot of good and 1 don't know where the harm would come, etc. etc. etc." It was Moore in the superlative degree and brought the house down. Avison was then asked if he had his plans all matured for a second doctor & if he had any reasonable plan mapped out on which he thought they could work safely. The only plan he has is that some one else come out and work as his assistant for two years and then go to another station & to keep up a running hand of assistants. 1 learned this: more money than the $10,000 as he says if needed is to be asked, also that he wants more doctors without having any digested plan for their working together. The principle reason that 1 write is that 1 told Dr. Brown that you and others in Pyeng Yang were opposed to more than 10,000.00 gold going into a plant-but Miss Doty and others seemed to think 1 was wrong. 1 myself am most decidedly opposed to any more and trust that Pyeng Yang is too that 10,000 is to cover everything in the way of building and that any more than that will put a white elephant on our hands that will take dollars to run and barrel of Dr. Ellinwood's peace restorers to keep down friction. 1 don't want to see Avison hampered in any way but he has no plans and so the Mission must plan for him.

The question of dispute between Dr. Field & Dr. Avison is postponed till annual meeting.

(Omitted)

프랭크 F. 엘린우드(미국 북장로교회 해외선교본부 총무)가 새뮤얼 A. 마펫(평양)에게 보낸 편지 (1901년 4월 29일)

(중략)

서울 지부의 형제들은 10,000달러 혹은 20,000엔 전체를 병원 건물을 위해 사용하는 것의 승인을 선교본부가 주저하자 상당히 동요되었으며, 이 문제에 대하여 선교본부의 여러 회원들이 편지들을 받았습니다. 하지만 편지들이 도착하기 전에 세브란스 씨가 자신의 아들을 기념하기 위한 병원을 위해 기부를 하였다는 바람과 전체 금액이 그 목적으로 사용되어야 한다는 분명한 바람을 알고 나서 나는 클리블랜드의 세브란스 씨와 서울의 에비슨 박사에게 편지를 보냈으며, 선교본부 측에서는 어떠한 반대도 없었습니다. 그 방침에 대해 신념이 어떠하든 기금의 기부자가 그 문제에 대해 (자신의) 바람을 공표하였다는 사실은 결정적인 것이며, 그것을 근거로 나는 에비슨 박사가 원하는 바와 같은 건물의 건축을 진행하는 것으로 명확하게 결정되었다고 생각하고 있습니다. 하지만 웰즈 박사로부터 막 받은 편지는 병원 기지의 범위 및 경비, 그리고 다른 분야의 지출과의 관계에 대해 한국에 아직도 다소의 견해차가 있음을 보여주고 있습니다.[122] 확실히 한국 선교부에는 현재 혹은 내년까지 많은 건물을 갖고 있으며, 귀하가 알게 될 것인데 건축가 파견 요청이 승인되었습니다. 한 명이 고용되었고, 이미는 아니더라도 조만간 한국을 향해 떠날 것입니다.

(중략)

---

122) J. Hunter Wells (Pyeng Yang), Letter to Frank F. Ellinwood (Sec., BFM, PCUSA) (Mar. 13th, 1901).

Frank F. Ellinwood (Sec., BFM, PCUSA),
Letter to Samuel A. Moffett (Pyeng Yang) (Apr. 29th, 1901)

(Omitted)

The brethren at Seoul have been a good deal stirred up by the hesitation of the Board in granting the full ten thousand dollars or twenty thousand you for a hospital building, and letters have been received by different members of the Board on the subject. Before their arrival here, however, I had written to Mr. Severance of Cleveland, and to Dr. Avison in Seoul that upon learning Mr. Severance's desire to place his gift in a hospital as a memorial of his son, and his apparent desire that the entire amount should go for that purpose, there would be no objection on the part of the Board. Whatever might be the conviction of any in regard to policy, the fact that the donor of the funds had a pronounced wish in the matter, would be conclusive, and it was upon that ground that I think it has been definitely decided to proceed with the erection of the building as desired by Dr. Avison but the brethren at Seoul. A letter just received from Dr. Wells, shows, however that there is still some difference of opinion in Korea in regard to the extent and cost of hospital plants and their relation to other lines of expenditure. Surely the Korea Mission has on hand a large amount of building or the coming year, and as you will note, the request for an architect has been granted. One has been employed and will soon, if not already, have started on his way to Korea.

(Omitted)

19010430

프랭크 F. 엘린우드(미국 북장로교회 해외선교본부 총무)가
J. 헌터 웰즈(평양)에게 보낸 편지 (1901년 4월 30일)

1901년 4월 30일

J. H. 웰즈 박사,
　　한국 평양

친애하는 웰즈 박사님,

　　나는 평양 지부에 편지를 쓰고 있지만, 귀하의 3월 13일자 편지[123] 및 병원 문제에 대한 견해에 대하여 개인적으로 몇 마디 추가하고 싶습니다. 나는 병원으로 사용할 목적의 값이 비싼 기지에 대한 귀하의 견해에 상당히 공감하고 있습니다. 나는 다른 편지에서 이것을 표현하였다고 생각하지만, 서울의 문제는 클리블랜드의 세브란스 씨가 타계한 아들을 기념하기 위한 병원을 건립하도록 에비슨 박사에게 실질적으로 10,000달러의 기부를 약속하였다는 사실에 의해 일반적인 문제와 구별이 됩니다. 얼마 전 선교본부가 이 병원과 관련하여 취한 결정에서 세브란스 씨는 자신의 기부금에 대한 조정(병원 건물과 사택 등)을 선교본부의 판단에 맡겼다고 생각하였습니다. 그가 기금이 병원에만 사용해야 한다는 것을 선호하는 것 같다는 것을 알게 되어 우리는 그 계획에 대한 모든 반대를 철회하였는데, 그것은 특별 목적을 위한 이 커다란 기금을 기부한 사람은 자신이 제안한 계획에 대한 근본적인 반대가 없고 선교 사업의 전반적인 이해관계에 손상을 주지 않는다면, 어떻게 그리고 어떤 형태로 사용할 지에 대해 결정할 권리를 갖고 있다는 원칙에 근거하여 항상 결정하였기 때문입니다. 나는 서울에 대한 이 증여가 그렇게 많은 경비에 대한 타당성과 관련한 귀하의 신념을 포기하도록 귀하에게 어떠한 의무를 부과하는지, 그리고 이곳에서 개인적인 권유에 의해 선교지에 경쟁 기관을 설립하도록 하게 하는지 모르겠습니다. 나는 그 사역이 두 도시 사이의 경쟁보다 더 높은 수준의 근본 방침에 근거하고 있다고 생각합니다. 나는 우리가 교회 건물 혹은 그런 방면에서 자립의 주장에서 보이는 절약을 정당화할 수 있다고 생각하지 않

---

123) J. Hunter Wells (Pyeng Yang), Letter to Frank F. Ellinwood (Sec., BFM, PCUSA) (Mar. 13th, 1901).

으며, 동시에 이 나라에서 의료라는 특정 분야에는 기금의 한계가 없다는 인상을 갖고 있습니다. 나는 한국에서의 사업이 활기차고 자립적인 성격을 가진 것을 높이 평가하며, 두 가지 일이 함께 간다고 생각하고 있습니다.

선교부와 사업을 분열시키는 어떠한 일도 일어나지 않기를 바라며 부인께 안부를 전합니다.

안녕히 계세요.
F. F. 엘린우드

나는 신문과 관련된 귀하의 2월 5일자 편지를 받았습니다.[124]

Frank F. Ellinwood (Sec., BFM, PCUSA), Letter to J. Hunter Wells (Pyeng Yang) (Apr. 30th, 1901)

April 30th, 1901

Dr. J. H. Wells,
    Pyeng Yang, Korea

My Dear Dr. Wells:

I am writing to Pyeng Yang Station but I want to a few words additionally to you personally in regard to your letter of March 13th. and the discussion of the hospital question. I have a good deal of sympathy with your view in regard to the expensive plant for hospital purposes. I have shown this, I think, in other letters, but the case at Seoul is differentiated from the general question, by the fact that Mr. Severance of Cleveland, promised Dr. Avison virtually the gift of ten thousand dollars with which to erect the hospital which should be considered a memorial to his deceased son. The Board, in an action taken some time since, with regard to

---

124) J. Hunter Wells (Pyeng Yang), Letter to Frank F. Ellinwood (Sec., BFM, PCUSA) (Feb. 5th, 1901).

this hospital, supposed that Mr. Severance was disposed to leave the adjustment of his gift (as between hospital building and house etc.) to the judgement of the Board. Learning that he seemed to prefer that the money should be used for the hospital only, we withdraw all opposition to that plan as we always act upon the principle that the donors of these large gifts for these specific objects, have a right to decide how and in what shape the money shall be used, provided there is no radical objection to be raised to the plans proposed, and no detriment to the general interests of the mission work. I do not know that this bestowment in Seoul, lays any obligation upon you to lay aside your convictions as to the propriety of such large outlays and enter a field for a rival institution to be built by private solicitation in this country. I think that the work rests upon a higher principle than any question of rivalry between the two cities. I do not think that we can justify the close economy observed in church building or insistence upon self-support in that line, at the same time that in a particular department - medical - we give the impression that there is no end of funds to be had in this country, I prize the work in Korea for its vigor and its self0reliant spirit, and I think those two things go together.

Hoping that nothing may occur to divide the Mission, or may the work, and wish kind regards to Mrs. Wells,

Very truly yours,
F. F. Ellinwood

I am in receipt of your letter of Feb. 5th, in re the newspaper.

19010500

1900~1901년도 파송된 선교사들. 1901년 5월 총회에 제출된 미국
북장로교회 해외선교본부 제64차 연례 보고서, 17쪽

한국.

......

O. R. 에비슨 박사 부부, 귀국

......

Missionaries sent out in 1900~1901.

*Sixty-fourth Annual Report of the BFM of the PCUSA. Presented
to the General Assembly, May, 1901*, p. 17

Korea.

......

Dr. O. R. Avison and Mrs. Avison, returning.

......

한국의 선교. 1901년 5월 총회에 제출된 미국 북장로교회 해외선교본부 제64차 연례 보고서, 201, 203, 204, 216쪽

201쪽

한국의 선교

서울: 수도, 서해안 근처의, 버지니아 주 리치몬드의 위도(緯度)에서 한강 옆에 위치해 있으며, 상업 항구인 제물포에서 내륙으로 25마일 떨어져 있으며, 연결하는 철도가 거의 완성되어 있다. 인구는 약 30만 명이며, 1884년 선교부가 시작되었다. 선교사 - 신학박사 H. G. 언더우드 목사 부부, 제임스 S. 게일 목사 부부, C. C. 빈튼 박사 부부, S. F. 무어 목사 부부, F. S. 밀러 목사 부부, O. R. 에비슨 박사 부부, C. E. 샤프 목사, A. G. 웰번 목사, S. A. 도티 양, 엘렌 스트롱 양, C. C. 웰볼드 양, E. H. 필드 박사, E. L. 쉴즈 양, V. L. 스눅 양

(중략)

203쪽

...... 연중 안식년을 즐겼던 W. M. 배어드 목사 부부, F. S. 밀러 목사 부부, O. R. 에비슨 박사 부부, C. C. 빈튼 박사 부부, 그리고 J. E. 애덤스 부인이 각자의 지부로 귀환할 수 있었다.

(중략)

204쪽

......

선교본부는 관대한 기부자로부터 서울에 병원을 건립하고 의료 기지를 조성하기 위한 10,000달러의 기부를 받았다. 이것은 선교 회의 중에 병원의 책임 의사인 에비슨 박사가 불러 일으켰던 관심의 결과이다.

(중략)

의료 사업

216쪽

서울의 병원은 에비슨 박사가 미국에서 안식년을 끝나고 돌아올 때까지 샤록스 박사가 담당하였다. 샤록스 박사는 진료일에 10~30명의 환자를 진료하였으며, 병실에는 2~8명의 환자가 있었다. 그는 '병원 전도사로부터 많이 배운 것'에 만족감을 나타내었다.

(중략)

Mission in Korea. *Sixty-fourth Annual Report of the BFM of the PCUSA. Presented to the General Assembly, May, 1901*, pp. 201, 203. 204. 216

p. 201

Mission in Korea.

Seoul: The capital, near the western coast, in the latitude of Richmond, Va., on the Han river and 25 miles overland from the commercial port, Chemulpo, with which a nearly finished railroad connects it; population about 300,000; Mission begun in 1884. Missionaries - Rev. H. G. Underwood, D. D., and Mrs. Underwood, Rev. J. S. Gale and Mrs. Gale, C. C. Vinton, M. D., and Mrs. Vinton, Rev. S. F. Moore and Mrs. Moore, Rev. F. S. Miller and Mrs. Miller, O. R. Avison, M. D., and Mrs Avison, Rev. C. E. Sharp, Rev A. G. Welbon, Miss S. A. Doty, Miss E. Strong, Miss C. C. Wambold, Miss E. H. Field, M. D., Miss E. L. Shields, Miss V. L. Snook.

(Omitted)

p. 203

...... During the year Rev. W. M. Baird and Mrs. Baird, Rev. F. S. Miller and Mrs. Miller, Dr. O. R. Avison and Mrs. Avison, Dr. C. C. Vinton and Mrs.

Vinton, and Mrs. J. E. Adams, having each enjoyed a furlough, have been enabled to return to their several Stations.

(Omitted)

p. 204

......

The Board have received from a liberal benefactor the offer of $10,000 for the erection of a hospital in Seoul and the development of a medical plant there. This is the outcome of interest aroused at the time of the Ecumenical Conference by Dr. Avison, the physician in charge.

(Omitted)

Medical Work.

p. 216

In Seoul the hospital was under the care of Dr. Sharrocks until the return of Dr. Avison from a furlough in America. Dr. Sharrocks saw from ten to thirty patients on each dispensary day, and treated from two to eight in the wards. He speaks with gratification of "the way so many have received the instruction of the hospital evangelists."

(Omitted)

재무 보고서. 1901년 5월 총회에 제출된 미국 북장로교회
해외선교본부 제64차 연례 보고서, 347쪽

한국에 있는 자산. - 언더우드 박사, 밀러 씨, 여자들의 사택, 여학교 그리고 많은 다른 건물들이 위치해 있는 한국 서울의 정동 부지는 금화 24,110달러에 왕에게 매각되었으며, 왕은 추가로 도시의 다른 지역에 같은 크기의 새로운 부지를 주었다. 또한 그는 정동 부지에 인접해 있는 현지인 교회도 구입하였다. 이 자산의 처분으로 많은 건물이 필요해질 것이기에, 선교본부는 토론토의 H. B. 고든 씨를 감독 건축가로 한국으로 파송하였다. 그는 또한 경비를 클리블랜드의 L. H. 세브란스 씨가 제공할 세브란스 기념병원의 건축 책임도 맡을 예정이다. 한국의 왕은 병원을 위한 부지 제공에 동의하였다. 선교부 자산에 청구된 액수는 감독 건축가의 봉급과 재건축의 모든 비용을 포함시키기에 충분한 것이다.

(중략)

Report of the Treasurer. *Sixty-fourth Ann. Rep. of the BFM of the PCUSA. Presented to the General Assembly, May, 1901*, p. 347

   Property in Korea. - The Chong Dong property in Seoul, Korea, upon which is located the residences of Dr. Underwood, Mr. Miller, residence of the ladies, girls' school and a number of other buildings, was sold to the King for $24,110, gold, the King giving in addition an equal amount of land in another part of the city for a new compound. He also bought the native church which is contiguous to the Chong Dong property. As the disposition of this property will require a large amount of building, the Board has arranged to send to Korea Mr. H. B. Gordon, of Toronto, as superintending architect. He will also have charge of the building of the Severance Memorial Hospital, the cost of which will be provided by Mr. L. H. Severance, of Cleveland. The King of Korea has agreed to give the land upon which this hospital will be placed. The amount charged for the mission property was sufficient to include the salary of the superintending architect and all expenses of rebuilding.

(Omitted)

교회통신. 그리스도 신문 (1901년 5월 2일), 2쪽
Church News. *The Christian News* (Seoul) (May 2nd, 1901), p. 2

교회 통신

(중략)

원 목사가 한국에 나온 지 16년이 되었는데, 우리 장로교회에서 처음으로 나왔고 ...... 한 1년 쯤 본국에 가서 쉬려고 들어가는 길에 구라파로 다녀 갈 텐데 원 목사 부인도 같이 가니 우리는 평안이 들어가고 나오기를 바라며, 원 목사가 간 후에는 에비슨 의원과 소 목사125)가 원 목사의 일을 한다고 한다.

교회 통신

(중략)

원 목스쐬셔 대한에 나아오신지가 십륙년이 되엿는대 우리 장로회에서 처음으로 나왔고 ...... 흔 일 년 즈음 본국에 가셔 쉬시랴고 드러 가시고 가는 길에 구라파로 도녀 가실터힌되 원 목스 부인도 곳치 가시니 우린는 평안이 드러가시고 나오시기를 브라오며 원 목스가 가신 후에는 에비슨 의원과 쇼 목스쐬셔 원 목스의 일을 쥬쟝 ᄒ여 보신다더라.

---

125) 소안론(蘇安論, William L. Swallen).

프랭크 F. 엘린우드(미국 북장로교회 해외선교본부 총무)가 한국 선교부로 보낸 편지 (1901년 5월 7일)

(중략)

또한 선교본부는 재정 위원회의 보고서에 근거하여 다음과 같은 사항들을 통과시켰습니다.

......

2. "세브란스 병원 자체의 경비의 한도와 관련한 1900년 12월 17일의 선교 본부 결정126)이 선교부를 구속하지 않도록, 고든 씨는 세브란스 씨의 바람이 무 엇인지 그와 논의하도록 권고한다.

만일 서울의 부지 위원회와 고든 씨가 병원 건립을 위해 보다 많은 금액이 필요하며, 그런 액수가 승인을 받을 필요가 있다고 생각하되, 세브란스 씨의 기 부액, 즉 10,000달러를 넘지 않으면 필요한 금액을 승인한다."

(중략)

---

126) Hospitals, *Minutes [of Executive Committee, PCUSA], 1837~1919* (Dec. 17th, 1900).

Frank F. Ellinwood (Sec., BFM, PCUSA),
Letter to the Korea Mission (May 7th, 1901)

(Omitted)

The following items were also passed by the Board on report of the Finance Committee: -

......

2. "Lest the action of the Board of Dec. 17th, 1900, in reference to the limitation of the cost of the Severance Hospital proper, be considered still binding by the Mission, it is recommended that Mr. Gordon confer with Mr. Severance as to his wishes in the matter.

And if it appears to the Seoul Property Committee and Mr. Gordon that a greater sum is needed, for the erection of the Hospital, that the expenditure of such sum as is required be authorized, not, however, to exceed the amount of Mr. Severance's gift, namely: - $10,000."

(Omitted)

윤치호 일기, 제5권 (1901년 5월 14일)

(1901년 5월) 14일. 화창함. 삼화

(중략)

지난 몇 달 동안 일어난 일의 요약.

겨울 동안 아내가 나의 부모님과 함께 지내며 보인 유일하게 분명한 결과는 심한 기침이다. 아내는 지난 11월에 종종 심한 감기에 걸렸다. 소홀히 대처하여 감기가 폐로 번지게 하였다. 아내는 내내 기침을 하면서 각혈을 하였다. 6월이 되자 그녀의 아내의 기침과 발열은 걱정스러웠다. 우리의 거주지에는 일본인 의사가 한 명 있지만 그 의사는 우리에게 신뢰를 주지 못하였다. 그 의사는 폐에 _____을 대고 청진을 하고는 하! 하! 라고 하면서 담배상자를 꺼내 병실에서 담배를 피운다! 우리는 서울의 외국인 의사에게 진료 받기로 결정하였다.

다행히도 휴가를 낼 수 있어 아내와 나는 6월 14일에 지쿠고 호를 타고 진남포를 출발하였다. 우리는 평온한 항해 끝에 15일에 제물포에 안전하게 도착하였다. 아내는 몹시 아팠지만 신음소리도 내지 않고 고통을 참았다. 서울에 도착하자마자 곧장 캠벨 부인에게 갔다.127) 아내는 오후에 유산을 하였다. 의사가 아내를 진료하였다. 18일에는 아내를 에비슨 박사 병원의 특실로 옮겼다. 유모와 함께 남포에 남겨둔 아이들이 잠시라도 부모와 떨어져 있을 것을 생각하니 마음이 아팠다.

(중략)

---

127) 남감리교회의 선교사인 조세핀 P. 켐벨(Josephine P. Campbell)을 말한다.

Diary of Mr. Yun, Chi Ho, Vol. 5 (May 14th, 1901)

14th. Beautiful. Shamwha.

(Omitted)

The resume of the events of the past months.

The only visible result of Darling's stay with my parents during the Winter is a bad cough. She got a severe cold sometime last November. Carelessness allowed the cold to go into the lungs. She has been coughing all this time throwing up reddish sputum. In the beginning of June her cough and fever assumed an alarming attitude. There was a Japanese Doctor in the settlement, but he inspired no confidence in us. He would apply the _____ to the lungs, then listen, then say Ha-! Ha-!, then pull out his cigarette case and smoke right in the sick room! We made up our mind to place the case under the care of a foreign doctor in Seoul.

Succeeding, fortunately, in securing a leave of absence, Darling and I left Chin-nam-po on the 14th of June per the Chikugo. After a smooth voyage, we arrived on the 15th at Chemulpo safely. Darling was so sick as she could be, but she bore the hardships without murmur. On reaching Seoul, went directly to Mrs. Campbells. Darling had a miscarriage in the afternoon. Doctor attended her. On the 18th removed Darling to a private room in Dr. Avison's hospital. Having left our children in Nampo with the amah, our hearts ached to think of their separation from parents even for a short while.

(Omitted)

19010515

프랭크 F. 엘린우드(미국 북장로교회 해외선교본부 총무)가 새뮤얼 A. 마펫과 그레이엄 리(평양)에게 보낸 편지 (1901년 5월 15일)

1901년 5월 15일

마펫 및 리 씨,
　　한국 평양

친애하는 형제들,

　　나는 오늘 아침 두 분으로부터 특별히 의료 사업과 서울 병원과 관련한 편지들(4월 6일자)을 받았습니다.[128] 내가 이전에 썼던 것에서 여러분들은 선교본부가 세브란스 씨가 기부한 기금을 그 기관에 사용하기를 바라고 있다는 한 가지 점을 고려하여 10,000달러 병원의 건립을 결정하였다는 점을 틀림없이 알았을 것입니다. 우리가 인력을 증가시킬지, 그리고 다른 의미로 그렇게 설립된 기관에서 많은 경비를 사용할 지의 문제는 추후에 고려될 문제입니다.

　　여러분들이 감리교회 사람들의 정책에 관해 언급한 것은 의미가 있습니다. 오늘날 그들은 항상 현명합니다. 나는 의료 사역을 포기하지 않을 뿐 아니라 더 강조하지도 않을 것입니다. 나는 우리들의 계획이 충분히 크다고 생각하고 있습니다. 나는 여러분들의 견해에 공감하고 있지만, 세브란스 씨가 기금을 기부하고 싶어 한다고 생각하였기 때문에 반대 집단이 갖고 있는 강한 바람에 따랐습니다. 나는 그들이 세브란스 씨가 마음속에 갖고 있는 병원 건립에 필요한 것이 무엇이든 그가 줄 것이라는 인상을 갖고 있다고 생각합니다. 우리 병원 이외에 다른 병원들이 많이 있는 도시에서 그렇게 많은 기금이 의료 사역에 사용되고 있지만 서울에서 우리의 교육 사역이 완전히 정체 상태에 있는 것이 유감스럽습니다. 그러나 특별 목적으로 기금을 기부하였을 때 이 문제들에서 우리가 항상 중심일 수는 없습니다.

(중략)

---

128) Graham Lee (Pyeng Yang), Letter to Frank F. Ellinwood (Sec., BFM, PCUSA) (Apr. 6th, 1901). Samuel A. Moffett (Pyeng Yang), Letter to Frank F. Ellinwood (Sec., BFM, PCUSA) (Apr. 6th, 1901).

Frank F. Ellinwood (Sec., BFM, PCUSA), Letter to Samuel A. Moffett and Graham Lee (Pyeng Yang) (May 15th, 1901)

May 15th, 1901

Messrs. Moffett & Lee,
Pyeng Yang, Korea

Dear Brethren:

I have received letters from both of you (April 6th.) this morning, with regard to the medical work and the Seoul hospital in particular. From what I have written before, you will doubtless have learned that the Board has decide to go on with the ten thousand dollar hospital on the one controlling consideration that Mr. Severance, who gives the money, wishes it to be put into that institution. The question whether we shall give an increased force or not, and in other ways go on spending money on the high grade thus in established, will be a question for future consideration.

What you say about the policy of the Methodists is significant. They are always wise in their day and generation. I would not drop our medical work, neither would I give it any further emphasis. Our plans, I think, are large enough. I sympathize with your view, but have yielded to the strong wishes of the opposite party, because I supposed that Mr. Severance desired to give the money. I think they have the impression that he will give whatever more is needed to establish the hospital which he has in mind. It seems a pity that our educational work in Seoul should stand utterly still while so much money is being put into the medical work, and that, in a city where there are probably other hospitals besides our own: but we cannot always central these matters when people offer the money for specific objects.

회의록, 한국 선교부 서울 지부(미국 북장로교회) 1891~1921
(1901년 5월 20일)

(중략)

그(아서 J. 브라운 박사)는 또한 병원에 관해 세 가지 입장, 즉 선교본부가 제안하고 선교지에서 단 한 명의 회원만이 지지하고 있는 금화 5,000달러의 병원, 금화 10,000달러 이상이 드는 병원, 그리고 세 번째로 금화 10,000달러 한도의 병원이 있다고 언급하였다.

토의 후에 우리는 선교지부로서 병원 기지는 빈튼 박사와 언더우드 부인의 진료소를 포함하지 않으며, 세브란스 병원만을 의미한다는 전제 하에 병원 기지를 위해 20,000엔이 충분하다는 평양 지부의 결의에 동의한다는 동의가 있었고 통과되었다.

또한 이 회의에서 에비슨 박사가 낭독한 언급은 이미 통과된 안(案)과 연결하며, 그것을 서류 형태로 만들어 평양 지부로 보내고 서울 지부의 승인을 위해 회람시킬 위원회를 임명하자는 동의가 있었고 통과되었다. 에비슨 박사와 도티 양이 그것을 준비하는 위원회에 임명되었다.

(중략)

지부는 자산 위원회에 현재 정동 매각의 문제를 다루고 있는 특별 위원회에 에비슨 박사의 이름을 추가하도록 권하자는 동의가 있었고 통과되었다.

(중략)

Minutes, Seoul Station, Korea, 1891~1921 (PCUSA) (May 20th, 1901)

(Omitted)

He also spoke of the Hospital stating that there were three positions already assumed namely one for $5000 gold as propose by the Board and supported by only one member on the field, another of $10,000 gold plus, and a third of $10000.00 gold as the limit.

After discussion it was moved and carried that we as a station agree with the resolution of Pyeng Yang that $20,000.00 Yen be sufficient for Hospital plant if being understand that Hospital plant refers only to the Severance Hospital and that it does not include dispensaries for Dr. Vinton and Mrs. Underwood.

It was also moved and carried that Dr. Avison's statement as read in this meeting be coupled with the motion already passed and that a committee be appointed to put it ona paper form for transmission to Pyeng Yang the letter to be first presented or circulated for approval of Seoul Station. Dr. Avison and Miss Doty were appointed a committee to prepare this.

(Omitted)

It was moved and carried that the station recommend to the property Committee that Dr. Avison's name be added to the special committee now having the sale of Chung Dong in hand.

(Omitted)

회의록, 한국 선교부 서울 지부(미국 북장로교회) 1891~1921
(1901년 5월 22일)

(중략)

예산 삭감이 조정되었고, 다음과 같이 인가되었다.

	요청 예산	삭감	최종 예산
제IV급			
......			
조사			
......			
에비슨 박사	120.00	-	120.00
......			
제VI급			
병원의 조수			
남자	300.00	116.00	185.00
여자	150.00	58.15	91.85
빈튼 박사	60.00	60.00	-
의약품			
언더우드 부인	100.00	100.00	-
제중원	750.00	290.25	459.75
경비			
제중원	650.00	251.55	398.45
언더우드 부인	50.00	50.00	-
제VII급			
......			
병원 수리	75.00	30.00	45.00
" 사택 수리	100.00	38.70	61.30

" 담장 및 배수로	300.00	150.00	150.00
......			
등화 및 난방	125.00	125.00	-

제IX급

......

업무 조수

　......

　에비슨 박사　　120.00　　　　-　　　　120.00

(중략)

에비슨 박사는 서상륜을 조사로 고용하도록 허락을 받았다.

(중략)

이제 월례 보고서와 청구가 낭독되었다.

　......

　에비슨 박사　　620.00

　......

에비슨 박사와 게일 씨는 제물포에서 고든 씨를 영접하며, 그를 돕는 위원회에 임명되었다.

(중략)

Minutes, Seoul Station, Korea, 1891~1921 (PCUSA) (May 22nd, 1901)

(Omitted)

The cuts on Appropriation was then adjusted and sanctioned as follows: -

	Appropriation	Cut	Balance
Class IV			
......			
Helpers			
......			
Dr. Avison's	120.00	-	120.00
......			
Class VI			
General Hospital Assistants			
Male	300.00	116.00	185.00
Female	150.00	58.15	91.85
Dr. Vinton's	60.00	60.00	-
Medicine			
Mrs. Underwood	100.00	100.00	-
Genl. Hosp.	750.00	290.25	459.75
Expenses			
Genl. Hosp.	650.00	251.55	398.45
Mrs. Underwood	50.00	50.00	-
Class VII			
......			
House Repairs Hospital	75.00	30.00	45.00
" " " Res.	100.00	38.70	61.30
" " Walls & Drains	300.00	150.00	150.00
......			
Lights & Heating	125.00	125.00	-

Class IX

......

Secretary Assistants

......

Dr. Avison's   120.00   -   120.00

(Omitted)

Dr. Avison was given permission to employ as helper Saw San Yun.

(Omitted)

Reports for the month and Orders was now read

......

Dr. Avison   620.00

......

Dr. Avison & Mr. Gale were appointed a committee to meet Mr. Gordon at Chemulpo and assist him.

(Omitted)

아서 J. 브라운(미국 북장로교회 해외선교본부 총무)이 로버트 E. 스피어(미국 북장로교회 해외선교본부 총무)에게 보낸 편지 (1901년 5월 22일)

사 본.

황해에서,
1901년 5월 22일

친애하는 스피어 씨,

......

2. 정동 부지 교환은 얼룩덜룩합니다. 서대문 바깥의 부지로 합의하였으며, 10,000엔을 지불하였습니다. 그러나 제가 떠날 때 황제는, 그 부지를 여러 당사자들이 소유하고 있는데, 그들 중 일부 일본인들이 매각을 거절하기 때문에 확보할 수 없다는 내용의 전언을 보내었습니다. 전형적으로 우유부단한 이 동양인이 벌릴 논쟁에는 끝이 없어 보이기 때문에, 서둘러 열린 회의에서 실질적으로 답변하기로 합의했는데 외교적인 어투이었습니다. "우리는 정동에 만족하고 있으며, 이전(移轉)을 바라고 있지 않습니다. 떠나려는 유일한 동기는 폐하의 편의를 위해서 입니다. 폐하의 요청에 응하여 우리는 현재 대체 부지 두 곳을 선택하였습니다. 따분한 몇 달의 지연 후에 두 곳은 모두 거절되었는데, 후자의 곳은 폐하가 지체 없이 조치를 취했더라면 확보할 수 있었겠지만 그 사이 일본인들이 건축을 시작하였고, 그 때문에 모든 가격이 엄청나게 상승하였습니다. 우리의 사역이 이렇게 오랜 불확실함으로 지장을 받고 있기 때문에 이제 폐하는 우리가 소유할 수 있는 만족할만한 부지를 즉시 지정하든가 혹은 우리가 현재 있는 곳에 건축을 시작해야만 할 것입니다. 폐하는 다음 조치를 조속히 취해야 합니다."

지부의 위원회는 병원 설비를 포함하기에 충분한 하나의 큰 부지를 선택하여 두 곳 대신 한 곳으로 충분한지 고려하고, 정동 부지에 해당하는 현금을 받아 우리가 부지를 구입하는 것이 더 나은지 고려하기 위해 은밀히 다른 부지를 찾도록 지시 받았습니다. 게일 씨는 우리가 황제보다 더 잘 구입할 수 있을 것이라고 생각하고 있습니다. 나는 ____를 해야만 합니다.

3. 서울 병원 문제 역시 다소 혼란스럽습니다. 우리는 적절한 공간을 주장해야만 함에도 제안된 부지에 대한 알렌 공사의 반대(그가 에비슨 박사 및 엘린우드 박사에게 보낸 편지를 참조하세요.)는 관아(官衙) 반대편의 저지대를 제외시킴으로써 아마도 해소될 것입니다. 그러나 선교사들이 두 기지는 근처에 위치해 있어야 한다고 느끼고 있기 때문에 정동의 불확실성은 병원에 영향을 미치고 있습니다.

규모의 문제와 관련하여 나는 선교부에 각각 (a) 10,000달러 미만, (b) 사택을 제외한 전체 병원 설비에 10,000달러, (c) 구병원이 수리 및 개선에 대한 황제로부터의 환불 약 2,800달러를 더한 10,000달러 이상을 찬성하는 열렬한 세 부류가 있음을 알게 되었습니다. 핏킨 씨의 기부금 500달러는 현재 뉴욕의 수중에 있는 것으로 생각되며, 격리 병동, 진료소, 주방, 하인 처수, 담장 등을 위해 아마도 다른 특별 기부가 마련되어야 하고, '하나님이 지시하는 대로' 장래 어느 시점에 두 번째 남자의사와 전반적인 발전을 기대할 것입니다.

선교본부는 1900년 12월 17일 투표를 하였으며,129) 엘린우드 박사는 그의 편지에서 대부분이 5,000달러 제한이 너무 낮다고 생각하고 있지만, 선교부의 많은 구성원들이 찬성하는 (a)를 강하게 지지하였습니다. 부산에서 평양까지 열렸던 모든 회의에서 다른 한 두 명이 있을 수 있지만, 에비슨, 언더우드 및 무어 씨만이 (c)를 촉구하였습니다. 상황을 면밀하게 조사한 후 (a)나 (c)로서는 화합을 결코 이룰 수 없고 서울의 상황에서 (b)가 합리적이라는 확신을 갖고, 또한 그것이 대다수의 견해라는 것을 알고, 저는 (b)의 절충을 제안하였으며, 현재와 같은 견해의 차이가 영구적인 마찰로 깊어지고, 전체 선교부의 동정적 지원을 받을 수 없는 기관을 갖는 것은 재앙일 것이기 때문에 만일 선교부가 하나가 될 수 있다면 선교본부가 그것을 승인하도록 권하고 싶습니다. 무수한 토의 끝에 이것은 합의가 되었고, 평양의 투표를 동봉합니다. 에비슨은 (다른 사람들은 평양의 견해를 선호하였기 때문에 만장일치는 아니었지만 서울 지부의 약간의 지지로) 더 명확한 형태의 문서를 선호하였으며, 내내 서약하는 것을 주저하면서 연간 경비를 1,500엔 대신 2,000엔을 원하였지만 원칙적으로 (b)에 동의하였습니다. 평양 측과 어구를 준비하도록 위원회가 임명되었으며, 폐회하였는데 피곤하였지만 대단히 안도하였습니다. 에비슨은 (c)의 양보를 꺼렸지만 훌륭한 정신을 보여주었고, 형제들과 화합을 위해 고귀한 일을 하였습니다.

그날 밤 엘린우드 박사의 4월 17일자 편지가 도착하였습니다.130) 재정 위

---

129) Korea. Hospitals, *Minutes [of Executive Committee, PCUSA], 1837~1919* (Dec. 17th, 1900)

원회의 보고서는 선교본부가 선교부 서기에게 보낸 3월 28일자 편지를 언급하고 있기에 이곳에서 이해하기 어렵습니다. 그 날 알려진 유일한 편지는 핸드 씨가 게일 씨에게 보낸 것인데, 건축가 고든 씨의 임무를 규정지었을 뿐 (a) (b) (c) 어느 것을 따를지 문명하게 언급하고 있지 않습니다. 틀림없이 편지는 건물들이 훌륭할 것이며 그 목적에 적합하다고 언급하고 있는데, 그들의 의지가 무엇이며, (a) (b) 혹은 (c) 무엇이 적합합니까? 바로 그것이 장애입니다. 그러나 만일 토론토 건축가가 한국 선교부에서 기관의 상대적인 크기에 대한 방침의 근본적인 문제를 해결하려 시도한다면, 그에게는 상당한 지혜가 필요할 것입니다.

하지만 선교지부, 특히 에비슨 박사에게 보낸 4월 17일자 편지에서 엘린우드 박사는 세브란스 씨가 10,000달러를 한 건물(건물만?)에 사용하기를 원한다고 언급 혹은 암시하였는데, 선교본부는 그것에 충심으로 동의하고 있으며, 에비슨과 서울 지부는 지금 일을 진행할 '백지 위임장'을 갖고 있습니다. 그래서 에비슨은 기뻐하였고, 서울 지부의 다른 사람들과 평양 지부의 모든 사람들은 아직 듣지 못한 상태이며, 저는 황해에서 검토하고 있습니다. 선교본부가 정말 (a)에서 (c)로 점프하였다는 것을 의미합니까?

......

안녕히 계세요.
(서명) 아서 J. 브라운

---

130) Frank F. Ellinwood (Sec., BFM, PCUSA), Letter to the Korea Mission (Apr. 17th, 1901); Frank F. Ellinwood (Sec., BFM, PCUSA), Letter to the Seoul Station (Apr. 17th, 1901); Frank F. Ellinwood (Sec., BFM, PCUSA), Letter to Oliver R. Avison (Seoul) (Apr. 17th, 1901).

Arthur J. Brown (Sec., BFM, PCUSA),
Letter to Robert E. Speer (Sec., BFM, PCUSA) (May 22nd, 1901)

Copy.

On the Yellow Sea,
May 22nd, 1901.

My Dear Mr. Speer:

......

2. The Chong Dong property exchange is pied. A site outside the West Gate had been agreed to and yen 10,000 paid. But as I was leaving, the Emperor sent word that he could not get the site as it was owned by several parties, some of whom were Japanese who refused to sell. As there appears to be no end to the haggling this typically vacillating Oriental will do, it was agreed in a hurried conference to reply in substance, but of course in more diplomatic language - "We are satisfied with Chong Dong and have no desire to move. The only motive for leaving is to accommodate His Majesty. In compliance with His request we have now chosen two alternative sites. After weary months of delay, both have been refused, though the Emperor might have obtained the latter if he had acted without a delay which allowed the Japanese to begin buildings and which raised all prices to prohibitive figures. Now he must either designate at once a satisfactory site which we can have, or we must proceed to build where we are, as our work is suffering from this long uncertainty. His Majesty must make the next move and make it soon."

A Committee of the Station was instructed to quietly look for another site, to consider the expediency of selecting one large enough to include the hospital plant so that one site would suffice instead of two, and to consider whether it would be better to accept a cash equivalent for Chong Dong and buy our own land, Gale thinking that we could buy better than the Emperor. Then I had to ___ .

3. The Seoul Hospital question is also a little confused. Minister's Allen's objection to the proposed site (see his letter to Dr. Avison sent to Dr. Ellinwood)

may perhaps be removed by cutting off the lower land opposite the Governor's yamen, though we must insist on adequate space. But the Chong Dong uncertainty affects the Hospital as the missionaries feel that the two plants should be near together.

On the question of scale, I found three vigorous parties in the Mission, favoring respectively (a) less than $10,000. (b) $10,000. to include the whole hospital plant exclusive of residences, and (c) more than $10,000. the additions from the Emperor's refund of about yen 2,800 for repairs and improvements on the old hospital. Mr. Pitkin's gift of $500. now supposed to be in land in New York, and perhaps other special gifts, to be put into isolation wards, dispensaries, kitchens, servant's quarters, wall, etc. and all anticipating at some future time a second male physician and such a general development "as God may direct."

The Board has voted, Dec. 17, 1900, and Dr. Ellinwood had strongly stood in his letter for (a) a large element in the Mission approving, though the large majority think the $5,000 limit too low. In all my conferences from Fusan to Pyeng Yang, only Avison, Underwood and Moore have urged (c), though there may be one or two others. Convinced after careful inquiry and study of the situation that harmony could never be secured on either (a) or (c) and that (b) was reasonable in itself in view of the conditions in Seoul, and finding that it was the view of the majority, I suggested a compromise on (b) stating that I would recommend the Board to adopt it if the Mission could unite, as it would be disastrous to have the present divergence of view deepen into a permanent friction, and to have an institution which could not commend the sympathetic support of the whole Mission. After innumerable discussions this was agreed to, Pyeng Yang's vote I enclose. Avison (with some support in Seoul, though not a unanimous one, for others favored Pyeng Yang's view) preferred a more positive form of statement, hesitating to make a pledge for all time and wanting an annual outlay of yen 2,000 instead of 1,500, but in principle agreeing to (b). A Committee was appointed to arrange phraseology with Pyeng Yang, and we adjourned, tired but greatly relieved. Avison was reluctant to yield (c) but showed good spirit and did a noble thing for his brethren and harmony.

That night, Dr. Ellinwood's letters of April 17th arrived. The Finance Committee's report is unintelligible here as it simply refers to a Board letter to the

Secretary of the Mission, dated March 28th. The only letter known of that date is Mr. Hand's to Mr. Gale, defining architect Gordon's duties but not definitely stating whether (a) (b) (c) is to be followed. True the letter says the buildings are to be good and adapted to their purpose, but what is their purpose and what constitutes adaptation to it? (a) (b) or (c)? That's just the rub. Perhaps the idea for Gordon is to determine that. But if a Toronto architect attempts to settle a fundamental question of policy as to the proportionate scale of institutions in the Korea Mission, he will require considerable wisdom.

In his letters of April 17th, however, to the Mission station, and particularly to Dr. Avison, Dr. Ellinwood says or seems to imply that Severance wants the $10,000 to go into one building (building alone?) that the Board cordially agrees, and that Avison and the Station now have "carte blanche" to go ahead. So Avison rejoices, others in Seoul and all in Pyeng Yang are yet to be heard from, and I am in a brown study on the Yellow Sea. Does the Board really mean to jump from (a) to (c)?

......

Affectionately yours.
(Signed) Arthur J. Brown

19010523

프랭크 F. 엘린우드(미국 북장로교회 해외선교본부 총무)가 호러스 N. 알렌(서울, 미국 공사)에게 보낸 편지 (1901년 5월 23일)

(중략)

현재 우리에게는 한국 선교부에서 우리의 방침과 관련된 문제가 있습니다. 평양의 형제들은 내가 믿기로 서울에 병원 목적으로 값이 비싼 건축을 하는 것에 만장일치로 반대하고 있으며, 그렇게 많은 미국 돈을 우리 사역의 특정 분야에 사용하는 것이 해가 되지 않을까 확신을 하지 못하고 있으며, 한국 교회들에 무상으로 줄 재원에는 끝이 없습니다. 이들 형제들은 교회 체계에서 교회 건물 및 학교의 유지 등과 관련하여 여태까지 취해왔던 절약 기조가, 에비슨 박사를 위한 고가의 시설을 건립함으로써 위태롭게 되지 않을까 생각하고 있습니다. 감리교회는 병원 사역에 점점 적게 지출하고 그들의 관심을 전도에 집중하고 있다고 듣고 있습니다.

나는 북쪽과 서울 지부의 선교사들 사이에 상당히 긴급한 사안인 이 문제에 대한 박사님의 고견을 들을 수 있다면 기쁘겠습니다.

(중략)

Frank F. Ellinwood (Sec., BFM, PCUSA),
Letter to Horace N. Allen (U. S. Minister, Seoul) (May 23rd, 1901)

(Omitted)

There is a question now before us in regard to our policy in the Korea Mission. The brethren at Pyeng Yang are, I believe, unanimously opposed to the idea of a costly structure for hospital purposes at Seoul, and are inclined to doubt whether the use of so much American money in a particular department of our work will not produce harm, creating the impression that there is no end of treasure here to be gratuitously bestowed among the Korean churches. The economical basis on which the work has been put hitherto in regard to the building of church edifices the maintenance of schools etc. is brought into jeopardy, as these brethren think, by the erection of a costly establishment for Dr. Avison. The Methodists, we are told, are expending less and less on hospital work, and are devoting their attention is evangelistic effort.

I would be glad if you would give me your impressions in regard to this issue which is now quite acute between the missionaries in the north and those at Seoul station.

(Omitted)

올리버 R. 에비슨(서울)이 프랭크 F. 엘린우드(미국 북장로교회 해외선교본부 총무)에게 보낸 편지 (1901년 5월 24일)

```
┌─────────────────┐
│      접수        │
│ 1901년 6월 28일  │
│   엘린우드 박사   │
└─────────────────┘
```
한국 서울,
1901년 5월 24일

신학박사 F. F. 엘린우드 목사,

　뉴욕 시 5가(街) 156

친애하는 엘린우드 박사님,

　　저는 박사님께서 보내신 두 통의 편지, 즉 3월 1일자와 4월 17일자에 대해 (받았음을) 알려드리며 답장을 드립니다.131) 저는 첫 번째 편지에 대해서는 부분적으로 답장을 썼지만 브라운 박사 부부를 동반하여 내륙으로 갈 시간이 되어 안타깝게도 끝내지 못한 상태에 있었습니다. 저는 며칠 전에 돌아왔고, 이제 두 편지에 대한 답장을 서두르고 있습니다.

　　두 편지에서 제가 지난 겨울 겪었던 병에 대해 대단히 자상하게 언급해 주신 것에 대해 진심으로 감사드립니다. 저는 모든 면에서 거의 회복되었다고 말씀드리게 되어 기쁩니다. 저의 원기는 예전과 같지는 않지만 한 달 전보다는 훨씬 좋아졌고, 제 손[手]의 안정성은 백내장 수술을 어느 정도 할 수 있었지만 아직 완전히 회복되지는 않았으며, 제 하지의 상태는 매일 걷고 나면 상당히 붓는 것으로 보아 아직도 평균보다 떨어지지만, 느리지만 지속적으로 회복되고 있어 저는 조만간 완전히 회복될 것으로 기대하고 있습니다.

　　우리는 지금 고국과 선교지의 모든 당사자들이 병원 문제에 관하여 하나가 되어 있는 것에 대해 크게 기뻐하고 있습니다. 브라운 박사는 한국의 의료 사업 문제에 상당한 관심을 보였고, 지금은 우리의 입장을 진심으로 지지하며 선교부를 화합시키는데 많은 노력을 기울였습니다. 틀림없이 그는 자신의 확신을 박사님께 보고할 것이며, 그래서 저는 그의 입장을 간단하게 언급하는 것 이상으로 말씀드릴 필요는 없습니다. 저는 선교본부의 최종 결정이 담긴

---

131) 3월 1일자가 아니라 3월 6일자 편지이다. Frank F. Ellinwood (Sec., BFM, PCUSA), Letter to Oliver R. Avison (Seoul) (Mar. 6th, 1901); Frank F. Ellinwood (Sec., BFM, PCUSA), Letter to Oliver R. Avison (Seoul) (Apr. 17th, 1901).

박사님의 편지가 그가 중국으로 떠나기 전에 서울에 도착함으로써 그가 그 문제가 만족스럽게 정리되었다는 기분으로 떠날 수 있게 되어 대단히 기쁩니다.

우리가 내륙 여행을 위해 서울을 떠나기 전날[132] 저녁에 브라운 박사 부부, 언더우드 박사 부부, 그리고 우리 부부는 폐하를 알현하였는데, 폐하는 대단히 친절하였으며, 그가 몸이 아프고 위험에 처하였을 때 가졌던 우리와 그와의 이전 관계를 간단하게 언급하면서 결코 잊지 않았음을 확인하였습니다. 이어 우리를 위해 정찬을 준비하도록 지시를 내렸으니 자신의 환대에 우리가 함께할 것을 바란다고 말하였습니다. 초청장에 단순한 알현 이외의 다른 것에 관한 통지가 없었기 때문에 이것은 우리에게는 놀라운 일이었습니다. 식당으로 안내된 후 우리는 가장 정성스럽게 준비한 양식을 대접받았고, 여러 관리 및 궁내부의 미국인 고문이 참석하였습니다. 만찬을 마친 후 응접실로 안내되어 왕실 악단의 가락에 맞춰 춤을 추는 폐하의 무희들의 동양 춤을 즐겼습니다. 저는 브라운 박사 부부가 이 모든 것을 보는 기회를 가진 것이 대단히 기뻤는데, 그것은 그들에게 다시는 볼 기회를 가질 수 없는 동양인들의 삶의 한 면을 보여주기 때문이었습니다.

10,000달러에 담장, 가구, 별채 등을 포함하는지와 관련한 박사님의 질문에 대하여, 현 부지에 건물을 짓고, 그 경우 담장과 별채를 위해 거의 혹은 전혀 경비가 들지 않기에 더 좋은 설비를 확보할 수 있을 것이라는 것이 저의 기대라고 말씀드릴 수 있는데, 만일 다른 곳으로 이전을 해야 한다면 이(곳의) 건물들에 이미 투자하였으며, 조선 정부가 우리에게 돌려 줄 금액은 당연히 별채를 위해 사용할 수 있습니다. 그러나 처음에 전체 금액의 사용에 반대하였던 일부 사람들이 지금 그것의 사용을 승낙하였고, 더 관대한 견해를 갖고 있는 사람들은 합의를 위해 언급한 액수로 병원을 짓고 모든 것을 포함한 설비를 하는 것에 동의하였습니다.

어떤 사람들은 우리가 더 이상의 계획을 추진하지 않겠다는 서약을 할 것을 원하였지만, 미래는 우리가 서약할 수 있는 것이 아니기 때문에 당연히 우리는 그런 서약을 할 수 없습니다. 저는 과거처럼 하나님께서 하나님의 왕국의 진전에 가장 적합한 것을 성취하고 백성들에게 은총을 내리실 것이라고 믿고, 우리가 미래를 하나님께 맡기는 것이 좋을 것이라고 생각합니다.

우리는 건축가 고든 씨의 내한에 크게 기뻐하고 있습니다. 나는 선교지로 오기 전에 그를 잘 알고 있었습니다. 그는 능력 있는 건축가이고, 진실한 기독교 신자이며, 선교의 대의에 열성적이기에 그는 자신이 맡은 일에 특별히 적

---

132) 4월 29일이다.

합합니다. 그는 다년간 한국에 특별히 관심을 가졌습니다. 저는 이 시도가 더 좋은 건물을 확보하고, 우리들 중 여러 명이 1년 이상 시간을 소비하였던 버거운 업무를 경감시켜주는 데 탁월하게 성공적일 것이라고 믿고 있습니다.

(정동) 부지와 관련하여, 우리는 이 문제가 완전히 해결되었다고 생각하였지만, 현 정동 사택을 위한 (대체) 부지에 합의하고 우선 10,000엔을 지불한 후 그 문제에 대해 재논의를 원하면서 다른 부지를 선택하였습니다. 우리는 그런 변경에 동의하지 않은 상태에서, 그들의 바람을 충족시키기 위해 정부의 전령(傳令)과 여러 차례 만났습니다만, 여태껏 어떤 결정에 도달하지 못하였습니다. 조선 정부는 자신들이 즉각적인 조치를 취하지 않는다면 우리가 현재의 정동 부지에 건축을 시작할 것이며, 그들은 그 부지를 얻을 기회를 상실할 뿐 아니라 그들이 선지불한 금액도 몰수될 것이라는 것을 알고 있습니다. 만일 조선 정부가 자신들의 계약을 이행하지 못하고, 이미 지나버린 5월 2일에 우리에게 새 부지를 넘겨주지 못한다면 몰수 된다는 계약 항목에 따라 이미 이 돈은 사실상 몰수될 것입니다. 하지만 우리는 그들이 합리적인 시간 안에 합리적인 방식으로 우리의 요구를 충족시켜준다면 이것을 고집하지 않을 것입니다. 언더우드 박사가 떠나자 협상은 빈튼 박사에게 넘겨졌고, 최근 지부 회의에서 저는 그를 돕도록 요청받았습니다. 지금 우리는 조선 정부에 우리는 정동을 떠나고 싶지 않으며, 폐하 이외의 누구에게도 매각을 승인하지 않을 것이고, 며칠 후에 건축가가 이곳에 있게 될 것인데 우리는 그가 즉시 일을 시작하도록 필요가 있을 것이며, 그가 도착하면 정동 부지에 즉시 웸볼드 양의 사택 건축을 시작할 것으로 예상하고 있다는 것을 통지한 상태입니다. 하지만 만일 그들이 할 어떤 제안을 갖고 있고, 서면으로 우리의 현 부지 대신에 우리에게 주고 싶은 부지의 도면과 함께 보낸다면, 우리는 그것을 고려할 것이지만 어떠한 구두 요청도 고려할 수 없습니다. 이 조치는 알렌 박사의 찬성을 받았으며, 우리는 그것이 더 이상의 모든 핑계를 중단시킬 것으로 기대하고 있습니다.

병원 부지와 관련하여, 선교부는 가능하다면 두 부지가 인접해 있기를 바라기 때문에, 정동 부지에 대한 조선 정부의 우유부단함으로 야기된 지연이 이것의 선택에 영향을 미쳤습니다. 부지를 선택하였지만 그것은 현재 논의 중인 곳 근처에 위치해 있기 때문에, 우리는 이것을 확보할 전망을 알 수 있게 될 때까지 기다리고 있는데, 그곳에 분리된 기관으로 병원을 설립하기 위해 선택하지 않을 것이기 때문입니다. 하지만 저는 며칠 후가 되면 전체 문제가 해결될 것으로 생각하고 있습니다.

그 동안에 고든 씨는 도착하자마자 계획의 진행을 계속할 수 있을 것이며, 저는 추가적인 지연이 거의 없을 것으로 믿고 있습니다. 저는 최종 결정에 도달하는 대로 서울에서의 위치, 다른 부지와의 관계를 보여주는 새 부지의 도면을 확실하게 만들어 보내 드릴 것입니다.

제가 평양으로 가는 브라운 박사 부부를 호위하였을 때, 샤프 씨는 저를 따라 황해도(언더우드 박사의 담당 구역)까지 동행하였습니다. 돌아오는 길에 우리는 거의 모든 기독교 신자 집단을 방문하였습니다. 우리는 세례를 원하는 51명의 지원자를 심사하였으며, 샤프 씨는 그들 중 35명에게 세례를 주었습니다. 시간이 더 있었더라면 우리는 최소한 2배, 아마도 3배의 인원을 심사하였을 것인데, 우리의 시간이 제한되어 있었기에 영수(領袖)들은 심사를 위하여 상당한 시간 동안 교육을 받았던 사람들만 선택하였습니다. 언더우드 박사의 담당 구역의 반을 여행하며, 각 전도 지역마다 단지 1~3일 정도만을 체류하는 데 배정할 수 있는 최소한의 시간은 6주일이란 것을 알았습니다. 이 언급은 왜 우리가 지속적으로 새로운 신자들이 나타나는 것이 담당하고 있는 외국인들이 아니라 현지인 신자들의 사역의 결과라고 이야기하는지, 박사님께서 이해하실 수 있게 할 것입니다.

선교본부의 직원들 모두께 충심으로부터의 인사와, 브라운 박사 부부의 방문으로 우리가 받았던 커다란 기쁨과 소득을 확신하며,

안녕히 계십시오.
O. R. 에비슨

Oliver R. Avison (Seoul),
Letter to Frank F. Ellinwood (Sec., BFM, PCUSA) (May 24th, 1901)

Received
JUN 28 1901
Dr. Ellinwood

Seoul, Korea,

May 24th, 1901

Rev. F. F. Ellinwood, D. D.,

  156 Fifth Ave., New York City

Dear Dr. Ellinwood,

I have to acknowledge and answer two letters from you, the first dated Mar. 1st and the second April 17th. I had partly answered the first one when it came time for me to accompany Dr. and Mrs. Brown into the interior and it was unfortunately left unfinished. I returned a few days ago and now hasten to reply to both letters.

I thank you sincerely for the very kind references in both letters to the illness through which I was called upon to pass last winter. I am glad to say that I have almost completely recovered in all respects. My power of endurance is not yet as great as it was but is much better than it was a month ago, the steadiness of my hands is not yet quite restored, though I have been able to do some cataract operations, and the tone of my lower extremities is still below par as is shown by the fact of their swelling a good deal every day as I walk about on them, but as there is all along a steady though slow improvement I look forward to complete restoration in the near future.

We rejoice greatly that all parties both at home and on the field are now united in the matter of the hospital. Dr. Brown has given a great deal of attention to the subject of medical work in Korea and now cordially supports our position and has done a great deal to harmonise the Mission. He will doubtless report to you his convictions so that I need not do more than refer thus briefly to his position. I was very glad that your letters telling of the final decision of the Board reached Seoul before his departure for China, so that he could go away feeling that the matter was in a satisfactory shape.

The evening before we left Seoul for the trip through the interior Dr. and Mrs. Brown, Dr. and Mrs. Underwood, with Mrs. Avison and myself were called to an audience with His Majesty who was very cordial, referring in a brief way to our previous relations with him in times of sickness and danger and assuring us that he had not forgotten it. He then said he had ordered dinner to be prepared for us and hoped we would partake of his hospitality. This was a surprise to us as the invitation conveyed no intimation that anything but a simple audience was intended. Having been introduced to the dining room we partook of a most elaborate and well-served foreign dinner, the Emperor being represented by several officials and by his American adviser to the Household Department. After dinner we were conducted to the parlor and entertained with a series of Oriental dances by His Majesty's company of dancing-damsels who performed to the strains of the Court orchestra. I was very glad that Dr. and Mrs. Brown had this opportunity of seeing all this for it gave them a glimpse of oriental life which they may not have the opportunity of seeing again.

Re your question concerning the including of walls, furniture, out-buildings, etc. in the $10,000, 1 may say that my own expectation had been to build on our present site, in which case there would have been little or no expense for walls and out-buildings and we could have secured so much better an equipment, and when it became evident that we must move to another site I suggested the amount which has been already invested in these buildings and which is now to be returned to us by the government would naturally be used to replace the out-buildings, but as some who in the first place objected to the use of the whole sum have now consented to its use, those of us who held more liberal views have for the sake of unanimity agreed to build and equip such a hospital as can be obtained for the sum mentioned, everything included.

Some desired us to give a pledge that no further advance should ever be planned for but of course no such pledge can be given as the future is not ours to pledge. We may, I think, well leave the future to God, believing that He will, as in the past, bring to pass that which is best fitted to advance His Kingdom and bless His people.

We rejoice greatly in the coming of the architect, Mr. Gordon. I knew him well before I came to the mission field. He is a competent architect, an earnest Christian, and zealous in the mission cause and therefore especially well qualified for the work which he has undertaken. He has for many years been especially interested in Korea. I trust this experiment may be eminently successful both in securing better buildings and in relieving the missionaries of a burdensome task which would have largely consumed the time of several of us for a year or more.

Re sites, we supposed this matter had been all settled, but the government, after agreeing to the site selected for the present Chong Dong houses and paying down the first installment of 10,000 Yen, wanted to re-open the matter and have another site chosen. Without agreeing to make such a change we have several times met the messengers of the government in an attempt to meet their wishes but so far no decision has been reached and the government has now been given to understand that unless they act promptly we shall proceed to build upon the present Chong Dong site and that they will not only lose the opportunity of obtaining that property but will forfeit the money which they have already paid over. This indeed has already been forfeited according to the terms of the agreement which provided that this should occur if the government failed to carry out their contract and did not turn over the new site to us on the 2nd of May now past. We, however, shall not insist on this if they meet us in any reasonable way within a reasonable time. When Dr. Underwood left, the negotiations were turned over to Dr. Vinton and at our last Station meeting I was asked to assist him. We have now notified the government that we do not desire to leave Chong Dong, and would not have consented to sell to any one but His Majesty, that the architect will be here in a few days and it will be necessary for us to set him immediately to work, and that we expect to proceed at once on his arrival to erect Miss Wambold's house on the Chong Dong site; if, however, they have any proposal to make and will submit it to us in writing together with a drawing of the land which they wish to give us in exchange for our present site we will consider it, but that we cannot take into consideration any verbal communication whatever. This step meets with Dr. Allen's approval and we hope that it will result in putting a stop to all further quibbling.

Re hospital site, the delay caused by the government's vacillation over the Chong Dong site has affected our choice of this, as the mission desired that the two sites should be contiguous if possible. We have selected a site but as it is close to the one now in dispute we are holding back until we can know what will be the prospect of us securing this, as we would not choose to build the hospital out there as a separate institution. I think, however, a few days will straighten out the whole matter.

In the meantime Mr. Gordon, as soon as he arrives, can go on with the plans and I trust there will be very little further delay. I will certainly make out and send to you a diagram of the new sites showing their relation to the city and our other property as soon as the final decision is reached.

Mr. Sharp accompanied me through Whang Hai Do (Dr. Underwood's field} when I escorted Dr. and Mrs. Brown on their way to Pyeng Yang, and on our way back we visited almost all the groups of Christians. We examined 51 candidates for baptism and Mr. Sharp baptized 35 of them. Had we had more time at our disposal we might have examined at least twice and perhaps thrice as many, but as we had only a limited amount of time the leaders selected for examination only those who had been for a considerable time under instruction. We found that the shortest time that can be allotted to a trip over this half of Dr. Underwood's field is 6 weeks allowing time for traveling and a stay of from only one to three days at each preaching place. This statement will enable you to understand why we say that the constant coming in of new believers is the result of the work of the native Christians rather than of that of the foreigners in charge.

With the most cordial greetings to all the officers and an assurance of the great pleasure and profit we have received from the visit of Dr. and Mrs. Brown.

Yours very sincerely,
O. R. Avison

헨리 B. 고든(Henry Bauld Gordon)

헨리 B. 고든(1854. 9. 30~1951. 3. 4)은
온타리오 주 토론토에서 활발하게 많은 건물
을 건축하였던 건축가이며, 고든 앤드 헬리
웰 건축회사를 성공적으로 운영하였다. 그는
토론토에서 태어났으며, 사범학교에서 교육
을 받았다. 그는 1872년부터 1874년까지 당
시 저명한 건축가이었던 헨리 랭글리(Henry
Langley, 1836~1907)로부터 도제 교육을 받으
면서 빅토리아 풍 교회 건축에 대해 많은 것
을 배웠다. 22세가 되던 1876년 단독으로 건
축 회사를 설립하였다가 1878년 그랜트 헬리
웰(Grant Helliwell, 1855~1953)과 함께 고든

그림 5-34. 헨리 B. 고든

앤드 헬리웰 건축 회사를 설립하였으며, 이후 60년 동안 온타리오 주, 매니토
바 주, 그리고 브리티시컬럼비아 주 등에서 거의 200개의 건물을 건축하였다.
그는 녹스 장로교회에 다니면서 회계로 봉사하였으며, 많은 장로교회가 꾸준
하게 그에게 건축을 맡겼다.

그는 기독교 청년회의 활동에 적극적이었으며, 이 활동으로 에비슨과 친분
을 쌓았던 것으로 추정된다. 그는 1888년 10월 토론토의 평신도들을 중심으로
조직된 '한국 연합 선교회'(Corean Union Mission)의 초대 회장을 맡았다. 그는
1892년 토론토를 방문하였던 호러스 G. 언더우드에게 에비슨을 제중원의 의료
선교사로서 가장 적극적으로 추천하였다.

그는 건축가로서 상당한 존경을 받았으며, 온타리오 주 건축사협회의 회장
을 두 번(1896년과 1898년) 맡았다. 1880년에는 캐나다 왕립학회의 준회원으로
선출되었고, 1880년부터 1896년까지 매년 건축 도면 전시회를 열었다. 그는
1942년경까지 일을 계속하였다.

19010527

캐드월러더 C. 빈튼, 올리버 R. 에비슨(미국 북장로교회 한국 선교부)이 호러스 N. 알렌(미국 공사, 서울)에게 보낸 편지 (1901년 5월 27일)

한국 서울,
1901년 5월 27일

의학박사 H. N. 알렌 님,
　주한 미국 공사

친애하는 알렌 박사님,

　우리는 미국 장로교회 선교부의 정동 부지 매각과 관련하여 한국 정부에 다음과 같은 전언(傳言)을 보내었습니다.[133]

　"우리는 처음부터 그 부지의 매각을 원하지 않았으며 여러 해 동안 그렇게 하는 것을 거절하였지만, 폐하께서 개인적으로 사용하기 위하여 그것의 매입을 간절하게 원하였기에 그것의 매각을 승인하였습니다.
　머지않아 정부가 일정액을 지불하고, 다른 사택을 건립하기 위하여 우리가 선택한 부지를 주어야 한다는 협약에 도달하였습니다. 처음에 거론된 부지는 서대문 바로 안쪽에 위치해 있지만, 우리의 필요에 너무도 작았기 때문에 대문 바로 바깥의 다른 부지를 추가할 필요가 있었습니다. 이 부지의 가격이 예상보다 더 큰 것을 알게 된 정부는 선교부 대표에게 이 사실을 환기시키면서 더 싼 외부의 큰 부지를 제안하였고, 이에 동의하였습니다.
　선교부는 이채연 부지를 포함한 일정 크기의 부지를 선택하였고, 정부의 대표가 동의하였으며 그에 따라 부지의 경계를 설명하며 선교부로 넘겨야 하는 시간을 언급하는 문서가 작성되었습니다.
　이 단계에서 정부는 만일 계약을 이행하지 못할 경우 몰수될 것이라는 것에 동의하며 첫 번째로 10,000엔을 지급하였습니다.
　선교부로 부지를 넘겨줄 시간이 다가오자 정부는 이 부지를 넘겨줄 수 없다며, 선교부가 다른 부지를 선택할 것을 넌지시 암시하였습니다. 정부나 폐하

---

133) Cadwallader C. Vinton, Oliver R. Avison (Representatives of Presbyterian Church, U. S. A.), Letter to Minister of Household (May 30th, 1901).

께 불필요한 성가심이나 비용이 부과되지 않기를 바라는 선교부는 기존 계약을 해지하는 것에 동의하지 않고 여러 차례 대표를 파견하여 정부의 전령을 만났지만, 전령이 구두로 (정부의 의견을) 전달하여 서로의 제안에 오해가 계속되었기 때문에 분명한 어느 것도 마련하지 못하였습니다.

이전에 체결된 계약에 의거하여 선교부는 건축 업무의 감독을 위하여 건축가를 파견하도록 미국으로 전보를 보냈는데, 현재 그가 이곳으로 오는 중이고 며칠 내에 서울에 도착할 것으로 예상하고 있으며, 우리는 그를 놀릴 수 없기 때문에 도착한 후에 가능한 한 조속히 건축을 시작해야 할 필요가 있게 될 것입니다.

폐하의 바람에 따르고 싶지만 정동 부지 대신 아직 아무런 부지도 주어지지 않았기에, 우리는 그곳에 건물을 지어야 할 필요가 있게 될 것입니다.

하지만 만일 정부가 진정 부지를 얻고 싶어 하고, 우리에게 즉시 만족할 만한 부지를 제공하여 건축이 진행된다면, 우리는 폐하의 바람에 기꺼이 맞출 수 있을 것이지만, 구두 전갈과 합의는 양측 모두 오해의 소지가 있기 때문에 정부가 제안하려는 부지 혹은 부지들의 도면을 첨부하여 적절하게 증명된 문서만 검토하고 싶습니다. 우리는 그러한 서면을 즉시 검토할 것이며, 이런 방식으로 빠른 합의에 도달할 수 있을 것이라고 믿고 있습니다.

이 제안을 하면서, 정부가 이전 계약을 당연히 위반하여 우리는 그것을 무효로 간주하고, 계약 조건에 따라 정부가 이미 지불한 10,000엔을 몰수하였으며, 현재 추가적인 협상을 진행 중인 동안에도 선교부는 언제든지 협상에서 나와 현재의 정동부지에 원하는 건물의 건축을 진행할 수 있다고 알고 있습니다."

안녕히 계십시오.
선교부를 대신하여
C. C. 빈튼 (ORA에 의하여)
O. R. 에비슨

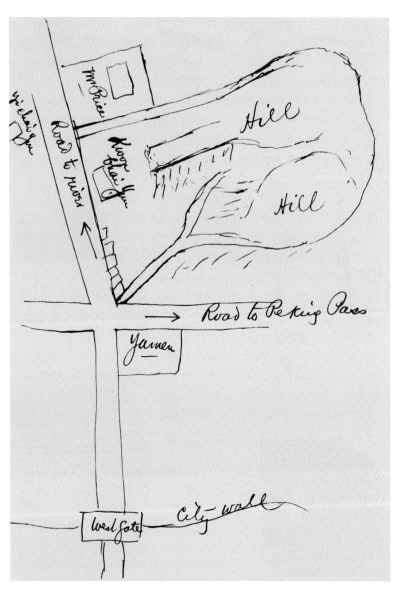

그림 5-35. 조선 정부가 제안하였던 이채연 부지

Cadwallader C. Vinton, Oliver R. Avison (Korea Mission, PCUSA), Letter to Horace N. Allen (U. S. Minister, Seoul) (May 27th, 1901)

Seoul, Korea,

May 27th, 1901

Hon. H. N. Allen, M. D.,

    U. S. Minister to Korea, etc.,

Dear Dr. Allen,

We have sent the following verbal message to the Korean Government re the sale to them of the Chong Dong property of the American Presbyterian Mission.

"We have had from the first no desire to sell the property, but have for several years refused to do so until, finally, it being represented to us that His Majesty was personally anxious to obtain it for his own use, we consented to sell it.

In due time an agreement was reached that the government should pay a certain sum of money and give a site on which to erect other houses, the site to be chosen by us. The site first mentioned lay just inside the West Gate but as it was too small for our needs it was necessary to add to it another piece of ground just outside the gate. The government, finding that the price of these sites would be greater than it had anticipated, brought the matter to the attention of the Mission's representative who suggested that a larger site be granted outside where land would be cheaper and this was agreed to.

A certain tract of land, including the Yi Chai Yun property was selected by the Mission and agreed to by the representative of the Government and papers in accordance therewith were drawn up describing the boundaries of the site and stating the time at which it should be delivered to the Mission.

At this stage the government made its first payment of 10000.00 Yen, agreeing that it should forfeit this if it failed to carry out the contract.

As the time for delivering the land to the Mission drew near the government intimated that it would not give this site and a sked the Mission to select another. Anxious on its part not to cause the government or His Majesty any unnecessary annoyance or expense, the Mission, without consenting to cancel the existing contract, several times sent representatives to meet the messengers of the government but nothing definite could be arranged because, the messages being delivered verbally, there was continual misunderstanding of one another's offers.

Relying upon the contract formerly entered into the Mission cabled to America for an architect to come out to supervise the work of building and he is now on his way here and is expected to arrive in Seoul within a few days, and as we cannot keep him idle we shall be under the necessity of beginning building as soon as possible after his arrival.

As no site has yet been given in exchange for the Chong Dong property and as the Chong Dong property suits our purposes, we shall be under the necessity, in spite of our willingness to comply with His Majesty's wishes, of building upon it.

If, however, the government really desires to obtain the property and will at once provide us with a satisfactory site in exchange so that our building operations may be proceeded with we shall be glad to meet His Majesty's wishes, but as verbal messages and agreements are so liable to misunderstanding on both sides, we shall be willing to consider only properly attested written messages, accompanied with a diagram of the site or sites which the government may desire to offer. To such written messages we will give prompt consideration and written replies and in this way we trust a speedy agreement may be reached.

While making this offer it is of course understood that we consider the former contract as having been violated by the government and therefore null and void, and that t he government has, in accordance with the terms thereof, forfeited to us the 10,000 Yen already paid over and that, even while carrying on the further negotiations now proposed, the Mission may at any time withdraw from them and proceed to erect upon the present Chong Dong property such buildings as it may desire to build."

Yours very obediently,
On behalf of the Mission,
C. C. Vinton (per ORA)
O. R. Avison

19010530

올리버 R. 에비슨(서울)이 호러스 N. 알렌(미국 공사, 서울)에게 보낸 편지 (1901년 5월 30일)

친애하는 알렌 박사님,

저는 외부로 보낸 편지134)를 동봉하는데, 그 편지는 문제가 되고 있는 모든 문제들을 다루고 있다고 생각합니다. 검토해보셔서 부족한 점이 있다면 알려주시기 바랍니다.

지금 귀하께 별 소용이 없다고 생각하지만 저는 이전의 편지도 동봉합니다.135)

안녕히 계십시오.
O. R. 에비슨

서울,
1901년 5월 30일

---

134) Cadwallader C. Vinton, Oliver R. Avison (Korea Mission, Presbyterian Church in the U. S. A.), Letter to Horace N. Allen (U. S. Minister, Seoul) (May 30th, 1901).
135) Oliver R. Avison (Seoul), Letter to Horace N. Allen (U. S. Minister, Seoul) (Apr. 29th, 1901).

Oliver R. Avison (Seoul),
Letter to Horace N. Allen (U. S. Minister, Seoul) (May 30th, 1901)

Dear Dr. Allen,

I enclose a communication addressed to the Foreign Office which I think covers all the points at issue. Kindly look it over & if wanting in any respect please let me know.

I also include the former communication though I presume it is now of no use to you.

Very sincerely.
O. R. Avison

Seoul,
May 30, 1901

캐드월러더 C. 빈튼, 올리버 R. 에비슨(미국 북장로교회 대표)이
궁내부 대신에게 보낸 편지 (1901년 5월 30일)

삼가 아뢰옵니다. 정동에 있는 미국 장로교회 기지를 귀 궁내부로 매도하는 건에 대하여 본인 등이 다음과 같이 알려드리오니 살피시기 바랍니다.

1. 본인 등은 그 기지의 매각을 원하지 않았으며, 여러 해 동안 매도에 관련된 어떠한 생각도 하지 않았습니다.

2. 귀국의 대황제 폐하께서 그 기지를 매입하는 것을 간절하게 원하신다 하여 본인 등은 폐하의 뜻을 거역하기 어려워 부득이 매각을 결의하였습니다.

3. 그 기지를 매각하고, 새로운 부지를 미국 선교부에서 지정하면 주기로 합의하였습니다. 이 합의에 따라 서대문 내 북쪽 지역을 선택하였으나 경희궁 부지가 포함되어 허가되지 않고, 대신 이 부지와 서대문 사이의 부지가 제의되었습니다. 직접 가서 보니 터가 너무 협소하여 계획한 사택을 지을 수 없다고 설명하니 그 부지를 넓혀 주겠다고 하였습니다. 그런데 그 후 귀국 정부 대리인이 그 근처 가옥 매입비용이 매우 많이 드는 것을 알고 다시 성문 밖으로 지정하면 넓은 부지를 주겠다고 말하였습니다. 이에 서대문 밖 유동(鍮洞)에 있는 이채연 가옥과 그 부근 토지를 주기로 상호간에 약속하였습니다. 사표(四標)를 정하고, 일본돈 1만 엔을 먼저 보상하고, 계약이 확정되면 제2차 보상금과 새로운 부지 양도 기한을 확정하고, 기한 전에 새로운 부지와 차액을 지급하지 않으면 선급한 1만원은 위약금으로 하기로 하였습니다.

4. 새로운 기기를 양도할 시기가 다가오자 귀 정부 대리인이 본 교회에 다시 이 부지를 줄 수 없으니 다른 곳을 지정하라고 말하였습니다. 어려움이 없게 하기 위하여 귀 정부 대리인과 수차례 만나 탐색하였으나 합당한 곳을 찾지 못하였습니다. 그런데 지금 내어주겠다는 부지는 터가 좁아 마땅하지 않습니다.

5. 이 합의가 이처럼 확실히 정해져 다른 염려가 없으리라 생각하고 본 교회는 미국에 연락하여 기술자를 초청하여 지금 한국으로 오고 있는 중입니다. 이 기술자의 고용기한이 정해져 있어 그가 한국에 도착하는 대로 일을 시작해야 합니다. 그런데 부지를 오히려 주지 않게 하셨으니 본인 등은 대황제 폐하의 뜻을 받들기를 간절히 원하오나 부득이하게 정동 부지에 건축공사를 기술

자가 도착하는 대로 시작하겠습니다.

6. 이 합의에는 5월 2일 새로운 부지를 나누어 주고 제2차 보상금 2만 4천원을 지급하기로 되어 있는데, 5월 2일이 지난 지 이미 한 달입니다. 또 이 합의에 서대문 내 교회도 사들이거나 평가액 정하고 대신 부지를 주기로 약정하였습니다.

7. 위 6항에 있는 조항을 귀 정부가 어겨 정동 대체 부지를 주지 않고, 2만 4천원을 보상하지 않았으며, 이 합의에 인장을 찍지 않고, 서대문 내 교당 대체 부지도 주지 않고 있습니다.

8. 이 합의가 이에 이르러 쓸모없게 되어 보인 등은 선급금 1만원을 약조대로 몰수하여 교회에 귀속시킬 것으로 생각합니다.

9. 만일 정부에서 부지 매입을 간절히 원하셔서 합당한 터를 선택해 주시고 건축공사를 빠르게 진행할 수 있게 하시면 본인 등이 폐하의 뜻을 받들어 계속 매각을 의논하되 제8항의 권리는 남아 있습니다. 다시 이 매각 논의를 계속하면 각종 언론에서 어떤 부지를 선택해 주던지 해당 부지의 도형을 첨부하여 와전이나 잘못된 보도를 낼 염려가 있으니 구두로는 시행하지 않게 하십시오.

10. 본 교회 대리인과 한성 판윤이 개동산에 함께 가서 살펴본즉, 이 터는 너무 좁고 너무 들어가 있으며, 도로가 성내로 왕래하기에 너무 멀어 모든 면에서 부적합합니다. 이 부지는 언론 외에 주시고, 본 교회 대리인이 본 교회에 적합한 곳을 지정하고 돌아오기를 간절히 바랍니다.

1901년 5월 30일
미국 장로교회 대리원 빈톤, 어비선
대한 궁내부 대신 각하

Cadwallader C. Vinton, Oliver R. Avison (Representatives of Presbyterian Church, U. S. A.), Letter to Minister of Household (May 30th, 1901)

Seoul, Korea,
May 30th, 1901

To the Excellency, the Minister of The Home Office.
Seoul, Korea

Sir,

Re sale of Clone Dong property of the American Presbyterian Mission to the Koran Government. we desire to make the following statements.

(1) We never wished to sell 1he property and for several years steadily refused to consider any proposition concerning it.

(2) Finally, when it was represented to us that His Majesty, the Emperor, was personally anxious to obtain it for his own use, we, desiring to comply with His Majesty's wishes, laid aside our own preferences and consented to sell it, although we would not have done so under any other circumstance.

(3) The terms of sale and purchase agreed upon were that the government should pay a certain sum of money and give a new site to be selected by the Mission, and in accordance with this agreement a site was chosen which included part of what is commonly known as the Mulberry Palace grounds. This was refused and in place of it the site between the walls of these grounds and the West Gate was offered but found to be too small to accommodate the required number of house, when the statement was made that an additional piece of ground would be given.

After making enquiry ad to the price of the property, however, the representative of the government, finding it would be very expensive offered to give a larger site if we would select one outside of the city. A certain tract of land, outside the West Gate, including the Ye Chai Yun property, was then chosen by the Mission and agreed to by the representative of the government and papers in accordance therewith were drawn up describing the boundaries of the Mission, the times of payment of the money, etc., and a first payment of 10,000.00 Yen was made, with the understanding and agreement that this sum should be forfeited to the Mission if the government failed to carry out the contract.

(4) As the time for delivering the land drew near, the government intimated that it would not give this site and asked the Mission to select another. Anxious to cause as little trouble as possible, the Mission, without consenting to cancel the existing contract, several times sent representatives to meet the messengers of the government and inspect sites, but the sites offered have been entirely inadequate.

(5) Relying upon the contract entered into by the government, the Mission cabled to America for an architect to be sent out to supervise the work of building and he is now on his way here. As the period of his engagement is limited it will be necessary for him to begin work as soon as he arrives, and, as no site has yet been given us, we shall be under the necessity, in spite of our willingness to comply with His Majesty's wishes, of building upon the present Chong Dong site.

(6) According to the contract mentioned above the government amongst other things, agreed to deliver the land upon the Second day of May now past and also upon the same day to put the government seal upon the contract and make a second money payment of 24,000.00 Yen.

The contract also included an agreement to purchase the building and site known as the Sai Mun An church, paying therefor a certain sum of money and giving a certain site definitely named in the agreement.

(7) All these parts of the contract mentioned in section 6 of this note have been violated by the government, in that the land has not been delivered, the government seal has not been placed upon the contract. the payment of 24,000. 00 Yen has not been made and the granting of the site a,greed upon for the Sai Mun An church is refused.

(8) We therefore consider the contract to be now null and void and that the government has, in accordance with the terms of the agreement. forfeited to us the 10,000.00 Yen already paid over.

(9) If. however, the government really desires to obtain the property and will

at once provide us with a satisfactory site so that building operations may be proceeded with we shall still be willing to comply with His Majesty's wishes, but it will be necessary to complete the negotiations before the arrival of our architect, and the making of the offer to continue the negotiations does not in any way affect lhe position of the Mission as laid down in section 8 of this communication.

Furthermore all communications upon the subject must be in writing, accompanied by a diagram of the site or sites which the government desires to offer. No verbal messages can be taken into consideration as they only lead to misunderstanding on both sides.

While making this offer in good faith the Mission reserves to itself the right to withdraw at any time from the negotiations and proceed to build upon the Chong Dong site.

(10) On the 28th inst. the representatives of the Mission accompanied His Excellency the Governor of Seoul and inspected the site on the Southern slope of Kai Dong San offered by the government. It is unsatisfactory for several reasons, being too small, too much shut in, and opening to a street which is too far from the West Gate, just inside of which is situated the work of those who are to occupy the new site.

Further consideration of this site is therefore out of the question but the representatives of the Mission named a site which would probably be acceptable to the Mission and we now await the reply of the government.

Very respectfully,
The American Presbyterian Mission
per
C. C. Vinton (per ORA)
and O. R. Avison

信函

敬啓者, 貞洞에 在ᄒᆞᆫ 美國 長老教會 基址를 貴宮內府 賣渡ᄒᆞᄂᆞᆫ 一事에 對ᄒᆞ야, 本人 等이 左開ᄒᆞᆫ 事를 告達ᄒᆞ오니, 照亮ᄒᆞ시옵소서.

一, 本人 等이 此基를 不願賣却ᄒᆞ야, 累年間을 該賣渡 一款은 思量치 아니ᄒᆞ얏ᄉᆞ오며,

二, 貴國 大皇帝 陛下게셔 該基를 切願買入ᄒᆞ신다 ᄒᆞ오미, 本人 等이 大皇帝 陛下의 聖意를 拂却ᄒᆞ기 難ᄒᆞ와, 不得已 決意賣納ᄒᆞ얏고,

三, 此基를 折賣ᄒᆞ고, 新基를 美國 敎會에서 指定ᄒᆞ면 劃給ᄒᆞᆯ 意로 合同을 成立ᄒᆞ온바, 該合同을 依ᄒᆞ야 新門內 北邊에 基址를 指點ᄒᆞ오니, 西闕 基址가 犯入ᄒᆞ온지라, 此ᄂᆞᆫ 不許ᄒᆞ고, 同基를 城邊으로 劃給ᄒᆞ기를 許ᄒᆞ기, 往見ᄒᆞᆫ즉 基爲狹窄ᄒᆞ야 計劃ᄒᆞᆫ 假屋을 營建치 못ᄒᆞ게기로, 所然을 說明ᄒᆞᆫ 즉, 該基를 增擴ᄒᆞ게 다ᄒᆞ더니, 其後에 貴政府 代理員이 該處家基買入ᄒᆞ기에 費額이 夥然흠을 探知ᄒᆞ고, 更言曰, 城門外로 指定ᄒᆞ면 廣大ᄒᆞᆫ 基址를 定給ᄒᆞ겟다 ᄒᆞ고, 新門外 鍮洞 李采淵 家基와 其附近處를 定給ᄒᆞ기로 彼此相約ᄒᆞ고, 四標를 定ᄒᆞ고, 一萬元 日貨를 先償ᄒᆞ고, 合同 所定 第二次 報償金과 新基 讓渡ᄒᆞᆯ 期限을 確定ᄒᆞ고, 咳 期限前 新基址와 零額을 報渡치아니ᄒᆞ면, 先給ᄒᆞᆫ 一萬元은 背約費로 見失ᄒᆞ기로 立約ᄒᆞ얏고,

四, 新基址 讓渡ᄒᆞᆯ 期가 漸近ᄒᆞ오미, 貴政府 代理員이 本敎會에 更言曰, 此基를 不得 劃給이니 他處에 指定ᄒᆞ라ᄒᆞ기, 苦難이 無케 ᄒᆞ기 爲ᄒᆞ야 貴政府 代理員과 同히 屢次 會同ᄒᆞ야 探看ᄒᆞ되, 合當ᄒᆞᆫ 處를 未得ᄒᆞ얏ᄂᆞᆫᄃᆡ 現今에 許給ᄒᆞᄂᆞᆫ 基址는 基狹ᄒᆞ야 不合하ᄋᆞ며,

五, 此合同을 若是的 確히 定ᄒᆞ야 他慮가 無ᄒᆞ오미, 本敎會에서 美國에 電報ᄒᆞ야 工師를 聘請ᄒᆞ야 方在向韓 中이온딕, 該工師의 庸限이 有ᄒᆞ온딕, 該工師가 倒韓ᄒᆞᄂᆞᆫᄃᆡ로 始役ᄒᆞᆯ터이온딕, 基址을 尙不劃給ᄒᆞ셧ᄉᆞ온즉, 本人 等이 大皇帝 陛下의 聖意 奉尊ᄒᆞ기를 切願ᄒᆞ오ᄂᆞ, 勢不得已ᄒᆞ야 貞洞 基址에 建築를 該 工師 到達ᄒᆞᄂᆞᆫᄃᆡ로 始役ᄒᆞ게ᄉᆞ오며,

六, 該合同에 五月 二日에 新基址를 劃給ᄒᆞ시고, 第二次 報償錢 二萬 四千元을 報渡ᄒᆞ기로 成約ᄒᆞ온바, 五月 二日이 過去ᄒᆞᆫ지 一朔이요, 該合同에 新門內 敎堂도 買入ᄒᆞ시ᄂᆞᆫ지, [?]價額을 報給ᄒᆞ시고 基址를 代給ᄒᆞ시기로 約定ᄒᆞ왓스나,

七, 右 六項 所載ᄒᆞᆫ 約款을 貴政府에서 背越ᄒᆞ사, 貞洞 代基를 不給ᄒᆞ시며, 二萬 四千元을 不償ᄒᆞ시며, 該合同에 印章을 不盖ᄒᆞ시며, 新門內 敎堂 代基를 不給ᄒᆞ시오미,

八, 該合同이 到此ᄒᆞ야는 無用件이 되고, 該先給錢 一萬元을 約條딕로 沒收ᄒᆞ

야, 敎會에 付屬ᄒ실줄로 本人 等은 思量ᄒ오나,

九, 萬一 政府에서 果然 基址를 深願 買入ᄒ사, 合當ᄒ 基址를 擇給ᄒ야 建築을 亟行케 ᄒ시면, 本人 等이 陛下의 聖意를 奉尊ᄒ와 繼續 議賣ᄒ되, 第八項에 權은 尙有ᄒ오며, 更히 此賣議를 繼續ᄒ면, 各樣 言論은 文子로, 何許 基址를 擇給ᄒ시든지, 該基址 圖形을 粘連ᄒ여 施行ᄒ고, 或 訛傳誤聞이 有ᄒ 慮가 不無ᄒ오민, 言語로ᄂ 施行치 아니 ᄒ게습고,

十, 本敎倉 代理員과 漢城 判尹이 開東山에 伴往ᄒ야 觀看ᄒᄌ즉, 該地가 太狹ᄒ고 너무 드러가 잇고, 向ᄒ 道路가 城內에 來往ᄒ기 太遠ᄒ야 總不合用ᄒ온지라, 차기지ᄂ 언론 외에 부ᄒ오며, 本敎會 代理員이 本敎會에 合用ᄒ 듯ᄒ 處를 指定ᄒ고, 回敎를 恭俟ᄒᄂ이다.

一天 九百 一年 五月 三十日
美國 長老敎會 代理員 須敦, 魚飛善
大韓 宮內府 大臣 閣下

19010604

올리버 R. 에비슨(서울)이 호러스 N. 알렌(미국 공사, 서울)에게 보낸 편지 (1901년 6월 4일)

한국 서울,
1901년 6월 4일

의학박사 H. N. 알렌 님, 주한 미국 공사

친애하는 알렌 박사님,

저는 어제136) 이용익 씨 및 이봉래 씨137)와 함께 제안된 부지를 둘러보았습니다. 그 제안은 계획된 철로와 뒤쪽의 높은 언덕 사이의 권채연 부지 뒤쪽 언덕의 작은 부지를 주는 것입니다. 이 제안으로 우리는 거리에서 적어도 100야드, 아마도 그 보다 더 멀리 떨어진 곳에 위치하게 될 것이고, 입구는 단지 좁은 길이며 우리가 있는 곳과 거리 사이로 철로가 지날 것입니다. 또한 그들은 계동산으로 알려져 있는 언덕에서 이전에는 길 반대편에 위치한 일부를 제안하였는데, 이번에는 언덕 꼭대기와 서대문을 향해 있는 비탈을 제안하였지만 그것과 길 사이의 부분은 거절하였습니다. 세 번째 제안은 우리에게 이채연 부지만을 주는 것이었습니다. 그들의 핑계는 어떠한 사람이든 자신들의 집을 포기하게 하는 것은 할 수 없다는 것이었지만, 제가 지적한 바와 같이 집이 없는 충분히 큰 부지를 찾기 불가능할 것입니다.

면담은 이전과 같은 불쾌한 점은 없었고, 그들은 문제를 더 고려하여 다른 제안을 하겠다고 말하였습니다.

안녕히 계십시오.
O. R. 에비슨

---

136) 1901년 6월 3일이다.
137) 이봉래(李鳳來, ? ~1916)는 경기도 이천 출신이며, 1899년 비서원승, 1900년 한성부 판윤으로 임명되었다. 1901년 서북철도국 의사장, 중추원 의관, 내부협판을 역임하였다.

Oliver R. Avison (Seoul),
Letter to Horace N. Allen (U. S. Minister, Seoul) (June 4th, 1901)

Seoul, Korea,

June 4th, 1901

Hon. H. N. Allen, M. D., U. S. Minister to Korea, etc.,

Dear Dr. Allen,

I inspected the site proposed yesterday, in company with Mr. Ye Yong Ik and Mr. Ye Pong Nai. The proposition is to give us a small piece of the hill back of Kwon Chai Yun's place between the proposed line of railway and the high hill at the rear. This would locate us at least 100 yards and probably more from the street, with only a narrow lane for an entrance and a line of railway running between us and the street. They also proposed the part of the hill known as Kai Dong San on the other side of the street, which had been proposed before, this time offering the top of the hill and the slope facing the West Gate street, but refusing the part between it and the street. A third proposition was to give us the Ye Chai Yun property alone. Their plea is that they cannot do anything that will cause any of the people to give up their houses, but, as I pointed out, it will be impossible to find a site large enough for the purpose upon which there are no houses.

The interview was free from some of the unpleasant features of the former one and they said they would consider the matter further and submit another proposition.

Yours very sincerely,

O. R. Avison

19010605

프랭크 F. 엘린우드(미국 북장로교회 해외선교본부 총무)가
J. 헌터 웰즈(평양)에게 보낸 편지 (1901년 6월 5일)

1901년 6월 5일

J. 헌터 웰즈 박사,
　한국 평양

친애하는 웰즈 박사님,

　　지난 3일138)에 개최된 선교본부의 회의에서 평양 병원의 확장을 위하여 한국 선교부가 권고한 2,000엔이 개인으로부터 받았거나 받을 것이라는 전제 하에 승인되었습니다. 병원 병동에 대한 귀하의 설명은 분명 생생하고 잘 설명이 됩니다. 우리는 그것을 승인하였으며, 귀하는 에비슨 박사 및 서울 병원과 경쟁하려는 시도를 하지 않기를 바랍니다. 그 기관을 위한 10,000달러는 승인되었는데, 기부자가 그렇게 지출하기를 바란다는 바람을 표시하였기 때문입니다. 그 사실을 알게 될 때까지 우리는 최근 평양으로부터 받은 선교부 편지에 제시된 것과 같은 견해를 가졌었습니다. 우리는 여태껏 사역을 완전히 실행 가능한 기조로, 즉 사람들이 영향을 받지 않는 기조, 그리고 그들의 자존심과 자립심을 파괴하지 않을 기조에 따라 유지하도록 노력하였습니다. 만일 재무를 나의 견해에 동의하도록 설득할 수 있다면 귀하가 이 편지보다 먼저 받았을 전보를 보낼 것입니다. 이렇게 하는 이유는 조기에 승인을 받아놓는 것이 유리할 수 있다고 생각하기 때문입니다.

(중략)

---

138) Korea. Pyeng Yang Hospital Expenditure of _____ Authorized. *Minutes [of Executive Committee, PCUSA], 1837~1919* (June 3rd, 1901).

Frank F. Ellinwood (Sec., BFM, PCUSA),
Letter to J. Hunter Wells (Pyeng Yang) (June 5th, 1901)

June 5th, 1901

Dr. J. Hunter Wells,
  Pyeng Yang, Korea

My Dear Dr. Wells:

At a meeting of the Board on the 3rd inst. the two thousand yen recommended by the Korea Mission for the enlargements of the Hospital at Pyeng Yang, was sanctioned, it being understood that the money has been or is to be given by private individuals. Your description of the hospital wards was certainly graphic and telling. I think no one would dispute the necessity involved in the case. We take it for granted, however, that you will not try to run races with Dr. Avison and the Seoul Hospital. The ten thousand dollars for that institution, is approved, because the man who gives it wishes it to be so expended. Until we knew this fact, we had taken the view which is set forth in the mission letters, lately received from Pyeng Yang. We are as anxious as ever to keep the work in a thoroughly practicable basis, one which is not out of reach of the people, and one which will not break up their self-respect and self-reliance. If I can prevail upon our Treasurer to agree with me, I shall send a cable which you will have received ere this, authorizing the outlay. The reason for this is that we suppose there may be advantages in having in early approval.

(Omitted)

19010608

프랭크 F. 엘린우드(미국 북장로교회 해외선교본부 총무)가 윌리엄 B. 헌트, J. 헌터 웰즈, 윌리엄 M. 베어드(평양)에게 보낸 편지 (1901년 6월 8일)

1901년 6월 8일

헌트, 웰즈 및 베어드 씨,
    한국 평양

친애하는 동료들,

　　나는 여러분들이 주로 다루고 있는 서울의 병원 문제, 그리고 한국 선교부에서 과거에 결실이 풍부한 좋은 결과를 얻었던 노선을 계속 유지할 필요에 대하여 다루고 있는 4월 7일, 6일 및 5일자 편지에 대해 전체적으로 한 번에 편지를 쓰고 있습니다.139) 나는 여러분들의 견해에 충분히 공감하고 있으며, 사무실의 모든 사람들도 그 점에 대해 동의하고 있다고 생각합니다. 기금을 그렇게 사용해야 한다는 것이 기부자의 바람이었다는 것을 알게 되었을 때, 우리는 서울 병원에 20,000엔을 사용하는 것에 기꺼이 따랐습니다. 같은 방식으로 개인적으로 기금이 마련되지 않는다면 선교본부가 장래에 그 기관의 모든 것을 향상시킬지는 다른 문제입니다. ……

　　나는 웰즈 박사에게 개인적으로 평양 병원의 확장과 관련된 나의 관심에 대해 편지를 썼으며, 훌륭한 사역을 하는 것 이외에 어떠한 경쟁도 시도하지 말 것을 권하였습니다.140) 만일 그가 모든 설비가 갖추어진 서울의 병원보다 더 일을 할 수 있다면 우리는 불평하지 않을 것입니다.

(중략)

---

139) J. Hunter Wells (Pyeng Yang), Letter to Frank F. Ellinwood (Sec., BFM, PCUSA) (Apr. 5th, 1901); William B. Hunt (Pyeng Yang), Letter to Frank F. Ellinwood (Sec., BFM, PCUSA) (Apr. 7th, 1901).
140) Frank F. Ellinwood (Sec., BFM, PCUSA), Letter to J. Hunter Wells (Pyeng Yang) (June 5th, 1901).

Frank F. Ellinwood (Sec., BFM, PCUSA), Letter to William B. Hunt, J. Hunter Wells, William M. Baird (Pyeng Yang) (June 8th, 1901)

June 8th, 1901

Messrs. Hunt, Wells, and Baird,
    Pyeng Yang, Korea

Dear Friends:

I write you all in one group in regard to your letter of April 7th, 6th, and 5th respectively, in which you deal largely with hospital questions at Seoul, and the need of keeping on the lines which have been so fruitful of good results in the past of the Korea Mission and I am in full accord with your views, and I think everyone in the office agrees with me therein. We acquiesced in the use of twenty thousand yen in a hospital in Seoul very cheerfully, when we learned that it was the wish of the donor that the money should be so expended. Whether the Board will be ready to level up everything else in the future of the institution to this high mark, is another question unless the money should be given in the same way as a private matter. ......

I have written Dr. Wells expressing personally my interest to the enlargement of the Pyeng Yang hospital and have suggested that he do not even try to run any races with the hospital in Seoul, except to do good work, and if more can be done than with all the appliances in Seoul, we shall not complain.

(Omitted)

올리버 R. 에비슨(서울)이 호러스 N. 알렌(미국 공사, 서울)에게 보낸 편지 (1901년 6월 14일)

한국 서울,
6월 14일

친애하는 알렌 박사님,

며칠 전 이용익이 전에 중개인으로 활동하였던 사람을 전령으로, 우리가 이미 너무 작다고 판단을 내렸던 서대문 바깥의 부지와 관련한 구두 전갈과 함께 저에게 보내었습니다. 이미 내린 결정과 귀하를 통해 외부(外部)로 전한 것에 따라 저는 전령에게 이용익으로부터 서면 편지와 함께 제안된 부지의 도면을 갖고 와야 하며, 그가 그렇게 하자마자 둘러보고 답을 알려주겠다고 이야기하였습니다. 이후 그는 돌아오지 않았습니다.

건축가는 5월 6일 밴쿠버에서 출항할 예정이었는데, (서부) 해안에서 가격을 포함하여 자재들을 구입할 가능성에 대한 정보를 얻기 위해 배를 기다리고 있으며, 5월 27일에 출항할 것이라는 전언을 받았습니다. 이에 따라 그는 지난 월요일인 6월 10일 요코하마에 상륙하였을 것입니다. 물론 우리는 그가 일본에서 어느 배를 탈지 말할 수 없지만, 저는 2주일 내에 언제이건 그를 보게 될 것으로 생각합니다.

우리 (서울) 지부는 다음 월요일 회의를 가질 예정이며, 저는 회원들에게 병원 부지와 관련한 모종의 제안을 제출하여 그 회의에서 결정될 것입니다.

이 문제와 관련하여 귀하께서 보여주시는 관심에 감사를 드립니다.

안녕히 계십시오.
O. R. 에비슨

Oliver R. Avison (Seoul),
Letter to Horace N. Allen (U. S. Minister, Seoul) (June 14th, 1901)

Seoul, Korea,
June 14th

Dear Dr. Allen,

A few days ago Ye Yong Ik sent to me the messenger who had formerly acted as a go-between with a verbal message with reference to a site outside the West Gate which I judge to be one which had already been adjudged too small. In accordance with the conclusion already arrived at and communicated to the Foreign Office through you I told the messenger that he should bring a diagram of the proposed site with a written message from Ye Yong Ik and that as soon as he did so it would be inspected and an answer returned. He has not since returned.

The Architect was to have sailed from Vancouver May 6th but we received word that he was waiting over a boat to get information at the Coast as to the possibility of getting supplies there, with prices &c? and that he would sail on the 27th of May. This would land him in Yokohama June 10th which was last Monday. We cannot tell of course what boat he will get from Japan but I presume we may look for him at any time within two weeks.

Our Station will meet for business next Monday and I have laid before the members certain propositions concerning the Hospital site which will be decided upon at that time.

Thanking you for the interest you are manifesting in the matter,

Yours very sincerely,
O. R. Avison

19010617

한국. 서울 병원. 미국 북장로교회 해외선교본부 실행이사회 회의록
(1901년 6월 17일)

한국. 서울 병원. 서울의 병원 및 다른 건물에 대한 문제가 제출되었으며, 재정 위원회로 위임되었다.

Korea. Hospital Seoul. *Minutes [of Executive Committee, PCUSA], 1837~1919* (June 17th, 1901)

Korea. Hospital Seoul. The question of the hospital and other buildings in Seoul, was brought up and referred to the Finance Committee with power.

19010618

회의록, 한국 선교부 서울 지부(미국 북장로교회) 1891~1921
(1901년 6월 18일)

1901년 6월 18일

서울 지부의 정기 월례회의가 에비슨 박사 병원의 사택에서 열렸으며, 성경 봉독과 기도로 개회하였다. 선교본부가 특별히 파송한 건축가인 H. B. 고든 씨가 처음으로 참석하였다. 지난 두 번 회의의 회의록이 낭독되었고 채택되었으며, 선교본부의 5월 7일자 편지가 낭독되었다.[141] 에비슨 박사, 도티 양, 그리고 고든 씨가 밀러 씨 사택에 관한 언급이 있는 선교본부의 5월 7일자 편지에 대하여 선교본부와 연락을 취하도록 위원회에 임명되었다.

(중략)

언더우드 박사의 조사 중 한 명을 줄이는 문제는 재고하지 않았으며, 언더우드 박사가 2명의 조사에게 자신의 업무를 수행하도록 허용하였고, 에비슨 박사와 샤프 씨가 그것의 책임을 맡도록 임명되었음으로 지부는 그들을 에비슨 박사와 샤프 씨의 조사로 계속 일하도록 투표에 의해 5대 2로 결정하였다.

(중략)

에비슨 박사와 샤프 씨에게 별도의 조사가 승인되었기에 예산 삭감의 문제는 에비슨 박사와 빈튼 박사로 구성된 위원회에 회부되었고 후의 회의에서 보고하도록 하였다.

연례회의 전에 분명한 보고서를 제출하기 위하여 설립, 교과 과정 등 중등학교의 전체 문제를 검토하고, 지부의 후의 회의에서 보고하도록 특별 위원회를 임명하자는 동의가 있었고 통과되었다. 의장은 게일 씨, 에비슨 박사, 그리고 (에드워드) 밀러 씨와 빈튼 박사를 이 위원회에 임명하였다.

(중략)

월례 보고가 낭독되었고, 다음의 청구가 있었다.

......

에비슨 박사   305.00달러

(중략)

---

141) Frank F. Ellinwood (Sec., BFM, PCUSA), Letter to the Korea Mission (May 7th, 1901).

Minutes, Seoul Station, Korea, 1891~1921 (PCUSA) (June 18th, 1901)

June 18th, 1901

The regular monthly meeting of Seoul Station convened at the house of Dr. Avison Hospital Residence and was opened with the reading of Scripture and prayer. Mr. H. B. Gordon the architect sent out specially by the Board who present for the first time. The minutes of the last two meetings was read and adopted; also a communication from the Board dated May 7th was read. Dr. Avison, Miss Doty and Mr. Gordon were appointed a committee to correspond with the Board regarding the statement in their letter of May 7th in reference to Mr. Miller's house.

(Omitted)

The question of cutting off of one of Dr. Underwood's helpers was not reconsidered and it was decided by a vote of five to two that whereas Dr. Underwood had been allowed two helpers to carry on his work and as Dr. Avison and Mr. Sharp have been appointed to take charge of the same we continue them as Dr. Avison's and Mr. Sharp's helpers.

(Omitted)

The matter of readjusting the cut in view of granting and extra helper for Dr. Avison and Mr. Sharp was referred to a committee consisting of Dr. Avison and Dr. Vinton to report at a future meeting.

Moved and carried that a special committee be appointed to take into consideration the whole matter of an academy, plans for its establishment, curriculum of studies, etc. to report at a future meeting of the Station in order to prepare a definite statement to be brought before the Annual Meeting. Mr. Gale, Dr. Avison and Mr. Miller were appointed by the Chairman _____ Dr. Vinton as this Committee.

(Omitted)

Reports for the month were read and orders as follows:

......

Dr. Avison $ 305.00

(Omitted)

19010619

올리버 R. 에비슨(서울)이 호러스 N. 알렌(미국 공사, 서울)에게 보낸 편지 (1901년 6월 19일)

서울,

1901년 6월 19일

의학박사 H. N. 알렌 님,
    주한 미국 공사

친애하는 알렌 박사님,

　우리의 건축가인 캐나다 토론토의 H. B. 고든 씨가 이번 주 월요일[142] 저녁에 서울에 도착하였습니다. 그는 아마 오늘 박사님을 방문하고 싶어 합니다. 저는 어제 저녁 그와 오랜 대화를 가졌으며, 오늘 오후 그와 함께 몇몇 부지를 둘러보기 위한 계획을 짰지만, 빈튼 박사가 그 사이에 그를 데리고 박사님을 방문할 수 있기를 바라고 있습니다. 어제, 그리고 오늘 아침 벌써 이용익이 보낸 전령이 편지나 도면이 없이 저에게 왔기에 저는 그들에게 이것을 위해 그(이용익)에게 되돌아가도록 하였습니다. 저는 또한 그들에게 건축가가 이미 도착하였으며, 건축 계획을 주의 깊게 살피고 있기에 그들이 무엇인가 하고 싶어 한다면 즉시 행동을 취해야 할 것이라고 말하였습니다. 저는 병원 목적으로 이용될 한 두 부지에 대해 논의하고 가능하다면 결정하기 위해 지부의 특별 회의를 오늘 저녁에 갖기를 바라고 있습니다.[143]

　안녕히 계십시오.
　O. R. 에비슨

---

142) 6월 17일이다.
143) 특별 회의는 이튿 날인 6월 20일에 열렸다.

Oliver R. Avison (Seoul),
Letter to Horace N. Allen (U. S. Minister, Seoul) (June 19th, 1901)

Seoul, June 19th, 1901

Hon. H. N. Allen, M. D.,
    U. S. Minister to Korea &c.,

Dear Dr. Allen,

Our architect, Mr. H. B. Gordon, of Toronto, Canada, arrived in Seoul on Monday evening of this week. He hopes to call upon you perhaps to-day. I had a long conference with him last evening and have arranged to go out with him this afternoon to see some sites but I hope Dr. Vinton will be able to take him over to call on you in the meantime. Messengers came yesterday and again already this morning from Ye Yong Ik but without either letter or diagram and I asked them to go back to him for these. I also told them to inform him that the architect had already arrived and was already proceeding to look into the plans for buildings so that if they desired to do anything they must act promptly. I hope to have a special meeting of the Station held this evening to discuss and if possible decide upon one or more sites which would serve for hospital purposes.

Yours very sincerely,
O. R. Avison

회의록, 한국 선교부 서울 지부(미국 북장로교회) 1891~1921
(1901년 6월 20일)

한국 서울,
1901년 6월 20일

지부는 병원 사택에서 특별 회의를 열었다. 회의는 성경 봉독과 기도로 개회하였다. 빈튼 박사는 의장을 맡았다. 회의의 목적이 병원 부지 및 정동 부지에 대해 검토하는 것임을 알린 후, 정동 부지 위원회로 하여금 건축가가 이곳에 있으며, 7월 1일까지 부지를 넘겨받지 않는다면 우리는 건축을 시작할 것이라는 것을 조선 정부에 알리도록 하자고 동의되었고 통과되었다..

병원을 위한 부지에 대해 고든 씨는 다음과 같이 언급하였다. 현재의 부지에 병원을 짓기 위해서는 비달 소령의 주택이 필요하고, 제안된 남산 부지는 건강에 좋지만 승인이 나있지 않다. 남묘 부근의 제안된 남대문 부지는 가장 바람직한 것으로 생각된다.

서울 지부는 에비슨 박사가 다음의 편지를 조선 정부로 보내는 것을 승인하자고 동의되었고 통과되었다. 즉, 만일 그들이 우리의 현재 병원을 공적 기관으로 취급한다면, 그들은 현재의 사택 부지에 대한 분명한 문서를 주고 비달 소령의 부지와 그 서쪽에 바로 위치한 충분한 부지를 선교부에 선물로 주거나, 대안으로서 정부는 남대문 바깥의 길 동쪽에 위치한, 성벽에서 큰 길에 있는 집이 뒤쪽까지의 언덕을, 적절한 승인과 함께 선교부에 주어야 한다.

(중략)

Minutes, Seoul Station, Korea, 1891~1921 (PCUSA) (June 20th, 1901)

June 20th, 1901

The Station convened in special meeting at the Hospital Residence. It was opened with reading of Scripture and prayer. Dr. Vinton occupied the chair. After stating that the object of the meeting was to consider plans for Hospital Site & Chung Dong Property it was moved and carried that the committee on Chung Dong Property is instructed to inform the Government that the architect was here and that unless by July 1st they take over the land we shall begin building.

After a view of the possible sites for Hospital Mr. Gordon made a statement to this effect: The present site needed the house of major Vidal to complete its. The Nam San proposed site was salubrious but without approval. The South Gate proposed site near the Temple of the God of War was considered must desirable.

It was moved and carried that Seoul Station approve of Dr Avison's sending the following communication to the Korean Government namely that if they take our the present hospital as an official Yamen they give a clear deed for the present residence ground and make a gift to the mission of major Vidal property with sufficient ground immediately to the west of it, or as an alternative that the Government make a grant of the hill lying to the east of the Road outside of the South Gate from the wall to the rear of the houses to the main street with a suitable approval thereto.

(Omitted)

19010620

프랭크 F. 엘린우드(미국 북장로교회 해외선교본부 총무)가 에바 H. 필드(서울)에게 보낸 편지 (1901년 6월 20일)

(중략)

귀하는 편지에서 10,000달러는 병원 건물과 설비에 사용하고, 왕으로부터 받는 것은 현 병원의 수리 및 새 병원의 담장 등에 사용하기를 희망하고 있습니다. 나는 귀하가 "왕으로부터 받는 것"이 무엇을 의미하는지 다소 의문이 갑니다. 귀하는 왕이 병원을 위해 줄 무엇을 의미 합니까 혹은 우리 정동 건물의 대가로 받는 돈을 의미합니까? 이곳 선교본부에서는 이 돈 문제의 조정과 관련하여 다소 걱정을 하고 있으며, 우리는 무슨 건물을 건축해야 하는지 등에 관해 상당한 의문을 갖고 있습니다. 만일 왕이 거래를 취소한다면 전면적으로 지연될 것입니다.

(중략)

Frank F. Ellinwood (Sec., BFM, PCUSA),
Letter to Eva H. Field (Seoul) (June 20th, 1901)

(Omitted)

You say in your letter that you hope to put the ten thousand dollars into the building of the hospital and equipment and what you get from the King is to be used in repairing the present hospital, and building the walls, etc. for the new one. I am a little in doubt as to just what you mean by "what we get from the King." Do you mean something that he shall give for the hospital, or do you mean money that comes from the sake of our Chong Dong buildings? There is a little anxiety here on our part in regard to the adjustment of these money matters, and we have a good deal of question as to what buildings are to be erected, etc. If the King withdraws from the bargain made, of course there will be delay all along the line.

(Omitted)

아서 J. 브라운(미국 북장로교회 해외선교본부 총무)이
한국 선교부로 보낸 편지 (1901년 6월 20일)

(중략)

그[엘린우드 박사]와 우리 모두는 에비슨 박사로부터 편지를 다시 받은 것에 기뻐하였는데,[144] 그것은 결론적으로 그의 건강이 완전히 좋은 상태는 아닐 지라도 최소한 편지를 쓸 수 있다는 것을 보여 주었기 때문입니다. 그가 이야기한 문제, 즉 스트롱 양의 귀국은 이미 조치를 취하였고 선교부에 통지하였습니다.

(중략)

Arthur J. Brown (Sec., BFM, PCUSA),
Letter to the Korea Mission (June 20th, 1901)

(Omitted)

He was glad, as we all were, to receive once again a letter from Dr. Avison, because it showed conclusively that he was, if not entirely well, at least able for correspondence. The matter of which he spoke, namely, Miss Strong's return, had already been acted upon and the Mission notified.

(Omitted)

---

144) Oliver R. Avison (Seoul), Letter to Frank F. Ellinwood (Sec., BFM, PCUSA) (May 24th, 1901).

호러스 N. 알렌(미국 공사)이
박제순(외부 대신)에게 보낸 외교문서 제284호 (1901년 6월 25일)

미합중국 공사관
한국 서울

조회 284호   1901년 6월 25일

각하,

  귀 정부가 이 공사관 옆에 있는 미국인 부지의 매입과 관련한 제가 보낸 5월 30일자 문서 제280호와 관련하여, 이제 저는 귀하께 건축사가 미국으로부터 도착하였으며, 7월 [1일] 전에 부지 거래가 완료되지 않는다면, 우리 국민들이 정동 부지에 건축 시작을 계획하고 있다는 것을 알려드리고자 합니다.

  따라서 저는 이전 편지에 언급한, 수행되어야 할 기간에 대하여 언급 드려야겠습니다.

  여러 번 언급되었던 제중원 부지의 구입과 관련하여, 우리 국민들은 이 문제도 지연되는 것을 바라고 있지 않은데, 그들은 정부는 병원 건물 자체만 되돌려 받을 것을 제안하고 있으며, 폐하께서 기부하기로 제의한 부지 대신에 병원 부지 옆의 프랑스 인 비달 대위의 사택이 팔리고 나와 있기 때문에 그것을 줄 것을 제안하고 있습니다.

  저는 이 문제와 관련하여 받은 두 통의 편지 사본을 동봉합니다.

  안녕히 계십시오.
  호러스 N. 알렌

  대한 외부 대신
  박제순 각하

照會 第二百八十四號

大美 欽命駐箚漢城便宜行事大臣 兼 總領事 安, 爲照會事, 照得, 貞洞 所在 美國 教會 基址之自 貴政府 買入一事, 以第二百八十號, 上月 三十日, 已經 照會在案, 查 該工師 今自美國巳到漢城, 該敎人 等 報稱, 將於開月 一日 始役 建築, 而伊前 韓國 政府 倘不定給 一相當 基地, 勢不得已 始役於 貞洞 基址 等語, 本 大臣 今此 信明 前此照會, 以爲照辦, 至於 濟衆院之自 貴政府 贖還事, 我民 申稱, 此事亦 不要延拕, 且要代給 相合地 其後, 可以讓納, 而法人 飛達 所居 家屋 方在 出租, 此若買給, 可 以 合用 等語, 准此, 相應 備文 照會, 請煩 貴大臣 查照辦理可也, 須至照會子,

右照會.

大韓 外部 大臣 朴 閣下

Horace N. Allen (U. S. Minister, Seoul), Dispatch No. 284, to Pak Chai Soon (Minister for Foreign Affairs) (June 25th, 1901)

Legation of the United States of America

Seoul, Korea

No. 284 F. O.   June 25, 1901

Your Excellency,

Referring to my letter of May 30. No. 280 in regard to the purchase by your Government of the American property next to this Legation, I now have the honor to inform you that the architect has arrived from America and my people propose to begin building on the Chong Dong property on July unless the property transaction is completed before that time.

I must therefore refer you to the terms of my previous letter, which will have to carried out.

In regard to the purchase of the Government Hospital site, which has been mentioned several times: My people do not wish to delay in this matter either, and they propose that the Government only take back the hospital house itself, and in lieu of a site offered by a gift by His Majesty, they propose that the house of the French Citizen Col. Vidal, next to tbc hospital grounds, be given them, as this house is for sale.

I enclose copies of two letters I have received on the subject.

I have the honor to be.

Sir,

Your obedient servant,

Horace N. Allen

His Excellency

Pak Chai Soon

Minister for Foreign Affairs, Seoul

올리버 R. 에비슨(미국 북장로교회)이
호러스 N. 알렌(미국 공사)에게 보낸 편지 (1901년 6월 24일)

서울,
1901년 6월 24일

친애하는 알렌 박사님,

우리는 요청할 새로운 병원 기지와 관련하여 다음과 같이 결정하였습니다.

(1) 폐하가 현 병원 부지를 넘겨받는 것과 관련하여 우리는 그가 병원 건물
만 돌려받고 현재 우리의 주택 및 부지는 남겨두며, 우리에게 병원 부지를 기부
하겠다는 호의를 이행함에 있어 내 집과 여성들의 사택 사이에 위치해 있으며,
바로 서쪽의 큰 부지와 함께 매물로 나와 있다고 들은 비달 대령 소유의 부지
가 병원 목적으로 충분히 큰 부지가 될 것이기에 그것을 우리에게 줄 것을 삼
가 제안하는 바이다.

(2) 대안으로 우리는 남대문 바로 바깥의 남대문로 왼쪽에 있는 언덕의 측
면을 제안한다.

이 문제를 폐하께 제출하는데 있어 저는 우선 귀하의 제안과 폐하가 업무
와 관련하여 저에게 보낸 전령의 요청에 따를 것이며, 통역 책임자인 고 씨와
직접 의견을 나눌 것입니다. 저는 이 문제를 다루기 시작하기 전에 정동 부지
문제가 만족스럽게 해결될 수 있다면 (조선 정부와의) 관계가 덜 긴장될 것이
기에 기쁠 것입니다. 아마도 그렇게 될 것입니다.

귀하는 어떤 제안을 갖고 있습니까?

안녕히 계십시오.
O. R. 에비슨

Oliver R. Avison (Presbyterian Church, U. S. A.),
Letter to Horace N. Allen (U. S. Minister, Seoul) (June 24th, 1901)

Seoul,

June 24th, 1901

Dear Dr. Allen:

We have decided with reference to the new hospital site to ask as follows:

(1) In connection with the taking over by His Majesty of the present hospital property we would respectfully suggest that he take only the hospital proper, leaving to us our present houses and sites and that in carrying out his kind offer to donate to us a site for the hospital he give us the property owned by Col. Vidal which lies between my house and that of the ladies and which we are told is on the market together with as much land directly to the West of it as will make the site large enough for hospital purposes.

(2) As an alternative we propose the side of the hill to the left side of the South Gate street just outside of the South Gate.

In bringing this matter before His Majesty I shall, following your suggestion and the request of the messenger which His Majesty sent to me about the business in the first place, communicate directly with Mr. Ko, chief of the bureau of interpreters. I should have been glad if the matter of the Chong Dong property could have been satisfactorily settled before beginning this matter up as it would leave the way clear for less strained relations: perhaps that will happen.

Have you any suggestions to offer?

Yours very sincerely,

O. R. Avison

19010624

올리버 R. 에비슨(미국 북장로교회)이
호러스 N. 알렌(미국 공사)에게 보낸 편지 (1901년 6월 24일a)

서울,
1901년 6월 24일

의학박사 H. N. 알렌 님,
   주한 미국 공사

친애하는 알렌 박사님,

정동 부지에 관하여

　며칠 전에 열린 회의145)에서 서울 지부는 만일 새 부지가 7월 1일까지 가망이 없다면, 고든 씨는 웸볼드 양이 살고 있는 사택, 즉 귀하가 아시는 것처럼 빈튼 박사가 이전에 살았던 집, 뒤의 언덕에 그녀를 위한 사택의 건축 준비를 해야 한다는 결의를 통과시켰습니다.

　우리는 폐하가 부지를 확보하고 싶어 한다는 것을 알고 있기 때문에 그렇게 하는 것이 대단히 싫지만, 건축가가 이곳에 있어 우리는 그가 일을 하게 해야만 합니다.

　귀하께서는 이 결정에 대하여 정부와 의견을 나누어 주시고, 동시에 그들에게 우리가 이 조치를 취하게 되어 유감스럽다는 것을 표현해 주시겠습니까?

　조선 정부는 지난 토요일146) 우리가 포기하였던 부지와 같은 크기의 성벽 내 부지를 받아들일지 알고자 저에게 다른 전령을 보내었는데, 저는 새 부지가 충분히 높고 사택 세 채를 지을 수 있으며 그곳을 사용할 사람들이 수행할 업무와 관련하여 적절하게 위치해 있다면 거절할 이유가 없다고 대답하였다는 것을 말씀드립니다. 그러자 전령은 우리가 즉시 그것을 보고 대답하고 싶을 때, 이용익의 편지와 함께 제안된 부지의 도면을 지참할 것을 요청하였습니다.

　제 때에 이 문제가 만족스럽게 해결될 것으로 믿으며.

안녕히 계십시오.
O. R. 에비슨

---

145) *Minutes, Seoul Station, Korea, 1891~1921* (PCUSA) (June 20th, 1901).
146) 6월 22일이다.

Oliver R. Avison (Presbyterian Church, U. S. A.), Letter to Horace N. Allen (U. S. Minister, Seoul) (June 24th, 1901)

Seoul,
June 24th, 1901

Hon. Dr. H. N. Allen,

U. S. Minister to Korea, etc.

Dear Dr. Allen:

Re. Chong Dong property

At a meeting held a few days ago Seoul Station passed a resolution to the effect that if a new site was not in prospect by July 1st, Mr. Gordon should prepare plans for the erection of a house for Miss Wambold on the hill behind the house she now occupies which as you know is the one formerly occupied by Dr. Vinton.

We shall be very loth to do this because we know that His Majesty is anxious to secure the property but as the architect is here we shall be compelled to let him get to work.

Will you please communicate this decision to the government and at the same time express to them the regret that we feel in taking this step?

I may say that the government sent still another messenger to me last Saturday to know if we would accept a site within the walls of the same size as the one we are giving up and I replied that I saw no reason for refusing to do so provided the new site was sufficiently high, afforded room for three houses and was suitably located with reference to the work being carried on by the people who were to occupy them. The messenger was then asked to bring a diagram of the proposed site with a letter from Ye Yong Ik when we would at once inspect it and reply.

Trusting the matter may yet be satisfactorily arranged in time.

Yours very respectfully,

O. R. Avison

19010628

새뮤얼 A. 마펫(위원장, 평양 지부), [서울 병원에 관한 평양 (지부)의 결의] (1901년 6월 28일 접수)

접수
1901년 6월 28일
엘린우드 박사

서울 병원에 관한 평양 (지부)의 결의

다음 조건하에서 서울에 의료 기지를 건설하는데 10,000달러가 적은 금액이 아니라는 것이 평양 지부의 견해임을 의결한다. 또한 현재 의료진의 필요를 충족시키는 적정 규모의 설비가 잘 갖추어진 기지 이상은 필요하지 않으며, 만일 승인이 된다면 우리 선교 사역 전체에 해가 될 것이라는 굳건하고 이의 없는 견해를 갖고 있다. 따라서 다음과 같이 추가로 의결한다.

우리는 이 총액을 넘는 기지의 확장을 위한 어떠한 계획도 찬성하지 않는다.

우리는 병원의 운영비로 선교본부의 예산중에서 연 1,500엔 이상 배정하는 것을 찬성하지 않는다.

우리는 기지에 다른 의사를 임명하는 것을 찬성하지 않는다.

우리가 위에서 "의료 기지"라 함은, 한 곳이든 그 이상의 중심이든 서울의 전체 의료 사업을 의미하며, 그런 기지나 지역 중심은 담장, 하수구, 딴채, 가구, 진료소, 수술실, 설비 그리고 약방의 비축품 등을 모두 포함한다.

[위의 내용을 담은 원래 문서는 평양 지부의 투표권이 있는 모든 회원이 서명하여 A. J. 브라운 박사에게 제출하였다. - S. A. 마펫, 위원장]

Samuel A. Moffett (Chairman, Pyeng Yang Station), [Resolution of Pyeng Yang in Re. Seoul Hospital] (Rec'd June 28th, 1901)

Received
JUN 28 1901
Dr. Ellinwood

Resolution of Pyeng Yang in Re. Seoul Hospital

Resolved - that it be the opinion of Pyengyang Station that under the following conditions 10,000 yen would be too small for the establishment of a medical plant in Seoul. We are also strongly and unanimously of the opinion that anything more than a moderate-sized, well-equipped plant to meet the needs of the present staff of physicians is not called for and would if granted be injurious to our work as a whole. Therefore - it is further Resolved - that we do not approve of any plan looking toward the enlargement of the plant beyond this sum;

That we do not favor an annual outlay of Board money for running expenses of more than 1,500 yen;

That we do not favor the appointment of another physician to the plant.

By the term "Medical plant" in the above, we mean the entire medical work of Seoul, whether in one or more centers, and that such plant or local centers is, or are, to be complete in and of itself or themselves, including all such items as walls, drainage, outbuildings, furniture, dispensary and operating room, equipment and the stocking of the drug room.

[The original copy of the above was signed by all the voting members of the Pyengyang Station and given to Dr. A. J. Brown. - S. A. Moffett, Chairman]

19010705

올리버 R. 에비슨(서울)이
윌리엄 B. 스크랜턴(서울)에게 보낸 소견서 (1901년 7월 5일)

한국 서울,
1901년 7월 5일

친애하는 스크랜턴 박사님,

박사님의 어머니 M. F. 스크랜턴 부인은 이런 기후에서 질병으로부터 그녀가 예상할 수 있는 상태로 상당히 회복되었다는 것이 저의 견해입니다. 그녀가 앓고 있는 만성 설사는 아마도 억제할 수 있을 뿐 이곳에서 완치할 수 없습니다. 그리고 그녀에게 급성 설사가 재발할 가능성이 대단히 높은데, 그것은 그녀를 대단히 위태롭게 할 것입니다. 아마도 고국의 기후로 돌아가는 것이 크게 도움이 되고 완전히 회복시킬 수도 있을 것이며, 저는 그런 결과를 얻을 수 있는 유일한 방안으로 그렇게 하도록 권하는 바입니다.

안녕히 계십시오.
O. R. 에비슨, 의학박사
장로교회 선교사

Oliver R. Avison (Seoul),
Letter to William B. Scranton (Seoul) (July 5th, 1901)

Seoul, Korea

July 5th, 1901

Dear Dr. Scranton: -

I am of the opinion that your mother, Mrs. M. F. Scranton, has made much progress towards recovery from her illness as she can expect to do in this climate. The chronic diarrhea from which she is suffering, can probably only be kept in check and not cured here, while she will be very liable to relapses of acute diarrhea, which very such endanger her. Returning to her native climate will probably be of great advantage and may thoroughly restore her, and I would advise such a course, as the only one likely to secure such a result.

Yours very sincerely,

O. R. Avison, M. D.

Missionary of the Presbyterian Church

윌리엄 B. 스크랜턴(서울)이 애드너 B. 레너드
(미국 북감리교회 교신 총무)에게 보낸 편지 (1901년 7월 6일)

미국 북감리교회
한국 선교부
의학박사 W. B. 스크랜턴 목사
감리사

한국 서울,
1901년 7월 6일

선교본부 총무실 귀중

친애하는 형제께,

저는 대단히 심각한 문제에 직면해 있습니다. 어머니가 지난 겨울 내내 위독하였습니다. 우리는 아마도 여러 번 그녀가 봄까지 살 수 없을 것이라고 생각하였습니다. 그녀는 그랬었는데 날씨가 따뜻해지면서 충분히 여행을 할 수 있을 정도로 가까스로 회복되었습니다. 저와 함께 기꺼이 진료를 하고 있는 장로교회 선교부의 O. R. 에비슨 박사는 어머니가 이곳의 이런 기후에서 예상할 수 있는 모든 것을 회복하였으며, 다소의 희망으로 제가 어머니를 즉시 미국으로 데려가라고 권하고 있습니다.

(중략)

William B. Scranton (Seoul),
Letter to the Missionary Secretary (BFM, MEC) (July 6th, 1901)

Korea Mission of the
Methodist Episcopal Church
Rev, W. B. Scranton, M. D.
Superintendent

Seoul, Korea
July 6th, 1901

To the Missionary Secretary,

Dear Brother: -

I am brought face to face with a very serious question. My mother has been seriously and dangerously ill during the whole of the past winter. We thought it probably several times during that period that she could not live until the Spring. She has done so and with the warmer weather, she has managed to pick up again sufficiently to enable her to travel. Dr. O. R. Avison of the Presbyterian Mission who has kindly shared the responsibility of the case with me, gives it as his judgment, that my mother has gained all that she can expect to do here, in this climate, and recommends, with some hope, that I should take her at once to the U. S.

(Omitted)

19010709

호러스 N. 알렌(서울)이 프랭크 F. 엘린우드(미국 북장로교회 해외선교본부 총무)에게 보낸 편지 (1901년 7월 9일)

미합중국 공사관

접수
1901년 8월 21일
엘린우드 박사

한국 서울,
1901년 7월 9일

신학박사 F. F. 엘린우드 목사,
　　뉴욕 시 5가(街) 156

친애하는 박사님,

　　박사님께서 색인(Index)을 좋아하셨다고 들어 기쁩니다. 박사님의 5월 23일 자 편지147)에 언급된 병원 문제는 제가 조언을 드리기 어렵습니다. 박사님께서 아시는 것 같이 저는 병원을 믿고 있습니다. 너무도 많은 의료인들이 서울로 왔기에 이전만큼 병원이 필요하지는 않습니다. 하지만 제기된 논점, 즉 그렇게 거액을 사용하는 것이 나쁜 선례를 만들지 않을까하는 것은 훌륭한 것 같습니다. 제 생각에 이것에 대한 대답은 사람들이 이 문제에 대한 너무도 관심을 적게 둘 것이기에 그들이 그것에 의해 반대로 영향을 받을 것이라고 생각하지 않는다는 것입니다.

　　저는 병원이 순수한 선교 사업으로서 더 이상 필요하지 않다는 견해를 갖고 있습니다. 저는 중국의 문제에서 배울 수 있는 교훈은 이 이교도 국가들의 내륙에는 여자가 허용되어서는 안 되며, 선교 사업은 주로 안전한 항구에 국한시키되 그곳에서 초등학교와 신학교를 유지하며 복음의 보급을 위해 대형 출판사를 운영해야 한다고 생각합니다. 이들 중심으로부터 현지인 교사들이 전국으로 갈 수 있으며, 순회하는 남자 선교사들의 감독을 받는 교회를 설립할 수 있습니다. 가톨릭 교회는 그들 중에 의료인이 없어도 어려움을 겪은 것 같지 않습니다.

　　사실 감리교회는 서울에서 의료 사업을 대부분 포기하였습니다. 저는 이것

---

147) Frank F. Ellinwood (Sec., BFM, PCUSA), Letter to Horace N. Allen (U. S. Minister, Seoul) (May 23rd, 1901).

이 3명이 결핵으로 사망한 의료 인력과 관련된 어려움 때문이라고 생각합니다. 잘 모르겠지만 저는 박사님보다 그들이 한국에서 더 많은 경비를 지출하였다고 생각하지만, 그들은 박사님의 수천에 비해 단지 수백만을 갖고 있습니다. 그들의 방식은 박사님께 큰 영향을 미치지 못하였습니다.

저는 순수한 자선 사업으로서 의료 선교 사업은 대단히 높은 순위에 두어야 한다고 생각합니다. 복음의 전파의 수단으로서 저는 그것이 오랫동안 생각되어온 것과 같이 중요하다고 생각하지 않습니다. 그런 사업에 대한 약간의 비난을 피하는 것은 불가능하며, 그렇지 않으면 협잡꾼들이 너무도 크게 이익을 볼 것입니다. 하지만 비난이 작으면 무지한 현지인들은 그가 '물건을 구입'하였고 은혜를 입었다고 생각합니다. 그것에 의해 그는 특별히 기독교를 향한 영향을 받지 않습니다.

저는 서울에 고가의 병원을 건축하는 것이 한국에서 어떤 식이건 어느 지역이건 박사님의 사업에 손상을 줄 것이라고 믿고 있지 않으며, 또한 그것이 박사님의 진정한 사역의 효율성을 크게 증가시킬 것이라고 생각하지 않습니다. 저는 그것이 선한 일을 많이 하게 될 것이라고 믿고 있습니다.

만일 조선 정부가 이런 방면에서 자신들의 의무를 자각만 한다면, 그리고 만일 이런 방면의 어떤 기관을 설립하고 계속해서 지원한다면 더 좋은 결과가 있을 것입니다. 온 나라가 왕실의 이득을 위해 운영되고 이용되는 현 상태가 계속되는 한 그들은 결코 그렇게 하지 않을 것입니다. (병원보다) 더 필요로 하는 일들이 너무도 많아 그들이 이 중요한 주제에 심각한 관심을 둘 것 같지 않습니다.

저는 언더우드 부지의 매각 문제와 관련하여 제가 할 수 있는 모든 것을 해 왔습니다. 언더우드가 그렇게 오랫동안 반대하지 않았더라면 그것은 오래 전에 해결되었을 것입니다. 그는 2년 동안 흥정한 끝에 매각에 동의하고 그것을 문서로 남기지 않은 채 이 나라를 떠났습니다. 저는 공사관이 개인 부지의 매각과 관련하여 흥정하는 것이 상당히 싫지만 공식적으로 그 문제를 다루어야 했습니다. 저는 그 문제의 전체 내력과 관련하여 공식적으로 외아문에게 충분하게 조언하였으며, 7월 1일까지 적절한 대체 부지를 양도하고 잔금을 지불하지 않으면 이미 지불한 10,000엔을 상실하게 되고 그 문제는 영원히 없어지게 될 것이라고 알렸습니다. 오해가 생기지 않도록 저는 어제 폐하께 에비슨 박사를 개인적으로 만나 전체 문제에 대해 그로부터 의견을 듣도록 요청하였습니다. 저는 그가 그렇게 할 지 아직 모르는 상태입니다. 그 동안 정동 부지에 대한 일이 진행되고 있습니다.

안녕히 계십시오.
H. N. 알렌

Horace N. Allen (Seoul),
Letter to Frank F. Ellinwood (Sec., BFM, PCUSA) (July 9th, 1901)

Legation of the United States of America

Received
AUG 21 1901
Dr. Ellinwood

Seoul, Korea,
July 9, 1901

Rev. Dr. F. F. Ellinwood,
156 Fifth Avenue, New York City

My dear Doctor: -

I am glad to hear you liked the Index. As to the hospital matter mentioned in your letter of May 23, it is hard for me to advise. I believe in hospitals, you know; still, they are not so necessary here as they were before so many medical men came to Seoul. The point raised, however, seems to me to be an excellent one, that the spending of such an amount of money may establish a bad precedent. The answer to this in my mind would be that the people take so little general interest in the matter that I don't think they would be affected adversely by it.

I am coming to the opinion that hospitals are not necessary anymore for purely missionary work. I think the lesson to be learned from the China troubles is that women should not be allowed in the interior of these heathen countries, and that mission work should be largely confined to the protected ports, where primary and theological schools should be maintained and large printing establishments carried on for the dissemination of the gospel. From these centers, native teachers could go to all parts of the country and establish churches, to be under the oversight of traveling male missionaries. The Catholics seem not to have suffered from the absence of medical workers among them.

It is true that the Methodists have largely given up their medical work in Seoul. This I think is due to the difficulty they have had with their medical men, three of whom have died of consumption. I am not sure, but I think they have spent much more money in Korea than you have, but they have only hundreds to show for your thousands. Their methods should not influence you greatly.

As a mere work of philanthropy, I think the medical mission work should rank very high. As a means of spreading the gospel, I do not think it is as important as was supposed for a long time. It is impossible to avoid making some charge for such work, otherwise imposters will profit too greatly by it. When a charge is made, however small, the ignorant native considers he has "purchased the goods" and conferred a favor. He is not apt to be especially influenced toward Christianity thereby.

I do not believe the building of an expensive hospital in Seoul will injure your work in any way or in any part of Korea; neither do I think it will greatly increase your real work in its effectiveness. I believe it will do a great deal of good.

If the Korean government could only realize its own duty in this line and if it would establish something of the kind and give it a permanent support, much good would result. They will never do it so long as present conditions pertain, with the whole country run and exploited for the benefit of the palace. There are so many things that are more needed that there is little likelihood of their devoting serious attention to this important subject.

I have done all I could in regard to the matter of the sale of the Underwood property. Had Underwood not resisted so long, it would all have been settled long ago. He only consented to sell after two years of dickering and promptly got out of the country, leaving no written agreements upon which to work. I have had to take the matter up officially, much as I dislike to have the Legation dickering over the sale of private land. I have officially advised the Foreign Office fully in regard to the whole history of the case, and I gave them till July 1 to make over a suitable site and pay the remaining money or lose the Yen 10,000 already paid and have the matter dropped forever. In order that there might be no misunderstanding I asked His Majesty yesterday to see Dr. Avison privately and hear the whole matter from him. 1 do not know yet if he will do so. Meantime work is going on on the Chong Dong site. I am,

Yours sincerely,
H. N. Allen

19010711

새뮤얼 F. 무어(서울)가 프랭크 F. 엘린우드(미국 북장로교회 해외선교본부 총무)에게 보낸 편지 (1901년 7월 11일)

(중략)

우리 지부의 회원들은 평상시처럼 잘 지내고 있습니다. 고든 씨는 도착하였고, 그는 우리의 마음과 같은 사람입니다. 그는 병원과 정동 문제의 상황에 대해 박사님께 편지를 썼을 것입니다.

우리는 아직도 부지를 기대하고 있습니다.

(중략)

Samuel F. Moore (Seoul),
Letter to Frank F. Ellinwood (Sec., BFM, PCUSA) (July 11th, 1901)

(Omitted)

The members of our station are as well as usual. Mr. Gordon has arrived and is a man after our own heart. He will have written you about the status of the Hospital & Chong Dong matters.

We are waiting still for a site.

(Omitted)

19010711

찰스 W. 핸드(미국 북장로교회 해외선교본부 재무)가
한국 선교부로 보낸 편지 (1901년 7월 11일)

1901년 7월 11일

한국 선교부 귀중

친애하는 형제들,

서울의 부지 문제와 관련하여 한국으로부터 엘린우드 박사가 받은 다양한 편지가 선교본부에 정확하게 제출되었습니다. 많은 편지들의 사본을 선교본부의 임원들에게 보냈으며, 중요한 모든 편지들은 선교본부로부터 이 문제를 위임받은 재정 위원회가 면밀하게 검토하였습니다.

위원회는 브라운 박사의 방문 이후, 갖고 있는 모든 사실과 최근 편지들이 고든 씨가 출발하기 전에 그에게 알려준 원래 계획이 충분하고 현명하다는 것을 나타내고 있다고 믿고 있습니다.

위원회는 선교부의 회원들에게 선교본부의 완전한 신뢰를 보장하고, 어느 한 지부가 선교부의 일반적인 방침에 의도적으로 대립하는 것을 믿지 못하겠다는 의견을 표명하고 싶습니다. 위원회로서는 제기된 차이가 전적으로 고든 씨의 도착을 기다려야 하는 계획을 진행하고 있기 때문임이 확실하다고 여기고 있습니다. 하지만 선교본부에 의해 정당하게 승인을 받은 이 위원회의 계획이 이미 타협된 것이어서 대단히 만족스럽습니다..

정동 부지의 매각과 병원 건축 계획에 부수된 여러 단계를 검토해보면 이 문제에서 선교본부의 입장이 분명해질 것입니다.

처음에 선교본부는 정동 부지의 매각을 승인하고 싶지 않았지만, 선교부가 그것이 현명한 결정이라고 만장일치로 여기는 것이 명백해지자 (선교본부는) 그것에 찬성하고 관련 당사자들 모두에게 공정한 조건 및 조항을 승인하였습니다.

감독할 건축가를 파송하는 요청은 탁월하게 실용적인 것 같았으며, 매각이 최종적으로 타결되자 고든 씨를 확보하는 적극적인 조치를 취하였습니다. 그는 위원회의 요청으로 뉴욕을 두 번 방문하였으며, 기독교인으로서 그리고 성공적인 건축가로서 그의 고상한 인격과 능력에 대한 질문이 있었습니다.

고든 씨는 선교본부의 생각과 완전하게 일치하는 것 같은 견해를 갖고 있었으며, 따라서 그에서 서울의 건축과 관련한 선교본부의 바람을 전달하는 것은 대단히 쉬운 문제이었습니다. 고든 씨는 새 건물이 서울 지부에서 사택을 위해 관습적으로 사용된 것과 거의 동일한 경비가 들어야 한다는 것이 선교본부의 바람이며, 재료비나 임금의 상승 때문에 필요한 경우 혹은 영구적인 결과가 그것을 정당화하는 경우 그가 자유로이 이 액수를 초과할 수 있지만, 모든 상황에서 가능한 한 적게 사용해야 한다는 것을 이해하였습니다. 왕이 지불하는 금액은 선교본부의 전반적인 재정을 위해 가능한 한 많이 절약하는 것이 선교본부의 바람이라는 것도 그에게 알려 주었습니다.

합의된 사택의 특성은 매력적이고 내구성이 있으며 유용하고 현지의 건축 양식에 실질적으로 부합하는 절충된 특징이었습니다.

서울 건축의 문제를 고든 씨와 함께 서울 지부 자산 위원회에 넘긴 이유는 선교부의 자산 위원회에 대한 신뢰가 부족해서가 아니라 오히려 편의성 때문인데, 지부 위원회가 당연히 지부 사정을 잘 알기 때문입니다. 다른 지부에서도 건축을 위해 같은 조치가 취해졌습니다.

세브란스 병원과 관련하여, 특별히 자재의 상당 부분, 그리고 실제적으로 모든 설비를 미국에서 보내야 하는 그런 곳에서 10,000달러가 드는 기지는 터무니없는 것이 아니라는 것이 뉴욕에서 병원 업무에 실제적인 관심을 두고 있는 선교본부의 임원들의 경험입니다. 고든 씨와 가졌던 회의의 한 번은 전적으로 병원 건물의 특성에 대해 고려하였는데, 세브란스 씨도 참석하였습니다. 건축을 계획하는데 선교본부는 서울 지부에서 의료진의 증가를 염두에 두고 진행하기를 바라고 있지만, 현 시점에서 선교본부는 이미 성공적으로 수행되고 있는 의료 사업을 더 크게 발전시키려는 것이 아니라 충실한 사역자에게 설비를 추가해 주어 그들이 그 설비로, 그리고 개인적인 건강의 위험이 덜 한 상태에서 사역을 할 수 있게 하려는 의도라고 분명하게 언급하였습니다. 10,000달러는 필요할 지도 모르는 사택을 제외한 병원의 건립 및 완전한 설비를 위해 사용해야 하며, 왕이 구 병원의 건물을 손에 넣고 싶어 하는 경우, 받는 돈은 의사의 사택 건립에 사용할 수 있다고 분명하게 언급하였습니다. 선교본부는 고든 씨가 도착할 때까지 이 문제에 관해 선교부나 지부가 어떤 조치를 취할 것으로 생각하며, 이 방향으로 어떤 진행이 이루어졌다는 것을 나타내는 편지를 한국으로부터 받았을 때, 고든 씨의 도착을 기다려야 한다고 요청하는 전보를 즉각 보냈습니다.

최근 편지는 실제적으로 모든 선교사들의 사택과 병원을 포함하는 한 부지를 호의적으로 고려하고 있다고 것을 알리고 있으며, 왕의 합의의 실행을 지연시킨 것이 궁극적으로 더 낫게 정리되는 결과를 낼 수 있게 되기를 희망하고 있습니다.

위원회는 선교본부의 기금을 보호하고, 무심코 경비를 불필요하게 지출하는 것을 피하려는 분명한 바람을 가진 사역자들을 칭찬하고 싶습니다.

재무 위원회를 대신하여.

안녕히 계세요.
재무

Charles W. Hand (Treasurer, BFM, PCUSA), Letter to the Korea Mission (July 11th, 1901)

July 11th, 1901

To the Korea Mission

Dear Brethren: -

The various communications received by Dr. Ellinwood from Korea, relative to the property matters in Seoul, have been faithfully presented to the Board. In many instances copies of letters have been sent to the members of the Board, and all important papers have been thoroughly considered by the Finance Committee, to whom the matter has been referred, with power, by the Board.

The Committee believes that it is in the possession of all of the facts, and the latest correspondence, since the visit of Dr. Brown, indicates that its original plan, as communicated to Mr. Gordon prior to his sailing, was ample and wise.

The Committee wishes to assure the members of the Mission of the Board's complete confidence, and to venture the suggestion that it does not believe that any one station would willingly antagonize the general policy of the Mission of of the Board. It is apparent to the Committee that the differences which have arisen are entirely due to the development of plans which should have awaited the arrival of Mr. Gordon. It is, however, most satisfactory to find that the compromise already affected was practically the plan of this Committee, which was duly sanctioned by the Board.

A review of the various stages incident to the disposal of the Chong Dong property, and the proposition to build a hospital, may make clearer the Board's position in the matter.

At the start, the Board did not feel disposed to authorize the sale of the Chong Dong property, but when it became apparent that the Mission unanimously deemed it a wise action, the Board gave its consent and approved the conditions and terms as fair to all parties concerned.

The request that a Supervising Architect be sent out seemed eminently practical, and when the sale was finally consummated active steps? were taken to secure the services of Mr. Gordon. He made two visits to New York at the request of the Committee, and there seemed to be question whatever as to his high character and ability, both as Christian gentlemen and as a successful architect.

Mr. Gordon's own views appeared to harmonize perfectly with the ideas of the Board, and it was, therefore, a very easy matter to convey to him the wishes of the Board in connection with the buildings at Seoul. Mr. Gordon understood that it was the desire of the Board that the new buildings should cost about the same money as it had been customary to spend for residences in the Seoul Station; that he was at liberty to exceed this amount where it was found necessary on account of any increased cost of materials or labor, or where the permanent results obtained justified it, this increase, however, to be made as low as possible under all the circumstances. He was further informed that it was the desire of the Board to save out of the amount paid by the King as much as possible for the general treasury of the Board.

The character of residences agreed upon was compromised features, attractive, durable and useful, conforming as far as practicable to the features of native architecture.

The reason for placing the matter of the Seoul buildings in the hands of the Station Property Committee, in conjunction with Mr. Gordon, was not occasioned by any lack of confidence in the property Committee of the Mission, but rather for the purpose of convenience, and because a local committee would naturally know the requirements of the local conditions. The same arrangement was indicated for buildings to be erected in other Stations.

As regards the Severance Hospital, it is the experience of members of the Board who are actively interested in hospital work in New York, that a plant costing $10,000 is not extravagant, especially where it is likely that a large proportion of the materials, and practically all of the equipment must be sent from the United States. One conference with Mr. Gordon was set apart wholly to the consideration of the character of the Hospital building, Mr. Severance being also in attendance. It was distinctly stated to Mr. Gordon that in planning the building the Board wished him to do so upon the basis of an increase in the medical force at the Seoul Station, that it was not the present intention of the Board to develop to any great extent the medical work already so successfully conducted at that point, but rather to give added facility to the faithful workers and thus enable them with greater facility to carry on the work, and with less personal risk to health. It was distinctly stated that the sum of $10,000 must cover the erection and equipment of the Hospital complete, with the exception of any residences which might be necessary, should the King desire to acquire those connected with the old Hospital, in which case so much of the money received from the purchase thereof as would be required might be used for the erection of residences for the attending physicians. It was assumed by the Board that any steps would be taken by the Mission or by the Station in these matters until the arrival of Mr. Gordon, when a letter received from Korea indicated that some progress was being made in this direction, a cable was promptly sent requesting that Mr. Gordon's arrival should be awaited.

The recent correspondence suggesting the possibility that there shall be one compound to include the residences of practically all of the missionaries and the Hospital is looked upon favorably, and it is hoped that the delay of the King in carrying out his part of the agreement may result in a better arrangement eventually.

The Committee wishes to commend the workers in the evident desire to safeguard the funds of the Board, and avoid what might unintentionally lead to unnecessary expenditure of money.

In behalf of the Finance Committee.

Very truly yours,
Treasurer.

회의록, 한국 선교부 서울 지부(미국 북장로교회) 1891~1921
(1901년 7월 16일)

(중략)

밀러 씨, 필드 박사, 에비슨 박사, 그리고 웰본 씨가 고든 씨와 함께 일을 할 (서울) 지부 자산 위원회에 선출되었다.

(중략)

청구가 없는 밀러 씨와 에비슨 박사의 봉급 및 (아동) 수당이 통과되었다.

(중략)

Minutes, Seoul Station, Korea, 1891~1921 (PCUSA) (July 16th, 1901)

(Omitted)

Mr. Miller, Dr. Field, Dr. Avison and Mr. Welbon were elected a Station Property Committee to act with Mr. Gordon.

(Omitted)

Mr. Miller & Dr. Avison being absent their orders was passed for salary and allowance.

(Omitted)

J. 헌터 웰즈(운산 광산)가 프랭크 F. 엘린우드(미국 북장로교회 해외선교본부 총무)에게 보낸 편지 (1901년 7월 20일)

(중략)

4. 쉴즈 양의 위태로운 쇠약과 그것을 방지하지 위해 무엇을 해야 하는지와 관련된 박사님의 질문에 대한 답으로, 저는 그녀가 필드 박사의 우월 혹은 에비슨 박사나 저를 포함한 선교부의 다른 의사들의 지시 하에 있지 않게 될 다른 업무에 배정되면 뚜렷하게 회복될 것이라고 솔직하게 말씀드립니다. 간호원은 자신을 지시하는 사람들과 그녀가 맡는 환자들에 다소 종속되어 있기 때문에, 이 두 단어, 즉 우월과 지시는 반드시 개인적으로 사용한 것이 아닙니다.

(중략)

J. Hunter Wells (Wunsan Mines),
Letter to Frank F. Ellinwood (Sec., BFM, PCUSA) (July 20th, 1901)

(Omitted)

4. In answer to your question concerning Miss Shields threatened breakdown and what might be done to prevent it; I am frank to say that I think a different assignment of work in which she would not be under the domination of Dr. Field nor the direction of Dr. Avison would soon result or any other doctor including myself of course, in the Mission in a marked improvement. These two words - domination and direction - are not necessarily used in a personal sense for at best a nurse is more or less of a slave to the ones over her as well to the sick persons under her charge.

(Omitted)

19010729

찰스 E. 샤프(서울)가 프랭크 F. 엘린우드(미국 북장로교회 해외선교본부 총무)에게 보낸 편지 (1901년 7월 29일)

(중략)

　평양 사람들이 우리를 맞이할 황해도까지 브라운 박사 부부를 호위하여 올라가도록 지부는 에비슨 박사와 저를 임명하였습니다. 박사님은 당연히 이 여행에 대해 브라운 박사로부터 상세하게 들었을 것이며, 제가 우리의 여행에 대해 상세하게 알려드릴 필요가 없을 것입니다. 저는 위원회가 브라운 박사 부부와 함께 대단히 즐겁게 여행을 하였다고 말씀드리는 것으로 충분할 것이라고 생각합니다. 선교본부의 총무가 다시 한국을 방문하면 우리는 우리에게 부여된 동일한 즐거운 임무를 수행하기를 바라고 있습니다.

　방문객과 헤어진 후 에비슨 박사와 저는 2주일 동안 황해도의 교회를 방문하였습니다.

(중략)

Charles E. Sharp (Seoul),
Letter to Frank F. Ellinwood (Sec., BFM, PCUSA) (July 29th, 1901)

(Omitted)

The Station appointed Dr. Avison and myself as the Committee to escort where Dr. and Mrs. Brown up through Wang Hai Do to the place where the Pyeng Yang people were to meet us. You have no doubt had accounts of this trip from Dr. Brown and it will not be necessary for me to give the details of our journey. It is enough for me to say that the Committee enjoyed the journey with Dr. and Mrs. Brown very much. We hope that when a Board Secretary again visits Korea we may have the same pleasant duty assigned to us.

After parting with our visitors Dr. Avison and I spent two weeks longer visiting the churches in Whang Hai province.

(Omitted)

19010801

로버트 E. 스피어(미국 북장로교회 해외선교본부 총무)가
한국 선교부로 보낸 편지 (1901년 8월 1일)

(중략)

브라운 박사는 새 병원 문제와 관련한 논쟁에 대하여 길게 편지를 썼습니다. 우리는 그 계획을 지원하기 위해 브라운 박사와 논의하여 새 부지 문제에 관하여 최종적으로 의견을 같이 하였던, 즉 세브란스 씨의 기부금 10,000달러는 의사 사택을 제외한 병원 전체 기기를 포함해야 한다는 내용의 편지를 받았다고 알고 있습니다.

(중략)

Robert E. Speer (Sec., BFM, PCUSA),
Letter to the Korea Mission (Aug. 1st, 1901)

(Omitted)

Dr. Brown has written at length regarding the discussions on the subject of the new hospital. We understand Mr. Hand's letter on the subject of the new properties to support the plan which in consultation with Dr. Brown was finally agreed upon, namely: that Mr. Severance's gift of ten thousand dollars should include the whole hospital plant, exclusive of the physicians' residence.

(Omitted)

19010916

한국. 서울 병원, 지출 한도. 미국 북장로교회 해외선교본부 실행이사회 회의록 (1901년 9월 16일)

한국. 서울 병원, 지출 한도. 한국 서울의 병원 기지와 관련된 지출과 관련하여 제기된 문제에 대하여, 평의회는 자신들의 판단으로 사택을 제외하고, 10,000달러를 모두 사용해야 한다고 보고하였다.

Korea. Seoul Hospital, Limit of Expense. *Minutes [of Executive Committee, PCUSA], 1837~1919* (Sept. 16th, 1901)

Korea. Seoul Hospital, Limit of Expense. Questions having arisen as to the expense of the Hospital plant at Seoul, Korea, the Council reported that in their judgement $10,000 should _____ all expenses, exclusive of residence.

서울의 건물. 미국 북장로교회 해외선교본부 실행이사회 회의록
(1901년 9월 16일)

서울의 건물. 서울의 건물 문제(에 대한 논의)가 선교본부에 의해 다시 재개되었으며, 편지, 그리고 문제가 되고 있는 내용이 담겨 있는 한국 위원회로 보내는 편지가 위원회에 제출되었고, 이것들의 사본이 이 보고서와 함께 철(綴)해 "보고서 A"라고 표시하였다. 이 편지는 선교본부의 이전 결정을 확인하며, 고든 씨, 세브란스 씨, 그리고 위원회가 상호 이해하고 있다.

Buildings in Seoul. *Minutes [of Executive Committee, PCUSA], 1837~1919* (Sept. 16th, 1901)

Buildings in Seoul. The matter of the Seoul buildings having been reopened by the Board, the correspondence was places before the Committee and a letter to the Korea Committee was drafted covering the points at issue, a copy there of being filed with this report, and marked, "Exhibit A." This letter confirms the former actions of the Board and the mutual understanding between Mr. Gordon, Mr. Severance and the Committee.

제9차 한국 장로교회 공의회 연례회의 (사진)
(1901년 9월, 구리개 제중원)
The Ninth Annual Meeting of the Council of Presbyterian Missions
in Korea (Picture) (Sept., 1901, Goorigai Jejoongwon)

그림 5-36. 1901년 9월에 개최된 제9차 장로교회 공의회 연례회의에 참석한 회원들. 구리개 제중원에서 촬영한 것이다.

4열 루이스 B. 제임스 E. 윌리엄 B. 노먼 C. 아서 G. 윌리엄 L. 조지 O.
    테이트, 애덤스, 해리슨, 휘트모어, 웰본, 스왈른, 앵겔
3열 새뮤얼 A. 던컨 M. 캐드월러더 C. 윌리엄 F. 헨리 M. 윌리엄 윌리엄 M.
    마펫, 맥래, 빈튼, 불, 브루언, 헌트, 베어드
2열 시릴 리처드 H. 알렉산더 F. 찰스 F. 프레더릭 S. 윌리엄 E.
    로스, 사이드보텀, 롭, 변하이즐, 밀러, 블레어
1열 윌리엄 M. 윌리엄 R. 앤드류 이디스 H. 제임스 S. 찰스 E. 윌리엄 B.
    전킨, 푸트, 애덤슨, 밀러, 게일, 샤프, 배럿

한국 선교부 (연례회의) 회의록, 1901년
(1901년 9월 26일~10월 8일)

한국 선교부 회의록, 1901년

미국 북장로교회 한국 선교부는 1901년 9월 26일 목요일 오전 11시에 서울 미드 기념 교회에서 제17회 연례회의를 개회하였다.

한국 선교부의 다음 회원들이 참석하였다.

서울: -   O. R. 에비슨 박사 부부

......

(중략)

의장은 규칙 및 조례 위원회의 브루언 씨, 예산 위원회의 존스 박사의 대체 자를 임명하도록 지시 받았다. 의장은 규칙 및 조례 위원회에 에비슨 박사를, 예산 위원회에 로스 씨를 임명하였다.

......

에비슨 박사의 기도 후에 폐회하다.

제3일

서울, 1901년 9월 28일
오전 9시

에비슨 박사는 예배를 주관하였으며, 마태복음 5장 1~12절에 대하여 이야기하였다.148)

---

148) 1예수께서 무리를 보시고 산에 올라가 앉으시니 제자들이 나아온지라 2입을 열어 가르쳐 이르시되 3심령이 가난한 자는 복이 있나니 천국이 그들의 것임이요 4애통하는 자는 복이 있나니 그들이 위로를 받을 것임이요 5온유한 자는 복이 있나니 그들이 땅을 기업으로 받을 것임이요 6의에 주리고 목마른 자는 복이 있나니 그들이 배부를 것임이요 7긍휼히 여기는 자는 복이 있나니 그들이 긍휼히 여김을 받을 것임이요 8마음이 청결한 자는 복이 있나니 그들이 하나님을 볼 것임이요 9화평하게 하는 자는 복이 있나니 그들이 하나님의 아들이라 일컬음을 받을 것임이요 10의를 위하여 박해를.받은 자는 복이 있나니 천국이 그들의 것임이라 11나로 말미암아 너희를 욕하고 박해하고 거짓으로 너희를 거슬러 모든 악한 말을 할 때에는 너희에게 복이 있나니 12기뻐하고 즐거워하라 하늘에서 너희의 상이 큼이라 너희 전에 있던 선지자들도 이같이 박해하였느니라.

......

제9일

1901년 10월 5일
오전 9시

(중략)

샤프 씨의 기도 후에 2시 30분에 에비슨 박사 사택에서 만나기로 하고 폐회하였다.

제임스 S. 게일, 서기

오후 회의. 오후 2시 30분

(중략)

동의에 의해 에비슨 박사, 밀러 씨, 필드 박사 그리고 두 명의 한국인으로 구성된 제이콥슨 기념 위원회를 계속하기로 하다.

......

제10일

1901년 10월 7일,
오전 8시 30분

베어드 씨가 예배를 인도하였다.

제9일의 회의록을 낭독하고 채택한 후에 의장은 전도 위원회의 건의를 고려할 홍문석골교회에 대한 위원회에 게일 씨, 에비슨 박사, 밀러 씨, 마펫 박사, 애덤스 씨를, 1904년 회의에 대한 위원회에 헌트 씨, 빈튼 박사, 샤록스 박사를 임명하였음을 발표하였다.

(중략)

제11일

(중략)

오후 회의. 오후 3시

......

동의에 의해 그 문제는 의장이 임명하는 위원회에 회부되었다. 위원회는 에비슨 박사, 밀러 씨, 그리고 웰본 씨로 구성되다.

(중략)

상임위원회가 다음과 같이 선출되었다.

......

재정 위원회: 1년, 밀러 씨

2년, 에비슨 박사

3년, 웰본 씨

......

시험 위원회: 1년, 마펫 씨, 무어 씨

2년, 게일 씨, 스왈른 씨

3년, 에비슨 박사, 베스트 양

Minutes of [Annual Meeting of] Korea Mission, 1901
(Sept. 26th~Oct. 8th, 1901)

Minutes Korea Mission, 1901.

The Korea Mission of the Presbyterian Church in the United States of America opened its Seventeenth Annual Meeting in Meade Memorial Church, Seoul, Thursday, September 26, 1901 at 11 a. m.

The following members of the Korea Mission were present: -

Seoul: -   Dr. and Mrs. O. R. Avison,

......

(Omitted)

Chairman was instructed to appoint substitutes for Mr. Bruen on the Rules and By-Laws Committee and for Dr. Johnson on Estimates Committee. Chair appointed Dr. Avison on Rules and By-Laws Committee, and Mr. Ross on Estimates Committee.

......

Adjourned after prayer by Dr. Avison.

Third Day

Seoul, September 28, 1901,
9:00 a. m.

The devotional exercises were taken charge of by Dr. Avison who spoke on Matthew V, 1~12.

......

Ninth Day

October 5, 1901,

9 a. m.

(Omitted)

After prayer by Mr. Sharpe, the session adjourned to meet at 2:30 at Dr. Avison's house.

Jas. S. Gale, Sec.

Afternoon Session. 2:30 p. m.

Devotional exercises were conducted by Mr. F. S. Moore.

(Omitted)

On motion the Jacobsen Memorial Committee consisting of Dr. Avison, Mr. Miller, Dr. Field and two Koreans was continued.

......

Tenth Day

October 7, 1901,

8:30a. m.

The devotional exercises were conducted by Mr. Baird.

After the reading and adopting of the minutes of the Ninth Day's sessions, the chairman announced as Committee on Hong Mun Su Kol Church, appointed to take into considerations the recommendations of the Evangelistic Committee, Mr. Gale, Dr. Avison, Mr. Miller, Dr. Moffett, Mr. Adams as Committee on Conference of 1904, Mr. Hunt, Dr. Vinton, Dr. Sharrocks.

(Omitted)

Eleventh Day

October 8, 1901,

9 a. m.

(Omitted)

Afternoon Session. 3 p. m.

......

On motion the matter was referred to a committee to be appointed by the Chairman. The committee consists of Dr. Avison, Mr. Miller, and Mr. Welbon.

(Omitted)

The Permanent Committees were elected as follows: -

......

Finance Committee:

    1 year, Mr. Miller

    2 years, Dr. Avison

    3 years, Mr. Welbon

......

Examination Committee:

    1 year, Mr. Moffett, Mr. Moore

    2 years, Mr. Gale, Mr. Swallen

    3 years, Dr. Avison, Miss Best

19010900

새뮤얼 F. 무어(위원회),
서울 지부 보고서 1900~1901년 (1901년 9월)

(중략)

에비슨 박사의 와병. 그녀가 사망하고 며칠 후 에비슨 박사가 발진티푸스로 앓아누웠으며, 며칠 동안 사경을 헤매었다. 외국인 공동체와 현지인 교회는 열심히 기도하였고, 그들의 기도는 효력이 있었다.

(중략)

언더우드 박사 부부. 언더우드 박사 부부는 선교지에서 두 번째 기간의 사역을 충실하게 수행한 후 부인의 건강 상태 때문에 절발하게 필요하였던 안식년으로 귀국하였다. 우리는 그들이 허겁지겁 출발하느라 작년에 수행하였던 사업에 대한 어떤 보고서를 남기는 것에 소홀히 한 것이 유감스럽다. 출발 직전 그들은 에비슨 박사 부부와 함께 궁궐에서 식사를 하도록 초청 받았다.

브라운 박사의 방문. 브라운 박사 부부의 방문은 선교사들 뿐 한국인들에게 많은 감사를 받았다. 주일 아침 박사는 우리 교회 중 두 곳에서 강연을 하였으며, 오후에는 한국인들을 위한 대중 집회에서 연설을 한 후에 외국인 공동체에서 설교를 하였다. 지부와 가진 많은 회의에서 중요한 문제에 대해 토의한 후에, 샤프 씨와 에비슨 박사는 브라운 박사 부부를 황해도까지 호위하였으며, 그곳에서 평양까지 호위할 위원회를 만났다.

(중략)

서울의 교회 사업. ...... 샤프 씨는 서대문 교회를, 에비슨 박사는 중앙 교회를, 게일 씨는 연못골 교회를 담당하고 있다. 주일학교 도서관이 시작되었으며, 생일 선물 상자가 두드러지게 보인다. 스트롱 양은 "여학교에서 레라 에비슨과 헬렌 헐버트가 한국인 소년 봉래와 가르쳤다."고 말한다.

(중략)

에비슨 부인. 에비슨 부인은 가족들을 돌보고 가르치느라 바빴다. 그녀는 매일 하인들과 한국어 기도모임을 이끌었으며, 교회에서 정규 사역을 수행할 수 없었지만 그녀의 빈번한 참석은 한국 여자들을 고무시켰다. 그녀의 집에서 매켄지 양이 병에 걸려 사망한 직후, 에비슨 박사가 장기간 심각한 병에 걸린 것은 그녀의 원기에 커다란 부담을 주었다.

(중략)

샤프 씨. ......

나는 언어가 대단히 어렵다고 알게 될 것으로 예상하였으며, 실망하지 않았다. 나의 선생과 함께 나는 여러 주일을 지방에서 보내면서, 서울에서 강 아래쪽의 지역에서 신자 모임이 조직되어 있는 모든 곳을 한 번 이상 방문하였다. 5월에 나는 황해도에서 3주일을 보냈다. 우리가 서울로 돌아오기 전에 에비슨 박사와 나는 그 지역의 거의 모든 교회를 방문하였고, 세 곳에서 (세례) 지원자를 심사하였으며, 35명에게 세례를 베푼 것은 나의 특권이었다.

(중략)

의료 사업.[149] 에비슨 박사는 1900년 10월 안식년에서 돌아 왔으며, 10월 15일 병원 문을 열었다. 박사, 두 명의 조사, 그리고 두 명의 입원환자가 발진 티푸스에 걸려 쓰러졌기에 12월 29일 다시 문을 닫아야 했으며, 3월 21일이 되어서야 업무를 재개할 수 있었다. 4월 29일 박사는 3주 동안의 지방 여행을 위해 서울을 떠났고, 그의 부재 중 빈튼 박사가 책임을 맡았다. 그의 통계는 다음과 같다.

개원한 날, 153일. 환자 수, 3,185명. 신환, 1,870명. 평균 환자수 20.8명. 수입 153.99엔.

박사는 의사의 불규칙한 진료보다 진료소에 환자가 적은 것에 더 영향을 끼친 것은 없다고 평한다. 의사의 불규칙한 진료에도 불구하고 환자가 증가하는 경향을 보인 것은 더 좋은 상황에서 우리는 통상적인 훌륭한 결과를 얻었을 것임을 나타낸다.

또한 그는 치료한 질병에 대한 긴 목록은 세상의 이곳에서 가장 흔한 질병의 상대적 이환율에 대한 약간의 개념을 보여 주고 있다. 치료한 환자의 거의 ⅓은 피부질환을 앓고 있었다. 학생은 274개의 치아 발치를 시행하였으며, 어려운 경우에만 박사에게 의뢰하였다. 안(眼) 질환은 188예가 있었다. 70예의 귀 질환 중에서 약 40예는 천연두에 의한 것이었다. 상당히 많은 일본인이 진

---

149) 이후의 부분은 다음의 보고서에서 일부 발췌한 것이다. Oliver R. Avison, *Annual Report of the Imperial Korean Hospital, Seoul, Korea. Sept. 1901* (Seoul: Methodist Publishing House, 1901).

료소에 왔으며, 일본인 의사들이 종종 에비슨 박사에게 자문을 요청하였는데, 대개 5엔을 지불하였다. 123예가 병동에서 진료를 받았는데, 미국인 친우들이 제공한 새 침상에 대해 한국인들이 감사해 하였다. 치료한 124예 중에서 92예는 외과 환자이었다.

병동에서의 진료 결과를 박사는 다음과 같이 요약하고 있다. 완치 46, 호전 33명, 병원에서 사망 8명, 죽을 것이 분명한 상태에서 퇴원 5명. 나머지는 이 보고서를 작성할 당시 병원에 입원 중이거나 결과를 알기 전에 병원을 퇴원한 환자들이다. 호전된 것으로 기록된 환자들의 대부분은 완치되는 중이지만 집에서 치료하거나 외래로 통원 치료 할 수 있을 정도로 좋아져서 퇴원한 경우이다. 대부분 에테르로 마취하여 시행한 수술은 병동 환자 약 50명에게 시행하였다. 108명 환자의 총 입원일은 1,544일 혹은 환자 당 평균 14.3일이었다.

학생. 8년 동안, 혹은 필요한 교과 과정을 끝낼 때까지 남아 있을 것이며, 의사로서 충분한 상태로 나가겠다는 조건으로 받은 5명이 있었다. 이 동의는 학생 보호자의 확인을 받도록 하였다. 즉 그들은 의료 업무에 속하는 모든 분야의 실제적인 경험을 쌓을 것이며, 또한 학업을 계속하는 동안 그들을 지원하기 위해 이 젊은이들을 약제사, 붕대 담당자 및 간호사 등으로 고용하였다. 첫 해에는 보수가 없다. 두 번째 해에는 식비만 제공한다. 세 번째 해에는 매달 5엔을 주며, 1년 마단 매달 1엔을 추가하여 여덟 번째 해의 보수는 매달 10엔이 된다. 이 조치에 따라 8년 동안 한 학생의 총비용은 576엔, 혹은 금화 288달러, 매년 평균 36달러가 될 것이다. 박사는 그렇게 유용한 조삼 치 의사가 될 훌륭한 학급을 유지하기를 바라고 있다. 지난 학기 중에 학생들에게 필드 박사가 자신의 선생을 통해 산수를, 쉴즈 양과 조수 김필순이 영어를, 쉴즈 양이 간호, 붕대법, 외과적 붕대법 준비, 수술실의 준비 및 관리, 그리고 관련 주제를, 에비슨 박사가 화학, 약물학 및 해부학을 강의하였다. 강의에 할애한 실제 시간은 너무 적었고 너무도 불규칙적이어서 모두가 다소 낙담하였지만, 박사는 점점 더 이 분야를 성공시킬 필요를 느끼고 있으며, 자신이나 다른 사람이 교육에 더 많은 시간을 할애할 수 있게 할 조치를 기대하고 있다. 문헌 조수인 김필순은 의학 공부고 하고 있다. 번역자로서 그는 훌륭한 일을 하고 있으며, 박사는 그가 머지않아 기초 분야를 가르칠 수 있을 것으로 기대하고 있다.

전도 사업. 이 사업은 송 씨가 대부분의 책임을 맡고 있는 진료소와, 모든 조사 및 학생들이 신자인 병동에서 규칙적으로 진행되어 왔다. 에비슨 박사는 병동에서 모두가 모인 가운데 아침 예배를 인도하였으며, 무어 씨는 겨울에 도시에 체류하는 동안 매일 방문하였다. 6월에 서상륜이 병원 전도사로 고용되었으며, 업무를 충실하게 수행하였다. 한 명은 퇴원할 때, 자신이 입원해 있는 중에 가르침과 감화를 받아 이제는 신자의 삶이 기쁜 것이 되었으며, 자신이 살고 있는 지역에서 개인적으로 일을 할 예정이라고 말하였다. 병원에서 3~4주일 동안 입원한 후 사망한 다른 환자들은 회복할 수 없다는 말을 들었을 때, 다른 환자들 앞에서 그것은 자신에 있어 하늘에 계신 아버지께 가는 것을 의미할 뿐이며, 두려움을 갖고 있지 않다고 고백하였다. 박사는 병원의 분위기가 이전의 다른 어떤 때보다 더 진정한 기독교 정신의 발달에 적합하였다고 생각한다. 병원 외부에서 박사는 중앙 교회의 주일학교 책임자로 활동하였으며, 목사가 지방에 있어 부재중일 때 종종 예배를 인도하였다.

순회 전도. 3주 동안의 황해도 순회 전도에 대하여 박사는 "은율에서 의사업은 번성하고 있는 상태이며, 많은 사람들이 진료를 요청하였다. 그들은 수나 시급성에 있어 나를 거의 압도하였기에 그들은 분명히 의사가 자신들을 방문할 때까지 병을 키워왔던 것 같으며, 우리가 출발하는 날 아침 나는 그저 달아나야만 하였다. 우리는 장연 지방에 저녁 늦게 도착하였는데, 즉시 아픈 환자를 진료해 달라는 요청을 받았다. 브라운 박사는 이곳에서 멋진 연설을 하였는데, 나는 상당 부분을 대단히 서툰 한국어로 번역하여 망침으로써 유감스러움을 느꼈다. 이곳은 나의 이전 학생인 효권이가 살고 있는 곳인데, 내가오고 있다는 것을 알고 자신이 치료할 수 없는 많은 환자들을 준비시켜 놓았다. 이곳에서 두 수술을 집도하였는데, 의사가 떠난 후 환자를 어떻게 돌보는지 알고 있는 이전의 학생이 있지 않았더라면 불가능하였을 것이다. 그것은 젊은이들을 의사로 교육시키고, 그들을 전국 각지로 보내는 데서 오는 이점을 실제적으로 보여 준 것이었다. 최상의 의학 교육이 순회 전도 중에 이루어질 수는 없지만, 그것은 선교사의 업무에서 상당히 큰 관심을 분명히 일으켰고, 종종 환자를 병원으로 데려오게 한다."라고 말하였다. 박사는 병원의 의사가 종종 순회 전도 여행이 가능하도록 계획되어야 한다고 생각한다.

(중략)

Samuel F. Moore (Com.),
Report of Seoul Station 1900~1901 (Sept., 1901)

(Omitted)

Dr. Avison's Illness. A. few days after her death Dr. Avison came down with typhus fever, and was at death's door for some days. The foreign community and the native church were earnest in prayer, and their prayers availed.

(Omitted)

Dr. and Mrs. Underwood. Dr. and Mrs. Underwood, after a second term of faithful service on the field, have returned home on furlough which was imperatively necessary on account of the condition of Mrs. Underwood's health. We regret that in the hurry of starting they neglected to leave any report of their work the past year. Shortly before leaving they were invited, with Dr. and Mrs. Brown and Dr. and Mrs. Avison, to dine at the palace.

Dr. Brown's Visit. The visit of Dr. and Mrs. Brown was much appreciated by the Koreans as well as by the missionaries. On Sunday morning the Doctor addressed two of our churches and in the afternoon spoke to a mass-meeting of Koreans, preaching afterwards to the foreign community. After a number of conferences with the station, in which important questions were discussed, Mr. Sharp and Dr. Avison escorted Dr. and Mrs. Brown to Whang Hai Province, where they were met by a committee which escorted them to Pyeng Yang.

(Omitted)

Church Work in Seoul. ...... Mr. Sharp is superintendent at West Cate Church, Dr. Avison at Central, and the pastor, Mr. Gale at Yun-mot-kol. The beginning of a S. S. library has been made, and the birthday box is in evidence. Miss Strong says, "The girl" class has been taught by Lera Avison and Helen Hulbert with the Korean girl Pongai.

(Omitted)

Mrs. Avison. Mrs. Avison's hands have been full with caring for her family and teaching them. She has conducted Korean prayers daily with the servants, and altho unable to undertake regular work at the church her frequent presence has encouraged the Korean women. The sickness and death of Miss McKenzie in her home, followed immediately by the long and serious illness of Dr. Avison, was a great tax upon her strength.

(Omitted)

Mr. Sharp. ......

I expected to find the language very difficult and have not been disappointed. Accompanied by my teacher I have spent several weeks in the country visiting one or more times all the places where there are organized groups of Christians in the district that lies down the river from Seoul. In the month of May I spent three weeks in the province of Whanghai. Before we returned to Seoul Dr. Avison and I visited nearly all the churches in that section, examined candidates in three place, and it was my privilege to administer baptism to thirty-five.

(Omitted)

Medical Work. Dr. Avison returned from furlough in Oct. 1900 and opened the hospital Oct. 15th. It was necessary to close it again Dec. 29th as the Doctor, two of the helpers, and two of in-patients were stricken down with typhus fever, and it was not until March 21st that it was possible to resume the work. On April 29th the Doctor left Seoul for a three weeks' trip in the country, Dr. Vinton taking charge in his absence. He gives statistics as follows: -

Total number of days open 153. Attendance 3,185. New cases 1,870. Average attendance 20.8. Receipts 153.99 yen.

The Doctor remarks that nothing contributes more toward a meagre attendance at the dispensary than irregularity in the attendance of the doctor, and the tendency to increase in spite of irregular service on the part of the doctor indicates that under more favorable circumstances we should have had an usually good report.

He also gives a long list of the diseases treated, giving some idea of the relative prevalence of the most common illnesses in this quarter of the world.

Nearly one third of the cases treated were sufferers from skin disease. The students attended to extracting 274 teeth. referring only the more difficult cases to the doctor. There were 188 cases of eye disease. Of 70 ear cases about 40 were a result of small-pox. A good many Japanese have come to the dispensary, and the Japanese doctors have called for Avison frequently in consultation, usually paying him a fee of five yen. 123 cases have been cared for in the wards where the. new beds provided by American friends have been appreciated by the Koreans. Of the 124 cases treated 92 were surgical.

The results of the work in the Wards are summed up by the Doctor as follows; Cured 46, improved 33. died in hospital 8, went out with prospect of certain death 5. The balance were either in hospital at the time of writing this report or had left before the result could be known. Most of those recorded as improved were in a fair way towards complete cure, but left as soon as they were well enough to carry out the treatment at home or attend the dispensary as out-patients. Operations, most of them under ether, were performed on about 50 or the ward patients. The time in hospital 108 patients is recorded, totalling 1,544 days, or an average 14.3 days per patients.

Students. There have been five students who have been received with the understanding that they are to be remain for eight years, or until they complete the required course of study and are competent to go out as doctors. This agreement must be ratified by a responsible person on the student's behalf. That they may have practical experience in all lines that pertain to medical work, and also fo provide for their support while pursuing their studies, these young men are employed as dispensers, dressers, nurses, &c. The first year there is no remuneration. The second year food only is provided. The third year five yen per month is given, and each year one yen per month is added bringing the wages in the eighth year to 10 yen per month. Under this arrangement the total cost of a student for eight years will be 576 yen, or 288 gold, dollars an average of $36 per year. The doctor hopes thus to keep together a good class who will become useful helpers and physicians. During the past term the class has been instructed in Arithmetic by Dr. Field through her teacher; in English by Miss Shields, and assistant Kim Pil Soon; in nursing, bandaging, preparation of surgical dressings, preparation and care of operating room, and allied subject, by Miss Shields; and in chemistry, materia medica and anatomy, by Dr. Avison. Altho' the actual time devoted to teaching has been too small and the work so irregularly carried on that all have become somewhat discouraged, yet the Doctor feels increasingly the necessity of making this department a success, and he hopes that such arrangements may be made as will enable him, or some one else, to give more time to the teaching work. Kim Pil Soon, the literary assistant, is also making a study of medicine. As a translator he is doing good work and the Doctor hope that he will be able to teach elementary branches in the near future.

Evangelistic Work. This has been kept up regularly in the dispensary where Mr. Song has had charge for the most part, and in the words where all the helpers and students are Christians. Dr. Avison conducted a morning service, in the wards where all gathered, and Mr. Moore made a daily visit while in the city in the winter. In June Suh Sang Yun was engaged as hospital evangelist and he has carried on the work faithfully. One man said when leaving that he had received such instruction and inspiration while there that the Christian life, formerly a profession, was now a joyful reality and he expected to do personal work in his own district. Another patients who dies in the hospital after a stay of three or four weeks, when told that he could not recover, gave testimony before his fellow patiens that it meant to him only going before his Heavenly Father and that he had no fear. The atmosphere of the hospital, the Doctor thinks, has been more favorable to the development of the true Christian spirit than at any former period. Outside of the hospital the Doctor has worked in connection with Central Church as superintendent of the Sunday school and has conducted the preaching service frequently when the pastor was absent in the country.

Itineration. Speaking of his three weeks' itinery in Whang-hai Province the Doctor says, "The work at Ulyul is in a flourishing condition and a large number applied for examination. They had apparently been laying up their illness until a doctor should visit them, as they nearly overwhelmed me with their numbers and their precipitancy, and on the morning of our departure I had simply to break away and run. We arrived at the magistracy of Chang Yun late in the evening and I was immediately called upon to see some sick folk. Dr. Brown delivered a fine address here which I felt sorry to spoil to a considerable extent by rendering it into very indifferent Korean. It is here that my former student Kyo Kwon Yi lives, and knowing that I was coming he had a number of cases ready that he had been unable to handle. Two operations were performed here which would have been impossible but for the presence of this former student who knew how to take care of the patient after the doctor's departure. It was a practical illustration of the advantage which will follow the proper training of young men as doctors and the scattering of them throughout the country. Although the best kind of medical work cannot be done wihile itinerating, it certainly arouses a good deal of interest in the work of the missionary, and often brings patients to the hospital." The doctor thinks that the work should be so planned as to make it possible for a physician in connection with the hospital to make frequent itinerating trips.

(Omitted)

올리버 R. 에비슨, 한국 서울 제중원 연례 보고서. 1901년 9월
(서울: 감리교회 출판사, 1901)[150]

보고서가 없이 두 번의 연례회의가 지나갔기 때문에 나는 거의 신참자 같은 느낌이 든다. 의료 문제가 커다란 주목을 받고, 서울 병원에 대한 관심이 어느 정도 결정되었던 지난 연례회의에 참석할 수 없었던 점을 사과하고 싶다. 그러나 하나님의 왕국에서 우리 개개인의 삶과 일들이 그러하듯이, 하나님은 분명히 모든 일을 선을 위해 주재하셨고, 우리는 지체된 덕분에 좀 더 만족스러운 병원 시설을 갖게 될 것이다.

우리는 1년 반의 부재 후에 1900년 10월 2일 서울에 돌아왔으며, 다시 우리의 일에 참여하게 되어 기뻤다. 나는 거의 2주일 동안 집을 정리하는데 전념하였고, 10월 15일 병원 문을 다시 열었다. 우리는 12월 29일까지는 꾸준히 일을 하였는데, 불행하게도 두 명의 조사와 두 명의 입원 환자가 발진티푸스에 걸려 쓰러졌으며, 결국 병원 문을 닫을 수밖에 없었다. 입원환자들은 낙동(駱洞)에 있는 영국 (성공회) 병원으로 이송되어 카든 박사의 치료를 받았는데, 그는 앓고 있는 나에게도 왕진을 와서 치료하여 주었다. (1901년) 1월에야 차도가 있었으며, 3월 중순이 되어서야 병원 일을 조금이나마 할 수 있게 되었고 병동에 입원한 2~3예의 응급 환자를 진료할 수 있었다. 나는 1901년 3월 21일 진료소 일을 다시 시작하여 계속하다가 4월 29일 신학박사 브라운 부부와 서울을 떠나 황해도로 출발하였는데, 내가 없던 3주일 동안 빈튼 박사가 병원 일을 맡았다.

나는 돌아온 후 우리 선교지부가 정한 보고서 작성 완료일인 6월 30일까지 쉬지 않고 일을 계속하였다. 따라서 이 보고서가 다루는 기간은 8개월 반이지만, 실제로 활동한 기간은 단지 5달 반이며 그것도 상당히 불연속적인 것뿐이다. 그러나 가장 쉽게 계산할 수 있는 두 형태의 결과인 내원 환자 수나 재정적인 측면에서 이 기간은 대단히 고무적이었다. 주로 의사의 불규칙적인 진료 때문에 진료소에 오는 환자가 적었지만, 의사의 진료가 더욱 불규칙적이었던 최근 몇 달간 지속적으로 환자가 증가한 것은 우리가 좀 더 좋은 조건

---

150) 이 보고서는 이미 한글로 번역된 바 있는데, 이를 수정 보완하였다. 박형우, 이태훈, 1901년도 제중원 연례보고서. 연세의사학 4(3) (2000년 12월), 215~259쪽.

하에서 특별하게 좋은 보고서를 쓸 수 있었음을 나타낸다.

진료소

날짜	개원일	환자 수	신환	평균(명)	수입(엔)
1900년 10월	14	274	130	19.57	11.05
" 11월	26	561	222	21.57	20.63
" 12월	24	436	348	18.17	20.77
1901년 1월	2	16	7	8.00	.56
" 2월	0	0	0	0.00	0.00
" 3월	9	146	108	16.22	10.00
" 4월	26	622	315	23.92	26.19
" 5월	27	488	241	18.07	35.43
" 6월	25	642	499	25.68	29.36
합계	153	3185	1870	20.80	153.99

외래에서 치료한 다음의 질병 목록은 한국에서 사람들을 괴롭히고 있는 흔한 질병의 상대적 빈도에 대한 개념을 줄 것이다.

피 부 - 옴(가려움증) 75, 습진 115, 건선 3, 전염성 농가진 15, 광택제 중독 3, 티눈 19, 사마귀 3, 여드름 5, 소양증(전신 가려움) 6, 매독 134, 백선 1, 피부 색소증 6, 두드러기 4, 제거해야 할 반흔 8, 궤양 64, 농양 114, 피부 백반증 2, 대상포진 1

소화관 - 소화불량 45, 설사 20, 이질 14, 변비 5, 충수돌기염 3, 발치 74, 치아에서 제거한 치석 4

직 장 - 치루 31, 치질 8, 항문 탈출 3, 항문 궤양 1

생식비뇨 - 임질 38, 고환염 2, 포경 7, 신장염 4, 연성하감 3, 방광염 4, 수종 1, 정삭 정맥류 1, 요실금 1, 부고환염 1, 협착 1

눈 - 안염 3, 홍채염 1, 결막염 53, 각막염 31, 백내장 14, 익상편 5, 안검내변 3, 안검외번 1, 안와 부종 1, 사시 1, 포도종 1, 반흔 9, 난치성 맹(盲) 7, 안검염 2, 누관 협착 1, 눈의 이물질 3

귀 - 화농성 외이도염 9, 화농성 중이염 40, 신경성 농 2, 카타르성 농(聾) 12, 귀지 6, 귀의 이물질 1

호흡기 - 폐결핵(소모성) 20, 기관지염(만성 및 급성) 20, 후두염 2, 풍토성 각혈 9, 늑막염 3, 천식 2, 폐염 2, 인두염 5, 백일해 2, 낭포성 편도선염 3, 화농성 편도선염 2

심장순환 - 심장 6, 대동맥류 1

신경계 - 간질 6, 정신병 2, 안면 마비 1, 경련성 마비 2, 건강염려증 1, 신
경통 9, 좌골신경통 3, 반신마비 3, 신경쇠약 14

발 열 - 매일열 4, 삼일열 4, 사일열 2, 미분류 8, 티푸스 2, 진단 불확실
1

선 - 비대 혹은 화농성 연주창 23, 유행성 이하선염 1

혈 액 - 빈혈 16

종 양 - 육종 2, 상피종 4, 혈관종 1, 지방종 4

탈 장 - 이중 서혜부 1, 단독 서혜부 6, 낭성 9

뼈 관절 - 고관절 탈구 1, 견관절 탈구 2, 주관절 탈구 3, 경골 골절 2, 경
골 및 비골 골절 1, 대퇴 골절 1, 늑골 골절 1, 요골 및 척골 골
절 1, 상완골 골절 1, 골양과 탈저 9, 관절염 7, 염좌 1, 골막염 7

기생충 - 촌충 9, 회충 12

코 - 급성 주사비 2, 용종 4, 비중격 편위 1, 비강 폐쇄 4

기 타 - 류마티즘 8, 유행성 감기 6, 선천성 구순열 6, 간경화증 2, 예방
접종 1, 수두증 1, 양잿물 섭취 5, 나병 4, 과도한 발한 3, 출산
2, 임신 장애 1, 여러 손상 60

주 -

(1) 군인 환자, 좀 더 자세히는 평양에서 후송된 환자들이 두드러진다. 거의
매일 이런 환자 4~8명을 치료하였다. 상당수가 병동에서도 치료를 받았
는데, 거의 각종 농양 때문이었다.

(2) 또 하나 주목할 만한 것은 이전 보다 훨씬 많은 상당수의 일본인 환자
가 치료를 받았다는 점이다. 또한 일본인 의사들이 그들이 치료하기 어
려운 환자들에 대하여 나에게 자문을 요청하는 경향이 많아졌다. 이런
경우의 대부분은 치료비로 5엔이 나에게 지불되었다.

(3) 한국 동전의 가치 하락과 많은 의약품의 가격 상승으로 인하여 좀 더
많은 진찰료를 부과하였지만 평소보다 별 문제 없이 필요한 양의 약품
을 구할 수 있었다. 나는 서울의 다른 외래 진찰소가 우리 선교본부가
오래 동안 따라 왔던 체계, 즉 치료비를 지불할 능력이 없음이 확인된
사람에게만 무료로 약을 주어 보내는 것을 변화시키려는 시도를 전혀
하지 않은 것에 만족스럽다.

(4) 질병 목록을 잠시 훑어보기만 해도 환자의 ⅓이 피부 질병임을 알 수 있
는데, 매독이 피부병의 거의 25퍼센트, 전체 환자의 7퍼센트로 가장 많
은 반면, 습진과 농양이 각각 피부병의 20퍼센트, 그 다음으로 옴이 13
퍼센트, 궤양이 12퍼센트이었다. 발치와 같은 외과적 처치는 이제 학생
들이 대부분 시행하는데, 자신들이 해결하지 못하는 환자만 나에게 자

문을 구하는 것이 흥미롭다. 발치가 74건이 있었던 것은 한국인 같은 단일 민족도 치아 부식에서 자유롭지 않다는 증거이다. 한국인처럼 소화가 잘 되지 않는 음식을 많이 먹는 사람들의 재난인 소화 불량 환자는 예상하였던 것처럼 많은 부분을 차지하지 않았다. 눈병은 우리에게 많은 일거리를 가져다주었다. 전체 188명 중 136명이 불결, 임질 및 매독 등의 결과이며, 따라서 통상적인 환경에서 방지할 수 있는 것들이었다. 귀 환자 70명 중 40명은 중이에 고름이 생긴 환자이며, 그 대부분은 천연두 때문인데 예방 접종을 했었더라면 예방할 수 있었을 것이다. 지난 5달 반의 업무 중 백신 접종은 오직 한 건이 있었다. 이것은 백신 접종을 위해 요구되는 소정의 과정을 거친 후 자격증을 받은 종두의(種痘醫)에 의해 엄청난 수의 백신 접종이 이루어진 것에 분명히 기인한다는 점에서 대단히 주목할 만하다. 그들은 백신의 본질 혹은 무균이나 항패혈에 관한 아무런 지식이 없기 때문에, 백신이라고 추정되는 것을 접종하는데 다양한 종류의 병원균을 희생자에게 접종함으로써 많은 경우 대단히 심각한 결과를 초래하는 것은 대단히 비참하다. 우리는 기회가 있을 때마다 이 점을 사람들에게 알려주어 다른 사람에게서 얻은 바이러스로 그들의 자식들에게 접종하는 것을 경고해야 하며, 이 일은 외국인 진료소와 전국에 흩어져 있는 일본인 약종상에게서 순수한 백신을 쉽게 구할 수 있기 때문에 훨씬 용이하다. 호흡기 질환이란 항목의 환자 중 25퍼센트는 폐결핵이다. 어떤 사람들은 한국에는 결핵이 없다고 하지만 이곳에 기록된 환자들은 가래에서 특이한 간상균을 발견함으로 확진된 것이다. 이 나라에서 꽤 흔한 호흡기 질환은 어떤 지역에 특징적인 병이라는 뜻을 가진 '토질'이라는 이름으로 사람들에게 알려져 있다. 그것의 과학적 이름인 풍토성 각혈은 이것과 거의 같은 뜻, 즉 특정 지역에서만 발견되는 폐 속의 출혈임을 생각한다면 매우 재미있는 일이다. 오슬러 박사조차도 의학에 관한 그의 저서에서 이 병에 관한 설명이 거의 없이 단지 두 줄만을 할애하였고, 미국에서 발견되지 않은 병이라고 하였기 때문에 휠드 여의사가 맨슨 박사의 열대 질병에 관한 새 저서에서 그 상태를 매우 잘 설명해 놓은 쪽을 찾아낼 때까지 정확하게 그 질병을 정의하는데 혼란스러웠다. 현미경에 의한 가래 검사는 앞에서 설명한 것과 같이 결론적으로 이 질병의 정체를 증명하였다. 이로서 한 가지 불확실한 의문을 해결하였고, 시간을 내어 새 책을 읽는 이익이 분명해졌다. 의사들은 시대에 뒤처지지 않으려면 반드시 시간을 내어 전문 서적을 읽어야만 한다.

이 기간 동안 단지 18건의 말라리아 열병을 치료하였다는 것은 주목할 만하다. 이것이 이 나라에서 말라리아가 이전보다 덜 흔해진다는 것을 의미할까? 나는 아니라고 생각하며, 오히려 많은 양의 키니네가 한국인 중개인을 통해 팔리고 있어 집 가까이에서 구입할 수 있고, 자가 치료를 함으로써 최악의 상황을 상당 부분 제어하였기 때문이라고 생각한다.

기생충 치료에도 유사한 소견이 적용된다. 우리는 예전에 이 문제를 지닌 많은 사람들을 치료하였지만, 현재 산토닌이 키니네만큼이나 전국에서 보편적으로 판매되고 있다.

병동

병동은 상당히 잘 이용되었으며, 123명의 환자가 치료를 받았다. 우리는 외국식 침대와 방법을 사용하는 체계를 시험 할 기회를 가졌는데, 외국식 병원을 짓고 장비를 갖추는 혁명적인 시도를 하기 전에 그런 기회를 가질 수 있어 기뻤다. 그렇지 않았더라면 사람들은 저 건물과 장비가 어떤 의사의 많은 환자에게만 허용된 것이라고 의심하였을 것이다. 나는 우리의 경험이 그 의심에 겁먹을 필요가 없음을 보여준다는 것을 얘기할 수 있어 기쁘다. 아무도 스프링 침대를 떠나 마루로 내려가고 싶어 하지는 않으며, 반면 침대가 없어 마루에 있던 사람들은 환자가 퇴원하는 대로 그 침대를 얻는 기회가 있기를 갈망한다. 분명히 간호하는 사람에게는 매우 편안하며 청결을 유지하는데 매우 편리한 점도 침대를 선호하는 큰 이유이다.

내가 뉴욕 브루클린에 있을 때 언더우드 박사의 매부인 코나드 씨는 철사줄로 짜여진 침대 요를 갖춘 10개의 철제 침대를 병원에 선사하였다. 그리고 언더우드 박사의 남매인 스테픈스 여사의 지도하에 있는 브루클린의 장로교회 여자선교악단에서 이중 두 침대를 지원하고 유지시켜 주기로 하였다.

남자 병동의 침대는 커일러 침대, 여자 병동의 침대는 그렉 침대로 이름 붙였다. 그 직후 워싱턴을 방문하는 동안 뉴욕 가 장로교회의 여자회는 그들이 예전에 지원했던 우리 병원의 일에 깊은 관심을 갖고 목사의 부인이며 그들의 대표인 래드크리프 여사의 이름을 붙여 래드크리프 침대라는 이름으로 여자 병동에 침대를 제공하였다.

이렇게 즐겁게 시작한 사업은 뉴욕 브루클린의 메모리얼 장로교회의 여자선교회에서 남자 병동에 놓을 침대를 제공함으로써 두 배로 확장되었다.

다섯 번째 침대는 서울의 헐버트 목사가 기증한 쉘돈 헐버트 침대이며 그는 침대의 유지를 약속하였다. 이 침대는 남자 병동에 놓았다. 이 침대는 이 땅에서 받은 최초의 침대이지만 나는 이 좋은 예를 다른 많은 사람들이 따르기를 기대한다. 나는 우리의 새로운 건물이 공동체 앞에 세워지는 즉시 고통받는 이웃에게 도움을 줄 능력이 있는 사람들의 동정심에 조용한, 그러나 즉각적인 영향을 줄 것이라고 믿는다. 지난 해 일반 환자 한 명을 일 년 동안 보살피는데 들어가는 비용이 60엔인 것으로 추정되었는데, 헐버트 씨가 중환자들에게 필요한 편의를 제공할 침대를 유지하기 위하여 매달 8엔을 제공하지 않았다면 이들 중환자에게 약품이나 다른 필수품 없이 간신히 기본적인 식품만을 공급할 수 있었을 것이다.

치료받은 123명의 환자 중 92명이 외과 환자이고 31명이 내과 환자로 비율은 3대 1이지만, 외과 환자는 종종 만성 농양, 궤양 혹은 골 질환이어서 내과 환자 보다 오래 입원하고 있기 때문에 특정 시간에 병실에서 관찰되는 비율을 정확히 나타내지 못하며, 따라서 특정 시간에 외과 환자가 내과 환자보다 5배 정도인 경우가 드물지 않다.

다음 표가 병동에서 수행된 일의 성격을 보여줄 것이다.

번호	질 병	과	수술	입원(일)	결과 (완치:I 호전:C 사망)
1	사시	외과	수술	3	I
2	폐결핵	내과		6	+
3	하퇴의 만성 궤양	외과		45	C
4	만성 설사, 발열, 복부내 종양	외과		2	+
5	학질(매일열), 만성 설사 및 쇠약	내과		89	+
6	심한 화상(화농이 심할 때 입원함)	외과		23	사망
7	전완골 괴사	외과	수술	15	C
8	급성 화농성 결막염	외과		3	I
9	심장근육 퇴행	내과		7	I
10	상악골동과 안면의 육종	외과		12	+
11	경골 골절	외과		7	+
12	복벽의 큰 농양	외과	수술	35	C
13	회음 농양	외과	수술	7	C
14	티푸스	내과		8	사망
15	총상에 의한 하퇴의 탈저	외과	수술	4	+
16	진행성 심장질환	내과	수술	24	사망
17	대퇴 농양	외과	수술	14	I
18	안면과 발목의 손상	외과		2	I+
19	경골 및 비골 골절	외과		2	+
20	구순열	외과	수술	12	C
21	포경	외과	수술	10	C

22	대퇴의 큰 지방종양	외과	수술	21	C
23	사고로 인한 복부 손상 및 탈장	외과	수술	24	C
24	전신 결핵성 관절염	내과		3	+
25	음경의 상피종	외과	수술	39	C
26	척추골의 카리에스 및 척주 만곡	외과		6	I
27	소화불량	내과		4	I
28	항문 누공 및 이질	외과	수술	8	I+
29	이질	내과	수술	6	C
30	급성 소화불량	내과	수술	1	I
31	대퇴 농양	외과	수술	9	C
32	회음 농양	외과	수술	2	I
33	수부 농양	외과		2	I+
34	경골의 육종	외과		35	I+
35	임질 및 궤양			4	I
36	만성 신장염	내과		30	I
37	만성 신장염	내과		17	I
38	영양실조로 인한 쇠약	내과		4	I
39		외과		12	C
40	소화불량	내과		28	
41	매독성 궤양	외과		2	I
42	복부의 궤양	외과		16	
43	고관절 괴사	외과	수술	24	I+
44	대퇴부 농양	외과	수술	12	C
45	족골의 골막염	외과		6	I
46	티푸스 합병증으로 인한 폐염	내과		22	사망
47	대퇴의 만성 농양	외과	수술	12	C
48	화농성 경부선	외과	수술	12	C
49	간 부위의 동통	내과		10	I
50	티푸스	내과		12	C
51	티푸스	내과		12	C
52	칼에 의한 후두 손상	외과	수술	14	사망
53	결핵성 복막염	외과	수술	69	+
54	골반뼈의 괴사	외과	수술	67	+
55	하퇴의 만성 농양	외과		19	I
56	정복 불능의 서혜탈장 및 제대의낭종	외과	수술	61	C
57	소화불량	내과		16	I
58	급성충수돌기염	내과		3	C
59	급성 신장염	내과		28	사망
60	소화불량	내과			+
61	화농성 결막염	외과		7	C
62	백내장 외과		수술	6	C
63	하퇴 농양	외과		5	I
64	견관절 탈구	외과	수술	2	C

65	주관절 탈구	외과	수술	3	C
66	상완의 골막염	외과	수술	5	I
67	엉덩이의 동통(신경통)	내과		2	+
68	만성 각막염	외과		26	I
69	공장 주위 농양	외과	수술	28	I
70	대퇴의 급성 농양	외과	수술	34	C
71	화농성 경부선	외과	수술	24	C
72	대퇴의 급성 농양	외과	수술	71	C
73	손과 상지의 부종	외과		10	C
74	항문 누공	외과	수술	4	I
75	백내장	외과	수술	9	C
76					
77	안염	외과	수술	14	I
78					
79	발목의 골막염	외과		41	C
80	편도선염	외과	수술	3	C
81	구순열	외과	수술		C
82		외과		4	
83	발열	내과		3	C
84	항문 누공	외과	수술		C
85	말라리아(매일열)	내과		24	C
86	팔꿈치 주위의 농양	외과	수술	27	C
87		외과	수술	13	
88	하퇴의 관통상	외과	수술	20	C
89	항문 누공	외과	수술	14	C
90	발열	내과		9	C
91	총상에 의한 대퇴 농양	외과	수술	6	C
92					
93	뇌진탕	외과		1	C
94	천식	내과		1	
95	주관절 탈구	외과	수술	2	C
96	폐결핵에 이은 하퇴의 심한 화상	외과		24	사망
97	착오,93번과 같은 환자임				
98					
99	대퇴 농양	외과	수술	3	I
100	회음의 심한 타박상 및 요도 파열	외과	수술	32	C
101					
102				3	
103		외과		2	
104	발 손상	외과	수술	3	
105					2
106	직장출혈로 인한 빈혈	내과		10	I
107					3

108	하퇴의 만성 궤양	외과		10	I
109		외과		9	
110					1
111	항문 누공 및 출혈	외과	수술	122	C
112	티푸스	내과		3	+
113					
114					
115					
116		내과		5	
117	대퇴 농양	외과	수술	10	사망
118	항문 누공 및 출혈	외과	수술	10	I
119	곽란(癨亂)	내과		5	C
120					
121					
122					
123					

병동에서 치료받은 123명의 결과는 다음과 같이 요약할 수 있다.

완치 46명, 호전 33명, 병원에서 사망 8명, 죽을 것이 분명한 상태에서 퇴원 5명이다. 나머지는 이 보고서를 작성할 당시 병원에 입원 중이거나 결과를 알기 전에 병원을 퇴원한 환자들이다. 호전된 것으로 기록된 환자들의 대부분은 완치되는 중이지만 집에서 치료하거나 외래로 통원 치료 할 수 있을 정도로 좋아져서 퇴원한 경우이다. 병동 환자 중 약 50명은 대부분 에테르 마취 하에 수술이 시행되었다. 마취제나 수술에 의해 사망한 환자는 없으며, 사망 환자의 원래 질병의 치료에 실패했기 때문이다.

위에 있는 환자들 중 108명이 병원에 있었던 시간이 기록되어 있는데 전부 1.544일이고 환자 당 평균 14.3일이다. 다른 15명에게도 이상의 평균을 적용한다면 남자 환자들의 전체 입원 일수는 1.756일이다. 여자 환자의 수는 45명이다. 그리고 그들의 전체 입원 일수는 663일이고 (남자와) 합해서 총 2.419일이며 이 기간 동안 음식의 비용은 290.68엔으로 이는 1일 평균 음식 비용 12전 혹은 6센트 금화가 필요하다. 모든 결점이 좋은 방향으로 빨리 고쳐지고 있기 때문에 병동의 환경을 더 이상 언급하지 않겠다.

조수 및 교육과

내가 (안식년을 보내고) 돌아와 보니 이전 학생들은 한마디 얘기도 없이 흩어졌음을 알았다. 나는 학생들이 절망감을 갖고 있으며, 그들의 입장에서 오랜 기간 동안 남아 의학 공부를 한다는 것이 얼마나 힘든 일이고 특히 현재와 같은 상황(중추적 역할을 하던 에비슨이 귀국하고 없는)에서 더욱 어렵다는 사실을 너무 잘 알고 있기 때문에 그들을 비난 할 수 없었다. 소년 한 명을 새로 고용했는데 그의 기록이 좋았기 때문에 나는 그와 함께 기초부터 시작하였다. 전에 있었던 학생들 중 한 학생은 일본인 의사의 관리 하에 있는 진고개의 의학교에 다니고 있었고, 한 학생은 왕립 사관학교의 사관생도로 들어갔고, 세 학생은 그 동안 병원에서 배운 지식으로 의약품을 판매하면서 생활을 하고 있었으며, 나머지 두 명은 서울에 있지만 아무 일도 하지 않고 있었다. 나는 그들이 얼마나 부족하게 준비되었는지를 알기 때문에 그들 중에서 누군가가 스스로 개업하였다는 점을 알았을 때 매우 유감스러웠지만, 그러나 그 일이 그들이 배운 유일한 일일 것이므로 심하게 그들을 비난하고 싶지는 않다. 내가 다시 돌아왔다는 소식을 듣자, 그들 중 세 명이 나에게 환영의 편지를 보내 다시 돌아온 것을 환영하고 병원에 계속 있지 못한 것을 사과하면서, 가족의 생활을 책임지고 있어 당장 공부하러 가지 못한다는 연락을 보내왔다.

그 중의 한 명은 재입학을 원하였으나 그때는 학생의 식비마저 부담할 기금이 내게 없었으므로 이를 허락할 수 없었다. 이 학생은 장연의 서효권이었으며, 이 목적을 위해 쓸 돈을 신청할 테니 9월 1일 다시 오라고 했다.

서울에 살고 있는 두 명의 학생은 제중원이 다시 문을 연 직후 찾아와 재입학을 요청하면서 계속 남아 공부하지 않은 것에 대해 사과함으로 재입학을 허락하였다. 얼마 후 일을 잘 할 것 같이 보이는 3명의 학생을 뽑았으나, 한 명은 의사로서 성공하는데 필수적인 소양을 개발하지 못했기 때문에 내보냈다. 따라서 우리는 5명의 소년을 갖고 있으며, 9월 1일 6명으로 교육을 재개할 것으로 예상하고 있다.

그들에게 주어진 교칙은 8년 혹은 공부를 완전히 끝내어 의사로 나갈 만큼 능력이 있다고 인정될 때까지 있어야 한다는데 동의하는 것이었다. 만약 그들이 그 전에 떠난다면 그 순간 그들을 위해 사용된 돈을 반환해야만 할 것이다. 이 동의는 학생 보호자의 확인을 받은 후 실행에 들어갔다. 현재의 스탭은

전병세, 5년차
서효권, 4년차, 송천 장로 서경조의 아들
박서양, 2년차, 백정 '박'의 아들
김정원, 2년차

홍인후, 1년차, 새문안교회 홍 집사의 아들
홍덕수, 1년차, 서상륜의 사위가 될 예정

이다. 이들은 모두 기독교인이다. 그렇게 오랜 기간 동안 젊은이들을 학생으로 유지하는데 생긴 문제 중 하나는 재정적인 것이다. 그들은 대부분 조혼을 하는 한국 전래의 풍습에 따라 나에게 오기 전 혹은 직후에 결혼했기 때문에 해가 갈수록 그들의 책임은 늘어났고 그들에게 필요한 것을 부모나 다른 사람에게 의지할 수 있는 사람은 하나도 없었다. 따라서 그들이 공부를 하는 동안 생활비를 벌 방법을 찾아야만 했다. 이런 목적과 의학에 속한 전 분야에서 실습 경험을 주기 위해 학생들은 약제사, 붕대 담당자 및 간호사 등으로 고용되었고, 나는 연차, 숙련도 등에 따라 보수를 조정했는데 이는 그들이 보통 정도의 생활로 긴 도제 살이 기간을 마칠 수 있게 해 줄 것이다. 이 계획은 다음과 같다.

1년차	보수 없음
2년차	본인의 식비, 3엔
3년차	한 달에 5엔
4년차	한 달에 6엔
5년차	한 달에 7엔
6년차	한 달에 8엔
7년차	한 달에 9엔
8년차	한 달에 10엔

8년 동안 학생 한 명에 들어가는 총비용은 576엔, 혹은 금화 288달러이고, 일년 평균 금화 30달러가 들어간다. 나는 이와 같은 계획으로 유능한 조수 및 의사가 될 학생들로 훌륭한 학급을 운영하여 이들이 임상 의사나 교수 요원 무엇이든 직무를 수행할 수 있게 되기를 희망한다. 이 일은 강의를 준비하고 가르치는데 지금까지 해왔던 것보다 더 많은 시간을 필요로 하지만, 적절하게 의학을 교육받은 기독교인이 기독교 공동체의 미래를 책임져야 한다는 점에서 매우 중요한 문제이다. 기회는 매우 빨리 사라질 것이고 의사들은 기독교의 가르침의 영향에서 먼 의학교에서 훈련받을 것이기 때문에 이 영향력 있는 집단에 기독교 정신을 심을 기회를 잡지 못한다면 매우 불행할 것이다.
내 생각에는 새 병원이 제공할 훈련 기회의 증가와 함께 우리는 약 열 명의 학생이 상당량의 실제적인 일을 배울 수 있도록 해야 하지만, (그들은) 아

직 실제적인 일을 하기 위한 좋은 기반을 다지기 위해 충분히 공부할 시간을 갖고 있지 못하다.

이것은 조수에게 할당된 예산의 상당한 증가를 의미힐지도 모르지만, 나는 사회와 개인으로부터 지금의 정규 기금 이상을 특수 장학금의 형태로 받을 수 있을 것이라고 확신한다.

지난 학기에 그들은 산수는 필드 여의사로부터 배웠고, 영어는 쉴즈와 나의 조수 김필순에게서, 간호, 붕대법, 외과 처치 준비, 수술실 준비와 관리 및 그와 관련된 일은 쉴즈 양에게서, 화학, 약물학, 해부학은 나에게서 배웠다. 그러나 강의 시간이 너무 불규칙적이었고 실제 할애한 시간이 너무 적었기 때문에 선생들과 학생들 모두 꽤 실망스러웠다. 내가 여기서 오래 일할수록 이 과를 효율적으로 운용하는데서 얻는 이익을 보게 될 것이며, 나는 나나 혹은 다른 사람이 충분한 에너지와 시간을 투자하여 교육이 성공할 수 있도록 준비가 조속히 이루어지길 더욱 간절히 희망한다.

번역(저작) 조수

상당한 망설임 끝에 나는 김필순을 나의 번역 조수로 임용하였으며, 그는 병원 전반의 감독 업무를 수행하고 있고 의학도 공부하고 있기 때문에 점점 나에게 유용해지고 있다. 또한 그는 입원 환자들에게 주어진 가격에 음식을 제공하는 일을 맡아 나의 가장 골칫거리 중 하나를 덜어주었다. 그는 번역자로 훌륭하게 일하고 있으며, 영어에 대한 지식은 내가 덜 힘들이고 이 일을 할 수 있게 해주고 있다. 나는 가까운 미래에 그가 몇몇 기초 분야를 가르칠 수 있기를 희망한다.

전도 사업

이 사업은 진찰실과 병동 모두에서 정기적으로 이루어졌으며, 나의 감독에 덧붙여 무어 씨가 많은 관심을 기울어 주었다. 나는 6월에 선교지부의 동의 하에 서상륜을 병원 전도자로 고용하였고, 그는 성실하게 일을 수행하였다. 그는 아침 일찍 병원 직원들을 모아 예배를 드렸고, 아침 식사 후 환자 및 조수들과 주 병동에서 함께 예배를 드렸으며, 그 후 기회가 되는 대로 하루 종일 환자들과 개인적인 대화를 가졌다. 그는 또한 진료소 대기실의 외래 환자들과 많은 시간을 보냈으며, 퇴근하기 전까지 매일 저녁 병원 조수와 내원객들을 모아 다시 예배를 드렸다. 그는 진료소 환자의 주목을 끌기 위해 특별히 세 개의 작은 전도지를 만들었다. 그는 때때로 몇몇 환자들의 고향인 지방으로 찾아가 그들이 입원하고 있는 동안 하였던 일을 완수하려고 노력하였다.

2달 이상 병원에 입원하였던 장연 지역에서 온 한 환자는 퇴원하면서, 자신은 공식적으로는 기독교 신자라고 말하면서도 그것이 의미하는 것을 거의 체험하지 못하였지만 여기 있는 동안 즐거운 현실로 다가오는 인도와 영감을 받았기 때문에 병원에 있었던 것은 자신에게 축복이었다고 말하였으며, 고향에 가서도 개인적으로 그 일을 하기를 기대하였다.

3~4주일 정도 입원하였던 또 다른 환자는 결국 병원에서 죽었지만, 회복되지 못할 것이라는 얘기를 들었을 때 그의 동료 환자들 앞에서 그는 주 앞으로 가는 것이며 전혀 무섭지 않다고 공개적으로 간증하였다.

나는 전체적으로 병원의 환경이 진정한 기독교 정신을 함양하는데 이전 어느 때보다도 좋아졌다고 생각하며, 나는 기관의 이 특성이 계속 증진될 것이라고 확신한다.

병원 바깥에서 나는 홍문서골 교회와 관련하여 주일 학교의 교장으로서 무어 씨가 순회 전도 여행으로 자리를 비웠을 때 설교를 하기도 하였고, 목사가 부재중일 때에는 종종 토요일 저녁의 교사 강습반에서 가르치기도 하였다. 나는 이 일이 병원 일로부터의 전환이며, 병원 일을 한국인들과 직접 연결시키는 것이기 때문에 매우 좋아하지만, 나는 제한된 시간만 할애할 수 있다.

서 씨의 일과 관련하여 나는 그가 수요일 저녁 큰 외래진료소에서 남녀 모두가 참가하는 병원 기도 모임을 주재하였다는 것을 언급해야 한다.

순회 전도[151]

이 사업은 내가 그렇게 익숙해 질 기회가 없었던 선교 측면의 일이지만, 이번 봄 내륙으로 평양까지 여행을 하는 브라운 박사 부부를 동반하여 두 선교지부 사이의 경계선까지 언더우드 박사 대신하여 가도록 위원회에 의해 임명되어 황해도를 가로지르는 3주일 동안의 여행을 하는 기회를 가진 것은 행운이었다. 은율까지 내려가는 여행은 너무 빨라서 선교 사업이나 의료 사업을 할 기회가 거의 없었지만, 돌아오는 길에 좀 더 시간을 내어 두 가지 일을 모두 약간씩 하였다.

나는 특성이 상당히 다양한 89명의 환자를 치료하였다. 은율에서는 의사가 방문할 때까지 분명 환자들이 병을 키워왔으며, 때문에 의사들은 그 숫자나 시급성에 거의 압도당하였고, 출발하는 아침에서야 도망쳐 나올 수 있었다. 은

---

151) 순회 전도에 실린 내용의 일부는 다음의 잡지에 인용되었다. Oliver R. Avison (Seoul), Secretary Brown Assisting at an Operation. *The Korea Field* 1 (Nov., 1901), p. 6.

율에서의 일은 융성하고 있는 상태에 있으며, 많은 사람들이 시험에 응시하였지만 이 지역에서 여태껏 적용되었던 계획에 따라 우리는 몇 달 동안 참석하였던 사람들에게만 시험을 보았으며, 초보자들은 외국인 교사가 다음 방문에서 시험 볼 것을 기대하고 지역 지도자로부터 학업을 계속하도록 하였다.

나는 내가 예상한 것처럼 상황을 표현하지는 못하였지만, 샤프 씨가 그의 보고서에 포함시킬 것이다. 장연 지방으로의 여행은 최소한 한 측면에서는 흥미로웠다. 우리는 저녁 늦게 도착하자마자 어떤 환자를 진료해 달라는 요청을 받았다. 이곳은 나의 이전 학생인 효권이가 병원을 떠난 후 살고 있는 곳인데, 내가 올 것을 알았기 때문에 자신이 치료할 수 없는 많은 환자들을 대기시켜 놓고 있었다. 첫 환자는 팔꿈치가 탈골된 소년이었는데 팔꿈치를 굽히지 못한 채 뻣뻣한 상태로 몇 달 동안 있었다. 식사 상이 아직 도착하지 않았기 때문에 우리는 곧장 에테르로 마취시키고 팔꿈치를 정상 위치로 복귀시켰다. 9시가 되도 식사가 나올 기미를 보이지 않았기 때문에 우리는 모든 신자들을 읍성(邑城) 바깥에 위치한 교회로 데리고 가서 한 시간 동안 예배를 드렸는데, 브라운 박사의 훌륭한 인사말, 권면과 조언을 내가 서툰 한국어로 통역을 한 것이 많이 망쳐서 유감스러움을 느꼈다. 우리가 머물 주인집으로 돌아왔을 때에도 저녁 식사는 준비 중이었고, 10시에서 11시 사이에야 즐겁게 먹었다. 거의 눈이 멀고 뼈가 썩어 생긴 발의 궤양으로 고통 받는 불쌍한 사람이 편안하게 해달라고 우리를 강하게 압박하여 나는 결국 효권이가 나중에 돌보아준다면 식사 전 아침 5시에 그를 수술해주겠다고 말해 버렸다. 그렇게 함으로써 우리는 긴 하루 일과 끝에 밤의 짧은 휴식을 갖게 되었지만, 얼마 되지 않은 다음날 아침, 이런 열악한 조건 하에서 수술하는 것을 보는 것을 놓치고 싶지 않으려 했던 브라운 박사의 도움을 받아, 우리가 잤던 방바닥에서 에테르로 마취를 시킨 다음 궤양이 새롭게 아물 정도의 최소한만 남겨두고 병이 있는 뼈를 모두 긁어내었다.

이 일의 실제적인 중요성의 핵심은 수술 후 처치에 대해 훈련받은 사람이 마침 있지 않았다면 우리는 어떤 수술도 할 수 없었을 것이라는 점이다. 그리고 우리는 젊은이들에게 적절한 의학 교육을 시키고 그들을 전국 각지로 보내는 데서 오는 이점이 실제적으로 어떠한지를 목격하였다.

물론 순회 전도 여행에서 최상의 의료 사업이 이루어질 수는 없지만, 그것은 선교사의 사업에 대한 상당한 관심을 분명 일으켰고, 종종 그들의 편의를 위해 병원에 오게 한다. 이런 일들을 가능하게 되도록 병원과 연관된 의사들의 빈번한 순회 설교 계획과 병원의 준비가 계획되어야 할 것이다.

재정

나는 1900년 5월 1일부터 1901년 4월 30일까지 회계연도의 재정 상황을 다음과 같이 제출한다. 여러분은 이 기간이 보고서에서 포괄하는 기간과 일치하지 않는다는 것을 알 수 있을 것인데, 보고서는 연례회의와 관계가 있어 6월말까지 포함하는 반면, 재정과 관련된 장부는 전적으로 선교본부의 재정 연도와 함께 끝나기 때문이다.

수입

선교본부, 정규 예산	1740.00 엔
" , 침대를 위한 특별 기부	300.01
남자 외래 진료소	141.34
여자 외래 진료소	42.41
남자 병동	51.1.2
여자 병동	17.98
특진, 남자 병동	71.60
" 여자 병동	5.77
기부	80.20
기타 잡비	299.68
합	2783.04

지출

식비	290.68
하인	103.83
세탁	56.67
남자 조수	173.53
여자 조수	106.02
의약품, 기구 및 붕대	1215.95
연료 및 등불	262.46
비품	124.96
수리	68.82
출장	1.94
기타 잡비	73.20
	2,178.06 엔

차감 잔액 304.98엔은 침대 특별 기부 계정에 넣어져 이번 연도로 이월될 것이다.

새로운 병원

몇 년 동안의 바람이 결실을 이루어 우리는 제대로 된 병원을 갖게 될 예정이다. 그 크기와 비용에 대해 약간의 논란이 있었지만 제대로 된 병원을 만들겠다는 바램으로 우리는 일체가 되었다. 나는 크기가 적당하면서도 상당한 효율성을 확보한 일련의 계획들을 여러분의 조사에 제출하게 되어 기쁘다. 계획서에는 여러 부분의 이용에 관한 설명도 첨부되어 있다. 장소는 아직 확정되지 않았지만(9월 16일), 하나님의 은혜로 적당한 장소가 정해지리라 믿는다.

건물과 부수 설비에 들어갈 비용은 아직 정확하게 산정되지 않았다. 외벽 공사와 땅고르기 등의 기초공사 비용은 위치에 따라 달라질 것인 반면, 필수적인 부속 건물에 들어갈 비용은 한옥을 이용할 수 있는지, 혹은 거기서 목적에 맞는 재료를 구할 수 있는지에 달려 있다. 우리는 대지에 비용이 20.000엔 정도가 소요될 것이라 판단되어 매우 기쁘고 또 만일 그 만큼의 비용으로 필요한 건물과 설비를 마련할 수 있다면 너무나 행복해 하겠지만 대지의 위치와 그곳에 있을 가옥의 종류와 수, 자재 가격, 건축시의 노동 임금에 따라 많은 부분이 결정될 것이기 때문에 앞으로의 비용을 정확하게 고정시키는 것은 힘들어 보인다.

현재 제출된 계획은 어떤 면에서도 비판이 가능하며, 만약 병원이 필요로 하는 효용성을 희생하지 않으면서 비용을 절감할 수 있다면 기꺼이 수용할 것이다.

현재 우리가 돌보는 환자를 줄이지 않는 상태에서는 환자 수용 설비를 줄인다는 것은 거의 불가능하다. 예를 들어 11개의 침대가 있는 가장 큰 병동인 일반외과 병동은 올해 7월에는 마지막 침대까지 모두 가득 찼었고 이 보고서가 작성되고 있는 9월 현재도 같은 현상이 반복되고 있다. 만약 내과, 외과, 감염, 비감염 환자를 가리지 않고 모든 환자를 단순히 섞는다면, 지금보다 더 적은 침대수로도 꾸려나갈 수는 있을 것이다. 하지만 만일 이들을 분류해 다른 병동에 입원시킨다면 병동 수나 침대 수를 모두 줄일 수 없다. 병동의 크기는 한국인들에게 그들의 집보다 좀 더 많은 공간을 제공하기는 하지만 절대 크다고 할 수 없다. 다른 병실들은 매우 작지만 아직 사용하기에는 충분하다. 그러나 크기는 전혀 줄일 수가 없다.

수를 줄일 수 있을까? 우리가 효율적으로 일을 하고 많은 중복된 방을 필요로 하는 복합 병원으로 남아 있으려면 불가능하리라 생각된다.

Oliver R. Avison, *Annual Report of the Imperial Korean Hospital, Seoul, Korea. Sept. 1901* (Seoul: Methodist Publishing House, 1901)

Two Annual Meetings having gone by without a report from me I feel almost like a new beginner again. I regretted my inability to bs present at the last Annual Meeting when medical matters received so large a share of attention and Seoul Hospital interests were being to some extent at least decided upon; but, as in all other matters connected with our individual lives and the affairs of His kingdom, God has doubtless overruled it all for good and we shall probably have a more satisfactory hospital plant on account of the delay.

We returned to Seoul on Oct. 2, 1900, after an absence of one and a half years, glad to be once more within reach of our work. I devoted nearly two weeks to helping get our house in order and reopened the hospital Oct. 15. We worked steadily until Dec. 29, when it was the misfortune of myself, two of my helpers and two of the in-patients to be stricken down with typhus fever and it became necessary to close the hospital. The in-patients were transferred to the English Hospital at Nak Tong and there cared for by Dr. Carden who also attended me during my sickness. It was well on in Jan. when I renewed my acquaintance with the things of this world and it was not till the middle of March that I was permitted to do anything at the hospital and then only to attend to two or three emergency cases that were admitted to the wards, I resumed dispensary work Mar. 21st 1901 and continued till April 29 when I left Seoul for Whang Hai Do with Rev. Dr. and Mrs. Brown, Dr. Vinton taking charge of the hospital during the three weeks of my absence.

After my return I continued the work without break until June 30, the date decided upon by our Station as the time up to which reports should be made out. While the period of time covered by this report is therefore eight and a half months, the actual period of work covers only about five and a half months, and that time lunch broke into, but it has been full of encouragement from the standpoint of attendance and also from that of financial returns, the two forms of returns that are most easily reckoned up. It is a fact that nothing else contributes more towards a meagre attendance at the dispensary than irregularity in the attendance of the doctor, and the constant tendency to increase in numbers during the past months, in spite of much irregular service on the part of the doctor, indicates that we should have had an unusually good report under more favorable circumstances.

Dispensary

Date.	Days open	Attendance	New Cases	Average	Receipts.
Oct. 1900	14	274	130	19.57	11.05 yen.
Nov. "	26	561	222	21.57	20.63 "
Dec. "	24	436	348	18.17	20.77 "
Jan. 1901	2	16	7	8.00	.56 "
Feb. "	0	0	0	0.00	0.00
Mar. "	9	146	108	16.22	10.00 "
Apr. "	26	622	315	23.92	26.19 "
May. "	27	488	241	18.07	35.43 "
June "	25	642	499	25.68	29.36 "
Totals	153	3185	1870	20.80	153.99

The following list of diseases treated at the Dispensary will give an idea of the relative prevalence of the most common illnesses that afflict humanity in this quarter of the world.

Skin: -
Scabies (Itch) 75, Eczema 115, Psoriasis 3, Impetigo conta. 15, Varnish poisoning 3, Corns 19, Warts 3, Acne 5, Pruritus (general itchiness) 6, Sypbilis 134, Ringworm 1, Pigmentation of skin 6, Urticaria 4, Scars to be removed 8, Ulcers 64, Abscesses 114, Leucoderma 2, Herpes Zoster 1.
Digestive Tract: -
Indigestion 45, Diarrhoea 20, Dysentery 14, Constipation 5, Appendicitis 3, Teeth extracted 74, Tartar removed from teeth 4.
Rectal: -
Fistula in ano 31, Hemorrhoids 8, Prolapsus ani 3, Anal ulcer 1.
Genito-Urinary: -
Gonorrhoea 38, Orchitis 2, Phimosis 7, Nephritis 4, Chancroids 3, Cystitis

4, Hydrocele 1, Varicocele 1, Incontinence of urine 1, Epididymitis 1, Stricture 1.

Eyes: -

Ophthalmitis 3, Iritis i, Conjunctivitis 53, Corneitis 31, Cataract 14, Pterygium 5, Entropion 3, Ectropion 1, Oedema of orbit 1, Strabismus 1, Staphyloma 1, Scars 9, Incurably blind 7, Blepharitis 2, Stricture of tear duct I, Foreign body in eye 3.

Ears: -

Suppuration in external auditory canal 9, Ditto in Middle ear 40, Nerve deafness 2, Catarrhal deafness 12, Wax in ear 6, Foreign body in ear 1.

Respiratory: -

Phthisis (consumption) 20, Bronchitis (chron. and acute) 30, laryngitis 2, Endemic haemoptysis 9, Pleurisy 3, Asthma 2, Pneumonia 2, Pharyngitis 5, Whooping cough 2, Follicular tonsillitis 3, Suppurating tonsillitis (quinsy) 2.

Cardiac, and Circulatory: -

Heart 6, Aortic apeurism 1.

Nervous: -

Epilepsy 5, Insanity 2, Facial paralysis 1, Spastic paralysis 2, Hypochondria 1, Neuralgia 9, Sciatica 3, Hemiplegia 4, Debility 14.

Fevers: -

Quotidian Malaria 4, Tertian do. 4, Quartan do 2, Unclassified do. 8, Typhus 4, Diagnosis uncertain 1.

Glands: -

Enlarged or suppurating scrofulous 23, Mumps 1.

Blood: -

Anaemia 16.

Tumors: -

Sarcoma 2, Epithelioma 4, Angioma 1, Fatty 4, Hernia - double inguinal 1, Single inguinal 6, Cysts 9.

Bones and Joints: -

Dislocations - hip 1, shoulder 2, elbow 3, fractures - tibia 2, tibia and fibula 1, thigh 1, rib 1, radios and ulna 1, Humerus 1, Caries and Necrosis 9. Inflammation of joint 7, Sprains 6, Periostitis 7.

Parasitic: -

Tape worm 9, Round worm 12.

Nasal: -

Acne Rosacea 1, Polypi 4, Deviation of septum 1, Obstruction in nasal cavity 4.

Various: -

Rheumatism 8, Influenza 6, Harelip 6,, Cirrhosis of liver 2, Vaccination 1, Hydrocephalus 1, Drinking lye 5, Leprosy 4, Excessive perspiration 3, Labor 2, Disorders of pregnancy 1, Various injuries 60.

Notes: -

(1) The attendance of soldiers is notable, more especially of those who have been drafted from Pyeng Yang. There is seldom a day passes without from 4 to 8 of this class being treated. Quite a number have been treated in the wards also, nearly all for abscesses of some kind.

(2) Another noteworthy feature has been the attendance of a considerable number of Japanese, much greater than formerly; and also the tendency for the Japanese physicians to call me in consultation in difficult cases in their private practice. In nearly all such cases a fee of 5 yen has been tendered me.

(3) There has been a good deal less trouble in collecting the amount charged for medicines than used to be, although I have charged higher rates because of the fall in the value of Korean coin and the rise in the price of many medicines. I note with satisfaction the tendency in other dispensaries in Seoul which had been making no charges to change to the system which our Mission has so long followed, giving the medicines away only when it is evident that there is really inability to pay anything for them.

(4) A glance over the list of diseases shows that nearly one-third of the cases suffered from some form of skin disease, syphilis leading with nearly 25 Per cent of these and about 7 Per cent of all the cases treated, while eczema and abscesses show about 20 per cent each of the skin affections, followed by scabies 13 Per cent and ulcers 12 per cent. The extraction of teeth gives a good deal of interesting work to the students who now do most of this branch of surgery, referring to me only those cases that prove beyond their powers. The fact that 74 of these cases came to us is evidence thut even an unmixed race like this is not free from tooth decay. Indigestion, the bane of a people that eat such large quantities of indigestible food as do the Koreans, has not furnished as large a quota of patients as might have been expected. Diseases of the eyes furnished us

much work; of the total number of such cases, 136 out of a total of 188 were the result of either dirt, gonorrhoea or syphilis and therefore preventible under ordinary conditions. Forty out the seventy ear cases were of suppuration of the middle ear, the result, in the great majority of instances, of small-pox, and therefore would have been prevented had full advantage been taken of the opportunities for vaccination. I note that we have a record of only one vaccination in five and a half months' work, This seems very remarkable but is no doubt due to the great amount of vaccinating that is being done by government vaccintors who, after a so called course in vaccinating, are given a license to carry on the work. This is a very deplorable condition because without any knowledge of the true nature of vaccine or any knowledge of asepsis or antisepsis they take supposed vaccine from arm to arm and inoculate their victims with various kinds of disease germs which, is many cases, produce very serious results. We should inform the people on this topic whenever opportunity offers, warning them against allowing their children to be vaccinated with virus taken from another person, and this is all the easier because pure vaccine can be so easily obtained either through a foreign dispensary or from the Japanese druggists who are scattered through the country. Twenty-five per cent of the cases recorded under the head of respiratory diseases were pulmonary tuberculosis. Some one has said that there is no tuberculosis in Korea, but nearly all the cases here recorded were verified by the finding of the specific bacilli in the sputum. A fairly common respiratory disease in this country is known to the natives by the name of (to-jiI) which means a disease peculiar to a certain locality. It is interesting to know that its scientific name, endemic haemoptysis, has almost the same meaning, viz., a hemorrhage of the lungs found only in certain localities. As even Osler in his work on medicine devotes only two lines to the bare mention of the disease without even describing it and as it is not found in America I had been much puzzled to definitely locate it until Dr. Field found in a new work on tropical diseases by Manson a page devoted to what appeared to be a very good description of the condition. A microscopic exanimation of the sputum conclusively proved the identity of this disease with the one described, and thus was one more uncertainty cleared up and the advantage of taking time to read new books made very evident. Your doctors must have time for professional reading if they are not to become fossils.

It seems remarkable that only 18 cases of malarial fever applied for treatment during this period. Does it mean that this disease is becoming less common than formerly? I think not but rather that so much quinine is now being sold through native agencies that the people find it more convenient to buy it near home and by self-treatment to a large extent control the worst manifestations of the trouble.

Similar remarks apply to the treatment of worms. We formerly treated great numbers of this trouble but santonin is now almost as commonly sold throughout the country as is quinine.

The Wards.

These have been fairly well patronized, 123 cases having been cared for in them. We have had an opportunity of trying the system of using foreign beds and methods and I was very glad to be able to do so before we made such a radical departure as to erect and equip a foreign hospital, for otherwise one could only surmise whether such a building and equipment would be acceptable to a large number of one's patients. I am glad to say that the experiment has shown that we need have no fear all that score. Very few indeed have preferred to leave, the spring bed for the door, while on the other hand some who had been placed on the floor for lack of a bed have watched their opportunity to get a bed as soon as one was vacated by the going out of a patient. The relief to those who are nursing is very marked and the greater ease with which cleanliness can be maintained is a strong point in favor of the use of beds.

When I was in Brooklyn, N. Y., Dr. Underwood's brother-in-law, Mr. C. Conard, presented the. hospital with io iron beds provided with woyen-wire mattressUs, and the Young Ladies' Mission Band of Lafayette Ave Presbyterian Church, Brooklyn, under the presidency of Dr. Underwood's sister, Mrs. C. Stephens, offered to furnish two of these and provide for their maintenance.

These were named respectively The Cuyler Bed, placed in the male department, and The Gregg Bed, placed in the female department.

Shortly afterwards, during a visit to Washington, D. C. the Young Ladies' Guild of New York Ave. Presbyterian Church became more deeply interested in our hospital work which they had been indeed helping to support before and offered to provide, furnish and support a bed which had been placed in the women's department under the name of The Radcliffe Bed, their President being Mrs. Radcliffe, the wife of the pastor.

The ball thus happily set a rolling was soon given another push when the Ladies' Mission Auxillary of Memorial Presbyterian Church, Brooklyn, N. Y., duplicated this gift, and their bed was placed in the men's department.

The 6th bed was the gift of Rev. H. B. Hulbert of Seoul who has furnished The Sheldon Hulbert Bed and promised to maintain it. It is on the men's side. This is the first bed to be endowed on the field, but I hope this good example will be followed by many others. I believe it will be as soon as our new buildings stand out before the community and make their mute but constant appeal to the sympathy of those who can well afford to stretch a helping hand to their suffering neighbors. The amount estimated last year as sufficient to support an ordinary case for a year was 60 yen, but as this has been found barely enough to provide the ordinary food without medicines and other necessaries Mr. Hulbert kindly offered to give eight yen per month for his bed which will supply many comforts and extras needed in severe cases.

Of the 123 cases treated 92 were surgical and 31 medical, a proportion of three to one, but even this does not represent fully the proportions as usually found in the wards at any given time, because the surgical cases, being often chronic abscesses, ulcers, or bone diseases, remain in the wards a longer time on the average than do the medical, so that it is not uncommon for us to have even five times as many of the former as the latter in at a given time

The following table will show the nature of the work done in the wards.

No.	Disease	Dept.	Operat.	Days in H.	Result (Cure Impr. De)
1	Strabismus	S	Op.	3	I
2	Phthisis	M		6	†
3	Chron. ulcer of leg,	S		45	C
4	Chronic diarrhoea, with fever and intraabdom tumor,	S		2	†
5	Quot. ague with chronic diarrhoea and emaciation,	M		89	†
6	Extra severe burns, brought in when exhausted with suppuration,	S		23	D
7	Necrosis of bones, forearm,	S	Op.	15	C

8	Acute purulent conjunct,	S		3	I
9	Degener. heart muscle,	M		7	I
10	Sarcoma of antrum and face,	S		12	†
11	Fracture of tibia,	S		7	C†
12	Large Abscess abdom. wall,	S	Op.	35	C
13	Perineal abscess,	S	Op.	7	C
14	Typhus fever,	M		8	D
15	Gangrene of leg from gun-shot wound,	S	Op.	4	†
16	Advanced heart disease,	M	Op.	4	D
17	Abscess of thigh,	S	Op.	14	I
18	Injury to face and ankle,	S		-	I†
19	Fracture tibia and fibula,	S		2	†
20	Harelip,	S	Op.	12	C
21	Phimosis,	S	Op.	10	C
22	Large fatty tumor of thigh,	S	Op.	21	C
23	Accidental tearing open of abdom. with protrusion of intestines,	S	Op.	24	C
24	General tuberc arthrit,	M		3	†
25	Epithelimoa penis,	S	Op.	39	C
26	Caries of spine with angular curvature,	S		6	I
27	Dyspepsia,	M		4	I
28	Fistula in ano and dysent.,	S	Op,	8	I†
29	Dysentery,	M		6	C
30	Acute indigestion,	M		1	I
31	Abscess of thigh,	S	Op.	9	C
32	" " perineum,	S	Op,	2	I
33	" " hand,	S		2	I†
34	Sarcoma of tibia,	S		35	I†
35	Gonorrhoea with ulcers,			4	I
36	Chronic nephritis,	M		30	I
37	" "	M		17	I
38	Debility from starvation,	M		4	I
39		S		12	C†
40	Indigestion,	M		28	
41	Syphilitic ulcerations,	S		2	I
42	Ulcer of abdomen,	S		16	

43	Necrosis of hip joint,	S	Op.	24	I†
44	Abscess of thigh,	S	Op.	12	C
45	Periostitis of bones of foot,	S		6	I
46	Pneumonia, sequence of typhus,	M		22	D
47	Chronic abscess of thigh,	S	Op.	12	C
48	Suppurating cervical glands,	S	Op.	12	C
49	Pain in hepatic region,	M		10	I
50	Typhus fever	M		12	C
51	" "	M		12	C
52	Wound in neck with knife severing laryux,	S	Op.	14	D
53	Tuberc. peritonitis,	S	Op.	69	†
54	Necrosis of pelvic bones,	S	Op.	67	†
55	Chronic abscess of leg,	S		19	I
56	Irreducible inguinal hernia with cystic tumor of cord,	S	Op.	61	C
57	Indigestion,	M		16	
58	Acute appendicitis,	M		3	C
59	Acute nephritis,	M		28	D
60	Indigestion,	M			†
61	Purulent conjunct.,	S		7	C
62	Cataract,	S	Op.	6	C
63	Abscess of leg,	S		5	I
64	Dislocatioii of shoulder,	S	Op.	2	C
65	Dislocation of elbow,	S	Op.	3	C
66	Periostitis of arm,	S	Op.	5	1
67	Pain in hip (neuralgia),	M		2	†
68	Chronic corneitis,	S		26	I
69	Abscess over ileum,	S	Op.	28	I
70	Acute abscess of thigh,	S	Op.	34	C
71	Suppur. cervical glands,	S	Op.	24	C
72	Acute abscess of thigh,	S	Op.	71	C
73	Oedema of hand and arm,	S		10	C
74	Fistula in ano,	S	Op.	4	I
75	Cataract,	S	Op.	9	C
76					
77	Ophthalmitis,	S	Op.	14	I
78					

79	Periostitis of ankle,	S		41	C
80	Quinsy,	S	Op.	3	C
81	HareliP,	S	Op.		C
82		S		4	
83	Fever,	M		3	C
84	Fistiila in aub,	S	Op.		C
85	Malarial Fever (quotid.),	M		24	C
86	Abscess around elbow,	S	Op.	27	C
87		S	Op.	13	
88	Penetrating wounds of leg,	S		20	C
89	Fistula in ano	S	Op.	14	C
90	Fever,	M		9	C
91	Abscess of thigh from gunshot wound,	S	Op.	6	C
92					
93	Concussion of brain,	S		1	C
94	Asthma,	M		I	
95	Dislocation of elbow,	S	Op.	2	C
96	Severe burn of leg followed by phthisis,	S		24	D
97	Error, same case as		93.		
98					
99	Abscess of thigh,	S	Op.	3	I
100	Severe bruise of perineum with rupture of urethra,	S	Op.	32	C
101					
102				3	
103		S		2	
104	Wound of foot,	S	Op.	3	
105				2	
106	Anaemia from rectal hemorrhage,	M		10	I
107					
108	Chronic ulcers of leg,	S		10	I
109		S		9	
110				1	
111	Fistula in ano and hemorrhage,	S	Op.	122	C
112	Typhus fever,	M		3	†
113					
114					

115					
116		M		5	
117	Abscess of thigh,	S	Op.	10	D
118	Fistula in ano and hemor.	S	Op.	10	I
119	Cholera nostras	M		5	C
120				8	
121				2	
122					
123					

Of the 123 cases treated in the wards the results may be summed up as follows: -

Cured 46, improved 33, died in hospital 8, went out with prospect of certain death 5. The balance were either in the hospital at the time of writing this report or they had left the hospital before result could be known. Most of those recorded as improved were in a fair way towards complete cure but left as soon as they got well enough to carry out their treatment at home or attend the dispensary as out-patients. Operations, most of them under ether were performed on about 50 of the ward patients. There were no deaths due to the anaesthetics and no deaths due cooperation, all the deaths being due to failure to cure the original disease.

Of the above cases the time in hospital of 108 is recorded, totalling 1,544 days or an average of 14.3 days per patient.

Allowing the some average for the other 15 would bring the total for the male patients up to 1756 days.

The number of female in-patients was 45 and their total number of days 663 making altogether 2419 days, and as the cost of cooked food for the time specified was 290.68 yen it gives us an average cost per day for food of 12 sen or 6 cents gold.

1 will take up 110 space in speaking of the condition of the wards as all defects are in a fair way to be speedily remedied.

Helpers and Teaching Department.

When I returned I found the former students scattered, not one being left to tell the tale. I do not blame anyone for this as I know only too well the failings of the boys and how hard it is to get on with them and hold them together for a lengthened period and it was especially difficult under the circumstances. One new boy had been employed and as his record was good I started in with him as a basis. Of the old boys, I learned that one was attending the medical school which had been organized in Chin Ko Kai under the supervision of a Japanese doctor, one had entered the Royal Military Academy as a cadet, three had gone into business oil their own account using what knowledge they had got in the hospital as a means of earning a living by selling medicines, and two were still in Seoul unemployed. I was very sorry to learn that any of them were practising on their own account because I knew how poorly prepared they were to do so, but it was the only kind of work they had learned to do and I do not feel disposed to blame them very severely. As soon as they knew I had returned all three of them wrote me a letter of welcome, expressing their regret at not being at the hospital and saying that only the need of providing for their families kept them from at once returning to their studies.

One of them applied for re-admission but as I had not funds on hand to provide even his food I could not at that time receive him. This boy was Suh Hyo Kwou of Chang Yun, and some money which can be applied for this purpose having since come in I have arranged for him to come back on Sept. 1st.

The two boys living in Seoul came back as soon as the dispensary was reopened and asked to be reinstated. Having apologized for former misbehavings I allowed them to return and soon afterwards added three new buys who seemed likely to do well, but one of these was soon sent away as he did not develop the qualities which are necessary to success in the medical calling. We have therefore had five students and expect to reopen on Sept. 1st with six.

The rule under which they are received is that they agree to remain for 8 years or until they complete the required course of study and are considered competent to go out as doctors. If they leave before that time they must return to us all the money that has been spent upon them. This agreement must be ratified by a responsible person on the student's behalf and an undertaking entered into for its carrying out.

The present staff consists of,

Chun Pyung Say, fifth year,

Suh Hyo Kwon, fourth year,   son of Suh Kyung Jo, the Song Chun Elder,

Pak Suh Yang, second year,   "   " Pak, the butcher.

Kim Chung Won, second year,

Hong In Hoo, first year,   "   " Hong, deacon at Sai Moou An.

Hong Tuk Soo, first year,   son-in-law-to-be of Suh Sang Yun.

All these are Christians.

One difficulty in the way of keeping young men as students for so many years is the financial one. They are either married before they come to us or they marry soon after, in accordance with the almost universal Korean custom of marrying early, ao that as the years go by their responsibilities increase and fcw are so placed that they can depend upon their parents or others tu supply their needs. It becomes therefore necessary that they must have some way of earning a living while they are continuing their studies. To this end as well as to give them practical experience in all lines that pertain to medical work they are employed is dispenser's, dressers, nurses, etc. and I have arranged a scale of remuneration based upon length of service, proficiency, etc. which will enable them to go through their long period of apprenticeship with a moderate degree of comfort.

This schedule iy as follows,

First year,   no remuneration

Second year,   enough to provide tool for himself, say 3 yen.

Third year,   five   Yen per mouth.

Fourth year,   six   "   "   "

Fifth year,   seven   "   "   "

Sixth. year,   eight   "   "   "

Seventh year, nine   "   "   "

Eighth year,   ten   "   "   "

This gives the total cost of a student for eight years as 576 yen or $288.00 gold, or an average of $30.00 gold per year. By such a scheme I hope to keep together a good class who will become useful helpers and physicians, ready to fill any position either as practitioners or teachers. This will necessitate the devotion of a good deal of time to the preparation of lessons and teaching; which ought to be much more thorough than it has ever yet been, but it is a matter of great importance to the future of the native Christian community that the practice of medicine should devolve upon Christian men who have been properly instructed. It will be a great pity if we fail to seize this opportunity to establish in this coming influential body the germ of Christianity for very soon the opportunity will have passed by and the doctors will be trained in a medical school far removed from the influences of Christian teaching.

My own view is that with the increased opportunities for training which the new hospital will give we ought to keep about ten students and arrange their work so that all will get a goodly amount of practical work and yet have enough spare time to do a sufficient amount of study to form a good foundation for their practical work.

This would mean a considerable increase in the amount appropriated for helpers but I have confidence that it would come in to us in the form of special scholarships given by individuals or societies over and above the amounts now given by them for the regular funds.

During the past term instruction has been giveu to them in arithmetic by Dr. Field through her teacher, in English by Miss Shields and my assistant Kim Pil Soon, in nursimg, bandaging, preparation of surgical dressings, preparation and care of operating room and allied subjects by Miss Shields, and in chemistry, materia, and anatomy by myself, but the hours of teaching have been so irregular and the actual time devoted to it so little that both teachers and pupils have been pretty thoroughly discouraged. The longer I work here the more do I see the advantage that is to come from carrying on this department effectively and the more ardently do I hope that such an arrangement will ere long be made as will enable me or some else to devote time and energy to it sufficient to make a success of it.

Literary Assistant.

After a period of much hesitation I engaged Kim Pil Soon as my literary helper, and he combines with his duties along this line the general oversight of the hospital, and is making a study of medicine also so that he becomes gradually more useful to me. He has also undertaken to supply food to the In-patients at a given price and has thus relieved me of one of my most troublesome duties. As a translator he is doing good work, his knowledge of English enabling him to do work in this line with less effort on my part. I hope he will be able to teach some of the elementary branches in the near future.

Evangelistic Work.

This has been kept up regularly both in dispensary and wards, Mr. Moore having given it a good deal of attention, in addition to what my own supervision accomplished. In June, with the consent of the Station, I engaged Suh Sang Yun as hospital evangelist and he has carried on the work faithfully. He gathers the hospital workers every morning to an early service, holds a service with the patients and helpers in the main ward after breakfast and then engages the patients individually in conversation during the day as opportunity permits. He spends a great deal of tine also in the waiting room with the dispensary patients and every evening before retiring gathers the hospital helpers and attendants again for devotions. He has written three small tracts specially designed to catch the attention of the dispensary patients; He will from time to time go to the country to the homes of some of the patients and endeavor to supplement the work which he has done with them while they were with us.

One man from Chang Yun district who was in the hospital for more than two months said when he was leaving that it had been a blessing to him to be laid away in this hospital because while he had formerly professed to be Christian he had little real experience of what it meant but while here he had received such instruction and inspiration that it had become to him a joyful reality and he expected to do personal work in his own district.

Another patient who was with us three or four week and finally died in the hospital, when he was told that he could not recover, gave public testimony before his fellow patients that it meant to him only going before his Heavenly Father and he had no fear.

On the whole I think the atmosphere of the hospital has been more favorable to the development of the true Christian spirit than at any former period, I trust that this feature of the institution may constantly improve.

Outside of the hospital I have worked in connection with the Hong Moon Suh

Kol Church as superintendent of the Sabbath-school, conducting the preaching service when Mr.. Moore was absent on his itinerating trips, and occasionally teaching the Saturday evening teachers' class when the pastor was absent. I like this outside work very much as a change from the hospital and as also tending to connect the hospital work more directly with the native congregations, but I can devote only a limited time to it.

In connection with the work of Mr. Suh I should have said that he conducts a general hospital prayer-meeting every Wednesday evening in the large dispensary which is attended by both males and females.

Itineration.

This is an aspect of missionary work which I have not had much opportunity to become familiar with, but it was my fortune to have a three weeks' tour this spring through the province of Whang Hai, having been appointed by our Station to take Dr. Underwood's place on the committee which should accompany the Rev. Dr. and Mrs. Brown on their overland trip to Pyeng Yang as far as the boundary between the two Stations. The journey downwards as far as Ul Yul had to be made so rapidly that there was little opportunity to do medical work and indeed not much for evangelistic work either, but we did a little of both, taking more time for it on the return journey.

Altogether I treated 89 cases, quite varied in their character. At Ul Yul they had apparently been laying up their illnesses until a doctor should visit them as they nearly overwhelmed me with their numbers and their precipitancy, and on the morning of our departure I had simply to break away and run. The work at Ul Yul is in a flourishing condition and a large number applied for examination, but, following the plan heretofore adhered to in this field, we examined only those who had been several months in attendance, leaving the new beginners to continue their studies under the local leader with the expectation of being examined at the. next visit of the foreign teacher.

1 will not give the figures as 1 expect Mr. Sharp will include them in his report. Our visit to the magistracy of Chang Yun was interesting in one restrict at least. We arrived there late in the evening and I was immediately called upon to see some sick folk. It is here that my former student, Hyo Kwon-i, has lived

since he left the hospital, and knowing that I was coming he had a number of cases ready that he had been unable to handle. The first one was a boy with a dislocated elbow of several month's standing which kept his arm stiff, preventing it from being bent at the elbow. As the part with our food, etc., had not yet arrived we proceeded at once to etherize the boy and soon had the elbow again to its normal position. As our cart had not even yet put in an appearance even though it was 9 o'clock we took all the Christians with us to the church which is situated outside the wall of the town and held a service of about an hour's duration at which Dr. Brown delivered a fine address of greeting, exhortation and advice which I felt sorry to spoil to a considerable extent by rendering into very indifferent Korean. Returning to our host's home we found our supper in course of preparation and had the pleasure of eating it between 10' and 11 o'clock. A poor man nearly blind and suffering from a bud ulcer of the foot due to decay of the bone was pressing lis hard for relief and finally I said that if Hyo Kwon-i would undertake to care for him afterwards I would operate on him in the morning at 5 o'clock, before breakfast. That gave us a short night's rest after a long day's work, but that has to be sometimes, and the next morning, assisted by Dr. Brown, who could not be prevailed upon to miss seeing surgical work done under such peculiar conditions, we etherized the patient on the floor of the room in which we had slept and scraped away all the diseased bone so as to give his ulcer at least a new start.

The chief point of practical importance in this incident is that we could not have undertaken to perform either of these operations had not a person trained in the after care of such cases been on hand to follow the work up, and we saw a practical illustration of the advantage which will follow the proper training of young men as doctors and the scattering of them throughout the country.

Of course the best of medical work cannot be done on an itinerating trip, but it certainly arouses a good deal of interest in the work of the missionary and often brings patients to the hospital, much to their advantage and to the advantage of the cause. Frequent itinerating trips by a physician connected with the hospital should be arranged for and the hospital arrangements should be planned so as to make this feasible.

Finances.

I submit the following financial statement, covering the financial year, May 1st 1900 to April 30th 1901. You will observe that this period does not coincide with that covered by the report of work as the books relating to the finances are closed to tally with the financial year of the Board, while the report of work done bears a relation to the time of the Annual Meeting and covers up to the end of June.

Receipts.

From Board, ordinary approp,	Yen	1740.00
" " special gifts for beds,		300.01
Male dispensary,		141.34
Female,		42.41
Male wards,		51.1.2
Female wards,		17.98
Profess. visits, male dept.,		71.60
" " female dept,		5.77
Gifts,		80.20
Sundries,		299.68
	Total,	2783.04

Expenses.

Food,	290.68
Servants,	103.83
Laundry,	56.67
Male assistants,	173.53
Female,	106.02
Medicines, instruments and dressings,	1215.95
Fuel and light,	262.46
Furnishings,	124.96
Repairs,	68.82
Travel,	1.94
Sundries,	73.20
Yen,	2,178.06

The balance 304.98 yen, will belong to the account of the special gifts for beds and is carried forward into this year.

The New Hospital.

The desire of years is about to be realized and we sire to have a proper hospital, Its size ;ind coat have been matters of some discussion but we are united in our desire to have a good one. I have pleasure in submitting for your inspection a series of plans which seem to me to as nearly approach the happy medium in size, while giving a large degree of efficiency, as it is possible to secure. The plans are accompanied by a description of the uses of the various party. The site is yet a matter of uncertainty (Sept. 16), but we feel no doubt about getting the right place as soon as God's time comes.

The cost of the buildings and their equipment is not yet definitely known. The cost of walling and grading as well as that of the foundations, will depend upon the character of the site, while that of the necessary outbuildings will depend upon whether there are any Korean houses upon the site which can be so used, or from which materials for that purpose can be obtained. We are very glad that the better judgment of all has so far prevailed as to approve the expenditure of 20,000 yen ou the plant and if that amount will provide necessary buildings and give the needed equipment I shall be only too happy to see the expenditure limited to that amount, but so much depends upon the character of the site and the number and kind of Korean houses upon it, and the price of material and labor at the time of building that it seems difficult to fix definitely in advance upon a sum which shall be the exact cost.

The plan now submitted is open to criticism at any point and if the cost can be reduced by cutting down without sacrificing efficiency I shall be glad to see it done.

The amount of accommodation for patients cannot be much, if any, reduced without preventing us treating the number of patients that we often have under treatment now; for instance, the largest ward, general surgical, which contains 11 beds would have been filled to the last bed in July of this year and again now at the time of writing this report in September. If we are simply going to mix all kinds of patients together, medical and surgical, clean and infected, we can get along with a smaller number of beds; but if an attempt is to be made to separate them into classes to be placed in different wards, we cannot reduce the number of wards nor can we lessen the number of beds in each, while the size of the wards, although giving much more air space than Koreans have in their homes, can scarcely be regarded as too great. The other rooms are very small but still large enough for use, but cannot be reduced any in size.

Can they be lessened in number? It would seem not if we are to have anything like facility in carrying on the work, and it is to remain a combination hospital, requiring so much.

프랭크 F. 엘린우드(미국 북장로교회 해외선교본부 총무)가 한국 선교부로 보낸 편지 (1901년 9월 27일)

(중략)

서울의 건축 작업의 상황은 상당히 암울한데, 정동 부지를 왕에게 매각하려는 계획을 수행하는데 있어 더 좋은 전망은 없는지, 혹은 교착 상태가 아직도 존재하고 있는지 우리는 모르고 있으며, 이 계획이 수행되지 않는 경우 새 병원을 위해 바람직한 부지가 확보되었거나 그렇게 할 수 있을지, 그리고 신축 계획의 시작 이외에 다른 일들의 시작이 진행되었는지 우리는 모르고 있습니다.

(중략)

Frank F. Ellinwood (Sec., BFM, PCUSA),
Letter to the Korea Mission (Sept. 27th, 1901)

(Omitted)

On the status of building operations in Seoul, we are in a good deal in a dark, whether there is any better prospect of carrying out the proposed sale of the Chung Dong property to the King, or whether the dead-lock still exists we do not know, whether in case of the failure of this project, eligible property has been or can be purchased for the new hospital; and whether any beginning has been made other than that of architectural planning, we do not know.

(Omitted)

19010928

프랭크 F. 엘린우드(미국 북장로교회 해외선교본부 총무)가 찰스 E. 샤프(서울)에게 보낸 편지 (1901년 9월 28일)

1901년 9월 28일

구술함

찰스 E. 샤프 목사,

　한국 서울

친애하는 샤프 씨,

　나는 귀하가 7월 30일[152])에 쓴 멋진 편지를 막 읽었습니다. 휴가로 떠나있었기 때문에 답장이 지연되었습니다.

　나는 귀하가 브라운 박사 및 에비슨 박사와 함께 하였던 북쪽 지역 방문, 특별히 에비슨 박사와 귀하가 했던 전도 사역, 또한 그 전에 한국인 조사와 지방 지역을 방문하였던 것에 대한 설명에 깊은 흥미를 가졌습니다.

(중략)

---

152) 7월 30일이 아니라 7월 29일이다. Charles E. Sharp (Seoul), Letter to Frank F. Ellinwood (Sec., BFM, PCUSA) (July 29th, 1901).

Frank F. Ellinwood (Sec., BFM, PCUSA),
Letter to Charles E. Sharp (Seoul) (Sept. 28th, 1901)

Sept. 28th, 1901

Dictated.

Rev. Charles E. Sharp,

   Seoul, Korea

My dear Mr. Sharp:

I have just read your good letter written on July 30th. Have been away on my vacation so my reply was delayed.

I was deeply interested in the account of your visit north with Dr. Brown and Mr. Avison, and particularly with your account of the itinerating work which you did with Dr. Avison, also the visits which you had made to the country districts with a native helper before that.

(Omitted)

프랭크 F. 엘린우드(미국 북장로교회 해외선교본부 총무)가
J. 헌터 웰즈(평양)에게 보낸 편지 (1901년 10월 1일)

(중략)

나는 귀하가 쉴즈 양에 대해 이야기한 것을 주목하고 있습니다.[153] ...... 쉴즈 양은 서울 병원의 간호 부서에 추가적인 임명이 바람직함을 이야기하고 있습니다. 반면 선교본부는 그 병원을 크고 돈이 드는 기관으로 만들려는 경향에 반대하는 것이 어렵다는 것을 알고 있습니다. 재정 위원회의 결정은 선교본부의 승인을 받았는데, 기대하고 있는 새 병원에 의료 인력을 추가한다는 계획을 특별히 단념시키고 있습니다. 만일 많은 시설을 가진 큰 병원이 건립된다면, 나는 우리가 갖고 있는 돈으로 많은 인력을 어떻게 구축할 수 있을지 모르겠습니다만, 그것은 현재로서는 선교본부의 결정입니다.

(중략)

---

153) J. Hunter Wells (Wunsan Mines), Letter to Frank F. Ellinwood (Sec., BFM, PCUSA) (July 20th, 1901).

Frank F. Ellinwood (Sec., BFM, PCUSA),
Letter to J. Hunter Wells (Pyeng Yang) (Oct. 1st, 1901)

(Omitted)

I note what you say about Miss Shields. ...... Miss Shields speaks of the desirability of additional appointment in the nursing department of the Seoul Hospital. I think on the one hand we must let overwork Miss Shields. On the other the Board finds it difficult resist the tendency to make a great and expensive establishment of that hospital. The action of the Finance Committee which was approved by the Board, expressly discourages the idea of additional medical force in the new hospital that is in contemplation. If a large hospital with large accommodations is built, I hardly see how we can help building up a large force for the money we have but such is the action of the Board for the present.

(Omitted)

19011002

프랭크 F. 엘린우드(미국 북장로교회 해외선교본부 총무)가
에스터 L. 쉴즈(서울)에게 보낸 편지 (1901년 10월 2일)

(중략)

만일 환자의 수가 두 명의 간호사를 필요로 할 정도라면, 제공되어야 할 것입니다. 항상 좋은 지원자는 부족하기 때문에 그들을 제공할 수 있는지의 여부는 별개의 일이며, 이런 직책을 위해 그들을 확보하려 노력하는 것이 가장 중요한 일일 것입니다. 최근에 나는 하이난[海南]으로 파송할 의사를 확보하는데 애쓰고 있었으며, 두 명의 의사가 더 필요하다고 생각된 다른 선교지로 급히 보내는 것을 비참하게 목격하였습니다.

(중략)

Frank F. Ellinwood (Sec., PCUSA),
Letter to Esther L. Shields (Seoul) (Oct. 2nd, 1901)

(Omitted)

If the number of patients is such as to require two nurses, they should be furnished. Whether they can be or not is a different things, for with always a scanty supply of good candidates, there is a grasping and struggling to get them for this or that position supposed to be the most important. Only recently when I was striving to secure a doctor for Hainan, I had the unhappiness of seeing two good ones pass on to the stage only to be rushed away to other fields which thought themselves more needy.

(Omitted)

19011002

프랭크 F. 엘린우드(미국 북장로교회 해외선교본부 총무)가 올리버 R. 에비슨(서울)에게 보낸 편지 (1901년 10월 2일)

1901년 10월 2일

O. R. 에비슨 박사,
한국 서울

친애하는 에비슨 박사님,

귀하의 5월 24일자 멋진 편지가 휴가로 지방에 있을 때 나에게 배달되었습니다.[154] 나는 편지에 대해 답장을 해야 하지만 글을 쓰는데 손에 신경성의 문제가 있어 글을 쓰는 것이 어렵습니다. 귀하는 병을 앓은 후 점차 일손이 안정적으로 되고 있다고 말하고 있습니다. 나는 반대로 나의 일손이 점차 불안정해 지고 있는 것 같다고 말하고 싶습니다.

나는 귀하의 편지에 담긴 정신에 대해 대단히 만족스러웠으며, 또한 이 편지와 다른 경로를 통해 새 병원을 위한 지출과 관련하여 견해가 다른 사람들 사이의 합의가 이루어졌다는 것을 알고 만족스러웠습니다. 나는 조정이 모든 면에서 만족스럽다고 생각합니다. 다소 불완전한 점이 한 두 가지 있습니다. 귀하는 왕이 귀하 및 젊은 여자들의 사택을 짓는데 선교본부의 경비를 지불할 의향이 있는 것처럼 이야기하고 있지만, 우리는 그러한 일이 실제로 진행되었는지 알고 있지 못하며, 그렇게 진행될 전망에 관한 새로운 소식을 전혀 받지 못하였습니다. 우리가 갖고 있는 정보들은 부지 확보와 건축의 두 계획, 즉 첫째 정동 부지 대신 얻은 부지, 둘째, 새 병원 부지 및 의사와 간호원을 위한 사택 건축, 모두 중단 상태에 있다는 것을 알려주는 것 같습니다. 아마도 우리가 생각하는 것보다 더 진전되었겠지요. 우리는 이들 문제에 관하여 최근의 사실들을 알게 된다면 대단히 기쁘겠습니다. 선교본부의 회원들 중에는 정동 부지의 매입과 관련하여 왕에게 10,000엔의 위약금을 지불하도록 하는 것이 현명한 방침인지에 대해 다소의 걱정이 있습니다만, 나는 현장에 있는 여러분들이 그러한 조치가 정부 및 국민들의 정서에, 따라서 간접적으로 선교부 사

---

154) Oliver R. Avison (Seoul), Letter to Frank F. Ellinwood (Sec., BFM, PCUSA) (May 24th, 1901).

역에 미치는 도덕적 효과에 대해 더 잘 판단할 수 있을 것이라고 생각합니다.

귀하가 왕을 알현한 것은 브라운 박사 부부에게 대단히 기쁜 일이었음에 틀림없습니다. 폭도들이 위협을 하고 있었을 때 품에 폐하를 안았던 귀하에게 그것은 그리 대단한 경험이 아니었을 것입니다.

나는 러시아 혹은 일본이 한국을 점유할 것인가 하는 문제가 중단 상태에 있어 기쁘며, 이러한 현상을 유지하려는 열강들의 노력이 무기한 계속되어 죽은 것 같은 고요함이 유지됨으로써, 교회에게 한국인들에게 영원한 인상을 주고, 신앙인들의 강한 집단과 모든 선교사들이 내 쫓기더라도 역할을 수행할 수 있는 확립된 기관을 만들 수 있는 기회가 제공되기를 바라고 있습니다.

나는 선교부 회의의 회의록을 매우 바라고 있습니다. 동시에 심한 병에서 새로이 회복되었고, 오래 그리고 탁월한 유용함을 갖게 될 것 같은 훌륭한 전망을 축하드립니다.

안녕히 계세요.
F. F. 엘린우드

Frank F. Ellinwood (Sec., BFM, PCUSA),
Letter to Oliver R. Avison (Seoul) (Oct. 2nd, 1901)

Oct. 2nd, 1901

Dr. O. R. Avison,
    Seoul, Korea

My Dear Dr. Avison:

Your good letter of May 24th, was sent to me while on my vacation in the country. I should have answered this and many other letters, but for the difficulty of getting on with the nervous trouble I have in my hands in writing. You speak of your hand getting steadier gradually, after your illness. I wish I could say as much of mine which on the contrary seems to get more unsteady.

I was greatly pleased with the spirit of your letter, and pleased also to know both from this and from other sources, that agreements had been reached by the parties who differed, in regard to the expenditure at be made for the new hospital. I think the adjustment is satisfactory all round. There are one or two points that I am in some doubt about. You speak as though the King would pay for the outlays of the Board in the erection of your house, and that of the young ladies, but we do not learn that any such thing has actually been done and nothing new has come to us in regard to the prospect of its being done. The two projects of securing lots and buildings - first, the one we gained in exchange for the Chong Dong property, and second, the site of the new hospital and the erection of houses for the doctors and the nurses - both seem to be held in abeyance, so far as our information indicates. Possibly more progress has been made than we suppose. We shall be very glad to know the last facts in regard to these matters. There is some doubt among the members of the Board whether it is a wise policy to the forfeiture of the ten thousand yen which the King paid to bind the purchase of the Chong Dong property; but I suppose that those of you who are on the ground can judge better the moral effect of such a step on the Government and on the

740 올리버 R. 에비슨 자료집 IV (1899~1901)

public sentiment, and thus indirectly on the Mission work.

Your visit to the King must have been a very gratifying event to Dr. and Mrs. Brown. To you who had held his Majesty in your arms, when threatened by the mob, it did not seem so much of an experience.

I am glad that the question - which is to devour Korea, Russia or Japan is held in abeyance, and I hope that the efforts of the Powers to maintain the *status quo* will be indefinitely continued for the calm of the dead-look furnishes the opportunity to the Christian church to make its lasting impression on Korea, to build up so strong a body of believers and such well established institutions as might service even if every missionary were driven out.

I am looking anxiously for the Minutes of the Mission Meeting. Meanwhile, I congratulate you afresh on your recovery from so severe on illness, and on the good prospect you seem to have of prolonged and eminent usefulness.

I remain,

Yours very sincerely,
F. F. Ellinwood

헨리 B. 고든(서울)이 찰스 W. 핸드(미국 북장로교회 해외선교본부 재무)에게 보낸 편지 (1901년 10월 9일)

서울,
1901년 10월 9일

찰스 W. 핸드 씨,
  뉴욕 시 미국 북장로교회 해외선교본부 재무

친애하는 핸드 씨,

내일 즈푸를 향해 이곳을 떠나면서 지난 3개월 반 동안 이곳에서 제가 관심을 두었던 여러 일들에 대해 보고하는 것이 좋겠다고 생각합니다.

도착한 후 몇 주일 동안 저는 자재, 임금 및 가격 등 현지 사정에 대해 알아보았고, 병원 및 계획된 사택의 새로운 시안을 만들었습니다.

(중략)

병원 부지에 대한 다소의 전망이 있는 것 같았기에 저는 건물 도면 작업을 진행하였으며, 그것과 별채의 ¼ 축척의 완전한 도면을 갖고 있습니다. 저는 건축가의 지식과 경험이 상당히 제한되어 있기 때문에 저의 계획을 큰 축척으로 만들고, 그것을 정성들여 도시(圖示)하는데 별도의 시간을 사용하는 것은 상당한 지혜로 간주한다고 말씀드릴 수 있습니다. ......

(중략)

위원회는 정동 부지를 황제에게 매각하는 협상이 지연되어, 그 부지에 두 명의 독신 여자를 위한 사택의 시작을 지시하였습니다. 저는 지하실을 굴착하였고, 협상이 재개되어 이후 다소 진행 중이었기 때문에 이것이 원하는 효과를 가져다 준 것 같습니다. 에비슨 및 빈튼 박사와 저, 그리고 황제의 대리인이 제안된 부지를 두세 번 방문하였습니다. 우리는 이중 한 곳인 남대문 바깥을 확보하고 싶었으며, 저는 그것에 대한 계획과 도면을 만들었지만, 황제는 그것을 검토하고 남묘(南廟) 근처라는 이유로 거절하였습니다.

다른 여러 부지가 제안되었고, 위원회는 만일 경계를 만족스럽게 정한다면 서대문 근처(성벽 외부)의 부지를 수용하기로 동의하였습니다. 우리는 황제의 대리인과 함께 경계를 조사하였으며, 며칠 전 이 부지가 허락될 것이라는 전 언을 받았습니다. 저는 그것을 조사하여 계획 및 경계의 도면을 만들었습니다. 이것들은 황제에게 제출되었고, 우리는 그의 명확한 승인, 부지의 문서, 그리고 정동 부지에 대한 대금의 지급을 기다리고 있습니다. 이 대금에는 제가 온 이후 부지를 위해 별도로 사용된 추가적인 비용도 포함될 것입니다. 또한 새 사택의 건축 중에 세 사택의 거주자들을 위한 주택 임대료도 포함이 됩니다. 교환은 선교부에 분명한 이점이 될 것입니다. 약 3에이커의 정동 부지 대신에 그들은 지대가 더 높고 더 건강에 좋은 10에이커를 얻을 것입니다. 그곳은 전 차 노선과 상당히 인접할 것이고, 경인철도역 근처가 될 것입니다. 그곳은 대 로 근처가 될 것이며, 그래서 멀리서도 볼 수 있습니다. 그것은 두 산마루와 사이의 계곡으로 구성되어 있지만, 계곡은 상당히 높게 위치해 있습니다. 서쪽 에는 건축을 할 수 없는 언덕이 있습니다. 북쪽에는 이 부지에 근접하여 어떠 한 주택도 지을 수 없는 깊은 계곡이 있습니다. 입구는 서대문 대로에서 불과 약 100야드 떨어져 있습니다. 또한 인구가 증가할 가능성이 대단히 높은 지역 입니다. 마지막으로 현재 정동에 확립되어 있는 사업에서 대단히 멀지 않습니 다. 더 지연될 수 있지만, 그 부지를 확보한다면 기다릴 가치가 있습니다.

저는 방금 끝난 선교부의 연례회의를 상당히 즐겼으며, 서울 외부에서 온 많은 회원들에게 유익하였다고 생각합니다. 저는 샤록스 박사 지부의 진료소 계획을 작성하였으며, 대구 병원의 다른 도면을 만들었습니다.

위원회로부터 받은 지시는 가능한 한 조속히 웨이쉬얀[155]에서의 일을 끝 내고, 만일 가능하다면 연말까지 서울로 돌아오라는 것입니다.

미국으로부터 자재와 관련하여 저는 미국으로부터 수입해야 할 자재(난방 및 배관 설비는 제외하고)는 마루 까는 재료, 문, 창문 틀, 발, 그리고 건축용 철물이라는 결론에 도달하였습니다. 서울의 건물을 위해 저는 적삼목 기와와 크레오소트 착색제도 주문할 것입니다. 후자의 것들은 기와지붕보다 덜 비싸 며, 저는 동등하게 효과적일 것으로 생각하고 있습니다.

안녕히 계십시오.
(서명) H. B. 고든

---

155) 웨이쉬얀[濰縣]은 지금의 산둥성 웨이팡[濰坊] 시를 말한다.

Henry B. Gordon (Seoul),
Letter to Charles W. Hand (Treas., BFM, PCUSA) (Oct. 9th, 1901)

Seoul,

October 9, 1901.

Mr. Charles W. Hand.,

Treasurer, Board of Foreign Missions,

Presbyterian Church, U. S. A., New York City.

My dear Mr. Hand: -

As I am leaving here tomorrow for Chefoo, I think it well to report on the various matters that have occupied my attention during the three and a half months I have been here.

On my arrival, I was for some weeks in informing myself on the local conditions, as to material, labor and prices, and in making tentative sketches for the hospital and the proposed new houses.

(Omitted)

As there seemed to be some prospect of a site for the hospital, I proceeded with the working drawings of the building, and I now have a complete set of one-fourth scale drawings for it and the out buildings. I may say that I deemed it extra wisdom to spend extra time in making all my plans to a large scale, and having them elaborately figured, as the intelligence and experience of the builders have is rather limited. ......

Owing to the protracted delay in the negotiations for the sale of Chong Dong property to the Emperor, the Committee ordered a commencement on that property of the house for two single ladies. I had the cellar excavated, and this seemed to have the desired effect, as the negotiations were renewed and have been more or less under way since. Drs. Avison and Vinton and myself along with a representative of the Emperor, have on two or three occasions visited the proposed sites. One of these, outside of South Gate we were anxious to secure, and I made a plan and description of it; but after consideration it was refused by the Emperor, on the ground that it was near the temple of the god of war.

Several other sites were suggested and the Committee agreed the accept one near the West Gate (out side the walls) if the boundaries were made satisfactory. We went over the boundaries with the representatives of the Emperor, and a few days ago received word that this site would be granted. I have made a survey of it and furnished a plan and description of boundaries. These have been submitted to the Emperor, and we are waiting for his definite approval, and the deed of the site and the payment of the money for the Chong Dong site. This payment is to include an additional sum for what has been expended outside on site since I came. Also a sum for house rent for the occupants of the three houses while the new houses are being built. The exchange will be a decided advantage to the Mission. In exchange for about three acres of Chong Dong property, they will get ten acres of higher and more salubrious land. It will be quite as near the street railway, and nearer the station of the Seoul-Chemulpo R. R. It will be nearer the main street, and in such a position as to be seen for a long distance. It consists of two ridges with a valley between, but this valley is quite elevated. To the West is a hill that will never be built upon. To the North is a deep valley that prevents any houses being built close up to the site. The entrance is only about one-hundred yards from the main West-Gate street. Moreover this is a part of the city that is very likely to increase part of the city that is very likely to increase in population. And finally it is not very far from the work new established in Chong Dong. There may of course be further delays, but if this site is secured, it is well worth the waiting for.

I have very much enjoyed the annual meeting of the Mission which is just closed, and I think I have been of service to many of the members from outside Seoul. I have made a plan of a dispensary for Dr. Sharrocks for his station, and I have made alternative sketches for a hospital for Taiku.

My instructions from the Committee are to push through the Wei-Hsien work as soon as possible and return to Seoul by the end of the year if that is feasible.

Regarding materials from America, I have come to the conclusion that the only materials (other than heating and plumbing plant) that it would pay to import from America are, flooring, doors, window-sash, blinds and hardware. For the

Seoul buildings, I will also order cedar shingles and creasote stain. These latter will cost less than tile roofs, and I think will be equally effective.

I am yours very sincerely,
(Signed) H. B. Gordon.

19011014

제임스 E. 애덤스(대구)가 코트니 H. 펜(미국 북장로교회 해외선교본부 총무)에게 보낸 편지 (1901년 10월 14일)

(중략)

저는 귀하께서 에비슨 박사는 서울 병원에 두 번째 의사를 얻는 것과 아무런 관련이 없었다고 말하는 것을 듣고 기뻤습니다. 저의 언급은 보증되지 않는 추측이었습니다. 그것은 의사 임명이 처음으로 발표된 직후 받은 엘린우드 박사의 편지에서 이끌어 낸 것이었습니다. 그는 "우리의 사업이 불균형적이고 한쪽으로 치우쳐서는 안 된다고 생각하였지만, 세브란스 씨는 자신의 마음을 병원에 두었고, 에비슨 박사의 주장을 잘 알고 있습니다."라고 말하였습니다.

(중략)

James E. Adams (Taiku),
Letter to Courtney H. Fenn (Sec., BFM, PCUSA) (Oct. 14th, 1901)

(Omitted)

I was glad to hear you say that Dr. Avison had had nothing to do with getting a second physician for the Seoul hospital. My statement was an inference, which it seems, was unwarranted. It was drawn from a letter of Dr. Ellinwoods which I received shortly after the first announcement of the doctors appointment. He said, "I did not think that our work should be made so disproportionate and lop-sided in its parts, but Mr. Severance has set his heart upon the Hospital and sees strongly the arguments of Dr. Avison."

(Omitted)

회의록, 한국 선교부 서울 지부(미국 북장로교회) 1891~1921
(1901년 10월 17일)

(중략)

이제 에비슨 박사는 언더우드 박사가 자신의 주택을 짓고 선교본부에 임대하는 것을 승인한다는 핸드 씨의 편지를 검토하도록 임명된 위원회의 보고서를 낭독하였다. 보고서는 채택되었다. (제1호)

(중략)

Minutes, Seoul Station, Korea, 1891~1921 (PCUSA) (Oct. 17th, 1901)

(Omitted)

Dr. Avison here read a report of the Committee appointed to consider Mr. Hand's letter granting permission to Dr. Underwood to build a house for himself, and rent to the Board. The report was adopted. (No. 1)

(Omitted)

19011022

J. 헌터 웰즈(평양)가 프랭크 F. 엘린우드(미국 북장로교회 해외선교본부 총무)에게 보낸 편지 (1901년 10월 22일)

접수
1901년 12월 3일
엘린우드 박사

한국 평양,
1901년 10월 22일

F. F. 엘린우드 박사, 미국 북장로교회 해외선교본부 총무

친애하는 엘린우드 박사님,

연례회의에 관하여 많은 편지들을 받으실 박사님께서 다른 특별한 이유가 없이 주장할, 휘갈겨 쓴 저의 편지로 괴롭힘을 당하지 않을까 주저하였습니다.

회의는 선교부에서 제가 보았던 가장 최고는 아니더라고 최고 중의 하나이었습니다. 부산에서의 철수, 서울의 병원 문제 등 선교부 정책의 여러 근심스러운 문제가 있었음에도 널리 일치와 공평함이 분명하였습니다. 후자의 문제는 박사님께서 회의록에서 보실 수 있는 것처럼 대단히 훌륭하게 해결되었으며, 주님께서 서울의 건축과 확장의 길에 당신이 놓으신 장애물을 제거하셨을 때 그들은 전진할 수 있습니다. 그곳에서의 최근 소식은 매각이나 교환 혹은 부지와 관련되지 않은 문제들로 이전처럼 어려움을 겪고 있다고 합니다.

저는 그들이 너무 많은 것을 요구하는 것 같습니다. 과시! 허식! 지금까지 그들이 정부에 요청한 것은 언덕 위의 전망이 좋은 큰 부지입니다. 큰 억덕 위의 큰 일들. 넓은 입구와 인색하지 않은 모습이 의견이었으며, 항상 가로 막는 무엇이었습니다. 제 생각에 그것은 정부의 사고나 장난 혹은 관리의 착취가 아니라, 그 계획이 위대한 책임자의 뜻에 맞지 않는다는 점입니다.

선교부는 정책을 압도적인 투표로 결정하였습니다. 에비슨 박사, 필드 박사, 무어 씨, 그리고 밀러 씨는 그 정책에 반대하는 투표를 하였던 유일한 사람들이었습니다. 그들 각각은 특정 분야에서 아주 특별한 재능을 가졌음에도 선교부 정책의 문제가 대두되었을 때 그들 중 어느 누구도 자신들의 판단에 주목하고 있지 않다는 것을 박사님께 말씀드릴 필요는 없습니다.

J. Hunter Wells (Pyeng Yang),
Letter to Frank F. Ellinwood (Sec., BFM, PCUSA) (Oct. 22nd, 1901)

Received
DEC 3 1901
Dr. Ellinwood

Pyeng Yang, Korea,

Oct. 22, '01

Dr. F. F. Ellinwood, Secy., B. F. M., Pres. Church in U. S. A.

Dear Dr. Ellinwood: -

The many letters that you will receive anent the Annual Meeting makes me hesitate about bothering you with my scrawl especially since I have no "_ _ ____" or other special cause to plead.

The Meeting was one of the best, if no the best I've seen in the Mission. A unity and evenness in spite of several grave questions of Mission policy, as for instance the withdrawal from Fusan, and the hospital, Seoul, question; which arose was manifest throughout. The latter, as you can see by the minutes was settled very finely and when the Lord removes the obstacles which He has placed in the way of building & expansion in Seoul, they can go ahead. The latest news from there is that matters regarding the sale or exchange or what not of property there are as ___ and difficult as ever.

It seems to me as if they demand too much. Splurge! show! top of hills commanding big situations & sites have heretofore characterized their requests of the Govrn't. Big things on big hills. Wide entrances and munificent in companion appearances is what has been the idea and something has always prevented. In my mind its no accident or dallying government or squeezing officials, but the plan is not agreeable to the Great Head.

The Mission has overwhelmingly voted its policy. Dr. Avison, Miss Dr. Field, Mr. Moore & Mr. Miller, were the only ones voting against the policy. And I don't have to tell you that none of them are noted for their judgment when it comes to questions of Mission policy tho each of them have very special gifts on some lines.

19011030

새뮤얼 F. 무어(서울)가 프랭크 F. 엘린우드(미국 북장로교회 해외선교본부 총무)에게 보낸 편지 (1901년 10월 30일)

접수
1901년 12월 2일
엘린우드 박사

한국 서울,
1901년 10월 30일

친애하는 엘린우드 박사님,

어젯밤 저는 지방 여행에서 돌아왔는데, 에비슨 박사가 성공회의 발독 박사와 의논하여 아내가 폐결핵이 발병하고 있기 때문에 즉시 미국으로 귀국해야 한다고 결정하였음을 알게 되었습니다.

그녀는 저 없이는 갈 수 없으며, (서울 지부가) 이렇게 일손이 부족할 때 제가 떠나야만 하게 되어서 유감스럽습니다.

(중략)

Samuel F. Moore (Seoul),
Letter to Frank F. Ellinwood (Sec., BFM, PCUSA) (Oct. 30th, 1901)

Received
DEC 2 1901
Dr. Ellinwood

Seoul, Korea,
Oct. 30, 1901

Dear Dr. Ellinwood: -

Last night I returned from a country trip, and found that Dr. Avison in consultation with Dr. Baldock of the S. P. G. had decided that Mrs. Moore must return at once to America as she is developing tuberculosis of the lungs.

She is no able to go without me and I am sorry to have to leave the work now when we are so short handed.

(Omitted)

회의록, 한국 선교부 서울 지부(미국 북장로교회) 1891~1921
(1901년 10월 30일)

(중략)

미국 장로교회 선교부 서울 지부의 회원들께,

(내용 생략)

무어 부인의 건강에 관해 그녀가 가능한 한 조속히 미국으로 귀국할 필요가 있다는 다른 의사들과의 자문을 받은 에비슨 박사의 보고서156)를 받고 선교지부는 선교부로 하여금 선교본부에 그녀의 즉각적인 귀국을 인가해 달라고 요청하게 하자는 동의가 있었다. 통과되었다.

(중략)

Minutes, Seoul Station, Korea, 1891~1921 (PCUSA) (Oct. 30th, 1901)

(Omitted)

To the Members of Seoul Station of the American Presbyterian Mission.

(Omitted)

Moved that upon receiving the report of Dr. Avison in consultation with other physicians concerning Mrs. Moore's health, in which they say it is necessary that she return to America as soon as possible, the station ask the mission to request the Board to sanction her immediate return. Carried.

(Omitted)

---

156) Oliver R. Avison, Certificate in re Mrs. Moore's Health (Oct. 30th, 1901).

19011030

올리버 R. 에비슨(서울), 무어 부인의 건강에 관한 증명서
(1901년 10월 30일)[157]

무어 부인의 건강에 관한 증명서

<table>
<tr><td>접수
1902년 1월 16일
엘린우드 박사</td><td>한국 서울,
1901년 10월 30일</td></tr>
</table>

미국 장로교회 선교부 서울 지부 회원들 귀중,

S. F. 무어 부인의 건강 상태가, 가능하면 조속히 미국으로 가서 회복에 좋은 환경에 있도록 하는 것이 절박하다고 박사님께 보고 드리게 되어 저는 괴롭습니다. 지난 7월 초에 그녀의 증상은 그녀의 폐를 면밀하게 검사하게 하였으며, 나를 불안하게 만든 상태를 발견하였지만, 그녀와 무어 씨에게 내가 의심하는 이유를 설명해 주었을 뿐 즉각적인 귀국이라는 근본적인 조치를 조언을 해야함을 느끼지 못하였습니다. 그 이후 그녀를 관찰하였는데, 며칠 전 저는 다른 의사들의 견해를 요청하여 저 자신의 마음을 정하기로 하였고, 그래서 우리 선교부의 필드 박사와 영국 선교부의 발독 박사에게 그녀를 진찰해 주도록 요청하였습니다. 그들 모두는 여러 번의 객담 검사에서 결핵균을 발견하는데 실패하였지만, 한 쪽 폐애 작은 결핵 병소가 있다는 저의 의견을 확인시켜 주었습니다.

하지만 폐의 상태가 결핵 감염 때문인지 약간의 의심이 있었으며, 감염으로 밝혀지면 가능한 한 조기에 치료를 해야 하기 때문에, 그녀의 치료를 위한 적절한 조치를 취할 수 있도록 무어 씨가 그녀와 동반하도록 허용되어야 한다는 조언과 함께 가능한 한 조기에 이 보고서를 작성하기로 마음을 먹었습니다. 이 출발은 지연의 위험성과, 오랜 여행으로 그녀의 건강을 더 어렵고 힘들게 만들 겨울이 온다는 사실 때문에 절대적으로 필요한 것 이상으로 지연되어서는 안 됩니다.

---

157) 이 편지는 10월 30일에 개최된 서울 지부의 월례회의에 제출되었다. Minutes, Seoul Station, Korea, 1891~1921 (PCUSA) (Oct. 30th, 1901).

안녕히 계십시오.

O. R. 에비슨

저는 얼마 전에 치료에 제어되지 않는 약질(弱質)이 증가하고 있었다는 것을 추가하고자 합니다.

O. R. A.

친애하는 엘린우드 박사님,

위의 편지는 무어 부인의 미국 귀국과 관련하여 지부에 하였던 조언의 사본입니다.

안녕히 계십시오.

O. R. 에비슨

Oliver R. Avison (Seoul),
Certificate in re Mrs. Moore's Health (Oct. 30th, 1901)

Certificate in re. Mrs. Moore's health

Received
JAN 16 1902
Dr. Ellinwood

Seoul, Korea,

Oct. 30th, 1901.

To the Members of Seoul Station of the American Presbyterian Mission.

It is my painful duty to report to you that Mrs. S.F. Moore's condition of health is such as to render it imperative that she go as soon as possible to America where she can be placed under surroundings which will be favorable to recovery. Early in July last her symptoms caused me to make a careful examination of her lungs and I found a condition which caused me uneasiness but

I did not then feel prepared to advise so radical a step as her immediate return home though I then explained to her and to Mr. Moore what I had reason to suspect. Since then I have kept her under surveillance until some days ago I felt sufficiently decided in my own mind to warrant me in asking the opinion of some other physicians and so asked Dr. Field of our Mission and Dr. Baldock of the English Mission to see her. They both confirmed my opinion that there is a small area of disease in one of her lungs although several examinations of her sputum have failed to reveal any tubercle bacilli.

There is however little doubt that the condition in the lung is due to a tubercular infection and as this must be treated at the earliest possible moment if the infection is to be checked I am compelled to make this report at this my earliest opportunity accompanied with the advice that Mr. Moore be given permission to accompany her so as to make suitable arrangements for her treatment. Their departure should not be delayed longer than is absolutely necessary both on account of the dangers of delay and of the oncoming of winter which will render such a long journey both more difficult and more trying to her health.

Very sincerely,

O. R. Avison

I may add that there has been for some time back an increasing debility which is uncontrolled to any extent by medical treatment.

O. R. A.

Dear Dr. Ellinwood,

The above note is a copy of my advice to the Station concerning Mrs. Moore's return to America.

Yours very sincerely,

O. R. Avison

19011101

에바 H. 필드(서울)가 프랭크 F. 엘린우드(미국 북장로교회 해외선교본부 총무)에게 보낸 편지 (1901년 11월 1일)

접수
1901년 12월 9일
엘린우드 박사

한국 서울,
1901년 11월 1일

신학박사 F. F. 엘린우드 복사,
　뉴욕 주 뉴욕 시

친애하는 엘린우드 박사님,

　오래 전에 저는 박사님께 편지를 쓸 것으로 예상하였지만 많은 업무 때문에 방해를 받았습니다.

　1. 우리의 연례회의는 흥미가 넘쳤으며, 저는 모두에게 도움이 되었다고 믿고 있습니다. 상당히 중요한 문제들이 논의, 재삼 논의되었으며, 진실한 기도 후에 대부분의 결정이 이루어졌습니다.

　만일 저의 업무와 관련하여 편지를 쓴다면 편지가 길어질까 두렵지만, 그것과 관련하여 박사님께서 저의 의견을 아셔야 제가 옳은지 옳지 않은지 판단하실 수 있을 것이라고 느끼고 있습니다.

　지난 봄, 브라운 박사가 방문하기 직전에 저는 병원에서 놀라운 상황에 직면하였는데, 제가 처음 병원에 배치되었을 때 그런 사실들을 알았더라면 저는 제가 일을 맡기에 가능하지 않은 것이라고 분명 선교부에 이야기하였을 것입니다.

　상황은 이러하였습니다. 즉 선교부에 의해 (제중원의) 책임 의사는 여자 환자를 여자 병동에 입원시키고 그곳에서 그들에 대한 완전한 통제를 승인 받았으며, 그래서 저의 업무를 성공적으로 수행하기 위해 완전한 통제가 필요한 건물의 부분을 차지하였습니다. 게다가 이것은 두 책임자로부터 지시를 받는 여자 간호원을 필요로 하였지만, 그것은 잘 진행되지 않았습니다. 저는 그 문제를 지부에 제출하여 진료소, 일부 병동 그리고 의료 예산을 제가 통제할 수 있도록 결정을 취해 달라고 요청하였습니다. 그들은 이것을 할 수 없는 것 같았고, 그 문제는 연례회의에 회부되었습니다.

연례회의에서 의료 위원회는 보고서에서 "두 명의 의사를 병원에 배정하되 각 의사는 자신 분야를 완전하게 관리한다."고 제출되었습니다. 이것은 "우리는 병원에 1명 이상의 자격을 갖춘 의사가 있을 때, 각각은 자신의 영역에서 다른 의사와 무관하며, 그 영역은 각각의 경우 선교부가 정한다."고 개정되었습니다. 이것이 제가 요청한 모든 것이었으며, 당연히 그것이 채택되었을 때 저는 기뻤습니다.

다른 중요한 문제는 저의 개인 보고서에 언급되어 있으며, 의료 위원회에도 회부되었습니다. 서울에는 저 이외에도 4명의 여의사가 있습니다. 감리교회의 언스버거 박사는 동대문 바로 안쪽에 진료소를 갖고 있습니다. 그녀는 병원을 갖고 있지 못하지만 진료소의 방에 응급 환자를 위한 침상 1개가 있습니다. 미국 북감리교회는 서대문 바로 안쪽에 여병원과 진료소를 갖고 있습니다. 이것은 주로 커틀러 박사가 책임을 맡고 있지만, 그가 안식년을 갖는 동안 입원과는 폐쇄되었고 진료소는 메릴랜드 주 볼티모어 여자의과대학을 졸업한 한국인 박 박사가 책임을 맡고 있습니다.158)

영국 복음 전도회는 감리교회 병원에서 얼마 떨어지지 않은 곳에 E. H. 발독 박사가 책임을 맡고 있는 여병원과 진료소가 있으며, 병원에는 유능한 영국인 간호사들이 있습니다. 발독 박사 역시 종로에 진료소를 갖고 있는데, 동대문과 서대문 사이 중간쯤의 전차노선 혹은 그 근처에 있습니다. 우리의 병원 업무는 종로에서 바로 남쪽으로 ¼마일이 조금 넘게 떨어져 있습니다. 서울에 여의사가 상당히 많은 것 같지 않습니까?

남자 환자 업무는 잘 운영되고 있지 않습니다. 복음전도협회는 남자 병원과 진료소를 갖고 있으며, 일본인들도 하나를 갖고 있습니다. 감리교회는 그들의 남자들을 에비슨 박사에게 보냅니다. 감리교회 여자들은 곧 그들의 현재 한옥을 대체할 멋진 여자 병원을 건축할 것으로 예상하고 있습니다.

우리의 위원회는 "이 도시에 다른 여자 진료소 및 병원이 존재하며, 북감리교회 선교부가 확장된 여자 병원의 신축을 계획하고 있는 사실에 비추어, 우리는 세브란스 병원에 여자 병동은 있으되 특별히 여자 과를 설치하지 않을 것을 건의한다."고 제출하였습니다. 이것은 채택되었고, 배정 위원회는 제가 할 무엇 업무를 찾아야 했습니다. 박사님은 이것을 하는 것이 어렵지 않다고 생각하실 것입니다. 저는 박사님께서 위원회의 보고서에서 찾으실 수 있기 때문에 저의 임명을 정확하게 묘사하지 않겠습니다. 사실상 그것은 서울과 인근 지역에서 여자들에 대한 의료 및 전도 사역, 문헌 사역 등등입니다. 저는 그

---

158) 박에스더(Esther Pak)을 말한다.

일에서 행복해지기를 바라고 있습니다. 지방 사역은 아직까지 해보지 않은 것이며, 제 자신이 선택할 수 있었던 마지막 일이지만, 우리 선교부에는 훌륭한 판단력과 고도의 영성(靈性)을 가진 남자와 여자들이 있으며, 저는 그들이 제가 하기를 바라는 것을 기꺼이 할 것입니다. 서울에 있을 때 저는 많은 왕진을 요청 받을 것입니다. 이외에도 저는 매일 진료소 업무를 해야만 하였을 때 할 수 있었던 것 보다 더 광범위한 전도 사역을 할 것입니다(사실 이미 시작하였습니다.)

(중략)

추신. 우리의 업무에 대한 선교부의 결정은 저에게 완전하게 만족스러웠기 때문에 제가 병원 업무에서 빠진 것이 제가 그것을 하고 싶지 않기 때문이라고 박사님께서 생각하시지 않기를 바랍니다. 다른 이유로 여자과를 폐쇄하는 것이 최상인 것 같지 않았다면 저는 계속할 수 있었을 것입니다. 당연히 이 결정은 병원을 위해 다른 여의사를 요청하지 않을 것이라는 것을 의미합니다.

저는 박사님께 병원 행정에 대한 선교부의 결정이 현명할 뿐 아니라 필요하다는 많은 좋은 이유들을 댈 수 있습니다. 하지만 지금 병원에는 두 명의 의사가 있지 않기 때문에 이유들을 언급하지 않는 것이 좋다고 생각합니다.

E. H. F.

Eva H. Field (Seoul),
Letter to Frank F. Ellinwood (Sec., BFM, PCUSA) (Nov. 1st, 1901)

Received
DEC 9 1901
Dr. Ellinwood

Seoul, Korea,
November 1, 1901

Rev. F. F. Ellinwood, D. D.,
New York, N. Y.

My dear Dr. Ellinwood: -

Long ere this I had expected to write you but have been prevented by numerous duties.

1. Our Annual Meeting was full of interest and I believe was helpful to all. Matters of much importance were discussed and discussed again and most decisions were reached after earnest prayer.

If I write you concerning my work I am afraid the letter will be long, yet I do feel that you ought to know my opinion concerning it and then you can form your own as to whether or not I am right.

Last Spring, shortly before Dr. Brown's visit I was brought face to face with a condition in the hospital which was a great surprise to me and had I been aware of the facts when I was first placed in the hospital I should then have told the Mission that it would not be possible for me to take up the work.

The condition was this viz - The physician in charge had the right granted him by the Mission to put women patients into the women's wards & take full control of them there, thus occupying the portion of the building that I needed full control of in order to make my work successful. This further necessitated the women nurses receiving orders from two heads and that did not work well. I presented the matter to the station asking them to take such action as would put at my control a dispensary, certain wards and a medical appropriation. This they seemed unable to do and the matter was referred to the Annual Meeting.

At the Annual Meeting the Medical Committee brought in a report reading,

"Should two physicians be assigned to the hospital that each have complete control of the affairs of his own department". This was amended to read, "We recommend that when a hospital has a staff of more than one fully qualified physician, each shall be independent of the others in his own sphere of service, such sphere to be defined in each case by the Mission." This was all I had asked and of course I was glad when it was adopted.

Another important question was mentioned in my personal report & it also was referred to the Medical Committee. We have in Seoul four lady physicians besides myself. Dr. Ernsberger of the Methodist Mission has a dispensary just inside the East Gate. She has no hospital, but one bed for emergency cases, in a room of the dispensary. Just inside the West Gate (the opposite end of the city) the M. E. Mission North have a woman's hospital and dispensary. This is usually in charge of Dr. Cutler but while she is on furlough, the inpatient department is closed and the dispensary is in charge of Dr. Pak, a Korean woman graduated from Baltimore, Maryland Woman's Medical School.

A short distance from the M. E. work the S. P. G's [Society for the Propagation of the Gospel, an English Society] have a woman's hospital and dispensary in charge of Mrs. E. H. Baldock, M. D. and in this hospital there is a capable corps of English nurses. Dr. Baldock also has a dispensary at Chong No which is on or near the street car line about half way between East & West Gates. Our own hospital work is a little over a quarter of a mile directly South from Chong No. Does it not seem that Seoul is pretty well provided with women doctors?

The men's work is not so well looked after. The S. P. G.s [Society for the Propagation of the Gospel] have a men's hospital and dispensary and the Japanese have one. The Methodists send their men to Dr. Avison. The Methodist women expect soon to build a nice woman's hospital to replace their present Korean building.

Our Committee brought in the following: "In view of the existence of other woman's dispensaries & hospitals in the city & also of the fact that the M. E. Mission (North) is planning to build a new & enlarged hospital for women, we recommend that there be women's wards but no special woman's department in the Severance Hospital". This was adopted and the Apportionment Committee had to find something for me to do. You may imagine this was not hard to do. I won't copy the exact wording of my appointment, for you can find it in the Committee's report. It is in substance medical & evangelistic work among women in Seoul & country districts, literary work, etc., etc. I hope to be happy in it. As yet the country work is untried and it is the last thing I would have chosen for myself but our Mission has men & women of good judgment & high spiritual character & I am willing to do what they wish me to do. When in Seoul I shall make as many professional calls as I am asked to. Besides this I shall (in fact, have already begun to) do more extensive evangelistic work than I have been able to when daily dispensary hours had to be kept.

(Omitted)

P. S. I hope you will not think that my being taken out of hospital work was because I was unwilling to stay in it for the decision of the Mission as to our positions was perfectly satisfactory to me and I could have gone on had it not seemed best for other reasons to close the woman's department. This action, of course, means that no other woman doctor will be asked for the hospital.

I could give you a number of good reasons why the action of the Mission as to the government of the hospital was not only wise, but necessary. However, as there are not now two physicians in the hospital I think my reasons may as well not be stated.

E. H. F.

올리버 R. 에비슨(서울),
O. R. 에비슨의 월례 보고서 (1901년 11월 18일)

O. R. 에비슨의 월례 보고서

1901년 11월 18일

이 보고서는 연례회의를 위해 준비한 것 이후 첫 보고서이기 때문에 7월 1일부터 11월 16일까지의 기간을 다룰 것이다.

나의 건강이 생각한 것만큼 좋지 않았기에 정규 병원 업무에서 약간의 휴가를 갖는 것이 좋을 것 같았고, 그래서 7월 초에 나는 가족을 이 도시에서 한강으로 옮겼고 병원을 격일로 출근하였다. 나는 또한 7월과 8월에 학생 조사 3명을 돌려보내 2명만이 줄어든 업무를 도왔다. 병동에는 아직도 상당수의 입원환자가 있으며, 전체 달에 진료소에 상당한 수의 환자가 있었다. 첫 2주일 동안 여자 진료소는 예전과 같이 운영되었다. 필드 박사가 없어 그 업무의 대부분이 쉴즈 양에게 넘겨졌지만, 나는 돕기 위해 진료소를 매일 방문할 필요가 있었다. 7월 중순 경 쉴즈 양이 여름휴가를 떠났고, 그 이후 여자 환자는 남자 진료소에서 보았다. 이런 방식의 업무는 7월 말까지 계속되었으며, 나의 필요한 휴식을 취하지 못했기 때문에 잠시 진료소 진찰실을 닫는 것이 현명해 보였고, 그래서 다른 조수를 2주일 동안 휴가를 보내 한 명이 병동에 남은 약간의 환자를 돌보도록 하였다. 또한 나는 이전에 입원하였던 환자들을 방문하도록 전도사를 지방으로 보냈다. 나는 도시를 자주 방문하지는 않았지만 매우 바쁜 시간을 보내었으며, 나의 시간은 연례회의를 위한 보고서 작성, 필요한 약품 주문, 그리고 문헌 주수와 관련하여 오는 가을 중 학생들이 사용하도록 해부학 교재의 번역 등으로 나누어졌다.

전체 여름은 즐겁게 보내었으며, 유익하였다고 나는 생각한다. 우리는 일부 시간 동안 고든 씨와 함께 있는 특전을 누렸으며, 매일 오후에 1시간 씩 고든 씨, 헐버트 씨, 밀러 씨 그리고 내가 교대로 인도하는 성경 학습 시간을 가졌다. 주일에 우리는 인접 마을에서 상당한 사람들이 참석한 한국어 예배를 드렸으며, 주일 저녁에는 큰 아이들을 데리고 마을을 방문하여 전도지를 배포하고 기회가 되는대로 강연을 하였다. 고든 씨는 항상 이 일행의 한 사람이었으며, 그가 직접 역할을 할 수 있는 선교 사역에서의 기회를 기뻐하고 있다. 이 마을들을 돌면서 우리는 여러 해 동안 우리 근처에 있었음에도 우리가 처음 지방에 갈 때처럼 아직도 손대지 않은 이 여러 마을에 복음이 확고하게 되도록 하는데 모종의 특별한 노력을 기울여야 한다는 느낌을 지울 수 없었다.

비를 위한 큰 요청이 있었으며, 우리가 일관되게 접하였던 질문은 "우리가 그 전도지들을 읽는다면 비가 올까요?"이었다.

나는 종종 이웃 사람들로부터 약품 구입 요청을 받았으며, 나는 할 수 있는 한 제공하였다.

우리는 9월 초 돌아왔으며, 곧 다시 활발하게 일을 하였다.

9월 후반부와 10월 초순은 한국 장로공의회의 회의와 우리 선교부의 연례회의 때문에 대단히 바쁜 기간이었으며, 나는 병원을 닫을 수 없었고, 바로 그때 많은 위중한 환자가 치료를 받기 위해 내원하였다.

연례회의의 폐회되고 두세 가지 사건이 병원 업무에 직접적인 영향을 주었다. 첫째, 필드 박사가 병원과의 관계가 끊어지고 그 결과로 여자과가 내 관할이 되었다. 이것은 내가 미처 준비하지 못한 것이었으며, 나는 간호원과 여자 책임자로 임명된 기포드 부인의 도움으로 늘 그렇듯이 운영할 수 있을 것으로 느꼈지만 두 번째 사건이 일어나 나의 계산을 다소 엉망으로 만들었으며, 더욱 필드 박사와 쉴즈 양 모두가 없고 미혼 소녀이었던 여자 조수 모두가 우리를 떠난 상태에서 나는 모종의 재조정이 될 때까지 부담의 변경을 느꼈다. 하지만 우리는 일을 해나가기 위해 애를 썼으며, 우리의 여자 환자들은 나와 내 조수 김필순이 진료하는 것에 조금도 반대하지 않았다.

두 번째 일은 쉴즈 양이 1년 동안 업무에서 빠지게 된 것이었다. 이것은 연례회의가 시작하기 직전까지 예상치 못한 것이었으며, 그것은 이전의 모든 예상을 망쳐버렸으며, 우리는 해야 할 것으로 예상하지 못하였던 업무를 맡아야만 하였다.

그러나 그것은 불가피한 것 같았으며, 우리는 최선을 다하려 노력하고 있다. 나는 어떻게 일을 하였는지 한 실례를 들어 보도록 하겠다. 한 여자가 거대 난소종양의 수술을 위해 내원하였다. 환자는 준비가 되어있어야 했고, 수술방과 기구가 깨끗하고 소독되어 있어야 했다. 내가 정규 진료 및 교육을 하는 중에 간호원이 이 모든 것을 준비하였었지만, 이제 나는 정규 업무를 미루고 이것을 해야만 하였다. 우리는 아침 일찍 수술방에서 시작하여 정오가 되어서야 거의 준비가 되었다. 이어 환자를 위해 사용할 모든 것들을 소독하고, 사용할 모든 물을 끓이고 걸러 독성 물질의 포함될 모든 기회를 제거해야만 하였다. 그러나 왜 소년들에게 이 일을 하지 못하게 한단 말인가? 그들은 많은 양의 물을 끓였고, 내가 약간의 찬 물을 원하였을 때 그들은 끓이지 않은 찬물로 그것을 식히기 시작하였고, 이전의 끓인 것의 모든 가치를 허사로 만들었다. 그들은 아직도 그렇게 신뢰할 수 없을까? 그렇다. 우리 사람들(선교사)에게 상대적으로 일반적이지만 정신적 채비에서 거의 결여되어 있는 책임감이 그들에게 생기는 데에는 긴 시간이 필요할 것이다. 그래서 특정 수술을 집도하려 할 때 아무런 준비가 되어 있지 않았고 다른 세부 사항을 알 수 있다. 노력 끝에 오후 2시 30분 우리는 수술 준비를 끝내었으며, 환자를 데리고 와서 나는 수술 준비를 하였는데 당연히 약간의 시간과 노력이 들었다. 다행히도 나는 다른 의료인의 조수를 확보하였으며, 우리의 현지인 조수를 사용하지 않고 수술을 진행할 수 있었다.

수술은 지루하고 위험한 것이었으며, 꼼꼼하게 그것을 끝내는 데 1시간 50분이 소요되었다. 환자는 침대에 뉘였고, 이제 그녀를 어떻게 돌보는가 하는 문제가 대두되었다. 내가 아직 언어를 배우고 있는 선교사들과 언어 강습반을 열고 있는 저녁에 필드 박사는 자신이 환자의 옆에 있겠다고 친절하게 제안하였다. 밤 10시에 나는 그녀를 쉬게 하였으며, 당연히 다소 불안정하고 10~15분마다 자세를 바꾸고 싶어 하는 환자와 밤을 보냈다. 필드 박사가 아침 일찍 내려오자 나는 아침을 먹으러 갔고, 아내는 그녀 대신 환자를 보았으며 나는 병원의 다른 일을 할 수 있었다. 우리는 첫 며칠 동안 그녀를 그렇게 돌볼 수 있었으며, 특별히 위험한 기간이 지난 후에 나의 한국인 조수가 그녀를 돌보았다. 나는 그 환자의 경과가 점차 좋아졌고, 지금 그녀는 상태가 좋고 걸을 수 있으며 대단히 감사해 하고 있는 여자라고 말할 수 있어 기쁘다.

이 수술을 집도한 다음 날 고관절을 절제해야 할 환자가 있었는데, 나는 집도하고 싶지 않았으며 그 다음날까지 미룰 적절한 핑계를 찾아 기뻤지만 수술 준비와 간호 문제가 대두되었다고 말할 수 있다. 나는 이것들을 말하는 것이 불평하려는 의도가 아니라, 단지 여러분들이 이 분야에서 사역자가 적음을 알게 하고 싶기 때문에 말할 뿐이다.

세 번째 사건은 풀턴 기포드 부인이 온 것이었다. 이전에 합의에 따라 그녀가 연례회의가 폐회된 후 우리에게 왔으며, 지금 여자 관리자로서 완전히 자리를 잡았다. 그녀는 업무가 흥미롭지 않으며 종종 마음에 들지 않고 실망적이라고 느낄 것이지만, 나는 의료 업무를 지시하고 교육에 집중하는 것을 막는 많은 것들에서 부담을 덜 수 있다. 나는 시간이 흐르면서 업무가 더 쉬워지고 더 나은 결과를 보여 줄 것으로 생각하기에 그녀가 충분히 버틸 수 있다고 느낄 것이라고 믿는다. 9월 1일부터 연례회의가 폐회할 때까지의 기간에 아내는 다른 일 대신 병동의 관리를 맡았다. 우리는 최소한 한 가지 측면, 즉 침상, 침구, 수검 치 가구 등의 문제에 있어 이전의 어느 때보다도 잘 준비되어 있다는 점에서 고무되어 있다.

10월 초에 이전에 효권이라고 알려졌던 서광호가 학생 조수로서 돌아와 선교부가 올해 허용한 수, 즉 6명을 채웠다.

교육은 이전 보다 더 규칙적으로 진행되고 있다. 나는 주로 해부학 강의로 시간을 보냈으며, 기포드 부인이 그들에게 영어를 강의하였고, 일부 시간에 필드 박사의 선생이 수학을 가르쳤다. 나는 미래에 우리에게 더 효율적인 조수의 기대를 주며, 장래에 우리가 기뻐할 열매를 가져다 줄 교육과에 더 관심을 가질 수 있을 것으로 기대하고 있다.

전도 사업은 통상적인 방향으로 상당히 활기차게 수행되었으며, 주일에 전도사는 움직일 수 있는 많은 환자들을 홍문석골 교회의 아침 예배에 성공적으로 인도하였다.

전도사는 11월 상순과 중순에 딸을 우리 학생 조수 중 한 명과 결혼시키기 위해 지방의 집에 있느라 자리를 비웠다. 이 조수는 우리 '소년들' 중 막내이었다. 모든 조수들은 자신들의 머리를 올렸으며, 우리는 성인에게 맞는 기관처럼 느끼기 시작하였다.

병동은 이 기간 동안 환자가 많았다.

다음은 병동 업무의 기록이다.

7월 1일 병원의 환자 수 남자 9명, 여자 ____, 합계 ____

7월 1일 이후, 남자 ......

번호	질 병	진료과	수술	입원일	결 과
1	발목과 발의 큰 만성 궤양	외과		16	거의 호전
2	소화불량, 신경쇠약 및 우울증	내과		10	호전
3	항문루	외과	절개	31	호전
4	하퇴의 만성 궤양	외과		22	호전
5	손목뼈의 골막염	외과		16	완치
6	수암(水癌)			2	호전
7	구순열	외과	성형	14	완치
8	손의 부종	외과			
9	전차 사고, 뇌진탕	외과		1	완치
10	설사	내과		1	없어짐

11	경부 림프선 화농	외과	선 적출	69	완치
12	대퇴골 골양	외과	긁어냄	53	완치
13	화농성 안염	외과		10	호전
14	설사	내과		1	호전
15	발열	내과		2	양호
16	뱀에게 물린 발의 상처	외과		2	완치
17	매독	내과		21	호전
18	얼굴의 봉와직염	외과	절개	12	완치
19	뇌전증	내과		8	호전되지 않음
20	하퇴 궤양	외과		24	상당히 호전됨
21	폐결핵	내과		5	호전되지 않음
22	항문루	외과	절개	22	완치
23	만성 신장염 및 심장 질환	내과		15	상당히 호전됨
24	항문 질환	외과	절개	22	호전
25	심장 질환	내과		4	사망
26					
27	경부 림프선 화농	외과	적출	11	완치
28					
29	장티푸스	내과		21	완치
30				40	완치
31	장티푸스	내과			완치
32	탈장	외과			완치
33	폐결핵	내과		5	호전되지 않음
34	전두(前頭)의 골육종	외과		3	치료하지 않음
35	항문루	외과		2	치료하지 않음
36	겨드랑이의 림프성 화능	외과	적출	39	완치
37	뇌전증	내과		9	호전되지 않음
38				4	완치
39	둔부 신경염	내과		40	완치
40	하퇴의 급성 농양	외과	절개		완치
41	발열	내과		2	사망
42	1번 환자, 하퇴 궤양 악화	외과			입원 중
43					
44	심장 질환 및 전신 부종	내과		12	사망
45	양측 하악의 급성 골막염	외과			입원 중
46	항문루	외과	절개	24	완치

47	좌측 하악 괴사	외과	하악 제거	30	완치
48				2	치료하지 않음
49	전신 가려움증	내과			입원 중
50	이질 및 전신 부종	내과		18	호전되지 않음
51	만성 신장염	내과			
52	발진티푸스	내과		25	완치
53	고관절 농양, 괴사	외과	고관절 적출	2	사망
54	양측성 백내장	외과	한쪽 수술		다른 쪽 수술을 위해 입원 중
55	경부 림프선 화농	외과		23	호전
56	전차 사고, 무릎	외과		2	양호
57	발진티푸스	내과			
58	신체 편측의 심한 화상	외과		4	사망
59	장티푸스	내과			입원 중

입원 환자 수 59명, 퇴원 환자 수 57명, 그러한 한 명이 재입원함.
시작 때 병원에 9명
　　　현재 남자병동의 환자 12명.

여자 병동

1	무릎 아래의 양측 하퇴 재절단	외과			입원 중
2					
3	고관절 주위 농양	외과	절개 및 깨끗하게 함		사망
4	이질 및 신장염	내과			사망
5	족골 괴사 및 외측의 만성 농양	외과			입원 중
6	큰 난소 종양	외과	난소 적출		완치지만 입원 중
7	최근의 고관절 탈구	외과	에테르 마취 하의 정복(整復)		완치
8	급성 늑막염	내과			완치
9	만성 방광염 및 방광 마비	내과			호전
10	양잿물 흡음에 의한 식도 협착	외과			치료하지 않음

입원 환자 수 10명, 퇴원 환자 수 7명
현재 여자 병동의 총 환자 3명

병원 병동의 총 환자 15명
　　그러나 10월의 상당 기간 중에 병동의 평균 환자 수는 24명이었음

　여름휴가 이후 병원을 다시 연 후에 입원환자들에게 다음과 같은 수술을 집도하였다.
　1. 하퇴의 양측 재절단. 이 환자는 경인선이 개통된 직후 제물포 근처에서 기차에 치었던 작은 소녀이었다. 그녀를 위해 의지(義肢)를 주문하였지만, 그것들이 왔을 때 맞지 않음을 알게 되었고 그녀를 처음 진료하였던 의사가 가버려 내가 진료를 요청받았다. 양쪽 하퇴를 재절단하였고 의족을 달기에 좋았지만, 그것을 주문한 이후 아이가 너무 많이 자라 지금은 달기에 좋지 않으며 의족을 다시 만드느라 힘든 시간을 보내고 있다. 이것은 금화 1,000달러 이상이 들기 때문에 더 큰 유감이며, 그 돈은 상당히 어렵게 마련되었다.
　2. 한쪽 눈의 적출. 이것은 이전 수술과 같은 날에 시행되었으며, 한쪽 눈의 심한 염증으로 눈이 이미 파괴되었고 다른 쪽 눈을 위협하고 있었기 때문에 수술이 필요하였다.
　입원 중에는 결과가 좋았지만, 그는 완전히 치료되기 전에 퇴원하여 지방의 집으로 가겠다고 졸랐으며, 그 이후 그를 보지 못하였기에 우리는 계속 좋은 상태에 있었기를 바랄 뿐이다.
　3. 대퇴골 골양을 긁어냄. 이것은 이전의 두 수술과 같은 날에 시행하였다. 남자는 약 6년 전에 그의 하퇴에 심한 타박상을 입었으며, 그 이후 무릎 바로 위의 뼈와 관련된 화농이 있었다. 그의 집은 이곳에서 내륙으로 약 175~200마일 정도 떨어져 있었으며, 우리의 가장 번성하는 지방 교회 중 하나와 멀지 않았지만 그가 기독교에 대해 들었어도 신자는 아니었다. 수술 후에 상처는 잘 나았지만 뼈의 깊은 공동은 채워지는데 수 주일이 필요하였다. 이 동안 그는 전도사 서 씨의 가르침에 많은 관심을 가졌고, 결국 아침 기도 모임에 참석하지 시작하였고 믿음을 고백하였다. 나는 그가 은율 교회에 합류할 것이며, 결국 자신의 집에 자(子) 교회를 설립할 것으로 믿고 있다.
　4. 경부 림프선의 화농을 긁어냄. 이것은 같은 날 아침의 네 번째 수술이었다. 이 환자는 경부 림프선이 비대하고 화농된 나쁜 예이었으며, 림프선을 제거하는 것은 불가능하였지만 수술 후 몇 주일 동안 상처가 아물고 남아 있는 림프선의 크기가 작아져 그는 상당히 좋은 상태로 자신의 집으로 돌아갔다. 이런 환자들은 대단히 흔하며, 상당한 고통과 불편함을 일으킨다. 그들 중 많은 사람들은 경과가 좋지만, 그들은 수 주일 동안 지속적인 치료와 완치를

위해 특별한 급식이 필요하기에 우리의 병원 사업을 더 비용이 많이 들게 하며 그것은 중요한 고려일 수 있다.

5 농흉(흉막강 속의 고름). 이 환자는 고름이 빠져나갈 구멍을 만들기 위해 1.5인치 정도 늑골을 제거할 필요가 있었다. 이 환자는 경과가 좋았지만 불행하게도 고무 배관의 조각이 흉막강으로 떨어져 나가 합병증이 생겼다. 상처를 통해 제거할 수 없었기 때문에 관을 제거하기 위해 나는 다른 수술을 하려하였지만, 패혈증으로 내가 누웠기에 한 동안 기다리게 할 수 밖에 없었다. 나는 며칠 내에 이것을 시행할 것으로 예상하고 있다.

6. 전완의 절단. 지방에서 온 신자인 60세 노인이 오른쪽 손이 아팠고, 절망하여 손목에서 손을 잘라내었다. 그 부위는 나았지만, 뼈의 끝을 덮을 피부판이 없어 흉터 조직으로 뼈 위를 단단하게 당겨 새로운 피부를 만들었기에 그에게 대단히 아픈 동통을 일으켰고, 그는 결국 내가 그를 완화시켜 줄 수 있다는 것을 아는 우리 신자 중 한 명에 의해 병원으로 이송되었다. 할 수 있는 유일한 일은 잘리고 남은 부분을 제거하는 것이었고, 그래서 우리는 다시 절단하였으며 며칠 후 내가 어떠냐고 물어보자 그는 이전 상태에 비교해 지금은 기쁘다고 대답하였다. 들리는 것처럼 몹시 고통스러운 동통을 경험하였고, 그것이 완화되었던 사람들만이 과장되지 않게 감사하다고 말할 수 있다.

7. 고관절 주위의 큰 만성 농양. 이 환자는 약 14세 된 어린 소녀이었다. 우리는 통상적인 방법으로 농양을 절개하여 조심스럽게 병든 조직을 제거하였지만 둘째 날에 패혈증의 징후가 나타났고 상처 자체는 건강해 보였지만 급속하게 징후가 심해져 48시간 내에 사망하였다. 우리는 사망의 직접적인 원인이 거의 수술이었던 것 같은 아니면 수술 자체는 큰 위험이 아니었지만 필시 어떤 독소가 수술 중에 신체 계통으로 흡수되었기 때문으로 생각되는 지극히 슬픈 경험을 하였다.

게다가 우리의 상황에서 가능한 모든 보살핌을 기울였다. 그런 경우 사람의 신경을 많이 쓰게 된다.

8.과 9. 항문루. 이 환자들은 대단히 흔하며, 극히 일부 만이 병동에 입원한다.

10. 항문 협착

11. 목 림프절의 화농

12. 겨드랑이 림프절의 화농. 이 환자는 큰 혈관 모두를 드러내고 쇄골 밑까지 위로 겨드랑이의 모든 림프선을 완전하게 제거할 필요가 있었다. 하지만 첫 의도에 의해 상처 치유의 대부분이 대단히 잘 되었다.

13. 항문루

14. 하악 좌측 반의 괴사. 이 환자는 하악골 한쪽의 대부분과 반대쪽의 일부를 제거할 필요가 있었다. 이 환자의 경과는 대단히 빠르게 진행되었으며, 단시간에 회복되었다. 이런 환자는 실제적으로 대단히 만족스러운데, 환자에게 실제적인 큰 도움을 주었을 뿐 아니라 좋지 않은 냄새가 나는 화농되고 부은 얼굴이 깨끗하고 다소 자연스럽게 보이는 외모로 변해 우리 사업을 상당히 충분하게 주목하게 하기 때문이다.

15. 거대 난소 종양. 이 가련한 여자는 지방에서 내원하였으며, 현재의 고통을 계속 받느니 죽는 것이 낫다며 수술을 해달라고 애걸하였다. 그녀는 대단히 말라 있었으나 복부는 종양 때문에 거대한 크기로 부풀어 있었다.

나는 결과에 대해 희망적이지 않게 느꼈지만 그녀의 간청을 거절할 수 없어 입원시켰다. 나는 위에 이런 환자의 수술 준비와 간호를 방해하는 어려움을 기술하였다. 복부를 열어보니 종양은 다발성이었고 모든 면이 복벽, 장 및 골반 장기에 유착되어 있어 완전한 제거는 극도로 조심할 필요가 있고 ＿＿에 거의 두 시간이 소요되었지만 (결과는) 완전하게 만족스러웠고, 그녀는 지금 상태가 좋고 대단히 행복해 하고 었다. 입원하였을 때 그녀는 더럽고 매력이 없으며, 희미한 미소조차도 짓지 못하였지만, 그녀의 용모가 완전히 변경되었을 뿐 아니라 종종 미소를 지으며 지금은 완전히 매력적인 여자이다. 그녀는 신자가 되기를 원하고 있지만 대단히 무지하며, 어느 것도 확실하지 않지만 읽는 법을 배우고 싶어 한다. 이와 같은 경우는 그녀가 완전히 비참한 상태에 있었고 질병과 다소 힘든 투쟁 후에 죽음에 처해 있었기 때문에 많은 실망을 보상하는데 도움이 된다.

종양은 약 34파운드의 무게가 나갔다. 우리는 그녀가 예수 그리스도를 통해 하나님에 대한 완전한 지식으로 인도되기를 기대한다.

16. 고관절 괴사 및 전체 대퇴골의 연화(軟化). 이 환자는 고관절 위에 대단히 큰 농양을 가진 약 9세 된 연약한 작은 남자아이이었다. 그는 정부의 고위 관리 중 한 명의 아들이었다. 약 1달 전에 그들은 그를 진료소에 데리고 왔지만 그를 우리에게 맡기고 싶지 않아했고, 집으로 데려가 이미 여러 달 동안 다양한 방법을 시도하였던 사지를 잠시 찜질하였다. 그들이 아이를 다시 데리고 와서 수술을 요청하였을 때, 그는 상당히 악화된 상태에 있었지만 우리는 고관절을 절개하여 그의 생명을 구하기 위하여 노력을 기울이기로 결정하였다.

하지만 전체 대퇴골이 너무도 약해져 있어 수술을 집도하기 위해 사지를 움직였을 뿐인데도 두 곳에서 뼈가 부러졌다. 당연히 사지를 고관절에서 절단했어야 하지만 아버지가 아들과 함께 병원에 오지 않았기에 나는 그런 위험을 감당할 수 없었고 그래서 관절 제거에 만족해야만 하였다. 그는 너무도 허약하여 수술대에서 죽지 않게 하는 것이 매우 어려웠지만 회복하여 안락하게 침대에 누였다. 그는 잘 회복되는 것 같았지만 오후에 물을 마시는 중에 갑자기 경련을 일으켰고 나는 곧 그에게로 갔지만 그가 죽어가는 것을 보았을 뿐이었다. 분명히 뇌혈관에 장애가 있어 그것이 진성 졸중을 일으켰고 즉사에 이르게 하였다. 이것은 가장 괴로운 사건이었으며, 나는 이전의 생각 혹은 간호가 그런 사고를 예견하거나 피할 수 없었다는 것을 생각하며 위안할 수밖에 없었다.

17. 고관절 탈구. 이 환자는 놀다가 뛰면서 단순히 넘어져 고관절이 탈구된 작은 여자아이이었다. 필드 박사는 우연히 집 근처의 길을 가고 있었는데, 바로 그때 사람들이 상당히 아파하는 것 같은 소녀를 보아주도록 요청하였다. 박사는 그들에게 그녀를 병원으로 데려가도록 조언하였고, 다음날 그렇게 하였는데, 에테르로 마취시키고 즉시 정복하였으며, 깨어난 그녀는 불과 얼마 전까지 그렇게 아팠으며 경직되어 있던 사지를 사용할 수 있게 된 것을 발견하고 웃음이 터졌으며 상당히 행복해 하였다. 우리는 그들이 그녀를 신속하게 데리고 왔기에 수술이 비교적 용이하였고 절뚝거리지 않게 되어 너무도 기뻤다. 사람들이 기다리고 다른 방법을 시도하다가 마지막 방책으로 우리에게 오는 대신 초기에 우리에게 데리고 오는 가치를 알게 되었을 때 얼마나 기쁜지!

18. 양측성 백내장. 이 환자는 지난 봄 브라운 박사 부부를 동반하였을 때 황해도 내륙에서 만났던 사람이다. 당시 그는 서울로 오겠다고 말하였지만 그러지 못하다가 가을이 되어서야 작은 아들과 함께 왔는데 눈이 상당히 멀었기 때문이었다. 나는 먼저 오른쪽 눈을 수술하였으며, 거의 회복되어 그는 눈을 가리지 않고 나갈 수 있고 더 이상 작은 아들의 안내를 받을 필요가 없다. 그는 나의 용모를 인식하고, 다양한 물체를 구별할 수 있으며, 진정 행복해 하는 사람이다. 우리는 며칠 내에 다른 쪽 눈을 수술할 예정이며, 만일 성공적이면 그런 경험을 하였던 사람만이 이해할 수 있는 기쁨으로 고향 집으로 돌아갈 것이다. 그는 여러 해 동안 눈이 멀었었다. 그는 우리의 지방 사역과 연관이 있으며, 육체적 눈을 뜨는 것이 그가 병원에 체류하면서 얻을 수 있는 유일한 자각이 아니기를 기대하고 있다. 아직 그는 사람들을 나무가 걸어 다니는 것으로만 보고 있지만, 나는 성령이 그에게 완전하게 알려줄 것으로 믿고 있다.

진료소

진료소 환자 수는 예상 보다 적었다. 통계는 다음과 같다.

총 환자 수　　　남자 1565명, 10월 10일 이후 여자 201명 - 1766명
신환 수　　　　남자 830명, 10월 10일 이후 여자 108명 - 938명

재정	
진료소 수입	108.99엔
병동 수입	39.42
외국인 진료 수입	83.25
기부	30.00
제수입	29.58
	291.24

수리

특별한 수리를 하지 않았지만, 여러 개의 방에 도배를 다시 하였고, 필드 박사와 쉴즈 양의 친절한 허락으로 그들의 펌프를 우물에 설치하였는데, 병원에 물 공급이 용이해 지도록 병원까지 내려가는 관을 놓을 준비를 위해서 이었다. 이것은 선교본부의 예산 이외의 특별 기금으로 이루어졌다.

전도 사업

이 일은 규칙적으로 수행되었는데, 많은 환자들이 교육에 상당한 관심을 보였다. 일부는 믿음을 고백하였는데 우리는 장래에 우리가 노력하였던 노고의 열매를 보여 줄 것으로 믿는다.

전도사에게 부과된 임무는 다음과 같다.

1. 매일 아침 9시 이전에 큰 병동에서 환자, 조사 및 하인들과 기도 시간을 갖는다.

2. 여러 병동에서 개인적으로 환자들과 대화를 갖는다.

3. 병동에 책, 전도 및 그리스도 신문을 비치한다.

4. 가능한 한 무학의 환자에게 읽도록 가르치며, 그들의 마음이 진리로 채워질 수 있고 진리에 대한 직을 얻을 더 나은 기회를 줄 수 있도록 한다.

5. 매일 오후 환자 및 그를 보러 온 친지들과 진료소에서 모임을 갖는다. 이것은 의료 업무가 시작되기 전에 열린다.

6. 학생 조수와 함께 성경을 배울 강습반을 만든다.

7. 진료소에서 정기 수요일 저녁 기도회를 준비한다.

8. 학생 조수들이 쉬기 전에 그들과 매일 저녁 예배를 갖는다.

9. 각 학생 조수가 차례로 도와 의료 업무 뿐 아니라 복음의 실제적인 전도도 훈련 받을 수 있도록 예배 일정을 짠다.

10. 환자 대기실에 항상 문헌이 구비되어 있는 가를 확인하고, 대기 중인 환자와 가능한 한 많은 대화를 나눈다.

11. 자신과 함께 걸어 매주일 아침 예배에 참석할 수 있는 환자를 가능한 한 많이 초청한다.

12. 여러 도시의 회중과 병원 방문을 논의하며, 그 논의가 실행되는가를 확인한다.

위의 계획을 실행하고, 또한 퇴원하여 지방의 집으로 돌아간 환자들을 전도사가 종종 방문하게 함으로서 우리는 병원이 선교의 전도 사업에 비효율적인 도움이 아니라는 것이 입증되기를 바라고 있다.

병원 외부의 전도 사업

나는 나에게 배정된 홍문석골 교회 주일학교의 책임자 업무를 수행하기 위해 노력하고 있는데, 교사를 찾을 수 있는 만큼 학교를 가능한 한 많은 학급으로 나누었으며, 교사들과 수업 내용을 배우기 위해 주례 강습반을 유지하여 수업의 요지를 배울 뿐 아니라 그것을 다른 사람들에게 전하는 최상의 방법을 배우로 노력함으로써 교육의 질을 증진시키고 있다. 이 강습반은 매주 월요일 우리 집에서 열리며, 자신들의 직무를 향상시키고 싶어 하는 교사들이 많이 참석한다.

웰본 씨 부부와 우리 아이들인 로렌스와 레라도 이 강습반에 참석하여 자신들이 출석하는 강습반을 돕는다.

주일 학교의 평균 출석 인원은 약 120명이며, 우리는 성장을 기대하고 있다. 우리는 훌륭한 교사가 부족하다.

무어 씨가 종종 순회 전도 여행을 떠나 자리를 비워 설교하는 일이 나에게 주어졌다. 설교자는 아니지만 나는 구원의 길을 분명하게 하고 그들이 영적 성장의 수단에 마음을 열 수 있도록 최선을 다하고 있다.

다른 업무.

나는 선교부 시험 위원회의 위원으로 선출되어 부과된 임무를 최선을 다하여 수행하고 있는데, 그것들이 내 자신에게게처럼 신임 선교사들에게도 도움이 된다고 입증될 것으로 믿고 있다. 매주 화요일 저녁에는 언어 학습을 위해 그들에게 수업을 하는데, 우리는 한국인 교사의 설명을 확실하게 이해할 수 없는 점을 토의하고 또한 한국어의 문법적 구성에 대해 어느 정도 체계적으로 학습하려 노력하고 있다.

내가 임명된 '조선 정부에 정동 부지의 매각과 관련된 특별 위원회'는 한 직이 아니며, 협상이 완료되고 위원회가 영예롭게 해산할 때 큰 위안이 될 것이다. 여러분들이 아시는 것처럼 그 문제는 아직도 답보 상태에 있다.

이 문제의 해결이 지연되어 새 병원 부지의 확보도 영향을 받고 있는데, 폐하가 현 부지에 대해 어떤 의중을 갖고 있는지 아직 알 수 없다.

이 일들을 수행하려 노력하는 데에는 여러 시간 동안 노력을 기울여야 하고 더 직접적인 선교 사역에 할애할 수 있었던 많은 시간이 희생되었다. 이 부지 문제가 해결되었을 때 얼마나 기쁠까? 우리는 새 병원의 건축이 실제로 진행되고 있는 것을 볼 수 있다!

에비슨 부인의 사업

에비슨 부인이 보고서를 거절하고 있기에 나는 그녀가 무엇을 하고 있고, 하려 하는지 말하려 한다.

평소처럼 그녀는 매일 하인들과 예배를 드리고 있지만 주일 학교반의 교육과 매주 목요일 오후 교회에서 성경 학습반을 인도하는 임무가 추가되었다. 기포드 부인이 업무를 맡을 수 있을 때까지 그녀는 매일 병원을 방문하고 병동과 세탁실을 관리하며, 때때로 보충이 필요한 아마포를 계속 공급하는데 기포드 부인을 돕고 있다. 또한 그녀는 다음 해에 언어 시험 중 하나를 보기 위하여 공부하고 있다.

Oliver R. Avison (Seoul),
Monthly Report of O. R. Avison (Nov. 18th, 1901)

Monthly Report of O. R. Avison

Nov. 18th, 1901.

This report will deal with the period between July 1st and Nov. 16th as it is the first report rendered since the one prepared for the Annual Meeting.

It had been decided that on account of my health not being just as good as it might be it would be well for me to take some vacation from regular hospital work, so early in July I moved my family from the city to Han Kang and arranged to visit the hospital every other day. I also sent three of the Student Helpers of for the months of July and August leaving only two boys to attend to the diminished work. There were still a considerable number of in-patients in the wards and during the whole month there was a fair attendance at the dispensary clinic. During the first two weeks the women's clinic was carried on as usual in the women's dispensary. In the absence of Dr. Field the bulk of that work fell on Miss Shields, although it was necessary for me to attend the clinic every day to help out. About the middle of July Miss Shields left for her summer vacation and after that time the women were seen in the men's dispensary. Work was continued in this way till the end of July when it seemed wise to close the dispensary clinic for a time as I was not getting my needed rest, so I sent another of the helpers away for a two week's holiday leaving one to look after the few patients that were left in the wards. I also sent the Evangelist out into the country to look up some of our former patients. I spent the time very busily although I did not visit the city very often, my time being divided between making out my report for the Annual Meeting, getting out some much needed orders for drugs and, in connection with my literary? assistant, translating lessons in anatomy for the use of my students during the coming autumn.

On the whole the summer was spent pleasantly and I think profitably. We were privileged to have Mr. Gordon with us during a part of the time and an hour every afternoon was spent in Bible Study, led alternately by Mr. Gordon, Mr. Hulbert, Mr. Miller and myself. On Sunday we held a Korean service which was attended by a considerable number of people from the neighboring villages, and each Sunday evening, accompanied by the older children, we visited one or other of the villages to distribute tracts and speak as opportunity offered. Mr. Gordon always formed one of this party, being glad of the opportunity to do one kind of mission work in which he could take direct part. As we went through these villages we could not help feeling that something in the nature of a special effort should be made to establish the gospel in these several villages which, although so near us for so many years, are as yet as untouched as when we first came to the country.

The great cry was for rain and the constant question with which we were met was "will the rain come if we read those tracts?"

I had frequent requests for medicine from the people of the neighborhood which I supplied so far as I could.

We returned to the city in the beginning of September and were soon again in the full swing of the work.

The latter part of September and the first part of October were extra busy periods because of the Meetings of the Presbyterian Council of Korea and the Annual Meetings of our own Mission which came as additional work because I could not well close the hospital and many serious cases came in for treatment just as that time.

The close of the Annual Meeting was marked by two or three events which have a direct bearing upon the hospital work. First, the retirement of Dr. Field from active connection with it and the consequent coming of the woman's department under my care. This I was not entirely unprepared for and I had felt that with the help of the nurse and the incoming of Mrs. Gifford as lady superintendent all would go on about as usual but the occurrence of the second event somewhat upset my calculations and I felt the change a burden until some readjustment could be effected, the more especially as in the absence of both Dr. Field and Miss Shields the female helpers all left us also, being unmarried girls. We have managed, however, to pull along and the female patients who we have had have not in the slightest objected ti being cared for by myself and my helper

Kim Pil Soon.

The second event was the laying aside from active work of Miss Shields for a year. This was quite unexpected until just before the Annual Meeting began and it upset all previous calculations and compelled us to undertake work which we had not expected to have to do.

But it seemed inevitable and we are trying to make the best of it. I will give one illustration of how it works, however. A women came in for operation for a large ovarian tumor. The patient had to be prepared and then the operating room and instrument had to be cleaned and sterilized. All this the nurse would have attended to while I carried on my regular medical and teaching work but now I had to put off my regular duties and see to this. We began early in the morning at the operating room and by noon it was nearly ready. Then everything that was to be used on or about the patient had to be sterilized and all the water that was to be used had to be boiled and strained so that every chance of the introduction of poisonous matter should be as nearly as possible eliminated. But why not let the boys attend to this? Well, they did get a lot of water boiled and when I wanted some cooled they began to cool it down with unboiled cold water and thus undid all the value of the previous boiling. Are they yet so unreliable? Yes, it will take a long time to beget in them the feeling of responsibility which is comparatively common in our own people but which seems to be almost lacking in the mental equipment of those people. So there is nothing for it, when a particular operation is to be performed, but to see to other details oneself. By hard work we got through by 2:30 p. m the time set for the operation, and the patient was brought then I prepared her for operation which of course took some time and effort. I had fortunately secured the assistance of some other medical workers and we were able to go on with the operation without the actual use during the operation of our native helpers.

The operation was a tedious and dangerous one and it took one hour and fifty minutes of steady work to finish it. The patient was got to bed and now came in the question of how to take care of her. Dr. Field kindly offered to sit with her during the evening while I held the class in language study with the missionaries who are still on the language. At 10 o'clock I relieved her and spent the night with the patient who was of course more or less restless and wanted to change her position every ten to 15 minutes. Dr. Field came down early in the morning and then I went to breakfast and Mrs. Avison took her place with the patient and I was able to go on with other hospital duties. And so we were able to take care of her until the first few days passed and the period of special danger passed by after which my Korean helper took care of her. I am glad to say the case progressed favorably and she is now well and able to walk about and is a very grateful woman.

The day following this operation I had a case of excision of the hip joint to do and I may say that I felt little like doing it and was glad to find a valid excuse for defining it till the day following but again came in the question of preparation and nursing. I am not intending to grumble in saying these things and only saying them because I want you to know just how the scarcity of workers in this branch of service works out in practice.

The third event was the incoming of Mrs. Fulton Gifford. In accordance with previous arrangements she came to us after the close of the Annual Meeting and is now fully installed as Lady Superintendent. While it may be that she will find the work uninteresting and often disagreeable and discouraging I am much relieved of much that would prevent me giving attention to direct medical work and teaching. I trust she may feel sufficiently encouraged to persevere, believing that the work will become easier and show better results as time passes. During the interval between the first of Sep. and the close of the Annual Meeting, Mrs. Avison took time from her other duties to superintend the care of the wards. We are encouraged in one respect at least in that we are better prepared in the matter of beds, bed-clothing, towels, ward furniture, etc. than we have ever been before.

Early in Oct. Suh Koang Ho, formerly known as Hyo Kwonie, returned to his place as a student-assistant, completing the number allowed this year by the Mission, viz. 6.

Teaching goes on with more regularity than formerly. I have spent my time with the class chiefly on Anatomy, Mrs. Gifford has taught them English and during part of the time Dr. Field's teacher has continued his instruction in Arithmetic. I hope yet to be able to give more attention to the teaching department as promising us more effective helpers in the future and yielding fruits which we shall all be glad to enjoy hereafter.

Evangelistic work has been carried on with a good deal of vigor along the usual lines and on Sundays the evangelist has generally succeeded in taking with him to the morning service at Hong Moon Suk Kol church quite a contingent of those patients who were able to move about.

The evangelist was absent at his country home during the first 20 days of November consummating the marriage of his daughter with one of our student-assistants. This is the last one of our "boys". All now have had their hair done up and we are beginning to feel quite like a grown-up institution.

The wards have been well occupied during the interval under consideration.

The following is the record of the ward work.

No. in hospital July 1st... Male 9   Female   Total

After July 1st, Male

No.	Disease	Dept. Operation	Days	Result
1	Large Chronic Ulcer of ankle and foot	S	16	Nearly well
2	Dyspepsia, neurasthenia and melancholia	M	10	Improved
3	Fistula in Ano	S Cut	31	Improved
4	Chronic Ulcer of leg	S	22	improved
5	Periostitis of wrist	S	16	Cured
6	Cancrum Oris		2	Improved
7	Harelip	S Plastic	14	Cured
8	Swollen Hand	S		
9	Streetcar accident, Concussion of brain	S	1	Cured
10	Diarrhea	M	1	Sloped
11	Suppurating Cervical glands	S Excised glands	69	Cured
12	Caries of Femur	S Scraped	53	Cured
13	Purulent Ophthalmitis	S	10	Improved
14	Diarrhea	M	1	Improved
15	Fever	M	2	Well
16	Snakebite of foot	S	2	Cured
17	Syphilis	M	21	Better
18	Phlegmon of face	S Cut open	12	Cured
19	Epilepsy	M	8	No better
20	Ulcer of leg	S	24	Much better
21	Phthisis	M	5	No better

22	Fistula in Ano	S Cut	22	Cured
23	Chronic Nephritis and Cardiac disease	M	15	Much improved
24	Disease of anus	S Cut	22	Improved
25	Cardiac disease	M	4	Died
26				
27	Suppurating glands of neck	S Excised	11	Cured
28				
29	Typhoid Fever	M	21	Cured
30			40	Cured
31	Typhoid Fever	M		Cured
32	Hernia	S		
33	Phthisis	M	5	No better
34	Sarcoma of forehead	S	3	Not treated
35	Fistula in Ano	S	2	Not treated
36	Supp. glands of axilla	S Excised	39	Cured
37	Epilepsy	M	9	No better
38			4	Cured
39	Neuritis in hip	M	40	Cured
40	Acute abscess of leg	S Cut		Cured
41	Fever	M	2	Died
42	Ulcer of leg, No. I			
	returned as bad as ever	S		Still in
43				
44	Cardiac disease with general oedema	M	12	Died
45	Acute periostitis of lower jaw, both sides	S		Still in
46	Fistula in Ano	S Cut	24	Cured
47	Necrosis of left lower jaw	S Removal of jaw	30	Cured
48			2	No treatment
49	General Pruritus	M		Still in
50	Dysentery and Gen. Oedema	M	18	No better
51	Chronic Nephritis	M		
52	Typhus Fever	M	25	Cured
53	Abscess of Hip, Necrosis	S Excision of Hip	2	Died
54	Double Cataract	S Operated on one		Still in for other eye
55	Supp. Cervical Glands	S	23	Improved
56	Street car Acc. knee	S	2	Well

57	Typhus Fever	M		
58	Severe burn of half body	S	4	Died
59	Typhoid Fever	M		Still in

No. admitted 59, No. discharged 57, but one was readmitted.

In hospital at beginning of term 9.

Total in Male Wards at this time 12.

Female Wards.

1	Reamputation of both legs below the knee	S		Still in
2				
3	Abscesses around Hip	S	Cut and cleansed	Died
4	Dysentery and Nephritis	M		Died
5	Necrosis of bones of foot and chronic abscess in side	S		Still in
6	Large Ovarian Tumor	S	Ovariotomy	Cured but still in
7	Recent dislocation of hip	S	Reduced under Ether	Cured
8	Acute Pleurisy	M		Cured
9	Chronic Cystitis and paralysis of bladder	M		Improved
10	Stricture of Oesophagus from drinking lye	S		No treatment

No. admitted 10, No. discharged 7

Total in Female wards at this time 3

Total patients in hospital wards 15.

but during a considerable part of October the daily average number in the wards was 24.

The following operations were performed on in-patients since re-opening after the summer vacation.

1. Double reamputation of legs. This was the case of the little girl that was run over by the train near Chemulpo soon after the opening of the railroad. Artificial limbs had been ordered for her but when they came it was found that the stumps were not fit to be placed in the new legs and as the surgeon who had

first had charge of the case was going away I was asked to finish it up. The legs were both reamputated and good stumps have resulted but we are having a hard time to remake the artificial legs as the child has grown so much in the interval since they were ordered that they will not nearly go on her limbs now. This is the greater pity because they cost more than $1000.00 gold and the money was raised with a good deal of difficulty.

2. Enucleation of one eye. This was done on the same day as the preceding and was made necessary by a severe inflammation of the eye which had already destroyed this eye and was threatening the other one.

The result was good during his stay with us but he insisted on leaving the hospital and going to his country home before healing was complete and as we have not seen him since we can only hope that it continued to do well.

3. Curetting Carious bone of femur. This was done on the same day as the two preceding. The man had his leg badly bruised about six years before and ever since there had been a suppurating abscess connected with the bone just above the knee. His home was away in the interior about 175 or 200 miles from here and not far from one of our most flourishing country churches but although he had heard about christianity he was not a believer. After the operation the wound did well but it required several weeks for the deep cavity in the bone to fill up. During this time he took much interest in the teaching of Evangelist Suh and finally began to take part in the morning prayers and made profession of faith. I trust he will unite himself with the Ul Yul church and finally open a branch at his own home.

4. Curetting suppurating glands of the neck. This made the fourth operation on this same morning. It was a very bad case of enlarged and suppurating cervical glands and it was quite impossible to remove all of them but in the weeks that followed the operation the wounds healed and the remaining glands became reduced in size so that he went to his home in very fair condition. These cases are very common and cause much suffering and inconvenience. Many of them do well but they require several weeks of steady treatment and special feeding to accomplish a cure so that they expensive to treat and make our hospital work more costly, if that is to be a consideration of importance.

5 Empyema (pus in the pleural cavity). This required the removal of about

one and a half inches of a rib in order in order to get a free opening for the exit of pus. The case did well but unfortunately it became complicated by the dropping of a piece of rubber drainage tubing into the pleural cavity. Falling to remove it through the wound as it existed I was about to do another operation upon him in order to remove the tube when I was laid myself by a sore thumb caused by blood poisoning and I was compelled to let him wait awhile. I expect to do this within a few days.

6. Amputation of forearm. An old man of 60, a christian from the country, had had some sort of a painful affection in his right hand and in desperation had chopped the hand off at the wrist. It had healed but in doing so, there being no flap to cover the end of the bones, the new skin was drawn so tightly over the bones by the scar tissue that it caused him very great pain and he finally was brought to the hospital by one of our christian workers to see what I could be done to relieve him. The only thing that could be done was to get rid of the bad stump so we reamputated it for him and a few days afterwards when I asked him how he was getting on he answered that as compared with his former state he was now in glory. Only those who have suffered excruciating pain and been relieved from it can appreciate the statement which is not so exaggerated as it sounds.

7. Large chronic abscesses around the hip. This was a young girl of about 14 years of age. We opened the abscesses in the usual way and carefully cleaned away the unhealthy tissues and all promised well, but on the second day symptoms of blood poisoning set in and although the wounds themselves looked quit healthy the severity of the symptoms rapidly increased and within 48 hours she succumbed and we had the exceedingly sad experience of a case in which it seemed as if death was almost a direct result of the operation or rather not of the operation itself which was not a severe one but of the absorption of some poison which most probably got into the system at the time of the operation.

And yet we had exercised every care that was possible under our circumstances. Such a case this uses up a good deal of one's nerve force.

8. and 9. Fistula in ano. These cases are very common, only a small proportion of them coming into the wards.

10. Stricture of Anus.

11. Suppurating glands of neck.

12. Suppurating glands of Axilla. This case necessitated the complete clearing out of the glands of the axilla even to the laying bare of all the large vessels, and going up under the clavicle. It did very well, however, most of the wound healing by first intention.

13. Fistula in ano.

14. Necrosis of left half of lower jaw. This required the removal of most of one side of the lower jaw bone and part of the other side also. The after progress of the case was very rapid, recovery taking place in a very short time. Such cases as this are very satisfactory because there is not only great actual relief given to the patient but the change from a foul-smelling, suppurating, swollen face to a clean and somewhat natural-looking countenance is sufficiently marked to attract a good deal of attention to our work.

15. Large and Overian Tumor. This poor woman came in from the country and begged to be operated upon as she would rather die than continue in her present misery. She was very much emaciated while her abdomen presented an enormous size on account of the presence of the tumor.

I felt anything but hopeful as to the result but could not well resist her pleading so admitted her. I have written above about the difficulties that stood in the way of making preparations for the operation and of nursing the case afterwards. On opening the abdomen the tumor proved to be multilocular and adherent on all sides to abdominal wall, intestines and pelvic contents so that its complete removal was a matter requiring the utmost care and nearly two hours were occupied in its _____, however was perfectly satisfactory and she is now well and very happy. When she came in she was dirty, unattractive and quite unable to get up even the faintest smile, but not only is her physical appearance completely altered but she smiles often and is now quite an attractive woman. She wants to become a believer but is very ignorant and is not quite sure about anything but is anxious to learn to read. One such case as this helps to make up for a good many disappointments for she was in thorough misery and doomed to certain death after a more or less tedious struggle with her disease.

The tumor weighed some 34 lbs. We hope she may be led into a full knowledge of God through Jesus Christ.

16. Necrosis of Hip Joint with softening of entire Femur. This was a delicate little boy of some 9 years with a very large abscess over the hip joint. He was the son of one of the government officials of high rank. About a month before this time they had brought him to the dispensary but would not leave him with us, preferring to take him home and try poulticing the limb for a time although they had already been trying various methods for many months. When they brought him back and asked for an operation he was in very much worse condition but we decided to make the effort to save his life by excising the hip joint.

So soft had the entire femur become however that the mere handling of the limb in conducting the operation resulted in breaking the bone in two different places. Properly the limb should have been amputated at the hip joint but in the absence of the father who had not accompanied his son to the hospital I could not risk such a step and so had to be contented with removing the joint. He was so weak that it was with great difficultly he was kept from dying on the operating table but he rallied and was got comfortably into bed. He appeared to be doing nicely but in the afternoon while taking a drink of water he suddenly went into a convulsion and although I reached him within a minute it was only to see him pass away. Evidently there had been a stoppage in a blood vessel in the brain which had produced the symptoms of a true apoplexy resulted in his immediate death. This was a most distressing occurrence and I could only feel comforted by reflecting that no previous thought or care could foresee or avert such an accident.

17. Dislocation of the hip joint. This was a little girl who by means of a simple fall while running in her play dislocated her hip joint. Dr. Field happened to pass along the road near her house just about that time and they asked her to see the girl who appeared to be suffering a great deal. The doctor advised them to bring her to the hospital which they did the next day and by an esthetising? her it was readily reduced and when she awoke and found she could use the limb which so short a time before had been so painful and so stiff she broke right out in laughter and was quite happy. We were so glad they brought her in so promptly as it rendered the operation comparatively easy and prevented any subsequent lameness. What a good thing it will be when the people have learnt

the value of bringing their cases to us in the early stages instead of waiting and trying everything else and coming to us only as a last resource!

18. Double Cataract. This was a man that I met away in the interior last Spring when I was accompanying Dr. and Mrs. Brown through the province of Whang Hai. He said then he would come up to Seoul but did not manage to do so until this Fall when he came accompanied by his little boy who led him about for he was quite blind. I operated on the right the first and it is now about well so that he can go about with it uncovered and no longer needs to be led by his little boy. He can recognize my features and distinguish various objects and is indeed a happy man. We will operate on the other eye in a few days and if it prove equally successful he will return to his country home with joy that can only be understood by one who has passed through such an experience. He has been blind for several years. He is connected with our work down in the country and I hope the opening of his physical eyes may not be the only kind of an awakening he will get from his stay at the hospital. As yet he only sees men as trees walking but I trust the Spirit may fully enlighten him.

Dispensary

The attendance at the dispensary has been rather smaller than might have been expected. Statistics are as follows.

| Total attendance | Male 1565, Female since Oct. 10, 201 - 1766 |
| New Patients | Male 830, Female since Oct. 10, 108 - 938 |

Finances

Dispensary receipts	Yen. 108.99
Ward receipts	Yen. 39.42
Foreign pract, receipts	Yen. 83.25
Gifts receipts	Yen. 30.00
Sundries receipts	Yen. 29.58
	291.24

Repairs

No special repairs have been undertaken but several rooms have been repapered and by the kind permission of Dr. Field and Miss Shields a pump belonging to them has been placed in the well preparatory to running a pipe down to the hospital to make it easier to supply the hospital with water. This has been done with special funds outside of the appropriations of the Board.

Evangelistic work

This has been carried on with regularity and many of the patients have show much interest in the teaching while some have professed a belief which we trust will in the future show some fruit of the efforts which have been put forth.

The duties laid upon the evangelist are as follows,

1. To hold prayers every morning in the large ward with the patients, helpers and servants ,to be through before 9 o'clock.

2. To hold conversation with the patients personally in the several wards.

3. To keep the wards supplied with good books, tracts and the Christian News.

4. To teach ignorant patients to read whenever it is possible so that their minds may be occupied and they may have a better opportunity to gain a knowledge of the truth.

5. To be responsible for the meeting in the dispensary every afternoon with the patients and their friends who have come to the clinic.

This is held before the medical work begins.

6. To arrange a class for the study of the scriptures with the Student Assistants.

7. Provide for the regular Wednesday evening prayer meeting in the dispensary.

8. Hold devotions every evening with the Student-Assistants before they retire to rest.

9. Arrange the preaching services so that each Student-Assistant can help in them in turn so that they may be trained not only in medical work but also in practical preaching of the gospel.

10. See that there is always a supply of literature in the patients' waiting room and talk with the waiting patients as much as possible.

11. Invite as many of the patients as are able to walk to accompany him to

church service every Sunday morning.

12. Arrange with the several city congregations for good hospital visiting committees and then see that the arrangements are carried out.

By carrying out the above program and also letting the evangelist visit the patients occasionally after their return to this country homes we hope that the hospital will prove a not-inefficient help to the evangelistic work of the mission.

Evangelistic work outside of the hospital.

I have tried to carry on the work apportioned to me as Superintendent of the Hong Moon Suk Kol Sabbath School by dividing the school up to as many classes as we could find teachers and improving the quality of the teaching by holding a weekly class for the study of the lesson with the teachers at which we not only study the substance of the lesson but also endeavor to learn the best way to impart it to others. This class is held at our home every Monday and is well attended by the teachers who are evidently anxious to qualify themselves for their duties.

Mr. and Mrs. Welbon and our children, Lawrence and Lera, make use of this class also so that they may be ready to help in the classes they attend.

The average attendance at the Sabbath School is about 120 and we are looking for growth. We are in lack of good teachers.

In the absence of Mr. Moore on his frequent itinerating trips it falls to me to do the preaching also. Though not a preacher I do the best I can to make plain the way of salvation and to open to them the means of spiritual growth.

Other Work.

My election to the Mission Examination Committee has brought with it certain duties which I am doing my best to perform and which I trust will prove as helpful to the new missionaries as they are doing to myself. Every Tuesday evening is taken up with a class with them for language study when we discuss points which they have not been able to understand clearly from their Korean teacher's explanations and also attempt a more or less systematic study of the grammatical construction of the language.

My appointment to the special Committee on the sale of the Chong Dong property to the government has not proven a sinecure and it will be a great relief when the negotiations are completed and the committee can be honorably discharged. As you know the matter is still in abeyance.

The delay in the settlement of this matter affects the securing of a new hospital site to such an extent that we so far have been quite unable to find out what His Majesty intends to do with our present site,

The attempt to arrange these matters has cost me many hours of effort and the loss of much time which otherwise might have been spent in more direct missionary work. How glad we shall be when these property affairs are settled? and we can see our new hospital actually under way!

Mrs. Avison's work.

As Mrs. Avison declines to give in a report I will take it upon myself to tell what she is doing and attempting.

As usual she has conducted daily devotions with the servants but has added to her duties the teaching of a class in the Sabbath School and the conducting of a class for Bible Study at the church every Thursday afternoon. Until Mrs. Gifford was able to take up the work she visit the hospital every day and superintended the care of the wards and the laundry and has undertaken to assist Mrs. Gifford in keeping up the supply of linen which needs replenishing from time to time. She is also studying with a view to trying one of the language examinations next year.

프랭크 F. 엘린우드(미국 북장로교회 해외선교본부 총무)가 한국
선교부로 보낸 편지 (1901년 11월 25일)

(중략)

우리는 서울 병원에 한 명의 의사만을 임명해야 한다는 의견을 표명하는 선교부 회의의 투표에 주목하고 있습니다. 그 문제는 선교본부의 결정을 요구하거나 선교본부에 제출되지는 않았지만, 개인적으로 나는 선교본부가 다양한 선교지에서 겪었던 경험과 부합되는 결정이라고 말씀드릴 수 있습니다. 한 명이상의 의사가 있는 선교지의 병원에서 화합을 이루거나 책임자가 되려고 주장하는 것보다 더 어려운 문제는 없습니다. 책임자 자리는 중요한 것 같지만, 아래 직급을 기꺼이 맡으려는 능력 있는 사람을 찾는 것은 심각한 문제입니다. 이 문제는 한국에서 초기에 알렌 박사와 헤론 박사 사이에 일어났으며, 선교본부는 적지 않은 당혹감을 가졌고 그것과 관련하여 다소 많은 교신을 주고받았습니다. ...... 나는 우리 선교지에서 동격의 두 명의 의사가 일을 하는 곳이 없다는 것을 알고 있습니다.

(중략)

Frank F. Ellinwood (Sec., BFM, PCUSA),
Letter to the Korea Mission (Nov. 25th, 1901)

(Omitted)

We note the vote of the Mission Meeting expressive of the opinion that but one physician should be assigned to the Seoul Hospital. The matter does not come as one demanding Board action, nor has it been presented to the Board, but I would only say as an individual that the action is in accord with the experience which the Board has had in various fields. No problem is more difficult than to secure harmony in a hospital on the mission field were more than one physician is, or claims to be the head. Headship would seem to be indispensable, but to find an able man who is willing to be subordinate, is a serious problem. This arose at an early day in Korea as between Dr. Allen and Dr. Heron, and the Board had no little perplexity and a somewhat voluminous correspondence in regard to it. ...... I know of no hospitals in our mission field in which two coordinate physicians are employed.

(Omitted)

프랭크 F. 엘린우드(미국 북장로교회 해외선교본부 총무)가 한국 선교부로 보낸 편지 (1901년 11월 27일)

1901년 11월 27일

한국 선교부 귀중

친애하는 형제들,

나는 한국에서 보낸 보고서와 선교부 회의 회의록을 면밀하게 검토하였으며, 활발하고 적극적인 선교부에서 성장하고 있는 다른 분야의 사역이 다양함과 범위에 인상을 받았습니다. ...... 이 보고서와 회의록을 정독하면서 내 마음 속에 몇 가지 점이 떠올랐습니다.

1. 질문 - 각 선교사에 대하여 확정된 계획을 보면 쉴즈 양이 다른 업무로 배정되었는데, 서울 병원에서 그 자리를 누가 대신할 것입니까? 우리는 그녀에게 변화가 필요하다는 것을 이해하지만 그 일을 다른 사람이 대신합니까 아니면 그녀가 담당하였던 업무가 없어지는 것입니까?

2. 서울 병원에서 여자 의료 업무는 누가 책임을 질 것입니까? 필드 박사 역시 다른 업무에 배정된 것 같습니다.

3. 나는 회의록에 따라 세브란스 병원에 여자를 위한 병동이 있을 것인데, 분리된 과가 없다는 것에 주목합니다. 나는 명확한 설명이 있으면 좋겠습니다.

(중략)

7. 선교부 회의록에 이 결의가 있습니다. "단지 한 명의 의사만이 세브란스 병원에 근무하며, 병원은 권고에 따라 건축되어야 한다." 이 마지막 구절을 어떻게 이미 받아들여졌다고 생각할 수 있는 계획과 비교할 수 있겠습니까? 우리는 새로운 병원이 상당한 확장을 의미한다는 인상을 갖고 있었으며, 우리는 어느 한 병원에서 엇비슷한 능력과 동등한 힘을 갖는 두 명의 의사가 근무하는 것은 실행할 수 없다고 믿고 있는데, 사실 현재 여자과(女子科) 마저 제거되어 있습니다. 병원이 이러한 제한에 따라 건축되고 있습니까 아니면 '여자를 위한 과'가 독립되는 것입니까?

(중략)

Frank F. Ellinwood (Sec., BFM, PCUSA),
Letter to the Korea Mission (Nov. 27th, 1901)

Nov. 27th, 1901

To the Korea Mission

Dear Brethren:

I have carefully considered the reports sent from Korea, and the Minutes of the Mission meeting, and am impressed with the variety and extent of the different departments of work which have grown up in that active and aggressive Mission. ...... There are a few points which are raised in my mind in the perusal of these reports and minutes.

1. The question - who is to fill the place of Miss Shields in the Seoul Hospital, she being set apart for other work, as appears in the programme fixed for each individual. We understand her need of a change, but is some one supplied for the place or is her work to be dropped?

2. Who will take charge of woman's medical work in Seoul hospital? Dr. Field also appears to be assigned elsewhere.

3. I note that according to the Minutes, the Severance hospital is to have wards for women, but no separate department. I will be glad of explanations as to the line of demarcation here observed.

(Omitted)

7. In the Minutes of the Mission is this resolution: "That but one physician be engaged in the Severance Hospital, and that the hospital be built in accordance with the recommendation." How does this last clause compare with the plans which supposably are already accepted? We have had the impression that the new hospital meant considerable enlargement and while we believe that it is not practicable to employ two physicians of about equal merit or ability, and with coordinate powers in any one hospital, it appears in fact that even the women's department is now eliminated. Is the hospital being built in accordance with these limitations, or are "the wards for the women" to be separate structures?

(Omitted)

새뮤엘 A. 마펫(일본 나가사키)이 프랭크 F. 엘린우드
(미국 북장로교회 해외선교본부 총무)에게 보낸 편지
(1901년 11월 30일)

(중략)

저는 연례회의 이후 취한 결정에 대하여 박사님께 편지를 쓰려 하였지만, 긴급한 업무의 압박이 너무 컸고 두 번의 지방 여행 및 아내의 와병으로 쓸 수 없었습니다. 분명히 우리는 올해 훌륭한 회의를 하였으며, 선교부의 보수적인 정책을 굳건하게 확인하였던 회의이었다고 생각합니다. '의료' 문제와 '부산' 문제가 가장 두드러지고 어려운 두 가지 문제이었습니다. 의료 문제에 대하여 취한 한 결정은 가장 현명하고, 시의 적절한 것이었다고 증명될 것을 믿고 있습니다. 필드 박사를 병원 외부의 업무에 배정한 것과 병원에 단 한 명의 의사만 갖는다는 정책의 채택은 우리들을 크게 곤란하고 성가신 많은 문제에서 막아줄 것이지만, 새로운 세브란스 병원에 대한 최고 수준의 설비와 다른 간호원을 요청한 것은 훌륭한 의료 기지를 위한 충분한 지원이 될 것입니다. 에비슨 박사는 의학교와 병원에 대한 그의 계획이 단지 4표(에비슨 박사, 필드 박사, 무어 씨, 그리고 밀러 씨) 밖에 받지 못해 승인되지 않아 상당히 실망해 하고 있는데, 그 문제를 공정하게 접하고, 자유롭고 충분하게 토의하였을 때 그 문제에 대한 선교부의 태도는 대단히 분명하게 되었습니다. 저는 작년에 그 주제에 대해 쓴 편지에서 선교부의 신념을 규정지었다고 확신합니다.

그렇게 의료 사업의 발전을 제한하거나 연기시키고, 전도 사업과, 이제 교육 사업의 긴급한 발달을 강조하며, 우리는 선교부의 전체 사역에 엄청난 공헌을 해왔다고 저는 믿고 있습니다. 또한 에비슨 박사의 통렬한 실망에도 불구하고, 우리 모두가 찬성하고 출발하는 것을 보고 싶어 하는 새 건물과 설비, 새 간호원과 개선된 환경을 최종적으로 갖게 되면 그 자신이 현재 예상하는 것보다 훨씬 더 만족하게 될 것이라고 저는 믿고 있습니다.

(중략)

Samuel A. Moffett (Nagasaki, Japan),
Letter to Frank F. Ellinwood (Sec., BFM, PCUSA) (Nov. 30th, 1901)

(Omitted)

Since the Annual Meeting I have wanted to write you concerning the actions taken then but too great a pressure of urgent work, two trips to the country and Mrs. Moffett's sickness have prevented. We certainly had a good meeting this year and one which I think has told strongly in upholding the conservative policy of the Mission. The "medical" question and the "Fusan" question were the two most prominent and most troublesome problems. I believe the actions taken on the medical questions will prove to have been most wise and timely. The assignment of Dr. Field to work outside of the Hospital and the adoption of the policy of having but one physician for the Hospital will save us great trouble and many vexatious problems, while the provision for a first class equipment for the new Severance Hospital and the request for another nurse makes ample provision for a fine medical plant. Dr. Avison is deeply disappointed that his plans for a Medical School and for another physician in the Hospital were not approved, but with but four votes in favor of it, (those of Dr. Avison, Dr. Field, Mr. Moore, & Mr. Miller,) the attitude of the Mission on the question when fairly faced and freely & fully discussed was made very clear. I was quite sure that my letter written last year on the subject defined the conviction of the Mission.

In thus limiting or postponing the development of the medical work and still laying the emphasis upon evangelistic work and the now more urgent development of the educational work, I believe we have done immense service to the whole work of the Mission. I believe, also, that notwithstanding Dr. Avison's keen disappointment, when he finally gets his new building and its equipment, the new nurse and the improved conditions which we all approve and long to see inaugurated, he will find himself much better satisfied than he now expects to be.

(Omitted)

올리버 R. 에비슨(서울)이 프랭크 F. 엘린우드(미국 북장로교회 해외선교본부 총무)에게 보낸 편지 (1901년 11월 30일)

한국 서울,
1901년 11월 30일

신학박사 F. F. 엘린우드 목사,
　뉴욕 시 5가(街) 156

친애하는 엘린우드 박사님,

　박사님의 1901년 9월 27일자 편지159)에 따라 서울 지부는 박사님께 지부의 사역을 상세하게 설명하는 월례 편지를 보내기로 결정하였으며, 회원들이 순서대로 그것을 쓰는 즐거운 의무를 다하기로 하였습니다. 먼저 이 번 달에는 제가 쓰기로 되었으며, 제가 우선적으로 바라는 것은 선교본부 사무실에 계속해서 정보를 보내드리는 것일 것입니다.

　저는 이곳에서의 우리들의 삶이 고국에서와 같이 계속해서 부침(浮沈)이 있기에 항상 고무적이지도, 항상 실망스럽지도 않을 것이며, 우리는 하나님께서 실망스러운 상황에서도 선(善)의 성취에 사용하신다는 확고한 신념으로 착실하게 일을 계속해서 하고 있을 뿐입니다.

　재조직. 연례회의가 끝난 후 열린 지부의 첫 회의에서 우리는 이전 보다더 체계적으로 일을 진행해야 한다고 느꼈고, 다소 새로운 토대 위에 재조직하였습니다. 우리는 우리의 업무를 5개의 분야로 나누었고, 각 분야는 위원회의 관할 하에 두되, 각 선교사는 자신이 조언하고 싶은 모든 문제를 이 위원회에 의뢰하며, 각 위원회의 역할은 그 관할로 배정된 업무를 선교부의 정책에 일치하게 수행하는 것입니다. 모든 새로운 제안은 결정을 위해 지부에 제출되기 전에 우선 이 위원회의 한 명이 검토합니다.

　지부 위원회. 이 다섯 분야는 전도, 교육, 여자 사업, 의료 및 재산이며, 다음과 같이 임명되었습니다. 전도 - 게일, F. S. 밀러, 무어, 샤프, 웰본, 교육 - 게일, 에비슨, 웸볼드 양, 여자 사업 - 도티 양, 필드 박사, 애클스, 의료 - 빈

---

159) Frank F. Ellinwood (Sec., BFM, PCUSA), Letter to the Korea Mission (Sept. 27th, 1901).

튼, 무어, 쉴즈 양, 재산 - 에비슨, F. S. 밀러, 웰본.

무어 씨의 출발 이후 의료 위원회의 자리는 F. S. 밀러 씨가 임명되었으며, 쉴즈 양의 일시적인 부재 시 그 자리는 웰본 씨가 채웠습니다.

우리는 이러한 조치가 우리 사역을 단순화시킬 뿐 아니라 알차게 할 것으로 기대하고 있습니다.

저는 이 분야 별로 설명할 예정입니다.

전 도.

우리는 서울에 세 개의 중심을 갖고 있는데, 각각은 그 회중을 갖고 있고 각 회중은 지방으로 뻗어 공인된 영향을 갖는 지역을 갖고 있습니다.

서대문교회, 언더우드 박사. 도시의 서쪽 끝에는 새문안교회, 혹은 때로 서대문교회라 부르는 교회가 있습니다. 이것은 모(母) 교회이며, 대단히 흔히 언더우드 박사의 교회로 알려져 있는데 그가 오래 동안 목사로 시무해왔기 때문입니다. 그와 관련된 C. E. 샤프 목사는 현재 2년차이며, 그래서 유용해지기 시작하고 있습니다. 언더우드 박사가 안식년으로 없는 것은 당연히 경기도 북서부 및 황행도 남서부 지역 뿐 아니라 이 교회의 사업에 큰 영향을 미쳤습니다. 지난 연례회의까지 그 지역은 중요한 모든 문제를 에비슨 박사와 논의하라는 지시와 함께 샤프 씨에게 배정되었습니다. 샤프 씨는 아직도 첫 해이었고, 따라서 언어를 구사할 수 없었으며, 에비슨 박사는 자신에게 배정된 업무로 바빠 샤프 씨를 돕는데 짧은 시간만을 낼 수 있었기 때문에, 박사님은 얼마나 성취될 수 있었을 가에 대해 상당히 정확한 결론을 내실 수 있을 것입니다. 샤프 씨는 근처의 소지부를 여러 번 방문하였으며, 그곳의 사람들은 그의 존재에 고무되었고, 그와 저는 3주일 동안 황해도 여행을 한 번 하였습니다. 현지인 사역자가 상당히 활발하였지만, 많은 신자들이 너무도 무지하여 상당한 교육이 필요하였습니다. 저는 그들에 대한 교육의 확장 필요성, 특히 우리 신조(信條)의 본질적인 요소에 대해 교육을 잘 받은 현지인 사역자를 준비하는 필요성을 크게 느꼈습니다. 이들 현지인 사역자들은 지적으로 읽을 수 있고 훌륭한 판단력을 갖고 있는 사람들이라면 완전한 교육을 받기 전이라도 가서 성령의 은총 하에 가르치고, 권고하며 조언을 할 것입니다. 그래서 이런 일들에 최선을 다하는 중에 그들은 자신들을 이을 다른 사람들에게 더 충실하게 교육할 시간을 가질 수 있습니다.

언더우드 박사의 사역을 위한 준비. 최근의 연례회의에서 언더우드 박사의 사역을 샤프 씨와 관련이 있는 3명의 고참 전도 사역자에게 나누는, 즉 황해도의 북부지역은 스왈른 씨가, 남부지역은 무어 씨가, 그리고 경기도의 지역은 F. S. 밀러 씨가 담당하는 개선된 방안을 실행하려는 노력이 있었습니다. 서울 교회는 샤프 씨가 관할하고 있지만 헐버트 씨가 그곳에서 매주일 아침 설교를 하고 있으며, 오후에는 주일학교의 책임을 맡고 있습니다. 이 도움은 매우 귀중한 것이며, 헐버트 씨는 그리스도 사업에 대한 개인적인 관심으로 우리 선교부에서 무료로 일을 하고 있습니다.

정규 목사가 없어 통상적인 빠른 발전을 기대할 수 없지만 교회는 잘 유지되고 있습니다. 평균 참석자는 120~150명입니다.

샤프 씨. 연례회의가 끝난 후 샤프 씨는 황해도의 교회들을 방문하러 출발하였으며, 아직 돌아오지 않았는데 현재 해주시에서 성경 강습반에 참여하고 있습니다. 무어 씨는 자신 구역과 그가 감독하도록 배정된 황해도 지역의 현지인 사역자들의 합동 회의를 11월 29일부터 2주일 동안 해주에서 열 예정이었는데, 그 목적은 성경 공부 및 사역의 방법이었지만 그가 갑자기 미국으로 출발하게 되어 참석할 수 없게 되었습니다.

에비슨 박사가 대리로 추천되었으나, 병원을 놔두고 그를 보내는 것이 불가능한 것 같아 현명하지 않을 것 같았습니다. F. S. 밀러 씨가 가려하였지만, 부인의 병환으로 이 도시를 떠나지 못하게 되었고, 결국 웰본 씨 부부가 우리 조사 중 가장 경험이 많은 사람 중의 한 명인 밀러 씨의 조사를 데리고 내려갔으며, 우리는 그 조사가 언더우드 박사의 최고의 조사와 함께 상황을 유익하게 만들 것으로 기대하고 있습니다.

우리는 샤프 씨와 웰본 씨가 성탄절 전에 돌아 올 것으로 예상하고 있습니다.

중앙 교회

홍문석골 교회, 무어 씨. 도시 중심 근처에는 일반적으로 지역의 이름을 따서 홍문석골 교회라 부르는 우리의 두 번째 교회가 있습니다. 담임 목사는 무어 씨이며, 웰본 씨가 그와 함께 일을 하고 있는데 그들의 영역은 황해도 남동부, 경기도 북부 그리고 강원도로 뻗어 나갑니다.

무어 씨의 사역을 위한 준비. 무어 부인은 계속된 와병 및 한쪽 폐의 질병 발생으로 미국으로 돌아가 필요가 생겼고, 이것은 적어도 일시적으로 선교지에 무어 씨가 없도록 만들었습니다. 이것은 사업의 또 다른 재조정을 필요로 하였고, 다음과 같이 조정되었습니다.

(1) 평양 지부는 무어 씨에게 배정된 언너우느의 황해도 지역을 돕겠다고

요청하였습니다.

(2) 무어 씨의 황해도 및 경기도 사역지는 웰본 씨 및 에비슨 박사에게 넘겼습니다.

(3) 그의 강원도 사역은 F. S. 밀러 씨에게 넘겼습니다.

(4) 그의 서울 사역은 홍문석골 교회를 포함하여 주로 웰본 씨와 에비슨 박사에게 넘겨졌지만, F. S. 밀러 씨는 그가 서울에 있을 때 주일 아침에 설교를 할 예정입니다.

당연히 이미 많은 일을 갖고 있는 사람들이 잘 돌볼 수 없지만 우리는 최선을 다할 것이며, 하나님께서 특별히 사람이 부족한 것을 채우고도 남을 성령을 내려주실 것입니다.

홍문석골 교회의 현재 상태는 상당히 만족스럽습니다. 평균 출석자는 약 120명이며, 느리지만 지속적으로 성장하고 있습니다. 그것은 당연히 자립이며, 추가로 주위 지방을 위한 현지인 사역자의 봉급 일부를 담당하였습니다. 그들은 현재 도시 교회의 건축에 전념할 현지인 조사의 후원을 계획하고 있습니다. 이것은 그들이 내는 돈을 상당히 증가시킬 것이지만, 그들 수입의 십일조 문제는 그들의 강한 관심을 받고 있으며, 만일 그들이 이것을 실행한다면 모든 목적을 위해 충분할 것입니다.

목사의 부재로 에비슨 박사는 주일 아침 주일 아침 설교를 하고 있습니다.

주일 학교의 참석자는 예배에서와 실제적으로 같습니다. 에비슨 박사는 책임자이며, 웰본 씨 부부와 에비슨 부인이 가르칩니다. 그곳에는 3명의 현지인 여교사와 5명의 남교사가 있으며, 이들은 모두 매주 월요일 저녁 에비슨 박사 사택에서 만나 공부합니다.

무어 씨의 순회 전도, 기근. 연례회의가 끝나자마자 무어 씨는 2주일 동안의 순회 전도 여행을 떠났는데, 그 동안 그는 황해도 남동부 지역과 경기도 북부 지역을 방문하였습니다. 그는 한 번의 주말을 보내고 경기도 동부 지역과 강원도를 방문할 예정으로 서울로 돌아왔지만, 그의 계획은 아내의 건강에 의해 변경되어 지금 미국으로 가는 중에 있는데, 우리에게는 큰 손실입니다. 그의 최근 여행에 대한 서면 보고서가 없기에 저는 그가 통과하였던 지역이 기근으로 시달리고 있는 상태를 대단히 걱정적으로 이야기하였다는 것을 제외하고 구체적으로 쓸 수 없습니다. 그는 47가구가 있는 한 마을에서 30가구가 겨울에 살 수 있는 곳을 찾기 위해 떠났다는 것을 발견하였습니다.

7가구가 있는 다른 작은 마을에는 한 명의 노인만이 남아 있었습니다. 많은 경우 사람들은 거의 도토리로 연명하고 있었습니다.

이들 지역에서 기근이 있었던 두 번째 해입니다. 무어 씨는 애처로운 이 사람들을 돕기 위해 75엔을 남겨두었습니다.

웰본 씨 부부. 웰본 씨 부부는 연례회의가 끝난 후 배천 지역으로 가려 하였지만, 고든 씨가 중국으로 떠나 웸볼드 양의 현 사택 뒤에서 두 명의 독신녀들을 위한 새 사택의 기초 다지기를 감독할 어떤 사람이 필요하게 되었고, 이 일이 웰본 씨에게 배정되었습니다.

연못골

연못골 교회, 게일 씨. 우리의 세 번째 중심은 위의 이름이 나타내듯이 도시의 동쪽 끝에 위치해 있으며, 게일 씨와 F. S. 밀러 씨가 책임을 맡고 있습니다. 이곳의 평균 출석자는 평균 ___명입니다.[160] 이 교회는 부분적으로 신뢰할 수 있는 일부 신자의 이탈 때문에 다소 심각한 곤란을 겪었지만, 더 나아지고 있으며 신자 수가 증가하고 전반적인 활동이 증진되어 더 활발한 삶의 신호를 보이고 있습니다. 이것은 여학교에서 가장 가까운 교회이며, 그래서 학생들이 출석하여 음악에 기여하는데 그들의 대부분은 멋지게 노래하는 것을 배웠습니다. 소녀 중 한 명은 오르간에 앉아 모든 종류의 음악부터 선교부 찬송가의 성가에 이르기까지 연주할 수 있습니다. 그 밖에 이미 언급된 선교사들, 즉 도티 양, 애클스 양, 빈튼 박사, 그리고 E. H. 밀러 씨가 이 교회와 연관을 갖고 있습니다.

연관된 지방의 지역은 강원도 남부, 경기도 남부, 그리고 충청도 북부입니다. F. S. 밀러 씨는 이 지역들을 순회 전도하고 있습니다.

F. S. 밀러 씨, 찬송가. 연례회의가 끝난 후 F. S. 밀러 씨는 선교부 찬송가의 새 판(版) 원고를 끝내기 위해 약 1주일 동안 책상에 앉아 있었습니다. 그것은 약 50개의 새로운 성가가 추가되어 확대되고 있기에 개정(改訂)은 그가 맡고 있는 위원회에 상당한 업무를 부과한다는 것을 의미하였습니다. 그것은 현재 인쇄 중이며, 우리는 머지않아 받기를 기대하고 있습니다. 성가 작곡에서 많은 개선이 일어나고 있으며, 우리 회중의 노래에서 상당한 개선이 분명하게 나타나고 있습니다.

순회 전도. 밀러 씨는 10월 22일 자신의 지방 지역으로 떠났으며, 3주일 동안 격려와 실망을 겪을 것입니다. 그의 신자들 약 6개 집단이 적어도 일시적으로 떨어져 나갔는데, 잠시 교회에 출석하였다가 어떤 이유로 체포되어 수감되었던 사람을 위해 (밀러 씨가) 영향력을 사용하는 것을 거절하였기 때문입

---

160) 원문에도 빈 칸으로 되어 있다.

니다. 그 사람의 친구들은 선교사가 그를 석방하게 해야 한다고 생각하였고, 이 점에서 선교사가 그들과 달랐기에 짜증이 났으며, 그의 수업에서 자신들이 빠짐으로써 선교사를 혼내주려 생각하였습니다. 하지만 그들 중 일부는 이미 자신들의 행동에 유감을 표시하였으며, 그들 중 대부분이 곧 자신들의 잘못을 알고 경험을 통해 더 나은 상태로 돌아올 것 같습니다.

광주(廣州) 지역에서 새로운 교회 건물이 건축 중에 있습니다. 남서쪽으로 약 3마일 떨어져 있는 도새에도 교회 건물이 있는데, 이 집단은 공재에 있는 교회에서 떨어져 나온 것입니다.

이곳에서 남서쪽으로 13마일 떨어진 돔봉이 집단은 좋은 상태에 있으며, 밀러 씨는 내년 1월 15일 시작하는 강습반을 조직하였는데, 주위의 모든 지역에서 온 사람들이 참석할 것입니다. 그들의 기독교 신앙은 일거리를 찾으러 혹은 도움을 받으러 해안가에서 온 기근에 시달리는 사람들을 돕는데 실제적인 방식으로 나타났습니다. 그들은 자신들이 음식물의 부족으로 대단히 압박을 받고 있음에도 그들에게 살 집과 할 일을 주었습니다. 백암에도 새로운 교회 건물이 준비되고 있는데, 그 신자들은 진실한 것 같았으며 그들은 양치곡 골의 사람들이라고도 부를 수 있습니다.

그는 플리머스 형제회가 들어와 문제를 일으켰던 장호원에서 신자들을 발견하였는데, 자신들의 집을 교회로 팔려고 기대하며 합류한 두 세대를 제외하고 모두 성실합니다.

형제들은 결국 이곳에서 철수하였으며, 매각은 이루어지지 않았고 현재 부정한 형제들이 세속적인 슬픔으로 아쉬워하고 있습니다.

최고의 집단은 안성에 있는데, 그 시작은 궁궐에서 근무 중인 병졸에게 주었던 전도지의 영향으로 추적할 수 있습니다. 그는 그것을 보관하였고 자신의 고향으로 가져갔으며, 100배나 되는 열매를 맺었습니다. 참으로 아끼지 않고 베푸는 것이 좋습니다.

밀러 씨는 성탄절 이전에 또 다른 여행을 가져, 고(故) 기포드 씨의 사역지, 자신에게 배정된 언더우드 박사의 사역지의 일부 지역을 방문하기를 바라고 있습니다.

서울의 전도에 필요한 것들
서울에서 필요한 것들. 이 지부 회원들은 도시 사역에서의 연합 노력, 또한 도시 거주민을 위한 더 직접적인 노력이 필요함을 절실하게 느끼고 있습니다. 우리는 바로 이웃들에 대해 이전에 하였던 것보다 더 큰 책임을 느끼고 있는데, 이 분야에 일을 계획하면서 지방 사역을 적게 하려는 것이 아니라 가능하다면 더 많은 도시 사역을 하려는 것이며, 우리가 이곳에서 대단히 어려운 이 업무를 수행할 바로 그럼 사역자를 갖게 될 때가 그리 멀지 않다고 기대하고 있습니다. 지금까지 서울 지부의 사업이 한 집단으로 진행되기 전에 우리들 중에 그런 정신이 결여되어 있었으며, 오류의 인식이 그것을 바로 잡는 첫 단계라고 말해지고 있기에 나는 우리가 이 방향에서 희망적으로 더 나은 것을 기대할 수 있다고 생각합니다. 지금까지 이것을 방해하였던 일 중의 하나는 의심이었는데, 어떤 사람은 홍문석골 교회를 소유하는 적법성에 대해 의심을 가졌지만 이 모든 것이 해소되었고 따라서 우리는 상당히 더 견고하게 사역을 하는 집단이 되고 있다고 말씀드리게 되어 행복합니다. 언급한 교회 건물과 관련하여 두 가지 의심이 있습니다.

(1) 교회가 건물에 대한 법적 문서를 갖고 있었는지
(2) 교회가 건물에 대한 도덕적 문서를 갖고 있었는지

홍문석골 교회의 어려움. 이 의심들은 부지를 구입하고 교회 목적으로 바친 특별한 환경 때문인데, 저는 일어난 일에 대한 개요를 알려드려 박사님께서 문제의 안팎 사정을 아실 수 있도록 노력할 것입니다.

경인선 철도가 건설되려던 몇 년 전, 우리 교회의 교인 한 명이 자신이 길을 건설하는 외국인 회사에 의해 철로를 건설하는데 필요할 다양한 직급의 일꾼의 고용하는 유일한 대행자로 임명되었으며, 그는 동료 신자들을 돕고 싶고, 또한 그렇게 함으로써 회사는 보다 나은 일꾼들을 얻을 수 있어 좋은 일이 될 것이기에 자신의 행운을 신자들에게 주려고 계획하였다고 공포함으로써 동료 신자들을 희생하여 자신이 부자가 되려는 계획을 짰습니다. 그들 중 많은 수는 이 미끼를 물었으며, 수지맞는 일을 확실하게 얻기 위하여 그에게 다양한 액수를 지불하였다고 말씀드려 유감스럽습니다. 저는 또한 복 받은 이 기독교 신자 공동체에 배당될 좋은 일을 얻지 못할 수 있기에 많은 사람들이 신자가 되기로 고백하였으며, 그에게 돈을 지불함으로써 그에 의해 성실한 신자로 받아드려 졌습니다. 이 사람은 대단히 인기가 많아 졌으며, 그들 스스로 독립된 회중으로 합치고 기부한 돈의 일부와 그 목적으로 얻은 다른 기부금으로 교회 건물을 구입하자고 제안하였을 때 그의 건의는 기꺼이 동의를 받았고 매우 싼 가격으로 이 건물을 구입하였습니다. 구입 경비의 ¾ 정도가 지불되었고 나머지는 융자를 받았으며, 그 건물은 공개적으로 교회로 공포되었습니다. 처음에 그것은 선교사를 교사로 초청하는 것을 제외하고 외국인과 연관을 갖지 않는 독립된 회중을 구성하는 깃이 주동자의 의도이었습니다. 저는 이 대목에서 이

것이 전적으로 서울의 문제로 보이지 않게 하기 위하여, 주동자는 서울에서 세례를 받지 않았고, 그의 친절한 제의가 서울의 신자 뿐 아니라 초청이 널리 퍼져 세속적인 상태를 개선하기 위한 합법적인 계획에 분담자가 되기 위해 전국에서 올라 왔다고 말씀드립니다. 다른 사람들 중에 황해도의 나이 많은 신자 중 한 명이 올라와 목사가 될 것을 요청 받았습니다. 그는 서울에 올라 왔고, 명예롭게도 그들의 계획을 들은 후에 그는 자신이 지지하고 있는 장로교회의 규칙에 완전히 반대가 되기 때문에 그 직책을 받을 수 없다고 하였다는 것을 말씀드릴 수 있어 저는 기쁩니다. 당연히 얼마 되지 않아 거품은 터졌고, 주동자는 상당한 전리품을 소지하고 알 수 없는 곳으로 도망친 것으로 생각됩니다. 기금의 기증자들이 자신들의 입장을 인식하였을 때 지방 사람들은 집으로 돌아갔으며, 많은 도시 사람들은 자신들의 교회로 돌아갔지만 일부는 새로운 교회 사업을 유지하기로 하고 그것을 일반적인 정책으로 만들었습니다. 그들은 선교사들에게 대표를 보내 그것을 장로교회로 승인해 주고, 선교사들 중 한 명을 그들의 목사로 활동하게 해 달라고 요청하였습니다. 상황 때문에 우리는 그것을 맡는 것이 내키지 않았는데, 그들은 상당한 시간 동안 간절히 요청하였으며, 아직 적지 않은 의심스러운 요소가 있었고, 후에 문제를 일으킬 수 있는 불쾌한 독립적 정신을 향한 명백한 경향이 있었기 때문에 더욱 그러하였습니다.

하지만 얼마 후에 우리의 서울 지부는 충분히 검토한 후 그것을 독립된 회중으로 구성하는 책임을 받아드리기로 결정하였으며, 그 일은 선교사들 중 한 명이 아니라 지부로 넘겨졌습니다. 이것은 얼마동안 계속되었으며, 설교는 주로 무어 씨가 하였다가 결국 자신의 부지에 있는 건물에서 모임을 가져왔던 무어 씨의 회중과 합쳐 멋진 교회를 만드는 것으로 정리되었습니다. 그 이후 일은 상당히 고무적으로 진행되었지만 위에 언급하였던 오래된 의심이 아직도 일부 사람들이 완전히 신뢰하는데 방해가 되고 있는데, 그것은 정부가 건물을 소유하고 있고 그것을 매각한 사람이 권한을 갖고 있지 않은 상태에서 그렇게 하였으며, 따라서 언제이건 정부가 부지의 반환을 요구하게 되면 교회는 오랫동안 불법적으로 그것을 소유하였다는 불명예를 안게 된다고 생각하였기 때문입니다. 또한 교회가 생겨나게 한 사람의 불미스러운 명성이 건물에서 모이는 회중에 나타날까 두려웠기 때문인데, 반면에 어떤 사람들은 처음에 계획을 짰던 사람은 교회를 구입할 목적으로 다른 사람들이 기부하였던 그들의 돈을 승낙 없이 사용하였고, 따라서 법적 문서가 괜찮더라도 교회로서 정당하지 않을 수 있다고 생각하고 있습니다.

이 점들을 해결하기 위하여 지난 선교부 회의는 시작부터 전체 사안을 조사할 특별 위원회를 임명하였으며, 이것은 막 구성되었습니다. 이 단락의 시작부에 저는 두 점에 의심이 간다고 이야기하였습니다. 이중 첫 번째, 즉 문서의 적법성은 바로 얼마 전 운이 좋게 해결되었습니다.

사고로 건물에 물이 났고 화재와 관련한 지침에 따라 ___는 그것을 정부에 보고하였는데, 다음 날 그들이 어떻게 건물을 소유하게 되었는지 설명하고 문서를 제시하기 위해 집사가 포도청에 소환되었습니다. 문서는 궁궐로 보내져 며칠 보관되었는데, 그 문서는 정식 문서이며 일부 사람들이 생각하듯 건물은 정부 자산이 아니고, 자산을 매각한 사람이 그렇게 할 권리를 갖고 있다는 언급과 함께 돌아왔습니다. 이것은 첫 번째 의심을 가라앉게 하였습니다.

두 번째, 즉 이렇게 얻은 건물을 소유하고 사용하는 도덕성에 대해 특별 위원회의 서울 회원들이 조사하였는데, 그들은 건물이 원래 교회로 사용하려는 공인된 의도로 구입하였고, 돈을 기부할 수 없는 많은 사람들은 건물을 짓는데 노동력을 제공하였다는 사실, 또한 당시 촬영된 사진이 잘 알려진 신자이었던 많은 수의 기부자의 얼굴을 보여주고 있고 교회 마당에 모인 사람들과 찍은 것이라는 사실에서 알 수 있듯이 위에 언급한 주동자가 기금을 기부한 사람들의 바람에 반해서가 아니라 그들의 강렬한 승낙으로 구입하였다는 사실에 만족하였습니다. 철로의 위치와 관련하여 그들을 속였던 사람에 대해 많은 어려운 것들을 이야기하였지만, 어느 누구도 교회에 대하여 비난을 하거나 그들이 틀린 구실로 교회 건물을 위해 기부하라고 속였다고 이야기하는 것을 듣지 못하였습니다. 이 계획의 일부 주동자들의 잘못은 완전하게 인식하고 있지만 그것을 교정하는 것이 가능한 것 같지 않으며, 위원회는 교회 건물이 합법적으로, 그리고 도덕성을 위반하지 않고 교회 신자들이 그것이 원래 구입되었던 목적을 위해 소유할 수 있다고 결정하였으며, 더욱 현재의 신자들이 처음부터 설정된 융자를 갚는데 기여를 했기 때문이었습니다.

따라서 지금 이 아픈 것은 치유되었고, 우리는 그것에서 대단히 선함이 올 것으로 기대하고 있습니다.

위 위원회의 서울 지부 회원은 게일, F. S. 밀러 그리고 에비슨이며, 그 문제에 대한 그들의 판단은 만장일치입니다.

저는 우리들 중 대부분은 현지 교회뿐 아니라 선교사들 중에서 목표의 통일성과 일체감이 영적 성장 및 진실한 신자가 될 사람들이 빠르게 모이는 모임을 향한 첫 단계의 하나라고 느끼고 있다고 생각하며, 이 목적을 위해 올해 우리가 할 수 있는 만큼 우리 도시 회중의 연합 모임을 많이 가지기로 계획되어 우리는 별개의 집단이 아니라 하나의 집단처럼 느끼게 될 것입니다.

아마도 다음 달 편지를 쓰는 사람이 이 분야에서 이루어진 것을 보고할 수 있을 것입니다. 우리는 기도 달력에 적힌 대로 서울이나 한국이 지금 드리는 기도의 특별 주제가 아니지만, 박사님의 정오 모임 중 한 번 기도의 특별 주제로 만들어 우리들을 도와주실 것으로 믿고 있습니다.

여자 사업

기포드 부인의 사망, 화이팅 박사의 결혼과 이에 따른 사직, 그리고 건강 악화로 인한 스트롱 양의 사임으로 우리 사역의 이 분야에 큰 틈이 생겼으며, 어떻게 이 손실을 다소나마 메꿀 수 있을 가하는 것이 연중 걱정의 하나이었습니다. 시간이 흘러 스눅 양이 여학교 업무의 많은 부분을 담당할 수 있는 입장에 있게 되어 적어도 부분적으로 도티 양을 여자 업무에서 자유롭게 해주었습니다. 너스 양이 웰본 씨와 결혼하고, 이에 따라 서울로 오게 된 것은 스트롱 양의 출발에 의한 공백을 부분적으로나마 메꾸어 주었는데, 웰본 양이 선교지에 단지 2년 밖에 없었고, 게다가 결혼을 하여 독신녀의 업무를 넘겨받기를 기대하는 것이 상당히 어렵기 때문입니다. 필드 박사가 병원에서 의료 전도 사역 및 순회 전도 업무로 이적된 것은 화이팅 박사의 사직으로 공백이 된 지역에서 대신할 수 있을 것이며, 우리는 애클스 양과 새로 올 독신녀가 우리의 손실을 채우도록 배정되기를 바랐습니다. 하지만 연례회의는 스누크 양의 이적이 좋다고 생각하였고, 애클스 양의 도착이 지연되어 우리는 아직도 이 분야에서 대단히 일손이 딸리고 있는 상황에 있습니다.

현재 우리의 사역자는 웸볼드 양과 필드 박사인데, 시간이 허락하는 대로 기혼 여자들의 도움을 받고 있습니다.

웸볼드 양. 웸볼드 양은 아마도 언더우드 박사의 교회로 더 잘 알려진 새문안 교회에 배속되어 있습니다. 그녀는 교회 예배에 참석하며, 그녀의 존재는 여자들을 고무시키며 실제적으로 노래하는 것을 보조하는데, 노래를 잘 부르는 것은 주로 그녀의 노고 때문입니다. 그녀는 주일학교에서 수업을 가르치고, 주중에 모화관 진료소에서 여자 강습반을 갖고 있으며, 지방 순회 전도 여행을 많이 하고 있습니다. 저는 그녀의 순회 전도 여행을 상세하게 설명함으로써 웸볼드 양의 활동을 정당화 할 수 있지만 그녀의 타고난 겸손은 그녀의 경험을 공표하는 것을 막고 있습니다. 현재 이 회중, 그리고 그에 딸린 지방의 여자들에 대한 모든 사역 책임이 그녀에게 있으며, 그녀의 사역으로부터 혜택을 받지 못해 질병이 들어가는 가정은 없습니다.

필드 박사. 이미 언급한 바와 같이 필드 박사는 올해 서울에서 가정 방문, 그리고 지부의 지휘 아래 순회 전도 업무에 배정되었습니다. 도시에서 그녀는 집과 멀리 떨어져 있음에도 연못골 교회에 배속되었습니다. 그녀는 주일 예배에 참석하고, 주일 학교에서 강의하며, 그녀가 도시에 있는 목요일 오후에 사역자들을 위한 강습반을 갖고 있습니다. 그녀는 매일 여학교에서 산수를 가르치고 있으며, 많은 가정에서 오는 왕진 요청을 받을 준비를 하고 있습니다. 11월 15일 그녀는 첫 순회 전도 여행을 떠났는데, 약 25마일 떨어진 김포에서 10일 동안 체류하였습니다. 도시로 돌아온 후 그녀는 며칠 동안 쉬면서 위에 언급한 일을 수행하였다가 다른 순회 전도 여행을 떠났는데 아마도 2~3주일 동안 체류할 예정입니다.

기포드 부인. 인성부채에 혼자 살고 있는 기포드 부인은 성공적으로 언어 학습을 하고 있으며, 연못골 사역의 하나로 그곳에서 열리는 예배를 돕고 있습니다. 그녀는 상당한 시간을 병원에 할애하고 있으며, 의료 사업에서 더 자세하게 언급할 것입니다.

연못골 회중의 여자 사역은 웰본 부인과 에비슨 부인에 의해 수행되고 있습니다.

웰본 부인. 웰본 부인은 주일 아침 예배에 참석하며, 주일학교의 여자 강습반을 가르치고 있습니다. 그녀는 고(故) 매켄지 양의 캐나다 친구들의 후원을 받고 있는 현지인 전도부인의 책임을 맡고 있으며, 매주 무지한 여자들이 읽을 수 있도록 강의하는 반을 갖고 있습니다.

그녀는 남편의 지방 여행에도 동반할 것으로 예상하고 있는데, 현재 해주에서 근처 지방에서 모인 성경 강습반을 가르치는 것을 돕고 있습니다.

에비슨 부인. 에비슨 부인은 주일 아침 예배, 주일 학교에서 오르간을 연주하고, 주일학교의 여자 강습반에서 강의를 하며, 매주 목요일 오후 성경 강습반을 갖고 있습니다. 이외에 그녀는 가사를 돌보는 현지인들, 그리고 함께 모일 수 있는 다른 사람들과 매일 예배를 인도하며, 병원 업무를 대단히 실질적으로 도왔으며, 이 일과 6명의 아이들을 돌보느라 그녀는 상당히 바쁜 시간을 보내고 있습니다.

밀러 부인. 밀러 부인은 매주 목요일 오후 여자 강습반을 열어 연못골의 사업을 도왔지만 지난 몇 주일 동안 건강이 너무 나빠 그녀가 잘 수행할 수 있는 사업에 참석할 수 없었습니다.

빈튼 부인. 빈튼 부인의 가사(家事)는 한 사람이 하기에 상당히 충분한 것이지만, 그녀는 여학교에서 1주일에 두 번 바느질 교육을 통해 공동의 사업을 돕는데 시간을 할애하고 있습니다.

위의 요약으로부터 우리의 기혼 여자들 중에는 게으름뱅이들이 없으며, 모두 자신들의 남편만큼 소중한 대의를 발전시키는데 최선을 다하고 있다는 것을 아실 수 있을 것입니다.

교육 사업

남학교. 우리는 오래 동안 이 분야에서 진전된 입장에 있기를 기대해 왔지만, 여태껏 표면적으로는 불가피한 상황에 의해 방해를 받아 왔습니다. 결국 우리가 "서울 중학교"라고 표시한 기관을 설립함으로써 시작되었습니다.

우리는 그것이 우리의 교육 체계에서 가져야 할 위치를 정확하게 설명하고 있다고 생각하기에 선택하였습니다.

우리는 몇 년 전 우리의 많은 교회들과 연관된 초등학교를 갖고 있었으며, 이 학교는 발전의 한 단계입니다. 초등학교에서 우리는 소년들이 배출되어 초등학교에서 가르치고, 전도 사업에서 선교사들에게 유용한 조사가 되며, 혹은 어떤 경우 틀림없이 일상적인 삶에서 근면하고 지적인 일꾼으로서 유용한 입지를 가지게 되는데 적합한 교육을 받을 것으로 예상하고 있습니다. 또한 우리는 교육 과정을 이수할 학생들 중에서 많은 학생들을 하나님이 부르셔서 아직 설립되지는 않은 학교에서 더욱 정진하여 자격을 가진 목사나, 동포들을 구제하는 중에 그들의 영적 발전을 위해 열심히 노력하는 의사가 될 것으로 기대하고 있습니다. 따라서 박사님께서는 우리가 현재 완전히 효과적인 중학교를 목표로 하고 있으며, 우리의 계획이 우리가 생각하는 위대한 목적을 달성할 수 있는 고등한 학교들의 발전을 기대하고 있다는 것을 아실 것입니다.

이디스 H. 밀러 씨는 우리의 서울 교육 체계에서 책임자가 될 것으로 예상하고 있으며, 우리는 그를 선택한 것에 상당한 신뢰를 느끼고 있습니다. 그는 먼저 언어를 공부해야 하며, 그래서 잠시 업무를 중년 선교사 중 한 사람이 맡아야만 하게 되었는데 게일 씨에게 배정되었습니다. 연못골에 있는 작은 선교부 건물 몇 개가 학교로 사용하기 위하여 수리되었고, 실제로 시작되었습니다. 우리는 학생을 면밀하게 선발할 예정인데, 잘 엄선된 약간의 학생들로 서둘러 시작하고 싶습니다. 개교한 날 아침 7명의 지원자가 왔습니다. 이중 3명의 입학이 허락되었고, 네 번째 학생은 허락하려 하였지만 그가 결국 입학하지 않기로 결정하였기에 우리는 적절하게 3명으로 시작하였습니다. 신자 혹은 신자의 아들, 그리고 이전 교육의 일정한 기준이 입학 기준으로 채택되었습니다.

저는 지금 계획된 과정을 상세하게 쓰지 않고 이 초창기 기관이 일어설 시간이 지난 후에 이에 대해 다른 사람들이 더 알려드리도록 남겨 둘 것입니다. 저는 고국의 박사님께서 그것의 성공에 큰 관심이 있으실 것이며, 박사님의 배려와 기도로 발전할 것이라고 확신합니다.

여학교, 도티 양. 여학교는 한국에서 우리의 사업을 처음 시작한 이래 존재하였던 기관으로 이미 박사님께 친숙할 것이며, 그래서 저는 이전보다 더 큰 관심을 받고 있고 우리 모두는 더 빠르게 발전하는 것을 보고 싶어 한다는 것을 제외하고 자세한 것을 다루지 않을 것입니다. 현재의 학생들은 대단히 총명하며, 학습에서 훌륭한 발전을 하였을 뿐 아니라 그들 개개의 특성과 높은 영적 재능에 의해 그들을 가족으로 확보하여 복 받게 될 가정에서 뚜렷한 차이를 보이게 될 여자로 발달하게 될 것입니다.

위에서 말씀드린 대로 우리는 올해 스눅 양이 학교 업무를 공유하며, 그렇게 되면 (교사의) 수가 많아질 뿐 아니라 교육적 측면에서도 여태껏 한사람에게만 부과되던 책임을 두 사람에게 나눌 수 있을 것으로 기대하였습니다. 그러나 선교부는 다르게 결정하였고, 우리는 도울 시간을 찾을 수 있는 가능한 한 많은 선교사들이 가르칠 수 있도록 과목을 나눔으로써 도티 양을 도와 발전이 너무 방해 받지 않도록 노력하고 있습니다. 게일 씨, 필드 박사, 웸볼드 양 그리고 빈튼 부인이 모두 교육을 보조하고 있습니다. 올해 등록 학생 수는 ____명161)입니다.

올해에는 우리 모두가 믿는 자립의 원칙에 맞게 되도록 강한 노력이 이루어지고 있습니다.

때가 되면 기숙학교의 공급원이 될 여자 초등학교를 발전시키는 노력을 하는 중입니다.

그리스도 신문. 저는 선교부 신문인 그리스도 신문이 우리 교육 사업의 관할에 있어야 한다고 생각하며, 그래서 이곳에서 언급하려 합니다. 언더우드 박사가 안식년을 떠난 후 게일 씨가 편집을 물려받았는데, 특별히 편집자가 조달해 주어야 하는 독자들의 지적 능력을 고려할 때, 그 일은 계속 밝고 유익한 기사로 채우는데 많은 신중한 생각과 노력과 꾸준한 관심을 필요로 합니다. 하지만 그것은 이 나라의 여러 곳에서 진행되는 사업을 통합하고, 우리 신자들을 계몽하며, 그들에게 전반적인 일, 그리고 다른 방도로는 알릴 수 없는 세계의 다른 지역에 있는 왕국의 진보와 관계된 정보를 제공함으로써 그들의 안목을 넓게 하는데 중요한 요소입니다.

---

161) 편지 원문에도 빈 칸으로 되어 있다.

빈튼 박사는 능률적인 영업 관리인이며, 제 시간에, 적절한 형식으로 출판되는데 상당한 시간을 할애하고 있습니다. 이 나라에서 이것은 작은 일이 아니며, 끝없는 수고를 아끼지 않을 수 있는 사람만이 잘 수행할 수 있습니다. 우리는 그것이 착실하게 사업적으로 발전하고 제때에 자체적인 방식으로 운영하게 될 전망이 있다고 분명하게 느껴 기뻐하고 있습니다.

빈튼 박사. 빈튼 박사는 또한 교육 사업의 항목에서 언급되었을 다른 형태의 업무, 즉 조선성교서회의 출판 모두를 다루는 업무에도 관여하고 있습니다. 그는 선교서회의 관리인이며, 이 많은 출판물을 유지하고 전국에서 요청하는 모든 종류의 전도지를 즉각적이고 만족스럽게 채워줄 뿐 아니라 그것의 거래를 유지하고 그것을 받는 것은 결코 작은 노고가 아닙니다.

교육 사업과 관련하여 대단히 중요한 항목은 교과서의 번역 및 준비이며, 우리 선교사들 중 여러 명이 이 업무에 참여하고 있지만 아마도 많은 것이 게일 씨에게 넘겨져 있습니다.

의학 교육. 에비슨 박사는 자신의 특수 분야에서 교육 사업을 수행하고 있는데, 실제적으로 병원에서 조수로, 이론적으로 정규 구술 강의를 통해 의학을 공부하는 6명의 젊은이로 구성된 의학 강습반을 갖고 있습니다. 이것은 교과서 번역을 필요로 하며, 현재 해부학, 화학 및 약물학에 관한 것을 준비하고 있습니다.

기포드 부인은 이들에게 영어를 가르침으로써 교육을 돕고 있으며, 그래서 에비슨 박사가 여러 해 동안 그들의 언어로 책을 출판할 수 있을 예상보다 그들이 영어 책을 읽어 결국 더 발전하게 될 준비가 될 것입니다.

의료 사업

빈튼 박사가 모든 시간을 자신에게 배정된 다른 일에 전념하고, 필드 박사가 순회 전도로 옮겼으며, 언더우드 부인이 안식년으로 귀국해 있고 쉴즈 양이 1년 동안 병원 업무에서 떠나 대부분의 시간 중에 에비슨 박사가 이 분야를 홀로 대표하였기에 이 분야의 발전 전망은 대단히 밝은 것 같지 않습니다.

우리는 새 병원이 오래 전에 진행 중일 것으로 기대하였지만, 상황이 상당히 좋지 않습니다. 하지만 일은 끈질기게 옛날의 원점으로 돌아갔으며, 이 분야의 업무에 대한 저의 최상의 설명으로 제가 지부에 제출한 월례 보고서를 동봉할 것입니다.

재산 문제

저는 이 문제에 대하여 지금까지 협상 이외에 아무 성과가 없었고, 해결하려 반복해서 노력하였지만 매번 실망스러웠다고 이야기해 드리고 싶은 뿐입니다.

정동. 우선 정동 부지의 교환과 관련한 합의가 이루어졌는데, 일정한 액수가 지불될 것이고 새 부지가 주어질 것입니다. 부지는 최종적으로 선택되고 합의되었으며, 첫 대금 10,000엔이 지불되었지만, 박사님께서 아시는 대로 정부는 협약을 수행하지 못하였고 우리의 필요에 적합하며 그들에게도 승낙할 만한 부지를 찾기 위한 노력으로 여러 부지를 방문하였지만, 그들이 우리에게 줄 수 있다고 분명하게 이야기한 부지들은 매우 저지대이거나 언덕에 의해 외져 있거나 너무 작거나 혹은 우리의 사역을 위해 너무 멀어 우리가 전혀 승낙할 수 없는 것들뿐이었습니다.

항상 바람직한 상황에서 우리를 배제시키려는 의도로 모든 것을 지시하는 마음이 분명하였으며, 당연히 우리는 그 사람의 정체성에 대해 전혀 무지하지 않았습니다. 저는 우리가 얼마나 많은 장소를 방문하고 얼마나 많은 거리를 여행하였는지, 혹은 결론을 이끌어내기 위해 노력하는데 얼마나 많은 귀중한 시간을 허비했는지 말씀드려 박사님을 지치게 하지 않을 것입니다. 그러나 빈튼 박사와 고든 씨와 저는 분명 서울 성벽 안팎의 물리적 특성에 대해 상당히 잘 알게 되었습니다.

마침내 알렌 박사는 그들에게 자신이 그들을 도울 능력의 한계에 도달하였으며, 만일 어떤 시도가 성공적이지 않으면 그 업무와 관련하여 더 이상 관여할 수 없다고 이야기하였습니다. 어떤 부지를 조사하였으며, 정부 대표는 만일 우리가 어떤 제한을 수용한다면 모든 것이 괜찮을 것이라고 말하였지만, 며칠 후 우리는 그것은 어떤 사당의 근처에 있기에 승낙할 수 없다는 연락을 받았습니다.

얼마 직후 저는 정부 대표와 다시 만났고, 그는 자신이 보여 줄 두 부지가 있는데 우리가 분명 좋아할 것이라고 느끼고 있으며, 둘 중 한 곳을 우리가 소유할 수 있으니 그곳을 둘러보기 위해 함께 가자고 사정하였습니다. 저는 한 곳이 우리가 이전에 선택하였던 곳이었고, 정동 사택과 병원 모두를 위한 우리의 목적에 가장 적합하다고 생각하였던 곳임을 알고 놀랐는데, 당시 철로 부설 계획이 그곳을 통과해 조사하고 있었기 때문에 얻을 수 없었습니다.

이번에 그가 자신의 의지로 저를 데리고 갔을 때, 저는 그 부지가 우리에게 만족스러울 것이라고 말하였지만 철로에 대하여 물어보았습니다.

그는 우리가 철로가 건설될지 몰랐기에 그것에 대해 생각할 필요가 없었으며, 그들이 부지를 주고 싶은 한 우리는 철로에 대하여 걱정할 필요가 없다고 이야기하였습니다. 나는 그가 이야기한 것에 무엇인가 진실하지 못함을 느꼈고, 그 문제에 대해 여러 번 매번 같은 대답만을 들었을 뿐입니다.

그래서 저는 건축사 및 빈튼을 동반하여 그곳에서 다시 만나 부지의 경계를 정하고 협약을 종결짓도록 주선하였습니다. 이 모임은 성사되었고, 우리는 부지 주위로 가서 그 경계에 합의하였지만 최종적으로 이 부지가 거리에서 조금 뒤쪽에 놓여 있기 때문에 주(主) 도로에서 부지까지 만들어야 하는 입구의 폭에 대한 걸림돌에 봉착하였습니다. 우리는 헤어졌지만 그 후 다른 사람들과 의논한 후에, 후에 적은 돈으로 우리의 통로를 넓히기에 충분한 땅을 구입할 수 있었기 때문에 우리가 원하는 것보다 좁은 입구를 수용하는 것이 현명할 것으로 결정하였습니다. 그래서 저는 그들에게 도달한 합의를 받아들이겠다는 내용의 편지를 보냈으며, 그들은 우리 모두가 경계 주변을 가보았고 서로의 의중을 알고 있고 괜찮기에 그들이 표시된 부지에 동의할 것이라고 대답하였습니다. 그래서 고든 씨는 땅을 측량하고 지도를 만들었으며, 저는 사본 두 벌을 그들에게 보내 그들이 만족한다면 인장을 찍어 그 부지에 대해 동의함을 정확하게 표시해주고, 혹은 만일 만족하지 않는다면 그들에게 시간을 정해 우리가 함께 경계로 가서 지도와 비교해 보자고 요청하였습니다.

그들은 공동 조사를 위한 시간을 정하겠다고 답변하였지만, 내가 갔을 때 옛날이야기만 반복하였습니다. 부지에 도착한 후 그 사람이 물었던 첫 번째 질문은 "철로는 어떻게 하지요?"이었습니다.

그때 저는 다른 난관이 있음을 알았습니다. 너무도 자주 제가 철로에 대해 걱정할 필요가 없다고 안심을 시켰던 같은 사람이었으며, 이제 그는 우리의 이전 논의에서 전적으로 간과하였던 문제인 것처럼 이 문제에 대하여 물어보았습니다. 그런 사람과 무엇을 할 수 있겠습니까? 언더우드 박사는 제가 말씀드리고 있는 이 사람들의 이름을 알고 있으며, 박사님께 업무를 처리하는 행태의 좋은 예인 것을 말씀드릴 수 있습니다. 그들은 정직하게 어떠한 업무도 수행할 수 없는 것 같으며, 만일 우리가 협상의 속도를 내기 위해 한 가지 점에 대해 망설이거나 양보한다면 이것은 그들에게 다른 점을 짜내려 노력하라는 신호를 줄 뿐입니다. 또한 그들의 입장에서 우리를 판단할 때 그들은 우리의 모든 제안을 자신들에게 더 나은 것을 얻기 위하 은밀할 시도로 판단합니다. 이것에 덧붙여 현재 왕좌 뒤에 있는 실세들은 외국인들이 이곳에 체류하는 것을 전혀 원하지 않으며 어떻게 해서라도 그들을 제거하려는 사람들이라는 사실에서 박사님께서는 상황의 어려움을 어느 정도 이해하실 수 있을 것입니다.

저는 철도와 관련한 문제에 대해 철로가 사유 재산을 통과하는 것에 대한 법(法)이 있다고 생각하며, 만일 우리가 그 땅을 소유하고 있다면 당연히 우리는 법의 적용을 받을 것이라고 대답하였습니다. 이 답변은 그를 만족시키지 않았습니다. 그는 저에게 만일 계획된 철로가 우리 부지를 통과해야 한다면 우리는 길을 살 권리를 갖도록 하지 않고 그것을 허용하는 합의한다고 제가 이야기하기를 원하였습니다. 저는 그에게 어느 곳으로 철로가 지나며, 그들이 필요로 하는 부지의 폭이 얼마인지 알려 주면 우리 건물을 건축하는데 적절하게 될지를 판단할 수 있다고 요청하는 답장을 보내었습니다. 그는 이것을 할 수 없지만 우리가 전체 부지 대신에 계획된 철로 뒤쪽 부분의 수용을 제안하였습니다. 이것은 부지를 거의 반으로 축소시키는 것이며, 우리에게 좋지 않은 반쪽을 주는 것이기에, 저는 안녕하고 집으로 돌아왔습니다. 이것은 지난 연례 회의 중에 일어났으며, 얼마 전 언더우드 부지 옆의 이전 여학교 부지에 건축된 새로운 외국식 벽돌 건물이 타 버렸고, 폐하가 불에 타지 않은 물건들을 보관하는데 언더우드 박사 부지에 있는 건물을 사용하는데 허락해 달라는 긴급한 요청이 올 때까지 이 문제에 대해 더 이상 아무 것도 듣지 못하였습니다.

이 요청은 건물을 사용하고 있기에 받아들일 수 없는 것으로 지적되었습니다. 그러자 그들이 부지를 주지 않고 현금으로 지불하는 즉각적인 구입에 기초한 협상이 재개되었습니다. 우리는 폐하가 그 방식을 선호한다면 약속한 부지 대신 받기를 원하는 총액을 이미 알렸지만 그들은 우리가 너무 많은 돈을 요구한다고 주장하였습니다. 우리는 새 부지를 실제 구입하는 최소한 액수를 받을 것이지만 우리가 적절한 부지 모두를 너무도 자주 방문하여 소유주들이 우리가 원한다는 것을 알고 있으며, 따라서 우리는 지금 일반적인 시세대로 구입할 수 없고 부지를 구입하고 남은 액수가 얼마이든 폐하께 돌려드릴 것이라고 대답하였습니다. 이것은 그들을 만족시키지 않았으며, 우리는 결국 일정한 금액에 우리가 팔고 그들이 구입하며, 대금 지급 15일 후에 부지를 넘겨주는 합의에 도달하였습니다. 우리가 단지 준비해야 할 것은 재무에게 큰 편의를 되도록 그들이 즉각적으로 지불하며, 그가 초안을 협상하려했기에 문제와 관심을 줄여주는 것뿐이었습니다. 정부 대표는 고정된 총액을 지불하는 협약에 서명할 권한을 갖고 있으며, 그는 가서 즉각적인 지불을 위해 어떤 준비를 할 수 있을지 알아보겠다고 말하였습니다.

총액은 최종 80,000엔으로 합의되었는데, 그것은 원래의 48,200.00엔, 오랜 지연에 따른 건축사 경비 등등을 위한 1,000.00엔, 이미 부분적으로 건축된 건물을 위해 발생한 경비 600.00엔 남짓, 우리가 즉각적으로 넘겨주는 것을 고려하여 세 사택에 현재 살고 있는 사람들을 위한 주택 임대비의 추산 총액을 포함하며(원래 합의는 재건축을 위한 시간을 주기 위해 대금 지불 후 18개월을 사용하는 것이었습니다.), 나머지는 우리가 새 부지의 구입에 충분하기를 바라는 부지의 가격입니다. 또한 우리는 이미 지불된 10,000.00엔은 지금 거래의 일부 지불로 간주하기로 합의하였으며, 그래서 그들은 매매의 완료를 위해 70,000엔을 지불할 것입니다.

이 합의를 한 다음 날 빈튼 박사는 쪽지를 받았는데, 모든 문제를 언더우드 박사가 돌아올 때까지 기다리기로 결정하였으며, 그(빈튼 박사)가 쪽지를 쓴 사람을 만나면 그 문제를 설명해 주겠다는 내용이었습니다. 요청한 대로 빈튼 박사는 방문하였지만 그 사람을 찾을 수 없었고, 그래서 그 문제는 중단 상태에 있습니다. 아마도 빈튼 박사는 이미 이것을 핸드 씨에게 알렸을 것입니다. 이 마지막 일은 최근 2주일 내에 일어났습니다. 우리는 그들이 다음에 어떤 행보를 취할지 모르지만 마지막 협상을 위해 폐하가 보낸 사람은 우리에게, 언더우드 박사가 협상을 진행하였고 협상을 차단하기를 원하였던 사람의 반대가 없었다면 전체 문제가 오래 전에 끝났을 것이라고 말하였습니다. 언더우드 박사는 제가 언급한 사람을 박사님께 말씀드릴 수 있습니다. 이 사람은 현재 돈에 관한 권한을 갖고 있으며, 과거의 그런 종류의 많은 사람들처럼 그의 마지막에 도달할 때까지 아무 것도 실행될 수 없는 것처럼 보입니다.

정동의 독신녀 사택. 그동안 편의상 웸볼드 양의 사택으로 알려진 두 명의 독신녀를 위한 새 사택의 지하실이 완성되었고, 우리는 건물의 완성을 위해 고든 씨가 중국에서 돌아오기만을 기다리고 있습니다. 저는 건물의 창문이 왕의 부지를 내려다보게 될 위치에 있어 기쁜지 유감스러운지 모르겠지만, 그가 그것을 불가피한 일로 여길 지 두렵습니다. 하지만 계획에 도시의 이 지역 전체가 궁궐 내에 포함되어 있어 우리는 부지를 결국 잃게 되더라도 분명 궁극적으로 비용을 보상 받을 것입니다.

의심의 여지없이 그들은 부지를 확보할 때까지 계속 노력할 것이고, 거래가 완료될 때까지 우리가 편안하지 않을 것으로 이해하고 있으며, 우리는 그 주제에 대하여 그들에게 기꺼이 더 말할 것을 가질 것입니다.

병원

박사님께서 아시는 것처럼 정동과 현 병원 부지에서 이사할 때 두 기지가 가능하다면 한 곳에 있어야 한다는 강한 바람이 있으며, 우리의 모든 협상에서 이러한 생각을 염두에 두고 있었습니다.

저는 전체가 높게 위치해 있고 건강에 좋으며, 위치가 좋고 두 설비를 갖출 수 있을 정도로 큰 부지를 찾는 것이 원래 계획에 포함된 세 채의 사택을 수용할 만한 부지를 찾는 것 보다 훨씬 더 어렵기 때문에, 이것이 정동 부지 거래의 용이한 성취에 다소의 방해가 되어 왔다고 생각합니다. 하지만 우리는 그것들을 합치려는 계획을 수행하려 충실하게 노력하여왔고, 이것은 왜 우리가 지금까지 병원 부지가 없는 상태로 있는지 그 원인의 하나입니다.

입장은 간단히 말해 다음과 같습니다. 우리는 현재의 (제중원) 부지에 건축을 하든가 다른 부지를 얻어야만 합니다. 폐하는 이 부지를 다른 목적으로 얻기를 원한다고 말하였으며, 따라서 우리는 이곳에 건물을 지을 수 없고 다른 부지를 얻어야만 합니다. 그는 또한 다른 부지를 선물하겠다고 말하였지만 그는 이 부지를 구입하지 않고 다른 부지를 우리에게 주지도 않고 있습니다. 만일 그가 우리에게 다른 부지를 주지 않고, 만일 우리가 이곳으로부터 이전한다면 우리가 그것을 구입해야하는 것이 자명하지만, 그(폐하)가 이 부지를 가져가고 우리가 그것을 위해 사용하였던 경비를 갚기 전까지 다른 부지를 구입할 돈을 갖고 있지 않습니다. 그리고 우리가 새 부지를 위한 돈을 갖고 있고 그곳에 새로운 병원을 건축해야만 하더라도 폐하가 이 부지를 넘겨받고 돈을 지불할 때까지 병원 근무자를 위한 사택을 건축할 수 없습니다. 다른 예방책도 강구해야 합니다.

저는 만일 우리가 설비를 이전하기로 하고 그에게 이것을 넘겨받으라고 요청한다면 그가 그것을 거절할 수 있을 지 잘 모르겠으며, 그래서 우리는 그들에게 우리에게 경비를 갚는 것에서 빠져 나올 길을 주지 않도록 조심해야 합니다.

하지만 저는 그가 미국 공사관에 자신이 이 부지를 넘겨받겠다고 통지하였다는 사실은 우리를 이러한 위험에서 구할 것이며, 우리는 진정 자유롭게 설비를 옮길 수 있고 그에게 해결을 요청할 수 있다고 생각합니다. 하지만 이 계획은 정부가 지불할 때까지 이 건물들에 이미 들어간 경비 이외의 다른 기금의 사용이 필요하며, 정부가 지불하는 시기는 그들이 서둘러 부지를 사용할 것인가 혹은 공사관이 그들에게 얼마나 많이 압박을 가할 것인가에 좌우될 것입니다.

만일 현재의 부지를 유지할 수 있고 매입을 통해 부지 한쪽에 단순히 약간의 부지만 추가할 수 있다면 우리는 새 병원을 위해 계획을 즉시 진행할 수 있고, 저의 생각으로 이것은 그 위치가 중심가에 있어 진정 문제에 대한 최고의 해결책이 될 것이지만, 다시 한 번 부지 확보의 문제에 이르게 됩니다. 알렌 박사는 우리에게 폐하가 계속 지연시키면 현재의 협약 하에서도 이 부지에 새 병원의 건축을 진행할 수 있다고 조언하고 싶다고 말하였습니다. 우리가 정부와 맺은 협약은 이 업무의 적절한 수행을 위해 필요한 것은 무엇이든 건축하도록 허용하고 있으며, 모든 경비를 갚지 않으면 그것을 가져갈 수 없기 때문에 만일 우리가 이 방식을 원한다면, 건축의 어려움을 겪은 후 그것을 돌려받기로 결정하여 우리가 아무런 목적 없이 모든 어려움을 겪게 되는 경우를 제외하고 우리가 그렇게 하지 않을 이유가 없습니다. 저는 이것이 계속 지연되는 유효한 변명이라고 생각하지 않습니다. 이것은 아무런 재정적 손실이 될 수 없으며, 건축의 어려움은 우리가 1년 이상 겪었고, 만일 정부가 조치를 취하는 것을 기다린다면 계속 기다려야만 할 걱정거리 보다 더 견디기 어려울 수 없을 것입니다. 저는 빈튼 박사와 함께 이 부지 거래를 수행하는 선교부의 위원이기 때문에, 그의 승낙을 얻어 최근 협상의 폐하의 대리인에게, 현재 부지와 관련한 폐하의 의중을 살펴 봐주고, 폐하께 이 부지를 자신의 목적을 위해 사용하겠다는 의도라면 우리는 폐하가 협약에 따라 즉시 이 문제를 해결하기를 바라고 있다고 말씀드려 달라고 요청하는 편지를 보내었습니다. 또한 저는 그에게 폐하께 우리가 새 병원 부지를 선물하겠다는 친절한 제의에 감사하고 있으며 그의 관대한 고려가 수행된다면 감사해 할 것이지만, 우리가 상대하였던 사람들 중 일부의 언급은 폐하가 마음을 바꾸었을지 모르겠다는 결론을 내리게 하였는데, 만일 이것이 사실이라면 그 문제에 대해 우리가 더 이상 압박을 가하고 싶지 않고, 그의 친절한 도움이 있건 없건 우리가 일을 추진해야 하기 때문에 그의 마음이 어떤지 즉시 알아야 할 필요가 있기 때문에 폐하께서 그 사실을 우리에게 알려 주시기를 바란다고 말씀드려 달라고 요청하였습니다. 저는 그가 최우선으로 그 문제를 폐하께 올리고, 그 후 즉시 저와 논의하겠다는 답신을 받았습니다. 저는 그 문제에 대해 아직 그로부터 소식을 듣지 못하였습니다.

만일 폐하로부터 즉각적이고 만족할만한 소식을 얻지 못한다면, 우리는 알렌 박사의 조언을 따라 이 부지에 건축을 시작하고 나중에 재건축을 하는 위험을 감수해야 한다는 것이 저의 느낌입니다. 우리는 현재의 건물 몇 개를 헐고 이 부지의 가장 높은 곳에 주 건물을 건축하거나, 언덕 위의 한 쪽 필지를 구입하여 병원 본관을 건축하기에 충분한 높은 지대의 부지를 확보하고 현재의 건물은 격리 병동, 그리고 다양한 딴채로 사용함으로써 이렇게 할 수 있습니다. 이렇게 하려면 지출의 증가가 필요하지만, 아마도 전체 설비를 위해 충분히 큰 새로운 부지를 구입하고 전체 설비, 사택 및 모든 것을 재건축하는 것보다 적을 것입니다.

대체 계획은 어느 곳이든 병원과 사택을 위해 충분한 넓은 부지를 구입하여 그곳에 병원을 건축하고, 폐하가 넘겨받은 후 우리가 투자한 경비를 지불하며 우리가 그것을 미리 경비를 지출한 선교본부에 갚을 수 있게 될 때까지 유지하는 것일 것입니다.

그러나 어떤 계획이 채택되든 저는 더 이상 지체 없이 그것들 중 하나를 추진해야 한다고 생각합니다. 하지만 아마도 박사님께서는 이 곤경에서 빠져나오는 다른 방법을 제안하실 수 있습니다. 우리가 선교지로 돌아온 지 1년 이상이 지났으며, 우리는 1년 이상 그들을 앞세우는 것이 아니라 뒤에 놓는 경험을 하였다는 것을 제외하고 우리가 있던 곳 바로 그 곳에 있는 것 같습니다.

저는 병원과 관련한 이 언급의 사본을 세브란스 씨에게 보낼 것인데, 저는 그런 지연의 이유를 틀림없이 이해하기 어려울 것으로 확신합니다. 단순하게 말하면 이 정부가 행동하기를 기다린다면 우리는 오래 기다려야 할 것입니다.

저는 박사님께서 우리의 현재 입장을 면밀하게 고려하셔서 우리가 어떻게 행동해야 할지 조언해 주실 것을 바라고 있습니다. 저는 우리가 정부와 무관하게 일을 진행할 약간의 돈을 사용하게 되면, 저는 확신하건데 정부 역시 조치를 취해 궁극적으로 재정적 손실이 없게 되어 대단히 빨리 해결될 수 있는 입장에 있다고 생각합니다. 저는 지금 비공개 소식통을 통해 적절한 부지를 얻을 수 있는 가격에 대해 문의 중에 있습니다.

다른 구매자에게 정동 부지의 매각 승인을 원함. 한 항목이 최근의 연례회의에서 통과되었는데, 저는 박사님의 관심을 끌고 싶습니다. 선교부는 만일 적절한 가격을 받을 수 있다면 폐하 이외의 다른 사람들에게 정동 부지를 매각하는 허락을 승인해주도록 선교본부에 요청하고 있습니다. 이 요청을 하게 된 이유는 이 부지를 처분하기 전까지 평화롭지 않을 것이라고 인식하고 있기 때문이며, 만일 정부가 계약을 체결하지 않고 종결시키고 다른 사람이 그것을 사용하거나 후에 매각하기 위해 갖고 있을 기대로 부지를 소유한다면 우리는 새로운 부지를 얻고 사택을 재건축할 경비를 그 만큼 빨리 사용할 입장에 있게 될 것입니다. 곧 다시 봄이 올 것이고, 우리는 고든 씨가 있는 동안 이 사택들과 병원 설비를 재건축할 수 있을지 대단히 걱정하고 있습니다. 따라서 우리는 박사님께서 즉시 우리에게 가격을 지불할 매입자에게 부지를 매각할 권한을 주시기를 바라고 있습니다. 우리는 2년 동안 그의 바람을 충족시키기 위해 모든 수단을 사용하였고 매번 실망만 하였지만 그렇게 함으로써 우리가 폐하게 무례를 범하도록 재촉할 수 있다고 생각하지 않습니다.

고든 씨. 바로 이것과 관련하여 우리가 고든 씨로부터 무엇을 기대할 수 있을 지 묻고 싶습니다. 저는 계약이 단지 1년 동안이라고 알고 있으며, 이 불리한 상황으로 분명한 결과를 얻지 못한 채 거의 1년을 소비하였습니다.

우리는 이 문제가 정리될 때까지 우리에게 그의 업무의 혜택을 줄 조치가 취해 질 것으로 진심으로 믿고 있습니다. 우리는 그에게 1월 혹은 2월까지 중국에 체류하도록 전보를 보내었으며, 만일 그때까지 그곳에서 일이 끝나지 않는다면 좀 더 오래 그를 놔둘 수 있을 것 같습니다.

현 상황에서 할 수 있었던 한 이곳에서 계획을 만드는데 그는 훌륭하게 일을 하였으며, 우리는 그가 캐나다로 돌아가기 전에 우리 건물들이 모양을 갖출 수 없다면 대단히 실망스럽고 손해가 될 것이라고 인식하고 있습니다.

정부와의 거래가 성사됨에 따라 그는 예상된 부지에 건축될 병원을 위한 계획을 만들겠지만, 선택될 새로운 부지에 사용할 수 있을지는 모르겠습니다.

그가 만든 계획도 여의사가 있는 것을 생각한 것이지만 선교부의 결정은 이것과 동떨어진 것이고, 그 결정은 너무도 많은 방을 중복할 필요를 없애기에 건물은 실제적으로 환자의 수용을 줄이지 않고 크기를 줄일 수 있으며, 계획을 약간 줄일 이점이 있을 것입니다.

　　......

바로 이점에서 제가 아직 언급하지 않고 대답할 필요가 있는 점이 있는지 알아봐 달라고 박사님께서 선교부에 말씀하신 9월 27일자 편지를 받았습니다.

병원 부지. 저는 2쪽에서 박사님이 정동 거래가 무산될 경우 새 병원을 위한 바람직한 부지를 구입하였거나 할 수 있는지 알고 싶어 하시는 것을 발견하였습니다. 위에 문제에 대한 답을 드렸지만, 질문의 본질은 만일 우리가 적합한 부지를 찾는다면 그 부지의 구입을 허락할 것이라는 것 같으며, 저는 서울의 부지 문제가 현재와 같은 사정에 있어 부지를 빠르게 구입해야 한다는 견해를 갖고 있는 것에 대단히 기쁩니다. 땅 가격의 상승은 엄청나며, 우리는 대단히 조용하게 구입하여야 합니다.

밀러 씨 사택. 고든 씨는 F. S. 밀러 씨의 사택을 위핸 계획을 작성하였고, 부지를 편평하게 하였으며, 고든 씨가 중국으로 떠나기 전에 몇 개의 딴채를 지어 그의 사택이 건축 중에 있다고 여길 수 있습니다.

10,000엔 몰수. 정부로부터 몰수한 10,000엔의 문제는 이곳 사람들의 판단으로 해결될 것 같습니다. 그 돈의 일부는 정부가 계약을 실행하지 않으려는 의도에 대해 어떤 답변이 있기 전에 원래 합의에 지정된 목적으로 사용하였고, 일부는 밀러 씨 사택 건축의 시작에 사용하였으며, 정부의 결정에 의한 지연으로 손실된 시간의 건축가 봉급은 그것에서 지불되어야 한다고 생각하며, 그래서 우리는 몰수를 선언하는 것 외에 재정적으로 다른 방법을 말하지 않고 있습니다. 하지만 저는 선교본부가 선교본부와 폐하 양측에 공정한 바탕 하에 이 문제를 면밀하게 고려하고 결정하도록 노력할 것이라고 생각합니다. 폐하의 진지한 간청에 의해서만 우리가 협상에 들어갔기에, 만일 이 돈이 반환되는 경우와 같이 선의로 우리가 체결한 계약을 폐하가 성실하게 이행하지 못하여 선교본부가 재정적 손실을 입는 것은 공정하지 못한 것 같습니다. 하지만 실제 권리의 관점과 편의 관점 모두에서 면밀한 고려가 필요한 문제입니다. 모든 통상적인 거래 윤리의 관점에서 그것은 실제로 몰수되어야 하고 더 나아가서 그것과 관련한 언급 없이 협약을 체결해야 하지만, 어떤 거래가 이루어졌건 그것을 첫 번째 지불로 간주한다는 표현을 하는 데 주저하지 말아야 합니다.

정동 사택의 사용. 정동 부지는 현재 모두 사용하고 있습니다. 웸볼드 양은 이전과 같이 같은 주택, 즉 이전에 빈튼 박사가 사용하던 것을 사용하고 있고, 웰본 가족은 이전에 밀러가, 이후 게일 씨가 살고 있는 집을 사용하고 있으며, 샤프 씨는 언더우드 박사의 가구 보관에 사용하고 있지 않은 언더우드 박사 사택의 일부에 살고 있습니다.

어빈 박사의 대체자. 어빈 박사 자리의 대체자, 그리고 그가 안식년으로 자리를 비운 동안 그의 병원을 위한 준비와 관련한 박사님의 질문에 대해 우리는 다른 곳에 비슷하게 비우지 않고 보낼 수 있는 의사가 없는 것을 고려할 때 하나의 답 밖에는 없습니다. 이것은 제가 종종 생각하였고 선교부가 고려하도록 촉구하였던 문제인데, 지난 회의에서 저와 유사하게 이제부터 거의 매년 한 명 이상의 의사가 안식년으로 떠나고, 한 곳 이상의 지부가 의사가 없는 상태가 될 것을 깨달은 샤록스 박사가 선교부에 제출하였습니다. 이와 같은 경우 즉시 대체할 수 있는 별도의 의사가 선교지에 있는 것은 현명한 일일 것 같습니다. 저는 부산의 병원이 어빈 박사의 안식년으로 부재중에 닫혀 있어야 한다고 말씀 드릴 수밖에 없어 대단히 유감스럽습니다.

쉴즈 양. 쉴즈 양의 건강과 관련하여 박사님은 그녀는 휴가를 갖고 있고 몇 개월을 목포의 친구들과 지내고 있다는 것을 이 편지 이전에 아셨을 것입니다. 우리는 이것이 그녀에게 완전한 원기를 회복시켜 줄 것으로 믿고 있습니다.

평양 지부 결의. 박사님은 서울의 병원과 관련한 평양 지부의 결의에 대하여 언급하였습니다. 저는 박사님께서 평양 지부가 이 지부의 의료 사업에 대해 부과하려고 시도하는 제한을 수용하지 않았다는 것을 알고 계신다고 생각합니다.

저는 장래에 다시 논의가 이루어질 때 이 문제에 관하여 오해가 없도록 하기 위해 언급했을 뿐입니다. 그 문제는 브라운 박사가 이곳 서울에 있을 때 논의되었으며, 그래서 그는 그들의 결의에 대한 우리들의 답변을 잘 알고 있습니다.

신임 선교사 및 그들의 주거. 서울로 배정된 신임 선교사들의 현재 거주는 다음과 같습니다. 바렛 양은 쉴즈 양이 도시에서 떠나있는 동안 그녀의 방을 사용하고 있지만 쉴즈 양이 돌아오면 어느 곳에 있어야 할지 분명하게 알지 못합니다. 바렛 양은 충실하게 언어 학습을 하고 있으며, 분명 성공할 것입니다. 그녀는 규칙적으로 홍문석골 교회의 예배에 참석하고 있지만 당연히 아직은 들을 수 있을 뿐입니다. 하지만 우리는 그녀가 처음부터 규칙적으로 출석하는 것을 보는 것이 기쁜데, 그것의 언어의 빠른 습득을 약속하기 때문이며, 또한 그녀는 사람들, 그리고 선교사들이 사용하는 방법에 친숙해 지는데 큰 도움이 될 것이고 그녀 자신이 사업에 활발하게 참여할 때 상당한 도움이 될 것입니다.

E. H. 밀러 씨는 빈튼 박사 부지에 있는 작은 집에서 살고 있습니다. 그는 학교 근처에 살아야 한다는 것이 현명한 것으로 생각되었는데, 그는 학교에서 언어 학습으로 시간을 보낼 수 있으며, 게일 씨와 함께 밀접하게 관련을 갖게 될 것입니다. 그는 어학 공부도 잘 하고 있습니다. 바렛 양, 밀러 씨, 기포드 부인, 웰본 씨 부부, 그리고 에비슨 부인은 매주 화요일 저녁 우리 집에 모여 저의 지도하에 언어 학습을 하고 있습니다. 우리는 언어의 구조를 체계적으로 공부할 뿐 아니라 현지인 교사로부터 분명하게 이해할 수 없는 모든 점들을 다루고 있습니다. 저는 이 강습반이 어려운 어떤 대목에서 그들을 도와줌으로써 그들에게 어떤 가치가 있을 것이라고 믿습니다.

애클스 양은 도착하면 적어도 일시적으로 여학교에서, 교사가 아니라 그녀가 사역을 할 것으로 예상되는 연못골 교회의 근처에 있을 수 있도록 도티 양과 함께 있어야 할 것으로 예상됩니다.

우리는 박사님께서 올해 우리들에게 보내주신 인력 보강을 대단히 고무적으로 느껴 기쁘며, 그들이 우리 지부 및 선교부에 일반적으로 유용한 회원 보다 더 나은 회원이 되기를 기대하고 있습니다.

재무, 'Korea Field'. 이제 저는 박사님께서 이미 아시는 것처럼 선교부 재무로 활동하는 빈튼 박사를 제외하고 서울에 있는 모든 선교사들이 어떻게 일을 하고 있는지 개요를 알려드렸다고 생각합니다. 저는 빈튼 박사가 편집한 *The Korea Field*의 첫 호가 발간되었다는 것을 무시할 뻔하였는데, 우리는 그것이 고국의 교회에 우리 사역에 더 친밀하게 해 줄 것으로 기대하고 있습니다. 빈튼 박사는 우리 선교 인력 중 대단히 바쁘고 유용한 회원이며, 저는 그에게 배정된 업무 때문에 그의 거의 모든 시간을 선교부 전체에 속하며 이 지부에 속하지 않는 업무에 할애하고 있다는 것을 언급해도 무방할 것이라고 생각합니다. 우리는 이것에 반대하고 있지 않으며, 저는 다만 여러 지부의 사역자 수를 조사할 때 그것을 염두에 두어야 한다는 명백한 사실에 관심을 두는 것뿐입니다.

이제 제 편지를 끝내야 합니다. 아마도 받아들이기 너무 길지만, 우리가 일련의 월간 편지를 시작하고 있기에 저는 처음 편지는 모든 분야와 각 선교사의 업무에 대한 짧은 요약을 제공하는 것이 현명하다고 생각하였으며, 저를 이어 편지를 쓰는 사람은 그 사이에 일어난 문제만 다룰 수 있도록 이야기를 만드는 분명한 기초를 주도록 하였습니다.

......

위의 내용을 쓴 이후 저는 다시 우리 회원 여러 명과 병원 부지와 관련하여 의논하였으며, 저는 머지않아 진전된 분명한 조치의 말씀을 보내드릴 수 있기를 바라고 있습니다.

우리 모두는 여름휴가가 박사님의 원기를 뚜렷하게 회복시키는 도구이었고, 원기가 오래 계속될 것이라는 것을 알고 기뻐하고 있습니다.

우리는 선교본부 및 모든 직원들께 하나님의 은총이 내리시기를 기도하고 있으며, 우리들은 이곳에서 곤란한 문제들을 많이 갖고 있지만, 박사님도 난처함이 없는 것이 아니라 우리보다 아마도 더 클 것이라는 것을 잊지 않고 있습니다.

위에 언급한 바와 같이 저는 지부로 제출한 최근의 월례 보고서 사본을 동봉합니다. 보고서의 일부는 지부에 정보를 주기보다는 후에 참고를 위한 것이 때문에 많은 부분이 박사님께 흥미롭지 않을 것이지만, 이 편지에 다시 써야만 하였을 의료 사업과 관련한 정보를 그것에서 찾아내실 수 있을 것이라고 생각합니다. 그래서 그것을 이 편지의 일부로 여기시고 이후 참고를 위해 그것과 함께 철(綴)해 주십시오.

정치적 문제는 통상적인 것보다 더 나아진 것은 없는 것 같습니다. 현재의 계획은 궁궐에서 도시 서부의 모든 지역을 포함할 것 같으며, 모든 다른 항목은 분명 이것에 양보해야 합니다.

저는 개인적으로 박사님과 전체적인 시작을 위해 지부의 사랑과 존경을 표현하며 마칠 것입니다.

아내도 저와 함께 박사님의 건강 회복에 개인적 축하를 드리며, 그것이 계속되기를 바라며 연말연시의 인사를 드립니다.

안녕히 계십시오.
O. R. 에비슨

이 편지는 11월 30일에 시작하여 12월 9일 끝냈습니다.

추신. 우리 지부의 회장은 C. E. 샤프 목사, 서기는 E. H. 필드 박사입니다.

Oliver R. Avison (Seoul),
Letter to Frank F. Ellinwood (Sec., BFM, PCUSA) (Nov. 30th, 1901)

Seoul, Korea,
Nov. 30th, 1901

Rev. Dr. F. F. Ellinwood
　156 Fifth Ave. New York City.

Dear Dr. Ellinwood.

As a result of your letter of Sept. 27, 1901, Seoul Station has determined to send you a monthly letter giving details of the work of the Station and has decided that the members shall in turn perform the pleasant duty of writing it. Beginning with it falls to me this month to write the first of what I hope will be a continuous stream of information pouring into your office.

I suppose it will not always be encouraging, neither will it always be discouraging, for our lives out here are, as at home, a constant series of ups and downs and we are only kept steadily at work by the firm conviction that God is using even the discouraging circumstances to the accomplishment of good.

Reorganization. At the first meeting of our station after the close of the Mission Meeting we reorganized upon a somewhat new basis as we felt that we ought to proceed upon more systematic lines than before. We divided our work into five departments and placed each under the supervision of a Committee to which each missionary refers all matters upon which he wishes advice and it is the duty of each committee to see that the work falling under its supervision is carried on in accordance with Mission policy. All new proposals are first considered by one of these Committees before they are brought before the station for decision.

Station Committee. These Five departments are Evangelistic, Educational, Women's Work, Medical and Property, and the following appointments were made – Evangelistic - Gale, F. S. Miller, Moore, Sharp, Welbon, Education - Gale, Avison, Miss Wambold; Woman's Work - Misses Doty, Dr. Field, Ackles, Medical - Vinton, Moore, Miss Shields, Property - Avison, F. S. Miller, Welbon.

Since the departure of Mr. Moore his place on the Medical Com. has been filled by the appointment of F. S. Miller, while Mr. Welbon fills Miss Shields' place during her temporary absence.

We are hoping that this arrangement will much simplify our work and compact it as well.

I will bring our work before you along these same lines.

Evangelistic.

We have three centres of work in Seoul, each of which has its congregation and each of which reaches out to the country and has its recognized sphere of influence.

West Gate Church, Dr. Underwood. At the West end of the city is Sai Moon

An church of West Gate church as it is sometimes called. It is the parent church and is very commonly known as Dr. Underwood's church because he has for so long been its pastor. Associated with him is Rev. C. E. Sharp who is now on his second year of service and so is beginning to fit into a place of usefulness. Dr. Underwood's absence on furlough has of course greatly affected the work of this church as well as that of the section of country which is attached to it, viz. N. W. Kyungui and S.W. Whang Hai provinces. Until last Annual Meeting it had been assigned to Mr. Sharp with instructions to confer with Dr. Avison in all matters of importance. As Mr. Sharp was still in his first year and therefore unable to use the language and Dr. Avison was busy with the work primarily assigned to him and could give only snatches of time to helping Mr. Sharp you will be able to draw pretty accurate conclusions as to how much could be accomplished. Mr. Sharp made several visits to the nearest outstations and encouraged the people by his presence and he and I made one trip of three weeks through Whang Hai. We found the native workers fairly active but the christians need much teaching as many are very ignorant Indeed. I was more than over impressed with the need of the extension of education amongst them and especially of the importance of preparing native workers who, having boon well instructed in the essentials of our faith, shall go and under the blessing of the Holy Spirit teach, exhort and advise even before they have obtained a complete education, if only they can read intelligently and intelligently and are men of good judgment. Then while these are doing the best they can we can take time to more fully educate others to follow them.

Provision for Dr. Underwood's work. At the recent Annual Meeting an effort was made to make better provision for Dr. Underwood's work by dividing it up amongst three senior evangelistic workers in connection with Mr. Sharp, the N. part of Whang Hai to be supervised by Mr. Swallen, the S. part by Mr. Moore and the section in Kyung Kui by Mr. F. S. Miller. The Seoul church is placed under Mr. Sharp but Mr. Hulbert preaches there every Sunday morning and superintends the Sabbath School in the afternoon. This help is invaluable and Mr. Hulbert does it as a free gift to our Mission because of his personal interest in Christ's work.

In the absence of the regular pastor one can scarcely look for the usual rapid development but the church is holding its own. The average attendance is about 120 to 150.

Mr. Sharp. After the Annual Meeting closed Mr. Sharp started out to visit the churches of Whang Hai and has not returned, being now engaged with a Bible Class in the city of Hai Ju. Mr. Moore had arranged a joint meeting of the native workers of his own field and that portion of Whang Hai which had been given him for supervision, to be held at Hai Ju for two weeks beginning Nov. 29th, the object being study of the Bible and methods of work, but his sudden departure for America interfered with his attending to it.

Dr. Avison was proposed as a supply but it seemed impossible to send him without losing the hospital and that did not seem wise. Mr. F.S. Miller was then to go but Mrs. Miller's illness prevented him leaving the city and finally Mr. and Mrs. Welbon went down, taking with them Mr. Miller's helper, one of our most experienced natives, and he, together with Dr. Underwood's best helper, will we hope, turn the untoward circumstances to profitable account.

We expect Mr. Sharp and the Welbon's back to the city before Christmas.

Central Church

Hong Mun Suk Kol Church, Mr. Moore. Near the centre of the city is our second church, generally known as the Hong Moon Suk Kol church after the name of the locality in which it · is. The regular pastor is Mr. Moore and Mr. Welbon is associated with him, and their sphere runs out into S.E. Whang Hai, N. KyungKui and W. Kang Won provinces.

Provision for Mr. Moore's work. Mrs. Moore's continued ill health and the development of disease in one of her lungs led to the necessity of her return to America and this has at least temporarily caused the removal of Mr. Moore from the field. This has necessitated another readjustment of work and the following has been done: -

(1) Pyeng Yang Station is asked to care for that portion of Dr. Underwood's Whang Hai field which had been assigned to Mr. Moore.

(2) Mr. Moore's own Whang Hai and Kyungkui fields are given to Mr. Welbon and Dr. Avison.

(3) His Kang Won work goes to Mr. F.S. Miller.

(4) His Seoul work, including the care of Hong Moon Suk Kol church falls chiefly to Mr. Welbon and Dr. Avison but Mr. F.S. Miller will preach there on Sunday mornings when he is in the city.

Of course it cannot be well looked after by those whose hands were already full but we will do the best we can with it and it may well be that God will give a special outpouring of His Spirit that will more than make up for the lack of human instrumentality.

The present condition of Hong Moon Suk Kol church is fairly satisfactory. The average attendance is about 120, and there is a slow but steady growth. It is of course self-supporting and in addition has been bearing a part of a salary of a native worker for the surrounding country. They are now planning to support a native helper who will devote his time to the up-building of the city church. This will necessitate a considerable increase in their giving but the matter of tithing their income is being a brought strongly to their attention and if they will do this there will be more than enough for all purposes.

In the absence of the pastor Dr. Avison delivers the Sabbath morning address.

The attendance at the Sabbath School is practically the same as at the preaching service. Dr. Avison is Superintendent and classes are taught by Mr. and Mrs. Welbon and Mrs. Avison. There are three native female teachers and five native male teachers and all meet at Dr. Avison's house every Monday evening to study the lesson.

Mr. Moore's Itinerating, Famine. As soon as Annual Meeting was closed Mr. Moore started on an itinerating trip of two weeks during which time he visited the churches in S. E. WhangHai and N. Kyung Kui provinces. He returned to the city expecting to spend one Sabbath in the city and then go into E. KyungKui and Kang Won but his plans were changed by the condition of Mrs. Moore's health and he is now on route to America to our great loss. In the absence of a written report of his last trip I can give no details of it except to say that he spoke very feelingly of the condition of the famine-stricken districts through which he passed. In one village of 47 houses he found 30 of them deserted the people having gone off in search of a place where they may live during the winter.

Another small hamlet of 7 houses had only one old man left in it. In many cases the people were almost living upon acorns.

This is the second year there has been famine in these districts. Mr. Moore left 75 yen behind him to help the poorest of these people.

Mr. and Mrs. Welbon. Mr. and Mrs. Welbon had intended to go to the country district of Pai Chun after the close of the Annual Meeting but the departure of Mr. Gordon to China made it necessary for some one to superintend the building of the foundations of the new house for two single ladies which had been begun behind Miss Wambold's present residence and this work was assigned to Mr. Welbon.

Yun Mot Kol

Yun Mot Kol Church, Mr. Gale. Our third centre, bearing the above name, is situated well to the East end of the city and is under the charge of Mr. Gale and Mr. F. S. Miller. The attendance here averages about. This church has had some severe drawbacks due in part to the defection of some its trusted members but it is getting on to a better basis and is showing signs of more vigorous life in the increase of its numbers and improvement in general activity. This is the nearest church to our girls' school and so the pupils attend here and contribute to the music and most of them have learned to sing nicely. One of the girls presides at the organ, being able to play from the music all the tunes to the hymns in the Mission hymn book. Besides the missionaries already named, Miss Doty, Miss Ackles, Dr. Vinton and Mr. E. H. Miller are connected with this church.

Its country districts are S. Kang Won, S. Kyung Kui, and N. C,hoong Chung provinces, Mr. F.S. Miller doing the itinerating throughout these sections.

Mr. F. S. Miller, Hymn Book. After Annual Meeting Mr. F. S. Miller spent about a week at his desk finishing the manuscript for a new edition of the Mission Hymn Book. As it is being enlarged by the addition of about 50 new hymns its revision meant a great deal of work for the committee which had it in charge. It is now in the press and we hope to have it in hand ere long. Much improvement is taking place in hymn writing and great improvement is manifest in the singing of our congregations.

Itinerating. Mr. Miller left for his country district on Oct. 22nd being absent three weeks and meeting with both encouragement and discouragement. Some six groups of his christians have at least temporarily fallen away from us because he declined to use influence in behalf of a man who had for a time attended church and for some reason or other had been arrested and imprisoned. The man's friends thought the missionary should have got his release and as the missionary differed with them on this point they were annoyed and thought to punish the missionary by removing themselves from his teaching. Some of them, however, have already expressed sorrow at their course and it is probable that most of them will soon see their mistake and return all the better for their experience.

In Kwang Ju district a new church building is being erected. At To Sai, also, some three miles to the S.W. they have a church building, this group being an offshoot from the one at Kong Chai.

The Tom Pongie group, 13 miles S. W. of this is in good condition and Mr. Miller has arranged to hold a class of instruction there beginning Jan. 15th next which will be attended by people from all the surrounding districts. Their christianity has manifested itself in a practical way in helping a famine sufferer from the coast who came amongst them seeking work or help. They have given him a house to live in and work to do although they themselves are very hard pressed by the scarcity of food. A new church building is also being prepared at Paik Ami where the christians appear to be sincere and the same may be said of those at Yang Che Kok Kol.

He found the christians at Chang O Wan, where he had had trouble through the incoming of the Plymouth Brethren, all faithful except two households who had evidently joined the Brethren with the expectation of selling them their house for a church building.

The Brethren finally retired from this place and the sale was not consummated and now the unfaithful brother is a sorrowing with a worldly sorrow.

The best group is at An Sung and its beginning is traceable to the influence of a tract which was given to a soldier on duty at the palace. He kept and took it with him to his country home and it bore fruit a hundred-fold; truly it is well to cast bread even on the waters.

Mr. Miller hopes to make another trip before Christmas, visiting the late Mr. Gifford's field and that portion of Dr. Underwood's field which has been assigned to him.

Evangelistic needs in Seoul.

Seoul's Needs. The members of this Station have become deeply impressed with the need of more united effort in City work and also of more direct effort in behalf of the city population. We feel more than we have formerly done our responsibility for our immediate neighbors and we are planning our work along this line; not to do less country work but, if possible to do more city work, and we are hoping the time is not far distant when we shall have just the right man here to do this very difficult kind of work. Heretofore there seems to have been lacking amongst us just that spirit do corps which must exist before the work of a station can go on as a unit but as the recognition of a fault is said to be a step? towards its correction I presume that we may hopefully look for better things in this direction. One of the things which has heretofore stood in the way of this has been the doubts which some have entertained towards the legality of the holding of the Hong Moon Suk Kol church building but I am happy to say that this has all been cleared up and we are therefore so much nearer to become ing a solid working unit. Two kinds of doubts have existed with reference to the aforesaid church building,

(1) As to whether the church had a legal title to the building,

(2) As to whether it had a moral title to it.

Hong Mun Suk Kol Church difficulties. These doubts were due to the peculiar circumstances under which the property was purchased and dedicated to church purposes, and I will try briefly to give you a sketch of the events as they occurred that you may know the ins and outs of the matter, as is said.

Several years ago when the Seoul-Chemulpo Railroad was about to be built, one of our church members conceived of a plan to enrich himself at the expense of his fellow christians by proclaiming that he had been appointed by the foreign Company that was to build the road their sole agent for the employment of all classes of workmen who would be needed to construct the line and he purposed to give the benefit of his good fortune to the christians both because he wished to help them and also because by so doing he knew it would be a good thing for the company as they would get a much better class of workmen. To the discredit of our people I regret to say that a large number of them bit at this bait and paid him varying sums of money to ensure them in obtaining lucrative employment. I believe also that many professed to be christians who were not that they might obtain a share of the good things that were to fall to the lot of this fortunate community and by paying him money were accepted by him as belonging to the faithful. The gentleman became very popular and when he proposed that they unite themselves into a separate congregation and purchase a church building with a part of the money contributed and with other contributions to be obtained for the purpose his proposition met with a willing assent and this building was purchased at a very low price. Some 3~4 or so of the purchase money was paid down and a mortgage was given for the balance and the building was publicly proclaimed as a church. It was at first the intention of the promoters to constitute it an independent congregation having no connection with the foreigners except to invite the missionaries to act as teachers. I may say here, lest it should appear that this was entirely a Seoul affair, that the promoter-in-chief was not baptized in Seoul and that he did not confine his kind offers to the Seoul christians but that the invitation was spread broadcast and many came up from all parts of the country to be partakers in what had to many the appearance of being a legitimate scheme for the improvement of their worldly condition. Amongst others one of our oldest christians in Whang Hai was asked to come up and be the pastor. He came up and, to his credit, I am glad to say that after hearing their plans he said he could not accept the position as it was going quite contrary to the rules of the Presbyterian Church to which he had given his adherence. Of course it was not long till the bubble burst and the promoter-in-chief fled to parts unknown carrying with him, it is presumed, much of the spoils. When the contributors of the funds realized their position the country people returned to their homes, many of the city people returned to their own church fold, while some preferred to stand by the new church enterprise and bring it into line with the general policy. They sent a deputation to the missionaries asking that it be recognised as a Presbyterian church and that one of the missionaries act as their pastor. On account of the circumstances we were loth to take it up and it went begging for a considerable time, the more especially as there was still in it a not inconsiderable proportion of the doubtful element and there was a decided tendency towards an unpleasantly independent spirit that boded trouble in the future.

However, after a time, our Seoul Session, after careful consideration, decided to accept the responsibility of organizing it into a separate congregation and it was placed under the care of the Session and not under one of the missionaries. This went on for some time, the preaching being done mainly by Mr. Moore and myself until finally it was arranged that Mr. Moore's congregation which had been meeting in a building on his compound should unite with this and make the good church. Since then the work has gone on with a good deal of encouragement but still the old doubts, which I mentioned above, have stood in the way of complete confidence on the part of some, because they thought that the government had owned the building and that the man who sold it had done so without authority and that therefore the government was likely at any time to demand the return of the property, which would be to the dishonor of the church which had so long held it illegally; and also because they feared that the unsavory reputation of the man through whom the church had sprung up would reflect upon the congregation which would meet in the building; while some thought that the man who had originated the scheme in the first place had used the money that others had contributed for the purpose of buying a church without their sanction and that therefore it could not be rightly held? as a church even though the legal title was all right.

To settle these points the last Mission Meeting appointed a special Committee to investigate the whole matter from the beginning and this has just been accomplished. At the beginning of this paragraph I spoke of their being two points which were in doubt. The first of these, viz. the legality of the title deeds, was settled for us in a most fortunate way a short time ago.

The building accidently took fire and in accordance with their instructions with reference to fires the _____ reported it to the government and next day the deacons were summoned to the police court to explain how they got possession of the building and to show their title deeds. The deeds were taken to the palace and kept for several days and then returned with the statement that the deeds were regular and that it appeared that the building was not government property as some had supposed and that the man who sold the property had a right to do so. This laid the first doubt at rest.

The second one, viz. as to the morality of holding and using a building obtained as this had been has been investigated by the Seoul members of the Special Committee who have satisfied themselves that the building was originally purchased with the avowed intention of using it as a church, that the promotor-in-chief, as I have named him above, did not purchase it against the wishes of those who had contributed the money but with their hearty consent, as is shown by the fact that many of them who could not give money contributed labor towards the fitting up of the building and also by the fact that a photograph, taken at the time, shows the faces of a large number of the contributors who were well-known christians, the picture having been taken with the group gathered in the court yard of the church. Again while many hard things have been said against the man who deceived them in reference to positions on the railroad, no one has ever been heard to blame it on the church or to say they had been deceived into subscribing towards a church building under false pretenses. The wrong doing of some of the promoters of the scheme is fully recognised but it does not seem possible to correct that and the committee has decided that the church building may be lawfully, and without any breach of morality, be held by the church members for the purpose for which it was originally purchased, and all the more so because the present members have contributed towards the paying off of the mortgage which had been placed upon it in the first place.

This sore spot is now therefore healed over and we are looking for great good to come from it.

The Seoul members of the above committee are Gale, F. S. Miller and Avison and their judgment on the matter is unanimous.

I think the majority of us feel that unity in aim and a feeling of oneness in the native church as well as among the missionaries is one of the first steps towards spiritual growth and a rapid ingathering of members who shall be sincere believers and to this end it is proposed to hold as many union meetings of our city congregations as we can during this year so that we may come to feel less like separate corporations and more like one fellowship.

Perhaps the one who writes the letter next month will be able to report something accomplished along this line. We trust that you will aid us by making the great needs of Seoul a special object of prayer at one of your noon-hour gatherings even though Seoul or Korea be not at this time the special object of prayer as laid down in the prayer calender.

Woman's Work

The death of Mrs. Gifford, the marriage and consequent removal of Dr. Whiting and the retirement of Miss Strong on account of ill health made a great gap in this department of our work, and how to in some measure make up the losses has been one of the anxieties of the year. The passing of time promised to bring Miss Snook into the position of being able to take up much of the Girls' School work and thus set Miss Doty at least partially free for woman's work; the marriage of Miss Nourse to Mr. Welbon and her consequent coming to Seoul promised to fill the vacancy left by Miss Strong's departure at least partially, for it could not do so fully as Mrs. Welbon has been on the field only two years and besides, being married can scarcely be expected to quite take up the work of a single lady: the transfer of Dr. Field from the hospital to medical evangelistic homework and itinerating would supply the place left vacant by the removal of Dr. Whiting: and we hoped that Miss Ackles and one other of the incoming single ladies would be allotted to us to fill up the measure of our losses. The Annual Meeting, however, saw fit to remove Miss Snook from us and as Miss Ackles' coming is delayed we are still very shorthanded in this department.

Our present staff consists of Miss Wambold and Dr. Field who are assisted as much as their time permits by the married ladies.

Miss Wambold. Miss Wambold is attached to the Sai Moon An church which you perhaps know better as Dr. Underwood's. She attends the church services, encourages the women by her presence and materially assists with the singing, the good quality of which is largely due to her efforts, teaches a class in the Sabbath School, holds a class for women during the week at the MoHoaKoan dispensary, and does much itinerating in the country. I would that I could do justice to the activity of Miss Wambold by relating some of the details of her itinerating but her innate modesty prevents her making public her experiences. Upon her at present falls the responsibility for all the work among the women of this congregation and in the country attached to it and there is no household into which sickness enters that does not benefit from her ministrations.

Dr. Field. Dr. Field, as has already been intimated, was assigned this year to home-visiting in Seoul and to itinerating under the direction of the station. In the city she is attached to the Yun Mot Kol church although her home is far distant from it. She attends the Sabbath services, teaches in the Sabbath School, and holds a class for the workers on Thursday afternoons when she is in the city. She also teaches a daily class in Arithmetic in the Girls' School and holds herself ready to answer medical calls to homes of which there are a good many. On Nov. 15th she started on her first itinerating trip, going to the town of Kim Po some 25 miles distant where she stayed 10 days. After her return to the city she spent a few days resting and carrying on the work mentioned above and then started on another country trip which will probably occupy two or three weeks.

Mrs. Gifford. Mrs. Gifford, living at alone at in In Sung Poo Chai is successfully studying the language and helping the services held there as a branch of the Yun Mot Kol work. A great deal of her time is given to the hospital as will be mentioned more in detail when speaking of the Medical Work.

The woman's work of the Yun Mot Kol congregation is carried on by Mrs. Welbon and Mrs. Avison.

Mrs. Welbon. Mrs. Welbon attends the Sabbath morning service and teaches a class of women in the Sabbath School. She has charge of a native Bible Woman who is supported by the Canadian friends of the late Miss Mc Kenzie and with her visits the women in their homes and has a class each week for teaching the ignorant women to read.

She expects also to accompany Mr. Welbon on some of his country trips and is at the present time down in Hai Ju helping to teach a Bible Class gathered there from all the surrounding country.

Mrs. Avison. Mrs. Avison plays the organ at the Sabbath morning church service and at the Sabbath School, teaches a class of women in the Sabbath School, and holds a class for Bible study every Thursday afternoon. In addition to this she conducts a daily service with the native members of her own household and any others that may gather with them and as will be again referred to has been helping very materially in the hospital work so that with these things and the care of her six children her time is pretty fully occupied.

Mrs. Miller. Mrs. Miller has assisted with the work at Yun Mot Kol, holding a class for women every Thursday afternoon, but her health has been so poor for some weeks past that she has been unable to attend to work which she is well qualified to carry on.

Mrs. Vinton. Mrs. Vinton's family cares are quite enough for one person to attend to but she is taking time to help the common work by teaching twice a week a class in needle-work at the Girls' School.

From the above resume it will be seen that there are no drones amongst our married ladies, all helping to the utmost of their powers to advance the cause which is as dear to them as it is to their husbands.

Educational Work

Boys' School. We have long looked forward to taking an advanced position on this line but have been prevented hitherto by seemingly unavoidable circumstances. The start has at last been made by the establishment of what we have designated "The Seoul Intermediate School".

We have selected this name because we think it correctly describes the place which the school is to take in our educational system.

We have for some years had Primary Schools in connection with many of our churches and this school is a step in advance. In it we expect to take up the boys at the point at which the primary schools leave them and give them such an education as will fit them to go out as teachers in the primary schools, as useful assistants to the missionaries in evangelistic work, or, in some cases, no doubt it will be to send them out to take a useful place as industrious and intelligent workers in the ordinary round of life's duties. We also hope that out of the number who shall take the course God will call many to proceed further in schools yet to be established and fit themselves to become qualified ministers of the Gospel or perhaps physicians who shall, while working for the relief of their fellowmen, also strive earnestly for their spiritual upbuilding. You will see, therefore, that what we are now aiming at it is thoroughly efficient intermediate school and that our plans look forward to the development as needed of such higher schools as shall accomplish the great end we have in view.

Mr. Miller is expected to become the head of our Seoul Educational system and we feel much confidence in the selection that has been made. He must first study the language, of course, so the brunt of the work has to be borne by one of the older men for a time and it has been assigned to Mr. Gale. Some small Mission buildings at Yun Hot Kol have been fitted up to do duty as a school and a beginning has actually been made. We intend to make careful selection of our students, preferring to begin with a few well chosen ones to starting out with a rush and suddenly finding cause to regret our haste. Seven applicants appeared on the opening morning. Three of these were accepted and the fourth one would have been but he finally decided not to enter, so that we have begun with the modest number of three. Only christians or the sons of christians ? and a certain standard of previous education has been adopted as an entry test.

I will not at this time give details of the proposed course but will leave to others the task of telling more about this our infant institution after it has had time to get on its feet and I am sure you at home are greatly interested in its success and will follow its development with your thoughts and prayers.

Girls' School, Miss Doty. The Girls' School is already familiar to you as an institution which has existed since the first opening of our work in Korea, so I will not now enter into many details concerning it, except to say that it is coming in for a greater shape of attention than it has formerly had and we are all hoping to see it advance with more rapid steps. The present pupils are very bright and have not only made good progress in their studies but are developing into women who will surely by their individual characters and their high spiritual attainments make a marked difference in the homes which will be so fortunate as to secure them as members.

We had expected, as I said above, that Miss Snook would this year take up a share in the school work and that it would then be in shape to advance numerically as well as from an educational standpoint as the responsibility would be divided between two instead of falling on one as heretofore but the Mission decided otherwise and we are trying, by dividing up the subjects to be taught amongst as many of the missionaries as can find time to help, to so assist Miss Doty that growth may not be too much interfered with. Mr. Gale, Dr. Field, Miss Wambold and Mrs. Vinton are all assisting in teaching. The present enrolment is.

A strong attempt is being made this year to bring it more into line with the principles of self-support in which we all believe.

An effort is being made to develop primary schools for girls which will in time act as feeders for the Boarding School.

Christian News. I suppose the Mission Newspaper, *The Christian News*, may be properly counted as coming under the head of our educational work and so may be mentioned here. After Dr. Underwood's departure on furlough Mr. Gale fell heir to the editorship and it takes a great deal of careful thought and hard work and steady attention to routine to keep it filled with bright and profitable matter especially when one considers the mental capacity of the readers to whom the editor must cater. However, it is no doubt a powerful factor in unifying the work in different parts of the country and in enlightening our christians and broadening their outlook by giving them information concerning things in general and the progress of the kingdom in other parts of the world which could not be imparted in any other way.

Dr. Vinton. Dr. Vinton is its efficient business-manager and he devotes much time to seeing that it comes out at the proper time and in proper shape. This is no small bit of work in this country and can be well accomplished only by one who is capable of infinite painstaking. We are glad to feel assured that it is steadily getting on to a business basis and that there is a prospect that it will in due time pay its own way.

Dr. Vinton is also engaged in another form of work which may perhaps be mentioned under the head of educational enterprises, viz. the handling of all the publications of the Korean Religious Tract Society. He is the Custodian of the Society and it is certainly no small labor to keep these numerous publications in order and fill promptly and satisfactorily the requests from all parts of the country for all kinds of tracts as well as keep the accounts of the same and attend to their collection.

A very important item in connection with educational work is the translation and preparation of text-books and several of our missionaries are engaged in this work but probably the bulk of it falls upon Mr. Gale.

Medical Teaching. Dr. Avison is carrying on educational work in his own special field, having a class or six young men engaged in the study of medicine both practically as helpers in the hospital and theoretically by means of regular didactic instruction. This necessitates the translation of textbooks along this line and he has now in process of preparation works on Anatomy, Chemistry and

Materia Medica.

Mrs. Gifford is assisting in the education of these young men by giving them instruction in English so that they may be prepared eventually to advance further through the reading of English books than it is at all probable Dr. Avison will be able to produce books for them in their own language during many years.

Medical Work

With Dr. Vinton putting all his time upon other work which has been assigned him, with Dr. Field transferred to itinerating and Mrs. Underwood at home on furlough and Miss Shields relieved from hospital duties for a year the prospect for much advance along this line does not seem very bright as it has left Dr. Avison, as the solo representative of this department during most of the time.

We had hoped to have the now hospital well under way long ere this but circumstances have been most unpropitious. However, the work has gone on unremittingly in the old place and I will enclose my monthly report to the station as my best comment on the work of the department.

Property Matters

I can only wish that I had some thing satisfactory to say on this subject but up to this time there has been nothing but negotiation and apparent approach to a settlement over and over again with disappointment on every occasion.

Chong Dong. In the first place an agreement was made concerning the exchange of the Chong Dong property by which a definite amount of money was to be paid and a new site to be given. The site was finally selected and agreed to and the first payment of 10,000.00 yen made but, as you know, the government even then failed to carry out its agreement and we visited site after site in an attempt to find a place which while suited to our needs was agreeable to them but the only places which they definitely said they would give us were entirely out of the question from our standpoint, being either very low or very much shut in by hills or entirely too small or altogether too far away from our work to be at all acceptable to us.

It was all the time quite evident that there was a mind directing all the moves with a view to shutting us out from all desirable situations, and of course we are not at all in the dark as to the identity of the man. I will not weary you with an attempt to tell you how many places we visited, nor how many miles we travelled, nor how many precious hours we spent in trying to bring the matter to a conclusion but Dr. Vinton and Mr. Gordon and I are certainly pretty well acquainted with the physical features of Seoul both within and without its walls.

Finally Dr. Allen told them that he had reached the limit of his ability to help them and that if a certain attempt was unsuccessful he would not have anything further to do with the business. A certain site was examined and the representative of the government said if we would accept certain limits he thought it would be all right but a few days afterwards we received word that as it was in the vicinity of a certain temple it could not be granted.

A short time afterwards I met the government's representative again and he begged me to make one more attempt as he had two sites to show me which he felt sure we would like and either of which we could have so I went out with him to see them. I was surprised to find that one of them was the first site we had selected and the one we thought the most suitable for our purpose both for the Chong Dong houses and the hospital but at that time we could not get it because a projected railroad had been surveyed through it.

When he took me to it this time of his own free will I said the site would be satisfactory to us but asked what about the railroad.

He said we didn't need to think about that as it was not known whether the road would be built and as long as they are willing to give the site we need not worry about the railroad. I felt there was something insincere about what he said and referred to the matter several times only to receive the same answer each time.

I then arranged with him to meet me there again when I would bring the architect and Dr. Vinton and we would delimit the site and close the agreement. This meeting took place and we went around the site and agreed to its boundaries but finally came to a sticking point about the width of the entrance which should be made into the site from the main roadway as this site lay back a short distance from the street. We parted, but afterwards, after consultation with the others, we decided it would be wise for us to accept a narrower entrance than we desired as we could afterwards purchase for a small amount enough land to widen our roadway so I wrote them saying we were willing to accept the arrangement which had been reached and they replied that as we had been all around the boundaries together and knew each other's mind it was all right and they would agree to the site indicated. Mr. Gordon then measured the land and made a map of it and I sent two copies to them asking them to put their seal upon them if they were satisfied that they correctly represented the site agreed upon or if not satisfied asking them to name a time when we could go over the boundaries together and compare the map with these.

They replied setting a time for this joint survey but when I went the old story was repeated. After reaching the site the first question the man asked was "well what about the railroad?"

Then I knew there was another snag. This was the same man that so often assured me I need not worry about the railroad and he now asked this question as if it were a matter that had been entirely overlooked in our previous consultations. What can be done with such a people? Dr. Underwood knows these men by name of whom I am speaking and can tell you that this is a fair sample of their style of doing business. They seem incapable of doing any business in a straightforward manner and if we waver and yield a point in order to speed the negotiations it is only a signal for them to try to squeeze at another point. Judging us also from their own standpoint they view every offer we make as being a covert attempt to get the better of them. Add to this the fact that the power behind the throne just now is a man who does not want the foreigner to stay here at all but would willingly got rid of him at any cost and you can to some extent appreciate the difficulties of the situation.

I replied to the question as to the railroad that I supposed there was a law governing the running of railways through private property and that if we owned the land we should naturally have to be controlled by that law. This answer did not satisfy him. He wanted me to say that if the projected railroad should run through our property we would enter into an agreement to allow it to do so without compelling them to buy the right of way. I replied by asking him to point out just where the line would run and what would be the width of the strip of ground they would require so that I might judge as to whether it would leave us a place to suitable for the erection of our buildings. He said he could not do t[h]is but proposed that we accept the part behind the line of the projected railway in lieu of the whole. This was reducing the site by nearly one half and giving us the poorer half so I said good evening and returned home. This happened at the last Annual Meeting time, and nothing more was heard of the matter until a short time ago when the new brick foreign building erected on the site of our former girls' school next to Dr. Underwood's compound, was burnt down and his Majesty sent an urgent request to be allowed the use of the buildings on Dr. Underwood's compound to store things in which had been saved from the fire.

It was pointed out that this could not be done as the buildings were occupied. Negotiations were then reopened on the basis of their immediate purchase by a cash payment without the giving of a site. We had already indicated the amount which we were willing to accept in lieu of the promised site if His Majesty preferred that way of settling but they argued that we were asking too much. We replied that we were willing to accept as little as would actually buy for us a new site but that all the sites which were suitable had been visited so often that the owners knew we were wanting them and that we could not now buy at anything like the ordinary market value but that we would be willing to return to His Majesty whatever balance remained from the purchase of a site. This did not satisfy them and we finally reached an agreement that we would sell and they would buy at a certain definite sum and that to would give possession of the property 15 days after the payment of the money. The only provision on our part was that they should make an immediate payment as it would be a great convenience to the treasurers and save him both trouble and interest as he was about to negotiate a draft. The government's representative said he had authority to sign an agreement to pay the sum fixed upon and that he would go and see what provision could be made for its immediate payment.

The sum finally agreed upon was 80,000.00 yen, which included the original 48,200.00 yen, 1,000.00 yen for expenses of architect etc, etc. connected with the long delay, 600.00 and odd yen for the expenses incurred for the building already partly erected, an estimated sum for the rental of houses for the present occupants of the three houses in consideration of our giving immediate possession (the original agreement having been that we should occupy the houses for 18 months after the payment to give time for rebuilding), and the balance being the price of the site which we hoped would be sufficient to purchase new property. We also agreed that the 10,000.00 yen already paid down should be reckoned as a part payment on the now bargain, so that they were to pay us 70000 yen to complete the purchase.

The day following the making of this arrangement Dr. Vinton received a note simply stating that they had decided to let the whole matter wait till Dr. Underwood's return and that if he would call upon the writer he would explain the matter to him. Dr. Vinton called as requested but failed to find the gentleman and so the matter rests. Perhaps Dr. Vinton has already apprised Mr. Hand of this. This last occurrence took place within the last two weeks. We do not know what will be their next move but the man whom his Majesty sent to conduct the last negotiations said to us that the whole matter would have been finished up long ago if it had not been for the opposition of the man with whom Dr. Underwood conducted the negotiations and who wanted to block the deal. Dr. Underwood can tell you to whom I refer. I prefer not to mention names on paper. This man is the money power just at present and it does look as though nothing can be accomplished until he has reached the end of his tether as so many of his kind have done in the past.

House for Single Ladies in Chong Dong. In the meantime the cellar of the new house for two single ladies, known for convenience as Miss Wambold's house, has been completed, and we only await the return of Mr. Gordon from China to proceed with the completion of the building. I do not know whether I am glad or sorry that it is so located that its windows will overlook the king's property but I fear he will consider it an undesirable thing. However it is well known that it is in the plan to include the whole of this part of the city within the palace so that we shall certainly be recouped ultimately for the outlay even if we finally lose the property. It is only the knowledge that they will without doubt continue trying until they secure the property and that we shall have no comfort with it until the deal is completed that makes us willing to have anything more to say to them on the subject.

Hospital

As you know there has been a strong desire to arrange things so that when the move was made from Chong Dong and the present hospital site the two plants should, if possible, be grouped in one locality and in all our negotiations this thought has been kept in view.

I think this has been a hindrance in some measure to the easy consummation of the Chong Dong deal because it is a much more difficult thing to find a site all high and healthy and well located for such a large plant as the two combined would make than to find one that would accommodate the three houses involved in the original plan. However, we have faithfully tried to carry out the plan of uniting them and this is one reason too why we remain to this time without a site for our hospital.

The position is briefly this: We must either build on our present site or get another one; his Majesty has said he wants to take this site for other purposes and therefore we cannot build on this place and must get another one; he has also said that he will present us with another site; but he neither takes this nor gives us another one. If he does not give us another site it is evident that if we move from this one we must purchase it ourselves, but we have not the money with which to purchase another site until he takes this one over and repays us the money which we have spent upon it. And even though we had the money for a new site and should build the new hospital upon it we cannot build houses for the hospital workers until his Majesty takes over this place and pays the money for it. Another precaution is also necessary.

I am not sure whether if we chose to remove the plant and call upon him to take this one over he could not decline to do so, so that we must be careful that we do not give them a loop-hole by which they can get out of repaying us for our outlay.

I think, however that the fact that he notified the American Legation that he would take over the place would save us from this danger and that we are really at liberty to go on and move our plant and call upon him for a settlement. This plan however, would necessitate the use of other funds than those already invested in these buildings until such time as payment should be made by the government and that time would depend upon whether they were in a hurry to use the property or on the amount of pressure that was brought to bear upon them by the Legation.

If we could keep our present site and simply add a little to it on one side by purchase we could go on at once with the plans for the new hospital and in my judgment this would be really the best solution of the problem as the location is central but again comes in the question of securing the property. Dr. Allen said he would advise us, in case His Majesty continues to delay, to proceed to build the new hospital on this site even under the present arrangement. The agreement which we have with the government allows us to build whatever may be necessary for the proper carrying on of the work and it cannot be taken from us except by the repayment of all our outlay so that if we wish to do this way there is no reason why we should not do so except the one that if he should decide to take it back after we had gone to the trouble of building we should have had all our trouble to no purpose. I do not think this is a valid excuse for continuing to delay. There could not be any financial loss and the trouble of building cannot be any more trying than is the suspense under which we have labored for more than a year and which seems likely to continue if we continue to wait for the government to take action in the matter. I have with Dr. Vinton's consent, for we two are a committee of the Mission to carry out these property deals with the government, written to the gentleman who represented His Majesty during the last negotiations asking him to find out His Majesty's intentions with reference to this present site and to say to His Majesty that if it is his intention to use this place for his own purposes we hope he will at once proceed to close the matter in accordance with the terms of the agreement. I also asked him to say to His Majesty that we had appreciated his kind offer to present us with a site for the new hospital and should be grateful if he should carry out his generous thought but that the statements of some of those with whom we had been dealing led us to conclude that he may have seen fit to change his mind and if this be the case it will be a kindness to us if he will signify this fact to us as we do not wish to press the matter upon him and yet it is very necessary that we know at once what his mind is as we must proceed with the work of either with or without his kind assistance. I received a reply that he would take the first opportunity that presented of laying the matter before His Majesty and would communicate with me immediately thereafter. I have not yet heard from him on the subject.

My own feeling is that if there is no immediate and satisfactory information to be obtained from His Majesty we should follow Dr. Allen's advice and proceed to build on this property and run the risk of having to rebuild at a later date. We could do this either by tearing out some of the present buildings and erecting our main edifice upon the highest level of this site or, by purchasing a piece on the hilltop at one side, secure enough land of good elevation to give room for the erection of the main hospital building and use the present buildings as isolation wards, and various outbuildings. This would necessitate an increased expenditure but probably less than if we had to purchase a new site large enough for the whole plant and rebuild the entire plant, houses and all.

An alternate plan would be to purchase a site elsewhere large enough for hospital and residences, erect the hospital on it and continue to hold the present plant until His Majesty takes it over and repays us the money which we have invested in it when we can use it as far as it will go in repaying the Board for its outlay made in advance.

But whichever plan is adopted I think we should proceed with one of them without further delay. Perhaps, however, you can suggest some other way out of the dilemma. More than a year has passed since we returned to the field and we seem to be just where we were then except that we have passed through the experiences of the year and so have them behind us instead of before us.

I shall send a copy of this statement with reference to the hospital to Mr. Severance who I am sure must be at a loss to understand the reason for such delay. It is simply this that if we are to wait for this government to act we may expect to wait a long time.

I hope you will carefully consider our present position and advise us how to act. It is a position which can be relieved very quickly I think by using? a little money to enable us to advance independently of the government and then, I am convinced, the government will also act and we shall ultimately be at no financial loss. I am at work now making enquiries through private sources of the price at which certain suitable sites can be obtained.

Want Permission to Sell Chong Dong to any Purchaser. One item was passed at the recent Annual Meeting to which I will here draw your attention. The Mission asks the Board to grant permission to sell the Chong Dong property to others than His Majesty if a suitable price be obtainable. Our reason for making this request is that we realize that we shall have no peace until this property is disposed of and if the government will not come to terms and close the deal we feel that if an outsider will take up the property in the expectation of either using it or holding it for future sale we shall be in a position to use the money in getting a new site and rebuilding the houses so much the sooner. It will soon be Spring again and we are very anxious that both these houses and the hospital plant may be rebuilt while Mr. Gordon is available. We hope therefore you will at once give us authority to make a sale of the property to any purchaser who will pay us our price. I do not think it can be urged that in so doing we are paying any disrespect to His Majesty for we have left no stone unturned to meet his wishes during a period of going on two years and each time have met with only disappointment.

Mr. Gordon. Just in this connection I would like to ask what we may expect of Mr. Gordon? I understand his engagement was only for one year and these untoward circumstances have resulted in nearly the whole year being spent without the accomplishment of any definite result.

We sincerely trust an arrangement will be effected that will give us the advantage of his services until these matters are gotten into shape. We cabled him to remain in China until January or February and it looks now as if we may be able to spare him a little longer if his work there be not finished by that time.

He did excellent work on the plans which he gave us here so far as he was able to go under the circumstances and we realize the disappointment and disadvantage it will be to us if he be not able to put our buildings into shape before his return to Canada.

In view of the seeming probability that the deal with the government would go through he made plans for the hospital to be built upon the expected site but we do not know whether they can be used upon the new site when it shall be chosen.

The plans which he drew also contemplated the presence of a lady physician but the action of the Mission does away with this feature and with it does away with the need for the reduplication of so many rooms so that the building can be materially reduced in size without decreasing the accommodation for patients, and advantage will be taken of this to cut down the plan to some extent.

Site for Hospital. Just at this point I have taken up your letter of Sept. 27th addressed to the Mission to see if there are any points in it to which I have not so far referred and which require to be answered.

I find on page 2 you want to know whether in case of failure of the Chong Dong deal an eligible property has been or can be purchased for the new hospital. The question is answered above but the idea in the question seems to be that you would sanction the purchase of a site if we find a suitable one and I am very glad to have this understanding for property matters in Seoul are in such a shape at the present time that sites must be bought quickly if at all. The rise in land values has been tremendous and we have to buy very quietly if at all.

Mr. Miller's house. Mr. Gordon drew plans for Mr. F. S. Miller's house and the site was levelled and some outhouses built before Mr. Gordon's departure for China so that his house may be considered as being under way.

10,000.00 yen Forfeit. The question of keeping the 10,000.00 yen forfeited by the government is one which seems to have settled itself so far as the judgment of those here are concerned. Part of the money was used for purposes named in the original agreement before there was any word of the intention of the government to draw back from its contract, part of it has been used in making a beginning at Mr. Miller's house and we supposed that the architect's salary for the time lost through the delays caused by the government's action would have to come out of it so that we say no other way out financially except to declare it forfeited. I presume, however, that the Board will consider the matter carefully and try to decide on the basis of what will be just both to the Board and to His Majesty. As we entered into the negotiations only at the earnest solicitation of His Majesty it does not seem just that the Board should suffer financial loss through the failure of His Majesty to carry out the contract entered into by us in good faith as will be the case if this money is returned. It is a question however that requires careful consideration both from the stands point of actual right and that of expediency. We have no hesitation, however, in expressing ourselves in favor of allowing it to stand as a first payment on whatever deal may yet be made, although from the standpoint of all ordinary business ethics it would be considered as actually forfeited and any further agreement would have to be made without any reference to it.

Occupation of Chong Dong Houses. The Chong Dong property is all occupied at present. Miss Wambold continues to occupy the same house as before, viz. the one formerly occupied by Dr. Vinton, the Welbons occupy the house formerly occupied by the Miller's and afterwards by Mr. Gale, and Mr. Sharp lives in that part of Dr. Underwood's house which is not used for the storage of Dr. Underwood's furniture.

Dr. Irvin's Supply. The question which you ask with reference to the supplying of Dr. Irvin's place and provision for his hospital during his absence on furlough can have but one answer, in view of the absence of any physician who could be sent there without leaving another place similarly vacant. This is a question which I have frequently considered and urged upon the consideration of the Mission and it was placed before the Mission at its last meeting by Dr. Sharrocks who like me sees that from this time on it will occur that almost every year one or other of the doctors will be going away on furlough and one or other of the stations will be left without a physician. It does seem that it would be a wise thing to have an extra physician on this field who could be ready to supply in just such instances as this. I regret very much to be compelled to say that the Hospital at Fusan will be closed during Dr. Irvin's absence on furlough.

Miss Shields. With reference to Miss Shields' health you will have learned ere this that she is taking a vacation and is spending some months with friends at MokPo. We trust that it will result in restoration to full vigor.

Pyeng Yang Resolution. You refer to the resolution passed by Pyeng Yang Station in regard to the hospital in Seoul. I presume that you are aware that Seoul Station did not accept the limitations which Pyeng Yang attempted to place upon the medical work in this station.

I merely mention this here so that there may be no misunderstanding about the matter in the future should the subject ever come up again for discussion. The matter was discussed in Dr. Brown's presence here in Seoul so that he is familiar with the reply we made to their resolution.

New Missionaries and Their Location. The present residences of the new missionaries allotted, to Seoul is as follows; Miss Barrett is occupying Miss Shields' rooms during her absence from the city but it is not definitely known just where she will be after Miss Shields' return. Miss Barritt is studying the language faithfully and is certain to succeed with it. She attends the church services regularly at Hong Moon Suk Kol but of course can only listen yet. We are glad, however to see her attending regularly from the beginning as it promises much in the direction of rapid attainment of the language and also cannot but be a great help to her in gaining that acquaintance with the people and the methods used by the missionaries which will be of much service to her when she begins herself to take an active part in the work.

Mr. E. H. Miller is living in a small house on Dr. Vinton's compound. It was thought wise that he should live in the vicinity of the school so that he might spend the time which he can spare from language in the school and in company with Mr. Gale with whom he is to be so closely associated. He is also doing well at the language study. Miss Barrett, Mr. Miller, Mrs. Gifford, Mr. and Mrs. Welbon and Mrs. Avison gather at our house every Tuesday evening to study the language under my direction. We take up all points which they have not been able to get a clear understanding of from their native teachers as well as make a systematic study of the structure of the language. I trust this class may be of some value to them in helping them over some of the hard places.

It is expected that Miss Ackles when she arrives will be at least temporarily located in the girls' school with Miss Doty, not as a teacher but that she may be near the Yun Mot Kol church in connection with which she is expected to labor.

We are glad to feel that the accessions to our ranks which you have sent us this year are very promising and we look forward to their being more than ordinarily useful members of our station and mission.

Treasurer, 'Korea Field'. Now I think I have given you an outline of how we are all engaged in Seoul except to refer to Dr Vinton's work as Mission Treasurer of which you are already aware and I have almost neglected to mention the issuing of the first number of "The Korea Field" edited by Dr. Vinton, and which we hope will do much to bring the home churches into closer touch with our work. mil. Dr. Vinton is an exceedingly busy and useful member of our force I think it will do no harm to mention the fact that his duties have been so assigned that practically nearly all his time is given to work that pertains to the Mission as a whole and not to this Station in particular. We do not object to this; I am merely calling attention to an obvious fact that has to be borne in mind in when we are taking a census of the number of workers at the various stations.

I must now bring this letter to a close. Perhaps it is too long to be acceptable but as we are beginning a series of monthly station letters I thought it wise in this first one to give a brief summary of every department and the work of each person that those who follow me may have a definite foundation on which to build their story, knowing they have only to deal with matters which have arisen in the interval.

......

Since writing the above I have again conferred with several of our members concerning a hospital site and I hope ere long to be able to send word of a definite step in advance.

We all rejoice in the knowledge that your summer vacation was the means of recuperating your strength so markedly and that your vigor may long continue.

We pray for God's blessing upon the Board and all its officers; for we do not forget that while? we have many troublesome questions on our hands here that you also are not without perplexities perhaps even greater than ours.

As stated above I enclose a copy of my last monthly report to the station. Much of it will not be of interest to you as part of it is compiled more for the sake of future reference than to give information to the station but I think you will be able to glean from it the information concerning our medical work which I must otherwise have re-written in this letter. Please consider it then as part of this letter and file with it for the sake of reference hereafter.

Political matters do not seem to be any better than usual. The present project seems to be to include all the Western part of the city in the palace and every other consideration apparently has to give way to this.

I will now close by expressing the Station's love and esteem for you personally and for the start as a whole.

Mrs. Avison also joins me in personal congratulations on your improved health and all good wishes for its continuance and in extending the greetings of the season.

Very sincerely, in Christ's work,

O. R. Avison.

This letter was begun
Nov. 30th
and finished
Dec. 9th.

P. S. The Chairman of our Station is Rev. C. E. Sharp and the Secretary is
Dr. E. H. Field.

한국. 서울 병원, 한 명의 의사만이 고용된다. 미국 북장로교회 해외선교본부 실행이사회 회의록 (1901년 12월 2일)

한국. 서울 병원, 한 명의 의사만이 고용된다. 한국 선교부는 서울 병원의 책임자로 한 명 보다 많은 의사를 고용하는 것은 적당하지 않다고 결정하였으며, 새 건물은 이 제한점을 염두에 두고 건축할 것을 권고하였는데, 선교부의 결정은 투표에 의해 승인되었다. (연례회의 회의록, 1901년 10월)

Korea. Seoul Hospital, One Physician Only to be Employed. *Minutes [of Executive Committee, PCUSA], 1837~1919* (Dec. 2nd, 1901)

Korea. Seoul Hospital, One Physician Only to be Employed. The Korea Mission having decided that it is inexpedient to employ more than one physician in charge of Seoul Hospital, and recommending that the new structure be built with this limitation in view, it was voted to approve the action of the Mission. (Minutes of Mission Meeting, October, 1901)

프랭크 F. 엘린우드(미국 북장로교회 해외선교본부 총무)가 한국 선교부로 보낸 편지 (1901년 12월 3일)

(중략)

무어 씨가 부인과 함께 귀국하는 문제는 지부의 응급 결정이라고 해서 승인되었으나, 우리는 주치의인 에비슨 박사 및 발독 박사의 증명서를 철해 두어야 합니다. 우리는 이것들을 보낼 것으로 믿습니다.

(중략)

Frank F. Ellinwood (Sec., BFM, PCUSA), Letter to the Korea Mission (Dec. 3rd, 1901)

(Omitted)

Mr. Moore's return to this country with Mrs. Moore, was approved on the ground that it was an emergency action of the station but we ought to have on our files certificates of the physicians, Dr. Avison and Dr. Baldock. We trust that these will be sent.

(Omitted)

19011203

프랭크 F. 엘린우드(미국 북장로교회 해외선교본부 총무)가 한국 선교부로 보낸 편지 (1901년 12월 3일a)

1901년 12월 3일

한국 선교부 귀중,

친애하는 형제들,

어제 개최된 선교본부 회의에서 한국 선교부에 영향을 미치는 다음의 회의록이 통과되었습니다.

(중략)

......
3. "서울 병원을 책임 맡는 한 명의 의사보다 많은 의사는 적당하지 않으며, 새 병원은 이러한 제한에 따라 건축되어야 한다고 추천한다는 한국 선교부의 결정에 대해,
회의의 결정을 승인하는 것으로 결의하였다.
......

무어 씨가 부인과 함께 귀국하는 문제는 지부의 응급 결정이라고 해서 승인되었으나 우리는 주치의인 에비슨 박사 및 발독 박사의 증명서를 철해 두어야 합니다. 우리는 이것들을 보낼 것으로 믿고 있습니다.

(중략)

Frank F. Ellinwood (Sec., BFM, PCUSA),
Letter to the Korea Mission (Dec. 3rd, 1901)

Dec. 3rd, 1901

To the Korea Mission

Dear Brethren:

At a meeting of the Board held yesterday, the following minutes affecting the Korea Mission were passed: -

(Omitted)

......

3. The Korea Mission having decided that it is inexpedient to employ more than one physician in charge of Seoul Hospital and recommending that the new structure be built with this limitation in view, it was

Resolved: That the action of the Meeting be approved.

......

Mr. Moore's return to this country with Mrs. Moore, was approved on the ground that it was an emergency action of the station but we ought to have on our files certificates of the physicians, Dr. Avison and Dr. Baldock. We trust that these will be sent.

(Omitted)

프랭크 F. 엘린우드(미국 북장로교회 해외선교본부 총무)가 에바 H. 필드(서울)에게 보낸 편지 (1901년 12월 9일)

(중략)

서울의 의료 사역을 당혹케 하는 것 같은 문제에 관하여 나는 아직 분명한 견해를 가질 정도로 완전한 혜안을 갖고 있지 않습니다. 나는 우리가 우리의 방향을 어느 정도 느끼고 있으며, 새 병원이 지어지고 사업이 펼쳐지면 우리는 판단하기 더 좋은 상황에 있게 될 것입니다. 분명 한국의 전체 의료 사역과 관계하여 견해의 차이가 있습니다.

(중략)

Frank F. Ellinwood (Sec., BFM, PCUSA), Letter to Eva H. Field (Seoul) (Dec. 9th, 1901)

(Omitted)

In regard to the questions that seem to embarrass the medical work in Seoul, I have not yet that complete light which will enable me to form a definite opinion. It seems to me that we are feeling our way somewhat, and that when the new hospital is built, and the work laid out, we shall be in better condition to judge. Evidently there are differences of opinion in regard to the whole medical work in Korea.

(Omitted)

19011214

올리버 R. 에비슨(서울)이 프랭크 F. 엘린우드(미국 북장로교회 해외선교본부 총무)에게 보낸 편지 (1901년 12월 14일)

접수
1902년 1월 16일
엘린우드 박사

서울,
1901년 12월 14일.

친애하는 엘린우드 박사님,

2~3주 전에 저는 제물포에서 서울까지 왕의 사촌162)과 함께 여행을 하는 기회를 가졌는데, 그와는 과거에 여러 번 친밀하게 관계를 가진 적이 있었기에 부지 문제와 관련하여 가졌던 모든 어려움에 대하여 이야기하였고, 우리가 (하는 일이) 외국인들이 아닌 한국인들의 편의를 위한 것이라는 사실을 강조하며 훌륭한 병원을 건립할 의도를 이야기하였습니다. 그는 제가 이야기 한 것에 상당한 관심을 가졌으며, 그것을 우선적으로 황제께 말씀드릴 기회를 갖겠다고 말하였습니다. 이틀 전163)에 그는 나를 방문하여 나와 병원 문제에 대하여 이야기하기 위해 왔다고 말하였습니다. 나는 진료 중이었기에, 그는 잠시 제가 진료하는 것을 보았으며, 이어 저와 함께 병동을 둘러보고 오후의 나머지 시간을 저의 집에서 보냈습니다. 그는 제가 그에게 이야기하였던 문제에 대하여 폐하와 이야기를 나누었다고 말을 하였으며, 폐하는 우리가 현 병원 부지를 떠날 필요가 없다고 말하였습니다. 이어 나는 우리의 새 병원을 위한 계획을 보여주었고, 우리가 사용하고 있는 부지의 보유권이 불확실함을 설명하였습니다. 저는 우리가 이 건물들을 건축하는 데 필요한 시간과 정열을 쏟아 부은 후에 만일 떠나라는 통고를 받는다면, 우리는 재정적 손실을 당하지 않을 것이지만 그것은 대단히 힘들 것이며, 폐하께서 우리에게 부지를 즉시 주던지 혹은 어느 기간 동안이나 병원 목적으로 계속 사용하는 동안 우리에게 보유권을 확보해 주는 새로운 계약을 맺는 것이 좋을 것이라고 말하였습니다.

---

162) 이재순(李載純, 1851~1904)으로 판단된다. 그는 전주 이 씨이었던 관계로 1868년 종친 정시 문과에 을과로 급제하였다. 그는 1888년 이조 참판을 거쳐, 1892년 한성부 판윤, 형조 판서, 1893년 예조 판서, 1894년 다시 형조 판서를 지냈으며, 1895년 7월 특파 대사로 일본에 파견되었다. 그해 11월 춘생문 사건을 일으켰다가 체포되어, 100대의 태형과 징역 3년의 형을 언도받았으나 종친이었기 때문에 징역은 면제받고 3년의 향리방축의 벌을 받았다. 하지만 1896년 2월 징계가 풀려 궁내부대신에 임명되었고, 1902년 전권 대사로 유럽 각국을 방문하였다.

163) 12월 12일이다.

그는 그 입장의 타당성을 이해하였으며, 폐하를 다시 뵙고 무엇을 할 수 있는지 알려주겠다고 말하였습니다. 저는 지금 최근 움직임의 결과를 기다리고 있으며, 이 신사로부터 듣자마자 결과를 알려드릴 것입니다.

안녕히 계십시오.
O. R. 에비슨

Oliver R. Avison (Seoul),
Letter to Frank F. Ellinwood (Sec., BFM, PCUSA) (Dec. 14th, 1901)

Received
JAN 16 1902
Dr. Ellinwood

Seoul,
Dec. 14th, 1901.

Dear Dr. Ellinwood: -

Some two or three weeks ago I had the opportunity of travelling from Chemulpo to Seoul with His Majesty's cousin with whom I have been intimately associated many times in the past so told him all the difficulties we had had over property matters and spoke of our intention to erect a good hospital. laying stress upon the fact that this was not for the advantage of foreigners but of Koreans. He took quite an interest in what I said and said he would take the first opportunity of talking it over with the Emperor. Two days ago he called on me and said he had come to speak with me about the hospital. I was just in the midst of the clinic so he watched me work for a while and then went through the wards with me after which he spent the rest of the afternoon in my house. He said he had talked with his Majesty about the matters of which I had told him and His Majesty had said we need not leave the present hospital site. I then showed him the plans for our new hospital and explained the uncertainty of the tenure upon which we hold the property. I said it would be very hard if after we had spent the time and energy that it would require to erect these buildings we should again be given notice to leave the place even though we suffered no financial loss and that it would be a good thing to make a new agreement by which His Majesty would either give us the property outright or else give us secure tenure of it either for a period of years or so long as we continued to use it for hospital purposes. He said he saw the reasonableness of the position and that he would see His Majesty again and let me know what could be done. I am now awaiting the result of this the latest move and will let you know the outcome of it as soon as I hear from the gentleman.

With kindest regards,

Very sincerely yours,
O. R. Avison

프랭크 F. 엘린우드(미국 북장로교회 해외선교본부 총무)가 제임스 S. 게일(서울)에게 보낸 편지 (1901년 12월 24일)

(중략)

오늘 한국에서 온 편지들을 받았는데, 건물 몇 개가 불에 타버린 왕은 그가 필요로 하는 건물들을 우리가 갖고 있기 때문에 정동 부지에 대한 거래를 다시 거론할 가능성이 있는 것 같습니다. 나는 우리의 사택 뿐 아니라 새로운 병원과 같은 문제가 오랫동안 지연된 왕의 계획으로 해결되기는 바라고 있습니다. 우리는 세브란스 씨가 그가 너무나도 관계된 일이 느리게 진행되는 것을 기다리다가 참지 못하지나 않을지 걱정하기 시작하고 있습니다.

(중략)

Frank F. Ellinwood (Sec., BFM, PCUSA), Letter to James S. Gale (Seoul) (Dec. 24th, 1901)

(Omitted)

Letters received to-day from Korea seem to indicate the probability that the Chong Dong deal with the King may be taken up again as some of the King's buildings have been burned, and he is left in need of such buildings as we have for his use. I hope that some issue will come from the long delayed plans of the King, not only our own houses, but the new hospital. We begin to fear that Mr. Severance may get out of patience awaiting the slow progress of matters in which he is so much concerned.

(Omitted)

메리 B. 바렛(서울)이 프랭크 F. 엘린우드(미국 북장로교회 해외선교본부 총무)에게 보낸 편지 (1901년 12월 28일)

한국 서울,
1901년 12월 28일.

F. F. 엘린우드 박사,
  뉴욕 시 5가(街) 156

친애하는 엘린우드 박사님,

이것은 지부의 두 번째 월례 편지입니다. 에비슨 박사가 지난 달에 너무도 충분하게 썼기에 저에게는 한 달 동안의 사건, 사역 및 성취한 것만 남아 있습니다.

(중략)

에비슨 박사의 시간은 평소와 같이 병원, 홍문석골 (교회) 주일학교에서의 전도 및 감독, 월요일의 교사 강습반 지도, 화요일 저녁에는 막 도착한 사람들 뿐만 아니라 1년 정도 있었던 사람들, 또한 기포드 부인, 기독교 청년회가 파송한 선교사이며 대단히 열성적인 젊은이인 질레트 씨164)를 포함한 신임 선교사들에 대한 강의 등으로 가득 찼습니다.

(중략)

이것이 제가 보고서에서 발췌한 모든 것이지만, 이외에도 기포드 부인이 병원에서 충실하게 일을 하고 있고, 에비슨 부인 역시 그녀의 상당 시간을 환자 방문과 그녀가 할 수 있는 여러 방식으로 돕는 일에 할애하고 있습니다.

---

164) 필립 L. 질레트(Philip L. Gillette, 1872~1938)를 말한다. 그는 미국 기독교 청년회 국제위원회의 모트 (J. R. Mott) 총무에 의해 한국 기독교 청년회의 창설 실무자로 선임되어 1901년 9월에 내한하였다. 그의 노력으로 1903년 10월 28일 유니언 클럽에서 한국 기독교 청년회가 창립되었고 초대 총무의 직책을 맡았다.

Mary B. Barrett (Seoul),
Letter to Frank F. Ellinwood (Sec., BFM, PCUSA) (Dec. 28th, 1901)

Seoul, Korea,

Dec. 28, 1901.

Dr. F. F. Ellinwood,

   156 Fifth Avenue, New York

Dear Dr. Ellinwood: -

This is the second installment of the monthly Station letter. As Dr. Avison wrote so fully last month, it only remains for me to tell of the one month's happenings, work and accomplishments.

(Omitted)

Dr. Avison's time has been taxen up much as usual with the hospital, preaching and superintending Sunday School at Ho Mun So Kol, leading the teachers class on Mondays, and on Tuesday evenings teaching the new missionaries, including not only those who have just come or have been hire a year or so, but also Mrs. Gifford (who is one os us) and the missionary sent out by the Y. M. C. A., a Mr. Gilletts, who is a very earnest enthusiastic young man.

(Omitted)

That is all I get from the reports, but besides Mrs. Gifford is faithfully working in the hospital and Mrs. Avison also gives considerable of her time there, visiting the patients and helping in various ways as she can.

20100000

올리버 R. 에비슨 지음, 박형우 편역, 올리버 R. 에비슨이 지켜본 근대 한국 42년 1893~1935. 상 (서울: 청년의사, 2010), 267~283쪽

6. 세브란스연합의학전문학교와 병원의 설립

첫 안식년

한국 사역의 첫 시기인 1893~99년 사이에 우리는 알렌이 병원을 이전하였던 구리개 지역의 한옥에서 일을 하였다. 지금 나는 그곳에서 했던 일, 장비 부족, 모든 일을 어렵게 하였던 많은 불편하였던 것을 얘기하려는 것이 아니다. 다만 서양식 건축법이 거의 알려져 있지 않고, 현대식 난방, 상수도와 하수도가 전혀 소개되어 있지 않은 때에 한국 같은 나라에서 현대식 병원을 건설하고 설비를 갖추는 것이 무엇을 의미하는지에 대해 약간의 이해를 주고 싶을 뿐이다.

선교사는 원래 8년 동안 근무를 해야 안식년을 갖는다. 우리는 단지 5년 반이 되었을 때 건강상의 이유로 소위 '건강 안식년'을 얻어 캐나다로 돌아가게 되었다.[165]

당시까지의 경험으로 나는 한국인들의 건강 상태를 증진시키기 위한 우리의 계획을 성취하려면 병원에 더 좋은 설비가 필요하다는 것을 알게 되었다. 그래서 캐나다에 도착하여[166] 나의 건강이 회복되어 한국으로 돌아갈 수 있게되었을 때 현대식 병원의 건설을 위한 계획을 세우기 위한 일을 착수하였다.

우연히 그럴듯한 일들이 잇달아 일어났다. 나는 토론토에서 활동하고 있던 훌륭한 친구인 건축가 헨리 B. 고든에게 병원의 설계도를 그려 줄 것을 요청하였다.[167] 그는 한국에 관심이 많았다. 이미 한국에서 활동하고 있는 맬콤 C. 펜윅 씨를 돕는 위원회의 위원이었다.[168] 그의 첫 질문은 내가 미처 준비하지 못한 것이었다.

---

165) 당시 에비슨 부인과 프레더릭 S. 밀러 부인이 계속 심하게 앓자 서울 선교지부는 특별 회의를 소집하여 이 두 가족이 조속히 미국으로 돌아가도록 결의하였다.

166) 에비슨은 1899년 3월 29일 서울을 떠나 3일 동안 제물포에서 기다린 후 나가사키로 갔고, 그곳에서 1주일 동안 기다렸다가 거의 한 달 만인 4월 25일 캐나다 밴쿠버에 도착하였다. 이후 부모님이 살고 계신 매니토바와 처가집이 있는 스미스 폴스를 거쳐 10월경부터 토론토에서 체류하였다.

167) 1899년 10월경 부탁하였으며, 설계도는 10월 말경 완성된 것으로 추정된다. 1900년 2월 당시 완성되어 사본을 제작 중에 있었다.

168) 한국 연합 선교회(Corean Union Mission)를 말한다.

"당신은 얼마나 많은 돈을 갖고 있소?"

"아직 한 푼도 없소." 내가 대답하였다.

"이거 참, 말[馬]도 없는데 어떻게 수레를 설치한단 말이요? 얼마나 많은 돈이 투자될지 모르면서 어떻게 설계도를 그릴 수 있겠소? 금액에 따라 건물의 크기와 형태가 결정됩니다."

"하지만 만일 내가 추정 경비와 함께 설계도면을 갖고 있지 않으면, 얼마나 많은 돈을 모금해야 하는지 어찌 알겠소?"하고 내가 대답하였다.

이 말에 그는 웃으며 내가 얼마나 많은 환자를 수용하길 원하는지 물었다. "약 40명이요." 내가 넌지시 말하였다.

잠시 생각한 후 그는 특별하게 꾸미지 않고, 또 아무런 장식이 없는 그러한 건물은 약 1만 달러에 지을 수 있을 것이라고 말하였다.

"좋습니다. 그 정도의 경비가 소요될 병원의 설계도를 그려 주시오." 내가 말하였다.

그는 즉시 설계도 제작에 착수하겠으며, 완전한 설계도를 나에게 무료로 선사함으로써 첫 기부자가 되고 싶다고 말하였다.

"고맙소. 보시는 바와 같이 설계도를 손에 넣기 전에 이미 내가 필요한 기금 확보에 좋은 출발을 내딛었습니다."하고 말하였다.

그런 일이 있은 후 한국으로 파송되기 전에 나의 환자였던 젊은 부인이 방문하였다. 한국에 병원을 건축하려 한다는 소식을 들었다면서 그 일을 위해 써달라며 약간의 돈을 기부하였다. "나는 단순한 여자 노동자169)이기에 얼마 되지 않습니다. 단지 5달러 밖에 되지 않지만 기쁜 마음으로 드리겠습니다." 그녀가 말하였다. 진심으로 그녀에게 감사하면서 "나는 지금 병원 건축에 필요한 모든 돈을 얻을 수 있을 것으로 확신합니다. 예상치 않았던 이런 시작으로 나는 온전히 성공할 수 있다는 확신을 느꼈습니다."하고 말하였다.

나는 고든에게 이 소식을 알렸다. 그는 내 말에 동조하면서 "그 필요성을 절실히 느끼고 하느님의 인도에 의지해 사업을 시작하는 사람에게는 항상 성공이 올 것으로 믿는다."고 말하였다.

이런 우연한 일이 있은 후 또 다른 일이 일어났다. 토론토에 있던 나는 뉴욕의 해외 선교본부 총무에게 이제 건강이 회복되었으며, 미국에서 내게 할 일이 주어지면 할 준비가 되어 있다는 편지를 보냈다.170) 이 편지가 뉴욕에

---

169) 그녀는 침모(針母)이었다. 魚丕信 博士 小傳(二八) 조선의료교육의 시작(四). 기독신보(1932년 8월 17일).

170) 1899년 10월 30일 편지를 보냈다. Oliver R. Avison (Toronto), Letter to Frank F. Ellinwood (Sec., BFM, PCUSA) (Oct. 30th, 1899).

배달되기 전에 해외 선교본부의 총무가 보낸 사람이 내게 와서 '건강이 회복되었다고 생각되면 곧 뉴욕으로 와서 의견을 교환하고 싶다.'는 총무의 전갈을 전하였다.171)

나는 선교본부 사무실172)에 도착하여 한국 담당 총무인 프랭크 F. 엘린우드 박사를 만났다. 그는 내게 서울에 병원을 건립하기 위한 1만 달러의 기금모금을 허가해 줄 것을 요청하는 편지173)에 대해 언급하였다. 그러면서 이것이 나와 의견 교환을 원했던 이유라고 말하였다.

나는 그에게 한국을 떠나기 전에 이 문제에 관하여 선교지부에 의견 개진을 하지 않았지만, 그곳에 적당한 병원이 건립되어야 할 필요성이 크다는 것을 알게 되었으며, 총무와 선교본부가 승인해 주도록 약간의 조치를 취하였다고 말하였다. 나는 이 계획과 관련하여 토론토에서 준비하였던 일을 말하였다. 그는 지체 없이 선교본부에 이 안건을 상정하겠다고 약속하였다.174) 오래되지 않아 나는 선교본부가 이 계획을 승인하였음을 알게 되었다.

선교본부 사무실을 방문한 후 승강기를 타고 내려와 로비로 걸어 나올 때 나는 어떤 젊은이와 얘기하고 있는 재무부장 C. W. 핸드 씨를 만났다. 그는 나를 그 젊은이에게 소개시켜 주었다. 그 젊은이의 이름인 '세브란스'는 그 당시 나에게 어떤 의미도 없었지만 후에 큰 의미를 갖게 되었다.175) 핸드 씨는

---

171) 에비슨은 11월 초순에 뉴욕을 방문하였다. '이 편지를 발송한 지 하루 만에 해외 선교본부에서 내게 보낸 편지 한 장을 받게 되었다. 사연을 뜯어보니 한국에 있는 선교부에서 보낸 보고를 받고 나와 더불어 상의할 일이 있으니 될 수 있으면 빨리 뉴욕으로 오라는 것이었다. 그럭저럭 고든 씨에게 부탁한 병원 설계도가 완성된 때이다. 그래서 그것을 가지고 가면 소용이 될 줄로 생각하였다.' 魚丕信 博士 小傳(二九) 세부란스병원 건축의 유래(二). 기독신보(1932년 8월 24일).

172) 8층에 있었다. 魚丕信 博士 小傳(二九) 세부란스병원 건축의 유래(二). 기독신보(1932년 8월 24일)

173) Horace G. Underwood, Eva H. Field (Com., Seoul Station), Letter to Frank F. Ellinwood (Sec., BFM, PCUSA) (Jan. 16th, 1900).

174) 당시의 상황을 에비슨은 다음과 같이 설명하였다. '그리고 또 말하기를 본 선교본부에서는 한국 선교부의 청구에 대해 이미 토의가 있는바 호의를 표해 나로 하여금 자금 모집에 착수하게 허락하기로 하였다. 하지만 그런 거액을 뜻과 같이 다 모집할 수 있을지 믿을 수는 없겠다고 하였다. 이 말을 듣고 나는 그에게 설명하기를 비록 한국 선교부에서 우리가 한국을 떠나기 전에 하등의 이야기를 한 일은 없다. 그러나 병원 건축 문제가 상당히 중요한 것으로 생각하고 나는 토론토에 도착하자 즉시 병원 설계도를 작성하여 여기까지 가지고 왔다고 하였다. 그리고 설계도도 기부로 받은 것이며, 이 밖에 소액이나마 성의 있는 기부를 얻기 시작한 것을 모두 말하였다. 입으로 이 말을 하면서 마음속에서는 이런 생각이 떠올랐다. 내가 떠나기 전에 서로 모여 의논한 일이 없었지만 한국에 있는 선교사들도 나의 생각과 똑같이 병원의 필요성을 절실히 느꼈기 때문에 이와 같은 요구를 선교본부에 제출한 것이었다. 그들이 나에게 자금 모집에 대한 권한을 주라고 선교본부에 요구할 그때에 나는 토론토에서 병원 설계도의 작성을 의뢰하고 있었던 것이요, 또 내가 토론토에서 뉴욕에 있는 선교본부에 편지를 쓸 그때에 동 선교본부에서는 나에게 편리한대로 오라고 통지를 한 것이었다. 순식간에 이런 생각이 머리 속에서 떠돌며 동시에 나는 이 사업을 위해 하느님의 손이 축복하시고 계심을 깨달았다. 그래서 이 일이 장차 확실히 성공될 것에 대해는 조금도 의심할 여지가 없었다.' 魚丕信 博士 小傳(二九) 세부란스병원 건축의 유래(二). 기독신보(1932년 8월 24일).

175) 루이스 H. 세브란스의 아들 존 L. 세브란스(John L. Severance, 1863~1936)를 말한다.

나를 붙잡고 말하기를 "에비슨 박사님! 세브란스 씨에게 당신을 소개하려 합니다."고 하였다. 몇 마디 인사를 주고받은 후에 헤어져 나는 일을 보러 갔다.

그 후 얼마 되지 않아 다시 만나게 된 핸드 씨는 나에게 "당신이 원하는 병원을 선교부가 승인하였습니다. 만일 당신이 그의 가족과 친해질 수 있다면 그들은 병원을 지어줄 수 있을 것입니다. (그렇게 된다면) 그것에 관해 아무것도 생각하지 않아도 됩니다."라고 말하였다. "그러면 좋겠지요?" 나는 말하였다. 그것은 1899년 가을이었다.

이 일이 있은 직후 나는 서울의 동료 선교사로 병든 아내의 치료를 위해 뉴욕의 클리프턴 스프링스의 요양소에 체류하고 있는 프레더릭 S. 밀러 목사로부터 편지를 받았다. 그는 요양소를 방문한 선교본부 총무 엘린우드 박사와 병원 건립에 관해 대화를 나누었다고 말하였다.

밀러는 엘린우드에게 "에비슨 박사가 병원을 짓기 위해 1만 달러의 자금을 모집하는 것을 승낙했다지요?"하고 물었다. 엘린우드는 "그렇게 했지만 에비슨 씨가 여기서 돈 있는 사람들을 많이 알지 못하니 성공할지 의문입니다."라고 말하였다고 하였다. 이에 밀러는 말하기를 "박사님, 에비슨 씨가 비록 친한 부자들은 별로 없다고 하더라도 그가 하느님과 친밀한 관계를 가지고 있다는 것을 잊지 말아야 합니다."라고 대답하였다고 하였다. 이 말은 늘 내 귀를 맴돌았다. 그리해 나는 자금을 모금하기 위해 활동하면서 끊임없이 하느님께 간구하였던 것이다.

루이스 H. 세브란스 씨와의 만남

1900년 봄 우리가 한국으로 돌아갈 준비를 마쳤을 때 엘린우드 박사로부터 해외 선교본부는 우리가 뉴욕에서 열리는 해외 선교 대회(Ecumenical Conference of Foreign Missions)에 참석하기를 원하기 때문에 한국으로 돌아가는 일정을 가을까지 연기해 달라는 요청을 받았다.[176] 또한 그 대회를 위하여 '의료 선교

---

176) 사실 에비슨은 1900년 2월 10일자로 선교본부에 '한국으로 돌아가는 것을 여름철을 피해 8월 1일까지 안식년을 연장하여 달라'고 요청하였고, 선교본부로부터 승인을 받았다.
'1900년 4월이나 5월에 떠나기로 하고 있는 중인데 뉴욕에 있는 해외 선교부에서 보낸 편지 한 장을 받게 되었다. 뜯어보니 뉴욕에 세계 각국 개신교파의 각 선교부 대표들이 모여 일반 선교 문제를 토의할 큰 모임이 불원간 있을 터이니 그 모임에 참석하였다가 가라는 통지이었다. 그리고 출석하여 의료 선교에 대한 연설을 해달라고 요청하였다. 물론 나는 이 요청을 반갑게 승낙하였다. 또 원두우 박사와 그의 매씨(妹氏)가 회의가 열리는 동안 자기 집에 와서 체류하라는 초대도 받았다. 원두우 씨로 말하면 내가 조선에 처음 나올 때부터 주선해 나오게 한 분이었음으로 그 집으로 우리를 청해 체류하게 한 것은 뜻한 바와 매우 상합이 된 것이었다.' 魚丕信 博士 小傳(三) 세부란스병원 건축의 유래(속). 기독신보 제874호, 1932년 8월 31일.

에서의 우의(Comity in Medical Missions)'라는 주제로 원고를 써 달라고 요청하였다.177) 한국의 선교 병원에서 협동의 필요성을 크게 느꼈던 나는 제시된 주제를 기쁜 마음으로 받았다.

대회는 4월 하순부터 5월 상순까지 열렸다.178) 주요 모임은 카네기 홀에서 열렸다. 작은 모임은 여러 다른 홀과 근처 교회에서 열렸다. 하루에 세 번 카네기 홀은 5,000명의 청중으로 꽉 찼다. 근처의 모든 다른 모임 장소도 유사하게 붐볐다.

내 원고는 오전 세션에 카네기 홀179)에서 낭독되었다. 나를 성원하는 아내와 함께 단상에 앉았을 때 모든 사람들이 나의 강연을 들을 수 있을까 걱정이 되었다.180) 또한 각국에서 온 유명한 사람들에 의해 낭독되는 많은 심도 있는 원고를 듣고 나니 나의 원고가 너무 단순하게 느껴졌다. 이것이 나를 상당히 초조하게 만들었다.

그러나 차례가 되자 나는 당당하게 앞으로 나아가 작은 연단 위에 올라서서 전체 청중을 쳐다보았다. 2층 방청석의 가장 뒷줄 쪽*을 바로보고 "나는 저곳에 앉아 있는 사람들에게 말할 것이다. 그들이 들을 수 있게 하면 회의장 내의 모든 사람들이 들을 수 있을 것이다."라고 나 자신에게 말하였다.

* 나는 2층 방청석에 어떤 사람이 앉아 있었는지 당연히 몰랐다. 카네기 홀의 맨 위층에 앉아 있던 사람들은 분명하게 내 연설을 들을 수 있었다. 8년 후 다시 안식년으로 미국을 방문하였던 우리는 1년 동안 오하이오의 우스터에 체류하였다. 그곳에서 우리 애 2명이 대학을 다녔다. 어느 날 우스터 대학의 총장 L. E. 홀든181) 박사가 나를 방문해 자동차로 시내를 구경시켜 주었다. 그는 어

---

177) Oliver R. Avison, Comity in Medical Missions. *Ecumenical Missionary Conference, New York, 1900.* Vol 1. American Tract Society, New York, 1900, pp. 243~248.

178) 이 회의는 4월 21일부터 5월 1일까지 개최되었다.

179) 당초 에비슨은 근처의 센트럴 장로교회에서 열릴 모임에서 연설하기로 예정되었으나 카네기 홀로 변경되었다. '내가 말할 차례에는 회의를 그 근처에 있는 장로교 중앙 예배당에서 모이게 되었는데, 굉장히 큰 집안에서 대다수의 청중을 향해 말하는 것보다는 매우 단아한 느낌을 갖게 되었다. 그런데 주최 측에서 광고하는 것을 들으니 내가 말할 장소를 카네기 홀로 변경하였다고 하였다. 이 말을 들은 나는 위원들이 실수한 것이 아닌가하고 당국 위원을 찾아 물어 보았다. 그들의 대답은 사정에 의해 변경한 것이니 그 곳으로 가서 말씀해 주기를 바란다고 하였다. 나는 그런 굉장히 큰 방에서 말하라 하는 말을 듣고 상당히 놀래었다. 그러나 나로서는 어찌할 수 없는 일이요 그 변경대로 하지 않을 수 없는 형편이었다. 그 이튿날 월요일(4월 30일) 아침에 나의 이름을 부르며 말하라고 할 때에 나는 신경이 매우 예민하게 되었다.' 魚丕信 博士 小傳(三一) 세부란스병원 건축의 유래 (속). 기독신보 제874호, 1932년 8월 31일.

180) 이것은 에비슨의 기우(杞憂)이었다. 카네기 홀은 무대에서의 발표 내용이 어느 좌석에서나 똑같이 들린다고 한다.

181) L. E. 홀든(L. E. Holden)은 1899년부터 1915년까지 우스터대학의 제4대 총장을 역임하였다.

떻게 세브란스 씨가 나에게 병원을 지어 주게 되었는지 아느냐고 물어보았다. 나는 당연히 몰랐다.[182] 그가 말하였다. "그러면 내가 말씀해 드리지요. 당신이 카네기 홀에서 원고를 낭독하고 있을 때 나는 세브란스 씨와 함께 갤러리의 뒷 자리 위에 앉아 있었습니다. 당신이 낭독한지 얼마 되지 않아 그가 나를 보고, '내가 만일 저 사람에게 병원을 지어 준다면 당신은 어떻게 생각하겠소?'라고 말하였습니다. 나로부터 답[183]을 들은 세브란스 씨는 회의장으로 내려갔습니다. 그는 측면 통로를 따라 군중 속을 지나 강단에 가서 당신을 만나기 위해 정오 까지 기다렸던 것입니다."[184]

그리고 그 곳을 향해 내 목소리를 던지면서 원고를 읽어 내려갔다.[185] 최 소한 나는 그렇게 하였다고 생각하였다. 하지만 후에 일부 친구들은 내가 처 음에는 원고를 읽어내려 가기 시작하였지만 상당히 진지해지더니 원고를 거의 혹은 전혀 참고하지 않고 연설을 하였다고 알려주었다. 내가 강조한 주안점은 만일 여러 교파에 의해 서울로 파송된 7명의 의사가 협동할 수 있고 수도 서 울에 하나의 좋은 병원을 건립할 수 있다면 7개의 보잘 것 없는 작은 병원을 운영하는 것보다 더 좋을 것이다. 그 병원은 7명 대신 3~4명만으로 운영될 수 있을 것이라는 점이었다. 7명 중 나머지 의사들은 한국의 다른 곳에서 일을 할 수 있고 그들의 노력의 범위를 한국인을 위해 크게 넓힐 수 있다는 점을 강조하였다.

청중들이 해산하는 정오에 단상의 중앙으로부터 내 이름을 부르는 소리가 들렸다. "단상의 중간에서 에비슨 박사를 찾고 있소."

그곳에 서 있던 엘린우드 박사는 나에게 "이 신사가 당신을 소개해 달라

---

182) '세브란스 씨가 돈을 내어 놓기로 결심을 하게 된 사실은 자세히 알 수가 없을 뿐 아니라 나는 그때 회의 중에서 말할 때에 병원 지을 것을 위해 하소연한 일도 없었노라고 대답하였다.' 魚丕信 博士 小 傳(三三) 세부란스 의학교의 유래. 기독신보 제878호, 1932년 9월 28일.

183) '홀든은 그렇게 할 수 있으면 좋은 일이 되겠다고 대답하였다.' 魚丕信 博士 小傳(三三) 세부란스 의학 교의 유래. 기독신보 제878호, 1932년 9월 28일.

184) '네 그러면 이제 당신 이야기의 끝은 내가 맞추지요 하고 나는 당시에 생각하였던 사실을 말하였다. "내가 그때 강단에 올라서면서 이런 생각이 났습니다. 저 가장자리로 돌아가면서 앉은 사람들에게까지 내 말을 듣도록 해야 될 텐데 아무쪼록 못 듣는 사람이 없었으면 하였더니 그때 바로 세브란스 씨가 앞으로 나온 때이었습니다. 그의 아들은 얼마 전에 해외 선교본부 회계의 소개로 만났으나 세브란스 씨는 내가 알지 못하는 분이었습니다. 해외 선교본부의 회계가 그의 아들을 내게 소개한 뒤에 말하기 를 내가 만일 그의 가족과 친근할 수만 있다면 병원 건축비 전부를 얻을 수 있겠다고 하였습니다." 이때에 나의 생각은 세브란스 씨를 움직이게 되었던 것이다. 그래서 오늘 우리 세브란스 병원의 거의 전부를 그의 기증으로 짓게 된 것이었다. 그리고 그의 유족들은 지금도 오히려 그의 첫 번 기증액에 계속 기증을 더하고 있는 것이다. 魚丕信 博士 小傳(三三) 세부란스 의학교의 유래. 기 독신보 제878호, 1932년 9월 28일.

185) 원고는 20분 동안에 읽을 수 있는 짧은 것이었다. 魚丕信 博士 小傳(三一) 세부란스병원 건축의 유래 (속). 기독신보 제874호, 1932년 8월 31일.

고 요청하고 있소."라고 말하였다. 멋지게 보이는 백발의 노신사를 보면서 그는 나를 세브란스 씨에게 소개하였다. 그 이름이 즉시 내 뇌리를 때렸다. 그것은 재무부장이 나에게 그의 관심을 끈다면 다른 사람의 도움 없이 나에게 병원을 지어줄 수 있다고 얘기하였던, 작년 가을 선교부 사무실로 들어가다가 만난 바로 그 젊은이의 이름이었다. 즉시 큰 희망이 내 속에서 용솟음 쳤다.

세브란스 씨는 내게 말하였다. "에비슨 박사님! 당신의 강연을 매우 흥미롭게 들었습니다. 나는 당신의 사업에 기꺼이 공감합니다." 그리고 여태껏 이 대회에서 들은 최상의 두 단어는 '우의(comity)'와 '협동(unity)'이라고 내게 말해 주고 싶었다고 말하였다. 그리고 둘 다 좋았으나 협동이 더 좋았다고 말하였다. 그는 나와 더 얘기하고 싶다고 말하였다. 다음 주 수요일 오후 3시에 만나기로 약속을 하였다.186)

나는 그에게 몇 달 전 선교본부 사무실에서 '세브란스'라는 이름을 가진 젊은이를 만났는데 혹시 인척이 아닌가 물었다. "어떻게 생겼는지 말해주시오."라고 물었다. 나는 그의 외모에 대하여 설명해 주었다. 그는 웃으면서 "오, 그는 내 아들 존이오."라고 말하였다.

그때 내가 무엇을 생각했는지 궁금하지 않습니까? 나는 이것이 또 하나의 우연이라고 생각하였다. 내가 그 가족이 병원을 지워준다고 확실하게 느꼈다고 말한다면 놀라겠습니까?

수요일 나는 약속한 대로 세브란스 씨를 만났다.187) 그는 시간을 허비하지

---

186) 다음 주 수요일은 5월 9일이다. "그는 또 계속해 말하기를 '당신의 연설 낭독을 듣건대 서울에는 병원이 여러 개 있는 모양입니다.'라고 하였다. 나는 그렇다고 대답하였다. 소위 병원이라고 부르는 기관이 허다하지마는 실지 그곳에 가서 시찰해 보면 무슨 이름을 붙여야 좋을지 모를 것이 많다고 하였다. 그는 또 계속해 '귀하가 뜻하는 병원을 서울에다 짓자면 돈이 얼마나 들겠습니까?'하고 물었다. 나는 이미 설계도를 작성하여 몸에 지니고 다니는 처지였음으로 그 말에 대답하기가 힘들지 않았다. 손가방에서 설계도를 꺼내며 '이것이 설계도인데 이것을 건축하자면 1만 달러가 필요하다고 합니다.'고 대답하였다. 이 말을 듣더니 그는 헤어지면서 '아마 다시 만날 듯합니다.'라고 말하였다. 헤어지기 전에 다시 '오늘 광고를 들으니 수요일 오후 3시에 회의실에서 모든 선교사들이 모이는 일이 있다고 하는데 귀하도 그때 참석합니까?'하고 말하였다. 그렇다고 말하였더니 그 역시 그 곳에 와서 나를 만나겠다고 말하였다. 그리고 '그때 만나게 되면 이야기를 좀 더 자세히 할 수 있겠지요.'라고 하였다. 그 말은 내게 매우 반갑게 들렸다. 그때 만나기로 약속하고 헤어졌다.' 魚丕信 博士 小傳(三一) 세부란스병원 건축의 유래 (속). 기독신보 제874호, 1932년 8월 31일.

187) "그러나 그 날 오후에 나는 브룩클린 교회의 부인회에 가서 말하게 되었음으로 오후 5시가 되도록 회의실에 갈 수 없었다. 5시가 다 되어 회의실에 들어가니 세브란스 씨는 벌써부터 나를 기다리다가 맞이하여 주었다. '늦었구려.' 나는 늦은 이유를 설명하며 미안한 뜻을 표하였다. 그는 '지금 무슨 특별한 일이 있습니까?'하고 물었다. 없다고 대답하자 나를 데리고 한편 구석에 가서 자리를 잡고 앉아 서울에서 진행되는 의료 사업의 내용을 묻고 대답하게 되었다. 이 이야기 저 이야기를 한 다음에 설계도를 좀 보자고 해 내어 보였다. 그는 이 설계도를 보고 여러 가지 질문을 많이 하였다. 그리고 나중에는 말하기를 '그것 좋습니다.'하며 '다시 만날 기회가 있겠지요.'하고 헤어졌다. 이 날의 만남은 이것이 다이었다.' 魚丕信 博士 小傳(三二) 세부란스 병원 건축의 유래(속). 기독신보 제875호, 1932년 9월 7일.

않고 단도직입적으로 병원 문제를 이야기하였다. 그는 "당신은 강연에서 서울에 여러 교파의 병원이 있다고 하였습니다. 그렇다면 내 생각에 다른 병원이 필요하지 않은 것 같습니다."라고 말하였다.

나는 "예, 우리는 후원자를 갖는 일곱 곳의 병원이 있지만 당신이 직접 본다면 그것들을 무엇이라 부를지 모르겠습니다. 그것들 중 어느 것도 제대로 설비된 것은 없습니다. 각 병원은 한 명의 간호원도 없이 한 명의 의사에 의해 운영되고 있습니다."라고 말하였다. 그 다음에 나는 원고에서 말한 것을 반복하였다. "만일 그 의사들 중 3~4명이 제대로 장비가 갖추어진 하나의 병원에서 함께 일할 수 있다면, 7명이 현재의 상태에서 일을 하는 것 보다 더 많은 일을 할 수 있을 것입니다. 나머지 3~4명은 한국의 여러 곳에서 더 많은 병든 사람들을 도와 줄 수 있을 것입니다."

"당신이 전적으로 옳습니다." 그가 말하였다. "그런데 당신의 그것을 성취하기 위해 어떤 계획을 갖고 있습니까?"

가장 중요한 순간이 왔다. 적절하게 그려진 설계도를 갖고 있다는 사실은 그에게 내가 미리 준비해왔음을 보여주는 것이었다. 그 순간 고든에게 설계도를 그려달라고 말하였던 것이 올바른 걸음의 시작이었다는 생각이 들었다. 나는 가방에서 설계도를 꺼내어 그 앞에 펼쳤다.

그는 설계도를 세밀히 살펴보고 내가 전혀 생각하지 않았던 질문을 잇달아 하면서 내 계획을 면밀하게 검토하였다. 그는 자신의 방식대로 내가 무엇을 생각하고 있는지를 살폈다. 그리고 이렇게 계획을 짠 이유와 설계도대로 짓는 데 무엇이 필요한 지를 물었다. 나는 할 수 있는 대답을 즉시, 그리고 분명하게 하였다. 마침내 그가 만족해하는 것 같았다.[188]

"자, 나는 갈 시간이 되었습니다." 그가 말했다. "아마 우리는 다시 만나게 되겠지요."

이것은 분명한 작별의 메시지가 아니었다. 그의 진지함을 느낀 나는 이 후에 전개될 일을 생각하니 매우 행복하였다.

회의의 끝나자 엘린우드 박사는 나에게 여러 명의 선교사 중의 한 명으로 토요일 저녁 뉴욕의 스키넥터디[189]로 가서 일요일[190] 아침과 저녁에 그 곳의

---

188) "손가방에서 설계도를 꺼내며 '이것이 설계도인데 이것을 건축하자면 1만달러가 필요하다고 합니다.'라고 하였다." 魚丕信 博士 小傳(三二) 세부란스 병원 건축의 유래 (속). 기독신보 제875호, 1932년 9월 7일.

189) 스키넥터디(Schenectady)는 미국 뉴욕의 스키넥터디 카운티에 있는 도시로 뉴욕 주에서 9번째로 크다. 이 도시는 뉴욕 주의 동부에서 모호크 강과 허드슨 강이 만나는 곳 근처에 위치한다. 이곳에는 네덜란드 식민지이던 1661년 처음 사람이 거주하기 시작하였고, 1798년 시로 되었다. 1887년 에디슨은 그의 'Edison Machine Works'를 이곳으로 이전하였다. 1892년 General Electric Company의 중심지가 되었으며, American Locomotive Company도 있었다. 1900년의 인구는 31,682명이었다.

교회에서 강연해 줄 것을 요청하였다. 이들 중에는 인도의 제임스 M. 토번 감독191)과 중국 내지 선교부의 책임자 제임스 H. 테일러192)가 포함되어 있어 나는 유명인사가 되었다고 느꼈다.

자정에 도착한 나는 밤을 그 도시에 있는 유니온 대학193)의 총장 앤드류 반 브랑켄 레이몬드194) 목사 집에서 보냈다. 아침에 집 주인은 나를 스키넥터디 기관차 제작 회사(Schenectady Locomotive Works)195)의 부사장인 앨버트 J. 핏킨 씨196)의 집으로 데리고 갔고, 체류하는 동안 그의 환대를 받았다.

핏킨 씨는 매우 유쾌한 사람으로 우리를 훌륭하게 접대하였다. 세브란스 씨만큼이나 강렬하였다. 나는 아침 식사를 하면서 그의 부모가 서부 주의 내지 선교사였다는 것을 알게 되었다. 그들은 굉장히 힘들게 살았고 빈약한 월급으로 가정을 꾸려나갔다. 그들에게 보내진 거의 맞지 않는 헌 옷이나 맞더라도 아주 낡은 옷으로 가득 찼던 크리스마스 선물에 대해 냉혹하게 말하였다. 그러나 그 시절은 이미 지나가 버렸고 그는 이제 안락한 환경에 살고 있다. 내지건 해외건 선교사로 활동하고 있는 사람들을 크게 칭찬하고 있었다.

내가 하고 있는 일에 대해 묻는 그에게 한국에서의 의료 선교의 현상과 연합으로 운영하기를 원하는 새 병원 건립을 위한 기금 모금에 노력하고 있음을 말하였다. 그가 병원 건립에 관한 내 계획에 대해 더 알고 싶어 할까? 그랬다! 그는 더 알고 싶어 하였다. 많은 것을 물어 보았다. 질문을 하는 모습을 보니 그는 천생 타고난 큰 사업가였다. 마침내 그가 말하였다. "나는 당신의 계획에 동감합니다. 모든 공간이 적절하게 사용되고 있습니다. 헛된 공간은 없

---

190) 5월 13일이다.

191) 제임스 엠 토번(James M. Thoburn, 1836~1922)은 미국 감리회의 감독으로 인도에서의 선교 사업으로 잘 알려진 인물이다. 토번은 오하이오에서 태어나 1857년 펜실베이니아의 알게니대학(Allegheny College)을 졸업하고 피츠버그에서 설교 목사를 시작하였다. 그는 1859년 인도에 선교사로 파송되어 활동하다가 사고를 당한 후 1886년 미국으로 돌아 왔다. 1888년 감리회 총회에서 인도와 말레이시아의 선교 감독으로 선출되었다. 1908년 은퇴하였다.

192) 제임스 H. 테일러(James H. Taylor, 1832~1905)는 중국으로 파송된 선교사이었다. 중국 내지 선교부(China Inland Mission, 지금은 OMF International)의 창설자이다. 테일러는 중국에서 51년 동안 활동하였다. 19세기 중국을 방문하였던 가장 의미 있는 유럽인의 한 명으로 인정받고 있다.

193) 유니온 대학은 1795년 설립된, 미국에서 두 번째로 오래된 대학이다.

194) 에비슨은 원문에서 레이몬드를 리차드(Richard)로 잘못 적었다. 앤드류 반 브랑켄 레이몬드(Andrew Van Vranken Raymond)는 유니온 대학과 뉴브런즈윅 신학교를 졸업하였다. 1894년 5월부터 1907년 7월까지 유니온 대학의 총장으로 재임하였다.

195) 이 회사는 1800년대 중반부터 기관차를 만들었다. 1901년 American Locomotive Company에 합병되었다.

196) 에비슨은 앨버트 제이 핏킨(Albert J. Pitkin)을 월터(Walter Pitkin)로 잘못 기록한 것으로 보인다. 핏킨은 1880년 도안 책임자로 스키넥터디 기관차 제작 회사에 부임하였다. 그는 더 무거운 기관차를 생산하는데 힘을 기울였다. 4-4-0 형의 기관차의 주요 디자이너이었다. 그는 스키넥터디 기관차 제작회사의 지배인으로 오래 활동하였다. American Locomotive Company의 사장으로 재직하던 중 1905년 11월 16일 사망하였다.

습니다."

곧 그가 다시 말하였다. "나는 당신이 그 병원을 짓는 것을 돕고 싶습니다. 그것을 위해 500달러를 기부하겠습니다."

첫 선물은 건축가의 설계도였고, 두 번째 선물은 5달러였다. 지금은 500달러인데 그 누구도 요청에 의해 준 것이 아니었다.

그때 세브란스 씨가 갑자기 떠올랐다. 만일 그가 병원을 기부하려 한다면 다른 사람들이 기부하는 것에 반대할지도 모른다는 생각이 들었다. 그래서 핏킨 씨에게 세브란스 씨에 대해 말하였다. 그는 이미 세브란스 씨를 알고 있었다. 그가 현재까지 보여 주었던 관심과 언젠가 나를 다시 보겠다는 암시를 준 것을 근거로 판단할 때 그는 분명 계획을 성취하려고 고심하고 있으며, 따라서 안심해도 될 것이라고 말하였다.[197]

그는 덧붙였다. "그러나 나는 어쨌건 당신에게 500달러를 드리겠습니다. 병원에서는 항상 500달러가 필요한 일들이 있게 마련입니다. 만일 더 필요하다면 기꺼이 더 기부하겠습니다."

축복받은 약속이여! 나는 다음날 뉴욕으로 돌아와 엘린우드 박사에게 이 사실을 보고하자 그는 당연히 크게 즐거워하였다. 그는 그 달 하순에 미주리의 세인트루이스에서 장로교회 총회가 열리는데 내가 참석해주도록 요청하였다.[198] 그는 "총회에서는 토착 교회에서 자립의 가치 혹은 그 반대에 대한 토론이 있을 터인데, 자립을 위해 한국이 모범적이므로 권위자 중의 한 명으로 당신이 강연하는 것은 당연한 것입니다."라고 말하였다.

토착 교회가 할 수 있는 일에 더 익숙한 일부 전도 선교사들처럼 그 주제에 관해 설득력 있게 말 할 수 없을지 몰랐다. 하지만 나는 기꺼이 가겠다고 말하였다.

"세인트루이스로 가는 동안 일정을 잡아 놓겠습니다."라고 그가 말하였다. 이 계획은 차질 없이 진행돼 나는 총회가 열리는 첫날 정오에 그곳에 도착하였다.[199]

---

197) "나는 이 말을 그에게 먼저 하였어야 될 것이었다. 그러나 그가 주는 돈을 받으며 '아직 확실히는 모르겠다.'고 하였다." 魚丕信 博士 小傳(三二) 세부란스 병원 건축의 유래(속). 기독신보 제875호, 1932년 9월 7일.

198) 장로교회 총회는 5월 17일부터 26일까지 개최되었다.
"그곳에서 회의를 마치고 뉴욕으로 다시 돌아오니 펜실베이니아로 가서 선교 강연을 해 달라는 요청이 있었다. 그래서 펜실베이니아로 가서 며칠 있었는데, 그 동안 엘린우드 박사로부터 편지가 오기를 장로교회의 다음 총회가 세인트루이스에서 열릴 터인데 회의에서 다소 질문이 있을 터인즉 내가 출석했다가 답변해주기를 바란다는 내용이었다.' 魚丕信 博士 小傳(三二) 세부란스 병원 건축의 유래(속). 기독신보 제876호, 1932년 9월 14일.

199) 5월 17일이다.

마침 해외 선교에 관한 모임이 근처 교회에서 열리는 것을 알게 된 나는 그 모임에 참석해 젊은 여자의 강연을 들었다. 이 강연에 관한 토론 중 나는 일어나 그녀의 지적 중 내가 다소의 경험을 했던 한 주제에 관해 2~3분 동안 이야기하였다.

이야기가 끝나고 자리에 앉았다. 그러자 좌장인 선교부의 A. 우드러프 홀시 박사는 청중들에게 내가 한국에서 온 의료 선교사임을 소개하였다. 그러면서 선교본부에서 아직 공표하지 않은 성명서를 발표하겠다고 하였다. 그는 최근 한 신사가 선교본부를 방문하였는데 에비슨과 그의 활동에 관해 많은 것을 물어본 후 에비슨이 일하는 한국의 서울에 병원 하나를 건립하는데 필요한 1만 달러를 기증하겠다는 의사를 밝혔음을 말하였다.

세브란스 씨는 나를 다시 만나지 않았다. 하지만 내게 병원을 선물하였던 것이다. 그것은 단지 1만 달러에 지나지 않았다. 그러나 내게는 100만 달러처럼 느껴졌다.

나는 머지않아 선교본부로부터 기부를 알리는 공식 편지를 받았다.[200] 그 편지에는 세브란스 씨가 총회에 참석할 것이니 그를 만나 선물에 대해 감사 표시를 하는 것이 좋겠다는 내용이 들어 있었다. 곧 우리 부부는 그를 만나게 되었다. 다음과 같은 흥미로운 대화를 나눴다.

"세브란스 씨, 훌륭한 선물에 대해 감사를 드립니다. 이것은 한국의 병든 사람들에게 큰 혜택이 될 것이기에 우리 부부는 매우 행복합니다."

그가 대답하였다. "받는 당신보다 주는 내가 더 행복합니다(You are no happier to receive it than I am to give it). 나는 당신이 기획하였던 모든 일들이 성취되기를 희망합니다."

나는 말하였다. "세브란스 씨는 모르실 것입니다. 우리 부부는 약 1년 동안 이 병원을 위해 기도하였습니다. 그러니 당신이 기부해 주신 것을 기도에 대한 응답으로 여길 수밖에 없습니다."

"글쎄요, 당신이 말하는 것을 들어보니 나도 약 1년 전 어느 곳엔가 병원을 건축하려는 마음을 갖고 있었습니다. 사실 한 달 전 회의에서 당신의 연설을 듣기 전까지 어느 곳이어야 하는지 결정하지 못하고 있었습니다. 그런데 그곳이 서울이라는 생각이 들어 결정한 것입니다. 나는 하느님에 의해 당신과 내가 인도되어 그 일이 이루어졌다고 믿습니다."

---

200) 선교본부는 5월 15일의 회의에서 세브란스 씨의 기부를 받아 들였으며, 이 내용이 담긴 엘린우드 총무의 공식 편지는 토론토로 발송되었다가 5월 19일 세인트루이스의 에비슨에게 전달되었다.

Oliver R. Avison, Edited by Hyoung W. Park, *Memoires of Life in Korea* (Seoul: The Korean Doctors' Weekly, 2012), pp. 145~152

Chapter 6 Building the Severance Union Medical College and Hospital

My First Sabbatical

During our first period of service in Korea, 1893 to 1899, we worked in the native buildings in Kurigai district to which Dr. Allen had moved his hospital, where its name was changed to Chay Joong Won. It is not intended here to tell of the work done there, of the lack of equipment and the many inconveniences that made everything difficult, but rather to give some idea of what it meant to erect and equip a modern hospital in a land like Korea, at a time when Western methods of building were but little known and the installation of modern heating, water and drainage systems was totally unknown.

When we had put in only five and a half of the eight years of service then expected of missionaries before they were entitled to a furlough the sickness of both my wife and myself necessitated our returning to Canada on what was called a health leave.

The experience of those years in Korea had shown me the necessity of better hospital facilities if we were to carry out our plans for improving the health conditions of the Koreans so after our arrival in Canada and as soon as my health would permit it, I set out to obtain a plan for a modern hospital to be erected when we found it possible to return to our work.

A series of seeming coincidences followed. I had a good architect friend in Toronto, Mr. H. B. Gordon, to whom I went with a request for a plan. He was already interested in Korea, being a member of a Committee that was supporting Mr. Malcolm Fenwick there. His first question was one I had not been prepared for: "How much money have you?"

I said, "I haven't any yet."

"Well aren't you putting the cart before the horse? How can I draw a plan without knowing how much money is going into it? That will determine its size and type."

"But," I replied, "if I haven't a plan with its estimated cost, how can I know much money to try to get?"

At that he laughed and asked me how many patients I wanted it to accomodate. "About forty," I suggested.

After some thought he said such a building, Plain and without any frills, might be built for $10,000.

"All right," I said, "please draw a plan for it on that basis."

He said he would get at the work right away and would himself make the f irst donation by presenting me with the complete plans free of charge.

"Thank you," I said. "You see I have already made a good start in getting the money I shall need even before I have gotten the plan."

Then a young woman who had been one of my patients before we went to Korea called at my home and said that she, having heard I was going to build a hospital in Korea, had brought a little contribution toward it. "It is not much," she said, "as I am only a working woman; it is only f ive dollars but it is given gladly." Thanking her heartily, I said, "I am now confident I shall get all the money needed. With such a beginning, entirely unsought, I feel sure of complete success." I reported this to the architect who, in agreeing with me, said he believed success always comes to those who begin an enterprise believing in its necessity and trusting in the guidance of God.

Then occurred another event in the series of those coincidences.

I wrote a letter from Toronto to the Secretary of the Board of Foreign Missions in New York saying I had recovered my health and was now ready to take up any work they might have for me to do in the United States. Before this letter had had time to reach New York, one came to me from the Secretary of the Mission Board telling me they wanted to consult me so they would like me to come to New York as soon as I felt well enough to do so.

When I arrived at the Board's off ice and met the Secretary for Korea, Dr. Ellinwood, he told me the letter from the Mission asked the Board to give Dr. Avison permission to raise ten thousand dollars with which to erect a hospital in Seoul and it was about this he wanted a conference with me.

I told him that, though I had not consulted the Mission about it before I left Korea, I had realized the great need for a proper hospital there and had taken certain steps toward the scheme which I hoped he and the Board would approve. I told him what I had done in Toronto about this plan and he promised to lay the matter before the Mission Board without delay and ere long learned that the Board approved the idea.

Not long after that, when on a visit to the Board rooms, as I stepped out of the elevator into the lobby, I met the Board Treasurer, Mr. C. W. Hand, who was talking with a young man to whom he introduced me. His name, Severance, meant nothing to me then though it came to mean a great deal later on. When the young man had gone Mr. Hand said tome, "You are wanting a hospital and the Board has given permission for it. If you could just get in with that family, they could build it themselves and think nothing of it." "Wouldn't that be nice?" I said. That was in the fall of 1899.

Shortly afterwards I received a letter from a fellow missionary, Rev. F. S. Miller of Seoul, then in America with a sick wife who had been taken to the Sanatorium at Clifton Springs, N. Y., for treatment. He told me that Dr. Ellinwood, the Board Secretary, while visiting the sanatorium had talked with him about he proposed hospital. He Mr. Miller had emphasized its need and said he was glad the Board had given its consent for it to which Dr. Ellinwood said he was afraid Dr. Avison would find it difficult to get the money as he was not acquainted with any monied men in the United States. "Yes, but he's acquainted with a monied God," Mr. Miller had promptly replied.

Encounter with Mr. Louis H. Severance

This was in spring of 1900 and we were just getting ready to return to Korea when a letter from Dr. Ellinwood asked me to defer our going until the autumn as the Board wanted us to attend the coming Ecumenical Conference of Foreign Missions in New York City. He also asked me to write a paper for the Conference on the subject of "Comity in Medical Missions." I had noted in Korea the great desirability for cooperation in Mission Hospitals and was glad to have that subject assigned me.

The conference met during the latter part of April and the first part of May. Its principal meetings were held in Carnegie Hall while smaller gatherings were held in various other halls and nearby churches. Three times a day Carnegie Hall was packed with an audience of five thousand people and all other meeting places in the vicinity were similarly crowded.

My paper was to be read in Carnegie Hall at a forenoon session and as my wife and I sat on the platform and looked on that big audience, I felt doubtful about being able to make all the people hear me. Also after listening to the many profound papers read by celebrated personages from all countries, my own paper seemed to be very simple and altogether I felt quite nervous.

But, when my turn came I moved boldly forward and stepped up on the small elevated dais that raised the speakers up so as to make them fully visible to the whole audience. Looking towards the farthest back row of the second gallery, I said to myself, "I will speak to the man sitting there; if I can make him hear, all others can."*

* The man in the gallery to whom I spoke in Carnegie Hall apparently heard me though of course I had no particular man up there in mind, for the next time we came to America on furlough, eight years afterwards, we settled for a year in Wooster, Ohio, where two of our children were in college. The President of the College, Dr. Holden, Called on me and took me out for a buggy ride around the town and, in the course of the trip, asked me whether I knew what led Mr. Severance to give me the hospital. I did not. "Well", he said, "I will tell you. When you were reading your paper in Carnegie Hall, I was sitting with Mr. Severance away up in the back gallery. You had not been reading long when he turned to me and said, 'What would you think if I gave that man a hospital?' With what he got up, went down to the main floor, and made his way through the crowd along the side aisle till he reached the platform where he waited till noon to meet you."

Then throwing my voice towards that point, I read my paper. At least I thought then that I read it and still think I did but some of my friends told me afterwards that though I began to read I became so earnest that I seemed to forget the paper and spoke with little or no reference to it. The main point I pressed was that if the seven doctors assigned to Seoul by the various Mission Boards all of whom were working in the Capital in separate small and poorly equipped hospitals could cooperate and establish one good hospital in the Capital, it could do more good than the seven poor, little, So-called hospitals could accomplish even though only three or four of the seven doctors should work in it. The rest of the seven could work in other parts of the country and greatly extend the scope of their efforts.

At noon, when the gathering broke up, I heard my name called from the center of the platform - "Dr. Avison is wanted here at the middle of the platform."

I made my way to where I saw Dr. Ellinwood standing and he said, "Oh yes, a gentleman here wants to be introduced to you." Turning to a fine looking grey haired gentleman, he introduced me to a Mr. Severance. Severance! The name at once struck a chord in my memory. It was the name of the young man I had met in the entry to the Board Rooms the previous autumn when the Treasurer had told me that that family could build the hospital for me without any help from others if I could get their interest. A great hope at once sprang up within me.

Mr. Severance said he just wanted to tell me he had enjoyed my paper and that the two best words he had heard so far at the Convention were Comity and Unity. Both were good but Unity was the better of the two. He then said he wanted to talk further with me soon and we made an engagement for the afternoon of the following Wednesday.

Then I told him I had met a young man of his name, Severance, at the Board Rooms a few months before and was wondering whether they were related. "Tell me what he looked like" he said, so I described him. Smiling, he said, "Oh, that was my son, John."

Do you ask what I thought? Well, I thought this was another of those coincidences. Will you wonder if I say I felt sure that that family was to build the hospital?

On the Wednesday I met Mr. Severance as arranged and, losing no time on preliminaries, he came at once to the point. He said, "I learned from your paper that there are several denominational hospitals in Seoul and I suppose there is no need for another."

"Well, we have seven places called hospitals by their supporters but I don't know what you would call them if you could see them. Not one of them is properly equipped and each is handled by one doctor without even one nurse." Then I repeated what I had said in my paper - "If three or four of those doctors could work together in one properly equipped hospital, they could do more work than the seven are doing under present conditions and, besides, that would set three or four free to go elsewhere so that a great many more sick people could be helped in different parts of the country."

"You are quite right," he said. "Have you any plan in your mind for accomplishing this?"

Now had come the supreme moment. The fact that I had a properly drawn plan was evidence to him of my foresight and I know I had started out on the right foot when I asked Mr. Gordon to draw a plan for me. I look it from my bag and laid it before him.

He looked it over carefully and followed his scrutiny with such a volley of questions as I had never before been subjected to. He worked his way to the very bottom of my thinking processes and questioned me as to the reasons for this and that requirement of the plan. I answered as promptly and clearly as I could and at last he seemed satisfied.

"Well, I must go," he said, "Perhaps we shall meet again."

It was not a very definite good-bye message but I had discerned his earnestness and was happy in the prospect ahead.

At the end of the Conference Dr. Ellinwood asked me to be one of a group of missionaries to go to Schenectady, N. Y. on Saturday night to speak in all the churches in that city, on Sunday, both morning and evening.

Amongst these were Bishop Thoburn of India, Methodist, and Hudson Taylor, head of the China Inland Mission, so I felt I was to be in distinguished company.

Arriving at midnight I spent the night at the home of Rev. Dr. Richard, President of Union College of that city. In the morning my host took me to the home of Mr. Walter Pitkin, Vice President of the Schenectady Locomotive Works, where I was to be entertained during my stay in the city.

Mr. Pitkin was a delightful person, an excellent host and about as keen as Mr. Severance, I learned at the breakfast table that his parents had been home missionaries in the Western States. They had a very hard time to live and raise a family on their slender salary and he spoke very feelingly (unfeelingly) of the Christmas barrels that used to be sent to them filled with old clothing that seldom fitted or, when it did f it, was far too much worn to be of much service. But those days had gone by and he was now not only in comfortable circumstances but rich and filled with great admiration for all missionaries either home or foreign.

As he asked about my work I told him of its condition and of my effort to get money for a new hospital which I hoped could be a union one. Would he like to see my plans? Yes, he would, so out they came and many questions were asked. Asking questions seemed to be a favorite pastime of big business men. At length he said, "I like your plans. Every inch of space is being used, not a bit of waste room."

Soon afterwards he reverted to the subject and said, "I want to help you build that hospital and will give you $500.00 towards it."

The first gift had been the architect's plans, the second gift was $5.00 and now it was $500.00 and no one had so far been asked for anything.

But I thought of Mr. Severance. He might object to others giving anything if he were going to donate the hospital himself, so I told Mr. Pitkin of Mr. Severance's interest. He said he knew Mr. Severance and I might rest assured that, having gone as far as he had done and then hinted that he might see me again some day, he was planning to carry the project through.

"But," he said, "I will give you the $500.00 anyway. There is always a place for more money in a hospital and if, by any change, more should be needed I will gladly give you more."

Blessed assurance!

I returned to New York next day and reported to Dr. Ellinwood who of course was greatly pleased. He then said that later in the month the Presbyterian General Assembly would meet in St. Louis and he would like me to attend it. "For," he said, "there will be a discussion on the value or otherwise of self support in the native churches and, as Korea is taking the lead in favor of self support methods, you maybe needed to speak as one with authority."

I said I would be glad to go though I might not be able to speak as convincingly on the subject as some of the evangelistic missionaries who were closer to the native churches could do.

"In the meantime, we will make speaking engagements for you on the way to St. Louis" he said. This plan was carried out and I reached there at noon of the first day of the assembly.

Learning that a meeting on Foreign Missions was being held in a nearby church, I attended it and listened to a paper being read by a young woman. During the discussion of the paper I rose and spoke two or three minutes in reference to one of her remarks on a subject with which I had had some experience. When I sat down the chairman, Rev. Dr. Halsey of the Mission Board, told the audience I was a medical missionary from Korea and he would tell tales out of school by making an announcement that the Board had not yet made public. He said a gentleman had recently called on the Board and, after asking many questions about Dr. Avison and his work, had ended by telling them he would contribute the $10,000.00 needed for the erection of a hospital in Seoul, Korea.

Mr. Severance had not seen me again but he had done better - he had given the hospital, It was only $10,000.00 but it looked like a million to me then.

I soon received an off icial letter from the Board announcing the gift. The letter said Mr. Severance would beat tending the General Assembly and it would be wise for me to meet him and thank him for the gift. The opportunity for my wife and me to meet him soon came and an interesting conversation resulted.

"We want to thank you, Mr. Severance, for this f ine gift. It has made us very happy for it will be a great boon to the sick people of Korea."

"Well," he replied, "you are no happier to receive it than I am to give it and I hope it may prove to be all you think it will be."

"You do not know it, Mr. Severance," I said, "but Mrs. Avison and I have been praying for this hospital for about a year and we can do no other than regard this as an answer to our prayers."

"Well, seeing you say that, I will tell you that for just about a year I have had it in mind to build a hospital somewhere but I could not come to a decision as to where it should be till I heard your paper at the Ecumenical Conference a month ago. The thought came into my mind that Seoul was the place for it and so I decided. I trust that events will make it plain that both you and I have been divinely guided."

1899년	2월 6일	선교본부, 에비슨 박사가 받은 진료비는 일반 기금의 일부로 간주한다는 결정을 재확인함
	2월 14일	서울 지부, 에비슨 부인의 심각한 건강 상태로 에비슨 가족의 즉각적인 귀국을 촉구하며, 선교본부의 재가를 요청하기로 결의함
	3월 9일	서울 지부, 제이콥슨 기념 사택의 건립 부지에 대한 대금을 지불함
	3월 25일	고종을 알현하여 귀국을 알림
		에바 H. 필드와 에스터 L. 쉴즈가 제중원의 책임을 맡음
		캐드월러더 C. 빈튼, 격일로 남자 환자를 진료함
	3월 27일	호러스 N. 알렌 공사에게 자신의 귀국을 알림
		알렌, 장로교회 선교부에 제중원을 계속 유지하도록 권고함
	3월 28일	알렌, 에비슨의 귀국을 조선 정부에 통고함
	3월 29일	서울을 떠남
	4월 3일	선교본부, 에비슨 부부의 귀국을 허가함
	4월 14일	임프리스 오브 차이나 호로 요코하마를 출항함
	4월 25일	밴쿠버에 도착함
	4월 28일	매니토바 주 와와네사에 도착함
	6월 13일경	매니토바 주 위니펙에 도착함
	6월 23일	스미스 폴스에 도착함
	6월 25일	스미스 폴스 감리교회에서 강연을 함

7월 4일	스미스 폴스 감리교회에서 대중 강연을 함 (내용은 5회에 걸쳐 *The Rideau Record*에 게재됨, 7월 6일, 7월 13일, 7월 20일, 7월 27일, 8월 17일)	
7월 9일	퍼드의 애즈버리 감리교회에서 예배를 인도함	
7월 30일	오타와의 맥러드 가 감리교회에서 설교를 함	
9월 8일	토론토에서 선교본부 방문 여부를 문의하는 편지를 보냄	
10월경	헨리 B. 고든에게 병원 설계도를 그려 줄 것을 요청함 (설계도는 10월 말경에 완성된 것으로 추정됨)	
10월 7일	한국 선교부 의료 위원회, 매주 10시간이 넘지 않는 조건으로 알프레드 M. 샤록스의 제중원 배정을 추천함	
10월 9일	토론토 대학교 의과 신입생 환영회에 참석함	
10월 17일	새뮤얼 A. 마펫, J. 헌터 웰즈, 연례 회의에서 제중원의 부실한 설비 보강을 요청하기로 결정되었음을 알림	
10월 30일	엘린우드 총무에서 뉴욕 방문이 가능하다고 연락함	
11월초	뉴욕을 방문함 (고든, 병원 설계 도면을 완성하였음)	
11월 22일	제중원의 남자 진료소의 천장에서 화재가 남	
11월 26일	토론토 감리교회의 선교사 모임에서 강연을 함	
11월 30일	토론토 감리교회에서 강연을 함	
12월 1일	뉴욕을 향해 토론토를 떠남	
12월 2일	뉴욕의 선교본부 사무실에서 엘린우드 총무를 만남	
12월 4일	필드와 쉴즈, 제이콥슨 기념 사택으로 이사함	
12월 5일	선교본부, 서울 지부에 병원 관련 의견을 요청함	
1900년 1월 15일	서울 지부, 월례회의에서 병원 건축의 시작을 위하여 10,000엔을 요청하기로 결정함	
1월 20일	셔본 가 감리교회의 연례 선교회에서 강연을 함	
2월 3일	엘름 가 감리교회에서 강연을 함	
2월 10일	선교본부에 8월 1일까지 안식년 연장을 요청함	
2월 11일~12일	온타리오 주 피터보로에서 강연을 함	
2월 19일	나병 환자 선교회의 정기 월례회의에서 강연을 함	
2월 22일	나병 환자 선교회에서 강연을 함	
2월 24일	토론토 대학교 의학부 학생들에게 강연을 함	

3월 1일	서울 병원의 계획서를 엘린우드와 한국 선교부로 보냄
3월 5일	선교본부, 에비슨의 안식년 3개월 연장을 허가함
3월 25일	토론토의 아네트 가 감리교회의 선교 행사에서 강연을 함
4월 16일	토론토의 웨스트민스터 장로교회에서 강연을 함
4월 23일	뉴욕에서 개최된 세계 선교회의에서 '의료 사역'이란 제목으로 발표함
4월 25일	세계 선교회의에서 '현지인의 의학 교육'에 대하여 발표함
4월 28일	세계 선교회의에서 '자립 선교'에 대하여 토의함
4월 30일	세계 선교회의에서 '의료 사역에서의 우의'란 제목으로 발표함
	루이스 H. 세브란스 씨의 요청으로 그를 만남
	국제 의료 선교사 협회 주최 환영회에 참석함
5월 9일	세브란스 씨를 만남
5월 12일	뉴욕 주의 스키넥터디를 방문함
5월 13일	앨버트 J. 핏킨, 500달러를 기부함
	스키넥터디의 교회에서 강연을 함
5월 14일	뉴욕으로 돌아옴
5월 15일	선교본부, 세브란스 씨의 서울 병원 건립 기금 기부 제안을 받아들임
	세인트루이스에서 개최될 장로교회 총회에 참석하기 위하여 피츠버그의 유니온 역을 떠남
5월 17일	제112차 북장로교회 총회에 참석함
5월 19일	세브란스 씨의 기부에 대한 엘린우드의 공식 편지를 받음
5월 21일	서울 지부, 샤록스가 7월 초쯤 제중원을 떠나겠다는 요청을 승인함
5월 23일	세인트루이스의 워싱턴 및 콤프턴 애버뉴 교회에서 열린 해외 선교 관련 대중 모임에 참석함
5월 28일	웰즈, 에비슨의 서울 병원 계획에 대한 부정적인 견해가 담긴 편지를 엘린우드 총무에게 보냄

6월 16일	에비슨의 자녀들, 스미스 폴스에 도착함
6월 16일경	세브란스 씨의 초대로 클리블랜드를 방문하여 3일을 보냄
6월 17일	우들랜드 가 장로교회의 주일학교 모임과 기독 면려 회에서 경연을 함
6월 18일	서울 지부, 제중원의 위치가 변동 되는 경우, 병원 부지로 남대문 바깥의 남묘 북쪽의 부지를 선호한다는 동의를 통과시킴
6월 19일경	디트로이트이 메저즈 파크 데이비스 앤드 컴퍼니를 방문함
6월 20일	디트로이트의 제퍼슨 애버뉴 교회에서 강연을 함
6월 23일	재차 안식년의 연장을 요청함
6월 27일	에비슨 부부, 스미스 폴스에 도착함
7월 2일	선교본부, 에비슨의 안식년을 2개월 연장시킴
8월초	샤록스, 제중원을 떠나 평양으로 이사함
8월말	에비슨 가족, 스미스 폴스를 떠남
9월 11일	임프리스 오브 차이나 호를 타고 밴쿠버를 떠남
9월 20일	서울 지부의 서울 병원에 관한 특별 위원회, 선택한 남대문 밖의 남관왕묘가 있는 언덕의 북서쪽 부지를 승인함
9월 24일	임프리스 오브 차이나 호, 요코하마에 도착함
9월 28일	웰즈, 10,000달러로 서울의 병원 건립을 반대하는 편지를 엘린우드 총무에게 보냄 (10월 5일 그레이엄 리, 10월 8일 노먼 C. 휘트모어, 10월 15일 윌리엄 B. 헌트, 10월 22일 새뮤얼 A. 마펫도 유사한 편지를 보냄)
10월 2일	서울에 도착함
10월 15일	제중원에서 진료를 재개함
11월경	12월 6일 외국인을 몰아내려는 반란 계획이 시행되도록 비밀 통문이 발송되었다는 이야기를 들은 언더우드가 에비슨에게 라틴어 전문을 보냈고, 이것이 11월 20일 알렌 공사에게 전달됨
12월 10일	언더우드, 새 병원을 포함하여 여러 건물의 건축을 감독할 건축가의 필요성을 제기함

12월 17일	선교본부, 세브란스 씨의 기부로 병원 건물과 두 채의 사택을 건축하며, 전체는 '세브란스 기념 병원 기지'로 부르기로 결의함	
12월 21일	엘린우드 총무, 아펫에게 세브란스 씨의 지정 기부를 거절할 수 없음을 설명하는 편지를 보냄	
12월 30일	고열로 쓰러져 제중원의 문을 닫음 (곧 발진티푸스에 걸린 것으로 판명됨)	

1901년	1월 14일	아직도 고열이 해소되지 않고, 잠시 의식만 있을 뿐임
	2월 14일	새뮤얼 F. 무어, 엘린우드 총무에게 세브란스 씨의 기부 중 반을 다른 사업에 사용하는 것에 대하여 서울 지부가 강하게 반대하고 있음을 알림
	2월 18일	서울 지부, 1900년 12월 17일자 선교본부의 결정을 취소해 주도록 긴급히 요청하기로 함
	3월	서울 지부의 선교사들, 엘린우드 총무에게 12월 17일자 결정을 취소해 주도록 편지를 보냄
	3월 6일	엘린우드 총무, 에비슨에게 세브란스 씨가 자신의 기부금은 자신의 의도에 따라 사용되어야 한다는 것에 대단히 염려하고 있다고 알림
	3월 9일	언더우드, 엘린우드 총무에게 정동 기지의 매각이 실제적으로 완결되었다고 알림
	3월 13일	J. 헌터 웰즈, 병원에 14,000엔, 설비에 6,000엔을 사용하겠다는 서울 지부의 요청에 대하여 반대하는 편지를 보냄 (4월 5일도 보냄)
	3월 19일	선교본부, 토론토의 건축가 헨리 B. 고든을 1년 동안 한국으로 파견하기로 결정함
	3월 21일	제중원에서 진료를 재개함
	4월 6일	그레이엄 리, 세브란스 씨 기부금 사용에 대해 좀 더 철저하게 검토하자고 제안함
	4월 15일	선교본부, 기부자의 뜻에 따라 병원 건축과 관련하여 에비슨에게 모든 권한을 주기로 함
	4월 23일	미국 북장로교회 선교본부의 총무인 아서 J. 브라운, 서울에 도착함

4월 25일	알렌, 아서 J. 브라운의 호조 발행을 요청함
4월 27일	브라운, 서울 지부 회의에서 병원 문제를 검토함
4월 29일	엘린우드, 선교본부는 세브란스 씨의 기부금을 그의 의도에 따라 사용할 수밖에 없음을 마펫에게 설명함 (4월 30일 웰즈에게도 보냄)
	에비슨 부부, 브라운 부부 및 언더우드 부부와 함께 고종을 알현함
4월 30일	브라운, 에비슨 및 샤프 선교사와 함께 평양으로 가기 위하여 먼저 제물포로 가서 연안 증기선을 타고 자정에 황해도 해주에 도착함
5월 1일	브라운, 에비슨 및 샤프 선교사, 해주에 상륙함
5월 3일	금동에 도착함
5월 4일	소래에 도착함
5월 6일	장연에 도착함
5월 7일	은율에 도착함
5월 8일	은율을 떠나 서울 선교구역의 경계에서 브라운 박사 부부가 평양 선교사에게 인도됨
5월 18일	브라운, 서울에 도착함
5월 20일	서울 지부, 병원 기지는 세브란스 병원만을 의미한다는 전제하에 병원 기지를 위해 20,000엔이 충분하다는 평양 지부의 결의에 대한 동의가 통과됨
5월 21일	브라운, 제물포로 내려감
5월 22일	서울 지부, 서상륜의 병원 전도자 고용을 허락함
5월 30일	빈튼과 함께 정동 부지 매각과 관련하여 궁내부 대신에게 빠른 해결을 촉구하는 편지를 보냄
6월 17일	헨리 B. 고든, 서울에 도착함
6월 22일	서울 지부, 7월 1일까지 새 부지를 얻을 가망이 없으면 고든 씨가 정동에 사택 건축 준비를 한다는 결의를 통과시킴
6월 24일	새로운 병원 부지와 관련한 서울 지부의 요청을 알렌에게 알림
7월초	가족을 한강의 별장으로 옮김
9월초	휴가를 마치고 돌아옴

10월초	효권이가 학생 조수로 돌아옴
10월 10일	고든, 즈푸로 감
12월 2일	선교본부, 세브란스 병원에 한 명의 의사만을 고용한다는 선교부의 결정을 승인함
12월 12일	왕의 사촌인 이재순이 에비슨을 방문하여 병원 문제에 대하여 논의함

1. 외교 문서

미안 제7책 제24권(1899년), 제8책 제28권(1901년)

C8.2 *Allen Series, 1899. Miscellaneous, Received* 172~330, The U. S. National Archives and Records Administration

C8.2 *Allen Series, Oct., 1900~Dec., 1901. Miscellaneous, Received* 502, 555~706, The U. S. National Archives and Records Administration

2. 선교 본부 문서

Annual Report of the Board of Foreign Mission of the Presbyterian Church in the U. S. A. Presented to the General Assembly

Manual of the Board of Foreign Missions of the Presbyterian Church in the U. S. A. for the use of Missionaries and Missionary Candidates. Revised and Adopted by the Board, and Approved by the General Assembly, 1894 (New York)

Minutes [of Executive Committee, PCUSA], 1837~1919

Minutes of the Meeting of the Presbyterian Mission (Korea)

Minutes, Seoul Station, Korea, 1891~1921 (PCUSA)

Missionary Correspondence of the Board of Missions of the Methodist Episcopal Church 1840~1912

Korea. *Presbyterian Church in the U. S. A., Board of Foreign Missions, Correspondence and Reports, 1833~1911*

3. 각종 정기 간행물

The Assembly Herald

The Canadian Journal of Medicine and Surgery

The Canadian Practitioner and Review

The Double Cross and Medical Missionary Record

The Korea Field

The Presbyterian Record (Toronto)

The Varsity

Woman's Work for Woman (New York)

Year Book of Prayer for Foreign Missions

4. 각종 신문

그리스도 신문(서울)

기독신보(서울)

독립신문(서울)

Knoxville Sentinel (Knoxville, Tennessee)

Lewisburg Chronicle (Lewisburg, Pa.)

Lewisburg Journal (Lewisburg, Pa.)

New-York Daily Tribune (New York)

New-York Tribune (New York)

Pittsburgh Daily Post (Pittsburgh, Pa.)

St. Louis Daily Globe-Democrat (St. Louis, Missouri)

St. Louis Globe-Democrat (St. Louis, Missouri)

St. Louis Post-Dispatch (St. Louis, Missouri)

The Brooklyn Citizen (Brooklyn, New York)

The Brooklyn Daily Eagle (Brooklyn, New York)

The Evening Star (Toronto)

The Globe (Toronto)

The Japan Weekly Mail (Yokohama)

The New York Times (New York)

The Ottawa Citizen (Ottawa, Ont.)

The Rideau Record (Smith's Falls, Ont.)

The Sun (Baltimore, Md.)

The Toronto Daily Star (Toronto)

The Victoria Daily Times (Victoria, B. C.)

The Windsor Star (Windsor, Ont.)

The Almonte Gazette (Almonto, Ont.)

5. 기타 자료

美國 女醫師 家舍 購賣 契約書及地蹟圖, 奎23191 (1899년 3월 9일)

올리버 R. 에비슨 지음, 박형우 편역, 올리버 R. 에비슨이 지켜본 근대 한국 42년 1893~1935. 상 (서울: 청년의사, 2010)

윤치호 일기, 제5권

Ecumenical Missionary Conference, New York, 1900. Vol. I (New York: American Tract Society, 1900)

Ecumenical Missionary Conference, New York, 1900. Vol. 2 (New York: American Tract Society, 1900)

Oliver R. Avison, *Annual Report of the Imperial Korean Hospital, Seoul, Korea. Sept. 1901* (Seoul: Methodist Publishing House, 1901)

Oliver R. Avison, Edited by Hyoung W. Park, *Memoires of Life in Korea* (Seoul: The Korean Doctors' Weekly, 2012)

	ㄱ
감홍	317
게르하르트 하인츠만 피아노	206
게일, 제임스 S.	218, 355, 389, 415, 572, 801, 860
결막염	324
결핵	319
고든, 헨리 B.	485, 516, 585, 616, 616f, 642, 668, 743, 863
그리스도 신문	809
그리어슨, 로버트	58
기포드, 대니얼 L.	13, 14, 80, 205, 260
기포드, 메리 H.	27, 490
기포드, 풀턴 부인	765, 807
김정원	706
김필순	708, 764

	ㄴ
나병	320
나병 환자 선교회	247
남(관왕)묘(南關王廟)	383, 384f, 390
남학교	808
뉴욕 애버뉴 장로교회	259f

ㅇ

ㅊ

ㅋ

ㅌ

A	
Adams, James E.	230, 748
Adamson, Andrew	121
Allen, Horace N.	31, 42, 49, 52, 55, 56, 106, 204, 475, 566, 567, 607, 623, 638, 643, 650, 653, 655, 664
ascarides	326
Avison, M. Jennie	46, 497, 834
Avison, Oliver R.	12, 22, 28, 33, 42, 52, 67, 76, 124, 159, 202, 214, 235, 254, 261, 274, 278, 302, 348, 365, 475, 480, 497, 559, 612, 620, 623, 626, 632, 638, 643, 653, 655, 659, 713, 741, 755, 776, 822, 858

B	
Baird, William M.	31, 44, 636
Barrett, Mary B.	457, 862
Beriberi	332
Best, Margaret E.	165, 449
Boys' School	835
Brown, Arthur J.	566, 568, 603, 648
Brown, J. McLeavy	33, 113
butcher	64

C	
Cairns, Thomas R.	121
Carden, William A.	446, 453
Chay, Yung Ha	566, 567
Chemulpo	94
cholera	332
Christian News	837

R

R. M. S. Empress of China	67, 374
relapsing fever	329
remittent fever	13
RMS Empress of China	32, 69
Ross, Cyril	191

S

Scranton, William B.	659, 661
Scrofular gland	330
Seoul	92
Severance Hospital	550
Severance Memorial Hospital Plant	423
Severance, Louis H.	342, 366, 430, 876
Sharp, Charles E.	497, 615, 677, 735, 825
Sharrocks, Alfred M.	154, 165, 191, 192, 354, 355, 370, 382
Shields, Esther L.	26, 31, 155, 180, 252, 381, 497, 738
Site for Hospital	359
smallpox	332
Smith's Falls Methodist Church	83, 87
Snook, Velma L.	497
Speer, Robert E.	603, 678
stereopticon	263
Stereoscopic Views	475
Strong, Ellen	28, 32, 36, 70, 252, 256, 406, 497, 519
Suh Koang Ho	779
Suh, Hyo Kwon	725
Suh, Kyung Jo	725
Suh, Sang Yun	725, 727
Suicide	335

상우(尙友) 박형우(朴瀅雨) | 편역자

연세대학교 의과대학을 졸업하고, 모교에서 인체해부학(발생학)을 전공하여 의학박사의 학위를 취득하였다. 1992년 4월부터 2년 6개월 동안 미국 워싱턴 주 시애틀의 워싱턴 대학교 소아과학교실(Dr. Thomas H. Shepard)에서 발생학과 기형학 분야의 연수를 받았고, 관련 외국 전문학술지에 다수의 연구 논문을 발표하고 귀국하였다.

1996년 2월 연세대학교 의과대학에 신설된 의사학과의 초대 과장을 겸임하며 한국의 서양의학 도입사 및 북한 의학사에 대해 연구하였다. 1999년 11월에는 재개관한 연세대학교 의과대학 동은의학박물관의 관장에 임명되어 한국의 서양의학과 관련된 주요 자료의 수집에 노력하였다.

최근에는 한국의 초기 의료 선교 역사에 대한 연구를 진행하여 알렌, 헤론, 언더우드 및 에비슨의 내한 과정에 관한 논문을 발표하였으며, 이를 바탕으로 주로 초기 의료 선교사들과 관련된 다수의 자료집을 발간하였거나 진행 중에 있다.

박형우는 이러한 초기 선교사들에 대한 연구 업적으로 2018년 9월 남대문교회가 수여하는 제1회 알렌 기념상을 수상하였다.